MEIO AMBIENTE DO TRABALHO E RESPONSABILIDADE CIVIL

As bases para um novo paradigma

Conselho Editorial

Paulo Roberto Lemgruber Ebert

MEIO AMBIENTE DO TRABALHO E RESPONSABILIDADE CIVIL

As bases para um novo paradigma

Publisher – Editorial: Luciana Félix
Publisher – Comercial: Patrícia Melo
Copidesque e preparação de texto: Renato Mello Medeiros
Revisão: Equipe Matrioska Editora
Editoração e capa: Daniel Kanai Ribeiro

Matrioska Editora
Atendimento e venda direta ao leitor:
www.matrioskaeditora.com.br
contato@matrioskaeditora.com.br
facebook.com/matrioskaeditora
instagram.com/matrioskaeditora

Dados Internacionais de Catalogação na Publicação (CIP)
(Câmara Brasileira do Livro, SP, Brasil)

Ebert, Paulo Roberto Lemgruber
Meio ambiente do trabalho e responsabilidade civil : as bases para um novo paradigma / Paulo Roberto Lemgruber Ebert. -- São Paulo : Matrioska Editora, 2023.

Bibliografia.
ISBN 978-65-84999-19-0

1. Direito civil - Brasil 2. Direito do trabalho - Brasil 3. Responsabilidade civil - Brasil I. Título.

23-178866 CDU-347.51:331.823(81)

Índices para catálogo sistemático:

1. Brasil : Responsabilidade civil : Direito do trabalho 347.51:331.823(81)

Eliane de Freitas Leite - Bibliotecária - CRB 8/8415

Impresso no Brasil
2023

Dedico o presente trabalho, como sempre, à Marcela, esposa e companheira de toda vida.

Dedico-a, também, aos pequenos Bernardo, Murilo e Silas, na esperança de que possam desfrutar de um futuro mais justo e fraterno.

Dedico-a, igualmente, à minha mãe, Lucia Magalhães Lemgruber, e à memória de meu pai, Pedro Luiz Leão Velloso Ebert.

O AUTOR

PAULO ROBERTO LEMGRUBER EBERT

Doutor em Direito do Trabalho e da Seguridade Social pela Faculdade de Direito da Universidade de São Paulo – USP. Especialista em Direito Constitucional pela Universidade de Brasília – UnB. Especialista em Direito e Processo do Trabalho pelo Centro Universitário de Brasília – CEUB. Advogado. Líder do Grupo de Pesquisas em Meio Ambiente do Trabalho – GPMAT da Faculdade de Direito da USP e pesquisador associado ao Grupo de Pesquisas Constituição, Trabalho e Cidadania da Faculdade de Direito da UnB.

APRESENTAÇÃO

Os quatro eixos a sustentarem o Direito Civil e o próprio Direito do Trabalho – quais sejam, o *individualismo*, o *contratualismo*, o *patrimonialismo* e o *legalismo* – e que servem de fundamento para toda a Teoria Clássica da Responsabilidade Civil já não mais dão conta de compreender de modo adequado e de traduzir em linguagem jurídica as complexidades que caracterizam as relações sociais e os processos tecnológicos contemporâneos.

No presente, as circunstâncias a permearem o desempenho do trabalho humano já não cabem mais na estreiteza dos enunciados legais que presumem o contrato de trabalho firmado entre o *empregado* individualmente considerado e o seu *empregador* como o objeto preponderante – quando não exclusivo – de um arcabouço legal protetivo a ter no patrimônio (pecúnia) a forma de resolução derradeira de todas as questões a envolverem as referidas partes.

Nesse contexto, a responsabilidade civil concebida sob os influxos das ideologias de cariz iluminista e liberal se encontra em crise, de modo que seus referenciais teóricos já não se mostram adequados, na atual quadra do século XXI, para conceituar e sistematizar, no âmbito do sistema do Direito, os riscos contemporâneos, as medidas destinadas ao seu controle e as formas de reparação dos danos decorrentes de sua materialização no patrimônio jurídico da generalidade dos indivíduos e dos trabalhadores, em especial.

Diante desse quadro, buscar-se-á, no presente trabalho, a formulação de uma nova perspectiva para a compreensão do Direito do Trabalho – e, em especial, da responsabilidade civil em matéria trabalhista –, cuja formulação tem por ponto de partida a constatação de que que os locais e as estruturas de ordem natural e artificial onde os indivíduos desenvolvem suas atividades profissionais integram – ao lado dos espaços onde habitam, criam laços culturais e afetivos de pertencimento e desempenham suas interações sociais – seu *meio ambiente* (ou *entorno*) e que os riscos criados ou tolerados pelos gestores de tais espaços configuram desequilíbrios passíveis de afetar as condições materiais e imateriais de vida, de desenvolvimento pessoal, de relacionamento interpessoal e de trabalho daqueles sujeitos e, em última instância, de lhes acarretar possíveis lesões.

Com esteio em tais premissas, serão desenvolvidos os cinco capítulos que integram a presente trabalho, dedicados, respectivamente, (i) ao resgate dos componentes históricos conformadores do Direito Civil, do Direito do Trabalho e da responsabilidade civil sob o conjunto de ideias por nós intitulado *paradigma individualista* (Capítulos I, II e III), à explanação dos elementos integrantes da *perspectiva ambientalista* e de seus impactos na reconfiguração dos institutos de Direito do Trabalho (Capítulo IV) e, finalmente, ao delineamento das novas estruturas propostas para a responsabilidade civil trabalhista sob o influxo de tais elementos.[1]

A conclusão da presente pesquisa só foi possível, em primeiro lugar, porque existe um Deus que nos concede o dom da vida e nos permite existir e desempenhar nossa missão neste Mundo, retribuindo-o com os dons que nos foram concedidos.

De igual modo, só é possível elaborar um trabalho de tal magnitude quando se conta com a confiança, a compreensão, a dedicação e o carinho de uma esposa e companheira de toda uma vida que, a despeito do precioso tempo que deixamos de conviver, sempre permaneceu firme em me apoiar no projeto que se consolida com a presente tese. Por isso, Marcela possui – e sempre possuirá – a primazia nos meus agradecimentos por tudo o que se concretiza em nossas vidas.

Também não seria possível concluir a presente empreitada sem o apoio de minha mãe – Lucia Magalhães Lemgruber –, fonte de meus valores pessoais e profissionais e, naturalmente, sem os ensinamentos e a inspiração deixados por meu pai – Pedro Luiz Leão Velloso Ebert –, que mesmo já não estando entre nós no plano físico, permanece vivo em minhas lembranças e nos ensinamentos que deixou.

Não há também como deixar de agradecer à pessoa do Professor Guilherme Guimarães Feliciano, estudioso incansável do Direito, exemplo de dedicação e conduta acadêmica e profissional e figura de proa no estudo e na consolidação do Direito Ambiental do Trabalho em nosso País, cujos ensinamentos foram a principal fonte de inspiração para o presente trabalho.

Agradecimentos igualmente efusivos são devidos aos colegas de Escritório que nos ladeiam diariamente na defesa incansável dos direitos dos trabalhadores, nas pessoas de Mauro de Azevedo Menezes, Marcelise Azevedo, Gustavo Teixeira Ramos, Monya Tavares, Denise Arantes, Renata Fleury, Ronaldo Curado Fleury, Erica Coutinho, Milena Pinheiro Martins, Veronica

[1] Este livro possui numeração ao longo de toda a sua estrutura. Os respectivos textos das notas estão disponíveis como material complementar no site da editora. Acesse: https://www.matrioskaeditora.com.br/material-complementar

Irazabal, Moacir Martins, Laís Pinto, Cíntia Roberta Fernandes, Rafaela Possera, Leandro Madureira, Rodrigo Torelly, Rodrigo Castro, Raquel Rieger, Andrea Magnani, Renata Oliveira, Hugo Moraes, Hugo Fonseca, Francine Vilhena, Janaína Amadeu e Ranieri Lima Rezende.

Não poderia deixar, igualmente, de agradecer aos amigos e parceiros de lutas que se encontram irmanados conosco nos embates pelas boas causas, nas pessoas de Fernanda Giannasi, René Mendes, Roberto Carlos Ruiz, Marcos Paiva de Matos, Mansur Said Filho, Claudio Santos, Leonardo Amarante, Adovaldo Dias de Medeiros Filho, Marcia Furtado Gemaque, Lorena Vasconcelos Porto, Márcia Kamei López Aliaga, Luciano Lima Leivas, Ricardo José Macêdo de Britto Pereira, sem olvidar de tantos outros não menos importantes que combatem ao nosso lado.

Agradeço, por fim, aos docentes, alunos e ex-alunos de Pós-Graduação da Faculdade de Direito da Universidade de São Paulo – USP com quem tive e tenho o privilégio de conviver no curso minha trajetória acadêmica, bem como aos pesquisadores integrantes do Grupo de Pesquisas em Meio Ambiente do Trabalho – GPMAT, da FD/USP e aos colegas do Grupo de Pesquisa Constituição, Trabalho e Cidadania, da Faculdade de Direito da Universidade de Brasília – UnB, na pessoa da Professora Gabriela Neves Delgado.

Esperamos que o presente trabalho possa contribuir, de algum modo, para as reflexões vindouras sobre a adequação do Direito do Trabalho e da responsabilidade civil, aos desafios que os riscos contemporâneos acarretam para a vida em sociedade e, em especial, para o desempenho das atividades profissionais dos seres humanos.

Campinas – SP, julho de 2022.

SUMÁRIO

INTRODUÇÃO. DA *RERUM NOVARUM* À *LAUDATO SI*. DO *INDIVIDUALISMO* AO *AMBIENTALISMO*

Cento e vinte e quatro anos separam as Cartas Encíclicas *Rerum Novarum* e *Laudato Si*. Mais do que intermediar duas manifestações papais fundamentais para a delimitação do posicionamento da Igreja Católica Romana sobre as conjunturas sociais, políticas e econômicas de momentos específicos, o lapso temporal em referência separa dois mundos completamente diferentes, pautados por desafios e riscos igualmente distintos.

A despeito da crença religiosa de cada indivíduo, do conteúdo dos referidos documentos ou da concordância (ou não) com suas premissas e conclusões, as Cartas Encíclicas *Rerum Novarum* e *Laudato Si* constituem marcos históricos de dois momentos distintos da evolução social e econômica da humanidade que bem os ilustram. É assim, portanto, que elas serão analisadas na presente Introdução: como documentos representativos a sintetizarem duas realidades distintas que serão contrapostas ao longo do trabalho a ser desenvolvido nos cinco capítulos subsequentes.

As Cartas Encíclicas *Rerum Novarum* e *Laudato Si* falam de sociedades que apesar de serem completamente distintas no tempo – e, em alguns casos, no próprio espaço – guardam alguma identidade na medida em que atingiram um certo grau de complexidade e se viram diante da contingência de estabelecer marcos normativos aptos a antever, compreender e a prevenir, de algum modo, os riscos decorrentes do novo estágio evolutivo alcançado.

Sob o contexto a permear os documentos em referência, o Direito buscou – e tem buscado – estabelecer mecanismos destinados a lidar com tais riscos e traduzi-los em linguagem jurídica, vindo a assimilar, em maior ou menor medida, algumas das orientações emanadas daquelas Cartas Encíclicas. Os conjuntos de normas elaborados – e ainda em vias de elaboração – nos diferentes momentos históricos a caracterizarem a sociedade da *Rerum Novarum* e a sociedade da

Laudato Si formarão os *paradigmas* (*individualista* e *ambientalista*) referentes à compreensão acerca da responsabilidade civil que serão contrapostos ao longo do presente estudo e serão, oportunamente, delimitados em seus pormenores.

O conceito de *paradigma* ora adotado reproduz, em certa medida, a noção formulada por Thomas Kuhn no ensejo de descrever as referências de ordem técnica e metodológica que, durante certos períodos históricos, configuram as bases sob as quais as pesquisas empreendidas no campo das ciências naturais se valem para formular seus problemas, objetivos e hipóteses de trabalho e que as legitima no âmbito das respectivas comunidades acadêmica e profissional.[2]

Sob tal ótica, o que convencionamos aqui chamar de *paradigma individualista* compreende os referenciais jurídico-filosóficos que passaram a estruturar, no curso dos séculos XIX e XX, o arcabouço normativo e cognitivo formado pelo Direito Civil e que vieram a conformar a Teoria Clássica da Responsabilidade Civil e, mais tarde, o Direito do Trabalho. Os conceitos clássicos presumidos e partilhados por tais subáreas do conhecimento jurídico (notadamente o *individualismo*, o *contratualismo*, o *legalismo* e o *patrimonialismo*) figuraram por um longo período como os parâmetros obrigatórios a serem observados pelos pesquisadores (os *juristas*) na busca pela explicação dos fenômenos a elas subjacentes, passando a configurar, no plano do Direito, aquilo que Kuhn classificou como sendo a *ciência normal*.[3]

Foram justamente os conceitos jurídicos integrantes do *paradigma individualista* aqueles pressupostos pela Carta Encíclica *Rerum Novarum* no ensejo de promover o enfrentamento dos desafios sociais elencados no seu texto e que vieram a integrar o arcabouço legislativo por ela inspirado, a ter por objeto a promoção do equilíbrio de forças nas relações bilaterais de trabalho, principalmente no curso do século XX.

O mundo em 1891 – ano em que a Carta Encíclica *Rerum Novarum* foi editada pelo Papa Leão XIII – vivia, ao menos na Europa Ocidental e nos Estados Unidos da América, o esplendor da Segunda Revolução Industrial, marcado pelo domínio de tecnologias e de métodos de produção e de organização fabril extremamente complexos em relação à introdução do maquinismo ocorrida cem anos antes. Tais processos eram realizados em verdadeiros colossos industriais que empregavam um alto número de trabalhadores e concentravam tanto os mercados consumidores, quanto os resultados financeiros dos empreendimentos, nas mãos de poucos capitalistas.[4]

Se por um lado a Revolução Industrial deu causa a um enorme salto tecnológico em um período de cem anos, ela também potencializou um êxodo rural sem precedentes em direção aos polos urbanos, com a concentração dos operários das grandes fábricas nas franjas daquelas urbes, caracterizadas pela precariedade das moradias e da infraestrutura básica. A situação dos trabalhadores se mostrava ainda mais grave na medida em que a tônica do labor fabril era caracterizada pela extensão das jornadas laborais para além dos limites psicofísicos dos operários e pela realização das atividades em ambientes geralmente insalubres, nos quais as mutilações e os óbitos configuravam uma constante.[5]

Nesse contexto de exploração desmesurada da força de trabalho tendo por único parâmetro as leis de mercado, as conflagrações sociais proliferaram, insufladas, em grande medida, pelas ideias socialistas e anarquistas que congregavam em torno de si os movimentos operários. Tal situação configurava, para a Igreja Católica, fonte de apreensão, já que as referidas correntes eram identificadas com o ateísmo e com o materialismo, sendo este, fundamentalmente, o principal móvel propulsor para a edição da Carta Encíclica *Rerum Novarum*.[6]

Malgrado a motivação a ensejar a edição da Carta Encíclica *Rerum Novarum*, o fato é que ela reconheceu as condições de trabalho existentes na grande indústria do final do século XIX e a desigualdade social, fomentadas em grande medida pelo sistema de livre mercado na concorrência empresarial e na contratação de mão de obra, como um efetivo risco para a subsistência física dos operários e, no extremo, para a própria coesão social.[7]

Como solução para a eliminação de tais riscos, a Carta Encíclica *Rerum Novarum* propugna pela superação da imagem da *luta de classes* em direção a uma concórdia social, a ser obtida por intermédio da formulação de arcabouços legais destinados à regulamentação dos direitos e dos deveres dos operários e dos patrões no âmbito das relações de trabalho, cuja observância em concreto deve ser assegurada através da ação do Estado, na condição de garante do *bem comum* e dos valores fundantes da sociedade.[8]

O arcabouço legislativo proposto pela Carta Encíclica *Rerum Novarum* segue a estrutura clássica concebida pelo Direito Civil – e mais precisamente, pelo Direito das Obrigações –, a conferir direitos e deveres a sujeitos individualmente considerados (no caso, operários e patrões), no âmbito de relações jurídicas formalizadas em contratos. Quanto ao conteúdo das obrigações recíprocas, a epístola papal demanda dos trabalhadores, em síntese, a prestação escorreita do labor a que se comprometeram e o uso de métodos pacíficos de reivindicação e aos capitalistas, de seu turno, o respeito à compleição física dos subordinados e o pagamento de uma remuneração justa e digna.[9]

A despeito do conteúdo de suas proposições, cujo caráter *impraticável* foi assinalado expressamente por Nestor de Buen Lozano, a estrutura formal concebida pela Carta Encíclica *Rerum Novarum* para a regulamentação dos direitos e deveres das duas contrapartes da relação laboral foi – e, em certa medida, ainda é – a fórmula por excelência utilizada pelos ordenamentos jurídicos internos no que concerne à regulamentação dos assuntos relacionados ao Direito do Trabalho, aí inseridas as questões acidentárias e os temas afetos à saúde e à segurança dos trabalhadores.[10]

No mundo da *Rerum Novarum* – que é o mesmo mundo em que o Direito do Trabalho foi gestado – os riscos decorrentes da exposição dos operários a condições nocivas de trabalho são tratados como questões individualizadas, comprimidas na relação bilateral estabelecida entre empregado e patrão e conversíveis em pecúnia. São exatamente estas as características conformadoras daquilo que convencionamos chamar no presente estudo de *paradigma individualista* da responsabilidade civil, cuja origem civilista foi replicada na epístola papal e na generalidade dos ordenamentos jurídicos relativos ao tema.

O mundo da *Rerum Novarum*, contudo, já não existe mais em grande medida e o que dele sobrou evapora a passos largos. A evolução tecnológica, a globalização do comércio, a mobilidade do capital, a financeirização da economia, a contínua dilapidação dos recursos naturais, bem assim as alterações climáticas induzidas pela atividade humana, que se intensificaram no transcurso do século XX e nas duas primeiras décadas do corrente século XXI, colocaram os riscos a que se expõem os trabalhadores e a generalidades dos indivíduos em um outro patamar.

Nessa nova realidade, os riscos adquiriram uma natureza não mais relacionada ao mero acaso ou à realização de determinadas atividades, em que era possível delimitar, com alguma precisão, seus potenciais expostos, seu raio de alcance e sua duração. Na contemporaneidade, ao revés, a própria abrangência subjetiva, material, espacial e temporal dos riscos é desconhecida de antemão, de modo que todos os indivíduos a integrarem uma determinada coletividade, por maior ou menor que seja, podem vir a ser afetados pela materialização de seus efeitos nocivos.

Não obstante, a dinâmica cada vez mais acelerada adquirida pelo progresso tecnológico tende, atualmente, a preceder o pleno conhecimento científico acerca dos riscos inerentes aos novos produtos e aos novos processos produtivos, de modo que a disponibilização de tais inovações vem ocorrendo sem que a nocividade a elas inerente seja plenamente conhecida.

Nesse contexto dotado de maior complexidade, onde o risco é onipresente e imprevisível, o trabalho humano assumiu uma configuração completamente distinta daquela existente no mundo da *Rerum Novarum*. A grande indústria que (i) concentrava todas as etapas da produção dos mais variados bens; (ii) ocupava o lugar central no âmbito das economias desenvolvidas e (iii) agregava em torno de si a grande massa de assalariados perdeu seu posto para o capital financeiro, para a produção horizontalizada e para o setor de serviços, levando o emprego tradicional a ceder cada vez mais espaço a uma miríade de vínculos precários e espacialmente difusos.[11]

Tais vicissitudes fizeram com que os riscos presentes no entorno circundante dos trabalhadores submetidos a essa nova realidade transcendessem o escopo de suas respectivas profissões, deixando de se identificar exclusivamente com as atividades exercidas em cada uma delas e passando a ser partilhados com a generalidade dos indivíduos.

A aquisição das novas dimensões espaciais, multitemporais e transgeracionais que passaram a caracterizar os riscos passíveis de afetar os trabalhadores e os indivíduos em geral, bem como as coletividades por eles formadas na contemporaneidade se assemelham à figura da *anomalia* descrita por Thomas Kuhn, no campo das ciências naturais, como as situações em que "*a natureza violou as expectativas paradigmáticas que governam a ciência normal*".[12]

De forma similar ao que sucede no âmbito das ciências da natureza, o Direito, diante de tal *anomalia*, deverá proceder à assimilação desta última por suas teorias, alterando-as de modo a incorporar em seus conceitos uma série de novos instrumentos destinados a promover o enfrentamento dos riscos labor-ambientais contemporâneos dotados de escopos e dimensões substancialmente diversas daqueles contemplados pela Teoria Clássica da Responsabilidade Civil formulada sob o *paradigma individualista* entre os séculos XIX e XX.[13]

A realidade ora descrita, a caracterizar em larga medida a atual quadra do século XXI, foi captada de forma abrangente pela Carta Encíclica *Laudato Si*, de autoria do Papa Francisco, a ter por objeto o "*cuidado com a Casa Comum*". A exemplo da epístola *Rerum Novarum*, ela representa um retrato fiel do momento histórico em que foi editada, sintetizando em seu texto, de modo preciso, as questões políticas, econômicas e sociais a serem enfrentadas na atualidade, podendo ser considerada, por isso mesmo, um marco delimitativo dos pontos a serem tratados pelo Direito no enfrentamento dos riscos contemporâneos.

Já em suas primeiras linhas, a Carta Encíclica *Laudato Si* deixa claro que o atual estágio assumido pelo desenvolvimento tecnológico, pela exploração dos recursos naturais, pela globalização econômica, pelo consumo desenfreado, pelo crescimento desordenado e pela indiferença dos agentes políticos com os problemas daí decorrentes, tende a colocar em risco a própria vida no Planeta (a nossa *Casa Comum*) e que a superação de tal estado de coisas somente será possível por intermédio da adoção de um projeto de desenvolvimento sustentável a envolver as nações, as organizações e cada indivíduo considerado de *per se*.[14]

Como pressuposto para a formulação do modelo de desenvolvimento sustentável aventado em seu texto, a Carta Encíclica *Laudato Si* é preclara ao afirmar que o meio ambiente natural e o meio ambiente humano (social e cultural), com seus elementos materiais, imateriais e artificiais, formam um todo unitário que, uma vez degradado em quaisquer de seus aspectos, tende a gerar uma cadeia sucessiva e indeterminada de danos, principalmente em direção às coletividades mais vulneráveis.[15]

Por isso mesmo, a Carta Encíclica *Laudato Si* é categórica ao afirmar que a busca de soluções para os desafios inerentes ao meio ambiente natural não pode ocorrer de modo apartado em relação ao enfrentamento das questões sociais relacionadas à atual quadra histórica, marcada pelo rápido desenvolvimento tecnológico e pelo crescimento econômico desigual e desordenado, que, em grande medida, figuram tanto como *consequências*, quanto como *causas* da degradação do entorno natural circundante dos seres humanos.[16]

E justamente porque os múltiplos aspectos inerentes ao meio ambiente se encontram estruturalmente interligados, na linha assumida pela Carta Encíclica *Laudato Si*, os riscos passíveis de afetá-lo tendem a assumir proporções intersubjetivas, multidimensionais e até mesmo transgeracionais que podem, no extremo, levar à materialização de catástrofes ecológicas, bem como de graves crises sociais, políticas e econômicas.[17]

Nesse sentido, a modalidade qualificada dos riscos ambientais representada pelo fenômeno da *poluição* é objeto de especial preocupação por parte da Carta Encíclica *Laudato Si*, tendo em vista, justamente, o contingente indeterminado de indivíduos e de coletividades passíveis de serem afetados por seus impactos nocivos que, muitas vezes, são desconhecidos pela ciência, pois o emprego das novas tecnologias tende a atender os interesses financeiros imediatos, sem que haja o pleno dimensionamento de seus efeitos na natureza e na vida dos seres humanos.[18]

Coerentemente com a ideia de unidade do *meio ambiente* em todos os seus aspectos, a Carta Encíclica *Laudato Si* enfatiza de modo especial que a análise em torno da adequação deste último não prescinde da verificação a respeito de todos os aspectos materiais, imateriais, naturais e artificiais que concorrem para a *qualidade de vida* dos indivíduos.[19]

Assim, de acordo com a lógica assumida pela Carta Encíclica *Laudato Si* nesse particular, se qualquer elemento do entorno a condicionar a qualidade de vida dos seres humanos estiver, no todo ou em parte, degradado, ter-se-á, nisso mesmo, um suposto de *poluição ambiental*, pois tal situação tende a afetar negativamente não só a esfera psicofísica dos indivíduos considerados de *per se*, como também os espaços por eles compartilhados – seja no meio rural, nas cidades, nos locais de trabalho – que configuram, em sua essência, bens de titularidade coletiva.[20]

E no que diz respeito especificamente ao trabalho humano, a Carta Encíclica *Laudato Si* destaca que diversos fatores característicos da vida nas sociedades contemporâneas – com destaque para o ritmo laboral cada vez mais intenso, a introdução de novas tecnologias e metodologias nos processos produtivos e o deslocamento de grande parte das interações profissionais para a esfera digital – tendem a impactar negativamente a qualidade de vida dos indivíduos submetidos a tais condicionantes, de modo a lhes ocasionar afecções de ordem psicofísica e de concorrer significativamente para a degradação do meio ambiente a circundá-los.[21]

O mundo da *Laudato Si* é, portanto, um mundo significativamente mais complexo, seja para os trabalhadores, para a generalidade dos indivíduos ou para as coletividades por eles formadas, que se encontram irmanados pela submissão a riscos mapeados ou ainda desconhecidos dotados do potencial de afetar negativamente o entorno que os circunda e de prejudicar a qualidade de vida não apenas deles próprios, como também das futuras gerações.

Nesse contexto marcado pela reconfiguração, pela ubiquidade e pelo multidimensionamento dos riscos, não faz qualquer sentido tratar estes últimos e seus efeitos com os mecanismos concebidos pela vetusta Teoria Clássica da Responsabilidade Civil plasmada nas relações obrigacionais de base individual, contratual e patrimonial e na análise da conduta dos sujeitos nela envolvidos (isto é, no chamado *paradigma individualista*).

Nem mesmo as teorias surgidas a partir do século XIX a superar a perquirição do elemento subjetivo (negligência, imperícia, imprudência e dolo) nas situações em que se fazem presentes certos riscos relacionados às atividades desempenhadas por determinados agentes sociais ou econômicos (p. ex.: teorias do *fato das coisas*, do *risco-atividade* e do *risco profissional*) são adequadas para lidar com a natureza e com os efeitos dos riscos contemporâneos, pois estes últimos, uma vez materializados, têm o potencial de atingir um quantitativo incerto (no tempo e no espaço) de indivíduos e de coletividades, para muito além do público diretamente envolvido em dada profissão ou submetido aos defeitos apresentados por certos produtos e serviços.

Não há, portanto, na atual quadra, mais espaço para se considerar o *paradigma individualista* e a Teoria Clássica da Responsabilidade Civil nele estruturada como o único conjunto de regras técnicas legitimado pelo Direito no ensejo de servir de instrumental para a coibição aos riscos e para a reparação dos danos a eles inerentes, como se tais elementos constituíssem, no plano jurídico, aquilo que Kuhn classifica como sendo a "*ciência normal*".

É preciso reconhecer que a redefinição quantitativa e qualitativa dos riscos no mundo contemporâneo – especialmente nas questões afetas ao mundo do trabalho – e sua constatação pela generalidade das ciências naturais, humanas e sociais equivalem, no plano jurídico, a um evento comparável ao que Thomas Kuhn qualifica como *revolução científica*, a ensejar, por isso mesmo, o desenvolvimento de um paradigma mais apropriado para o tratamento das questões afetas à responsabilidade civil labor-ambiental.[22]

É justamente por isso que o presente estudo buscará delimitar as linhas gerais para o novo paradigma destinado à compreensão da responsabilidade civil – e, em particular, da responsabilidade civil trabalhista – à luz dos riscos contemporâneos que configuram o mundo descrito na Carta Encíclica *Laudato Si* e que não cabem mais nas molduras estritas da Teoria Clássica do Direito Civil a servir de parâmetro para a conformação do Direito do Trabalho no século XIX sob a inspiração da Carta Encíclica *Rerum Novarum*.

1

A PERSPECTIVA INDIVIDUALISTA DO DIREITO CIVIL E DO DIREITO DO TRABALHO

1.1 DIREITO CIVIL. ORIGEM E ESTRUTURA

O Direito Civil tal como o conhecemos hoje no Ocidente é fruto de uma cultura jurídica cujos pilares centrais remontam à Antiguidade e que, ao longo da Idade Média, da era mercantilista (inaugurada com o renascimento) e da idade contemporânea (iniciada a partir da Revolução Industrial), vieram a consolidar a estrutura *individualista*, *patrimonialista*, *contratualista* e *legalista* a lhe conferir identidade.

Trata-se de uma estrutura *individualista*, na medida em que o protagonismo dos atos juridicamente relevantes, bem assim a própria titularidade dos direitos e das obrigações, recai preferencialmente sobre os indivíduos considerados de *per se*, *patrimonialista*, na medida em que os objetos das relações jurídicas configuram, em regra, bens e serviços que virão a integrar a esfera de disponibilidade de um sujeito determinado, *contratualista*, na medida em que o contrato bilateral e sinalagmático é a forma padronizada para a conformação de tais relações e *legalista*, na medida em que o ordenamento jurídico estabelece (ou, pelo menos, tem a pretensão de estabelecer) os marcos legais a orientarem, em concreto, as condutas dos sujeitos de direitos no exercício de sua autonomia privada.

O pleno conhecimento de tal estrutura e daqueles quatro eixos fundamentais não prescinde da análise de suas origens históricas e do desenvolvimento por elas experimentado desde a tradição romana até o liberalismo oitocentista, quando o Direito Civil adquiriu sua configuração atual, a servir de base para os institutos do Direito do Trabalho.

1.1.1 Da Antiguidade à Idade Contemporânea. De Roma ao liberalismo econômico

As principais instituições do moderno Direito Privado tiveram na cultura romana do período republicano a sua origem remota. Foi nessa sociedade militarista, paternalista e religiosa, fundada em uma economia artesanal, que eles viriam a surgir, não como conceitos jurídicos abstratos, mas como elementos de ordem prática destinados à regulamentação das relações entre os cidadãos capazes e dos negócios estabelecidos entre eles e entre os romanos e os estrangeiros.[23]

O conjunto de tais instituições jurídicas era compreendido pelo chamado *jus ciuile*, ou, dito de forma mais precisa, o ordenamento jurídico formado, no período republicano, pelo costume – fonte preponderante do Direito Privado formado desde os primórdios da civilização romana – e pelas leis escritas que poderiam ser ora editadas pelos magistrados dotados de poderes para tanto (*lex data*), ora aprovadas em comícios ou nos *concilia plebis* (*lex rogata*).[24]

A prática jurídica, no entanto, era fortemente baseada na atividade dos magistrados com funções judiciárias que, por intermédio dos *editos*, estabeleciam o rol exaustivo das ações que os cidadãos poderiam se valer para a tutela de seus direitos. Com o advento da *lex æbutia* em meados do século II a.C facultou-se aos magistrados a fixação, juntamente com as medidas disponibilizadas aos particulares, das fórmulas interpretativas a serem seguidas pelos juízes populares (árbitros escolhidos, em geral, pelas próprias partes chamados *judex priuatus*) na aplicação em concreto do *jus ciuile.*[25]

Com o passar dos séculos, já adentrando nos períodos do *principado* e do *dominato*, o Estado (cristalizado na figura do Imperador) passou a figurar como a origem precípua – praticamente exclusiva – do Direito. Nesse período, as chamadas *constituições imperiais* suplantaram o direito pretoriano e transformaram o costume em uma fonte meramente supletiva, destinada à colmatação das lacunas existentes nas constituições imperiais.[26]

A invocação dos direitos assegurados ora no *Jus ciuile*, ora nos editos dos magistrados (também chamados pelos romanistas de *jus honorarium* ou *jus prætorium*) e, mais tarde, nas *constituições imperiais*, era restrita àqueles indivíduos detentores de *capacidade jurídica*, a ter por requisitos o gozo da liberdade (em contraposição à condição de escravo) e a cidadania romana (em contraposição à condição dos *peregrinos* vinculados aos domínios de Roma e à condição dos *bárbaros* oriundos de nações inimigas). Tal capacidade jurídica, na concepção romana, era sujeita a uma gradação a variar de acordo com as situações pessoais de independência (*status libertatis*), de pertinência a uma determinada comunidade (*status ciuitatis*) e de posicionamento no agrupamento familiar (*status familiæ*), do que se infere que a capacidade jurídica plena era prerrogativa exclusiva dos *pater familiæ.*[27]

Esses indivíduos dotados de *capacidade jurídica*, em maior ou menor medida, consistiam nos protagonistas das relações obrigacionais estabelecidas com respaldo no *jus ciuile* e no *jus honorarium* que, segundo a conceituação formulada por Justiniano em suas *Institutas*, tinham por fontes, para além das leis escritas, os *contratos*, os *quase-contratos*, os *delitos privados* e os *quase-delitos*. Tal classificação, estabelecida em abstrato no século VI d.C no conjunto do *Corpus Iuris Ciuilis* representa, exatamente, o embrião não apenas dos conceitos modernos compreendidos no *direito das obrigações* em suas partes geral e especial, como também das noções contemporâneas a permearem a responsabilidade civil em suas modalidades *contratual* e *extracontratual*.[28]

No contexto específico do Direito Romano, especialmente no período clássico, o conceito de *contrato* não estava atrelado a uma categoria geral a classificar em abstrato os acordos de vontade lícitos, possíveis e firmados por sujeitos capazes, tal como se dá hodiernamente. Para os romanos, o termo *contrato* limitava-se a qualificar determinados negócios jurídicos que não dependiam unicamente do encontro de vontades para se materializar, mas sim da observância de certas fórmulas solenes estabelecidas em lei para surtir efeitos jurídicos, tal como ocorria, por exemplo, com a *stipulatio*, a configurar a modalidade contratual mais comum naquela quadra histórica.[29]

Ainda de acordo com o conceito romano de *contrato*, este último não tinha por objetivo a regulamentação ampla e abrangente de todas as vicissitudes oriundas da relação jurídica estabelecida entre as partes, desde seu início até sua extinção, limitando-se, ao revés, à mera criação do vínculo obrigacional decorrente do encontro de vontade dos contratantes. As eventuais alterações no curso de tal relação (p. ex.: modificação das condições e efeitos ou mesmo seu término) era objeto dos *pactos*.[30]

Já o conceito de *quase-contrato* compreendia aqueles atos lícitos que muito embora não resultassem em um acordo de vontades entre determinadas partes e não formassem um *contrato* com as solenidades a ele inerentes, gerava direitos e deveres recíprocos para os envolvidos. Como exemplos de tal modalidade obrigacional os autores romanistas citam a gestão de negócios por alguém (*negotiorum gestor*) em favor de outrem (*dominus negotii*), as decorrências do enriquecimento sem causa, a tutela, o condomínio de fato (*communio incidens*) e o legado.[31]

Os *delitos privados*, de seu turno, consistiam nas ofensas perpetradas contra a pessoa propriamente dita ou contra seus bens que geravam, para a vítima, o direito à proposição de uma *actio* com vistas ao estabelecimento, para o ofensor, de uma punição pecuniária (*poena priuata*). Segundo as fontes, os delitos privados eram restritos a quatro tipos específicos, a saber, o *furtum* (subtração de coisa seguida de sua descoberta), a *rapina* (furto com violência), a *iniuria* (ato praticado contra outrem sem respaldo jurídico) e o *damnum iniuria datum* (perpetração culposa de dano em coisa alheia). Diferem eles dos *delitos públicos* na medida em que estes últimos compreendiam exclusivamente a violação às normas de relevância considerável para a organização da sociedade, tais como o atentado contra a segurança do Estado (*perduellio*) e o homicídio de homem livre (*parricidium*).[32]

Por fim, os *quase-delitos* consistiam nas ofensas à integridade e à propriedade alheia que não podiam ser inseridas numa daquelas quatro espécies de delitos civis e que, mesmo assim, eram reconhecidas pelos pretores como causas para uma *actio* a ser proposta pela vítima em face do ofensor, com vistas à obtenção de reparação pecuniária (*poena*). Justiniano, em suas *Institutas*, insere na categoria dos quase-delitos (i) as situações a envolverem as lesões ocasionadas às partes pelos juízes populares que sentenciaram mal (*si iudex litem suam facerit*), (ii) os danos decorrentes de líquidos ou objetos arremessados de um edifício sobre a via pública (*effisium et deiectum*), (iii) os potenciais danos decorrentes de objetos pendurados em construções (*positum et suspensum*) e (iv) os prejuízos decorrentes do furto de coisas que estavam sob a guarda dos intendentes de navios, hospedarias ou estábulos (*receptum nautarum, camponum, stabulariorum*).[33]

Ao lado dessas quatro figuras (*contrato, delito, quase-contrato* e *quase-delito*), somavam-se as três espécies de danos previstos na *Lex Aquilia*, oriunda do século III a.C, que geravam, para a vítima, o direito a uma reparação pecuniária de natureza punitiva. Tais condutas consistiam, em síntese, (i) no assassínio injusto de um escravo ou de um animal, (ii) na exoneração fraudulenta de uma dívida sem a anuência do credor e (iii) nas lesões perpetradas *com o próprio corpo* (*corpore corpori datum*) a uma coisa pertencente a outrem.[34]

Não obstante a existência consabida das noções primitivas de *contrato, delito, quase-contrato* e *quase-delito* e das hipóteses de reparação previstas na *Lex Aquilia*, não se pode extrair de tais figuras um princípio geral de responsabilidade civil na dicção contemporânea. Muito embora os elementos em referência possam ser considerados, quando muito, os embriões do atual sistema, sua estipulação entre os antigos romanos foi calcada tão somente na ideia de substituição da vingança pessoal e privada dos ofendidos pela estipulação de uma punição imposta pelo Estado em certos e determinados casos concretos.[35]

De outro turno, o objeto das obrigações assumidas pelos indivíduos dotados de capacidade jurídica em alguma medida se fazia representado pelas *coisas* que, em função de sua tangibilidade concreta, eram classificadas entre *corpóreas* e *incorpóreas*. As primeiras compreendiam aquelas que podiam ser percebidas pelos sentidos (p. ex.: terrenos, árvores, animais etc.) e as últimas designavam os direitos que alguém possuía em relação a outrem por força de uma determinada relação jurídica (p. ex.: o direito do locador ao trabalho a ser desempenhado pelo *conductor* no contrato de locação de serviços – *locatio conductio operis*).[36]

A análise das instituições oriundas do Direito Romano no período clássico já permite antever a tendência ao *individualismo*, ao *patrimonialismo*, ao *contratualismo* e ao *legalismo* que virá, mais adiante, a configurar o substrato teórico do Direito Privado moderno. Trata-se, no entanto, de uma indicação ainda embrionária, na medida em que a configuração plena desses quatro elementos será completada apenas ao cabo da evolução tecnológica, mercantil e social a culminar com o liberalismo econômico e com a codificação.

Apesar disso, já é possível notar na sociedade romana, mesmo com sua organização patriarcal peculiar e com sua economia fundada em atividades meramente agrárias e artesanais, as noções (i) do indivíduo juridicamente capaz como centro de direitos e obrigações, (ii) do patrimônio (corpóreo e incorpóreo) como objeto das relações jurídicas, (iii) do encontro de vontades autônomas (ainda que sujeitos à observância de solenidades de raiz mística) como o fato gerador dos direitos e obrigações recíprocas e (iv) da norma escrita como fonte precípua do direito objetivo, especialmente nos períodos do principado e do dominato, com a preponderância das constituições imperiais.

O conhecimento das fontes do Direito Romano na atualidade é devido, em grande parte, à iniciativa do Imperador Justiniano que no século VI d.C empreendeu a compilação de parcela significativa do material jurídico produzido no período clássico e a consolidou no chamado *Corpus Juris Ciuilis*, formado por quatro obras representadas (i) pelo *Codex*, a integrar a recopilação das constituições imperiais então vigentes, (ii) pelo *Digesto* (ou *Pandectas*), a conter a súmula das opiniões dos principais jurisconsultos do período clássico, (iii) pelas *Institutas*, a formarem, em seu conjunto, uma espécie de manual escolar destinado à compreensão do conteúdo do *Digesto* e (iv) pelas *Nouellas*, a reunir as novas constituições imperiais elaboradas por Justiniano a fim de modificar trechos do *Codex*.[37]

Com a queda de Roma em 565 d.C (morte de Justiniano), o Direito Romano cedeu lugar na Europa Ocidental ao direito costumeiro dos povos bárbaros a desaguar, mais tarde, nas instituições jurídicas condicionantes da organização feudal. Nessa etapa, mantiveram-se íntegras apenas algumas instituições administrativas assimiladas por aqueles povos (em especial, os germanos) e alguns elementos de forma dos negócios jurídicos oriundos da *praxis* romana.[38]

Apesar disso, certos conceitos já reconhecidos e adotados pelos romanos em seu pragmatismo peculiar – como, por exemplo, a ideia de *boa fé* no cumprimento das obrigações – foram incrementados nesse período com os influxos axiológicos advindos da cultura cavalheiresca dos povos da Europa Ocidental na Idade Média e do direito canônico, de modo a influenciar a interpretação do sentido e do alcance inerentes aos negócios jurídicos privados.[39]

A retomada do estudo do Direito Romano, contudo, somente viria a ocorrer já sob os auspícios do Renascimento no século XI, com os trabalhos realizados pela chamada *Escola de Bolonha* e pelos *glosadores* em torno da releitura do *Corpus Juris Ciuilis* justinianeu. O móvel propulsor de tal movimento fez-se representado pelo florescimento do comércio e das cidades desenvolvidas em torno dele a demandar, por um lado, a superação das estruturas jurídicas características do período feudal e, por outro, a formação de um marco jurídico apto a regulamentar a atividade mercantil que encontrou nas instituições oriundas do velho Império, uma expressão apta a cumprir tal papel.[40]

Com o incremento ainda maior do comércio a partir do século XV, fomentado pelos descobrimentos, pelas novas rotas marítimas e pela ampliação dos mercados, o estudo do Direito Romano se intensificou no intento de viabilizar a aplicação de seus conceitos – ou, pelo menos, de alguns deles – à frenética e cada vez mais dinâmica atividade mercantil.

Apesar dos influxos decorrentes das instituições jurídicas e dos costumes dos povos originários da Europa Ocidental, bem assim das limitações oriundas das corporações de ofício e das intervenções do Estado na economia, havia o consenso entre eles de que os elementos do Direito Romano especialmente relacionados ao direito das obrigações e aos direitos reais se afiguravam plenamente adequados a tal propósito, haja vista sua atemporalidade e seu caráter pragmático.[41]

De fato, o pensamento jurídico do pós-medievo não implementou maiores questionamentos a respeito da configuração *individualista*, *patrimonialista* e *contratualista* inerente às estruturas oriundas do Direito Romano assimiladas pelos estados europeus. Nesse sentido, não havia, ao menos até aquele determinado momento histórico, qualquer razão de ordem prática ou filosófica a motivar a refundação em termos radicais das condições pessoais necessárias à aquisição e gozo da capacidade jurídica e muito menos para repensar a estrutura contratual como invólucro dos direitos e deveres estabelecidos em comum acordo pelas partes e as *coisas corpóreas ou incorpóreas* como seu objeto precípuo.

A única estrutura, dentre aquelas quatro retromencionadas, a guardar distinções mais fortes em relação ao Direito Romano consistia, justamente, no *legalismo*, porquanto naquela quadra histórica o direito vigente nos estados europeus não provinha de uma fonte preponderante, tal como se dava com as *constituições imperiais* do período justinianeu, mas se encontrava diluído ora no direito consuetudinário das comunidades residentes em seus territórios, ora nas instituições romanas por eles assimiladas.

A única ordem jurídica mais ou menos objetiva então existente consistia nos elementos oriundos do chamado *direito das gentes*, concebido, naquela quadra histórica, como o conjunto de leis naturais a servir como marco jurídico das relações civis, mercantis, diplomáticas e bélicas entabuladas entre os distintos povos.[42]

Ocorre, todavia, que com o desenrolar da era mercantilista, a intensificação do comércio e o incremento da circulação de riquezas inflou substancialmente a estrutura do Estado. As monarquias de cariz absolutista, no intuito de manter seus crescentes empreendimentos coloniais e bélicos e de sustentar os vetustos estamentos nobiliárquicos de origem feudal, buscavam fazê-lo através da concentração de poder e da tributação excessiva.[43]

O enriquecimento econômico e o fortalecimento político da burguesia a decorrer de tal intensificação do comércio viria a ser decisivo para o questionamento e para a posterior superação de tal estado de coisas, na medida em que aquela nova classe social reivindicaria não apenas sua participação nas esferas de decisão do Estado, mas a total redefinição do papel deste último em função de seus interesses mercantis. Exatamente nisso reside o mote dos movimentos ocorridos a partir do século XVIII, com destaque para a Revolução Francesa.[44]

Foi exatamente sob tal pano de fundo que o ideário jusnaturalista seria adotado pela burguesia na transição do século XVII para o século XVIII como a base teórica para suas reivindicações políticas de reformulação da organização do Estado. Segundo tal concepção, existiriam instituições objetivamente identificadas com os conceitos de *justiça* e de *moral* que, por estarem presentes em estado latente na consciência humana, seriam cognoscíveis pela ciência tal como os demais elementos existentes na natureza. Dentre tais elementos tidos por naturais, a *liberdade* seria o mais relevante, a ponto de configurar o núcleo axiológico de todo o arcabouço jurídico do Estado orientado por tal ideologia.[45]

Nesse diapasão, se a liberdade configurava o *estado primordial do homem* – ou seja, a condição que lhe foi dada pela própria natureza e que, portanto, não poderia cingir-se a limitações artificiais, segundo a concepção jusnaturalista apropriada pela burguesia –, somente seriam considerados *naturais* aqueles direitos voltados para a tutela das faculdades inatas dos indivíduos e para o livre exercício destas últimas.

Daí porque as garantias fundamentais constantes de documentos paradigmáticos do período em referência, como a *Declaração dos Direitos do Homem e do Cidadão*, correspondiam, exclusivamente, a posições titularizadas pelos indivíduos que se encontravam resguardadas do protagonismo do Poder Público, cujos expoentes clássicos se faziam representados pelo conjunto das liberdades (pensamento, iniciativa, indústria, comércio, locomoção, crença, dentre outras) e pelos direitos à propriedade, igualdade formal, à integridade física e à segurança jurídica.[46]

Nesse arcabouço ideológico partilhado pela burguesia, as decisões pessoais concernentes à atividade social e econômica dos indivíduos, bem assim as resoluções concernentes à utilização e ao emprego de seus bens, integravam a esfera de autonomia privada dos cidadãos e cabiam exclusivamente a estes últimos, sendo, pois, desvinculadas de qualquer finalidade imposta pelo Estado ou por qualquer outra esfera intermediária de poder.[47]

Sob o influxo de tal ideário, Moreira Alves ressalta que "o direito natural servia (...) como medida de aferição de valor do Direito Romano, pois eram os seus princípios que determinariam quais os preceitos romanos a conservar".[48]

Aqui, mais uma vez, foi o caráter pragmático inerente às instituições jurídicas oriundas do velho Império que asseguraram sua sobrevivência no liberalismo econômico, pois não sendo elas limitadoras das liberdades individuais e tampouco do livre comércio, não havia por que desconsiderá-las como estranhas à natureza humana, na concepção dos partidários de tal ideologia.

No entanto, o ideário jusnaturalista a servir de base para o projeto político da burguesia não se limitava à celebração dos direitos individuais como núcleo

> axiológico do sistema jurídico. Em contraposição ao absolutismo e ao caráter hereditário, divino e ilimitado do poder, os movimentos liberais inspirados na filosofia iluminista que eclodiram no final século XVIII empunharam dentre suas principais bandeiras a ruptura dos laços que uniam o comando do Estado ao estamento social nobiliárquico, a desvinculação entre a legislação e a vontade pessoal do soberano e a abertura do processo político aos cidadãos tidos por *livres e iguais*.[49]

Em tal momento histórico, operou-se a desconcentração do poder outrora desempenhado em absoluto pela autoridade monárquica, originando-se, com isto, a ideia de *separação dos poderes*, na concepção engendrada por Montesquieu, a compreender a função judiciária, legislativa e executiva, com preponderância para aquele primeiro, haja vista reunir em seus quadros os representantes dos cidadãos *livres e iguais*.[50]

No entanto, em que pese a preponderância do Poder Legislativo no ideário político liberal, seus integrantes não partilhavam do mesmo protagonismo ilimitado outrora exercido pelos monarcas absolutistas quando do desempenho das funções normativas. Ao revés, a atuação de seus integrantes se encontrava atrelada à observância de certos condicionantes objetivos fixados no intuito de assegurar a regularidade dos órgãos estatais e, principalmente, a integralidade daqueles direitos individuais titularizados pelos cidadãos.

Tais limites se faziam presentes nas chamadas *constituições escritas*, concebidas nesse período histórico, segundo Maurice Hauriou, como fórmulas textuais elaboradas no âmbito de cada Estado com vistas a subtrair das discussões políticas ordinárias os princípios que serviam de fundamento axiológico às respectivas estruturas institucionais, resguardando-os das paixões temporárias e dos ímpetos revisionistas dos governos de diferentes orientações que se sucediam.[51]

No intuito de promover a tutela daqueles princípios basilares da organização estatal concebidos pelas revoluções liberais do século XVIII, bem como de assegurar o regular cumprimento das funções legislativa, executiva e judiciária, as constituições escritas do período em referência tinham como conteúdo material exclusivo as normas pertinentes à repartição dos poderes e das competências e, principalmente, os elencos formais dos direitos e garantias fundamentais.[52]

Ao Poder Público, portanto, subsistiria o dever de zelar pela livre fruição das liberdades individuais, coibindo os excessos dos próprios cidadãos no exercício de seus direitos, sendo-lhe vedada, por conseguinte, a interferência na dinâmica autônoma das relações pessoais e econômicas estabelecidas entre os indivíduos.[53]

Nesse contexto de celebração estupefaciente da autonomia da vontade e da liberdade contratual sem peias, não era de se estranhar que as relações dos indivíduos entre si fossem concebidas como uma realidade apartada das pautas voltadas para a regência dos assuntos incumbidos ao Poder Público.

Desse modo, *sociedade* e *Estado* eram fenômenos regulamentados pelo Direito de forma diversa. Não se confundiam e não se intervinham mutuamente. O único imbricamento existente entre ambos consistia, justamente, nas barreiras impostas ao Estado em resguardo aos direitos individuais.

Desse apartamento entre *sociedade* e *Estado* na concepção liberal nasceu a dicotomia entre Direito Público (Constituição) e Direito Privado (Código Civil). Na linha de tal ruptura jurídica, as normas gerais e abstratas destinadas à regulação das relações individuais, nos moldes do jusnaturalismo racionalista, tinham como *locus* natural o Código Civil, concebido por Daniel Sarmento como "*a constituição da sociedade civil*", enquanto à Constituição propriamente dita, cabia as restritas funções de organização dos poderes, divisão de competências estatais e, finalmente, limitação "*dos governantes em prol da liberdade dos governados" por intermédio da fixação do rol dos "direitos individuais"*.[54]

Nesse diapasão, o liberalismo burguês viu-se na contingência de estabelecer um referencial jurídico seguro, objetivo e adequado ao desenvolvimento dos negócios no novo contexto de intensificação das atividades industriais e comerciais surgido a partir da Revolução Industrial, de acordo com sua visão de mundo.

O objetivo vislumbrado por tal empreendimento consistia na catalogação, na linha do enciclopedismo a caracterizar a ciência sob os auspícios iluministas, dos direitos e das obrigações que integrariam, de modo inato, o patrimônio jurídico dos indivíduos *livres e iguais*, desde o momento de seu nascimento até o óbito. Nisso consistia, exatamente, o movimento de *codificação* do direito, a conferir novo tônus ao elemento legalista que, ao lado do *individualismo*, do *contratualismo* e do *patrimonialismo*, integra o eixo de sustentação do Direito Privado.[55]

1.1.2 O liberalismo e a codificação

Segundo o ideário liberal-burguês de inspiração iluminista, se o Direito é um elemento inato à essência humana, tão exato e mensurável quanto os fenômenos físicos, químicos e biológicos presentes na natureza, as posições jurídicas titularizadas pelos indivíduos *livres e iguais* em relação a si mesmos e ao Estado são, por via de consequência, plenamente apreensíveis pela razão humana.

Como sucedâneo de tal raciocínio, se tais direitos e garantias individuais são cognoscíveis, afiguram-se eles catalogáveis da mesma forma que os espécimes da biologia ou que as reações químicas o são. E, por conseguinte, sendo viável a elaboração de tal elenco pretensamente exaustivo, se está a possibilitar, nos termos desse ideário, o conhecimento em termos abstratos das posições jurídicas titularizadas pelos cidadãos em suas relações interpessoais, de modo a conferir certeza, segurança e objetividade ao Direito vigente, em um grau até então inédito.[56]

Nisso residia, exatamente, o objetivo da *codificação* do direito, assumido pelos partidários do jusnaturalismo como um empreendimento destinado não apenas à catalogação de todas as repercussões jurídicas dos fatos da vida humana exercidos no lídimo exercício da autonomia privada, como também à consolidação do direito vigente em um único instrumento, em superação à co-existência de ordenamentos locais e de costumes com disposições oriundas do Direito Romano, a caracterizar, especialmente na Europa Ocidental, o arcabouço jurídico no período em referência.[57]

Imbuídos do ideário a propalar a unificação das práticas jurídicas supostamente inerentes à natureza dos povos e sua sistematização científica sob formas tidas por perfeitas e acabadas, os Estados passam a encampar amplamente a codificação da legislação civil ao longo do Século XIX, segundo o modelo e a estruturação adotados, primeiramente, na Prússia em 1794 (*Allgemeines Gesetzbuch für die Preußischen Staaten*) e na França em 1804, com o *Code Civil*.

Surgem, assim, diversos outros códigos, tal como o austríaco, de 1812 (*Allgemeines Bürgerliches Gesetzbuch*), o português, de 1868 (projeto do Visconde de Seabra), o argentino, de 1869 (projeto de Dalmacio Vélez Sarsfield), o alemão, de 1900 (*Bürgerliches Gesetzbuch*), dentre outros.[58]

No que diz respeito especificamente ao Direito Civil, a estrutura padronizada nos códigos se alinha plenamente à filosofia jusracionalista e aos pretensiosos objetivos enciclopédicos da codificação. Nesse sentido, partem eles da premissa de que os indivíduos *livres e iguais* configuram o centro de suas ações interpessoais e que as relações jurídicas por eles entabuladas com arrimo em sua autonomia privada deve encontrar limitação nos direitos titularizados pelos demais concidadãos *livres e iguais.*

Com base em tal premissa ideológica, a codificação aplicada ao Direito Civil tem por objetivo a delimitação sistematizada da esfera de autonomia privada titularizada por aqueles indivíduos *livres e iguais*, desde seu nascimento até seu óbito. Não por outra razão, os códigos se iniciam com os dispositivos concernentes à capacidade jurídica e ao direito da personalidade, a tratarem da aptidão dos sujeitos para o exercício de suas relações interpessoais, avançando em direção à ação dos indivíduos em torno da autorregulamentação de seus direitos e deveres recíprocos, por intermédio dos negócios jurídicos e às condições para aquisição e gozo da propriedade, passando pela fixação dos requisitos necessários à estruturação de seus núcleos familiares e encerrando-se com a sucessão *post mortem* de seu patrimônio adquirido em vida.[59]

Trata a codificação do final do século XVIII, portanto, de um fenômeno distinto das compilações jurídicas levadas a cabo em épocas anteriores nos moldes das empresas encabeçadas por Justiniano, com seu *Corpus Juris Ciuilis*, pelos partidários da *Escola de Bolonha* ou mesmo pelas ordenações régias do pós-medievo, tais como as Ordenações manuelinas e filipinas de Portugal, por exemplo. O fator de diferenciação entre aqueles intentos e a classificação sistemática adotada nos códigos civis reside, exatamente, no forte apelo filosófico e ideológico inerente a estes últimos.

De fato, se naquelas oportunidades buscou-se tão somente a ordenação das normas e costumes de difusão esparsa em determinados territórios, na codificação o objetivo consistiu na catalogação científica e sistemática dos elementos condicionantes da autonomia privada que seria inerente a um pretenso *direito natural* a configurar o patrimônio jurídico dos indivíduos *livres e iguais*.[60]

Esta era, portanto, a face a caracterizar o legalismo oitocentista: a busca pelo estabelecimento de um conjunto de leis pretensamente inerente à natureza humana cujo conteúdo, sentido e alcance se mostravam plenamente apreensíveis pelo exercício da razão e cuja catalogação em um sistema ordenado permitiria a regulamentação prévia de todo e qualquer aspecto relacionado às relações interpessoais dos indivíduos, de modo a assegurar o domínio seguro e controlado do futuro.

E tal conceito trazia imbricado em seu âmago não apenas uma metodologia própria para a aplicação em concreto das normas a integrarem o ordenamento jurídico, a limitar substancialmente o labor interpretativo, mas também a própria conformação das demais características do Direito Civil naquela quadra histórica, a saber, o *individualismo*, o *contratualismo* e o *patrimonialismo*.

1.1.3 Os quatro eixos do Direito Civil no liberalismo

1.1.3.1 O legalismo e a subsunção mecânica dos fatos à norma. O fetiche do conteúdo e o fetiche da fonte

Se no auge do liberalismo a codificação tinha por escopo ideológico a crença em torno da sistematização científica daqueles direitos dos indivíduos tidos por naturais de modo a permitir a catalogação pretensamente cerrada e definitiva de tais garantias, seu suporte filosófico englobava, também, a ideia de supremacia da lei escrita como fonte jurídica.

Podemos dizer, portanto, que a compreensão do Direito nessa quadra histórica envolvia o *fetiche de conteúdo*, representado pela crença inabalável no caráter natural das garantias regulamentadas pelos códigos civis e de seu vínculo intrínseco com a *liberdade* que seria inerente à totalidade dos indivíduos. Por outro lado, havia o *fetiche da fonte*, a consistir na concepção em torno da sacralidade do legislador no ideário liberal-burguês.[61]

Tal crença em torno da supremacia do Poder Legislativo radica no próprio mote central das revoluções implementadas nas últimas décadas do século XVIII, especialmente a francesa, a pugnar pela transferência do poder dos monarcas absolutistas para os próprios cidadãos. E o povo, nessa concepção, incorporaria a legislatura por intermédio de seus representantes eleitos – a congregar indivíduos *livres e iguais* extraídos de suas camadas – que, por isso mesmo, seriam natural e racionalmente legitimados a proceder à elaboração das normas destinadas à regulamentação daquelas garantias individuais e à manutenção da coesão social.[62]

Nesse arranjo, o Poder Legislativo – formado por representantes dos indivíduos *livres e iguais* extraídos diretamente das camadas populares – seria o responsável exclusivo pela dicção das leis a serem executadas e aplicadas pelos outros dois poderes (Executivo e Judiciário). O Poder Judiciário, em especial, era concebido por Montesquieu de maneira preclara como "*o Poder que nada fazia*" ("*des trois pouvoirs, celui de juger est en quelque façon nul*"), na medida em que seu protagonismo se limitava, nesse cenário idealizado, a aplicar de maneira mecânica as leis elaboradas pelo Poder Legislativo às hipóteses concretas.[63]

Em tal concepção originária acerca da separação dos poderes – a integrar o *fetiche da fonte* que inebriava, à ocasião, os teóricos das concepções liberais-burguesas acerca do Direito -- a função judiciária seria operacionalizada pela subsunção dos casos concretos à letra da lei, como se fosse possível para os textos normativos cristalizados nos códigos comprimirem em seus períodos gramaticais toda a realidade complexa da vida e de sua constante e cada vez mais célere evolução.[64]

A imensa difusão obtida por tais concepções culminaria, mais adiante, na configuração do *positivismo jurídico*, cujo advento como modelo descritivo do Direito teve por base a noção de que o labor científico destinado a desvelar a *natureza do homem* seria capaz de produzir um direito simples, universal e imutável que, por isso mesmo, poderia ser codificado e aplicado mecanicamente às situações fáticas.[65]

Uma vez desvelado e codificado, o Direito Positivo adquiriria a pretensão de neutralidade axiológica, de modo a não se confundir com as concepções valorativas a configurarem as *ideias morais* ou o *Direito Natural* de cariz kantiano. Por isso mesmo, todos os casos concretos a serem solucionados pelo Direito Positivo deveriam encontrar nele próprio suas respostas nisso consistindo, exatamente, o dogma da *completude*.[66]

O positivismo jurídico pode ser classificado, portanto, como uma decorrência científica da concepção liberal-burguesa acerca do Direito. A metodologia por ele concebida, fundada no dogma da *completude* do Direito Positivo, viria a ser amplamente utilizada com vistas ao desvelamento do sentido e à aplicação em concreto do direito privado ao longo do século XX, chegando até mesmo ao extremo de ser transformada, ela própria, em norma escrita, por intermédio das *leis de introdução* aos códigos civis amplamente difundidas nos ordenamentos de cariz romano-germânico.[67]

No entanto, a realidade não tardaria a demonstrar que a letra da lei não era capaz de regular, por si só, a miríade de situações práticas surgidas das relações entre os atores sociais e que a subsunção das normas escritas aos fatos não passaria de uma concepção idealizada. Diante da complexidade da vida em sociedade, esta última sempre estaria – como de fato está – muitos passos adiante do texto estático das normas.[68]

Diante dessa constatação, o positivismo jurídico, já em seu nascedouro, concebeu como solução para o problema das *lacunas normativas* o apelo à discricionariedade do juiz, seja através da via da analogia, da aplicação dos chamados *princípios gerais do direito* (aqui compreendidos como valores pessoais), dos costumes ou, em último caso, da equidade.[69]

E, de fato, o papel supletivo, ou secundário, conferido aos princípios consagradores de direitos fundamentais e, principalmente, a legitimidade atribuída à atuação discricionária do intérprete diante do *silêncio da norma* e dos *casos difíceis* sempre constituíram um dos principais pontos fracos a comprometerem a estrutura pretensamente científica atribuída ao Direito pelo positivismo.

Constatou-se, nesse sentido, que ao se atribuir ao intérprete/aplicador a legitimidade para conferir aos chamados *casos difíceis* uma solução discricionária, ainda que pretensamente fundada em juízos de *equidade*, abre-se a porta do Direito para o arbítrio pessoal da autoridade de ocasião. Subverte-se, assim, a própria racionalidade sistêmica arquitetada pelo positivismo jurídico, na medida em que a almejada *segurança jurídica* pretensamente assegurada pela lógica da subsunção dos fatos à norma é substituída por posições pessoais das autoridades legitimadas por sua origem, e não por seu conteúdo.[70]

Diante de tal abertura para o arbítrio e das sucessivas críticas geradas por tal vicissitude, os teóricos do Direito se embrenharam na busca de concepções alternativas ao positivismo jurídico, principalmente com vistas a possibilitar a integração dos princípios de ordem moral aos ordenamentos e a erigi-los como efetivos parâmetros de controle das autoridades.

Apenas com o advento das constituições dirigentes a partir do Segundo Pós-Guerra, os princípios – aqui compreendidos como as pautas axiológicas a nortearem a organização da sociedade em todos os seus aspectos – passaram a ocupar um papel central nos ordenamentos jurídicos. Tal tendência ganhou concretude com a constitucionalização dos valores basilares das sociedades ocidentais na metade do Século XX – especialmente no Segundo Pós-Guerra – sob a forma de *direitos fundamentais* dotados de força normativa suficiente para ensejar sua aplicação direta aos mais diversos casos concretos.

Nesse contexto é que se concebe a chamada *constitucionalização do Direito Civil*, pela qual os princípios reitores da personalidade, das relações interpessoais e da propriedade ganharam assento constitucional e passaram a ter seu conteúdo submetido aos condicionamentos advindos de outras pautas axiológicas reconhecidas pelos textos magnos.[71]

A despeito dos eventos ocorridos ao longo dos séculos XIX e XX, a revisão parcial do dogma em torno da supremacia da lei e a constitucionalização dos temas historicamente atrelados ao Direito Civil não abalou substancialmente a sistemática estrutural da matéria oriunda do liberalismo e, mais especificamente, da codificação.

De fato, ainda nos dias atuais, o Código Civil remanesce dentro do ordenamento jurídico das sociedades de tradição romano-germânica como o repositório das normas elementares concernentes à personalidade, à capacidade de fato e de direito, aos negócios jurídicos, aos direitos reais, à família e à sucessão, dentro daquele mesmo padrão de organização a caracterizar o código prussiano de 1791 e o *Code Civil* napoleônico de 1804.[72]

Este é, portanto, o legado mais visível, modernamente, deixado pelo liberalismo burguês e pela codificação no que se refere ao *legalismo*. A divisão sistêmica daquelas matérias com a linguagem jurídica centrada no indivíduo, nas obrigações por ele assumidas com seus pares e na propriedade, ainda as faz fortemente presente no Direito Civil, apesar das matizações impostas pelo constitucionalismo principiológico de cunho social.

1.1.3.2 O indivíduo como centro de direitos e obrigações

Segundo os teóricos do liberalismo burguês, a busca dos homens pela concretização de seus próprios interesses seria um elemento inerente ao espírito humano e a livre atuação dos indivíduos nesse sentido conduziria ao florescimento do empreendedorismo e, consequentemente, ao aumento da riqueza das nações e ao bem-estar geral. Nisso consistiria, segundo Adam Smith, a ordem social natural que a *mão invisível do mercado* seria capaz de promover e de garantir.[73]

Interessante notar que a obra de Adam Smith não ignora o fato de que a livre competição sob os auspícios da *mão invisível do mercado* poderia conduzir à desigualdade social, mormente entre aqueles atores que titularizam os meios econômicos de produção e os que vendem sua força de trabalho. No entanto, o autor minimiza tal aspecto perverso do livre mercado sob as crenças de que o empreendedorismo geraria, por si só, possibilidades de emprego e bem-estar para os mais pobres e de que a venda de labor humano em troca de uma contraprestação pecuniária nesse contexto, nada mais significaria senão o estabelecimento de relações entre indivíduos *livres e iguais*, dentro da esfera de autonomia privada por eles titularizada.[74]

De fato, as diferenças sociais, culturais e econômicas entre os indivíduos – inequivocamente presentes na realidade dos séculos XVIII e XIX– não eram ignoradas nem por Adam Smith e muito menos por outros pensadores iluministas. Veja-se, a propósito, que o próprio Emmanuel Joseph Sieyès, ao tempo da *Declaração dos Direitos do Homem e do Cidadão*, já havia alertado que o ideal de *fraternidade* – situado ao lado da *igualdade* e da *liberdade* como lema da Revolução Francesa – impunha ao Estado a assunção de postura ativa no sentido de anular ou mitigar os efeitos das desigualdades naturais existentes entre os homens.[75]

No entanto, tais evidências e alertas, por mais presentes que fossem, não obstaram a dispersão de um conceito meramente formal de *igualdade*, a propalar que os indivíduos, por mais diferentes que fossem, seriam tratados pelo Estado de igual maneira, pois este desconhecia privilégios de qualquer espécie, e seriam titulares dos mesmos direitos e deveres, assegurando-lhes, outrossim, as mesmas chances de prosperarem por seus próprios meios sob a égide da *mão invisível do mercado*. A *fraternidade* apregoada por Sieyès ficou, então, relegada a um segundo plano na ordem de prioridades das revoluções burguesas.[76]

A estrutura dos direitos positivados nas primeiras constituições escritas, com destaque para os conceitos liberais de *liberdade* e *igualdade*, demonstra que todo o arcabouço jurídico de então se voltava para a tutela de um indivíduo considerado em abstrato como um ser dotado das mesmas faculdades naturais e das mesmas oportunidades de progresso pessoal que seus concidadãos e que, portanto, deveria receber o mesmo tratamento conferido pelo Estado à generalidade dos membros da sociedade, independentemente de serem *grandes ou pequenos, ricos ou pobres, fortes ou fracos*.

Estes cidadãos *livres e iguais* eram considerados em si mesmos pelo Estado como centros exclusivos de direitos e, nesse sentido, titularizavam uma esfera de ação pessoal imune à interferência do Poder Público, que abrangia, na dicção de John Stuart Mill, "*todos os aspectos da vida e da conduta de um indivíduo que só o afectam a ele, ou, se também afectam outros, o fazem com autorização e participação livres e voluntárias dos mesmos*". Nisso, exatamente, consistia a noção liberal de *autonomia privada*.[77]

Segundo a sistemática civilista consagrada no liberalismo burguês e na codificação, a *autonomia privada* constitui um conceito umbilicalmente vinculado ao *indivíduo*. É ele que detém, precipuamente, personalidade e capacidade jurídica para empreender os negócios jurídicos com outros cidadãos *livres e iguais* como ele, bem como para gozar, fruir e dispor dos bens amealhados em decorrência de sua atuação no livre mercado. Nesse contexto, a intervenção do Estado em tais relações interprivadas redundaria na quebra da horizontalidade – e, portanto, da isonomia – inerente a tais indivíduos.[78]

Portanto, o liberalismo burguês concebe o indivíduo como um acumulador de patrimônio. É justamente tal conjunto de bens corpóreos e incorpóreos que integra o núcleo da *autonomia privada* sobre o qual seu titular poderá dispor segundo sua vontade. Sob tal ponto de vista, não importa para o Direito a quantidade e a qualidade dos insumos que serão inseridos pelos sujeitos nas relações por eles travadas, mas sim o *status* de liberdade e de igualdade que possuem em abstrato para entabularem suas avenças.[79]

E se o exercício da *autonomia privada*, na acepção ora indicada, faz surgir um ser coletivo, este último é antes o fruto do engenho pessoal do indivíduo que o idealizou do que uma realidade própria reconhecida como tal pelo ordenamento jurídico, capaz de gerar situações dignas de reconhecimento por este último. É o que se passa, exatamente, com a figura da *empresa* (ou *sociedade*) que é concebida pelo ideário liberal-burguês como um ajuntamento de *comerciantes* que, no afã de dar cabo a uma pretensa necessidade *natural* e *a-histórica*, se uniram para a colimação de seus respectivos objetivos econômicos individuais.[80]

Afora a acepção da *empresa* concebida como fruto do engenho humano, nos moldes e condições ora expostos, os ordenamentos jurídicos de inspiração liberal-burguesa eram francamente avessos às coalizões e ao associativismo de qualquer espécie, justamente em decorrência da crença em torno da centralidade dos indivíduos *livres e iguais* como sujeitos de direitos e deveres.[81]

A ideologia liberal consolidada nas legislações domésticas – ainda impregnada do combate ao Antigo Regime e, mais especificamente, às corporações de ofício –, via na associação privada uma ameaça ao interesse coletivo, por entender que a reunião de indivíduos em torno de interesses de classe propiciava a interferência destes grupos na atuação do Estado e, em última medida, poderia vir a gerar uma casta detentora de privilégios corporativos. Assim, a única associação legítima consistia naquela que unia os cidadãos, individualmente considerados, na formação da Nação.[82]

Daí se explica a razão para o surgimento, nessa quadra histórica, de diplomas como a *Lei Le Chapelier* e os *Sedition Meeting Acts*, promulgados na França e no Reino Unido em 1791 e em 1799, respectivamente, a proibirem expressamente o restabelecimento das *corporações de ofício*, bem assim a reunião de profissionais e empresários em torno de seus interesses comuns mediante a realização de atos típicos das associações para fins permanentes e a organização de movimentos voltados para o incremento dos salários, a redução da quantidade de trabalho, a diminuição das jornadas, a fixação de contratos coletivos entre obreiros e empregadores.[83]

Com o avançar dos séculos XIX e XX e com as lutas empreendidas por minorias até então vilipendiadas pela dinâmica do livre mercado, o *individualismo* liberal-burguês em sua acepção plena foi cedendo espaço à legislação interventiva elaborada em defesa da igualdade material a certos agrupamentos sociais (v.g., trabalhadores, mulheres, idosos, locatários, consumidores etc.) e às ideias em torno da coletivização dos fins sociais, plasmadas no conceito de *função social da propriedade* e na releitura das concepções jurídicas em torno da *boa-fé objetiva* e do *abuso de direito*.

Soma-se a isto o fenômeno da *constitucionalização do Direito Civil*, que conduziu os princípios clássicos deste último – dentre eles a *autonomia privada* – a conviver com outros interesses igualmente consagrados nos diplomas magnos e a superarem a noção de que o exercício das faculdades jurídicas interessa apenas a seus titulares, para reconhecer a existência do imperativo de solidariedade social a limitar a plena fruição dos direitos e a exigir, para tanto, a observância a certos fins coletivos.[84]

Não obstante a relevante matização implementada pelas intervenções legislativas de caráter solidarista a partir do século XIX e pelo fenômeno da *constitucionalização do Direito Civil* no século XX, a estrutura da relação jurídica e o repartimento dos direitos e deveres subjetivos permanecem centradas no *indivíduo*, tal como se dava na época da codificação.

De fato, mesmo com o desempenho de suas iniciativas pessoais e com o uso, gozo e fruição de seus bens condicionados à observância dos cânones da boa-fé objetiva e da função social do contrato e da propriedade, é ele – o indivíduo –, ainda nos dias de hoje, o repositório precípuo dos direitos e das obrigações contemplados pelo Direito Civil e o ponto de partida e de chegada dos liames a caracterizarem as relações interprivadas.

Veja-se, nesse sentido, que o conceito de *direito subjetivo* ainda pressupõe uma relação bipolar entre dois ou mais indivíduos possuidores de uma dada *qualidade jurídica* na qual um dos polos é detentor da *faculdade* de exigir do outro o cumprimento de um determinado *dever* ou, no caso dos chamados *direitos potestativos*, da prerrogativa de "*criar, modificar ou extinguir unilateralmente situações jurídicas nas quais outros sujeitos sejam interessados*", na acepção formulada por Giuseppe Lumia.[85]

É certo, todavia, que a intervenção legislativa de cariz solidarista, especialmente no que concerne ao reconhecimento de grupamentos sociais vulneráveis, promoveu, de certa maneira, a coletivização do Direito Privado por intermédio da assimilação das categorias dos interesses *individuais homogêneos*, *coletivos* e *difusos*, a configurarem àquele conjunto propriamente dito de indivíduos a titularidade de direitos e garantias próprios.[86]

No entanto tal inovação – a caracterizar, verdadeiramente, um avanço – nunca logrou efetivamente retirar o indivíduo do centro das relações jurídicas de Direito Privado, se é que esta foi, em algum momento, a sua pretensão. De fato, muito embora os intensos debates acerca do tema ao longo do século XX tenham levado os ordenamentos de tradição romano-germânica a incorporar a tutela daqueles interesses coletivos em sentido *lato*, a prática jurídica e até mesmo o ensino do Direito nas faculdades ainda os vê como os frutos de uma *revolução incompleta*, cuja consolidação estaria a depender da adequação das estruturas processual e judicial a tais demandas e à própria superação de preconceitos ainda fortemente arraigados nos operadores jurídicos.[87]

Por isso mesmo, os interesses *individuais homogêneos*, *coletivos* e *difusos*, malgrado inequívocos avanços observados em sua conceituação e em sua consolidação, ainda são vistos como elementos de segunda ordem, como se sua existência possuísse um caráter meramente acessório em relação àquela estrutura clássica a caracterizar os direitos subjetivos centralizados na figura do indivíduo.

É o *individualismo*, portanto, uma característica oriunda do liberalismo e da codificação ainda fortemente presente no Direito Civil e nos demais ramos – tais como o Direito do Consumidor e o próprio Direito do Trabalho – que se valeram da estrutura da *relação jurídica* inerente a este último para erigir seus princípios reitores.

1.1.3.3 O contrato *como forma de expressão da autonomia privada*

Sob o ideário liberal-burguês, os aspectos da vida privada dos indivíduos que envolvia, de algum modo, a concorrência da autonomia dos demais, eram por eles convencionados através de instrumentos particulares de direitos e deveres, elaborados de forma livre por cidadãos mental e fisicamente aptos à franca disposição de seus interesses pessoais. Tal elucubração sintetizava, justamente, a concepção em torno do *contrato* naquela quadra histórica.

O *contrato* liberal-burguês não mais se confundia com aquela velha forma sacra oriunda do Império Romano pela qual certos negócios jurídicos eram implementados e tampouco com o singelo invólucro do encontro de vontades das partes assimilada na era mercantilista. Para muito além disso, a concepção liberal-burguesa compreendia o *contrato* como a manifestação concreta por excelência da autonomia privada e, consequentemente, da própria liberdade individual exercida em relação ao Estado, a servir de suporte axiológico para todo o sistema.

Assim, em contratos firmados por cidadãos livres e dotados das mesmas faculdades mentais, não cabia ao Estado intervir no franco exercício da autonomia das partes para impor aos seus instrumentos particulares certos conteúdos finalísticos ou restrições para além daquelas estabelecidas pelos direitos individuais de terceiros. Se os pactuantes se encontravam em pleno gozo de suas faculdades mentais e se lícito fosse o objeto do instrumento privado, não haveria espaço para a intromissão do Poder Público em suas avenças.[88]

Apesar disso, a autonomia privada se encontrava jungida aos corolários decorrentes da *boa fé* na forma concebida difusamente pelos romanos, aperfeiçoada pelos germânicos e assimilada pelo Direito Costumeiro. Tal tradição se manifestou de maneira mais incisiva na codificação por intermédio dos dispositivos referentes aos direitos reais – especialmente na disciplina da *posse* – e na parte concernente às obrigações, através das figuras do *abuso de direito* e dos *vícios de consentimento*.[89]

Não obstante a presença dispersa do conceito de *boa fé* nos dispositivos dos códigos civis, tal vicissitude não significava o reconhecimento em abstrato de situações de desigualdade fática entre os contratantes por parte do ordenamento jurídico. Nesse sentido, a estrutura dos códigos civis oitocentistas não contemplava sequer uma cláusula geral destinada a resguardar a proteção da confiança dos contratantes nos moldes da expressão *venire contra factum propium* já conhecida no medievo.[90]

Longe disso, sob a sistemática liberal-burguesa, a liberdade de firmar avenças e a igualdade dos pactuantes eram presumidas, de modo que o desfazimento do negócio jurídico pela materialização de algum vício configurava hipótese somente concebível como exceção casuística a depender da constatação inequívoca a respeito da conduta do contratante de má-fé, a macular o consentimento em torno do vínculo obrigacional.[91]

No que diz respeito ao objeto dos contratos – a saber: o patrimônio material e imaterial representado pelos bens e serviços – o advento da Revolução Industrial viria a ocasionar não apenas a transubstanciação de tais elementos, como também um aumento jamais visto em sua dinâmica de oferta e procura.

De fato, com o surgimento das chamadas *máquinas-ferramenta*, assim denominadas por Karl Marx, e com sua utilização na substituição dos métodos tradicionais inerentes ao processo artesanal, a escala de produção dos bens de consumo outrora produzidos nas oficinas dos artífices foi significativamente ampliada. Com isto, a burguesia urbana viu-se na contingência de implementar meios mais eficientes de comunicação e de transportes, sem o que não seria possível escoar a enorme produção oriunda de suas fábricas.

Tal vicissitude conferiu ao capitalismo uma nova dinâmica, conduzindo, por conseguinte, ao desenvolvimento de tecnologias que propiciaram o desempenho de atividades industriais até então desconhecidas, voltadas para o atendimento àquelas demandas, tais como a produção de locomotivas, vagões, transatlânticos, telégrafos, ferrovias etc.[92]

Paralelamente a isto, foram removidos os obstáculos que limitavam até então o livre comércio, representados pela intervenção irrestrita do Estado no domínio econômico e pelas corporações de ofício que, ao manterem para si o monopólio do conhecimento e do processo produtivo de certos bens e serviços e ao limitarem o número de artífices admitidos aos seus quadros, exerciam pleno controle das condições de oferecimento de seus insumos no mercado.[93]

Nesse contexto, novos bens em quantidades jamais vistas passaram a integrar o objeto dos contratos. As avenças comerciais travadas entre particulares alcançaram dimensões sociais e econômicas até então inéditas, incapazes de serem reproduzidas pelos processos artesanais desempenhados nas eras anteriores. Para dar cabo da produção desses insumos em tal escala, fez-se necessário contar com o serviço (leia-se: *força de trabalho*) de um número igualmente imenso de operários recrutados entre os antigos artesãos e entre a população rural que migrou para os polos urbanos industrializados.

A transmutação dos bens e serviços em quantidade e em qualidade ocasionada no ensejo da Primeira Revolução Industrial viria a configurar, mais adiante, o móvel propulsor da retomada da intervenção do Estado, pela via legislativa, em certos aspectos atribuídos pelo ideário liberal-burguês à autonomia privada e à livre pactuação, dentre as quais se destacam as condições inerentes à prestação do trabalho nesse novo contexto.

Tal questão, no entanto, será objeto de análise a ser empreendida mais adiante, quando do estudo dos fatores que ensejaram o surgimento do Direito do Trabalho tal como o conhecemos nos dias de hoje. Por ora, importa nos atermos à assertiva de que o contexto subjacente à Revolução Industrial demandava dos juristas formados sob o ideário liberal-burguês e sob os influxos da codificação a elaboração de um arcabouço normativo apto a assegurar a certeza e a segurança necessárias à elaboração dos contratos que iriam viabilizar, ao fim e ao cabo, a circulação das mercadorias e dos serviços.

Imbuídos de tal influxo, e convencidos da necessidade em torno da fixação de um marco formal sob o qual a livre contratação deveria expressar a plena manifestação da *autonomia privada* no avançado estágio civilizatório que se julgava ter alcançado, os códigos do século XIX estabeleceram as condições para a formação e para a extinção das avenças, os limites quanto ao seu objeto, a tipologia dos contratos e os intentos de antecipação de alguns de seus efeitos jurídicos mais relevantes.[94]

Surgiram, assim, na esteira da codificação, regras clássicas como aquelas atinentes à interpretação dos termos contratuais (artigos 1.153 a 1.164 do *Code Civil* francês), ao condicionamento da formação e da extinção dos negócios jurídicos à demonstração em torno da *licitude* e da *possibilidade* do objeto contratual, para além da *capacidade do agente* (artigo 1.108), da classificação sistemática dos negócios jurídicos em sinalagmáticos, bilaterais, atípicos, derivados, entre outros (artigos 1.101 a 1.107), da tipologia dos contratos e de suas condições próprias (compra e venda, locação, mandato, empreitada, depósito etc., discriminados nos artigos 1.582 a 1.831) e das estipulações em favor de terceiros (artigos 1.165 a 1.167).[95]

Nos dispositivos correspondentes à interpretação dos contratos, é patente a presença do elemento volitivo como móvel propulsor da delimitação do sentido e do alcance das cláusulas contratuais, em total sintonia com o ideário liberal-burguês. De fato, sendo o contrato a manifestação formal da *autonomia das partes*, é evidente, para tal concepção, que o significado a ser conferido em concreto para os dispositivos da avença corresponderá àquele que melhor expressar a vontade livremente expressada pelos pactuantes.[96]

Já na parte concernente aos efeitos dos contratos – materializada, em grande medida, nos dispositivos pertinentes à tipologia das avenças e às estipulações em favor de terceiros – são nitidamente perceptíveis os intentos característicos da codificação no sentido de se conferir previsibilidade a respeito das consequências futuras das relações jurídicas e, com isto, promover a completude do Direito no interior do próprio sistema positivado, em consonância com a aura mística a propalar, segundo o ideário liberal-burguês, a perenidade e a universalidade da linguagem dos códigos e sua aplicabilidade a toda e qualquer situação apresentável em qualquer tempo e lugar.[97]

Justamente por tal razão, os códigos são prenhes de artigos que antecipam suposições e situações passíveis de manifestação no plano fático, cujas minúcias são significativamente mais específicas do que a clássica teoria da imprevisão, cristalizada no brocardo *rebus sic stantibus*.

Com o decurso dos séculos XIX e XX e com a constatação em torno da existência de situações efetivas de desigualdade fática a permear os polos de certos negócios jurídicos – naturalmente, após a deflagração de inúmeras lutas –, o Estado passou a atuar diretamente na delimitação da *autonomia privada* titularizada pelos indivíduos, no afã de assegurar a igualdade real entre eles e de concretizar objetivos relacionados ao *bem estar geral.*[98]

E tal atuação do Estado no sentido de estabelecer novos parâmetros para o exercício da *autonomia privada*, a partir da constatação fática de tais desigualdades, foi significativamente ampliada no decorrer do século XX diante do notório ganho de complexidade a envolver as relações sociais, representado por uma série de fenômenos tais como a massificação da produção, do consumo e do oferecimento de serviços, a intensificação dos acordos entre as grandes empresas com vistas ao domínio dos mercados, a mobilidade cada vez mais crescente do capital e a coletivização dos danos produzidos pelas atividades industriais e comerciais.[99]

À medida que a riqueza das vicissitudes fáticas decorrentes de tais fenômenos foi demolindo pouco a pouco as ilusões liberais-burguesas em torno da plena capacidade dos códigos civis para a resolução de todas as controvérsias surgidas nas relações interprivadas e da sacralidade da *autonomia privada*· o vínculo obrigacional passou a ser compreendido não mais como um dado estático cristalizado na vontade das partes, mas sim como um processo dinâmico, a agregar em seu conteúdo outros deveres e direitos que, sendo inerentes à própria natureza dos contratos, passariam a integrá-los. Nesse sentido, a *porta de entrada* para tais elementos foi identificada, exatamente, na cláusula geral da *boa-fé objetiva*, a integrar a maior parte dos códigos civis contemporâneos.[100]

A tempo, os dispositivos legais a estabelecerem a *cláusula geral de boa-fé objetiva* implicaram, em um primeiro momento, na agregação de deveres e direitos aos contratos decorrentes (i) da confiança recíproca dos pactuantes em torno das expectativas derivadas do negócio jurídico e (ii) do sentido e do alcance extraídos diretamente das leis, dos costumes e da equidade, segundo a dicção de Francesco Santoro-Passarelli.[101]

Posteriormente, com a constitucionalização do direito civil, o conteúdo inerente à *boa-fé objetiva* passou a guardar relação substancial direta com as finalidades declamadas expressamente nas constituições dirigentes. A partir daí, o exercício dos direitos titularizados pelos contratantes e sua atuação com supedâneo na *autonomia privada* somente seriam reputados legítimos conquanto se dessem em consonância com os fins econômicos e sociais estabelecidos pela ordem constitucional.

Dito de forma mais precisa, a cláusula da *boa-fé objetiva*, com seu conteúdo formado pelos princípios, fins e objetivos constitucionais, agregou aos negócios jurídicos privados novos *deveres acessórios* decorrentes, exatamente, da incidência concreta daqueles preceitos constitucionais às situações regulamentadas pelos contratos e do significado das referidas diretrizes indicado pelas nuances de tais casos concretos.[102]

Por isso mesmo, os *deveres acessórios* a integrarem o escopo da *boa-fé objetiva*, nessa perspectiva, não constam nem são extraídos do ordenamento jurídico de forma geral, abstrata e ambivalente. De fato, as referidas obrigações variarão casuisticamente de acordo com a natureza e a espécie dos atos ou negócios jurídicos a serem entabulados pelas partes, bem como em função dos fins econômicos e sociais, de cariz constitucional, a eles subjacentes.[103]

No entanto, a constitucionalização do Direito Civil e, nessa esteira, a vinculação dos contratos aos princípios, objetivos e finalidades previstos no texto magno, não fulminaram em absoluto a *autonomia privada* e tampouco a liberdade contratual, condicionando-as, ao revés, a certos limites de conteúdo inspirados, em grande medida, pelos postulados da *dignidade humana*, da *justiça social* e da *solidariedade*.[104]

E dentro desse espaço remanescente confiado à plena *autonomia privada*, os elementos clássicos assimilados pela codificação no que concerne à formulação e aceitação da proposta, às condições de formação, extinção e validade dos negócios jurídicos, bem assim à classificação sistemática destes últimos e sua tipologia, continuam a reger a disciplina contratual e a espraiar seus conceitos à totalidade das avenças, mesmo para aquelas que são objeto de tutela legal específica, tais como os contratos laborais, consumeristas e locatícios, por exemplo.

1.1.3.4 O patrimônio e a propriedade como objetos preferenciais de direitos e obrigações

Se na concepção liberal-burguesa o *indivíduo* é o sujeito de direitos e o *contrato* é a forma precípua a envolver o exercício da autonomia privada, o *objeto* (ou a *substância*) das relações interpessoais travadas entre aqueles agentes livres e iguais é representado pela *propriedade*.

É a *propriedade*, de fato, o elemento central de todo o arcabouço civilista. O indivíduo, ao nascer, já se torna apto a titularizar bens e direitos patrimoniais, podendo usar, fruir e dispor destes últimos à medida que adquire a *capacidade* para tanto. Preenchida tal condição, pode ele tomar parte de relações obrigacionais e, nessa esteira, contratar a aquisição ou a prestação de bens e serviços e contrair matrimônio sob um dos regimes patrimoniais estabelecidos no Código Civil.

Constituído o núcleo familiar, adquire o sujeito para si, desde já, a obrigação de prestar alimentos a seus dependentes e de dotá-los dos elementos materiais mínimos para que venham a se constituir no futuro, tal como ele, indivíduos livres e iguais capazes de adquirir patrimônio e de usar, fruir e dispor deles no pleno gozo de sua autonomia privada.

Se seu esforço pessoal em vida culminar com a aquisição de bens móveis ou imóveis, o uso, gozo e fruição destes últimos dar-se-á segundo a sistemática dos direitos reais e de seus diversos institutos peculiares (*v.g.*, direito de vizinhança, penhor, hipoteca, ônus real etc.). Ante o fato inevitável da morte, o indivíduo pode dispor de seus bens por intermédio da elaboração de testamento ou, caso venha a falecer sem lavrar tal documento, submeter seu patrimônio à sistemática sucessória definida em lei.

Desse modo, nos códigos civis voltados para a regência das relações interprivadas, o patrimônio (fungível ou infungível, material ou imaterial) é figura onipresente, do nascimento até o óbito, do berço ao túmulo. Todos os bens e serviços disponíveis na natureza ou concebidos pelo engenho humano são passíveis de apropriação pelos indivíduos e, nessa condição, sujeitos à livre disposição por parte destes últimos que, no uso e gozo de sua autonomia privada, podem estabelecer avenças com terceiros a tê-los por objeto, destinar-lhes um fim específico ou legá-los a seus sucessores legais.

Na seara obrigacional, as relações travadas sob seus preceitos – especialmente no campo dos contratos – envolvem, em regra, o dever ao adimplemento de uma prestação específica (p. ex.: entregar certo produto, disponibilizar dado bem ou realizar determinado trabalho) mediante uma contraprestação pecuniária. Tem-se, aí, um liame jurídico a envolver o repasse recíproco de parcelas dos patrimônios pertencentes às partes (*v.g.*, um bem ou a mão de obra em troca de dinheiro).[105]

Mesmo os direitos inerentes à personalidade (*v.g.*, honra, intimidade, privacidade, imagem, nome, integridade psicofísica etc.) que o Direito Civil reconhece e tutela são valorados de acordo com sua expressão econômica, especialmente nas hipóteses em que são violados por terceiros no curso de relações obrigacionais ou fora delas.

Nesse sentido, a reparação pelas lesões a tais garantias é tratada pela Teoria Geral da Responsabilidade Civil como um suposto a ensejar o pagamento de indenização pecuniária. Convolam-se, assim, por intermédio das *perdas e danos* elementos eminentemente imateriais em patrimônio (dinheiro), a ser transferido do ofensor para a vítima.[106]

E, além disso, mesmo as obrigações de *fazer* e *não fazer* que se resolvem, via de regra, mediante a materialização de um ato ou de uma abstenção por parte do devedor, possuem uma expressão econômica que, ao fim e ao cabo, se situam no núcleo das relações a tê-las por objeto. Assim, por exemplo, a controvérsia em torno da construção de um muro (típica obrigação de *fazer*) se manifesta em razão dos custos inerentes à realização de tal empreitada e de seu impacto no patrimônio da parte que dela se incumbiu. Do mesmo modo, o dever de zelar pela integridade dos bens que são objeto dos contratos de depósito se mostram relevantes na medida em que sua implementação demanda uma série de despesas a serem adimplidas pelo depositário.

Tamanha é a relevância da expressão econômica inerente a tais hipóteses que as partes tendem a convencionar *cláusulas penais* dotadas de conteúdo pecuniário como mecanismos destinados a inibir o inadimplemento das obrigações de *fazer* e de *não fazer* e a punir o devedor que não as cumpriu a tempo e a modo.[107]

Pois bem. Tendo o indivíduo, no gozo de sua autonomia privada, entabulado relações obrigacionais com seus pares e adquirido a propriedade de bens, em razão de sua atuação bem-sucedida na esfera do mercado, tinha ele assegurado, pela legislação editada sob o influxo do ideário liberal-burguês, o pleno uso, gozo e disposição daqueles insumos.

Tal garantia tinha por limite único os direitos titularizados pelos outros indivíduos *livres e iguais* cuja integridade fosse ameaçada pelo exercício abusivo do direito à propriedade. A fim de viabilizar a convivência harmônica dos sujeitos de direitos no seio da sociedade, o Estado liberal-burguês concebeu a figura do *poder de polícia* como elemento essencial ao resguardo das garantias individuais e, nesse escopo, do patrimônio dos particulares em face das ameaças de toda ordem.[108]

Além disso, o exercício do direito à propriedade encontrava limitação nos conceitos de *interesse social* e a *utilidade pública* que, desde os primórdios do direito administrativo, figuravam como justificativas para os processos de requisição de bens móveis e de desapropriação de imóveis levados a efeito pelo Estado com vistas à consecução de seus propósitos existenciais (p. ex.: em caso de esforço de guerra, ante a necessidade de dotar o território de infraestrutura de transportes, comunicações etc.).[109]

A partir de tais concepções voltadas para a justificação excepcional do avanço do Estado sobre o patrimônio dos indivíduos, formulou-se, na virada do século XIX para o século XX, o conceito de *função social da propriedade*. Por ele, o direito ao uso, gozo e fruição dos bens por parte do indivíduo somente seria justificado conquanto atendesse às finalidades e aos objetivos constitucionais elencados pelo Estado com vistas ao desenvolvimento social e econômico e à concretização da igualdade material entre os cidadãos.[110]

No plano do direito positivo, foi a *função social da propriedade* prevista originalmente no artigo 153 da Constituição alemã de 1919 (Constituição de Weimar) e reproduzida em grande parte das cartas democráticas editadas no decorrer do século XX.[111]

Com o advento do conceito em tela, o papel do Estado em relação ao exercício do direito à propriedade foi substancialmente redefinido. Deixou o Estado, com isto, de ser o mero garante da ordem em relação aos possíveis abusos cometidos pelos indivíduos ou o singelo agente desapropriador de bens móveis ou imóveis em proveito da utilidade coletiva, para definir, em termos gerais, as finalidades e os objetivos a pautarem – e a justificarem – o uso, o gozo e a fruição daquela garantia de cunho liberal.[112]

Nesse sentido, os países que aderiram ao constitucionalismo social passaram a editar diplomas legais voltados para a regulamentação de uma série de questões a afetarem diretamente o direito de propriedade, tais como (i) a preservação de matas nativas, nascentes, rios, flora, fauna e do patrimônio histórico, (ii) o desmembramento de latifúndios com vistas à implementação dos processos de reforma agrária, (iii) a demarcação de reservas silvícolas, (iv) a desapropriação de imóveis urbanos para fins de assentamento de pessoas sem residência, dentre outras.[113]

Diante disso, os estudos de Direito Constitucional elaborados nesse período (especialmente nas décadas que sucederam o Segundo Pós-Guerra) trataram de conceber tais diplomas como exercícios legítimos de limitação à garantia da propriedade em proveito não apenas de outros direitos fundamentais de igual relevância constitucional, como também da própria *função social* a ela inerente.

Nesse sentido, as correntes filiadas à concepção axiológica dos direitos fundamentais, nascida a partir da interpretação da Lei Fundamental alemã de 1949 (Constituição de Bonn) pelo Tribunal Constitucional (*Bundesverfassungsgericht*) e amplamente difundidas nos países que aderiram ao constitucionalismo social, viam a propriedade como uma *garantia institucional* cuja delimitação por parte do legislador ordinário seria justificada na medida em que se afigurasse *adequada* aos fins por ele colimados, *necessária* (ou seja, não alcançável por meios menos gravosos) e *proporcional* (se o benefício a ser obtido superasse o custo de sua implementação e fosse justificado com base em outro direito fundamental de igual hierarquia) e desde que não desconfigurasse o *núcleo essencial* de tal garantia, representado, em síntese, pelo poder de uso, fruição e disposição do bem pelos particulares.[114]

A despeito da ampla difusão da ideia de função social da propriedade e da promulgação de inúmeros diplomas legislativos que, em nome de tal instituto, estabeleceram condicionamentos significativos ao irrestrito uso, gozo e fruição dos bens por parte de seus titulares, tais vicissitudes não culminaram com a redefinição do patrimônio, em sua acepção clássica, como um dos eixos estruturantes do Direito Civil.

De fato, mesmo com as limitações impostas à propriedade com arrimo em uma série de direitos conexos e de finalidades coletivas consagradas pelo constitucionalismo social, a possibilidade de livre e irrestrita utilização, fruição e disposição dos bens por parte de seus titulares, nos moldes clássicos concebidos sob a égide do liberalismo, ainda era resguardada pelo ordenamento jurídico em relação àquela parcela de propriedade não afetada pela legislação restritiva.

Em tais hipóteses, a eventual constatação em torno do malferimento a um determinado diploma restritivo do direito à propriedade ou ao próprio princípio a impor-lhe o exercício com vistas à concretização de sua *função social*, dependeria, via de regra, de uma análise *ex post facto*, que culminaria com imposição de penalidades ou de medidas reparatórias de cunho pecuniário aos terceiros eventualmente afetados em seus direitos.

Para além disso, o advento do constitucionalismo social e o incremento da atuação do Estado nos domínios privados não alterou significativamente a configuração do objeto das relações obrigacionais, ainda representado, majoritariamente, pela expressão patrimonial das prestações assumidas pelas partes e do caráter prevalentemente pecuniário da reparação decorrente de seu inadimplemento.

Apenas com o desenvolvimento da concepção de *meio ambiente* e das ideias a ela subjacentes foi possível esboçar uma configuração alternativa àquela a visualizar o patrimônio (e a propriedade) como o objeto central das relações obrigacionais e a permitir aos indivíduos, como regra geral, a disposição irrestrita da propriedade. O tema será tratado de modo mais específico no Capítulo 4 do presente estudo.

1.1.4 As mazelas do liberalismo e os abalos nas estruturas do Direito Civil

A despeito da robustez teórica do ideário liberal-burguês, fundamentado no tripé *liberdade*, *igualdade* e *autonomia privada*, sua implementação prática nas sociedades que experimentaram os avanços carreados pela Revolução Industrial afigurou-se desastrosa sob o prisma social.

De fato, a ampla liberdade de contratação e a garantia concernente à irrestrita utilização da propriedade conduziu à institucionalização da exploração da mais vasta parcela da sociedade por uns poucos indivíduos detentores de poder econômico e organizativo e à apropriação das noções de *interesse público* e de *bem comum* por parte dessa elite proprietária. Nesse cenário, as ideias de *liberdade* e de *igualdade* a contemplar e a irmanar os indivíduos na acepção dos códigos civis oitocentistas não passavam de mera abstração, cuja subsistência nestes termos conduziria o direito, fatalmente, ao terreno do simbolismo.[115]

Diante de tal realidade, não tardou para que os setores mais numerosos da população se organizassem e buscassem, por intermédio da deflagração de cruentas e custosas lutas, a superação das irreversíveis mazelas que o liberalismo lhes havia imposto. O resultado de tais conflagrações nos cenários político e jurídico materializou-se, respectivamente, na eleição de representantes do proletariado para os parlamentos e na edição de leis destinadas à regulamentação das relações econômicas por intermédio da intervenção do Estado.

Tal legislação editada sob o influxo dos movimentos verificados a partir da metade do século XIX partiu da premissa de que ao Estado incumbia a tarefa precípua de intervir nas relações econômicas com vistas a eliminar as distorções inerentes ao livre mercado e de assegurar, com isto, o equilíbrio entre os interesses privados e o *bem comum* representado, nessa concepção, pela obtenção da igualdade fática – e não meramente teórica e abstrata – entre os indivíduos.[116]

Surgiram, a partir daí, diplomas legislativos voltados para a regulamentação de uma série de aspectos antes relegados à *mão invisível* do mercado, tais como a contratação do trabalho, a utilização da propriedade urbana e rural, a concorrência entre as empresas, a disponibilização de produtos e serviços aos consumidores, dentre outros.

Muito embora tal movimento tenha limitado substancialmente os espaços atribuídos originalmente à livre iniciativa e à autonomia privada sob o viés liberal-burguês, não culminou ele com a modificação, em sua essência, dos alicerces *legalistas, individualistas, contratualistas* e *patrimonialistas* a fundamentarem o Direito Civil desde a codificação.

De fato, mesmo após o advento das normas de cunho social, a ***lei*** ainda era vista, em grande medida, como a manifestação legítima dos representantes da sociedade capaz de condicionar a realidade fática a seus preceitos, o ***indivíduo*** permaneceu como o centro de direitos e obrigações e o destinatário final das medidas implementadas pelo Estado e o ***contrato***, ainda que matizado por dispositivos protetivos de ordem pública, subsistiu como a forma precípua para a regulamentação das prestações recíprocas a serem implementadas pelos particulares em suas relações. De igual modo, o ***patrimônio*** remanescia como o objeto nuclear das relações interprivadas e, também, como o elemento concreto a assegurar a igualdade fática e a coesão social vislumbradas por tal movimento.

Em síntese, o advento da concepção socialista, em contraposição ao ideário liberal-burguês, buscou a amenização (ou mesmo a superação) dos desequilíbrios ocasionados pelo livre jogo do mercado sem, contudo, reformular as estruturas capitalistas sob as quais o Estado e a sociedade encontravam-se escorados desde o advento das revoluções políticas e tecnológicas que suplantaram o absolutismo e a produção artesanal.[117]

E dentre os fatores mercadológicos retirados em parte do livre mercado sob tal concepção, o mais sensível se fez representado, justamente, pelas condições de compra e venda da mão de obra, cuja regulamentação por parte do Estado viria a formar o que se conhece por *Direito do Trabalho*.

1.2 DIREITO DO TRABALHO. ORIGEM E ESTRUTURA

Na sistemática dos códigos civis oitocentistas, as relações interpessoais a terem por objeto o desempenho de trabalho humano e o pagamento de uma contraprestação não possuíam um tratamento diferenciado em relação ao regime geral das obrigações. De fato, se na concepção liberal caracterizada pelo dogma da *autonomia da vontade*, empregadores e trabalhadores eram seres abstratos dotados das mesmas faculdades intelectuais conferidas pela natureza e do mesmo grau de liberdade individual reconhecido pelo Estado, não havia razão para submeter o contrato laboral a uma regulamentação diferenciada em relação às demais avenças a versarem sobre a locação de serviços, sob pena de subversão do equilíbrio social resguardado pelo ideal de isonomia.

No entanto, as próprias vicissitudes sociais ocorridas no decorrer do século XIX tratariam de demonstrar a falácia de tal elucubração ideológica concebida pelo liberalismo no que concerne à regulação das condições de trabalho com base no regime geral das obrigações e contratos. Nesse sentido, Mario de La

Cueva assevera, de modo irônico, que a complexa e rebuscada obra jurídica consolidada nos códigos civis mostrou-se falha por apenas um detalhe: o de voltar-se para um homem abstrato, de existência meramente ideal, olvidando-se do homem real, que se consumia nas fábricas, morria em decorrência da ação das máquinas nos locais de trabalho e vivia em condições miseráveis.[118]

Tal abstração em torno do *homem real* e de suas penosas condições laborais, aliada à crença em torno da intangibilidade dos códigos civis diante das alterações econômicas e culturais experimentadas pela sociedade, viria a ser, justamente, a causa dos movimentos que culminariam, mais adiante, com o esvaziamento dos dogmas liberais em torno do tímido papel do Estado nas relações interpessoais e com a criação de um arcabouço legal voltado exclusivamente para a proteção das condições de vida e de labor dos trabalhadores.

A ampliação da escala de produção dos bens de consumo, ocasionada pelo emprego das *máquinas-ferramenta*, conferiu ao capitalismo uma nova dinâmica, com o emprego de tecnologias a viabilizarem a produção, o transporte, o consumo e as trocas em escalas jamais vistas até então.

Essa nova dinâmica praticamente extinguiu as manufaturas e teve considerável impacto nas atividades econômicas desempenhadas no meio rural, gerando, com isto, uma maior concentração dos fatores produtivos nas cidades e, naturalmente, um enorme êxodo de mão de obra em direção a estas últimas. Com o advento da máquina, portanto, a burguesia adquiriu exclusivamente para si os meios de produção, tornando-se a protagonista do processo industrial e reduzindo significativamente o valor agregado do conhecimento em torno dos métodos artesanais de elaboração dos bens.

Dito em outros termos, o emprego indiscriminado nas máquinas na produção daqueles bens outrora elaborados artesanalmente retirou do artífice o papel de transformador da matéria-prima bruta em produto final, cuja realização dependia eminentemente de seus conhecimentos adquiridos. Com a Primeira Revolução Industrial, o obreiro passara a ser um mero operador do maquinário – ou, como diria o proprio Marx, um *apêndice da máquina* –, podendo ser substituído por outro operário no desempenho de seus misteres sem maiores dificuldades. A partir de então, o trabalhador viu-se alienado não só de sua força laboral, como também de sua principal moeda de troca nas relações com os detentores dos meios de produção: o conhecimento.[119]

A situação dos trabalhadores afigurava-se ainda mais dramática na medida em que a gradual substituição do trabalho artesanal pelas máquinas, aliado às massivas migrações do campo em direção aos núcleos urbanos industriais, gerou um verdadeiro *exército de reserva*, cuja subsistência era decisiva para a manutenção de um *status quo* extremamente favorável à burguesia, marcado, por um lado, pela excessiva demanda por trabalho e tendo como contrapartida, uma restrita oferta. Com a persistente sobreoferta de mão de obra no mercado, a lei "natural" da oferta e da procura possibilitava sempre ao empresariado a fixação dos salários em níveis convenientemente baixos.[120]

A excessiva oferta de força de trabalho no mercado, aliada à propriedade dos meios de produção industrial (máquinas), conduziu o empresariado burguês à situação de preponderância nas relações de trabalho, possibilitando-lhe a determinação unilateral das condições laborais. Tal circunstância suscitou, no período compreendido entre o final do século XVIII e grande parte do século XIX, a materialização daqueles clássicos vilipêndios à integridade física e mental da classe trabalhadora, de amplo relato na literatura, a compreenderem, na síntese de Karl Marx, a utilização do labor de mulheres e crianças, a intensificação do volume de serviços, a fixação de jornadas extenuantes, o aumento no número de acidentes em decorrência das precárias condições laborais e o temor constante em torno da crescente automação das atividades fabris.[121]

Ora, se a utilização das máquinas tornou supérfluo o conhecimento do trabalhador para a produção e se há uma sobreoferta de mão de obra no mercado, por que não utilizar uma força de trabalho mais dócil aos desígnios do capital e por que não estender indefinidamente as jornadas laborais segundo as necessidades da produção? E se o contexto mercadológico faculta a busca da *mais-valia* a qualquer preço, por que investir em instrumentos e mobiliários adequados à preservação da saúde física dos trabalhadores? Era esta a lógica que orientava a conduta do empresariado burguês nas relações laborais e que conduziu à tragédia humana materializada após o advento da Primeira Revolução Industrial.

Tal exploração desmesurada do trabalho humano pelo capital somente foi possível na medida em que o arcabouço jurídico a refletir os valores liberais, individualistas e contratualistas da burguesia permitia a fixação de salários e jornadas laborais aviltantes desempenhadas sob condições insalubres e perigosas, à luz daquela mesma abstração ideológica a apregoar que patrões e obreiros detinham o mesmo grau de autonomia privada para pactuar a prestação de um serviço e sua correspondente contraprestação.

Assim, o contrato de trabalho firmado entre o industrial e o operário era inserido no capítulo dos códigos civis dedicados à *locação de serviços* e ao *arrendamento de obras*, cuja regulamentação limitava-se à dicção dos aspectos formais que as avenças deveriam observar. Nesse particular, os ordenamentos oitocentistas ainda continham, em certa medida, resquícios históricos relacionados à *locatio conductum operarum* do Direito Romano e ao *contrato de serviço fiel*, do período feudal, na medida em que reconheciam a força de trabalho de um dos pactuantes, a ser empregada na prestação de determinado serviço, como o objeto lícito de um contrato bilateral a ter por contrapartida, o pagamento de dada remuneração.[122]

As propostas de intervenção legislativa no sentido de condicionar o conteúdo dos contratos laborais eram rechaçadas de antemão sob o argumento de que tal forma de tutela afrontaria a igualdade formal, por criar um *privilégio* aos trabalhadores, e tolheria de indivíduos dotados das mesmas faculdades naturais a possibilidade de dispor livremente sob aspectos concernentes a suas respectivas esferas de autonomia privada.[123]

Não obstante a bela ficção liberal a tomar corpo nos códigos civis, fruto de elucubrações filosóficas de alta complexidade, os trabalhadores dos polos industriais urbanos encontravam-se, no mundo real, submetidos aos mecanismos da *mão invisível do mercado* – em especial à *lei da oferta e da procura* –, deparando-se com a inafastável contingência de vender sua mão de obra a preço vil como única forma de sobrevivência, aceitando, dessa forma, as ínfimas contraprestações oferecidas pelos detentores dos meios de produção em troca da prestação de trabalho sob jornadas excessivas e extenuantes.[124]

Em tais circunstâncias, não é difícil imaginar que a formulação das condições de trabalho deixada ao *livre* alvedrio dos pactuantes, a observar tão somente as flácidas balizas dos *contratos de locação de serviços* e dos *contratos de arrendamento de obra*, transformaria as referidas avenças em verdadeiros contratos de adesão com condições fixadas unilateralmente pelos empregadores, na acepção utilizada por Lyon-Caen, Jean Pélissier e Alain Supiot, e levaria uma parcela significativa da sociedade – ou seja, a classe trabalhadora – à mais completa degradação. Pode-se dizer, portanto, valendo-se da figura de linguagem tornada clássica por Adam Smith, que a tão propalada *mão invisível do mercado* conduzia a classe obreira para o abismo.[125]

Diante disso, os trabalhadores então submetidos àquelas condições degradantes de labor e remuneração decorrentes do jugo impiedoso da *mão invisível* (mas não imparcial) do mercado, tomaram consciência de sua situação de classe social desfavorecida no contexto do capitalismo industrial e passaram a cultivar um forte sentimento de fraternidade proletária, que os conduziu, naturalmente, à organização coletiva com vistas à consecução de seus interesses comuns.[126]

Esse sentimento de solidariedade partilhado pelos obreiros, gerado pelos impiedosos efeitos colaterais da *lei da oferta e da procura* os levou, em um primeiro momento, à implementação de movimentos desorganizados que, tal qual o *luddismo*, eram voltados para a destruição física dos elementos que, na concepção dos trabalhadores de então, concorriam para a degradação de suas condições laborais, como o maquinário das grandes indústrias e os produtos estrangeiros que ingressavam no mercado interno.

Posteriormente, já na terceira década do século XIX, a subsistência daqueles mesmos fatores de degradação social que atingiam a classe operária, conduziu esta última às primeiras manifestações de organização coletiva de cariz obreiro, representadas, nesse momento embrionário, pelas sociedades de auxílio e resistência, cooperativas e caixas de benefícios de caráter mutualista, com destaque, na França, para as entidades dessa natureza fundadas em Grenoble, Lyon e Paris. Nesse mesmo período, a coincidir com o apogeu do ideário liberal e da dominação política da burguesia, os obreiros dos países industrialmente mais avançados partiram para a conflagração direta com o capital, através da realização de greves que foram, naturalmente, reprimidas de forma violenta e sanguinária pelo Poder Público.[127]

Nesse período de conflagrações a compreender a primeira metade do século XIX, denominado por Mario de La Cueva como a *idade heroica do Direito do Trabalho*, as lutas obreiras voltaram-se para a supressão daquelas barreiras legislativas erigidas no fito de conter a organização permanente dos trabalhadores em torno de seus interesses comuns, o exercício legítimo de suas reivindicações nos conflitos entabulados com o capital e a contratação coletiva com os empregadores, sem o que não se poderia cogitar na real melhoria de suas condições sociais.[128]

Paralelamente a isto, o agravamento da *questão social* e o envolvimento dos intelectuais nas discussões sobre o tema conduziu ao surgimento da ideologia socialista e de suas vertentes utópica e científica, que, não obstante suas diferenças estruturais, partilhavam do intento de refundar a ordem social sob a revisão dos fundamentos liberais em torno do livre mercado e sob a superação das penosas condições a que estavam submetidos os trabalhadores.[129]

Nesse contexto, o socialismo utópico, que tem dentre seus maiores expoentes Robert Owen, Fourier, Saint-Simon e Proudhon, correspondia à vertente que apregoava, em síntese, a superação das mazelas advindas do capitalismo e da exploração desmesurada da força de trabalho do proletariado por intermédio da intervenção legislativa do Estado no sentido de implementar a justa divisão dos frutos do trabalho entre patrões e operários, bem assim de promover patamares mínimos de proteção aos trabalhadores e de assegurar a estes últimos a livre organização em torno de entidades representativas voltadas para a defesa de seus interesses comuns em face do empresariado e para a negociação das condições laborais com as empresas.[130]

Em sentido oposto, o socialismo científico, de caráter mais pessimista, reputava inviável a superação das mazelas do capitalismo industrial burguês por intermédio da singela correção de rumos a ser implementada pela intervenção legislativa estatal. Seus partidários, com especial destaque para, Karl Marx e Friedrich Engels, identificam a *questão social* com a luta de classes entre a burguesia e o proletariado, vislumbrando a solução para suas vicissitudes no aniquilamento daquela primeira por esta última, através da revolução que instauraria um estado obreiro fundamentado na socialização dos bens de produção e na repartição coletiva dos frutos do processo produtivo.[131]

A eclosão de correntes ideológicas em torno da *questão social* atingiu seu ápice com o advento do *Manifesto Comunista* de Karl Marx e Friedrich Engels em 1848, que, em uma linguagem singela e de fácil compreensão pelo operariado fabril, explica os conceitos atinentes à *luta de classes* entre a burguesia e o proletariado e detalha as formas pelas quais este último se reconhecerá como classe explorada e como se dariam as condições para que o operariado protagonizasse a tomada do poder estatal e a destituição do modo de produção capitalista.[132]

As ideias dispostas no *Manifesto*, aliadas à crise econômica que já há algum tempo atingia a Europa ocidental, foram o estopim para o estouro de uma série de revoltas protagonizadas pelo proletariado, conhecidas, em conjunto, como a *Primavera dos Povos*, com destaque para a Revolução de fevereiro de 1848 ocorrida em Paris e para a revolta prussiana de março do mesmo ano.

Dentre as principais reivindicações populares a motivarem as insurreições constavam a coletivização dos meios de produção, nos moldes socialistas, e a ampliação do sufrágio, que até então era restrito àqueles que dispusessem de certa quantia pecuniária, no sistema de voto censitário.[133]

As revoltas de 1848 não culminaram com a ascensão do proletariado ao poder, como preconizavam Marx e Engels, mas impuseram aos governos, ainda dominados pela burguesia, certas concessões à classe trabalhadora, tais como a ampliação da participação política desta última nos parlamentos e, como consequência disto, a edição de uma legislação voltada para a proteção das condições laborais dos obreiros. Nesse sentido, pode-se afirmar que o temor em torno de novas revoltas de cunho socialista, aliado à necessidade de arrefecimento dos ânimos obreiros e da manutenção do próprio sistema capitalista, foram as molas propulsoras do chamado *Direito Operário*.[134]

De fato, a segunda metade do século XIX na Europa ocidental foi marcada pelo incremento da produção legislativa voltada para a proteção dos trabalhadores em diversos aspectos, tais como a limitação ao trabalho de menores e mulheres, a fixação de salários mínimos e jornadas laborais máximas, a proteção contra acidentes de trabalho, a implementação de um corpo de inspeção laboral, entre outras.[135]

Nesse sentido, a Inglaterra editou entre 1850 e 1891 uma série de *factories acts* que tiveram por objeto o estabelecimento de uma jornada especial de trabalho para mulheres e crianças e do repouso hebdomadário, a limitação da idade mínima para o trabalho infantil e a obrigação dos empregadores de proverem instrução aos menores em suas fábricas. Imbuído desse mesmo espírito, editaram-se, em 1875 e 1878, respectivamente, o *Employers and Workmen Act* que descriminalizou uma série de condutas obreiras e procurou estabelecer a igualdade material entre obreiros e empregadores e o *Factory Act*, que promoveu a consolidação de toda a legislação operária editada até aquele momento na Grã-Bretanha.[136]

A França, de seu turno, editou ainda em 1848, no calor da *Primavera dos Povos*, um ousado programa de cunho socialista que, para além de proclamar o *direito ao trabalho*, objetivava o direito à livre associação, a limitação da jornada de trabalho em dez horas para os adultos e a criação de um ministério do trabalho. Mais adiante, já na Terceira República, após a derrota na Guerra Franco-Prussiana, editaram-se as leis de 1874 e 1892, voltadas, respectivamente, para a regulamentação do trabalho das mulheres e para a formação de um corpo de inspeção laboral, bem como as leis de 1890 e 1898 tendentes ao estabelecimento do aviso prévio em caso de despedida e à prevenção dos acidentes de trabalho.[137]

Na Alemanha de Otto Von Bismark, marcada pela crescente influência de Marx e Lassale – este último fundador do Partido Trabalhista Social-Democrata –, aprovou-se, em 1869, um programa voltado para a promoção do bem-estar dos trabalhadores e, naquele mesmo ano, a *Gewerbeordnung*, lei que regulamentou de forma profunda e abrangente diversos aspectos das relações de trabalho dentro da política do governo de então. Merece destaque, igualmente, a histórica instituição, em 1881, da seguridade social, voltada para a proteção dos obreiros em face dos acidentes laborais e da velhice, que viria a exercer enorme influência na legislação de outros países.[138]

O advento das leis protetivas dos trabalhadores abriu o primeiro flanco nos até então impenetráveis dogmas liberais em torno da ação passiva do Poder Público diante das forças do mercado na organização dos fatores de produção. Tal mudança na postura do Estado refletiu diretamente na evolução dos direitos fundamentais que, de meras garantias às clássicas liberdades burguesas de cunho individualista, passaram a posições jurídicas titularizadas pelos indivíduos a demandarem a implementação de medidas promocionais concretas por parte dos governos.[139]

Formuladas tais digressões a respeito da origem histórica do *Direito do Trabalho* pode-se dizer que ele é a tradução jurídica das lutas empreendidas no século XIX (e, em alguns casos, especialmente nos países de industrialização tardia, no século XX) contra a exploração desmesurada da mão de obra dos operários pelos detentores dos meios de produção sob os auspícios do ideário e do arcabouço legislativo de inspiração liberal-burguesa. Sua *origem* se situa, portanto, nas conflagrações sociais advindas desse desequilíbrio extremo verificado nas relações laborais.

Já sua *estrutura* é formada, basicamente, pelo estabelecimento, em sede legislativa, de conteúdos obrigatórios a serem observados pelos pactuantes das relações de trabalho no intuito de proteger a integridade física do trabalhador e de lhe conferir um patamar básico de subsistência. Traduz o Direito do Trabalho, portanto, uma clara intervenção corretiva do Estado na autonomia da vontade com espeque em imperativos de ordem pública e de coesão social.

1.2.1 A matização social das estruturas civilistas

Muito embora o advento do Direito do Trabalho, bem assim das legislações caracterizadas pela intervenção do Estado no domínio econômico, tenha revisto, em parte, certos dogmas liberais diretamente relacionados à *autonomia da vontade* e à *autorregulamentação do mercado*, as estruturas civilistas plasmadas no *legalismo*, no *individualismo*, no *contratualismo* e no *patrimonialismo* permaneceram de pé, uma vez que não foram *elididas*, senão apenas *matizadas*, conforme já visto alhures.

No que diz respeito especificamente ao Direito do Trabalho, tais estruturas civilistas experimentaram significativos balizamentos no decorrer dos séculos XIX e XX, à medida que o aspecto *coletivo* das relações laborais começou a ser percebido com maior nitidez pelos próprios protagonistas daquelas conflagrações, de modo a gerar a atenção do legislador, e à medida que o *constitucionalismo social* e a *internacionalização do direito* ganharam terreno, especialmente no Primeiro e no Segundo Pós-Guerra.

1.2.1.1 A coletivização do Direito do Trabalho

O primeiro grande impacto ocasionado pelo Direito do Trabalho nos alicerces civilistas clássicos fez-se representado pela *coletivização* das relações laborais, a partir do reconhecimento dos grupamentos de trabalhadores como sujeitos de direitos e de obrigações e da possibilidade em torno da formulação de contratos cujas partes transcendiam os indivíduos considerados de *per se.*

Tais vicissitudes conduziriam ao surgimento dos *sindicatos* (e também das representações unitárias) como os organismos de classe aptos a exercer a representação dos trabalhadores nas negociações travadas com as empresas, bem assim a coordenação das ações destinadas à defesa dos interesses comuns partilhados pelos obreiros e a participação no entabulamento dos *contratos coletivos*, a constituírem uma fonte normativa autônoma a figurar ao lado da legislação e dos contratos individuais de trabalho.

A *coletivização* do direito do trabalho é fruto da reflexão em torno das mazelas inerentes ao ideário liberal-burguês, empreendida ao longo do processo de regulamentação das condições de trabalho. Percebeu-se que a almejada equivalência de forças entre empregadores e trabalhadores não prescindiria da intermediação de sujeitos coletivos, rompendo-se, desse modo, com a concepção em torno da exclusividade do indivíduo como sujeito de direitos. Tal constatação conduziria ao nascimento da liberdade sindical, não de forma pacífica, mas após a deflagração de memoráveis conflitos cujo desfecho culminou com o seu reconhecimento como direito fundamental e com a consagração daqueles conteúdos axiológicos que lhe conferem identidade.

Não obstante a promulgação da legislação protetiva, os trabalhadores lograram extrair dos governos a revogação dos dispositivos penais que criminalizavam a associação obreira para fins permanentes e a coalizão. Nesse sentido, a Inglaterra, já em 1824 por intermédio da *Lei de Francis Place*, havia derrogado os *combinations acts* e a França, em 1864, promoveu a revisão de seu Código Penal de 1810 com vistas à supressão dos delitos capitulados nos artigos 415 e 416. Passou-se, com isto, da *fase de proibição* para a *fase de tolerância.*[140]

A partir de então, os obreiros passaram a formar suas coalizões e suas associações sem que o Estado pudesse coibir tal atividade mediante a repressão penal. No entanto, a singela revogação dos dispositivos que criminalizavam a organização esporádica e permanente dos trabalhadores não lhes assegurou, de *per se*, a consecução de seus objetivos coletivos em face dos empresários, pois estes últimos não estavam obrigados a negociar com o grupamento obreiro e nem tampouco a manter vigentes os contratos de trabalho em caso de greve.[141]

Vê-se, portanto, que durante a fase de tolerância, as associações obreiras não passavam de agrupamentos de trabalhadores que intentavam concretizar seus interesses coletivos em face de empregadores que remanesciam em uma posição de preponderância, pois continuavam a contar, a seu favor, com a faculdade de livre resolução contratual em sua plenitude e com a possibilidade de manter a regularidade de suas atividades empresariais a despeito das reivindicações obreiras.

Ou seja, com a subsistência da primazia dos empregadores na dicção dos rumos da empresa e das relações laborais entabuladas com os trabalhadores, estes últimos não se sentiam incentivados a tomar parte das coalizões e das associações criadas no fito de lutar por seus interesses coletivos, o que conduzia, naturalmente, ao esvaziamento das iniciativas obreiras, fossem elas esporádicas ou permanentes. Nesse contexto, não é difícil antever que os movimentos operários não possuíam perspectivas animadoras de êxito.

Diante disso, os trabalhadores perceberam que a implementação de um arcabouço protetivo de caráter individual tendente à humanização das relações laborais e a singela revogação dos dispositivos que criminalizavam a coalizão obreira não bastavam para assegurar a igualdade de forças entre eles e os empresários. Constatou-se, mais precisamente, que apenas o advento de garantias tendentes a promover o reconhecimento legal das associações obreiras e a assegurar sua ação coletiva como efetivo contrapoder aos desígnios empresariais seria capaz de dotar os trabalhadores de força para impor a efetiva observância das leis protetivas nos mais diversos locais de trabalho e para obter, através da negociação direta com os patrões, condições laborais mais favoráveis.

De fato, sendo a empresa uma coletividade em si mesma, formada por um corpo diretivo e por seus meios de produção, somente um outro organismo transindividual reuniria forças para negociar as reivindicações obreiras em igualdade de condições com o patronato. A consciência dos trabalhadores em torno dessa situação conduziu-os a empunhar a bandeira da liberdade sindical plena, a preconizar o reconhecimento formal de suas associações permanentes por parte do Estado, bem assim as garantias de negociação coletiva e de greve como instrumentos legítimos de ação.[142]

A luta dos trabalhadores em torno da liberdade sindical levada a cabo na segunda metade do século XIX conduziu ao reconhecimento efetivo das entidades obreiras como associações dotadas de personalidade jurídica de direito privado e, principalmente, como organismos detentores da prerrogativa de estabelecer, em nome dos empregados, condições de trabalho diretamente com os empregadores. Passou-se, a partir de então, da mera tolerância à *fase de reconhecimento*.

O marco legislativo inicial do período de reconhecimento fez-se representado pelo *Trade Unions Act*, editado na Inglaterra em 1871, cujo teor legitimou as organizações obreiras e permitiu o estabelecimento dos *gentlemen's agreement*, acordos negociados entre aquelas entidades e as empresas que originaram os atuais acordos e convenções coletivas.[143]

Na França, o reconhecimento efetivo das entidades representativas de trabalhadores veio a ocorrer com a promulgação da Lei Waldeck-Rousseau, em 1884, que não só revogou expressamente a *Lei Le Chapelier*, de 1791, como também reconheceu o direito à livre constituição de entidades sindicais obreiras e patronais e a atuação destas no estudo e na defesa dos interesses comuns de suas respectivas categorias profissionais e econômicas, inclusive em juízo. Ademais, o diploma legal em referência assegurou aos integrantes individuais dos sindicatos o direito à livre filiação e desfiliação.[144]

E no contexto das lutas empreendidas pelos obreiros em torno do reconhecimento de suas entidades, merece especial destaque a Carta Encíclica *Rerum Novarum*, editada pelo Papa Leão XIII em 15/05/1891. Tal documento, ao ensejo de oferecer uma resposta da Igreja Católica às vertentes radicais do socialismo baseada na conciliação entre as classes, condenou a exploração desmesurada da força de trabalho do operariado ao mesmo tempo em que reconheceu no associativismo um fator de amplificação das possibilidades de superação da situação social a que estavam submetidos os trabalhadores.[145]

É oportuno registrar que o período de reconhecimento dos sindicatos nos países industrializados coincidiu, justamente, com a Segunda Revolução Industrial, marcada pela separação entre a gerência e a execução das atividades fabris, pela divisão hierarquizada do trabalho e pela produção em massa sob as diretrizes funcionais do binômio *taylorismo-fordismo*.

O modelo de organização do processo laboral imaginado por Frederik Wisnslow Taylor vislumbrava, em apertada síntese, o estabelecimento de padrões de produção que seriam controlados e supervisionados nos estabelecimentos fabris por um número restrito de funcionários de perfil intelectual, cabendo aos trabalhadores braçais – ou seja, à massa de mão de obra empregada nas unidades produtivas – a execução de certas e determinadas atividades segundo aqueles métodos e molduras estabelecidos prévia e objetivamente.

Diz-se, por essa razão, que o sistema taylorista cindiu hierarquicamente as etapas mentais e físicas do processo produtivo, retirando dos trabalhadores os resíduos de conhecimento que estes ainda possuíam em torno das atividades por eles empreendidas. Com isso, os obreiros passaram a constituir uma massa facilmente substituível (*mass worker*), já que o desempenho mecânico das diferentes funções existentes nas unidades fabris a depender da intervenção humana poderia ser desempenhado por qualquer outro indivíduo minimamente treinado.[146]

Henry Ford, por sua vez, agregou às diretrizes tayloristas um novo componente que contribuiu sobremaneira para a hierarquização do trabalho, para a cisão entre as funções intelectuais e manuais, para a racionalização do tempo de labor e para o aumento exponencial da produção: a *linha de montagem*. Nela, todo o processo produtivo, a compreender a transformação da matéria bruta em produto final, ocorria no interior da própria unidade através da atuação conjunta de operários que ocupavam postos de trabalho fixos e limitavam-se a exercer uma mesma função mecanizada.

Paradoxalmente, ao mesmo tempo em que o binômio taylorismo-fordismo enfraquecia o poder de barganha dos trabalhadores individualmente considerados, na medida em que lhes retirava os resquícios de conhecimento em torno das etapas do processo produtivo transformando-os em meras engrenagens de um sistema complexo e padronizado, contribuía sobremaneira para fortalecer a coletividade obreira, pois as próprias características das unidades fabris daquele período conduziam à convivência cotidiana e próxima dos obreiros e propiciava a construção de um ambiente marcado pela solidariedade de interesses.

De fato, nas empresas tayloristas-fordistas, caracterizadas pelo domínio total do processo produtivo em uma mesma unidade, os trabalhadores, mesmo exercendo diferentes funções mecânicas, encontravam-se sob o comando de um mesmo empregador e sujeitos às mesmas vicissitudes econômicas e aos riscos que poderiam conduzir a um aumento ou redução da atividade produtiva. Some-se a isto o fato de que os obreiros, àquela ocasião, conviviam cotidianamente mesmo fora do local de trabalho, na medida em que habitavam, geralmente, vilas operárias surgidas nos próprios arredores da fábrica.[147]

Nas unidades produtivas surgidas com a Segunda Revolução Industrial os obreiros encontravam-se efetivamente sujeitos a idênticas condições de vida e de trabalho, o que conduzia, naturalmente, ao florescimento da solidariedade espontânea entre eles. Não por outra razão, o lapso compreendido entre o final do século XIX e início do século XX foi marcado pelo crescimento exponencial do movimento sindical nos países industrializados da Europa ocidental e nos Estados Unidos e, mais precisamente, pela organização dos obreiros em entidades de representação mais ampla, a compreender as federações, as confederações e as entidades internacionais.[148]

De fato, com a garantia do direito à constituição de sindicatos para a defesa dos interesses das categorias obreiras, as entidades representativas dos trabalhadores passaram a exercer maior pressão sobre as empresas em torno da melhoria das condições de trabalho e de remuneração. Tal situação, possibilitada em grande medida pelo advento do direito à liberdade sindical, propiciou a instituição da prática da contratação coletiva e sua propagação como forma de regulamentação do labor prestado aos empresários.[149]

No entanto, em que pese a notória propagação da negociação coletiva como forma de fixação das condições laborais nos países industrializados, apenas nas primeiras décadas do século XX as legislações domésticas e os tratados internacionais passaram a fazer expressa menção a tal instituto e a qualificá-lo como direito das entidades representativas dos trabalhadores em relação às empresas e ao Estado. Assim o fariam a França, por intermédio da Lei de 25 de março de 1919 e a Espanha por intermédio de sucessivas leis editadas entre 1904 e 1931.[150]

O advento da negociação coletiva e dos diplomas a resultarem de tais processos – quais sejam, os *acordos* e *convenções coletivas de trabalho* – culminou com o surgimento de uma nova fonte normativa situada entre a lei estatal (expressão do *interesse público* e do *bem comum*) e os contratos interprivados (expressão da *autonomia privada*). Tal vicissitude representou, à época, uma inovação substancial na estrutura do ordenamento jurídico, na medida em que reconheceu aos grupamentos sociais (no caso, sindicatos e empresas) o poder de estabelecer a regulamentação geral e abstrata das condições laborais a vincularem todos aqueles indivíduos que integram uma determinada *categoria profissional* ou *econômica*.

Há nisso, de fato, uma ruptura importante com o caráter individualista e contratualista inerente ao direito privado clássico, na medida em que os grupamentos sociais considerados em seu aspecto coletivo passaram a ser, eles próprios, destinatários de direitos e de obrigações. Nessa esteira, o contrato não mais se limitaria a ter por partes as pessoas físicas *livres e iguais*, passando a integrar em seus polos os organismos representativos dos setores profissionais e econômicos em relação aos interesses comuns titularizados por estes últimos e, paralelamente a isto, ao somatório de interesses de cada integrante das respectivas categorias.[151]

As peculiaridades inerentes ao *contrato coletivo de trabalho* e as dificuldades dos juristas formados sob os conceitos civilistas clássicos em enquadrá-los nos esquemas contratualistas tradicionais viria a gerar uma enorme discussão acerca da própria natureza jurídica de tais instrumentos. Nesse sentido, enquanto uma corrente os classificava como *normas* equiparadas às leis em função de seu conteúdo geral e abstrato, outra os equiparava aos *contratos*, haja vista sua natureza eminentemente privada e a existência de uma relação obrigacional a envolver dois sujeitos de direitos e deveres em seus polos.[152]

O desenvolvimento de tal celeuma acabou por desaguar na formulação de uma terceira corrente, a preconizar, nas palavras de Ronaldo Lima dos Santos, que o contrato coletivo de trabalho "*possui corpo de contrato, porque se aperfeiçoa como um acordo de declaração de vontades [e] tem alma de lei, porque em seu conteúdo regula relações jurídicas em princípio abstratas, que se concretizam 'ad futurum' com a sua aplicação*".[153]

E tal *aplicação* em concreto dos instrumentos gerados a partir da negociação coletiva culminará, ao fim e ao cabo, com a agregação de suas cláusulas aos contratos de trabalho firmados entre os obreiros individualmente considerados e seus empregadores, passando a integrar o conteúdo de tais avenças pelos prazos estipulados nos acordos ou convenções coletivas.[154]

Por isso mesmo pode-se afirmar que a tendência à coletivização do direito do trabalho, inaugurada a partir da atuação mais incisiva dos sindicatos obreiros e do reconhecimento das convenções e acordos coletivos por parte do ordenamento jurídico estatal, não eliminou completamente o caráter individualista inerente ao direito privado tradicional, na medida em que as cláusulas dos instrumentos transindividuais negociados em nome das categorias profissionais por suas entidades representativas têm, por fim último, integrar os contratos individuais de trabalho na condição de conteúdo a eles agregado.

Dito em outros termos, muito embora as convenções e acordos coletivos de trabalho estabeleçam direitos e obrigações recíprocos às partes signatárias (sindicatos obreiros, empresas e entidades patronais), suas cláusulas terão por destinatário final o trabalhador individualmente considerado que integra a categoria profissional e que agregará à relação laboral mantida com seu empregador o direito ou a condição negociada no plano metaindividual.

De igual modo, não há de se falar na ruptura total do eixo contratualista inerente ao direito provado tradicional por parte dos instrumentos coletivos de trabalho, porquanto, ao menos em relação à sua *forma*, estes últimos mantêm íntegras as principais estruturas a caracterizarem os *contratos*. De fato, remanescem eles dotados de um nítido cariz *sinalagmático*, porquanto resultam do encontro entre as vontades das contrapartes patronal e obreira, cuja validade depende, tal como à generalidade dos contratos, dos requisitos inerentes à sua *formação* (objeto lícito, agente capaz e forma não proscrita em lei).[155]

Não obstante, as legislações domésticas estabelecem para os contratos e convenções coletivas uma série de requisitos de nítido cariz contratual, tais como os *prazos de duração dos instrumentos*, o *alcance objetivo e subjetivo de suas diretrizes*, o *conteúdo mínimo de suas cláusulas*, os *procedimentos de revisão*, as *cláusulas penais*, os *mecanismos de resolução de conflitos de interpretação*, dentre outros.[156]

Portanto, com a coletivização do direito do trabalho, nascida a partir do reconhecimento dos sindicatos como atores sociais legítimos na defesa dos interesses comuns às categorias obreiras e consolidada com a formulação dos acordos e convenções coletivas, as estruturas civilistas clássicas passaram a conviver com uma nova realidade que, muito embora não as tenha desvirtuado em sua essência, as matizou significativamente.

1.2.1.2 O Direito do Trabalho e o constitucionalismo social

Com o advento das constituições surgidas na esteira da Carta mexicana, de 1917, e da Constituição de Weimar, de 1919, passou-se a reconhecer juridicidade aos direitos a *prestações* sociais que, na concepção de Jellinek, geram para o Estado não mais um singelo dever de *abstenção* em relação à esfera privada dos indivíduos, mas sim a tomada de postura ativa por parte das autoridades com vistas à implementação dos programas e dos objetivos voltados à redução das desigualdades econômicas e sociais e à melhoria das condições de vida da população.[157]

Tal vicissitude, intensificada especialmente na Europa Ocidental e na América Latina nos anos que sucederam a Segunda Guerra Mundial, gerou consideráveis abalos nas estruturas legalistas e individualistas a sustentarem o direito privado em sua concepção liberal-burguesa. Para o *legalismo*, como visto, o impacto é verificado de maneira evidente na medida em que o repositório precípuo dos direitos fundamentais (até então limitados às garantias e às liberdades individuais) migrou do código civil para as constituições, ou seja, do diploma destinado à regência do indivíduo, para o diploma voltado para a organização do Estado.

Já para o *individualismo* liberal-burguês, o impacto do constitucionalismo social se fez sentir com ainda mais força, na medida em que a intervenção do Estado na organização econômica e social com vistas à concretização daqueles *direitos a prestações* (*v.g.*, seguridade social, moradia, saúde, saneamento básico etc.) e à compensação dos desequilíbrios ocasionados pelo livre jogo dos indivíduos no mercado, tinha o condão de romper abruptamente com a crença em torno da capacidade de autorregulação deste último, segundo a concepção de Adam Smith.

As constituições de cunho social editadas ao longo do Século XX, especialmente após o Segundo Pós-Guerra, na senda aberta pela Declaração Universal dos Direitos do Homem, lastreiam-se na concepção da *dignidade humana* como metaprincípio a fundamentar e a justificar não apenas as ações implementadas pelo Estado, mas também as condutas dos atores privados nos campos da ordem social e da ordem econômica. Sob tal concepção, as cartas em referência estabelecem programas político, econômico e social dirigidos ao alcance do *bem-estar social* sendo, por isso mesmo, apodadas de *constituições dirigentes*.[158]

Nesse sentido, as estruturas da sociedade e do Estado só terão suas respectivas existências justificadas sob o constitucionalismo social conquanto sejam capazes de assegurar aos indivíduos condições de vida, de trabalho e de subsistência dignas, de modo a lhes viabilizar a fruição de um patamar mínimo de desenvolvimento material, social, cognitivo e familiar.[159]

Ao mesmo tempo em que o constitucionalismo social estabelece um programa político, econômico e social destinado à concretização de diversos objetivos orientados ao *bem-estar geral*, a depender do concurso do próprio Estado e dos particulares, busca harmonizá-lo com as garantias individuais clássicas exercitáveis em face da ação do Poder Público (p. ex.: autonomia privada, liberdade de expressão, direito à intimidade, à privacidade, à propriedade etc.), com os direitos políticos e com a configuração democrática e pluralista das instituições públicas.[160]

Nisso consiste, exatamente, a *fórmula política* a caracterizar as constituições dirigentes editadas sob tal ideário.[161]

Como elemento imprescindível para os progressos pessoal, cognitivo, cultural e material dos indivíduos, na concepção a caracterizar o *constitucionalismo social*, o trabalho humano foi objeto central de preocupação dos legisladores constituintes. Nesse sentido, a *fórmula política* das cartas editadas ao longo do século XX passou a ser integrada pelo ideal de solidarismo surgido, historicamente, como resultado direto das lutas empreendidas pelos obreiros contra o poder desmesurado do capital nas relações de trabalho e que conduziu, posteriormente, ao reconhecimento textual das posições jurídicas titularizadas pelas classes menos favorecidas com vistas a conferir-lhes, efetivamente, a cidadania plena.[162]

Justamente em razão de tal concepção incorporada, como visto, à *fórmula política* das constituições de cariz social, estas últimas, ao positivarem o princípio da *proteção do trabalhador*, vislumbraram a promoção do equilíbrio de forças nas relações laborais e, em especial, a limitação do livre exercício da autonomia privada e da fruição absoluta do direito à propriedade em nome de bens jurídicos titularizados pelos obreiros (tais como a integridade física e o próprio direito à subsistência), em deliberada contraposição à lógica individualista a caracterizar o liberalismo novecentista.[163]

Tal restrição à autonomia privada em nome da solidariedade coletiva partiu da premissa de que o indivíduo não é um ser isolado, alheio à coletividade, de modo que suas ações e omissões não se limitam nem se esgotam com a singela consecução de seus próprios interesses, afetando, colateralmente, todos aqueles que se situam ao seu redor, mormente quando o sujeito em questão detém considerável poder econômico.[164]

É justamente nesse sentido que o princípio clássico da *livre iniciativa* convive, nas constituições de tônus social, com a diretriz concernente ao *valor social do trabalho* dentre as diretrizes norteadoras da atividade econômica. E tal convivência, nas entranhas da fórmula política a distinguir tais cartas, se opera de modo a conceber tais postulados como elementos que, antes de se chocarem, se complementam.

Dessa maneira, a *livre iniciativa* não significa, sob a égide do constitucionalismo social, a diretriz a legitimar a franca e absoluta atuação dos indivíduos dentro de suas respectivas esferas pessoais de autonomia privada, sendo, ao revés, o postulado a facultar a plena atuação dos particulares na sociedade e no mercado desde que tal protagonismo concorra para o alcance dos objetivos e dos programas vislumbrados por tais cartas.[165]

Por isso mesmo, não há espaço, no constitucionalismo social, para que a empresa seja considerada como uma entidade constituída tão somente para a geração de dividendos aos seus proprietários e para a produção de determinados bens e serviços a serem oferecidos ao mercado consumidor.

Ao revés, a empresa formada e gerida em decorrência do exercício da livre iniciativa e da fruição do direito à propriedade encontra sua legitimidade na geração de empregos dignos e na distribuição de renda, sem os quais o crescimento econômico e as atividades desempenhadas pelo Estado restarão comprometidos, em prejuízo último à coesão social e à própria dignidade humana.

Portanto, sob a *fórmula política* a caracterizar as constituições de cariz social, o trabalho humano representa um valor social indispensável não só à concretização da *dignidade humana*, como também à colimação dos objetivos definidos por tais cartas em torno da promoção do *bem-estar geral* e da suplantação dos desequilíbrios gerados pela livre conformação das forças na arena do mercado.

De outro turno, a conformação conferida ao trabalho humano nas constituições de cariz social abala o legalismo clássico na medida em que ela impõe aos intérpretes do direito infraconstitucional – e, consequentemente, do Código Civil e da legislação privada esparsa – a tarefa de buscar, em seus traços distintivos, o conteúdo a ser conferido às leis ordinárias, dentro dos limites conceituais estabelecidos por sua *fórmula política*.[166]

Sendo assim, o significado dos dispositivos infraconstitucionais destinados à conformação da autonomia privada, a ser perquirido através do labor interpretativo, somente estará em conformidade com a *fórmula política* inerente às constituições de cariz social se sua acepção for capaz de conferir concretude ao primado da *proteção do trabalhador*, no sentido de se possibilitar aos obreiros (i) o atendimento às suas necessidades materiais elementares, (ii) o desempenho pleno da cidadania nas esferas econômica e social, (iii) um ambiente laboral adequado e sadio, (iv) a fixação de jornadas diárias aptas a conciliar o desempenho do labor com o convívio familiar e com o lazer bem como (v) a salvaguarda da esfera relacionada à sua personalidade, sem o que não será possível concretizar a própria *dignidade humana* e tampouco promover a consecução dos programas vislumbrados por tais cartas.[167]

Vê-se, portanto, que o advento do *constitucionalismo social* e da fórmula política a caracterizar as cartas editadas sob o influxo de suas diretrizes abalou significativamente as estruturas *legalistas* e *individualistas* a caracterizarem o direito civil clássico, haja vista a migração do repositório dos direitos fundamentais do código civil para as constituições de cariz social e o condicionamento imposto por estas últimas à livre iniciativa e à autonomia privada em nome dos objetivos programáticos nelas definidos.

E para tal configuração, os princípios atinentes à regulamentação do trabalho humano tiveram papel central, na medida em que sua constitucionalização não apenas retirou dos domínios do código civil uma parcela relevantíssima outrora adstrita à esfera da autonomia privada, como também alçou o trabalho humano de mero objeto dos contratos individuais de locação de serviços, a elemento integrativo da *dignidade humana* em sua essência e a meio indispensável para a consecução dos objetivos sociais erigidos naquelas cartas.

1.2.1.3 A internacionalização do Direito do Trabalho

Para além da *coletivização das relações laborais* e do advento do *constitucionalismo social*, as estruturas civilistas clássicas foram diretamente afetadas pelo crescente movimento de internacionalização do Direito do Trabalho consolidado, em grande medida, no decurso do século XX.[168]

E tal como se deu com o constitucionalismo social, a *internacionalização do direito do trabalho* teve o condão de atingir diretamente a estrutura legalista a caracterizar originariamente o direito privado, na medida em que o ordenamento jurídico interno (aí incluídos o Código Civil e a legislação esparsa) perdeu o *status* de repositório exclusivo das normas concernentes à regulamentação acerca das formas e dos conteúdos das relações trabalhistas.

A partir de então, diversos aspectos concernentes à contratação do labor humano, da organização dos fatores de produção e das condições de trabalho, bem assim da representação e da ação exercidas pelos sindicatos passaram a ter como fontes normativas os tratados internacionais de direitos humanos firmados no âmbito dos organismos supranacionais.

Com efeito, a estrutura legalista a servir como um dos eixos de suporte do direito privado e o dogma da soberania estatal se complementam. Aquela primeira, ao pressupor o Direito como um conjunto hierarquicamente organizado de normas fundamentado, em última instância, na autoridade exercida pelas facções detentoras do poder, toma por pressuposto a prevalência deste último, na medida em que todo o sistema jurídico idealizado no famoso estratagema da *pirâmide de Kelsen* tem como âmbito espacial de incidência o Estado-nação e suas leis e regulamentos internos.

Nesse contexto amplamente difundido no século XIX e nas primeiras décadas do século XX, o Estado Nacional se bastava em relação ao seu entorno. Era ele a fonte do Direito por excelência, de modo que os arranjos verificados nos demais ordenamentos ou mesmo no incipiente direito internacional dos tratados não tinham o condão de influenciar de maneira direta a compreensão em torno de seu ordenamento jurídico, a menos que as autoridades locais optassem espontaneamente pela absorção de tais inovações submetendo-as a uma minuciosa filtragem.[169]

Partia-se, portanto, do pressuposto de que as ordens jurídicas interna e internacional constituíam compartimentos estanques, de modo que as normas derivadas desta última somente se integrariam àquela primeira com o aval das autoridades estatais e, ainda assim, com a edição de uma regulamentação complementar destinada a conferir-lhes aplicabilidade e a promover sua *adaptação* às peculiaridades locais.[170]

Sob tal paradigma, os tratados internacionais possuíam um escopo deveras limitado, pautado, basicamente, pela regulamentação bilateral (ou multilateral em menor medida) dos aspectos relacionados às relações militares e comerciais entre as *potências soberanas* que, na concepção formulada por Emer de Vattel já no século XVIII, permaneceriam jacentes no plano do *direito natural* de modo que sua tradução em instrumentos formais far-se-ia conveniente a fim de conceder-lhes uma base formal de exigibilidade.[171]

Sendo assim, os direitos fundamentais encontravam-se confinados nos ordenamentos jurídicos internos, de modo que sua *universalidade* se restringia aos cidadãos de um determinado Estado e sua cogência encontrava-se fatalmente jungida aos juízos de conveniência e de oportunidade das autoridades locais.[172]

A preponderância de tal compreensão estrita acerca dos direitos fundamentais, plasmada, de um lado, nas garantias individuais e, de outro, no âmbito espacialmente delimitado de sua incidência ocasionou o fenômeno a que Alfonso de Julios-Campuzano denomina *constitucionalismo frágil*, cujo fracasso restou escancarado após as vicissitudes ocorridas nas duas grandes guerras a pontuarem o período compreendido entre 1914 e 1945.[173]

Desse modo, com a constatação em torno da emergência dos direitos sociais e, principalmente, do fracasso do Direito interno em regulamentar de maneira autônoma e estanque os direitos fundamentais, especialmente nas décadas que antecederam a Segunda Guerra Mundial os tratados internacionais ganharam uma nova dimensão. De simples *contratos* entre uma pluralidade de Estados acerca de questões comerciais, militares e limítrofes, passaram eles a configurar verdadeiros pactos multilaterais destinados a conferir uma base mínima para a dignidade humana e seus corolários e a condicionar diretamente a interpretação dos próprios dispositivos já existentes nos ordenamentos internos.[174]

No campo do direito do trabalho, tal evolução foi sentida de modo direto e incisivo já no momento em que os ordenamentos internos dos países protagonistas da Revolução Industrial passaram a consagrar as normas protetivas dos trabalhadores. Paralelamente a tal movimento verificado na esfera doméstica, as lideranças dos trabalhadores e dos empresários, bem assim os próprios governos nacionais, passaram a envidar os primeiros esforços no sentido de promover a regulamentação internacional do trabalho.

Dentre os motivos que impulsionaram tal movimento, Geraldo Von Potobsky e Héctor Bartolomei de La Cruz destacam o temor de que a edição de legislações operárias por parte de determinados países pudesse vir a lhes encarecer os custos com a mão de obra, de modo a tornar seus produtos menos competitivos em relação àquelas nações destituídas de um arcabouço protetivo.[175]

A despeito de sucessivos esforços levados a cabo nas últimas décadas do século XIX e nos primeiros anos do século XX, a internacionalização do direito do trabalho somente veio a se tornar realidade em 1919, com o término da Primeira Guerra Mundial e com a assinatura do Tratado de Versalhes, cuja Parte XIII constituiu a Organização Internacional do Trabalho (OIT) e consagrou expressamente em seu texto o rol dos *princípios fundamentais do direito do trabalho*, contendo as principais pautas já presentes nas legislações dos países protagonistas da Revolução Industrial.

A intenção do Tratado de Versalhes, nesse particular, é exposta de maneira cristalina no preâmbulo de sua Parte XIII, quando se afirma que a almejada paz entre os signatários depende, em certa medida, da fixação de condições uniformes e justas de trabalho, no fito de evitar a utilização do custo da mão de obra como fator de desequilíbrio concorrencial entre os países.[176]

No entanto, há de se destacar, na esteira das observações formuladas por José Francisco Siqueira Neto, que a consagração dos direitos trabalhistas naquela convenção internacional foi significativamente insuflada pela ameaça socialista que ganhava cada vez mais força àquela altura, haja vista, principalmente, o sucesso da Revolução Russa dois anos antes, em 1917.[177]

De qualquer modo, a Parte XIII do Tratado de Versalhes foi o primeiro instrumento multilateral a consagrar universalmente uma série de posições jurídicas a serem fruídas por indivíduos em concreto, antes mesmo das tradicionais garantias individuais de cunho liberal, em um momento no qual o processo de internacionalização dos direitos humanos encontrava-se em uma fase ainda incipiente, conforme atesta Fábio Konder Comparato, abrangendo, ao lado das primeiras normas supranacionais de regulação do labor, algumas pautas de direito humanitário (*v.g.*, proteção das populações civis em guerras) e certos diplomas voltados para o combate à escravidão.[178]

Uma vez instalada a Organização Internacional do Trabalho em Genebra, na Suíça, foram realizadas as reuniões pioneiras de sua Conferência Internacional do Trabalho e, em tais ocasiões, aprovadas as primeiras convenções, que lograram a internacionalização de uma série de pautas relevantes para a proteção dos trabalhadores, com especial destaque para a regulação da jornada de trabalho nas indústrias (1919), da idade mínima para o trabalho nas indústrias (1919), do descanso semanal nas indústrias (1921), da sindicalização na agricultura (1921), dos acidentes de trabalho (1925), do trabalho forçado (1930), entre outras.[179]

Em 1944, já na iminência da vitória dos aliados, a Conferência Geral da Organização do Trabalho editou a célebre *Declaração da Filadélfia* cujo texto teve por intuito reafirmar os princípios fundantes da OIT após a era de atrocidades que estava prestes a ser superada e, para além disso, servir de guia para a regulação do trabalho humano no novo cenário que emergiria com o término da Segunda Guerra Mundial.

Nesse sentido, a *Declaração da Filadélfia*, em nítida contraposição ao ideário dos regimes totalitários, partiu da premissa axiológica de que o homem não pode ser considerado um mero instrumento para a consecução de fins almejados por governos ou por organizações do setor privado, sendo ele, ao revés, o sujeito de direitos em torno do qual todas as instituições públicas e particulares encontram sua justificativa existencial.

Desse modo, como o trabalho é uma atividade eminentemente humana, não pode ser ele considerado como uma mercadoria ou um fator de produção tal qual os demais insumos utilizados na geração de bens e na prestação de serviços. Por isso mesmo, o homem, na condição de trabalhador, é titular de direitos que servirão como um patamar mínimo a ser observado na entabulação e no desempenho das relações laborais.[180]

Dentre os princípios fundamentais constantes do Título I da *Declaração da Filadélfia* a integrarem o patamar mínimo de garantias de observância necessária por parte dos Estados em matéria de regulamentação do trabalho humano, constam expressamente as afirmações de que "o *trabalho não é uma mercadoria*", de que "*a pobreza, em qualquer lugar, consiste em um perigo para a prosperidade de todos*" e de que "*a luta contra a carestia deve prosseguir com incessante energia no seio de cada nação e mediante um esforço internacional contínuo e concentrado*".

Mais adiante, em seu Título III, a *Declaração da Filadélfia* reafirma de modo expresso que a Organização Internacional do Trabalho tem como obrigação solene, no contexto da promoção da melhoria das condições de vida e de trabalho dos seres humanos, estimular o reconhecimento do direito à negociação coletiva, bem assim a colaboração dos obreiros e dos trabalhadores na elaboração das políticas econômicas e na fixação das condições laborais.

Na esteira da Declaração da Filadélfia, a OIT editou suas convenções mais representativas no tocante à liberdade sindical e à negociação coletiva (Convenções nºs 87, 98, 135, 141, 154 e 151), às diretrizes elementares a constarem das políticas econômicas nacionais (Convenções nºs 95, 105, 131, 135, 158, 173 e 175), à previdência social (Convenções nºs 118, 128 e 157) e à saúde e segurança no trabalho (Convenções nºs 115, 136, 139, 148, 155, 161,162, 163, 164, 167, 170, 174 e 176).

Paralelamente ao advento das convenções da OIT, as diretrizes elementares concernentes ao trabalho digno foram replicadas, igualmente, nos tratados de direitos humanos mais significativos editados no âmbito da Organização das Nações Unidas e da Organização dos Estados Americanos, em especial nos artigos 7º a 9º do *Pacto Internacional sobre Direitos Econômicos, Sociais e Culturais*, de 1966, e nos artigos 6º a 9º do *Protocolo Adicional à Convenção Americana sobre Direitos Humanos em Matéria de Direitos Econômicos, Sociais e Culturais* (Protocolo de San Salvador), de 1988.[181]

A análise da evolução dos tratados de direitos humanos em matéria social demonstra que a *internacionalização do direito do trabalho*, aliada à constitucionalização do direito social, abalou significativamente as estruturas legalistas a sustentarem historicamente o direito privado, na medida em que a regulamentação atinente às formas e aos conteúdos das relações trabalhistas deixaram de ter na lei em sentido estrito seu repositório precípuo e, no Estado, sua fonte exclusiva.

De fato, com a transposição das pautas relacionadas ao trabalho para o plano internacional e com integração dos tratados de direitos humanos aos ordenamentos internos, as balizas normativas a pautarem a prestação do labor humano estabelecidas pela lei em sentido estrito, passaram a ter sua validade condicionada não apenas aos princípios de cariz social plasmados nas constituições dirigentes do Segundo Pós-Guerra, mas também às diretrizes ventiladas naqueles pactos multilaterais editados no âmbito da OIT, da ONU e dos organismos regionais, tais como a OEA.

1.2.2 As estruturas civilistas e o Direito do Trabalho

Viu-se em passagens anteriores do presente capítulo que o Direito do Trabalho teve por origem a luta das classes operárias como reação à exploração da mão de obra viabilizada pelo arcabouço jurídico liberal, de modo que sua estrutura concebida já no século XIX contemplou, por isso mesmo, a fixação de conteúdos obrigatórios a serem observados pelos pactuantes das relações de trabalho.

Em síntese, as vicissitudes sociais e políticas que desaguaram no surgimento do Direito do Trabalho conceberam, ao fim e ao cabo, um sistema normativo que retirou dos domínios da *autonomia privada* uma série de aspectos de relevância social relacionados umbilicalmente com a arregimentação de mão de obra que, até então, eram objeto de livre estipulação pelas partes, tais como a definição das jornadas de trabalho, a utilização do trabalho de menores e mulheres, a fixação dos salários, o regime de descanso interjornadas e intrajornadas, o repouso periódico, dentre outros.[182]

Tais pautas, no decorrer do século XX, foram incorporadas pelas constituições de cunho social e pelos tratados de Direito Internacional promulgados principalmente após a Segunda Guerra Mundial, bem como abriram caminho para a negociação direta entre as entidades representativas dos trabalhadores e os empregadores, de modo a gerar o fenômeno da *coletivização do direito do trabalho* e, consequentemente, o reconhecimento da autonomia normativa conferida a tais organismos.

No entanto, a despeito de tais decorrências históricas que tiveram o condão de retirar do Direito Civil clássico – e, mais precisamente, de seu postulado nuclear da *autonomia privada* – o protagonismo na definição dos conteúdos das relações de trabalho, as estruturas civilistas concebidas no auge do liberalismo econômico ainda permanecem a servir de base para o Direito do Trabalho, da forma em que este se encontra edificado nos ordenamentos jurídicos internos.

Muito embora a legislação trabalhista – a resultar ora da intervenção do legislador, ora das instâncias internacionais e da própria autonomia coletiva dos sindicatos e das empresas – e o constitucionalismo social tenham restringido substancialmente o objeto dos contratos laborais, não tiveram tais fatores históricos o condão de impor a revisão por completo do esquema estrutural a servir de base para a relação de trabalho herdada do Direito Civil clássico e dos vetustos contratos de *locação de serviços*.[183]

De fato, a relação de trabalho é ainda nos dias de hoje caudatária, em grande medida, de um regime jurídico definido em lei (*legalismo*), cuja figura nuclear é corporificada no trabalhador considerado de *per se* (*individualismo*), cujos direitos e obrigações são fixados por intermédio de um negócio jurídico dotado de certos requisitos formais (*contratualismo*) e cujas prestações recíprocas são mensuradas economicamente no contexto de empresas que têm a acumulação de patrimônio como fim precípuo (*patrimonialismo*).

É justamente tal configuração dúplice a colocar o trabalho humano como objeto de um regime jurídico interventivo e, ao mesmo tempo, como elemento sujeito a um negócio jurídico bilateral e sinalagmático que ocasionou o infindável debate acerca da natureza *pública* ou *privada* do Direito do Trabalho. Nesse sentido, durante muito tempo a doutrina juslaboralista se debruçou sobre a celeuma em torno da prevalência ou não das estruturas civis clássicas sobre os elementos normativos de ordem pública e de cariz social, para fins de classificação do direito do trabalho em uma ou em outra categoria.[184]

Independentemente da natureza de direito *público* ou de direito *privado* a ser conferida ao Direito do Trabalho, o que importa, para os fins colimados no presente capítulo, é constatar sua estruturação naqueles quatro eixos civilistas, cuja subsistência ainda concorre de maneira decisiva para a compreensão e para a resolução dos problemas a envolverem a prestação do labor humano e a organização dos ambientes onde esta última ocorre.

1.2.2.1 O legalismo no Direito do Trabalho

As lutas desencadeadas pelos trabalhadores nas fábricas e nas ruas ao longo dos séculos XIX e XX com vistas à melhoria de suas condições sociais repercutiram politicamente na formação de partidos operários e na eleição de seus quadros para a composição das assembleias nacionais. Estas últimas, de seu turno, buscaram consolidar nos textos legais as principais bandeiras defendidas por seu eleitorado, a contemplarem, basicamente, a proteção dos trabalhadores contra as jornadas extenuantes, os salários aviltantes e os riscos à sua integridade física, bem como a liberdade sindical e a garantia de negociação em igualdade de condições com os empregadores.

A aposição de tais pautas na lei escrita não era apenas o símbolo máximo do reconhecimento oficial em torno das conquistas obreiras através de suas lutas. Mais do que isso, a edição das leis trabalhistas – ou do *direito operário*, como se convencionou chamar o conjunto composto pelas primeiras normas dessa natureza – significou, naquele momento histórico, a externalização por parte dos representantes obreiros nos parlamentos daquelas mesmas crenças positivistas a respeito da completude e da infalibilidade do sistema do direito a embalarem os partidários do liberalismo econômico e da codificação.

No que diz respeito ao aspecto *formal*, a positivação das normas de proteção do trabalhador buscou pôr fim ao principal obstáculo jurídico que se impunha, à época, para o reconhecimento daqueles direitos de cunho social, qual seja, a ausência de tais garantias nos dispositivos dos códigos civis que regulamentavam os contratos de *locação de serviços*. Diante de tal quadro, era natural que os partidos de orientação obreira tomassem a integração formal daquelas normas ao ordenamento jurídico como prioridade.[185]

Em seu aspecto *substantivo*, a versão obreira da crença positivista se pautou na ideia de que a intervenção do legislador no domínio econômico – e, em especial, na fixação das condições de trabalho – seria capaz de resolver, por si só, os desequilíbrios a permearem as relações entre empregadores e trabalhadores e a viabilizar a melhoria das condições gerais de vida destes últimos, de modo a afugentar, com isso, as ameaças de conflagração social e de estagnação econômica geradas pelas correntes socialistas que encontravam forte eco nas lideranças operárias de então.[186]

Foi exatamente tal crença em torno da capacidade da norma escrita e do sistema do Direito para reorientar a ação da *mão invisível do mercado* no que diz respeito à fixação das condições de trabalho que serviu de fundamento último para a concepção do *Estado Democrático e Social de Direito* e para o constitucionalismo social consagrados na fórmula política da Constituição de *Weimar* sob inspiração de Hugo Sinzheimer, a apregoar a intervenção do Poder Público na ordem econômica por intermédio de normas trabalhistas, concorrenciais, fiscais, dentre outras, destinadas a assegurar a prevalência dos interesses comunitários e da coesão social sobre os desígnios individualistas em tais matérias.[187]

Com a paulatina edição de normas trabalhistas nos países protagonistas da Revolução Industrial, as crenças em torno da ação do legislador para conter os abusos do poder econômico na fixação das condições de trabalho e em torno da plenitude do ordenamento jurídico para dar conta de todas as situações a denotarem o desequilíbrio de forças entre os atores sociais se difundiu mundo afora, até mesmo em países que estavam a vivenciar, no início do século XX, as mais primitivas experiências industriais em seus ainda incipientes polos urbanos.[188]

E na senda aberta pela difusão do positivismo jurídico como teoria acerca da compreensão do direito e pela ampliação dos temas laborais submetidos à regulamentação por parte do Estado, o modelo da *codificação* já consagrado na esfera civil foi estendido para o direito do trabalho. Surgiram, assim, as compilações nacionais de legislação trabalhista (códigos e consolidações), com a pretensão de unificar em um só diploma as normas concernentes (i) à interpretação e aplicação do direito do trabalho, (ii) à duração do labor, (iii) às diretrizes elementares de remuneração, (iv) a férias, descansos semanais e intervalos, (v) às condições de segurança do trabalho e de reparação acidentária, (vi) à tutela do trabalho da mulher e do menor, (vi) à formação, execução e rescisão do contrato de trabalho, (vii) à organização sindical e representativa dos obreiros dentro e fora dos locais de trabalho, (viii) à negociação e à contratação coletivas, (ix) à caracterização e coibição dos atos antissindicais, (x) ao regime da greve, dentre outras matérias.[189]

No entanto, o tempo e a complexidade inerente à dinâmica das relações laborais conduziram o Direito do Trabalho à constatação, já experimentada pelos outros ramos jurídicos, de que a letra das normas codificadas e seus detalhados preceitos não poderiam ter a pretensão de cristalizar em textos estáticos a realidade multifacetária e as mudanças de contexto a ela inerentes.[190]

Nesse sentido, a *prova de fogo* imposta pela realidade cambiante a desafiar, até os dias presentes, a integridade do direito do trabalho, fez-se representada pela redução do escopo tuitivo do *Estado de Bem-Estar Social* e pelo esfarelamento do sistema de relações econômicas internacionais concebido logo após a Segunda Guerra Mundial em *Bretton Woods* em função de uma série de vicissitudes econômicas, geopolíticas, sociais e tecnológicas que vêm se sucedendo nas últimas quatro décadas.[191]

Com efeito, a partir dos chamados *choques do petróleo* na década de 1970, as empresas estabelecidas nos países de capitalismo avançado passaram a exercer o enxugamento de suas estruturas, o que desaguou, inevitavelmente, na desativação de unidades e de postos de trabalho. Nesse cenário, as firmas buscaram novos métodos de produção e a clássica estrutura fordista-taylorista de organização produtiva foi cedendo espaço ao toyotismo e aos seus corolários, a propugnarem a desconcentração produtiva e a adequação mais estreita entre a fabricação de bens e a demanda.[192]

Paralelamente a isto, a industrialização outrora centralizada nas potências econômicas da Europa Ocidental, no Japão e nos Estados Unidos ganhou novas praças com o surgimento dos chamados *tigres asiáticos*, em um primeiro momento, e dos chamados *países emergentes* – encabeçados pela China –, posteriormente. De igual modo, a queda do Muro de Berlim e o fim do bloco soviético não só eliminaram o temor socialista que campeou durante a *Guerra Fria*, como também possibilitou o surgimento de novos mercados, a concorrerem, a partir de agora, com as economias tradicionais na captação de investimentos.

E como se já não bastassem tais alterações, tudo isto viria a ocorrer em um contexto no qual os avanços tecnológicos no campo das telecomunicações e da informática acabariam por facilitar sobremaneira a mobilidade do capital e a alocação de recursos de um espaço a outro em tempo real. Desse modo, os empresários interessados em baixar seus custos de produção passariam a contar não apenas com novos polos de mão de obra, como também com a possibilidade de sondá-los e de buscá-los facilmente.

Por fim, somam-se a tais vicissitudes os impressionantes avanços vislumbrados no campo da automação do trabalho a partir da segunda década do século XXI, a colocarem em risco não apenas as profissões baseadas em trabalhos manuais, mas também uma série de atividades que sempre foram tradicionalmente desempenhadas por meio do intelecto.

Nesse contexto, é evidente que a aplicabilidade prática das normas trabalhistas concebidas sob a crença de plenitude e de atemporalidade seria – como de fato vem sendo – colocada em xeque. Diante do enxugamento das empresas, da fuga de investimentos, da automação e da erosão dos postos de trabalho, o pomposo edifício juslaboralista é visto até mesmo por seus destinatários mais como uma estrutura a simbolizar um período histórico de bem-estar social já ultrapassado do que como um mecanismo ativo a integrar o ordenamento jurídico e de operar efetivamente em seu entorno.[193]

Os Estados, de sua parte, não lograram conceber e executar reações à altura dos novos desafios. De fato, ante as severas alterações no contexto macroeconômico e geopolítico vivenciadas nas últimas décadas, seus governos limitaram-se, no plano interno, a promover reformas mais ou menos amplas de caráter precarizante em suas legislações trabalhistas e, no plano internacional, a promover tímidas e estéreis discussões acerca de parâmetros globais a serem seguidos pelos países em matéria de relações individuais e coletivas do trabalho.

Interessante notar, a propósito, que as sucessivas reformas trabalhistas levadas a cabo em diversos ordenamentos domésticos partilham, em sua essência, da mesma crença na plenitude do Direito a embalar, no passado, a codificação e a própria legislação de bem-estar social. Nessa nova versão, os textos reformadores teriam o condão de operacionalizar a superação das dificuldades econômicas vivenciadas no plano fático e de reconfigurar, em novos patamares, as relações entre capital e trabalho.[194]

Segundo a lógica das reformas, a competitividade da economia nacional somente seria viável, no atual cenário, com a flexibilização dos marcos normativos estabelecidos sob a égide do *Estado de Bem-Estar Social* e com a fixação das condições de trabalho, da remuneração e das prestações de cunho social em níveis mais baixos, sem o que não será possível recuperar os mercados perdidos para os países emergentes, para os novos *players* e para as nações concorrentes que aceitaram precarizar suas relações laborais, em um cenário a institucionalizar o *dumping* social no plano internacional.

Ocorre, todavia, que a dinâmica do mundo real vem, mais uma vez, demonstrando a insuficiência da letra da lei para dar conta do sofisticado entorno a circundá-la. Nesse sentido, as complexidades a permearem as relações de trabalho em uma economia globalizada, fundada em cadeias produtivas extremamente capilarizadas e que assimila cada vez mais tecnologia, tendem a conduzir os textos reformadores domésticos à inocuidade.[195]

Enquanto não houver uma concertação séria e efetiva no plano internacional com vistas à formulação de um novo sistema de políticas destinadas a assegurar um padrão mínimo de proteção para a utilização da mão de obra humana diante dos desafios impostos pelo atual contexto macroeconômico e geopolítico – a exemplo do que se pretendeu em 1919 e em 1944 com o Tratado de Versalhes e com a Declaração da Filadélfia, respectivamente – a legislação doméstica remanescerá, apesar de sua já comprovada insuficiência, como o vetor primário de regulamentação das condições de trabalho em seus aspectos individuais e coletivos.[196]

1.2.2.2 *O indivíduo (empregado) como centro de direitos e obrigações*

A despeito das restrições ao livre jugo da autonomia privada em decorrência da intervenção estatal nas relações laborais, o advento de tal fórmula, a configurar a própria essência do direito do trabalho, não culminou com a erosão das estruturas civilistas clássicas que conformam as *relações jurídicas* e que, nesse diapasão, situam o indivíduo como repositório precípuo dos direitos e das obrigações.

Tal como ocorre no Direito Civil, a relação jurídica trabalhista pressupõe a existência de um liame bipolar entre duas partes na qual os polos se afiguram, reciprocamente, como detentores de *direitos subjetivos* – isto é, da faculdade de se exigirem mutuamente o cumprimento de determinados *deveres* – ou, no caso dos *direitos potestativos*, da prerrogativa de inovarem unilateralmente no mundo jurídico de modo a sujeitar sua contraparte a uma dada situação jurídica sem que caiba a esta última o exercício de oposição.

Se no Direito Civil, contudo, o ser abstrato a figurar como o centro dos direitos e obrigações é o *indivíduo* que nasce, adquire personalidade e capacidade, realiza atos e negócios jurídicos, contrai matrimônio, adquire patrimônio e lega bens aos seus sucessores, no direito do trabalho a figura ideal se faz representada pelo *empregado* que se encontra vinculado a uma dada *empresa* por intermédio de um *contrato de trabalho.*

De acordo com a premissa elementar a fundar todo o arcabouço justrabalhista, o *empregado*, visto sob a condição de *indivíduo*, constitui o polo hipossuficiente do vínculo laboral, pois suas condições negociais e informativas são presumivelmente inferiores às da *empresa* que, por si só, já constitui uma coletividade organizada. E sendo o empregador, portanto, o detentor dos meios de produção e o gestor das condições de trabalho, cria-se entre ele e o obreiro uma verdadeira relação de *subordinação* e de *dependência econômica*, cuja materialização tende a desequilibrar o balanço de forças entre os contratantes.[197]

Tal condição verificada no plano fático conduziu o Poder Público a estabelecer todo um arcabouço legal destinado à proteção da pessoa do trabalhador, sem, contudo, desmantelar a natureza bilateral e sinalagmática da relação a envolver o empregado e a empresa. Manteve-se, portanto, a estrutura contratual a caracterizar a troca do labor humano por dinheiro e, ao mesmo tempo, extrair do livre jogo da autonomia privada os aspectos mais relevantes que se vinculam à proteção da integridade psicofísica (proteção *no* trabalho) e da subsistência material dos obreiros (proteção *para* o trabalho), segundo a definição empreendida por Alain Supiot.[198]

Sendo assim, o Direito do Trabalho – já sistematizado em códigos e consolidações próprias – retira da esfera inerente à autonomia privada uma série de aspectos da vida laboral do indivíduo na empresa relacionados à sua integridade psicofísica e à sua subsistência material e estabelece, através da fórmula da intervenção estatal, uma série de condicionantes de ordem pública a permearem toda a duração da relação laboral, desde a fase pré-contratual até a extinção do vínculo empregatício e seus consectários.

Verifica-se, nisso mesmo, uma semelhança cristalina entre o Direito Civil clássico e o Direito do Trabalho. De fato, enquanto aquele primeiro concebia um *indivíduo* padronizado a ter todas as consequências jurídicas de sua existência física antecipadas nas disposições do Código Civil, este último se vale do mesmo artifício concernente à elucubração de um ser ideal – o *empregado* – e busca compendiar todas as vicissitudes inerentes à relação de trabalho (ou, pelo menos, aquelas dotadas de relevância social) nos *códigos do trabalho*.

Pode-se dizer, nesse sentido, que se o Código Civil busca regular os aspectos da vida do *indivíduo* do berço ao túmulo, o Direito do Trabalho busca traçar o plano laboral dos *empregados* desde o contrato de aprendizagem até a aposentadoria.

Mesmo o Direito Coletivo do Trabalho, a compreender a liberdade de atuação sindical e o direito à negociação e à contratação coletiva, tem por destinatário final o próprio *empregado* que, na condição de associado a uma determinada organização representativa ou de integrante de uma dada categoria profissional, agregará ao cabedal de direitos e deveres integrantes de seu *contrato de trabalho* as conquistas e os ônus obtidos por seu sindicato nos embates com a empresa e na pactuação dos acordos e convenções coletivos.

A propósito, a existência, na sistemática justrabalhista, dos institutos da *negociação coletiva*, da *contratação coletiva* e da *greve*, bem assim dos próprios sindicatos, só se justifica em função da tutela da pessoa do empregado e de sua hipossuficiência em relação à organização empresarial, na medida em que os trabalhadores considerados de *per se* não podem prescindir de suas estruturas transindividuais de representação para alcançar um grau mínimo de equiparação de forças com os empregadores.[199]

Para o Direito do Trabalho, portanto, é a pessoa do *empregado* o ser ideal que o Estado busca tutelar e, ao mesmo tempo, programar nos textos dos códigos e consolidações laborais os eventos a pautarem seu cotidiano na empresa e sua vida produtiva. No entanto, as vicissitudes ocorridas no entorno do Direito do Trabalho nas últimas quatro décadas vêm, indiscutivelmente, reduzindo a abrangência de seu sistema tuitivo na medida em que as figuras abstratas por ele concebidas como elementos centrais da gramática juslaboralista tendem a se tornar cada vez mais rarefeitas na atual dinâmica mercadológica.

Em primeiro lugar, o complexo e cambiante entorno a circundar o direito do trabalho vem demonstrando o paulatino desaparecimento da própria figura do *empregado*, na medida em que a precarização das relações laborais se apresenta como uma tendência global. De fato, a relação de emprego tradicional vem sendo substituída por vínculos pautados (i) pela prevalência do trabalho autônomo em detrimento da subordinação (tal como a *parassubordinação* concebida pelas legislações da Itália e da Espanha), (ii) pela utilização massiva do *trabalho a tempo parcial*, (iii) pela subcontratação de mão de obra através da utilização de empresas de *trabalho temporário*, de *prestação de serviços a terceiros* ou até mesmo de aplicativos de *smartphones*, (iv) pela implementação das relações de *trabalho intermitente* (*zero hour contracts*), dentre outros.[200]

Paralelamente a isto, os próprios arcabouços legislativos concebidos pelo Poder Público para a tutela da pessoa do *empregado* em seus aspectos individuais e coletivos vêm sendo paulatinamente erodidos, seja por intermédio das reformas trabalhistas que tendem a oficializar aquelas relações precárias de trabalho, ou através de dispositivos legais a viabilizarem a prevalência das condições negociadas (individual ou coletivamente) sobre as normas estatais de ordem pública a tutelarem a integridade psicofísica e a segurança material dos obreiros.

De outro turno, a insuficiência do arcabouço justrabalhista centrado na proteção à pessoa do *empregado* vem se evidenciando na medida em que a complexidade inerente aos processos produtivos e aos métodos de gestão aplicados na atualidade trouxe consigo novos riscos que abrangem não mais trabalhadores determinados ou setores específicos, mas sim coletividades inteiras de obreiros e que, por isso mesmo, demandam novas formas de tutela metaindividual.

A despeito de tais desafios a colocarem em xeque o sistema tutelar a caracterizar o Direito do Trabalho, as legislações domésticas – mesmo aquelas de cariz precarizante – ainda têm no *indivíduo* (*empregado, autônomo, prestador de serviços, etc.*) a figura nuclear que, por intermédio de um *contrato*, assume obrigações com os empregadores e tomadores de seus serviços e se sujeita a certas condições estabelecidas unilateralmente por estes últimos.

1.2.2.3 O contrato de trabalho

Dentro desse espaço remanescente confiado à autonomia privada em que as partes estabelecem os direitos e os deveres recíprocos, os elementos clássicos assimilados pela codificação no que concerne (i) à formulação e aceitação da proposta, (ii) às condições de formação, validade e extinção dos negócios jurídicos, bem assim (iii) à classificação sistemática destes últimos e (iv) à sua tipologia, continuam a nortear a disciplina contratual e a espraiar seus conceitos à totalidade das avenças, mesmo para aquelas que são objeto de tutela legal específica, tais como os contratos laborais, consumeristas e locatícios, por exemplo.

Muito embora a intervenção do Estado nas relações de trabalho tenha conferido à pactuação em torno da compra e venda de força de trabalho um certo conteúdo imperativo de ordem pública justificado em razão do elemento humano diretamente envolvido na avença, tal vicissitude não eliminou por completo a estrutura formal a servir de invólucro para tal relação: o contrato.

De fato, é o contrato de trabalho, conquanto ato jurídico bilateral e sinalagmático a concretizar o encontro de vontades entre empregado e empregador, o invólucro formal a conter as diretrizes pelas quais a relação de emprego será sacramentada e regida. Nessa condição, encontra-se ele submetido aos mesmos requisitos de formação inerentes aos contratos do direito civil, quais sejam, o *agente capaz* e *objeto lícito e possível.*[201]

No entanto, sendo o trabalho humano, como visto, um elemento de ordem pública a ensejar a intervenção do Poder Público nas relações interprivadas, a autonomia das partes quanto à fixação das obrigações recíprocas e quanto à execução das avenças laborais, bem assim quanto à extinção destas últimas, será limitada por um conteúdo atrelado à tutela da integridade psicofísica dos obreiros (p. ex.: limitação das jornadas de trabalho, fixação de intervalos, descansos semanais e férias, exposição a certos riscos etc.) e à tutela da segurança material do obreiro (p. ex.: salário mínimo, proteção contra a despedida injustificada etc.) a ser necessariamente observado pelos contratantes.

Há, por isso mesmo, uma diferença conceitual entre o *contrato* de emprego e a *relação* de emprego, sendo aquele primeiro o ato jurídico formal a envolver o encontro de vontades das partes e esta última o conjunto dos elementos institucionais de ordem pública a caracterizarem o liame trabalhista e a ensejarem a aplicação daquelas diretrizes cogentes a serem observadas pelos contratantes.[202]

Assim, ao instrumento denominado *contrato de trabalho*, aderir-se-ão, de maneira imperativa e irrenunciável, os elementos externos previstos nas normas de ordem pública que instituem o regime jurídico da relação de emprego. Tais diretrizes cogentes terão, inclusive, o condão de se sobrepor às condições pactuadas pelas partes que porventura estiverem em desacordo com seus preceitos, substituindo-as sem fulminar por completo o instrumento contratual, que remanescerá íntegro e vigente naquilo que não colidir com tais enunciados.[203]

De igual modo, em razão do caráter dinâmico do contrato de trabalho a decorrer da negociação coletiva e do princípio da *norma mais favorável*, integrarão o substrato material dos contratos de trabalho tanto as cláusulas dos acordos e convenções coletivas entabuladas periodicamente entre os sindicatos representativos das categorias profissionais e as empresas, quanto as sentenças normativas proferidas nos dissídios coletivos e as normativas internas estabelecidas unilateralmente, de maneira expressa ou tácita, pelos próprios empregadores que venham a estabelecer condições laborais mais vantajosas aos obreiros.[204]

Não obstante, é o contrato de trabalho integrado, tal qual as demais avenças do Direito Civil, pelos chamados *direitos* e *deveres anexos* que por serem inerentes à sua própria natureza e por serem presumidos pelo princípio geral da *boa-fé objetiva*, acrescem à avença certos conteúdos objetivos, independentemente da ocorrência ou não de expressa previsão no instrumento contratual. Como exemplo de tais garantias e obrigações implícitas na seara trabalhista, tem-se o direito do trabalhador à *informação* concernente às condições laborais a ele oferecidas pelo empregador, o direito ao *resguardo de sua intimidade* e de sua *privacidade* no ambiente de trabalho, o direito à *integridade psicofísica* dentre outras.[205]

Esta é, em síntese, a estrutura elementar a caracterizar a faceta contratual do Direito do Trabalho. Mesmo sendo a prestação do labor humano submetida, em grande medida, a um regime jurídico de ordem pública (a chamada *relação de emprego*), sua formalização é implementada por intermédio de uma avença (tácita ou expressa) a estabelecer de modo bilateral e sinalagmático os direitos e deveres recíprocos das partes (trabalhadores e empregadores) que, para além das cláusulas originárias, é integrada de modo dinâmico por conteúdos oriundos da negociação coletiva, das sentenças normativas, do exercício regular do *jus variandi* pelo polo patronal e do próprio princípio geral de *boa-fé objetiva*.

A despeito da enorme difusão de tal modelo pelos ordenamentos jurídicos, especialmente ao longo do século XX, vem ele sendo afetado por aquelas mesmas vicissitudes contemporâneas analisadas no item anterior, que comprometem a própria subsistência da figura do *empregado* como centro do sistema tuitivo concebido pelo Direito do Trabalho.

Com efeito, a pulverização daquelas novas formas de arregimentação de mão de obra como decorrência da precarização global do trabalho tende a fazer com que o binômio *contrato de trabalho – relação de emprego* ceda seu posto central a novas modalidades de avenças -- tais como os contratos de trabalho autônomo, os contratos de prestação de serviços a terceiros (terceirização e trabalho temporário), os contratos intermitentes, etc. – que não são submetidas a estatutos tuitivos de ordem pública.

Tamanho é o impacto de tais mudanças na estrutura contratual do Direito do Trabalho, que diversos ordenamentos jurídicos vêm buscando estabelecer ora garantias mínimas de ordem pública similares, em certo modo, às pautas originariamente concebidas para a *relação de emprego*, ora modalidades de compensação social por tal situação. A primeira hipótese é ilustrada pela regulamentação do trabalho autônomo de natureza *parassubordinada* (também chamado de *autônomo economicamente dependente*), enquanto a segunda vislumbra na ideia de *flexissegurança* um intento de atenuar a volatilidade do *mercado de trabalho* e dos vínculos precários a ele inerentes com o estabelecimento de políticas públicas destinadas a assegurar um grau mínimo de segurança aos trabalhadores.[206]

Paralelamente a isto, o próprio arcabouço tuitivo a caracterizar a *relação de emprego* vem sendo flexibilizado, de modo que diversos itens que compunham tradicionalmente o conjunto de normas juslaboralistas de ordem pública (p. ex.: jornada de trabalho, integridade remuneratória, férias etc.) passaram ora a integrar o objeto da livre pactuação em sede de negociação coletiva, ora o próprio escopo da autonomia privada individual a permear trabalhadores e empregadores.[207]

No entanto, muito embora as sobreditas alterações estejam a afetar diretamente o modelo protetivo tradicionalmente concebido pelo Direito do Trabalho com vistas à regulamentação da arregimentação do labor humano, os maiores impactos de tais vicissitudes vêm sendo sentidos, efetivamente, na parcela da estrutura juslaboralista correspondente à *relação de emprego*, a envolver o conjunto de normas cogentes destinadas à regulamentação da arregimentação de mão de obra, e nem tanto pelo segmento contratual de tal estrutura.

De fato, tanto sob a égide da *relação de emprego*, quanto à luz das novas relações de trabalho, o contrato representa o invólucro bilateral e sinalagmático a estabelecer os direitos e deveres recíprocos das partes, cuja formação encontra-se sujeita a requisitos formais estabelecidos na legislação civil (*agente capaz* e *objeto lícito e possível*). A única diferença entre uma hipótese e outra consiste, exatamente, no arcabouço jurídico de ordem pública que permeia aquela primeira e se mostra inexistente – ou, quando muito, significativamente reduzido – nesta última.

Por isso mesmo, pode-se afirmar que o *contratualismo* configura, mesmo ante às tendências de precarização das relações laborais, um dado central a conferir identidade ao direito do trabalho, pois as avenças bilaterais e sinalagmáticas entre as partes *prestadora* e *tomadora* de serviços (em substituição aos tradicionais *empregados* e *empregadores*), remanescerão como o instrumento precípuo para a fixação das condições de trabalho reconhecido pelos ordenamentos jurídicos.

1.2.2.4 *A empresa e a contraprestação patrimonial do labor humano. O salário e as indenizações pecuniárias*

A estrutura de sustentação do Direito do Trabalho, caudatária da concepção civilista, é completada pelo *patrimonialismo*, ao lado do *legalismo*, do *individualismo* e do *contratualismo*. E, no Direito do Trabalho, o *patrimonialismo* se manifesta por intermédio das figuras da *empresa*, do *salário* e das *indenizações* que configuram, exatamente, (i) a forma prevalente de organização dos meios produtivos de propriedade do polo empregador, (ii) a contraprestação devida à contraparte obreira pelo labor desempenhado e (iii) a compensação por certas intercorrências vivenciadas no curso da relação empregatícia.

Muito embora o conceito legal de *empregador* não dependa, necessariamente, da constituição de uma *empresa* pelo polo patronal da relação de emprego, a concepção do Direito do Trabalho teve por móvel propulsor, desde sua origem histórica no ápice da Primeira Revolução Industrial, a utilização em massa do labor humano nas complexas estruturas fabris criadas e gerenciadas pelos empresários nas áreas urbanas com vistas à obtenção de lucro.[208]

É a *empresa*, portanto, a figura que personifica historicamente o polo patronal das relações laborais. E esta *empresa* nada mais é, sob a ótica civilista e comercialista, do que uma aglutinação organizada de patrimônio material e imaterial (terrenos, edificações, benfeitorias, processos produtivos, metodologias gerenciais, matérias-primas etc.) com vistas à atuação no mercado para a geração de dividendos (ou seja, mais *patrimônio*). Nesse arranjo, fazendo-se abstração das pautas peculiares ao Direito do Trabalho, os trabalhadores arregimentados pelo empresário constituem meros insumos para a elaboração dos produtos e serviços a serem ofertados, ao lado dos demais elementos necessários à produção destes últimos.[209]

Nessa ótica, o que fez o Direito do Trabalho foi estabelecer para a *empresa* (ou seja, a figura tradicionalmente relacionada ao *empregador*) certas obrigações plasmadas em normas de ordem pública que encontram justificativa axiológica, exatamente, na natureza humana relacionada ao insumo denominado *trabalho*.

Tais deveres impostos ao polo patronal encontram na *pecúnia* (ou seja, no *patrimônio*) sua principal expressão, seja no que diz respeito à própria contraprestação devida aos obreiros pelo dispêndio de sua força de trabalho, ou no que concerne à reparação pelas obrigações de fazer ou não fazer eventualmente inadimplidas pelo empregador.[210]

A centralidade do *patrimônio* na relação empregatícia é evidenciada já na principal obrigação assumida pelo empregador em decorrência da entabulação de um contrato de trabalho, qual seja, o pagamento do *salário* à contraparte obreira. O *salário*, enquanto expressão pecuniária da contraprestação pelos esforços dispensados pelo empregado, configura a própria essência da relação bilateral e sinalagmática inerente à avença laboral. O trabalho prestado pelo obreiro por um determinado período do dia (jornada) tem um custo e este último é remunerado pelo empresário. Nisso consiste, exatamente, o núcleo conceitual do ajuste de vontades entre os dois polos da relação de emprego.[211]

De igual modo, a posição nuclear do *patrimônio* é plenamente constatável no regime da reparação pelas intercorrências constatadas no curso da relação de emprego, sendo os *acidentes de trabalho* o exemplo mais candente de tal vicissitude. De fato, a legislação pioneira acerca da matéria - tendo na lei francesa de 9 de abril de 1898 seu expoente mais significativo - ao adotar as teorias do *risco profissional* e da *responsabilidade objetiva*, estabeleceu a indenização pecuniária em valores tabelados como a forma precípua para a compensação dos danos ocasionados pelos infortúnios laborais.[212]

Nesse mesmo sentido, prepondera na relação de emprego a reparação pecuniária em decorrência das violações pontuais aos deveres principais e anexos inerentes ao contrato de trabalho, tal como ocorre, por exemplo, na inobservância ao direito de gozar férias, no descumprimento do dever patronal atinente à concessão dos intervalos e das pausas para descanso e recuperação de forças, nas situações em que o empregador submete os trabalhadores a constrangimentos atentatórios às esferas da intimidade e da honra, como sói ocorrer com as revistas íntimas, dentre outras.

Ainda que seja fática e juridicamente possível, em muitos casos, a reparação *in natura* das lesões ocasionadas no curso da relação laboral, a resolução das contendas pelo ressarcimento das *perdas e danos* tem prevalência seja porque as próprias partes assim o preferem (dado subjetivo e cultural) ou porque o arcabouço jurídico ainda prioriza, em sua essência, a reparação individual e casuística, em desatenção à natureza coletiva das questões inerentes à organização do trabalho (dado objetivo).[213]

Os elementos sinteticamente explanados nas presentes linhas, a serem aprofundados no decorrer do presente estudo, permitem atestar que, de fato, o *patrimonialismo* é para o Direito do Trabalho, tal qual para o Direito Civil, um dos eixos de sustentação de seu sistema teórico. E tal como se passa com os demais vetores (*legalismo*, *individualismo* e *contratualismo*), vem ele, através de suas expressões econômico-laborais (*empresa*, *salário* e *indenização*), sofrendo abalos que se não são ainda capazes de comprometer sua integridade, ao menos impõem uma releitura de suas concepções originárias.

No que diz respeito à *empresa*, vem ela experimentando, tal qual os demais institutos patrimoniais de direito privado, as matizações impostas pela ideia de *função social* a pautar, a partir do advento do constitucionalismo social, toda a ordem econômica. Sob o influxo de tal concepção, nas palavras de Paula Forgioni, "*a empresa é considerada ente gerador de riquezas e fator de progresso social, e não mera propriedade dos sócios ou sujeita aos egoísticos interesses dos credores*".[214]

Nesse contexto, a empresa formada e gerida em decorrência do exercício da livre iniciativa e da fruição do direito à propriedade, encontra sua legitimidade na geração de empregos e na distribuição de renda, sem os quais o crescimento econômico e as atividades desempenhadas pelo Estado restarão comprometidos, em prejuízo último à coesão social e à própria dignidade humana.[215]

No âmbito das relações de trabalho, a ideia de *função social da empresa* se traduz no dever patronal de respeito aos direitos fundamentais titularizados pelos trabalhadores enquanto cidadãos (p. ex.: honra, intimidade, liberdade de expressão, lazer, integridade psicofísica etc.) que acabam por limitar o poder diretivo do empregador e, consequentemente, a própria *livre iniciativa* deste último no que concerne à organização dos fatores relacionados ao seu empreendimento.[216]

Do lado dos trabalhadores, os abalos sofridos pela estrutura patrimonialista do Direito do Trabalho se traduzem nos impactos da precarização do labor humano, dos novos arranjos empresariais colocados em prática diante da globalização e das novas relações de trabalho sobre a composição da contraprestação pecuniária decorrente da venda de mão de obra.

De fato, com a difusão do trabalho autônomo, seja sob sua forma clássica ou sob a modalidade de *parassubordinação*, vê-se elidida a garantia quanto à percepção mensal de uma remuneração mínima (ou até mesmo fixa) por parte do trabalhador. Encontram-se suas expectativas pecuniárias a partir de agora, sujeitas às variações de conjuntura da economia, uma vez que a contraprestação por seus serviços passa a oscilar de acordo com a demanda por parte do mercado.

Em situações extremas, tal como ocorre com os chamados *contratos zero-hora* ou *contratos intermitentes*, a própria existência da contraprestação é colocada em xeque. Nessa modalidade de avença laboral, o trabalhador permanece afastado da empresa no aguardo de convocação de seu empregador para a realização das atividades designadas por este último e só será remunerado pelos períodos de tempo dispensados para a efetiva prestação de serviços, sendo plenamente factível a possibilidade de que a inocorrência de chamados durante o mês resulte em *salário-zero*.[217]

O *contrato zero-hora* ou *intermitente* nada mais é, do ponto de vista da Teoria Geral das Obrigações, do que figura a materializar a chamada *condição meramente potestativa*, que, na ótica do Direito Civil, fulminaria a avença por nulidade, haja vista, justamente, a quebra de seu caráter bilateral e sinalagmático em decorrência do poder conferido a um dos contratantes (o *empregador*) de controlar de maneira unilateral e discricionária a própria ocorrência do fato gerador das contrapartidas estabelecidas no contrato.[218]

De outro turno, a precarização remuneratória experimentada pelos trabalhadores em decorrência dos novos rearranjos empresariais é fortemente impulsionada pelo fenômeno da *terceirização* de mão de obra. Com efeito, a subcontratação de pessoas jurídicas interpostas com vistas à realização das atividades da empresa tomadora de serviços tem como características, justamente, a diminuição dos salários em comparação com o vínculo empregatício direto e a insegurança quanto à própria continuidade da prestação dos serviços.[219]

Para além disso, o fenômeno da terceirização tende a pulverizar a responsabilidade empresarial pelas verbas salariais devidas aos trabalhadores e pela reparação pecuniária decorrente ora do descumprimento de deveres contratuais e legais (p. ex.: concessão de férias, intervalos etc.), ora da violação de direitos fundamentais dos obreiros (*v.g.*, danos à personalidade, à integridade psicofísica, à intimidade etc.), podendo resultar no estabelecimento de uma cadeia infindável de devedores a desaguar, ao fim e ao cabo, no inadimplemento de tais prestações por impossibilidade do obreiro de reunir meios informativos e materiais para perseguir judicialmente suas legítimas pretensões.

Nesse particular, a própria mobilidade do capital é fator que, por si só, tende a dificultar a busca dos trabalhadores pela expressão pecuniária de seus direitos. De fato, ante a facilidade de remanejamento de insumos mundo afora e ante a disponibilidade de países ditos *em desenvolvimento* para receberem investimentos (de qualquer espécie, diga-se de passagem), as empresas se deparam com a possibilidade de deslocar sua produção para polos onde lograrão mão de obra menos custosa e de se livrar, por outro lado, dos eventuais passivos ambientais e trabalhistas deixados em seus antigos hospedeiros.[220]

A despeito de tais vicissitudes, a ensejarem a reorientação das funções da *empresa* e a comprometerem as expectativas de contraprestação remuneratória dos trabalhadores, o *patrimonialismo* remanesce como um dos eixos de sustentação teórica do Direito do Trabalho na atualidade. De fato, permanece a *empresa* capitalista a ter, para seus diretores, cotistas e acionistas, o lucro e a multiplicação patrimonial como móvel propulsor, assim como susbsiste a *remuneração* como forma precípua de pagamento pela força de trabalho utilizada pelas empresas.

O que se verifica, do lado da *empresa*, é a relativização de sua autonomia privada compensada, em certa medida, pela reestruturação das relações de trabalho e pelo incremento na mobilidade do capital e, do lado dos trabalhadores, a deterioração da contraprestação pelo labor prestado e a incerteza quanto à própria existência da remuneração almejada, em decorrência de tal conjuntura.

Não obstante, o *patrimônio* remanesce íntegro como elemento nuclear a permear as relações entabuladas entre as empresas e os trabalhadores que nela desempenham suas atividades, seja como empregados clássicos, autônomos típicos, *parassubordinados*, terceirizados, temporários ou como mão de obra contratada sob a sistemática dos *contratos zero-hora*.

1.3 CONCLUSÃO DO CAPÍTULO. A EROSÃO DO DIREITO DO TRABALHO *LEGALISTA, INDIVIDUALISTA, CONTRATUALISTA* E *PATRIMONIALISTA*. A BUSCA POR UM NOVO PARADIGMA PARA O DIREITO DO TRABALHO

A despeito das matizações experimentadas pelos elementos formadores do eixo de sustentação do Direito do Trabalho em decorrência do constitucionalismo social, da coletivização e da internacionalização de suas pautas, as estruturas do referido ramo jurídico continuam a ter por base os mesmos cânones que sustentavam o Direito Civil sob a égide do liberalismo econômico oitocentista, a consistirem, como visto, (i) na concepção da lei como repositório das normas elementares concernentes às relações interpessoais e aos seus consectários (*legalismo*), (ii) na compreensão do indivíduo como centro de direitos e obrigações (*individualismo*), (iii) na eleição do contrato como forma precípua de expressão da autonomia da vontade (*contratualismo*) e (iv) na definição do patrimônio como objeto e fim dos direitos e obrigações (*patrimonialismo*).

Ao mesmo tempo em que o Direito do Trabalho continua a se sustentar sob estes quatro eixos, as crescentes complexidades inerentes ao entorno das relações a envolverem seus atores individuais e coletivos já não cabem mais na estreiteza das fórmulas legais a presumirem o contrato de trabalho firmado entre o empregado individualmente considerado e o seu empregador como o objeto preponderante – quando não exclusivo – de um arcabouço legal protetivo a ter no patrimônio (pecúnia) a forma de resolução derradeira de todas as questões a envolverem as referidas partes.[221]

De fato, o entorno que circunda a relação entre o empregado individualmente considerado e seu empregador (ou entre o prestador e o tomador de serviços, de maneira geral) é muito mais rico e complexo do que o cabedal de assuntos tratados nos contratos de trabalho, nos acordos e convenções coletivas e na própria legislação trabalhista.

O labor humano e todos os fatores que lhe são inerentes na contemporaneidade não cabem na estreiteza das fórmulas legais e contratuais a estabelecerem direitos e deveres titularizados individualmente pelo obreiro e pelo empregador no curso da jornada e que são compensáveis sob a forma de pecúnia em caso de descumprimento.

Ao revés, a realidade demonstra que a organização dos fatores de produção a cargo do tomador de serviços, calcada tanto em elementos criados pela ação direta deste último (p. ex.: a implementação de um novo maquinário ou a adoção de uma determinada metodologia de avaliação de desempenho), quanto em dados da realidade já presentes no entorno a circundar a empresa (p. ex.: a instalação de uma unidade produtiva em local de difícil acesso ou a determinação para a realização de atividades em áreas de risco) é passível de afetar aspectos que vão muito além do patrimônio tangível e pecuniário dos indivíduos que assinam contratos de trabalho e se beneficiam das cláusulas acordadas em sede de negociação coletiva.

Quando um indivíduo se dispõe a vender sua força de trabalho a outrem, as consequências de tal ato não se restringem à prestação de um labor sob certas condições mediante o pagamento de uma contraprestação pecuniária. Ao colocar-se à disposição de um empregador ou de um tomador de serviços, o trabalhador se insere, invariavelmente, em um ambiente complexo formado por insumos, metodologias de gestão e processos produtivos concebidos e geridos coletivamente pela empresa, passando a se sujeitar pessoalmente aos impactos ocasionados por tais elementos em sua personalidade, intimidade e na própria integridade psicofísica.

A dimensão de tais impactos sobre os bens jurídicos titularizados pelos trabalhadores não encontra no contrato de trabalho e em sua estrutura individualista e patrimonialista uma tradução adequada. De fato, ao organizar os fatores de produção de uma determinada atividade econômica, o empregador (ou tomador de serviços) estabelece um verdadeiro *sistema* em que todos os elementos materiais e imateriais a ela relacionados se tornam interdependentes.

Estando os obreiros inseridos em tal engrenagem e submetidos aos seus efeitos, não se pode fazer abstração de tal dado e insistir na ficção a preconizar que as questões relacionadas à relação entre as partes signatárias do contrato de trabalho seriam limitadas aos aspectos prestacionais e compensatórios definidos individualmente em tais avenças.[222]

Por estarem todos os trabalhadores inseridos em um sistema interdependente, os aspectos inerentes à organização do trabalho e do ambiente empresarial geram uma série de consequências que transcendem o patrimônio jurídico dos indivíduos isoladamente considerados. Com efeito, quando a estruturação de métodos, insumos e processos produtivos concebida e implementada pelo empregador ou pelo tomador de serviços é falha, tal deficiência estará expondo a certos riscos uma coletividade inteira de trabalhadores.

Em tais circunstâncias, não se estará diante de uma singela violação ao contrato individual de trabalho passível de compensação pecuniária, mas sim de uma questão estrutural cuja resolução efetiva depende, essencialmente, da reformulação parcial ou total da própria organização dos fatores de produção levada a cabo pelo empregador ou pelo tomador de serviços. Dito em outros termos, a superação de tal sorte de problemas pressupõe antes a redefinição do próprio sistema de gestão de insumos e de operações produtivas montado pela empresa do que a singela composição pontual a envolver direitos e deveres dos trabalhadores individualmente considerados.

É possível afirmar, portanto, que os aspectos relacionados à organização laboral integram o conceito amplo de *meio ambiente*, na medida em que eles constituem, ao lado dos demais elementos de ordem *natural*, *artificial*, *urbana* e *cultural*, o entorno a circundar o gênero humano e que é determinante para a sadia qualidade de vida dos indivíduos.[223]

E a parcela de tal entorno a compreender o *meio ambiente do trabalho* é formada, justamente, por todos os elementos materiais e imateriais relacionados à organização do trabalho que têm o condão de afetar em menor ou maior medida a sadia qualidade de vida do trabalhador. Do local escolhido pelo empregador ou tomador de serviços para a montagem de sua unidade produtiva, passando pelos insumos relacionados ao desempenho da atividade econômica (p. ex.: maquinário, matérias-primas, mesas, bancadas, cadeiras etc.), pela metodologia de produção e pelas políticas de gestão do pessoal, todos estes elementos trazem consigo potenciais impactos para a coletividade de trabalhadores diretamente submetida a tais fatores.[224]

É preciso, portanto, compreender as questões atinentes à organização do trabalho sob a lógica *ambiental*, de modo a enxergá-las como elementos intercalados que formam, juntamente com os próprios trabalhadores, um sistema interdepende, cujas vicissitudes acarretam consequências comuns para todas as engrenagens que o compõem.

Faz-se necessário, nesse diapasão, superar a concepção *individualista*, *legalista*, *contratualista* e *patrimonialista* acerca das questões afetas à saúde e à segurança no trabalho herdada das legislações acidentárias, a compreender as falhas em tais aspectos sistêmicos como casos isolados de inobservância patronal a deveres anexos aos contratos individuais de trabalho (p. ex.: deveres de proteção e de zelo pela integridade física dos obreiros) a gerarem, para as vítimas, compensações pecuniárias desvinculadas de qualquer compromisso com a reorganização dos fatores de produção.[225]

Por representar, efetivamente, a materialização de um desequilíbrio sistêmico, o mau funcionamento dos fatores operacionais de uma determinada empresa constitui, em sua essência, uma vicissitude de natureza *metaindividual*, na medida em que as consequências danosas por ele ocasionados no *meio ambiente de trabalho* afetam, de maneira indistinta, uma coletividade determinada ou indeterminada de indivíduos. De fato, a ocorrência de um acidente de trabalho (por exemplo), antes de configurar um episódio esporádico e isolado, é a consequência visível e manifesta de uma falha estrutural a macular a organização dos insumos e dos métodos de trabalho adotada pelo empresário.[226]

Pode-se afirmar, por isso mesmo, que as vicissitudes dessa natureza experimentadas pelos trabalhadores em decorrência da gestão deficiente dos fatores de produção a lhes acarretarem prejuízos nas esferas da personalidade, da intimidade, da vida privada e da integridade psicofísica se enquadram na categoria dos *danos em massa*.

De fato, se é possível vislumbrar a *produção* e o *consumo em massa* como características inerentes à sociedade contemporânea, é plenamente constatável a existência de um trabalho *em massa*, representado pela padronização de metodologias de gestão e de organização laboral nas diversas atividades econômicas que tendem a replicar, de igual modo, os problemas vivenciados pelos obreiros em tais ambientes, tais como os acidentes de trabalho e as doenças ocupacionais.

Sendo, portanto, os *danos em massa* experimentados pelos trabalhadores nessas circunstâncias o resultado da organização do *trabalho em massa*, sua reparação plena exige a formulação de mecanismos aptos a promover não apenas a compensação dos efeitos de tais lesões no patrimônio individual de cada obreiro, mas também capazes de remover ou de reparar as causas do problema em sua raiz. Trata-se, portanto, de promover a tutela *coletiva* de um problema que, em sua essência, é *coletivo*.[227]

E a massificação da organização do trabalho com o consequente caráter metaindividual das lesões dela decorrentes foi intensificada no atual contexto pós-fordista, em que as empresas passaram a buscar freneticamente o atingimento de metas quantitativas e a sucessiva superação de tais indicadores. Os números, as metas, os *targets*, nesse contexto, tornaram-se o fim em si mesmo da iniciativa empresarial e o trabalho humano, por via de consequência, foi rebaixado à condição de mero meio para a consecução de tais objetivos quantofrênicos.[228]

A *ditadura dos números*, a caracterizar a generalidade dos métodos de gestão laboral elucubrados nesse contexto, impôs a reformulação total da organização do trabalho, de modo a adequá-la às novas *necessidades mercadológicas* impostas pela economia globalizada e pelo ideário neoliberal. Nesse sentido, aspectos diversos entre si tais como a estruturação espacial dos locais de trabalho, a divisão das tarefas no âmbito do processo produtivo, a composição da remuneração, a fixação das jornadas, a utilização dos tempos livres, a avaliação do desempenho e até mesmo a nomenclatura daqueles que vivem da venda de sua força de trabalho (alçados, agora, à condição de *colaboradores*), foram revistos no fito de atender à busca autorreferencial de metas, números e resultados.

Com isto, a estrutura de produção pós-fordista escancara as portas para a elaboração e para a implementação de métodos de *gestão de pessoas* baseados na exploração consentida da intimidade, da personalidade e, enfim, da própria subjetividade dos trabalhadores, que passam a ser apropriadas pela empresa através de artimanhas estruturais, psicológicas e linguísticas destinadas a reverter a energia mental, física e afetiva dos indivíduos para seus objetivos institucionais.[229]

Como resultado de tal metodologia da *colaboração* sem limites adotada de maneira ampla nas organizações contemporâneas, vislumbra-se, na atualidade, a massificação dos acidentes de trabalho e das doenças ocupacionais relacionados ao esgotamento psicofísico dos trabalhadores. Diante da busca frenética pela excelência no desempenho das atividades e da insegurança quanto à própria permanência na estrutura da empresa, o indivíduo passa a negligenciar regras básicas de atenção e de cuidado no ambiente laboral, quando não vem a desenvolver síndromes psicossomáticas que crescem em progressividade geométrica nas estatísticas acidentárias.[230]

De outro turno, os efeitos deletérios do pós-fordismo para os trabalhadores são agravados ainda mais pela tendência igualmente massificada já há algum tempo em torno da *precarização* dos vínculos de trabalho. De fato, com a decadência do emprego em sua forma clássica e com sua crescente substituição por relações laborais fluidas (p. ex.: trabalho autônomo, contratos *zero-hora*, *teletrabalho* etc.) caracterizadas pela transferência dos ônus organizativos dos empresários para os próprios obreiros, as questoes atinentes à saúde e à segurança destes últimos tendem a ser incluídas no *pacote* de riscos por eles assumidos.[231]

Nesse cenário marcado pela insegurança tanto no que diz respeito à própria estabilidade econômica dos indivíduos em um contexto de relações de trabalho fluidas, temporárias e incertas, quanto no que concerne à higidez psicofísica dos trabalhadores, o Estado acaba tendo seus serviços de saúde pública e de seguridade social sobrecarregados com as demandas dos cidadãos que necessitam de assistência diante dos acidentes e doenças ocupacionais, bem como do desemprego, ao passo que os agentes privados são aliviados de tais encargos para que possam enxugar suas estruturas e orçamentos no fito de adquirir vantagens competitivas no *mercado internacional de mão de obra*.[232]

A própria existência desse *mercado internacional de mão de obra* a exsurgir como um dos aspectos mais visíveis da mobilidade do capital e, consequentemente, da própria globalização econômica, contribui radicalmente para a massificação da insegurança (em sentido financeiro, ocupacional e ambiental) tanto nos países capitalistas centrais, quanto no chamado *mundo em desenvolvimento*. De fato, ao buscarem países com encargos menores e ao forçarem os estados a flexibilizar suas respectivas legislações trabalhistas, as empresas acabam agindo como vetores globais da precarização do labor humano, do desemprego e da desagregação social espalhando por todo o mundo os riscos inerentes a tais fatores.[233]

Vê-se, diante disso, que a difusão dos riscos relacionados ao trabalho, à sua divisão internacional e à organização dos fatores de produção não se encontra, na atualidade, restrita a um determinado setor da economia, a uma região ou a um país. É ela, hoje, um fenômeno mundial, que abrange um amplo e indeterminado contingente de indivíduos ameaçados pela deterioração de suas condições psicofísicas, pela pobreza, pela instabilidade econômica e social, bem como pelo desamparo ante o infortúnio e à velhice. É exatamente nesse sentido que Ulrich Beck concebe a *sociedade do risco global*.[234]

O quadro ora descrito permite atestar que a complexa e multifacetária realidade a permear o trabalho humano não cabe mais nos estreitos lindes de um contrato destinado a regulamentar uma relação pretensamente individualizada, travada entre um empregador e um trabalhador, a ter por objetos direitos e deveres previstos de forma abstrata em um ordenamento jurídico nacional e dotados, em sua essência, de expressão pecuniária.

No cenário atual a servir de entorno para o trabalho humano, as estruturas metodológicas e gerenciais que o conformam possuem um inegável caráter metaindividual, haja vista, justamente, sua replicação como padrão para a organização dos fatores de produção na generalidade das empresas. Sendo assim, os riscos inerentes a tais estruturas serão tão pulverizados quanto forem elas difundidas entre os tomadores de serviços.

Diante disso, não é difícil antever que as questões ora descritas têm um nítido tônus *ambiental* haja vista, justamente, sua correlação estrutural com os padrões atuais de organização do trabalho e, consequentemente, seu inegável potencial voltado para a produção de danos em massa. Faz-se necessário, portanto, conceber um novo paradigma jurídico apto a lidar com os problemas de caráter difuso a caracterizarem o entorno circundante do labor humano e que seja capaz de conferir soluções voltadas para atacar, efetivamente, suas causas e não apenas para remediar pecuniariamente as consequências individuais que delas decorrem.

O detalhamento do novo paradigma ora proposto será feito mais adiante, no Capítulo 4, e suas estruturas impactarão diretamente no sistema da responsabilidade civil trabalhista, que é o objeto do presente estudo.

Assim, se a compreensão dos problemas a afetarem o Direito do Trabalho requer uma análise metaindividual de cariz *ambiental*, conforme se propõe, é evidente que a reparação pelos danos em massa decorrentes de tais vicissitudes deverá ter tal premissa por balizas. É o que se pretende demonstrar nas linhas que se seguem.

2

A RESPONSABILIDADE CIVIL SOB O *PARADIGMA INDIVIDUALISTA*

A responsabilidade civil em sua feição tradicional é corolário do *paradigma individualista*, sob o qual a relação obrigacional foi concebida. De fato, a responsabilidade civil, sob a égide da codificação, tem por objeto o atendimento às necessidades e aos interesses dos titulares de direitos subjetivos que, diante da inadimplência de suas contrapartes, devem ser ressarcidos pelas perdas e danos decorrentes de tal vicissitude.

A relação obrigacional clássica é caracterizada, nas palavras de Planiol, como "*o vínculo de direito pelo qual uma pessoa se compromete com outra a fazer ou deixar de fazer algo*". Há nela, necessariamente, um liame estritamente pessoal entre o credor (o titular de um direito a uma coisa específica ou a uma prestação determinada) e o devedor (o indivíduo incumbido de repassar um dado bem à sua contraparte, ou de lhe prestar um serviço).[235]

Nessa concepção subjacente à codificação, os direitos e deveres atribuídos aos sujeitos vinculados por uma obrigação são formalizados por intermédio de contratos verbais, escritos, típicos ou atípicos que, acaso descumpridos, ensejam a reparação da parte lesada pelas perdas e danos por ela experimentados.

O *contrato*, todavia, não esgota o cabedal das fontes das obrigações admitidas pela codificação em sua versão clássica. Sob a égide desta última, a norma heterônoma (entenda-se, a lei escrita) e, secundariamente, os costumes de origem moral, possuem força suficientemente cogente para impor aos indivíduos certas condutas e omissões (deveres legais) a gerarem direitos para seus pares que, acaso frustrados, ensejarão a responsabilização dos causadores pelos danos daí decorrentes.[236]

A origem da obrigação inobservada em concreto – a ter por fonte um contrato ou uma norma heterônoma – serviu de móvel propulsor para a bipartição da responsabilidade civil em *contratual* e *extracontratual* por parte da doutrina, conforme se verá mais detidamente nas linhas subsequentes. Independentemente de tal distinção, o fato é que tanto em uma quanto em outra, o que se busca é a individualização da responsabilidade dos sujeitos pelos danos ocasionados ora às suas contrapartes contratuais, ora a terceiros.

De fato, a dogmática clássica a respeito da responsabilidade civil foi cunhada tendo em vista a figura clássica do indivíduo juridicamente capaz, detentor de direitos subjetivos ou potestativos e de deveres perante terceiros com esteio nos contratos por ele assumidos ou no próprio ordenamento jurídico. Nesse contexto, a análise particularizada acerca da conduta desse sujeito, bem assim do nexo entre sua ação ou omissão e o dano ocasionado, possuíam importância capital para a aferição em torno de sua responsabilização.

E uma vez constatada a responsabilidade pessoal do sujeito pelos danos ocasionados em decorrência de seu inadimplemento contratual ou de sua afronta à norma heterônoma, a reparação pelos prejuízos materializados em concreto era operacionalizada, em regra, pela via pecuniária. Com efeito, se o Direito Civil sob a égide da codificação clássica concebia as posições jurídicas dos indivíduos adquiridas ao longo de sua existência como expressões econômicas, nada mais coerente com tal visão do que compensar o malferimento a um direito do lesado com a imposição, ao ofensor, de uma transferência patrimonial para aquele primeiro.

No entanto, tal concepção fundada sob a estrutura *individualista*, *contratualista*, *legalista* e *patrimonialista* do Direito Civil não passaria incólume pelas frenéticas mudanças tecnológicas, econômicas e sociais ocorridas a partir do século XIX em decorrência do desenvolvimento industrial e da massificação do consumo de produtos e de serviços. Estas últimas impuseram, efetivamente, alterações substanciais nos elementos conformadores da responsabilidade civil que ainda hoje não foram completamente assimilados pelas legislações, pelos operadores do direito e pela própria doutrina civilista.

O presente capítulo buscará descrever de maneira detalhada os elementos estruturais que configuram a responsabilidade civil sob o *paradigma individualista*, bem como a evolução por ela experimentada em função dos retromencionados ganhos de complexidade social, a fim de se obter, ao fim, o retrato mais fidedigno possível do atual estado da arte da teoria da responsabilidade civil, com seus elementos e funções.

Com base em tal delineamento, será possível, na sequência do presente estudo, avaliar a necessidade em torno da reformulação das estruturas clássicas da responsabilidade civil a fim de que esta última possa fazer frente aos novos riscos sociais e ao caráter multifacetário das lesões a caracterizarem o entorno circundante do Direito Civil e do próprio Direito do Trabalho.

2.1 O CARÁTER *POST FACTUM* DA RESPONSABILIDADE CIVIL SOB A PERSPECTIVA INDIVIDUALISTA, CONTRATUALISTA E PATRIMONIALISTA. A REPARAÇÃO DOS DANOS COMO IDEIA CENTRAL

Tradicionalmente, a ideia de responsabilidade civil pressupõe a materialização de uma conduta ou de uma omissão em descumprimento a um dever contratual ou legal que, ao ocasionar para o ofendido um dano certo, comprovado e palpável, gera para este último o direito à obtenção de uma reparação.

Nesse sentido, os artigos 1.382 e 1.383 do *Code Civil* de 1804 assentavam, respectivamente, que "*qualquer fato oriundo daquele que provoca um dano a outrem obriga aquele que foi a causa do que ocorreu a reparar este dano*" e que "*cada um é responsável pelo dano que provocou não somente por sua culpa, mas ainda por sua negligência ou por sua imprudência*"[237]

A redação dos referidos dispositivos do *Code Civil*, a sintetizarem, em poucas linhas, a essência da teoria clássica da responsabilidade civil, correlaciona o direito à reparação não apenas à ocorrência de um descumprimento em concreto de uma dada obrigação legal ou contratual pelo ofensor, mas também à materialização de um dano específico ao patrimônio jurídico da vítima.

Sob a égide de tal concepção, tanto a conduta do sujeito ativo (o violador), quanto a lesão experimentada pelo sujeito passivo (o ofendido) são *individualizadas*, isto é, somente possuem relevância jurídica conquanto imputáveis a dois sujeitos envolvidos em uma relação obrigacional tradicional que tem em seu âmago a coexistência de direitos e deveres em seus distintos polos.[238]

E justamente por pressupor uma conduta individualizada (de um *sujeito ativo* em relação a um *sujeito passivo*, ambos determinados), que ocasiona um dano certo e mensurável, a responsabilidade civil em sua concepção clássica confere à figura da *culpa* um papel central. De fato, sob tal orientação, só haveria de se cogitar na responsabilização de um dado sujeito pelo descumprimento de um dever jurídico conquanto aquele primeiro o fizesse por ação deliberada (*dolo*) ou por *negligência, imperícia* ou *imprudência*.[239]

Por isso mesmo, a responsabilidade civil em seu perfil clássico possui um caráter notoriamente *post factum*, pois sua função precípua consiste na reparação dos danos experimentados por um indivíduo em decorrência da inexecução do dever legal imputado à sua contraparte no contexto de uma relação obrigacional.

Nesse sentido, sendo a reparação civil um assunto a afetar estritamente os particulares entrelaçados por tal vínculo, não haveria de se cogitar em uma função *social*, *coletiva* ou mesmo *preventiva* e *punitiva* da responsabilidade civil, conforme observado por Henri e Léon Mazeaud.[240]

Portanto, sem a materialização do *dano* em concreto não haveria de se falar na existência da própria responsabilidade civil. De fato, se esta última tem por desiderato, essencialmente, a imposição de um dever de reparação ao sujeito que, pela inexecução culposa ou dolosa de uma obrigação legal ou contratual, causou prejuízos à sua contraparte, a inocorrência de uma lesão a ele imputada faria desaparecer a própria estrutura conceitual a caracterizar a responsabilidade civil.[241]

Sendo a responsabilidade civil em sua concepção clássica voltada, essencialmente, para a reparação dos danos efetivamente consolidados no bojo de uma relação obrigacional, sua operacionalização se dará ora pela via do *ressarcimento*, ora pelo caminho da *reintegração específica*. São estas duas figuras, portanto, as duas espécies subjacentes ao gênero conformado pela *reparação*.

Nesse sentido, o *ressarcimento* é caracterizado pela reparação do dano através do pagamento, pelo ofensor, de uma compensação pecuniária correspondente à lesão experimentada pela vítima, ao passo que a *reintegração específica* consiste na reparação do prejuízo por intermédio do restabelecimento da situação concreta existente anteriormente à lesão.[242]

Tanto em um caso, como no outro, não se tem, com a reparação, a anulação do ato do ofensor que gerou o dano com o retorno da situação das partes ao *status quo ante*. As vias do *ressarcimento* e da *reintegração específica* buscam, à sua maneira, a singela compensação dos prejuízos experimentados pela vítima por intermédio da imposição, ao ofensor, ora do repasse de um valor em pecúnia àquela primeira, ora de uma obrigação de fazer com vistas ao restabelecimento do bem lesado, na medida do possível.[243]

Desse modo, a reparação, como decorrência da responsabilidade civil, seja sob a forma de *ressarcimento* ou pela modalidade da *reintegração específica*, é caudatária da relação bilateral e individualizada a configurar os direitos pessoais em sua acepção clássica e, ao fim e ao cabo, a própria relação obrigacional. Assim, constatado o dano, surge para a vítima (ou credor) o direito à prestação reparatória e, para o ofensor (ou devedor) o dever de arcar com os ônus de tal compensação com a sujeição de seu patrimônio a tal desiderato.[244]

Vê-se, portanto, que a estrutura clássica da responsabilidade civil possui na materialização do dano o elemento nuclear a desencadear a reparação. Constatada a lesão como resultado de uma conduta imputável a um sujeito certo e determinado, nasce uma típica relação obrigacional de cariz individualista e patrimonialista, na qual o ofensor (devedor) indenizará a vítima (credor) com uma parcela de seu patrimônio, por intermédio de uma reparação ou da reintegração específica, a depender do caso.

A centralidade do dano nessa estrutura individualista e patrimonialista plasmada em uma relação obrigacional foi – e ainda é, em certa medida –, o principal obstáculo dogmático para a concepção de uma teoria da responsabilidade civil apta a lidar com as complexidades inerentes a um contexto marcado pela massificação e pela universalização da produção, do consumo, do comércio e, consequentemente, dos riscos.

2.2 O BROCARDO *ALTERUM NON LAEDERE*. DA LEI DAS XII TÁBUAS AO CÓDIGO DE NAPOLEÃO

Se a materialização do dano consiste no elemento fático central para a teoria clássica da responsabilidade civil, o dever de evitá-lo constitui seu fundamento filosófico. Tal obrigação, a recair sobre a generalidade dos sujeitos de direito, é sintetizada no brocardo *alterum non laedere*, cuja origem remonta ao período clássico do Direito Romano e cuja menção originária teve lugar no Digesto.

Para se chegar, contudo, ao princípio *alterum non laedere*, o Direito Romano precisou experimentar a transição da rudeza da vingança privada consagrada no Talião para a consagração de um sistema reparatório. De fato, no período pré-clássico (ou arcaico) a própria ordem jurídica estatal oficializou a reação direta da vítima contra o ofensor tendo evoluído, com o advento da Lei das XII Tábuas, para a tarifação das penas a serem impostas ao agente dos danos nas hipóteses em concreto ali listadas.[245]

A consagração de um princípio geral norteador da responsabilidade civil somente viria a ocorrer no período clássico, com o advento da *Lex Aquilia* e com o labor da jurisprudência pretoriana no sentido de estender para a generalidade das lesões o tratamento concedido pelo referido diploma às ofensas ali descritas (assassínio injusto de um escravo ou de um animal, exoneração fraudulenta de uma dívida sem a anuência do credor e danos perpetradas "*com o próprio corpo*" a uma coisa pertencente a outrem), facultando-se aos ofendidos, consequentemente, o manejo do *damnum injuria datum*.[246]

A partir da generalização da tutela prevista na *Lex Aquilia* cunhou-se a diretriz consagrada no Digesto a preconizar que os indivíduos possuem como dever a abstenção quanto à prática de danos ao patrimônio alheio e como direito a tutela contra as ofensas perpetradas pelos outros. Nisso consiste, exatamente, o conteúdo do brocardo *alterum non laedere*.[247]

O dever geral de não ocasionar danos a outrem que subjaz ao brocardo *alterum non laedere* passou a integrar, no medievo, o conteúdo do princípio da *boa-fé objetiva* cuja origem remonta ao juramento de honra firmado pelos cavalheiros no sentido de cumprir fielmente os compromissos empenhados com as contrapartes de suas relações contratuais e de se portar, na dinâmica do convívio social, de modo a não lesar os legítimos interesses dos demais indivíduos.[248]

Desse modo, o dever geral de boa-fé passou a repercutir, na seara da responsabilidade civil, a diretriz já consagrada desde o Digesto no princípio *alterum non laedere*, no sentido de exigir dos sujeitos o comportamento objetivo plasmado no exercício de suas faculdades jurídicas de modo a não ocasionar danos aos interesses de suas contrapartes obrigacionais e aos interesses dos demais indivíduos.

Foi exatamente com base em tais premissas que o antigo direito francês, na concepção de Jean Domat, incorporou o princípio *alterum non laedere* para extrair, como consequência do brocardo, a responsabilidade do ofensor pela reparação dos danos ocasionados às vítimas. Tal decorrência viria ser consagrada de maneira expressa na redação dos artigos 1.382 e 1.383 do *Code Civil* que estabeleceram em seus respectivos textos, como visto, as linhas mestras do dever geral de indenizar a ser replicado nos demais códigos civis dos países de matriz romano-germânica.[249]

Já nos países da *Common Law*, a prática forense baseada na *equity* gerou um sistema que prescinde do princípio geral da responsabilidade civil nos moldes do direito continental. Neste, a reparação tem lugar quando o indivíduo pratica um *tort*, ou seja, age objetivamente no sentido de violar um dever legal específico que tem como decorrência uma ação destinada à sua tutela, sendo, para tanto, irrelevantes a existência de um contrato entre os sujeitos e a presença do elemento subjetivo (*dolo* ou *culpa*) a macular sua conduta.[250]

Para sua configuração é bastante, nas palavras de André Tunc, a materialização "*de um dano causado a outrem (...) para o qual a lei estabelece um remédio (...) e que não constitua uma violação contratual*". Vê-se, portanto, que o sistema da responsabilidade civil baseada nos *torts* antecipa certos aspectos inerentes à responsabilidade objetiva, muito embora pressuponha, tal como o fazem os ordenamentos romano-germânicos, o protagonismo do indivíduo e do patrimônio e o caráter posterior ao dano inerente à reparação.[251]

No mundo romano-germânico dos dias atuais, portanto, a responsabilidade civil é corolário do dever geral de reparação que tem por origens remotas o princípio geral da boa-fé objetiva e o brocardo romano *alterum non laedere*. Trata-se de um conceito extremamente individualista a pressupor condutas ou omissões perpetradas por sujeitos de direitos no exercício de suas relações jurídicas, onde o elemento subjetivo (*dolo* ou *culpa*) é determinante para a existência da própria responsabilidade.

2.3 A RESPONSABILIDADE CIVIL CONTRATUAL E EXTRACONTRATUAL. TEORIAS CLÁSSICAS

Constatados o elemento fático nuclear da teoria clássica responsabilidade civil, qual seja, o *dano*, bem assim o seu fundamento filosófico (o princípio *alterum non laedere*), impõe-se, na sequência, a análise das duas espécies de responsabilização por ela admitidas, a variarem de acordo com seu fato gerador.

Nesse sentido, a ofensa decorrente da violação de uma obrigação contratual por uma das partes a ela vinculada em prejuízo da outra materializa a *responsabilidade contratual*, ao passo que o vilipêndio a um dever previsto em norma heterônoma – especialmente na lei geral e abstrata – dá ensejo à *responsabilidade extracontratual*.[252]

A bipartição em apreço, que até os dias atuais configura uma das notas distintivas clássicas da teoria da responsabilidade civil, tem sua origem na releitura científica do direito romano pelos autores do antigo direito francês, especialmente por Domat e por Pothier.[253]

Segundo os referidos autores, a origem remota para a classificação ora estudada reside na gradação da culpa concebida pelos jurisconsultos romanos a respeito da responsabilidade decorrente da violação aos pactos (e aos contratos que lhes eram acessórios). De acordo com tal classificação, havia certos acordos bilaterais de vontade em que o simples descumprimento ensejava a responsabilidade das partes, enquanto, em outros, a imputação do dever de reparação dependia de uma análise mais estrita a respeito da conduta do contratante desleal.

Assim, se para as obrigações de origem extracontratual era possível estabelecer um padrão objetivo de conduta baseado no dever geral de cautela do *homem médio* que age com cuidado, prudência e diligência no desempenho regular de suas atividades – tal como restou efetivamente consagrado na redação dos artigos 1.382 e 1.383 do *Code Civil* –, para as obrigações de natureza contratual a própria diversidade inerente aos objetos das avenças impossibilitava a formulação de tal *standard* comum.[254]

Diante de tal constatação, Pothier assentou que a reparação pelas perdas e danos decorrentes da inexecução contratual dependeria, essencialmente, da natureza da obrigação assumida pelas partes e da previsibilidade, em concreto, acerca dos prejuízos passíveis de serem suportados por elas em decorrência da frustração culposa (não dolosa) da avença.[255]

No fito de mensurar o dever de reparação segundo tal diretriz, Pothier concebeu três categorias de culpa que variariam em função dos deveres imputados às partes nas distintas espécies de contratos. Assim, naquelas avenças entabuladas no interesse exclusivo do credor (tal como o contrato de depósito), a responsabilidade do devedor só estaria configurada caso a conduta deste último contrariasse o padrão de cautela esperado das pessoas *menos esclarecidas* ou *menos cuidadosas*.[256]

Já para os contratos celebrados no interesse comum do credor e do devedor, de que a compra e venda constitui o exemplo mais conhecido, a responsabilidade do devedor pelo descumprimento estaria condicionada à demonstração de que sua conduta desviou do padrão de cuidado ordinário esperado para um indivíduo medianamente esclarecido e prudente.[257]

E, por fim, para as avenças estabelecidas no interesse exclusivo do devedor (*vg.*, o *comodato*), a responsabilização deste último se aproximaria do singelo descumprimento das condições contratuais, na medida em que ser-lhe-iam exigidos como padrão de conduta os cuidados empreendidos por um indivíduo esclarecido e extremamente diligente.[258]

Partindo dessa distinção, os autores franceses que antecederam o *Code Civil* estabeleceram a repartição da culpa em *lata*, *leve* e *levíssima*. Segundo tal classificação, a responsabilização do agente na culpa *lata* estaria condicionada à constatação de dolo, imperícia, imprudência ou negligência a eivar sua conduta, enquanto para as culpas *leve* e *levíssima*, bastaria demonstrar o descumprimento do contrato em desatenção a padrões mais exigentes de cuidado, que ensejaria, por sua vez, a presunção da culpa.[259]

No que concerne à responsabilidade aquiliana, ou delitual, estes mesmos autores partiam do pressuposto de que o descumprimento, pelo agente, dos deveres extracontratuais suscitaria a incidência da culpa na modalidade *levíssima*, na medida em que a análise minuciosa dos elementos subjetivos inerentes à conduta do ofensor se faria despicienda em se tratando de afronta à norma legal. Para tanto, a doutrina em comento se valia do adágio "*in lege Aquilia et levissima culpa venit*", sob o argumento de que a *Lex Aquilia* não teria concebido, em suas origens remotas, qualquer sorte de gradação a respeito da culpa do ofensor.[260]

Em que pese a erudição inerente à teoria da gradação da culpa em função da fonte da obrigação (legal ou contratual) concebida pelos autores franceses que inspiraram o *Code Civil*, o fato é que a tripartição em referência não influenciou de maneira decisiva as demais codificações novecentistas, tal como o *Bundesgesetzblatt* alemão, que passaram a se fiar na tese em torno da *unidade da culpa* para fins de determinação da responsabilidade do agente.[261]

Em síntese, pela teoria da *unidade da culpa*, a fonte da obrigação violada pelo ofensor é indiferente para a fixação da responsabilidade deste último ou mesmo para a gradação de sua conduta, pois sendo a *culpa*, essencialmente, uma violação a um dever objetivo de conduta (contratual ou legal), sua manifestação em concreto – aliada ao nexo de causalidade entre a ação lesiva e o resultado – ensejará a ocorrência de um *dano* que deverá ser reparado pelo agente.[262]

Além disso, a própria gradação da culpa independe, ao fim e ao cabo, da natureza da obrigação violada, pois os mesmos níveis originalmente pensados pela doutrina francesa para a fixação da responsabilidade contratual (*lata*, *leve* e *levíssima*) em cotejo com as condutas objetivas exigidas em concreto para os agentes, têm plena aplicação também para a análise da postura do ofensor nos supostos de responsabilidade extracontratual.

Vê-se, pois, do exposto até aqui, que a bipartição da responsabilidade civil em *contratual* e *extracontratual* possui uma importância mais histórica do que propriamente prática. De fato, se a inexecução de um dever legal ou contratual ocasiona um dano a outrem, será seu autor instado a reparar tal vicissitude em razão de sua conduta culposa e do nexo estabelecido entre esta última e o resultado lesivo, independentemente da origem contratual ou legal da obrigação violada.[263]

Acresce a isto a tendência já verificada na prática legislativa há algum tempo no sentido de se estabelecer, por intermédio de normas legais, certas posturas a serem observadas em concreto pelas partes na confecção e na execução de certos tipos de contratos (p. ex.: nas avenças de locação e nos contratos de trabalho), de modo a restringir a autonomia da vontade dos pactuantes em nome daqueles interesses coletivos tutelados pelo Estado sob as fórmulas da *função social do contrato* e da *função social da propriedade*.[264]

Em tais situações, a própria fonte das obrigações potencialmente inobservadas pelos agentes do dano resultará incerta, eis que sua origem legal ou contratual não será nitidamente constatável de plano. Assim, se a norma legal exige uma postura que é, efetivamente, reproduzida pelas partes no contrato, que interesse prático, para fins de responsabilização civil, haverá em se perquirir a origem legal ou contratual do dever violado em concreto?

Além disso, não há como negligenciar o impacto direto exercido pelo princípio geral da *boa-fé objetiva* e pelos deveres contratuais anexos dele decorrentes na caracterização da responsabilidade civil contratual ou extracontratual. Tais obrigações compreendem, conforme visto no capítulo anterior, as posturas objetivas de lealdade, de lisura e de confiança recíproca impostas às partes na elaboração e na execução dos contratos por elas firmados e nas relações jurídicas por elas assumidas.[265]

Segundo a classificação formulada por Fernando Noronha, os deveres anexos decorrentes do princípio geral da boa-fé objetiva compreendem (i) os deveres de *proteção* ou de *cuidado*, que obrigam os pactuantes a evitar a materialização de lesões no patrimônio de quem com eles transige, (ii) os deveres de *lealdade* que impõem às partes a abstenção quanto a comportamentos em desconformidade com a natureza da relação jurídica por eles estabelecida e (iii) os deveres de *informação*, que determinam aos contratantes a prestação de todos os dados necessários ao esclarecimento de suas contrapartes a respeito dos elementos essenciais da avença.[266]

Como o princípio geral de *boa-fé objetiva* se encontra positivado em praticamente todos os ordenamentos jurídicos contemporâneos de matriz romano-germânica, pode-se afirmar que os deveres anexos dele decorrentes têm por fonte tanto os dispositivos legais que o consagram, quanto os contratos que passam a integrá-los como cláusulas implícitas.

Diante disso, torna-se totalmente sem sentido qualquer intento destinado a classificar como *contratual* ou *extracontratual* a responsabilidade civil decorrente dos danos ocasionados pela violação de um dever anexo inserido nos contratos por força do princípio da boa-fé objetiva.

Em síntese, a bipartição da responsabilidade civil em *contratual* e *extracontratual*, que ainda constitui um dos cânones inerentes ao estudo da matéria, encontrava sua plenitude de sentido no contexto fortemente individualista a caracterizar o período de edição do *Code Civil*, no qual as obrigações decorrentes dos contratos diferiam significativamente, em seu conteúdo e em seus efeitos, daqueles deveres emanados da lei estatal.

Àquela ocasião, as questões inerentes às relações interprivadas (melhor dizendo: entre um indivíduo e outro) encontravam nos contratos o marco jurídico atinente às prestações a serem cumpridas pelas partes e aos efeitos decorrentes de sua inobservância. A lei heterônoma, ao estabelecer deveres de conduta, o fazia nesse contexto com a intenção precípua de resguardar os direitos de terceiros estranhos às avenças firmadas entre particulares ou à gestão da propriedade por seu titular.[267]

Portanto, os danos decorrentes da violação a uma obrigação contratual – fixada, presumivelmente, com base na livre iniciativa das partes – demandavam, para fins de responsabilização, uma análise mais aprofundada em relação ao elemento subjetivo inerente à conduta da parte que a causou, conforme pontuou Pothier ao estabelecer sua gradação da culpa. Já as lesões ocasionadas pela afronta às normas legais, por envolverem o descumprimento de diretrizes heterônomas editadas no resguardo do bem comum e do patrimônio jurídico de terceiros alheios às relações interprivadas, dispensavam o escrutínio mais aprofundado a respeito da ação do ofensor.

Tal distinção se esvai a partir do momento em que a lei passa a estabelecer certos conteúdos cogentes para os contratos, de modo a restringir significativamente a autonomia privada e a livre iniciativa das partes por fórmulas legais e quando o princípio da *boa-fé objetiva*, recepcionado pelos ordenamentos civilistas sob a forma de cláusula geral, impõe a adesão de deveres heterônomos aos contratos. Nesse contexto de confusão e de justaposição de fontes das obrigações, já não cabe mais falar na bipartição da responsabilidade civil em *contratual* e *extracontratual*, senão para fins meramente históricos.

2.3.1 Teorias clássicas a respeito da responsabilidade subjetiva. A *culpa*

Sob o influxo da teoria clássica da responsabilidade civil, embebida, como visto, no paradigma individualista, contratualista, legalista e patrimonialista a caracterizar a era da codificação, a noção de *culpa* possui um papel central. De fato, se as relações jurídicas pressupunham a existência de um vínculo entre dois sujeitos de direito determinados, a análise da conduta pessoal do indivíduo que deu causa à violação de sua obrigação contratual ou legal e, com isto, ocasionou um dano à sua contraparte, afigura-se fundamental para aferir se a ele se atribui, ou não, o dever de reparar em concreto a lesão.

Segundo a concepção vigente à época da codificação, sendo o indivíduo livre, igual e autônomo plenamente apto a conformar com seus pares contratos contendo deveres e direitos recíprocos, bem como a gerir os bens de sua propriedade, era ele, por evidente, o garante dos efeitos de seus atos no mundo jurídico.

No entanto, como a operacionalização de tais efeitos dependia, essencialmente e ideologicamente, da ação de um indivíduo certo e determinado perante outros indivíduos igualmente definidos, a imputação de uma responsabilidade àquele primeiro não poderia prescindir da análise em torno dos elementos subjetivos que ensejaram sua conduta. Exatamente por essa razão, a *culpa* foi erigida à condição de princípio geral (e central) da teoria clássica da responsabilidade civil, tanto na modalidade contratual, quanto na vertente extracontratual, sem o que não se poderia cogitar na manifestação do dever de reparação.[268]

Para a caracterização da *culpa* em sentido amplo, a teoria clássica da responsabilidade civil recepcionou, em grande medida, as noções constantes do direito romano acerca do dolo (*dolus malus*), a envolver a materialização de dano a outrem por intenção expressa do agente ou por extrema desídia, bem como da *culpa em sentido estrito*, que compreendia a inobservância a um parâmetro objetivo de aferição que, no caso da culpa lata (ou grave), consistia na conduta esperada da generalidade dos indivíduos e nas hipóteses a envolverem a culpa leve, a conduta esperada do pai de família médio (*bonus pater familias*) ou do próprio devedor na gestão de seus negócios pessoais.[269]

Além do dolo – que, como visto, compreende a ação malévola intencional ou desidiosa do sujeito em relação à materialização do dano –, a culpa em sentido amplo envolve, também, as hipóteses de *negligência, imprudência e imperícia*. Enquanto a primeira é caracterizada pela omissão do agente em relação a um dever de precaução que lhe era incumbido, as duas últimas compreendem, respectivamente, a prática de um ato cuja danosidade é notoriamente reconhecida (no caso da *imprudência*) e a intervenção malsucedida em decorrência da inabilidade técnica por parte do ofensor (no caso da *imperícia*).[270]

Note-se, a propósito, que a definição de culpa em sentido estrito foi significativamente ampliada pelas interpolações formuladas no texto do Digesto, a conceberem a presunção (relativa) de equiparação entre a culpa *lata* (ou grave) ao dolo, sob o brocardo "*culpa lata dolum æquiparatur*". A conexão em apreço parte da premissa de que o ofensor, ao praticar erro grosseiro por negligência, imprudência ou imperícia, desviou de tal modo do senso comum que sua conduta acabou por beirar se não a intencionalidade, a extrema desídia no que concerne à materialização do resultado lesivo.[271]

Assim, com as matizações ora indicadas, o conceito de culpa (em sentido amplo) a emular a teoria da clássica da responsabilidade civil na condição de princípio geral é aquele que a caracteriza como a má conduta do indivíduo que ocasionou o dano a ser reparado, eivada ora de intencionalidade, ora de negligência, imperícia ou imprudência. É a culpa, portanto, o *elemento subjetivo* da inobservância à obrigação legal ou contratual que ao lado da violação propriamente dita e da lesão, dá ensejo à reparação.[272]

Firmadas as premissas acerca do conceito de culpa, bem como seu cariz essencialmente individualista, a doutrina especializada se dividiu, durante largo período, a respeito da forma de apreciação da culpa, se em *concreto* ou se em *abstrato*. Pela primeira corrente, a conduta do agente seria aferida mediante o escrutínio de seu estado psicológico e espiritual quando da prática do ato lesivo, tal como ocorre no direito penal, ao passo que sob o influxo da segunda corrente, que acabou por prevalecer, a culpabilidade do ofensor seria analisada em função do cotejo entre sua ação e a conduta esperada de um sujeito colocado nas mesmas circunstâncias que ele.[273]

Não obstante os ferrenhos embates entabulados entre os abstrativistas e os concretivistas, a realidade viria a demonstrar, com o passar do tempo, que o próprio marco ideológico a plasmar o conceito jurídico de *culpa* necessitava de uma ampla revisão. De fato, o sistema reparatório talhado originalmente nos artigos 1.382 e 1.383 do *Code Civil*, profundamente aferrado na crença filosófica acerca do individualismo, passou a enfrentar severas dificuldades em lidar com as questões decorrentes das novas formas de organização coletiva assumidas pelos corpos sociais, especialmente nas etapas mais avançadas da Revolução Industrial.[274]

Com efeito, o sistema individualista concebido pelos próceres do *Code Civil* não dispunha sequer de uma fórmula apta a lidar com a reparabilidade dos danos ocasionados pelos atos destituídos de culpa e tampouco de mecanismos destinados a buscar a efetiva reparação integral das vítimas nas hipóteses em que o patrimônio individual do ofensor não dava conta de arcar com tal ônus.[275]

E assim, a partir do momento em que a produção, o consumo e os serviços passaram a ser realizados e oferecidos em massa por organizações essencialmente coletivas reunidas sob a forma de pessoas morais (ou jurídicas), a análise em torno dos comportamentos individuais dos agentes que ocasionaram os danos em concreto deixou de fazer sentido, em tais casos, para a determinação em torno da responsabilidade civil. Com isto, a teoria clássica fundada na culpa individualizada passou a não mais oferecer respostas adequadas para o enfrentamento de tais problemas.[276]

De fato, em uma sociedade que produz e consome bens e serviços em massa, não havia como se perquirir, por exemplo, o grau de culpa individual do empresário ou do trabalhador de uma determinada indústria pela lesão que um de seus produtos defeituosos ocasionou a um dado consumidor, sem acarretar para este último a possibilidade factível de nunca ser indenizado, seja em razão da extrema dificuldade em torno da prova acerca do elemento subjetivo exigido pela teoria clássica, ou pela inexistência ou insuficiência de patrimônio em poder do pretenso ofensor.

Diante da realidade cambiante a demonstrar, de maneira insofismável, a insuficiência da teoria clássica da responsabilidade civil fundada na culpa individualizada para lidar com os novos problemas advindos da evolução social, a doutrina civilista, a jurisprudência dos tribunais e a própria legislação desenvolveram, de maneira engenhosa e sem promover uma ruptura radical com o sistema consolidado no *Code Civil*, dois mecanismos com vistas a promover o enfrentamento de tais questões, a saber, (i) a ampliação do próprio conceito de culpa e (ii) a coletivização da reparação dos danos.

Conforme indica Alvino Lima, a ampliação do conceito de culpa foi uma tendência que se manifestou, principalmente, nas vertentes compreendidas (i) pelo estabelecimento das *presunções de culpa* e (ii) pela encampação da engenhosa teoria da *culpa na guarda* pela jurisprudência.[277]

As presunções de culpa representam, talvez, a reação mais imediata às alterações sociais decorrentes da Revolução Industrial. Por elas, a legislação fazia recair sobre certos agentes – em especial sobre aqueles que tinham por atividade o oferecimento de bens e serviços à coletividade – presunções *juris tantum* de culpa pelos danos decorrentes do fato de outrem ou do fato das coisas que seriam por eles elididas caso demonstrassem a ocorrência de força maior, caso fortuito, culpa exclusiva da vítima ou fato de terceiro.[278]

Já a teoria da *culpa na guarda das coisas* representava, na prática, uma presunção de culpa imputada sobre o indivíduo que detinha certa coisa pelos danos ocasionados por esta última. Partia ela do pressuposto de que o sujeito em referência se encontrava incumbido do dever objetivo de cuidar e de gerir seus bens e que, por tal razão, a materialização de lesões ao patrimônio de terceiros em decorrência da referida coisa, constituiria, por si só, uma falha de controle que dispensaria a comprovação, por parte da vítima, da ocorrência em concreto de dolo, negligência, imperícia ou imprudência a eivar a conduta do ofensor.[279]

Além disso, os intentos de extensão do conceito de culpa em resposta ao entorno cambiante verificado a partir da segunda metade do Século XIX abrangem a encampação da teoria da *culpa desconhecida*, pela qual se presumia a culpa do distribuidor de luz e força pelos danos ocasionados a terceiros pelas correntes elétricas, bem como da teoria da *culpa na responsabilidade entre vizinhos*, que ganhou destaque em função, justamente, da ampliação das atividades industriais em certos polos urbanos e pela qual os proprietários dos engenhos causadores de perturbação acima dos limites normais teriam presumida sua culpa pelas lesões ocasionadas aos seus conflagrantes.[280]

Paralelamente à adoção das técnicas de ampliação da culpa, buscou-se assegurar, principalmente pela via legislativa, a reparação econômica das vítimas através da extensão da sistemática clássica da culpa às pessoas jurídicas.

Por mais simples que possa parecer à primeira vista, a extensão das teorias clássicas da responsabilidade civil para as pessoas jurídicas representava para os juristas formados sob a égide da codificação novecentista uma inovação significativa – para além, é claro, de uma ruptura com o modelo até então vigente –, na medida em que o escrutínio das condutas individuais de seus integrantes para fins de se perquirir a culpa em concreto poderia ser dispensado por presunções de culpa imputadas diretamente ao ente abstrato que constituía a pessoa jurídica.[281]

Buscava-se, com isso, assegurar a efetiva reparação pecuniária dos danos ocasionados às vítimas, na medida em que o patrimônio das pessoas jurídicas era, em geral, mais robusto do que o conjunto de bens titularizados pelos indivíduos. Imbuídos dessa mesma intenção, bem como do intuito de resguardar o regular funcionamento das empresas e de sua solvência, foram constituídos sistemas públicos e privados de *seguro social*, pelos quais um ente privado (o segurador) ou o próprio Estado assumiam o custeio das indenizações a serem pagas às vítimas.[282]

Os intentos legais, doutrinários e jurisprudenciais destinados a promover a extensão do conceito de culpa para além dos lindes estreitos do individualismo liberal, bem como a assegurar a efetiva indenização das vítimas mediante a socialização da reparação, comprovam de maneira irrefutável que a evolução da sociedade – e, consequentemente, das relações jurídicas entabuladas em seu âmago – tornou obsoleto o papel central desempenhado pela análise da conduta dos sujeitos para a imputação da responsabilidade civil.

O fato é que as teorias ora analisadas buscaram, na verdade, assegurar a subsistência do sistema ideológico construído em torno dos artigos 1.282 e 1.283 do *Code Civil*, a ter na culpa o seu elemento nuclear, com o imperativo prático a exigir, dos operadores do direito, a resolução em concreto dos problemas surgidos a partir do ganho de complexidade da sociedade que caminhava sob o empuxo da Revolução Industrial.

O fluxo seguido pelas relações jurídicas na toada do desenvolvimento social, contudo, viria a demonstrar que a formulação dessas engenhosas teorias a respeito da extensão do conceito de *culpa* e da coletivização da reparação dos danos seria apenas o primeiro passo em direção ao enfrentamento das complexas questões surgidas a partir de então.

2.3.2 Teorias clássicas a respeito da responsabilidade objetiva. O risco

Constatada a impossibilidade quanto à subsistência da culpa individualizada ante a realidade cambiante, a postura inicial adotada pela doutrina e pela jurisprudência cunhadas sob os moldes clássicos foi marcada ora pelo intento de harmonizar aqueles conceitos tradicionais tão caros à concepção do *Code Civil* com as novas relações surgidas a partir do desenvolvimento da produção e do consumo em massa, ora pela resistência às novas concepções.

Nesse sentido, os teóricos que buscaram o caminho da resistência se valeram, em grande medida, do argumento simplório e linguístico a propalar que as hipóteses de danos que não decorriam da culpa individualizada a ter por conteúdo o dolo, a negligência, a imperícia ou a imprudência não poderiam ser conceitualmente enquadradas no conceito de *responsabilidade civil*.[283]

Já a corrente que trilhou a senda da harmonização entre os conceitos clássicos e os elementos fáticos advindos da nova realidade, vislumbrou na concepção de uma espécie de *culpa sem culpabilidade* a solução teórica para tais problemas. A modalidade em questão encontraria respaldo, principalmente, na teoria da *responsabilidade pela guarda*, já analisada no item anterior, que, segundo seus próceres, presumiriam a culpa dos indivíduos ou das empresas incumbidas do controle das pessoas e das coisas que ocasionaram os danos em concreto.[284]

A brecha encontrada no próprio *Code Civil* pelos defensores de tal corrente consistia no seu artigo 1.384, § 1º, cuja redação imputava ao agente a responsabilidade não apenas pelo dano por ele cometido diretamente, mas também pelas lesões perpetradas pelas pessoas e pelas coisas submetidas à sua guarda. Os expoentes da teoria em questão enxergaram no texto do dispositivo uma verdadeira presunção de culpa a atingir o sujeito concretamente incumbido do controle de outros indivíduos (p. ex.: seus prepostos ou empregados) ou de certos objetos (p. ex.: o maquinário de uma fábrica).[285]

O que os defensores de ambas as correntes ora analisadas não perceberam de imediato é que tanto a teoria que negava a inserção das hipóteses de danos materializados sem culpa no conceito de *responsabilidade*, quanto a vertente que presumia a *culpa na guarda* das pessoas e das coisas conceberam, mesmo que involuntariamente, o próprio conceito de *risco*, conquanto elemento autônomo da responsabilidade civil.[286]

De fato, a responsabilidade fundada no *risco* nada mais é, em termos amplos, do que a obrigação de reparar os danos ocasionados a terceiros que têm por fonte as atividades econômicas criadas e exercidas em proveito ou no interesse dos proprietários dos meios pelos quais aquelas são exercidas.[287]

Tal conceito foi abertamente assumido como *risco* por Raymond Saleilles em seu estudo de 1897 dedicado à responsabilidade civil pelos acidentes de trabalho. Para o autor, o fundamento da responsabilidade pelo *risco* decorreria daquele mesmo artigo 1.384, § 1º, do *Code Civil* que imputaria aos organizadores das atividades comerciais e industriais um verdadeiro dever objetivo de reparação, e não mais uma simples presunção de culpa, tal como apregoavam os teóricos da teoria da *guarda das coisas*.[288]

Para Saleilles, o fundamento da responsabilidade civil no estágio de desenvolvimento e de complexidade social alcançado naquela quadra histórica não mais decorreria da análise individualizada da culpa – que, segundo ele, remontava ao surgimento da ideia de pena privada em Roma –, mas sim de uma contingência de *justiça social*, imposta pelo dever de assunção plena dos riscos decorrentes das atividades econômicas desempenhadas por aqueles que delas tiram proveito.[289]

O conceito elaborado por Saleilles, a consistir no embrião da própria responsabilidade objetiva, foi aperfeiçoado por Louis Josserand nos primeiros anos do século XX, tendo por pano de fundo o fenômeno da ampliação e a massificação da produção e do consumo de bens e de serviços. Pela concepção em referência, aquele que extrai um determinado benefício econômico de certo empreendimento comercial ou industrial por ele gerido e fiscalizado guarda para si, em contrapartida, o dever objetivo de reparar os danos decorrentes de tal atividade.[290]

Não obstante, a corrente iniciada por Saleilles e Josserand foi amplamente criticada pelo fato de que o conceito de *risco* por eles defendido não distinguia entre os danos decorrentes da utilização regular dos empreendimentos e aquelas situações geradas pelo desempenho das atividades econômicas em desacordo com os padrões de técnica e de segurança. Nisso consistia, exatamente, a teoria do *risco criado*, a ter por traço distintivo a identificação da responsabilidade objetiva com a anormalidade constatada na atuação industrial e comercial.[291]

A teoria do *risco criado* ocasionou, como era de se esperar, intensas discussões a respeito dos limites que separariam em concreto as condutas admitidas como regulares e aquelas tidas por anormais, a ocasionarem, como visto, a responsabilização objetiva do agente causador do dano. Nesse particular, os teóricos da primeira metade do século XX, ainda desprovidos das noções que mais tarde viriam a fomentar o surgimento do direito ambiental (tal como o conceito de *poluição*), acabaram por remeter a resposta a tais indagações à esfera extrajurídica da valoração social ou, em outras palavras, aos usos e costumes.

Seriam, portanto, os riscos inadmitidos aquelas situações caracterizadas pela exposição dos bens jurídicos dos indivíduos a perigos não tolerados pelos usos e costumes vigentes em determinada sociedade num dado momento histórico. Nessas hipóteses, estar-se-ia diante de um risco não admitido pela sociedade, cuja assunção por parte do agente econômico lhe ocasionaria, automaticamente, a responsabilidade objetiva pelos danos eventualmente ocasionados a terceiros.[292]

A despeito de sua ampla propagação, mormente em face da dinâmica cada vez mais célere das atividades econômicas de massa desenvolvidas ao longo do século XX, o conceito de *risco* só foi admitido pela teoria geral da responsabilidade civil na condição de elemento subsidiário à *culpa*. Assim, somente se poderia cogitar na responsabilização pelo risco, quando não fosse possível averiguar, em concreto, os elementos subjetivos a orientar a conduta do agente causador do dano.[293]

Não obstante, os próprios civilistas, confrontados com a estonteante marcha do progresso tecnológico, da massificação do consumo de bens e serviços e da potencialidade lesiva das atividades então desenvolvidas, passaram a admitir situações em que a primazia da culpa cederia lugar à responsabilização objetiva do operador econômico, sob pena de se inviabilizar a reparação em concreto dos danos e de conferir um salvo-conduto à atuação irresponsável das empresas.[294]

Apesar de toda a resistência imposta à ideia de *risco* como elemento gerador do dever de reparação, o fato é que o conceito em referência abriu caminho para a subsistência da própria Teoria Geral da Responsabilidade Civil diante do cenário cada vez mais complexo a pautar a organização social e econômica, bem como seus consequentes reflexos nas relações obrigacionais. Sem ele, a vetusta culpa individualizada declamada pelos idealizadores do *Code Civil* não daria cabo dessa dinâmica marcada pela produção e pelo consumo em massa que já despontara nas últimas décadas do século XIX.

No entanto, a descoberta de novas tecnologias aliada ao desbravamento de novos segmentos econômicos e à crescente integração no plano internacional demandou – assim como ainda demanda – do próprio direito a evolução de suas instituições no sentido de alcançar e traduzir em linguagem jurídica tais progressos.

Nesse sentido é que se irá avançar, mais adiante nos Capítulos 4 e 5, para a proposição de um novo *paradigma* em vistas à compreensão da responsabilidade civil e da superação aos cânones *individualistas, contratualistas, patrimonialistas* e *legalistas* a caracterizarem o marco civilista da matéria.

Tal empreitada será formulada, conforme visto, no decorrer do presente estudo. Por ora, fiquemos com a constatação de que as concepções fundadas no *risco*, cuja formulação se deu no próprio âmago da teoria civilista da responsabilidade civil, representou um primeiro (e fundamental) movimento no sentido de ruptura com a centralidade da culpa individualizada para a reparação de danos e, consequentemente, de transposição daquele vetusto paradigma.

2.4 A RELAÇÃO JURÍDICA OBRIGACIONAL E A RESPONSABILIDADE CIVIL

Dando sequência à descrição dos elementos estruturais que configuram a responsabilidade civil sob o *paradigma individualista*, faz-se mister esquadrinhar em maiores detalhes a estrutura da relação jurídica obrigacional a lhe servir de fundamento.

Conforme já visto, a responsabilidade civil em sua feição clássica tem por fatos geradores os danos ocasionados ora pela violação de uma obrigação estabelecida em contrato, ora pelo malferimento a um dever fundado no ordenamento jurídico. Ela pressupõe, portanto, uma relação jurídica bilateral a envolver, de um lado, o(s) *credor(es)*, de outro, o(s) *devedor(es)* e, entre eles, um objeto que, no caso, pode ser o bem passível de restituição ou a reparação pecuniária a ser ofertada como compensação pelas lesões.[295]

Mesmo nas hipóteses em que a teoria clássica das obrigações admite a existência de uma pluralidade de sujeitos no polo ativo ou no polo passivo (p. ex.: nas hipóteses de solidariedade), ou a transmissão do crédito ou do débito a terceiros (*v.g.*, nas situações a envolverem a sucessão, a cessão, a sub-rogação etc.) ainda assim a concepção em referência pressupõe a identificação precisa dos sujeitos de direitos e de deveres em tais relações.[296]

E ainda nas hipóteses em que a teoria clássica concebe a possibilidade de obrigações com sujeitos indeterminados, presume-se que em algum momento da dinâmica inerente à relação os indivíduos serão identificáveis e passarão a ocupar seus lugares distintos nos polos ativo e passivo ou então, mesmo indeterminados, serão enquadráveis em tais posições, na medida em que titularizarão direitos e deveres recíprocos. Como exemplos a ilustrarem tais situações, têm-se as promessas de recompensa por anúncio, as arrematações ou vendas a serem concluídas por quem oferecer maiores vantagens, as obrigações veiculadas em títulos ao portador, entre outras.[297]

Em suma, na condição de corolário da teoria obrigacional clássica, a responsabilidade civil pressuporá, em regra, uma relação jurídica travada entre credores e devedores individualizados, a ter por objeto uma reparação específica ou uma compensação pecuniária.

Com o transcurso do tempo e com o ganho de complexidade nas relações econômicas e sociais, o enquadramento de toda e qualquer situação a ensejar a responsabilização civil em tal estrutura obrigacional passou a ser questionada, mormente a partir do momento em que a intensificação da produção e do consumo de bens e serviços veio a gerar as chamadas lesões em massa e a formulação de doutrinas tendentes a promover a coletivização do direito privado por intermédio da assimilação das categorias dos interesses *individuais homogêneos, coletivos e difusos.*

Em que pese a formulação de tais conceitos e sua incontestável relevância para a assimilação das novas relações jurídicas travadas a partir do século XX, a coletivização do direito privado ainda é, nas palavras de Mauro Cappelletti, uma "*revolução incompleta*", conforme visto no capítulo anterior, na medida em que o arcabouço teórico do direito e sua prática na academia e nas esferas de decisão ainda não superaram as bases individualistas a sustentarem a relação obrigacional e, nessa esteira, a teoria clássica da responsabilidade civil.[298]

O fato é que a responsabilidade civil, no atual estágio de sua evolução no mundo romano-germânico, ainda é caudatária da estrutura obrigacional clássica, a despeito da assimilação, em maior ou menor medida, daquelas categorias jurídicas transindividuais. Daí a necessidade de estudá-la com profundidade, porquanto é a sua superação -- ao menos no que concerne ao Direito do Trabalho – que se buscará nos capítulos subsequentes do presente estudo.

2.4.1 Polo ativo. A vítima e seus sucessores

Sendo a reparação civil um dado traduzido em uma obrigação pecuniária ou, em certas circunstâncias, em uma obrigação de dar ou de fazer, ela se enquadra, em sua feição clássica, à estrutura individualista e patrimonialista tradicionalmente atribuída às obrigações.

Desse modo, caracterizado o dano em decorrência de uma violação a contrato ou ao ordenamento jurídico, a vítima ou seus sucessores são inseridos no polo ativo da relação obrigacional, pelo que passam a ter direito a um crédito traduzido ora em pecúnia, ora em uma prestação específica. São eles, portanto, titulares de um *direito subjetivo* a ser exigido em face de um devedor (o ofensor) que, de seu turno, fica incumbido do dever jurídico de promover às suas expensas a reparação.[299]

Uma vez enquadrada na relação obrigacional clássica, a reparação civil pressupõe a individualização – ou, ao menos, a determinabilidade – da(s) vítima(s) ou de seus sucessores. Geralmente, o ofendido é o próprio indivíduo que sofreu o dano a ser ressarcido, mormente nas relações contratuais ou extracontratuais entabuladas entre pessoas físicas ou entre estas últimas e as pessoas jurídicas dedicadas ao comércio ou à prestação de serviços.

E sendo a reparação civil uma obrigação traduzida em crédito, os sucessores legais da vítima tomam seu lugar no polo ativo da relação jurídica travada com o ofensor. Passam eles, portanto, a substituí-los na titularidade daquele direito, observadas, naturalmente, as diretrizes específicas do direito das sucessões.

A identificação da vítima no polo ativo da reparação civil, todavia, traz algumas complexidades em determinadas situações que destoam, em certa medida, da relação obrigacional clássica tais como, a título ilustrativo, as hipóteses a materializar os chamados *danos em ricochete* e as situações a envolverem as ofensas ao patrimônio imaterial das pessoas jurídicas.

O *dano em ricochete* – ou *dano reflexo* – como o próprio nome sugere, não constitui uma lesão diretamente ocasionada pelo ofensor à vítima. Sua principal característica consiste, justamente, em ser ele uma decorrência secundária do dano original, materializada, muitas vezes, sem a concorrência direta do agente violador. Exemplo clássico a ilustrar a figura em questão é a dos danos morais infligidos aos descendentes em razão do homicídio de seu pai ou de sua mãe.

Importante notar que os *danos em ricochete* não constituem uma simples consequência da lesão originária ou uma nova decorrência dela, como sói ocorrer com os danos futuros, bem assim com os danos iminentes e com os lucros cessantes. São eles – os *danos em ricochete* – lesões independentes da violação primária, a envolverem no polo ativo – como vítimas – os indivíduos que o experimentaram em função de sua ligação com a vítima da lesão originária e o ofensor, cuja conduta ocasionou, a uma só vez, tanto aquele dano primário, quanto os prejuízos sofridos por aqueles terceiros.[300]

Já a aposição das pessoas jurídicas no polo ativo da reparação civil por lesões a seu patrimônio imaterial é questão que envolve uma aparente contradição em si mesma, na medida em que os danos à personalidade a serem indenizados pressupõem, ao menos originalmente, lesões a atributos próprios dos indivíduos, tais como imagem, honra, reputação, intimidade, privacidade, dentre outros.[301]

No entanto, reconhecendo o ordenamento jurídico, por ficção, certos atributos da personalidade às instituições coletivas formadas para o atendimento de interesses legítimos e realizando estas últimas uma efetiva atuação e interação econômica e social, não se lhes pode negar a existência, ainda que parcial, de atributos imateriais análogos aos das pessoas físicas que são passíveis de sofrer lesões em concreto.[302]

E tais atributos compreendem, exatamente, aqueles aspectos imateriais construídos a partir da atuação social e econômica das pessoas jurídicas, tal como sua reputação, seu nome e sua imagem, cuja ofensa por terceiros tende a prejudicar, justamente, a consecução das finalidades para as quais foram constituídas.

É justamente no fito de resguardar tais bens jurídicos que as pessoas jurídicas titularizam o direito à reparação em face das ofensas perpetradas por terceiros aos seus atributos morais, passando a integrar em tais situações o polo ativo da relação obrigacional a servir de base para a responsabilidade civil. De fato, não há como negar que a hipotética veiculação de notícia falsa a respeito da contaminação de um lote de determinado produto afeta de maneira vital a reputação de seu fabricante, ou que a imputação inverídica a uma determinada associação sem fins lucrativos de práticas contrárias à sua finalidade social lhe atinge diretamente a imagem.[303]

Contudo, mesmo nas situações a denotarem maiores complexidades em comparação com as relações obrigacionais clássicas, tais como nos retromencionados *danos em ricochete* e nas hipóteses de lesões ao patrimônio imaterial das pessoas jurídicas, a reparação civil terá, ao fim e ao cabo, a mesma estrutura individualizada a caracterizar a generalidade das obrigações, com um polo ativo e um polo passivo formado por sujeitos determinados e com um objeto a consistir em um crédito indenizatório ou na reparação em espécie.

No caso dos *danos em ricochete*, o polo ativo será ocupado pela vítima que sofreu a lesão colateral resultante do dano originário experimentado por seu parente, ao passo que no exemplo da pessoa jurídica, será esta última, enquanto entidade dotada de personalidade distinta daquela de seus constituintes, que figurará na relação obrigacional como credora da reparação. A estrutura individualista clássica restará, em um e em outro caso, portanto, plenamente preservada.

Tal estrutura, todavia, será efetivamente posta à prova diante da reparação pelos danos transindividuais, surgidos a partir das lesões aos interesses *individuais homogêneos*, *difusos* e *coletivos* titularizados não mais por indivíduos certos e determinados em uma relação obrigacional específica e delimitada, mas sim por um grupo indeterminado (ao menos de início), que é titular de um mesmo direito a partilhar uma origem comum.

A teoria clássica das obrigações, a servir de base para a reparação civil em sua feição tradicional, não foi estruturada em sua origem para conceber a possibilidade de que o polo ativo da relação jurídica viesse a ser ocupado por uma coletividade indeterminada. Aliás, nem sequer a própria titularidade de interesses comuns por parte de grupos era admitida por tal concepção, haja vista a conhecida e histórica repulsa que o liberalismo em sua feição tradicional nutria pelos chamados *corpos intermediários*, isto é, as organizações formadas por classes de indivíduos que partilhavam de condições de vida em comum.[304]

Somente a partir da tolerância dos ordenamentos jurídicos com as associações e com os sindicatos – que veio a dar origem, mais tarde, à sua legalização - é que os grupos sociais puderam se organizar em entidades voltadas para a defesa coletiva de seus interesses em comum. Em tal momento histórico, já se vivia a chamada *sociedade de massa*, na concepção de Ortega y Gasset, em que as vicissitudes econômicas e sociais, bem assim as lesões, afetavam de uma só vez grupos inteiros de trabalhadores, consumidores e cidadãos em geral, haja vista, justamente, a massificação da produção, do comércio e das políticas públicas.[305]

Para lidar com essa nova realidade, os sistemas jurídicos passaram a buscar fórmulas substantivas e processuais voltadas, principalmente, para a tutela dos interesses transindividuais e para a reparação adequada dos danos em massa, sendo a sistemática das *class actions* do direito norte-americano – regulamentada originalmente em 1938 – a técnica a servir de baliza até mesmo para os países de tradição romano-germânica.

Por tal modelo se permite, ao mesmo tempo, tanto a reunião de um sem-número de vítimas no polo ativo da relação processual, representada por um autor (*plaintiff*), quanto a própria coletivização da reparação através da habilitação individual dos interessados na fase de liquidação, ou mesmo a constituição de fundos sob a sistemática da *fluid recovery*.[306]

A sistemática traduzida no modelo da *class action* norte-americana gerou, mais tarde, a repartição dos interesses transindividuais em *coletivos* e *difusos*, caracterizados aqueles primeiros pela existência de uma condição comum a afetar uma coletividade determinada e setorizada e estes últimos pela difusão de certa situação por um grupo de indivíduos disperso no espaço.

No entanto, o reconhecimento jurídico das relações transindividuais e a concepção de categorias processuais destinadas a lidar com tal fenômeno não suplantou a precedência do esquema tradicional individualista a caracterizar as obrigações desde a codificação. Pode-se cogitar, no máximo, na convivência entre as duas estruturas nos ordenamentos jurídicos, mas de modo algum na suplantação da moldura clássica obrigacional pelas estruturas voltadas para a compreensão e para a reparação das lesões perpetradas contra as coletividades.

2.4.2 Polo passivo. Os responsáveis

Na estrutura obrigacional clássica a caracterizar a responsabilidade civil, o polo passivo é ocupado pelo indivíduo incumbido da reparação do dano ocasionado à vítima ora pela inexecução contratual, ora pela violação a um determinado dever legal.

Tal como na definição do polo ativo, a teoria clássica da relação obrigacional a formatar a responsabilidade civil pressupõe a perpetração do descumprimento a tal dever legal ou contratual por um indivíduo certo e determinado que, na condição de sujeito titular de direitos e deveres, fica incumbido da reparação pelas lesões decorrentes da frustração a que deu causa. É exatamente nesse sentido que Pothier, ao definir a essência das obrigações em seu tratado clássico, exige "*que haja pessoas, entre as quaes ella seja contrahida*".[307]

Sob a égide do individualismo e do patrimonialismo a caracterizar a codificação em sua concepção clássica, a identificação dos integrantes do polo passivo da relação obrigacional não envolvia maiores desafios. De fato, sendo os referidos devedores, presumivelmente, pessoas físicas determinadas cuja responsabilidade era mensurada em função do grau de culpa ou de dolo inerentes às respectivas condutas, a reparação dos danos decorrentes destas últimas incumbia ora ao próprio agente, ora aos seus herdeiros, segundo as regras concernentes ao direito sucessório.

Anteriormente à intensificação do processo de Revolução Industrial, até mesmo as relações obrigacionais de cunho comercial não envolviam maiores complexidades no que diz respeito à identificação das partes envolvidas, na medida em que as atividades econômicas ainda dependiam de uma produção eminentemente artesanal fortemente identificada com a pessoa do artífice, cuja realização se dava em quantidades limitadas e em oficinas enxutas.

Sob a égide das relações sociais existentes no período imediatamente anterior à codificação, era plenamente possível identificar o sujeito que ocasionou o descumprimento de um dever legal ou contratual e, nesse desiderato, proceder-se ao escrutínio de sua conduta com vistas a avaliar a presença de dolo ou de culpa a lhe ensejar a responsabilidade civil pelos danos daí ocasionados.

Todavia, com o incremento da produção e do consumo em massa, bem como com a assunção das atividades econômicas pelas corporações constituídas sob a forma de pessoas jurídicas, a identificação individualizada dos responsáveis pela reparação dos danos, segundo a moldura clássica da relação obrigacional e segundo o dogma da perquirição da *culpa*, passou a enfrentar severas dificuldades.[308]

De fato, como seria possível identificar, na hipótese de um acidente ferroviário, qual foi o preposto da empresa prestadora do referido serviço que agiu de forma dolosa ou culposa para a concorrência do sinistro e qual, exatamente, teria sido sua conduta? Nesse mesmo sentido, indaga-se como se poderia determinar a responsabilidade de certo sujeito, no espaço de uma grande indústria, pelo acidente de trabalho sofrido por um trabalhador em decorrência de um maquinário defeituoso?

Para lidar com tais questões surgidas com o incremento da complexidade social, a doutrina civilista logrou conceber, mesmo diante da intensa resistência imposta pelos autores atados ao iluminismo e ao liberalismo clássico, teorias que partiram da leitura do artigo 1.384 do *Code Civil* para enxergar em seu texto a responsabilização das corporações pelo risco inerente às atividades econômicas por elas desempenhadas (*risco-proveito* e *risco criado*), a dispensarem a análise em torno da presença de culpa ou dolo a macular a conduta do agente.[309]

Ainda assim, contudo, o elemento subjetivo manteve seu lugar de destaque na teoria da responsabilidade civil, seja porque o risco só foi admitido, a princípio, como um elemento subsidiário à culpa, conforme visto alhures, ou porque mesmo nas hipóteses a permitirem a responsabilização objetiva das corporações, os ordenamentos jurídicos sempre deixaram em aberto a possibilidade de persecução do efetivo causador do dano por intermédio das ações de regresso.[310]

De igual modo, as próprias legislações dedicadas à temática dos acidentes de trabalho acabaram por admitir – após sua negação em um primeiro momento – duas espécies de responsabilidade para as vicissitudes ali descritas (a saber: acidentes de trabalho típicos e doenças ocupacionais). Assim, ao mesmo tempo que tais diplomas estabeleciam uma responsabilidade dita *acidentária* – de cariz objetivo, a ter por base o risco inerente às atividades desempenhadas pelos empregadores e com indenizações tabeladas –, não excluíam a incidência do regime geral da responsabilidade civil, plasmado pela perquirição da culpa individualizada, naqueles casos em que a conduta do empregador se encontrava eivada de *dolo* ou de *culpa grave*.[311]

Nessas circunstâncias, se o operário acidentado optasse por buscar a reparação integral pelas lesões sofridas poderia optar pela indenização tarifada prevista na legislação acidentária – a decorrer, como visto, do *risco* –, ou buscar a responsabilização convencional do próprio agente causador do dano, segundo a sistemática clássica plasmada na demonstração em torno do elemento objetivo (culpa ou dolo).

Com o passar do tempo e com a intensificação dos ganhos de complexidade nas atividades sociais e econômicas, a responsabilidade fundada no risco passou a ocupar um papel de maior proeminência no cenário da responsabilidade civil, a ponto de alguns autores chegarem mesmo a propalar a *morte da culpa*. Nesse sentido, a regulamentação do amplíssimo universo das relações de consumo, a compreender o oferecimento de bens e serviços de toda a espécie, constitui um claro exemplo da relevância assumida pelo risco em tal cenário.[312]

E nessa toada, a ampliação das cadeias produtivas, intensificada especialmente com o decurso do processo de globalização econômica, veio a dificultar ainda mais a identificação das corporações e dos agentes responsáveis pela geração dos riscos. Basta imaginar, nesse sentido, a estrutura eminentemente horizontalizada a caracterizar a produção de certos bens sob a ótica do *toyotismo*, cuja montagem depende do fornecimento de peças advindas dos mais diversos países e cuja importação ou comercialização se dá de modo completamente independente do fabricante.[313]

Em tal contexto, pautado pela pulverização da produção, da comercialização, da importação e do próprio financiamento dos empreendimentos produtivos (a contarem, muitas vezes, com o concurso de agentes de fomento públicos e privados), é extremamente difícil precisar em que momento dessa cadeia concatenada de eventos o risco a gerar o dano ocorreu e qual de seus integrantes o gerou.

Nessa perspectiva, até mesmo as teorias oriundas do final do século XIX que lograram vincular a responsabilidade civil ao risco, em superação à ortodoxia da culpa individualizada, simplesmente não dão conta de lidar com a complexidade inerente à dispersão de agentes econômicos que, no estágio atual do capitalismo e da globalização, concorrem para a geração de situações de risco aos consumidores, aos trabalhadores e ao público em geral.

Portanto, diante de tal estado de coisas, a teoria da responsabilidade civil não pode prescindir de buscar em outros conceitos, tal como no de *poluição*, os mecanismos adequados para lidar com os riscos presentes no complexo e cambiante cenário contemporâneo e para buscar a identificação dos agentes criadores de tais riscos (os responsáveis). Sobre o tema, discorreremos com maior profundidade nos Capítulos 4 e 5.

2.5 OS ELEMENTOS CLÁSSICOS DA RESPONSABILIDADE CIVIL

Sendo a responsabilidade civil uma relação jurídica fundada, em sua origem, na estrutura obrigacional clássica, possui ela, como visto, um sujeito ativo (a vítima ou seus sucessores), um sujeito passivo (o responsável) e um objeto, constituído, como visto, por um ressarcimento pecuniário destinado à compensação de um dano, ou pela *reintegração específica*, a compreender, como visto, o restabelecimento da situação concreta existente anteriormente à lesão, quando tal medida se mostra possível no plano fático.

A análise mais aprofundada da relação obrigacional a compreender a responsabilidade civil atesta que esta última é composta de estruturas conceituais próprias, consolidadas a partir das teorias que a conformaram historicamente e de sua recepção pelos ordenamentos jurídicos e pela jurisprudência, especialmente ao longo dos séculos XIX e XX.

Tais estruturas compreendem os três elementos fáticos que dão ensejo à responsabilização (a *conduta*, o *dano* e o *nexo de causalidade* entre aquela e este), bem como os elementos subjetivos a integrarem a qualificarem a atuação do agente (a *culpa* e o *dolo*), para além da noção de *risco*, incorporada à teoria da responsabilidade civil a partir do século XIX.

2.5.1 A *conduta*

A *conduta* representa o elemento essencial da responsabilidade civil. É ela a atuação no mundo fático que afeta a esfera subjetiva da vítima de modo a ocasionar o dano e, consequentemente, a responsabilização do agente. Em sentido mais amplo, ela compreende tanto uma conduta em sentido estrito (um *agir* espontâneo e direcionado), quanto uma omissão (um *não fazer*) diante de um dever em sentido contrário.

O papel da conduta na responsabilidade civil guarda correlação direta com a origem individualista da teoria, pois o dado fático que a caracteriza e que possui relevância jurídica consiste, exatamente, em um determinado *ato* ou uma *omissão* de um sujeito identificado contra o patrimônio material ou imaterial de outro indivíduo.

Para a teoria clássica da responsabilidade civil, somente tal omissão ou ato certo, determinado e individualizado, cuja materialização se deu por intermédio de uma atitude do sujeito causador eivada de dolo ou culpa é capaz de ocasionar um dano indenizável.[314]

No entanto, a despeito da relativa facilidade em se reconhecer e se conceituar a conduta na teoria da responsabilidade civil, sua identificação em concreto muitas vezes envolve dificuldades de ordem prática. É o que ocorre, por exemplo, nas situações em que o dano é ocasionado por várias causas concorrentes (ou *concausas*), nas quais a individualização dos atos ou omissões a ocasionarem a lesão não se verifica com facilidade.[315]

E dentre as concausas, há também as situações classificadas por Fernando Noronha como de *causalidade plural concorrente*, (i) em que a própria vítima concorre parcialmente para a materialização do dano e (ii) em que ocorre a coexistência de um ato ou de uma omissão do autor com um caso fortuito ou força maior, de modo que a responsabilização do ofensor tem de ser graduada na proporção de sua conduta. Em tais hipóteses, a individualização da medida de participação que cabe a cada um (agente e vítima) também se mostra muitas vezes dificultosa.[316]

A despeito das dificuldades inerentes às concausas entre agentes e a culpa concorrente da vítima, as situações em apreço nem de longe esgotam a complexidade inerente à pulverização de condutas a caracterizar as relações jurídicas na atualidade. De fato, as hipóteses analisadas até aqui configuram problemas clássicos que a teoria clássica da responsabilidade civil, com seu cariz eminentemente individualista, enfrentou desde seus primórdios e logrou conferir, de certa forma, respostas razoáveis.

A questão a envolver a difuminação de condutas e sua concorrência para a materialização de um determinado dano começa a ganhar em complexidade a partir do momento em que o risco foi reconhecido como um dos elementos geradores da responsabilidade civil, especialmente nas relações jurídicas a envolver a produção e o consumo em massa.

Nessas intrincadas relações, a própria realização de atividades capazes de gerar situações de potencial lesividade aos indivíduos é equiparada à *conduta* como elemento detonador da responsabilidade subjetiva. Em tais casos, o ato a desencadear a sucessão de eventos que culmina, ao final, com o dano indenizável faz-se representado pela própria criação do risco, conforme visto oportunamente.

E em tais ocasiões, muitas vezes os riscos capazes de ocasionar danos aos sujeitos influem em uma mesma situação fática de maneira concorrente. Tal coexistência pode-se dar não apenas em razão da exposição do indivíduo a mais de um fator de risco ao mesmo tempo, como também da assunção, por parte da própria vítima, de um risco concorrente àquele que é inerente a uma determinada atividade social ou econômica.[317]

A questão ora analisada a respeito da pulverização do risco se mostra ainda mais complexa nos dias atuais, onde as amplas e intrincadas cadeias produtivas se encontram territorialmente disseminadas. Nesse cenário, a identificação exata do ato ou da omissão que gerou o dano ou mesmo a localização precisa da fonte geradora dos riscos constitui tarefa extremamente dificultosa.[318]

Em suma, o grau de complexidade social e econômica a caracterizar a contemporaneidade demanda da teoria da responsabilidade civil – aí incluída a própria noção de *conduta* –, da formulação de respostas adequadas para o enfrentamento da nova e desafiadora realidade econômica e social, a ocasionar danos de ordem e de dimensão até então desconhecidos.

2.5.2 O *dano* e suas espécies

Para a teoria clássica da responsabilidade civil, o dano é a condição *sine qua non* para a imposição do dever de reparação. Sem este último, não há falar naquela primeira, pois a ausência de uma lesão concreta consumada não tem o condão de representar, tecnicamente, uma afetação prejudicial ao patrimônio jurídico de alguém para fins de responsabilização.[319]

Por isso mesmo, se disse anteriormente que a responsabilidade civil em sua feição clássica é eminentemente *post factum*, porquanto as intercorrências verificadas anteriormente à materialização do prejuízo são irrelevantes para tal seara do Direito Civil. Somente quando se constata o dano, surge para a vítima (ou credor) o direito à prestação reparatória e, para o ofensor (ou devedor) o dever de arcar com os ônus de tal compensação com a sujeição de seu patrimônio a tal desiderato.

A materialização do dano é, portanto, o pressuposto fático para a responsabilidade civil em sua feição clássica. Não basta ter ocorrido um *ato ilícito* ou um episódio de *abuso de direito*, conquanto meras violações às condutas impostas pela norma jurídica ou exercício de uma faculdade em desacordo com a função social do Direito ou com a boa-fé objetiva.[320]

Sem a constatação de um efetivo prejuízo para a vítima em decorrência de um ato ou omissão do agente eivado de culpa ou decorrente da submissão do lesado a um determinado risco, o ato ilícito e o abuso de direito nada mais serão do que fatos antijurídicos irrelevantes para a responsabilidade civil. Assim, muito embora sejam tais eventos anuláveis, não ensejarão, de *per se*, o dever de reparação que surgirá apenas com a materialização do dano.[321]

Tal ideia foi consolidada no artigo 1.382 do *Code Civil* sob o enunciado a propalar que "*todo fato ocasionado por um homem que ocasione a outro um dano, obriga aquele que o causou a repará-lo*". E o dispositivo em apreço foi reproduzido praticamente em todos os códigos civis do mundo romano-germânico, sendo consagrado pela doutrina especializada e pela jurisprudência como a chave de abóboda da teoria da responsabilidade civil.

Consagrada a ideia geral de *dano* no direito codificado, instaurou-se em meados do século XIX considerável celeuma a respeito dos limites teleológicos do conceito em referência. A discussão, em síntese, cingia-se em averiguar se apenas os prejuízos de natureza patrimonial (ou material) seriam reparáveis, ou se as lesões aos direitos imateriais dos indivíduos (p. ex.: o decoro, a intimidade, a liberdade etc.) – os chamados *danos morais* – também seriam passíveis de reparação.

Os críticos a tal extensão do conceito de *dano* asseveravam, de modo geral, que os prejuízos à esfera imaterial dos indivíduos teriam, em regra, caráter transitório e que, por essa razão, a equidade não recomendaria a reparação em caráter permanente de tais lesões pretensamente passageiras. Além disso, argumentavam os partidários de tal corrente que os danos dessa natureza seriam de difícil identificação e determinação em concreto e que a possibilidade de compensação da dor com dinheiro não só seria imoral, como também conferiria ao juiz considerável grau de arbítrio.[322]

A despeito de tais objeções, acabou por prevalecer a tese amplamente defendida pela doutrina francesa a respeito da reparabilidade dos danos morais, a propalar que o enunciado do artigo 1.382 do *Code Civil*, ao conceituar o dano e o dever de recomposição do lesado, não estabelece distinção entre os prejuízos de ordem patrimonial e extrapatrimonial.[323]

E, nesse diapasão, o arbítrio judicial na fixação do valor das reparações pelos danos morais passou a ser admitido sem maiores dificuldades, a despeito da impossibilidade de se determinar, objetivamente, a extensão das lesões e sua tradução pecuniária, nos moldes do que ocorre com os prejuízos de ordem patrimonial. A única ressalva aposta a tal prerrogativa foi a de que a mensuração dos montantes compensatórios pelos juízes deveria guardar uma relação de proporcionalidade com a gravidade das ofensas perpetradas ao patrimônio imaterial dos indivíduos.[324]

Com o passar do tempo, os mesmos ganhos de complexidade social e econômica que pulverizaram territorialmente as condutas geradoras de riscos e os próprios responsáveis por sua materialização, deram origem a situações concretas que desafiaram os alicerces da teoria clássica da responsabilidade civil e, mais diretamente, o próprio conceito de *dano*, concebido por esta última, como visto, por um fato consumado posteriormente à implementação de uma conduta ou de uma omissão.

Nesse sentido, a ideia dos *danos emergentes* e dos *lucros cessantes* desafiaram tal conceito na medida em que vislumbram a reparação de uma lesão futura e certa, porém ainda não materializada e não totalmente conhecida quanto a sua extensão e dos prejuízos não completamente mensurados a decorrer da obstaculização dos ganhos experimentados pela vítima.[325]

E ao lado dos *danos emergentes* e dos *lucros cessantes*, a ideia de reparação por *perda de uma chance* veio a conferir uma pitada adicional de polêmica à compreensão do *dano* no sistema da responsabilidade civil, porquanto o instituto em referência estendeu a tutela reparatória às situações em que há a mera subtração de uma oportunidade, ainda que de concretização incerta, ocasionada por ato ou omissão do agente causador de tal vicissitude.[326]

Estes mesmos acréscimos de complexidade econômica e social que caracterizaram o século XX, com evidente impacto para o sistema da responsabilidade civil, deram origem a novos interesses juridicamente tutelados para além das ofensas aos bens intrinsecamente relacionados à esfera subjetiva do indivíduo (p. ex.: a intimidade, a privacidade, a imagem que o sujeito faz de si mesmo, a reputação, a honra etc.) a caracterizarem, tradicionalmente, os chamados *danos morais*.

De fato, em um primeiro momento, o conceito de *dano moral* contemplava, de modo amplo e indiscriminado, toda e qualquer violação aos bens imateriais dos indivíduos que não guardava conexão com seu patrimônio econômico. Nesse sentido, o instituto em referência era utilizado para excluir tudo aquilo que não fosse enquadrável como *dano material*.[327]

Com o passar do tempo, a nova dinâmica econômica e social a envolver os indivíduos em suas questões de trabalho, de família, de relacionamentos interpessoais e de planejamento de vida evidenciou certos aspectos extrapatrimoniais que desafiavam a amplitude conferida ao conceito de *dano moral*. Assim, temas que não envolvem diretamente a esfera da intimidade e da vida privada dos indivíduos, mas que se projetam em seu patrimônio imaterial (tais como aquelas relacionadas, por exemplo, aos direitos ao lazer, ao convívio social e familiar e ao planejamento pessoal) passaram a obter relevância jurídica a ponto de suas violações serem reconhecidas como danos autônomos.[328]

Tem-se como exemplo desses *novos danos* as lesões de natureza existencial, caracterizadas como sendo aquelas que modificam, de forma negativa, o planejamento de vida da pessoa em seus diferentes aspectos, implicando, assim, no impedimento involuntário da realização de atividades cotidianas dedicadas ao lazer, à higiene, à cultura, ao exercício da cidadania e ao investimento em projetos futuros de vida, como, por exemplo, uma especialização profissional ou a constituição de uma família.[329]

Ainda nesse sentido, têm-se os *danos estéticos*, caracterizados pelos impactos sociais deletérios inerentes às deformações físicas sofridas pelo lesado. Tal modalidade de lesão não se confunde com as consequências psicológicas oriundas daquelas alterações estéticas na medida em que se refere, justamente, às dificuldades e aos preconceitos enfrentados pela vítima que sua nova condição impõe no tocante ao convívio em coletividade. [330]

Há, ainda, os *danos biológicos* caracterizados pela alteração lesiva na integridade corporal e psíquica do indivíduo, a lhe acarretar prejuízos ao desenvolvimento das etapas vindouras da vida e à realização das atividades mais comezinhas.[331]

E se no aspecto substantivo a tipologia dos danos foi enriquecida a partir dos crescentes ganhos de complexidade econômica e social, tal vicissitude também foi constatada no plano da titularidade das lesões, com a concepção acerca dos *danos morais coletivos*, a compreenderem, conceitualmente, as lesões perpetradas aos interesses transindividuais (*coletivos* em sentido estrito e *difusos*) de determinado grupamento.[332]

O advento do *dano moral coletivo* representou significativa ruptura com a concepção individualista e patrimonialista a caracterizar o direito das obrigações e a teoria da responsabilidade civil, na medida em que se reconheceu (i) a titularidade de interesses juridicamente tutelados por grupamentos inorganizados de indivíduos identificáveis ou não-identificáveis e (ii) a possibilidade efetiva de reparação a tais lesões de natureza transindividual por intermédio da destinação de determinado valor a fundos específicos, sem prejuízo da restituição do bem comunitário lesado.[333]

No que diz respeito à expansão substancial e transindividual dos danos reparáveis, o movimento de constitucionalização do Direito Civil -- pautado na centralidade do valor da dignidade humana e no espraiamento de tal diretriz em direção aos demais direitos fundamentais de estatura constitucional e, consequentemente, à totalidade dos dispositivos do ordenamento jurídico – teve um papel crucial, na medida em que foi justamente sob tal ótica que se pôde vislumbrar a tutela daquelas lesões a esferas extrapatrimoniais que até então eram desconsideradas pelo direito das obrigações e pela teoria da responsabilidade civil.[334]

De fato, a partir do momento em que o postulado da *dignidade humana* impôs ao sistema jurídico a gravitação deste último em torno da pessoa humana e dos direitos fundamentais que expressam suas aspirações nos planos pessoal e social, os ordenamentos de cariz democrático se abriram para a tutela da totalidade dos interesses que concretizam, aspectos inerentes à personalidade, tanto no plano individual, quanto nas dimensões coletiva e difusa.[335]

No entanto, para muito além do reconhecimento daqueles *novos danos* por parte dos ordenamentos jurídicos, os ganhos de complexidade verificados nas estruturas sociais e econômicas trouxeram consigo o questionamento a respeito da própria imprescindibilidade da materialização do dano para a deflagração da responsabilidade civil.

Nesse sentido, a Teoria da Responsabilidade Civil, plasmada pelo individualismo, pelo patrimonialismo, pela necessidade em torno da demonstração de um dano concreto e pela reparação *post factum*, passou a ser posta em xeque por correntes que tendem a conferir primazia a um caráter *preventivo*, com vistas a dotá-la de mecanismos aptos a evitar e a inibir as lesões antes mesmo de seu surgimento através da aplicação de sanções pedagógicas ao ofensor capazes de orientar a conduta de potenciais causadores de lesões similares.[336]

Em síntese, a metamorfose pela qual o conceito de *dano* vem passando desde o liberalismo clássico até os dias atuais bem ilustra as transformações e os desafios experimentados pela teoria geral da responsabilidade civil, cuja tendência é de intensificação, dada a complexidade e o caráter cambiante do entorno econômico e social a circundá-la.

Com efeito, em um mundo marcado por riscos de existência e de extensão até há pouco inimagináveis, não é mais possível sustentar a vetusta – e já superada – noção individualista de *dano*, a coincidir com o prejuízo consumado em concreto em desfavor de um sujeito determinado que dá ensejo a uma reparação sempre *a posteriori*.

Na atualidade, múltiplas são as dimensões potencialmente afetadas pelas atividades humanas e, consequentemente, múltiplos são os interesses cuja tutela por parte do direito passou a ser assegurada após a constatação de tais riscos. Nesse contexto, o mínimo que se pode atribuir ao conceito de *dano* é uma extensão conceitual apta a abarcar todas as situações passíveis de lesionar o patrimônio jurídico dos indivíduos e das coletividades determinadas e indeterminadas.

2.5.3 O *nexo de causalidade*

Para a Teoria da Responsabilidade Civil, o *nexo de causalidade* é o elemento que ativa a estrutura fático-jurídica a desaguar na reparação ou no restabelecimento do bem lesado, a depender da situação concreta. É ele, em síntese, o liame que interliga a *conduta* do agente (a causa) ao *dano* experimentado pela vítima (o efeito) e cuja constatação resulta na imputação da responsabilidade àquele primeiro.[337]

Trata-se, em sua essência, de um elemento estritamente atrelado à concepção individualista a caracterizar originariamente a teoria da responsabilidade civil, pois a causalidade que interliga a conduta e o prejuízo pressupunha, nesse contexto, a ação concreta de um sujeito determinado que, ao violar um dever contratual ou legal específico, age dolosamente ou culposamente (mediante imperícia, imprudência ou negligência), de modo a ocasionar um dano à vítima.

No entanto, apesar da fácil compreensão acerca do conceito de nexo de causalidade, a prática viria a demonstrar que sua visualização em concreto não era tão palmar quanto se pressupunha no plano abstrato, especialmente naquelas situações em que o dano era precedido por uma pluralidade de condutas potencialmente concorrentes para sua materialização. A fim de identificar a relação de causa e efeito em tais hipóteses, os autores conceberam, ainda sob a égide da responsabilidade civil baseada no individualismo e na culpa, uma série de teorias que tiveram ampla difusão no mundo romano-germânico.

A primeira, e mais elementar delas, é a chamada *teoria da equivalência dos antecedentes* pela qual toda e qualquer ação que concorre em maior ou menor intensidade para a materialização de um dano terá idêntico valor para fins de responsabilização dos agentes que as operacionalizaram. Tal corrente, levada ao extremo, culminaria com o inconveniente de se fazer regredir ao infinito o nexo de causalidade, pois mesmo as condutas mais remotas que não tivessem ligação direta com o resultado lesivo seriam levadas em conta na operação.[338]

A fim de matizar tais consequências da equivalência dos antecedentes, concebeu-se a *teoria da causalidade adequada*, pela qual apenas as condições que concorreram efetiva e diretamente para a materialização do dano seriam consideradas como efetivas causas do resultado lesivo. Eliminar-se-ia, com isto, o regresso ilimitado a toda e qualquer circunstância fática, como no exemplo extremo de se buscar a responsabilização da indústria siderúrgica a produzir a chapa de aço que foi utilizada como matéria-prima para a produção de um automóvel cujo motorista atropelou um pedestre num cruzamento de uma grande cidade.[339]

Não obstante os intensos debates estabelecidos na doutrina civilista a respeito da identificação do nexo causal, as situações concretas analisadas sob a égide da teoria clássica da responsabilidade civil de orientação liberal eram resolvidas, eminentemente, pela individualização das condutas e pela verificação quanto à presença ou não de culpa ou dolo por parte do agente quanto ao resultado lesivo. Comprovada a efetiva presença do elemento subjetivo, a perquirição acerca do nexo causal redundava irrelevante ou, quando muito, secundária.

Contudo, a partir do momento em que a responsabilidade objetiva passou a ganhar corpo, a averiguação a respeito do nexo de causalidade passou a ter importância capital para a responsabilização dos agentes que, por intermédio das atividades usualmente desempenhadas, criavam riscos para terceiros. Desse modo, a doutrina especializada se viu na contingência de buscar novos elementos teóricos para além das teorias da *equivalência dos antecedentes* e da *causalidade adequada*, no ensejo de conceber a causalidade à luz desse novo e complexo entorno.[340]

Conforme visto alhures, o elemento fático a denotar, de modo mais evidente, a complexidade do entorno que conforma a teoria da responsabilidade civil na atualidade faz-se representado pela pulverização do risco em intrincadas cadeias produtivas territorialmente dispersas. Nesse contexto, a identificação da causalidade afigura-se especialmente dificultada, de modo que a doutrina especializada e a jurisprudência passaram a desenvolver novas concepções no fito de lidar com tal vicissitude.

Dentre tais concepções, destacam-se as teorias da *responsabilidade mais grave*, também conhecida pela expressão *thin skull rule*, e a teoria da *causalidade alternativa*. Pela primeira, presume-se que o agente é o responsável pelo dano, quando uma ação corriqueira relacionada a sua atividade usual ocasiona um resultado extremamente lesivo para a vítima, como, por exemplo, uma fratura de crânio provocada por um simples choque em um indivíduo acometido pela síndrome dos ossos frágeis (osteogênese imperfeita).[341]

Já a teoria da *causalidade alternativa* preconiza que nas hipóteses em que o dano poderia decorrer de múltiplas causas, presumir-se-á que o responsável pela reparação será o agente incumbido da gestão da atividade a cujo risco a lesão estava associada. Assim, por exemplo, na hipótese em que o indivíduo é pisoteado em um estádio de futebol após um tumulto, o clube ou a entidade incumbidos da organização do evento e da manutenção da arena serão presumivelmente responsáveis pelos danos experimentados pelo sujeito em questão.[342]

Ainda no contexto do agravamento dos riscos na sociedade moderna, são dignas de menção as teorias a convergirem na ideia de *imputação objetiva*, a preconizarem, em apertadíssima síntese, que o nexo – e, consequentemente, a responsabilidade – restarão constatados em concreto quando o agente (i) criar, com sua ação ou omissão, uma situação concreta de risco não admitida pelo ordenamento jurídico e (ii) tal hipótese vier a gerar, efetivamente, um prejuízo à vítima.[343]

Note-se que segundo a ideia de *imputação objetiva* não basta haver uma conduta relacionável ao resultado lesivo para se ter o nexo de causalidade, tal como ocorria com a tradicional teoria da *causalidade adequada*. Aqui, para além disso, se faz necessário que o ato ou a omissão do agente concorra para a criação de um *risco proibido*, ou seja, não tolerado pelo ordenamento jurídico por intermédio de uma atuação tipificada (penal ou civilmente) como ilícita.

No entanto, o surgimento da ideia de *imputação objetiva*, formulada inicialmente por Karl Larenz, teve sua origem na teoria da *causalidade adequada*. Segundo o autor, a imputação ao agente da responsabilidade pela cadeia previsível de consequências relacionadas às suas condutas ou omissões não dependeria da perquirição em torno da culpa, sendo, ao revés, um dado objetivamente emanado do ordenamento jurídico.[344]

Mais adiante, Larenz avança em sua construção teórica para afirmar que a responsabilidade do agente pela reparação dos danos tem por fato gerador o descumprimento de um dever previsto de maneira objetiva no ordenamento jurídico. Assim, quando o sujeito atua em sentido oposto a tal diretriz legal, adentra ele na zona do *risco proibido*, em que se estabelece um nexo *normativo* (não causal) entre sua postura e o resultado lesivo, independentemente da perquirição em torno dos elementos subjetivos inerentes à sua conduta.[345]

O conceito de *risco proibido* parte da premissa de que certos riscos (os permitidos) são imprescindíveis para a própria vida em sociedade e que, por essa razão, os ordenamentos jurídicos os admitem enquanto outros (os *proibidos*, propriamente ditos), não são tolerados pelo sistema normativo justamente porque seu advento não traz para a coletividade qualquer benefício.[346]

Assim, por exemplo, quando um determinado agente embarca conscientemente uma vítima em um automóvel sem freios, está ele criando uma situação de risco em concreto não tolerada pelo ordenamento jurídico, na medida em que tal conduta terá o condão de ocasionar ao infeliz passageiro uma lesão combatida tanto pelo Direito Penal, quanto pelo Civil.

E para além das teorias da *responsabilidade mais grave*, da *causalidade alternativa* e da *imputação objetiva*, diversos ordenamentos jurídicos vêm lidando com a pulverização do risco por meio da presunção, em legislação específica, do nexo de causalidade entre certas atividades econômicas e determinados resultados, impondo-se à parte adversa o ônus da prova quanto à desconstituição de tal liame.[347]

Independentemente da modalidade de responsabilidade civil considerada – se subjetiva, ou objetiva – e a despeito da adoção de qualquer das teorias ora mencionadas, o fato é que a análise do *nexo de causalidade* ainda é, em grande parte, caudatária da concepção individualista a caracterizar a relação jurídica em sua moldura clássica, na medida em que o escrutínio de uma determinada conduta, postura ou comportamento adotado em concreto pelo agente e sua concorrência para a materialização do dano ainda é fundamental para a constatação do elemento em apreço.

Tal concepção, todavia, merece ampla reflexão à luz da complexidade do entorno socioeconômico a circundar as relações jurídicas, caracterizada, como visto, pela multiplicidade dos danos passíveis de serem materializados em prejuízo dos indivíduos, dos grupos a que estes pertencem e das próprias sociedades e pela concorrência, bem como pela difusão territorial e temporal das concausas a ocasionarem tais lesões.

2.5.4 O *elemento subjetivo*

O desenho da responsabilidade civil sob os moldes clássicos se encerra com um elemento essencial para a definição da imputabilidade do agente: a presença de *culpa* ou de *dolo* a infligir a conduta ocasionadora do dano. Não basta, portanto, que um ato ou omissão gere um resultado lesivo e entre aqueles primeiros e este último haja um nexo de causalidade. É preciso que tal liame seja permeado por um dado subjetivo a denotar a intenção ou a desídia do sujeito causador do gravame.

É verdade que com o advento dos novos processos produtivos e das complexas relações socioeconômicas surgidas após a Revolução Industrial, a responsabilidade fundada no elemento subjetivo foi ofuscada, em certa medida, pela responsabilidade objetiva fundada no risco. Tal vicissitude, contudo, não eliminou o papel desempenhado pelo elemento subjetivo (*dolo* ou *culpa*) como regra geral para a configuração da responsabilidade civil.

Conforme já visto oportunamente no item 2.3.1 *supra*, o elemento subjetivo contempla, historicamente, as noções de *dolo*, caracterizado pela ação intencional ou desidiosa do sujeito em relação à materialização do dano e a *culpa em sentido amplo* –, a envolver as hipóteses de *negligência* (omissão do agente em relação a um dever de precaução que lhe era incumbido), *imprudência* (prática de um ato cuja danosidade é notoriamente reconhecida) e *imperícia* (intervenção malsucedida em decorrência da inabilidade técnica por parte do ofensor).

A presença de tais elementos em concreto encerra, no plano da responsabilidade civil, a *imputabilidade* que demanda, em relação ao sujeito causador do dano, a constatação em torno (i) da consciência, ao menos presumida, do dever violado por parte do agente, (ii) da previsibilidade, bem como da evitabilidade dos danos ocasionados e (iii) da possibilidade de o sujeito observar, em concreto, aquela obrigação.[348]

E no ensejo de averiguar a presença em concreto de tais requisitos, os teóricos clássicos da responsabilidade civil ocuparam-se, há muito, com a análise do grau de culpa a permear a ação dos indivíduos, cuja mensuração é fundamental para definir se há ou não imputabilidade. Surgiu, assim, a distinção entre *culpa delitual* e *culpa quasi-delitual*, albergada pelos artigos 1.382 e 1.383 do *Code Civil*, cuja constatação na prática dependia, exatamente, da análise em torno dos níveis de consciência, cognoscibilidade e de diligência do agente.[349]

No caso dos *delitos*, a constatação em torno da imputabilidade não suscita maiores dificuldades, pois, sendo o agente capaz e tendo ele agido com o desígnio de materializar o dano, será responsável pela consequente reparaçao. Já para os *quasi-delitos*, o vislumbre da imputabilidade não ocorre de forma imediata, pois, sendo tais espécies caracterizadas por uma ação desprovida de intencionalidade, mais eivada de imprudência, negligência ou imperícia em função do desvio de uma conduta padronizada na lei ou no costume, o desfecho depende de uma averiguação mais detida, a demandar mesmo a imersão no plano da subjetividade do agente.

A questão ora postulada suscitou, especialmente no curso do século XX, intensos debates entre os partidários da teoria *concreta* e os defensores da teoria *abstrata* da culpa. Pela primeira corrente, a conduta do agente seria aferida mediante o escrutínio de seu estado psicológico e espiritual quando da prática do ato lesivo, tal como ocorre no direito penal, ao passo que sob o influxo da segunda corrente, que acabou por prevalecer, a culpabilidade do ofensor seria analisada em função do cotejo entre sua ação e a conduta esperada de um sujeito colocado nas mesmas circunstâncias que ele.

Malgrado a vitória da corrente a preconizar a *culpa abstrata*, as dificuldades práticas, a permearem a imputabilidade nos *quasi-delitos*, longe esteve de se dissolver. A principal delas reside, justamente, na definição precisa da conduta-padrão cuja observância, por parte do agente, era exigida em concreto. Nas escassas hipóteses em que um determinado comportamento consta objetivamente da lei, tal mister não envolve maiores desafios. No entanto, para a grande maioria dos casos em que a ação prudente e diligente imposta ao indivíduo decorre da prática social, a visualização do *erro de conduta* a desaguar na *imputabilidade* nem sempre é aferível de pronto.[350]

De fato, qual seria a conduta *normal* exigida de maneira objetiva e univalente em determinada circunstância? Seria ela atemporal? Comportaria ela variações a depender das nuances dos casos concretos? Como ela lidaria com a evolução comportamental e tecnológica e com a crescente interação socioeconômica e cultural? Tais perguntas demonstram, por si sós, a imensa dificuldade de se definir em absoluto os tais padrões de ação diligente esperada dos sujeitos capazes de compreender seus próprios atos, mormente no atual contexto extremamente complexo a circundar as relações jurídicas.[351]

A despeito de tal desafio, Henri e Léon Mazeaud chegaram ao extremo de defender a existência de uma *culpa objetiva* que seria capaz até mesmo de se contrapor à noção de *risco*, já plenamente conhecida e debatida quando da edição de seu famoso tratado. Pela tese dos referidos autores, a imputabilidade decorreria, em concreto, do cotejo entre a conduta do agente causador do dano com um tipo ideal e abstrato de cidadão que, submetido às mesmas circunstâncias a permearem a conduta do acusado, teria agido de acordo com os requisitos de prudência e de diligência exigidos naquele exato contexto espaço-temporal.[352]

Não obstante o intento dos teóricos da *culpa objetiva* em definir o modelo de conduta a servir de parâmetro para os *quasi-delitos*, tal iniciativa não logra afastar a decisiva influência do subjetivismo pessoal do intérprete na decisão, em concreto, do que seria o comportamento ideal do agente colocado diante de uma dada situação. No fim das contas, o padrão de ação que pautaria objetivamente a generalidade dos sujeitos medianamente prudentes e diligentes, nada mais seria do que uma concepção idealizada pelo próprio aplicador do direito.

De outro turno, tanto a ideia de *culpa objetiva*, quanto de *culpa abstrata*, construídas sob a égide de uma concepção clássica sobre a responsabilidade civil oriunda do período embrionário da Revolução Industrial, têm no indivíduo e nas relações intersubjetivas suas premissas centrais, como se as interações socioeconômicas estivessem calcadas sobre contratos firmados entre sujeitos certos e determinados cujos comportamentos poderiam ser isolados e analisados minuciosamente a fim de se averiguar a culpabilidade de suas condutas e, consequentemente, sua imputabilidade.

Conforme já tratado no decorrer do presente estudo, o mundo contemporâneo já não é mais orientado por tais premissas estritamente individualistas e contratualistas. A crescente evolução tecnológica e o ganho de complexidade nas cadeias produtivas, com a interação de agentes e corporações dispersas em um espaço que transpõe fronteiras, inviabiliza, na prática, a análise estrita do elemento subjetivo nos moldes ora preconizados. Nesse contexto, chega-se, até mesmo, a diagnosticar a morte da culpa na teoria moderna da responsabilidade civil.[353]

De qualquer forma, e em que pesem os prognósticos mais drásticos, a culpa ainda mantém seu lugar de destaque, ao menos naquelas relações intersubjetivas mais comezinhas, tais como, por exemplo, nos contratos mais comumente firmados entre pessoas físicas (compra e venda, locação etc.) e nas hipóteses de responsabilidade extracontratual ligadas a vicissitudes do dia a dia, tal como no direito de vizinhança. Além disso, não se pode olvidar o papel histórico desempenhado pelo elemento subjetivo na construção e na evolução da Teoria da Responsabilidade Civil.

2.5.5 O *risco* na responsabilidade objetiva

Com o incremento das atividades industriais e comerciais, acarretada pela diversificação da economia e pela proliferação de sociedades mercantis especializadas na produção e no oferecimento em massa de bens e de serviços, a teoria da responsabilidade civil foi forçada a se desapegar da culpa como elemento nuclear e, consequentemente, a agregar ao seu cabedal de conceitos a noção de *risco*.

Ao contrário da *culpa*, o conceito de *risco* não guarda correlação com o elemento volitivo inerente aos agentes, mas sim à conduta considerada como um dado objetivo. Para a noção em apreço, via de regra, basta que a atividade usualmente desempenhada pelo sujeito ou pela empresa em questão envolva um determinado risco e que se comprove o nexo de causalidade entre este último e o resultado lesivo, para que surja o dever de reparação.

O reconhecimento acerca do *risco* como um elemento inerente à responsabilidade civil decorreu mais de um imperativo prático, do que da convicção por parte dos teóricos da matéria a respeito de sua existência de forma independente da *culpa*. Nesse sentido, foi a própria evolução das relações socioeconômicas que serviu de móvel propulsor para a consagração legal e jurisprudencial da *responsabilidade objetiva*, iniciada com a ampliação do sentido e do alcance inerentes ao artigo 1.384 do *Code Civil* e complementada pela edição de leis especiais sobre o tema, especialmente na França no final do século XIX e no início do século XX.[354]

Enquanto os ordenamentos calcados no sistema romano-germânico, tal como o francês, estabeleciam normas específicas sobre a responsabilidade relacionada ao risco inerente a certas atividades e a estendiam a outros supostos fáticos pela via da jurisprudência, os países da *Common Law*, diante da nova dinâmica assumida pela sociedade de produção e de consumo em massa, passaram a difundir, a partir da análise específica dos casos concretos, os conceitos de *strict liability* e de *risk-based liability*, a coincidirem, exatamente, com a noção de responsabilidade pelo risco da atividade.[355]

A ubiquidade do *risco* foi reconhecida, portanto, como uma consequência inafastável do mundo moderno e o impacto de tal vicissitude na teoria da responsabilidade civil consistiu na eliminação da *culpa* naquelas situações em que o dano resulta das atividades econômicas desempenhadas pelos produtores e fornecedores de bens e serviços no mercado. No entanto, a despeito de tal evolução conceitual, a doutrina especializada e a jurisprudência debatiam intensamente se a reparação em tais circunstâncias poderia ser integral e se deveria ela recair apenas sobre um dos sujeitos da relação jurídica em questão, já que cada um deles assumiria, em maior ou menor medida, determinados riscos.

No tocante ao tema, os teóricos do início do século XX se valiam do entendimento de que a legislação concernente à responsabilidade objetiva tinha por escopo principal socorrer a vítima de modo a evitar que esta última permanecesse desamparada diante de determinado infortúnio, configurando, por isso mesmo, mais uma medida de assistência do que, propriamente, de responsabilidade civil. Por isso mesmo, ainda segundo tal compreensão, a fixação do dever de reparar no polo da relação jurídica a gozar de situação econômica mais portentosa não só se mostraria mais equânime, nesse contexto, como também configuraria a contrapartida do direito à utilização dos meios de produção geradores de certos riscos.[356]

A partir do momento em que a reparação das vítimas passou a figurar como elemento inerente ao próprio desempenho de certas atividades econômicas e sociais, tais como a direção de uma empresa, a condução de um automóvel ou a posse de um insumo potencialmente lesivo, os teóricos da responsabilidade civil passaram a identificar uma clara tendência à dispersão de tais riscos por toda a sociedade que ensejou três vertentes diferentes, porém complementares, a saber, (i) o incremento da securitização privada, (ii) a constituição de fundos públicos de garantia e (iii) a implementação da seguridade social pelo Estado.

Assim, de acordo com os autores que atestaram tal tendência especialmente nas primeiras décadas do século XX, uma vez que os riscos inerentes às mais comezinhas atividades econômicas e sociais se encontravam dispersos por toda a sociedade, deveria a reparação pelos danos deles decorrentes ser diluída entre a coletividade. Tem-se, nisso mesmo, o ideário por detrás da *socialização dos riscos*.[357]

A modalidade mais difundida e tradicional de socialização dos riscos consiste, justamente, na securitização privada. Por ela, o indivíduo ou a empresa exercentes de determinada atividade econômica e social a envolverem riscos para terceiros contratam, com uma companhia especializada, um seguro a cobrir a reparação dos eventuais danos ocasionados às vítimas em potencial.

Com o incremento de tais riscos à medida que a Revolução Industrial foi alterando o escopo das sociedades modernas, a contratação de seguros de responsabilidade experimentou um aumento exponencial. Por essa razão, a multiplicação de tais contratos, especialmente entre os empresários, acabou por representar, por si só, elemento de diluição dos custos inerentes à reparação dos danos decorrentes de suas atividades por toda a sociedade, na medida em que os agentes econômicos passaram a incutir o custo dos prêmios pagos às seguradoras no valor dos produtos e serviços oferecidos à coletividade.[358]

Paralelamente a isto, o próprio Estado passou a fomentar a securitização da responsabilidade civil através dos fundos públicos de garantia, cuja contribuição era obrigatória para todos os agentes geradores de determinados riscos e cujos montantes deveriam ser revertidos para o custeio das indenizações decorrentes de acidentes. Exemplos clássicos de instituição dessa natureza consistem no Fundo de Garantia Automobilística (*Fonds de Garantie Automobile*) e no Fundo Comum dos Acidentes de Trabalho na Agricultura (*Fonds Commun des Accidentes du Travail Agricole)* instituídos na França e que deram origem, posteriormente, ao Fundo de Garantia dos Seguradores Obrigatórios de Danos (*Fonds de Garantie des Assurances Obligatoires de Dommages*), com cobertura significativamente mais ampla.[359]

Não obstante a propagação dos seguros privados e a constituição dos fundos públicos de garantia, a diluição social dos riscos encontra na *seguridade social* outra modalidade que, ao buscar a compensação de certas vicissitudes cotidianas, acaba por espraiar seu âmbito de incidência sobre terreno historicamente ocupado pela responsabilidade civil.

A *seguridade social*, tal como a conhecemos, corporifica a evolução histórica do conceito de *previdência*, que, ao mesmo tempo em que lhe serviu de gênese, passou a integrá-lo, hodiernamente, como espécie. Sua origem reside nas iniciativas mutualistas que, a partir do século XIX, procuraram assegurar aos trabalhadores não só um certo grau de proteção em face dos infortúnios laborais, como também sua subsistência ante a invalidez e a velhice.[360]

Na medida em que tais tarefas passaram a ser assumidas pelo Estado, este último ampliou o escopo tutelar em direção à cobertura de outros riscos sociais geralmente relacionados à vulnerabilidade socioeconômica de determinados indivíduos e à satisfação de suas necessidades básicas. Assim, ao lado da *previdência social*, a contemplar a proteção dos trabalhadores em face dos riscos inerentes ao labor, bem como da velhice e da invalidez, os sistemas de seguridade social passaram a contemplar, igualmente, a *assistência social* de caráter universal, a ser prestada em favor daqueles sujeitos que, por alguma razão, foram acometidos por infortúnios.[361]

Com a expansão da securitização privada e da seguridade social, bem assim dos fundos de garantia, a própria eficácia do sistema de responsabilidade civil passou a ser questionada. De fato, se a reparação dos danos decorrentes do exercício de uma determinada atividade seria assumida por um terceiro (o *segurador*), em que medida o agente que a executa se sentiria impelido a tomar as devidas precauções com vistas a evitar a materialização das consequências deletérias inerentes ao risco de sua atuação socioeconômica?[362]

Tal constatação ora formulada à primeira vista, se levada ao extremo, poderia vir a concretizar o alerta formulado por Ripert, no sentido que "*a garantia outorgada às faltas deixas impune a acção nociva, [pois] o que é coberto por um seguro não toma já as precauções minuciosas que permitiria evitar o dano*".[363]

Em que pesem, todavia, os temores e as críticas formuladas à securitização privada dos riscos inerentes às atividades socioeconômicas, a massificação de tal contrato não é causa bastante para elidir completamente as funções reparatória e até mesmo pedagógica e preventiva inerentes à responsabilidade civil, pois (i) o próprio objeto da relação jurídica securitária acaba por limitar ou onerar substancialmente a cobertura de certos sinistros e (ii) a sistemática inerente à responsabilidade civil possui, na atualidade, mecanismos para assegurar seu escopo.[364]

Com efeito, o contrato de seguro tem por instrumento a *apólice*, cujo valor consistirá, exatamente, na quantia a ser paga pela companhia seguradora aos terceiros em caso de danos imputáveis ao segurado. Naturalmente, o montante a ser fixado para a apólice será diretamente proporcional à cobertura dos riscos segurados, de modo que ocorrendo a materialização de lesão em quantitativo maior do que aquele contratado, tal excesso não será adimplido pelo segurador, assim como este último não arcará com os custos decorrentes de hipótese não prevista na avença.[365]

Não obstante, a contratação de um seguro contra danos a terceiros não exclui em hipótese alguma a possibilidade de que a vítima busque em juízo a reparação integral de seus prejuízos em face do agente e tampouco a mensuração, por parte do Poder Judiciário, acerca do montante indenizatório a ser revertido em favor do ofendido. Em tais hipóteses, o juízo é livre (dentro, é claro, das balizas impostas pela razoabilidade) para fixar a reparação pecuniária em um valor superior àquele previsto na apólice, havendo, nesses casos, a compensação entre o que foi pago pela companhia seguradora e o restante da condenação.[366]

Nesse mesmo sentido, pode (e deve) o Poder Judiciário não apenas transpor os limites do valor da apólice, como também afastar a cobertura securitária em relação às situações a envolverem riscos não admitidos pelo ordenamento jurídico, aqui compreendidos como aqueles riscos criados pelo próprio agente em contrariedade aos parâmetros de segurança vigentes, de modo a extrapolar o grau de perigo tolerado para fins de securitização.[367]

A mesma lógica ora formulada em relação aos contratos de seguros de responsabilidade civil vale para os fundos de garantia destinados a indenizar danos vinculados a certas hipóteses. Com efeito, se a lesão experimentada por uma determinada vítima extrapola os valores máximos de indenização assumidos pelos fundos, poderá aquela socorrer-se do Poder Judiciário para obter diretamente do ofensor a reparação integral de seu patrimônio lesado.

De igual modo, se a lesão decorre de um risco não tolerado pelo ordenamento jurídico, cujo advento foi assumido pelo ofensor, a eventual existência de um fundo especificamente destinado à indenização de certos sinistros não poderá ser apontada como óbice à condenação do agente causador a reparar integralmente os prejuízos daí decorrentes, com respaldo na responsabilidade civil objetiva.

Quanto à *seguridade social*, esta última se distingue substancialmente da *responsabilidade civil* na medida em que sua finalidade reside na compensação dos infortúnios sociais conquanto sucedâneo do dever de solidariedade a permear a atuação do Estado e da coletividade, ao passo que a *responsabilidade civil* tem por função a reparação dos danos experimentados concretamente pelas vítimas em decorrência dos atos ilícitos praticados pelos ofensores.[368]

Assim, para a *seguridade social*, não importa se o evento foi causado pela própria vítima, por um terceiro (p. ex.: no caso de invalidez decorrente de um acidente automobilístico) ou se ele é decorrência da própria natureza humana (p. ex.: no caso de velhice) ou de uma determinada conjuntura socioeconômica desfavorável (p. ex.: no caso de pobreza extrema). Será ela instada a amparar sua clientela na medida em que esta última dela necessitar e de acordo com os limites e condições estabelecidos na legislação, sob os influxos dos princípios de solidariedade e de universalidade.

A *responsabilidade civil*, de seu turno, pressupõe a existência de um dano decorrente da violação legal ou contratual ocasionada por um agente a uma determinada vítima, mediante a constatação em concreto de culpa (em sentido lato) ou da assunção de um risco determinado. Sua constatação em concreto gera, para o ofendido, o direito à reparação *in natura* ou à indenização em pecúnia a cargo do agente, com respaldo no dever que o ordenamento jurídico impõe a este último de restituir o bem jurídico lesado.

A despeito da distinção funcional a permear as duas categorias ora mencionadas, muito se discutiu – e ainda se discute – a possibilidade de assunção total, por parte da seguridade social, da reparação pelos danos decorrentes dos riscos a integrarem o escopo da responsabilidade objetiva. Os partidários de tal corrente advogam que tal expediente não só asseguraria a efetiva reparação das vítimas, como também criaria um ambiente favorável ao desenvolvimento econômico e à tranquilidade na realização das atividades sociais e mercadológicas.[369]

Um sistema com tais características chegou mesmo a ser implementado na Nova Zelândia, quando da edição do *Accident Compensation Act*, de 1972 e de suas sucessivas alterações. Por ele, a responsabilidade civil nos moldes tradicionais foi substituída por um modelo amplíssimo de seguro social que assegura a reparação de todo e qualquer evento lesivo, sejam eles contribuintes ou não, e isenta o ofensor do dever de arcar com a indenização dos danos que decorrem dos riscos inerentes às suas atividades.

No entanto, em que pesem as alegadas vantagens atribuídas ao sistema neozelandês de seguro social, não há como negar que sua manutenção é deveras custosa e que sua reprodução em outros países é senão inviável, extremamente dificultosa. Tal vicissitude explica o motivo pelo qual a referida nação da Oceania tenha sido a única a implementar tamanha ousadia que não foi replicada nem mesmo entre outras sociedades desenvolvidas.[370]

Além disso, o modelo neozelandês, ao colocar o Estado como garantidor de todo e qualquer risco, acaba por esvaziar completamente as funções pedagógica e preventiva inerentes à responsabilidade civil objetiva. De fato, se por um lado as empresas e os indivíduos usufruirão, presumivelmente, de tranquilidade para empreender e para realizar suas atividades econômicas e sociais corriqueiras, por outro não se sentirão impelidos a tomar as devidas precauções com vistas a evitar a materialização dos danos relacionados àqueles riscos.[371]

Por tais razões, nos parece que o sistema mais adequado é aquele no qual a seguridade social coexiste com a responsabilidade civil objetiva e onde cada um dos referidos institutos têm suas respectivas funções bem definidas. Assim, enquanto aquela primeira deve velar pelo socorro aos indivíduos diante das vicissitudes naturais e econômicas que lhes retiram a capacidade de obter seu sustento por meios próprios, esta última deve buscar não apenas a reparação integral dos danos experimentados pelas vítimas, como também induzi-las a reduzir o potencial lesivo dos riscos inerentes às suas atividades.

E tal distinção com vistas, especialmente, à materialização do caráter preventivo inerente à responsabilidade civil, ganha ainda maior relevo no contexto atual, na medida em que os riscos hoje existentes possuem dimensão, abrangência e persistência substancialmente distintas se comparados àqueles que se faziam presentes na etapa da Revolução Industrial em que as teorias concernentes à responsabilidade objetiva foram concebidas.

De fato, se nas primeiras décadas do século XX era possível contabilizar nas fábricas, nas oficinas, nos transportes de massa, na vida urbana e nas atividades socioeconômicas em geral certos e determinados riscos à integridade patrimonial e psicofísica dos indivíduos, tal possibilidade já não mais existe no atual estágio de integração e de desenvolvimento tecnológico e econômico, haja vista o aparecimento de um número incontável de riscos outrora desconhecidos que são capazes de afetar, ao mesmo tempo, grupamentos inteiros em seus aspectos coletivos e individuais.

Os riscos hodiernos não mais possuem um raio de alcance determinado e um contingente limitado de possíveis vítimas. Ao contrário, o dimensionamento em abstrato de sua dispersão temporal, espacial e subjetiva se mostra impossibilitado, porquanto a materialização dos danos decorrentes de tais riscos poderá surgir em momentos distintos no tempo e, além disso, os indivíduos e as comunidades a serem potencialmente atingidos se encontram, muitas vezes, territorialmente dispersos.

Não é difícil vislumbrar, nesse sentido, situações concretas que ilustram com exatidão tal constatação. É o que ocorre, a propósito, com os riscos de desastres decorrentes do manuseio de determinados agentes químicos e biológicos, com potencial para atingir não apenas os indivíduos que trabalham diretamente com aqueles elementos nos sítios onde eles se encontravam confinados, mas também vítimas situadas nas redondezas do local em referência e até mesmo populações residentes em locais distantes.

Ainda se valendo do exemplo ora imaginado, é possível que a exposição às substâncias em questão envolva riscos concernentes à materialização de danos difusos no tempo, tal como ocorre com as doenças dotadas de período de latência, de modo a fazer com que o risco adquira uma dimensão temporal tão indefinida quanto seu escopo territorial.

E como se já não bastassem os riscos dotados de tal potencial destrutivo já conhecidos, há, ainda, uma série de riscos que vêm sendo assumidos pelos agentes sociais e econômicos em escala global cujos efeitos ainda não foram totalmente mapeados ou cujo potencial lesivo ainda é objeto de controvérsia científica. É o que ocorre, por exemplo, com as radiações emitidas pelos aparelhos de telefonia celular e com os componentes de nanotecnologia amplamente utilizados nos produtos industrializados contemporâneos.[372]

Dadas a dimensão e as características de tais riscos hodiernos, as teorias clássicas que culminaram com a consagração da responsabilidade objetiva não dão conta de atender adequadamente às necessidades reparatórias e preventivas almejadas na atualidade, simplesmente porque foram elas pensadas para buscar a reparação patrimonial e individualizada de um fato isolado ocasionado pela materialização daqueles riscos dotados de um raio de alcance espacial e temporal limitado.

Não obstante, a própria socialização dos riscos concebida como corolário de tais concepções já não se apresenta como uma solução palatável para lidar com os riscos hodiernos. De fato, como buscar a securitização – seja pela contratação de um seguro privado, ou pela constituição de um fundo público – de possíveis danos dotados de um escopo territorial e temporal indefinido e, além disso, dotados de múltiplas dimensões, a abrangerem não apenas o plano individual, mas também a esfera coletiva e difusa?

E, por outro lado, como seria viável a manutenção de um sistema de seguridade social com características similares ao modelo da Nova Zelândia destinado a cobrir todos os riscos conhecidos e desconhecidos, individuais e coletivos ou concentrados e difusos no espaço e no tempo, sem que houvesse, em paralelo, uma regulamentação para a responsabilidade civil destinada a promover a reparação e a prevenção adequada aos danos daí decorrentes?

Para lidar com tais riscos contemporâneos, faz-se necessário transpor a abordagem tradicional do tema construída sob os influxos do direito civil clássico de cariz individualista, patrimonialista, contratualista e legalista em direção a uma compreensão da responsabilidade civil objetiva calcada no direito ambiental. Tal modelo será descrito em seus pormenores nos Capítulos 4 e 5 do presente estudo.

2.6 AS CAUSAS DE EXCLUSÃO DA RESPONSABILIDADE CIVIL

Uma vez analisadas as características, a principiologia, a tipologia e os elementos constituintes da responsabilidade civil, o fecho do presente capítulo far-se-á com o estudo das causas de sua exclusão no marco da teoria clássica. Trata-se, portanto, daquelas situações que em se materializando concretamente, eximem o agente causador do dever de reparar a vítima.

Nota-se a partir da singela descrição ora formulada que as causas de exclusão da responsabilidade civil concebidas sob o influxo da teoria clássica pressupõem o modelo estritamente contratualista e individualista plasmado na relação obrigacional tradicional, em que o(s) agente(s) causador(es) do dano e a vítima são identificáveis de plano e onde os efeitos da lesão ou do risco criado são delimitados no tempo e no espaço.

2.6.1 A *legítima defesa* e o *estado de necessidade*

O *estado de necessidade* e a *legítima defesa*, ao contrário das demais causas de exclusão da responsabilidade, não decorrem da elisão do nexo de causalidade entre a conduta do agente e o dano ocasionado à vítima. São eles, ao revés, escusas fundadas na desconsideração, por parte do ordenamento jurídico, da ilicitude inerente ao ato lesivo.

A *legítima defesa* é caracterizada pela adoção de medida defensiva por parte do agente diante de agressão injusta e iminente dirigida à sua pessoa ou à de terceiros (p. ex.: familiares). Para que tal modalidade venha, efetivamente, a excluir em concreto a responsabilização, exige-se que a reação do indivíduo seja proporcional à intensidade da violência empreendida pelo agressor.[373]

Já o *estado de necessidade* pressupõe a implementação de uma medida de força, por parte do agente, destinada a evitar um dano iminente a um bem de sua propriedade. Desse modo, a fim de elidir uma situação de perigo iminente a uma coisa determinada, o indivíduo perpetra uma lesão ao patrimônio alheio sem a qual não conseguiria evitar o resultado lesivo para si.[374]

É de notar, no entanto, que o *estado de necessidade* exige, para sua caracterização legal, a efetiva existência de um perigo real, concreto e iminente, bem assim uma relação de proporcionalidade entre o bem de outrem sacrificado e a coisa para cuja defesa a força foi empreendida, sem o que surgirá o dever de reparação.[375]

Constatados em concreto os elementos característicos da *legítima defesa* e do *estado de necessidade* a conduta lesiva do agente não será reputada pelo ordenamento jurídico como ilícita, de modo a fazer com que desapareça a obrigação de reparar a lesão ocasionada ao indivíduo que ocasionou o perigo iminente ou a agressão injusta contra sua pessoa ou seus bens.

2.6.2 O *fato* de terceiro

Se, em uma relação obrigacional a envolver a responsabilidade civil, o dano a um determinado bem jurídico da vítima não se relaciona à conduta de sua contraparte, mas sim à de um terceiro alheio a tal arranjo, será tal contraparte isenta do dever de reparação por ausência do elemento concernente ao *nexo de causalidade*.

Muito embora a visualização em abstrato do *fato de terceiro* se afigure aparentemente destituída de maiores complexidades, é preciso ressalvar duas situações, a saber: (i) os casos em que a contraparte na relação obrigacional (contratual ou extracontratual) assume a responsabilidade por evitar atos lesivos provenientes de terceiros e (ii) os casos em que há, em menor ou maior grau, a concorrência do agente e do terceiro para a efetivação do prejuízo suportado pela vítima.

A primeira hipótese diz respeito, justamente, àquelas situações em que o indivíduo efetivamente causador do dano está sob a guarda legal do imputado, como ocorre com relação aos seus dependentes incapazes, ou quando aquele sujeito a ocasionar a lesão se encontra ora vinculado ao imputado por uma relação de subordinação técnica, ora legalmente (ou contratualmente) submetido à sua esfera de controle.[376]

Já a segunda hipótese engloba, justamente, os casos em que o dano sofrido pela vítima tem por causa, em maior ou menor medida, as condutas praticadas pelo imputado e por um terceiro. Em tais situações, não há de se cogitar na escusa inerente ao *fato de terceiro* no ensejo de isentar a responsabilidade do sujeito diretamente envolvido na relação jurídica com a vítima, por se tratar de típicos supostos de culpa ou de risco concorrentes, a ensejarem toda a problemática concernente ao *nexo de causalidade* já descrita no item 2.5.3 *supra*.

Portanto, o *fato de terceiro* apto a elidir a responsabilidade civil pela reparação dos danos pressupõe a absoluta alteridade do terceiro no que diz respeito à relação jurídica (legal ou contratual) a permear as partes e a inexistência de participação do demandado na materialização dos prejuízos ocasionados à vítima. Somente com a constatação em concreto de tais dados, ter-se-á elidido o *nexo de causalidade*.

2.6.3 O *caso fortuito* e a *força maior*

O dever de reparação também é excluído quando o dano ao patrimônio jurídico da vítima decorre de um *caso fortuito* ou de um evento advindo de *força maior* conceituados, segundo Savatier, como os fatos imprevisíveis alheios ao controle do agente cujo advento tem o condão de lhe impedir a implementação das medidas cabíveis no ensejo de evitar a materialização de certo dano à vítima.[377]

Para a caracterização em concreto do *caso fortuito* e do evento de *força maior* faz-se necessária a conjugação de dois elementos que indicam de modo cristalino a vinculação dos conceitos ora analisados à concepção *individualista* da responsabilidade civil, quais sejam, (i) a inevitabilidade do acontecimento e (ii) a ausência de culpa do imputado.[378]

Já a natureza *contratualista* dos conceitos em referência se traduz na pressuposição das circunstâncias fáticas existentes quando e como a relação jurídica foi entabulada e na impressão que as partes delas faziam em tal momento como condições necessárias à subsistência das obrigações recíprocas no futuro. É justamente nisso que reside a ideia de *base do negócio jurídico* e a própria cláusula *rebus sic stantibus*, passível de ser invocada na hipótese de *caso fortuito* ou evento de *força maior* que alterem substancialmente o entorno da avença.[379]

Enfim, seja a obrigação de origem legal ou contratual, o advento de *caso fortuito* ou de hipótese a caracterizar *força maior* elidirá a responsabilidade do pretenso devedor em reparar os danos ocasionados à vítima em decorrência de tal evento imprevisível, inevitável e irresistível. Em tais hipóteses, o *nexo de causalidade* a resultar no *dano* advirá de tal externalidade, e não da conduta do agente imputado.

2.6.4 A *culpa exclusiva da vítima*

A *culpa exclusiva da vítima* a excluir a responsabilidade do agente pelo dano ocasionado é aquela ação ou omissão advinda do próprio lesado que é decisiva para a manifestação do prejuízo. Trata-se, como se vê do próprio conceito, de uma definição estritamente caudatária não apenas da concepção individualista, fundada na perquirição da culpa dos polos de uma dada relação jurídica, como também da teoria da causalidade adequada, já estudada no item 2.5.3 *supra*.[380]

A excludente em apreço é invocada com frequência nas hipóteses de responsabilidade objetiva, em que o risco da atividade desempenhada corriqueiramente por alguém (p. ex.: os transportadores de passageiros) exclui a necessidade em torno da análise do elemento subjetivo que perfaz sua conduta.[381]

Em tais casos, se a vítima age de modo negligente ou imprudente no sentido de se expor, em maior medida, àqueles riscos criados ou assumidos por outrem, a ponto de contribuir decisivamente para a manifestação do dano, não se poderá impor o dever de reparar a referida lesão ao sujeito detentor da responsabilidade objetiva, mormente quando este último desempenhou suas atividades dentro dos estritos parâmetros legais e técnicos pertinentes.[382]

Em tais casos, é evidente que a conduta determinante para a manifestação do dano será aquela implementada pela própria vítima, de modo que não haverá de se falar no nexo de causalidade entre a lesão em referência e as práticas e as atividades corriqueiramente desempenhadas pelo pretenso agente, ainda que este último tenha contribuído de modo correlato (não decisivo) para o resultado, conforme preceitua a já mencionada teoria da causalidade adequada.

2.6.5 O *erro escusável*

Por fim, o dever de reparação é elidido em certas situações quando o agente, muito embora tenha incidido em ato ou omissão a guardar nexo de causalidade com um resultado lesivo à vítima, não incorreu em culpa, por ter cometido um mero *erro escusável*. Por guardar pertinência com o elemento subjetivo da ação, obviamente tal espécie de exclusão diz respeito apenas às hipóteses de responsabilidade subjetiva, não abrangendo as situações de responsabilidade objetiva em que a obrigação concernente à remissão dos prejuízos é decorrência de um risco inerente a determinada atividade.

O *erro escusável* se distingue da culpa na medida em que ele é caracterizado como o resultado de uma avaliação ou de uma reação equivocada tomada em face de um dado evento imprevisto, destituída de *negligência*, *imprudência* ou *imperícia*, ao passo que a *culpa* pressupõe a atuação consciente do sujeito a respeito dos perigos inerentes à sua conduta, mesmo tendo ele a opção factível de não agir no caso concreto e, assim, de evitar a materialização do dano.[383]

Muito embora o *erro escusável* e sua distinção em face da culpa sejam passíveis de conceituação em abstrato, sua visualização em concreto suscita dificuldades muitas vezes intransponíveis. De fato, como saber se, na prática, o diagnóstico errôneo de um médico decorreu de uma avaliação equivocada e escusável do quadro do paciente, ou teve por causa a atuação negligente, imprudente ou desidiosa do referido profissional?[384]

Somente a análise minuciosa dos casos específicos e das nuances peculiares a envolverem a conduta dos agentes permitirá a verificação, em concreto, do *erro escusável* em contraposição à culpa nas hipóteses a suscitarem a responsabilidade subjetiva.

2.7 CONCLUSÃO DO CAPÍTULO

A análise formulada ao longo do presente capítulo a respeito da Teoria Clássica da Responsabilidade Civil conduz ao indiscutível diagnóstico a apontar para a incapacidade de suas estruturas e de seus elementos em responder, de maneira adequada e eficiente, aos desafios impostos por uma economia e por uma sociedade altamente complexas e integradas no plano global.

Tal como as demais estruturas provenientes da modernidade, o sistema de responsabilidade civil concebido sob os influxos das ideologias de cariz iluminista e liberal entraram em crise à medida que os referenciais por elas formulados foram colocados à prova diante das contingências sociais e econômicas impostas, principalmente, pela globalização e pelos novos riscos carreados pelos avanços tecnológicos.

Sob a égide da modernidade e do liberalismo econômico, a estrutura plasmada no modelo obrigacional a pressupor o indivíduo como centro de direitos e de deveres (*individualismo*), o contrato como expressão formal das vontades subjetivas (*contratualismo*), o patrimônio como objeto, em última instância, das relações interpessoais (*patrimonialismo*) e a crença em torno da capacidade dos códigos em conter e regulamentar todas as situações passíveis de materialização na realidade cambiante (*legalismo*) podia ser tomada como um referencial teórico confiável para definir e orientar a sistemática da responsabilidade civil em um contexto de desenvolvimento tecnológico e de integração econômica ainda incipientes no âmbito restrito de estados territorialmente delimitados.[385]

Entretanto, se até o ápice da modernidade foi possível para os ordenamentos jurídicos locais situar espacialmente os riscos e gerenciá-los em relação a indivíduos e coletividades conhecidos e determinados, por intermédio de um sistema de responsabilidade civil calcado na estrutura tradicional das relações obrigacionais, na contemporaneidade, a própria identificação dos *riscos*, dos *danos*, dos *agentes*, das *condutas*, do *nexo de causalidade* e, consequentemente, dos próprios responsáveis sob tal ótica se afigura substancialmente comprometida.[386]

Nesse contexto, como é possível configurar um *dano* e submeter sua reparação à constatação em torno da manifestação em concreto (*post factum*) do prejuízo, quando os próprios processos tecnológicos, produtivos e econômicos são capazes de gerar, por si sós, riscos com potencial de desancar uma miríade de lesões não apenas aos indivíduos propriamente ditos, como também a coletividades determinadas e indeterminadas que muitas vezes transcendem as fronteiras de um Estado?

Diante de tal entorno, como situar e aplicar as causas tradicionais de exclusão da responsabilidade civil concebidas sob a égide da relação obrigacional clássica? Em face dos riscos econômicos, tecnológicos e ambientais contemporâneos, faz sentido imaginar que os conceitos de *estado de necessidade* ou de *legítima defesa* se prestam a elidir em concreto a responsabilidade pelas potenciais lesões em massa (macrolesões) deles decorrentes?

De igual modo, como vislumbrar um suposto de *culpa exclusiva da vítima*, *fato de terceiro*, *caso fortuito* ou *erro escusável* capaz de, isoladamente, promover essa mesma exclusão da responsabilidade, mormente em um contexto no qual os riscos e os danos são criados e materializados pelo concurso de incontáveis sujeitos em uma cadeia sucessiva de condutas?

Em tal cenário contemporâneo, como é possível encaixar a ideia de *reparação* na estrutura obrigacional clássica, a pressupor um resultado lesivo suportado por uma vítima, decorrente do descumprimento de uma obrigação legal ou contratual por um agente determinado a partir de uma conduta culposa ou de um risco por ele criado em concreto?

E como exigir a constatação do *nexo de causalidade* entre conduta e resultado quando os riscos e os danos contemporâneos – especialmente aqueles *de massa* – são caracterizados por uma conjugação de ações e omissões dispersas no tempo e no espaço, potencialmente imputáveis a uma pluralidade de agentes e capazes de ocasionar lesões das mais diversas naturezas a indivíduos, coletividades e até mesmo a sociedades inteiras, a um só tempo?

Além disso, diante da ampliação e da pulverização de tais ameaças, conseguirão os sistemas de seguros privados, de seguridade social e de fundos de garantia concebidos no século XX para promover a *socialização dos riscos* cumprir, de modo adequado e eficiente, suas funções de reparar os prejuízos sofridos pelas vítimas e, ao mesmo tempo, assegurar um ambiente de segurança jurídica e econômica apta a possibilitar o livre desenvolvimento da atividade produtiva?

A reflexão em torno de tais indagações conduz à constatação de que as estruturas tradicionais da responsabilidade civil fundadas na relação obrigacional e nos cânones do *individualismo*, do *contratualismo*, do *patrimonialismo* e do *legalismo* já não se mostram, na atualidade, como um referencial teórico adequado para conceituar e sistematizar, no plano jurídico, os riscos contemporâneos e as medidas destinadas ao seu controle e para regulamentar a reparação dos danos decorrentes de sua materialização, especialmente das *macrolesões*.

Acreditamos que as estruturas a integrarem o sistema do Direito Ambiental reúnem, na atualidade, condições mais adequadas para servir de referencial à responsabilidade civil, justamente porque seus elementos conceituais foram pensados para lidar com as complexas questões inerentes a um mundo contemporâneo extremamente interdependente e sujeito a riscos decorrentes dos notáveis avanços tecnológicos e da crescente integração econômica que têm o potencial de afetar, ao mesmo tempo, um número incalculável de indivíduos e uma miríade de bens jurídicos de titularidade difusa.

Não significa, com isto, que a responsabilidade civil fundada nas estruturas tradicionais do direito das obrigações deixou de existir ou perdeu relevância na contemporaneidade. Pelo contrário, ela ainda tem plena incidência nas relações patrimoniais intersubjetivas tais como a execução dos contratos entre pessoas físicas, as declarações unilaterais de vontade, o Direito de Vizinhança, entre outras, que, a princípio, não afetam ou não acarretam riscos para outros indivíduos que não aqueles diretamente envolvidos nas questões em particular.

No entanto, com relação aos novos riscos e às *macrolesões* deles decorrentes, a concepção estritamente *individualista*, *contratualista*, *patrimonialista* e *legalista* da responsabilidade civil não reúne, de fato, os elementos conceituais adequados para compreender e para processar a complexidade inerente ao seu entorno, do mesmo modo que os componentes dos computadores pessoais de primeira geração também não reúnem a aparelhagem adequada para acessar e interagir com os domínios virtuais contemporâneos, se quisermos fazer uma analogia.

3

A RESPONSABILIDADE CIVIL E SUA APLICAÇÃO NO DIREITO DO TRABALHO

O *Direito do Trabalho* em sua origem moderna a coincidir com a consolidação da Revolução Industrial foi concebido como uma modalidade de intervenção do Estado na autonomia privada por intermédio da edição de normas destinadas a assegurar patamares mínimos de condições laborais a serem necessariamente observados pelas partes na entabulação e na execução dos contratos de trabalho.[387]

Pela singela análise do conceito ora formulado, é possível visualizar o caráter híbrido do Direito do Trabalho, pois ao mesmo tempo em que ele é formado por um conteúdo heterônomo imposto, em maior ou menor medida, pela legislação, seu principal objeto – a saber, o contrato de trabalho firmado entre o empregador e o trabalhador – reveste a forma de uma avença a ter por base a relação obrigacional clássica do Direito Civil.[388]

De fato, e conforme já visto no item 1.2.2 *supra*, muito embora a legislação trabalhista – a resultar ora da intervenção do legislador, ora das instâncias internacionais e da própria autonomia coletiva dos sindicatos e das empresas – e o constitucionalismo social tenham delimitado, em grande medida, o objeto dos contratos laborais, não lograram implodir em absoluto a estrutura a sustentar a relação de trabalho herdada do direito civil clássico e dos vetustos contratos de locação de serviços.

Nesse sentido, a relação de trabalho é caudatária, em grande medida, de um regime jurídico definido em lei (*legalismo*), cuja figura nuclear é corporificada no trabalhador individualmente considerado (*individualismo*), cujos direitos e deveres são fixados por intermédio de um negócio jurídico dotado de certos requisitos formais (*contratualismo*) e cujas prestações recíprocas são mensuradas economicamente no contexto de empresas que têm a acumulação de patrimônio como fim precípuo (*patrimonialismo*).

A subsistência de tais estruturas oriundas do Direito Civil na essência do Direito do Trabalho foi o principal condicionante na formação e na evolução da

Teoria da Responsabilidade Civil aplicada às relações laborais e, paradoxalmente, é o principal entrave para a superação das deficiências a ela inerentes, conforme se buscará demonstrar no decorrer do presente capítulo.

3.1 O TRANSPLANTE DAS ESTRUTURAS DA RESPONSABILIDADE CIVIL PARA O DIREITO DO TRABALHO

Na era que precedeu a Revolução Industrial os estudiosos e os jurisconsultos não costumavam dedicar às questões atinentes aos acidentes e às doenças ocupacionais um tratamento diferenciado em relação aos temas relacionados à infortunística em geral. Apenas a partir do trabalho pioneiro do médico Bernardino Ramazzini no final do século XVII, os problemas de saúde relacionados às profissões – que àquela quadra histórica ainda eram desempenhadas de forma artesanal e sob a organização em corporações de ofício – foram analisados sob prisma específico.[389]

Se no campo da medicina as questões atinentes à infortunística laboral vinham sendo objeto de análise mais específica, no plano jurídico a temática ainda não era merecedora de um estudo mais detido, mormente porque o estado da organização do trabalho à época – no momento que precedeu à Revolução Industrial – não demandava uma abordagem distinta em relação às questões gerais relacionadas à responsabilidade civil.

Com o advento da codificação, a coincidir com o alvorecer da Revolução Industrial, as questões concernentes aos acidentes do trabalho e às doenças ocupacionais passaram a ser tratadas singelamente à luz das estruturas concernentes à responsabilidade civil. Mesmo diante da realidade peculiar a configurar o labor em massa nos ambientes fabris, a reparação dos danos oriundos da infortunística laboral demandava, por parte da vítima, a demonstração em torno do nexo de causalidade entre a conduta patronal e a lesão, bem assim a ocorrência de dolo ou culpa por parte do empregador, com todos os ônus financeiros e informativos daí decorrentes.[390]

No decorrer do século XIX, a evolução tecnológica e social – especialmente no que concerne à mecanização das fábricas, à massificação do trabalho e à concentração das indústrias nos polos urbanos – não foi absorvida e compreendida de pronto pelo sistema jurídico. De fato, muito embora os teóricos do direito tivessem percebido a obsolescência das estruturas clássicas da responsabilidade civil para o tratamento dos danos de origem ocupacional, não apenas houve intensa resistência por parte dos cultores da codificação à análise do fenômeno sob uma ótica distinta do subjetivismo e do individualismo, como também dificuldades na compreensão adequada de tais alterações e na adaptação das estruturas civilistas à nova realidade.[391]

Somente a partir do momento em que as peculiaridades inerentes à figura do trabalhador na relação laboral passaram a ser levadas em conta pelos ordenamentos jurídicos, no curso do século XIX, e que as teorias concernentes ao *risco* foram concebidas e acatadas pelos sistemas normativos, à medida que avançava a Revolução Industrial, é que se pode falar em uma efetiva *responsabilidade civil trabalhista* dotada de traços próprios. É justamente a análise de tal evolução que será objeto do presente capítulo.

3.1.1 A relação trabalhista e a responsabilidade civil

A relação de trabalho tem no liame obrigacional clássico do Direito Civil sua base estrutural. De fato, pressupõe o vínculo laboral entre dois sujeitos idealmente individualizados (o *trabalhador* e o *empregador*) o estabelecimento de direitos e deveres recíprocos (notadamente, a prestação de determinadas atividades por aquele primeiro durante certa medida de tempo e o pagamento da remuneração correspondente por este último) e a formalização de tal avença por intermédio de um contrato, tradicionalmente denominado *locação de serviços.*[392]

Na sistemática clássica da codificação, a *locação de serviços* integrava a parte especial dos códigos civis como um dos contratos que especificavam a relação obrigacional clássica. Nessa avença, as partes (*locador* e *locatário*) eram presumivelmente iguais, de modo que seus direitos e deveres se bastavam nas cláusulas editadas, hipoteticamente, sob os auspícios de um encontro livre e autônomo de vontades, tal como ocorria em qualquer outra modalidade contratual.[393]

Desse modo, sendo a relação de trabalho encetada no contrato de *locação de serviços* uma especificação do vínculo obrigacional clássico, todo o arcabouço concebido nos códigos a respeito da responsabilidade civil era a ela estendido. Assim, a reparação dos acidentes e doenças ocupacionais a acometerem os trabalhadores (ou *locatários*) no desempenho das atividades realizadas em proveito do empregador (ou *locador*) estavam sujeitas à comprovação, em concreto, dos mesmos elementos exigidos para a generalidade das situações a envolverem a recomposição das perdas e danos por afronta a deveres legais ou contratuais.

Para o trabalhador, portanto, que – sob a ótica individualista a fomentar os códigos civis oitocentistas – era um ser livre, igual e autônomo tal qual seu empregador, a reparação pelos danos decorrentes de suas atividades laborais não prescindia da comprovação, a cargo do obreiro, da presença de dolo ou de culpa em sentido estrito na conduta do empregador, para além do nexo de causalidade. Nessa sistemática os acidentes de trabalho e as doenças ocupacionais consistiam em meros *delitos* ou *quase-delitos* submetidos aos princípios gerais a embasarem a responsabilidade aquiliana.[394]

Apenas a partir do momento em que a situação do trabalhador no contexto da Revolução Industrial passou a ser tratada como uma realidade peculiar que não mais cabia nos conceitos generalistas do individualismo e da autonomia da vontade, é que os ordenamentos jurídicos estabeleceram diretrizes voltadas especificamente para a proteção da integridade psicofísica dos obreiros que, naquela quadra histórica, eram literalmente consumidos nas minas e nas fábricas como qualquer outro insumo material necessário ao processo produtivo.[395]

A constatação em torno da situação peculiar dos trabalhadores nos ambientes fabris do século XIX a desaguar no *direito do trabalho*, gerou, igualmente, amplas reflexões a respeito da aplicabilidade das estruturas clássicas da responsabilidade civil aos danos decorrentes dos *acidentes de trabalho* e das *doenças ocupacionais*. De fato, estando o obreiro inserido nas minas e das fábricas na condição de *insumo humano*, encontra-se ele sujeito, fatalmente, às vicissitudes inerentes aos respectivos processos produtivos, de modo que os infortúnios figuravam como decorrências indissociáveis daqueles sistemas fabris cuja organização incumbia, naturalmente, aos empresários.

Nesse contexto, seria justo impor aos operários os ônus concernentes à demonstração em torno da imprudência, da imperícia, da negligência ou mesmo do dolo dos patrões e prepostos individualmente considerados pela organização deficiente dos processos produtivos? E tal imposição seria viável para os trabalhadores quando estes últimos não possuíam as informações relacionadas às diretrizes técnicas e gerenciais estabelecidas por seus superiores hierárquicos? Tais indagações fomentaram nas últimas décadas do século XIX um intenso debate acerca da transposição dos elementos clássicos da responsabilidade civil para as relações de trabalho.[396]

A partir de tais indagações e dos debates que as sucederam, os conceitos inerentes à responsabilidade civil foram revisitados e diversas teorias foram formuladas no intuito de adaptá-los à realidade inerente à relação de trabalho e, em especial, aos acidentes de trabalho e às doenças ocupacionais que dela apareciam como consequências inafastáveis.

3.1.2 Os elementos clássicos da responsabilidade civil e a relação trabalhista

A compreensão dos elementos integrantes da responsabilidade civil à luz das peculiaridades da relação de trabalho teve como ponto de partida a constatação em torno da radical mudança experimentada pelo processo produtivo na virada do século XIX para o século XX. Em questão de décadas, o labor artesanal foi substituído pelas máquinas e as indústrias, então incipientes, se transformaram em grandes complexos hierarquizados, onde insumos, mão de obra e máquinas passaram a ser organizados metodicamente segundo a sistemática taylorista.[397]

Nessa nova realidade representada pela grande indústria, caracterizada pela produção em massa em amplos setores, já não mais se vislumbra a relação individualizada entre o *patrão* e o *operário*. Aquele primeiro, nas companhias de capital aberto, passou a ser uma figura simbólica diluída ora entre inúmeros acionistas, ora entre prepostos escalonados hierarquicamente (p. ex.: diretor-

-geral, coordenador de produção, supervisor de setor etc.) enquanto este último (o obreiro) era um sujeito no meio de uma massa amorfa, visto pela empresa como o mero executor de uma função a ser desempenhada e como um custo a ser despendido, como qualquer outro insumo necessário à produção.

Eis aí, portanto, o primeiro desafio a ser enfrentado na compreensão dos elementos clássicos da responsabilidade civil à luz das relações de trabalho. Como caracterizar a *conduta* do agente no âmbito de um processo produtivo extremamente complexo, massificado e impessoal?

Na grande indústria de cariz *fordista-taylorista*, a individualização dos atos dos patrões e de seus prepostos, segundo os moldes pressupostos pela teoria clássica, se mostrava extremamente dificultosa, quando não impossível. Na quadra histórica ora analisada, a empresa já era uma realidade por si só, cujas etapas produtivas, em suas nuances pormenorizadas, eram completamente independentes dos desígnios dos capitalistas que detinham sua propriedade e cuja organização e operacionalização do maquinário e dos insumos compreendia um processo complexo permeado pelo envolvimento de um sem-número de indivíduos na concepção, execução, disposição e na manutenção de tais elementos.[398]

Na era que precedeu a Revolução Industrial e nos primórdios desta última era até possível individualizar a conduta do patrão ou dos prepostos que atuavam diretamente na estruturação dos meios de produção e, com isto, ocasionavam um dado acidente de trabalho. Em uma oficina artesanal ou em uma pequena fábrica todos os operários ali ativados sabiam quem eram os tomadores diretos das decisões e os comitentes responsáveis pela aquisição e pela conservação adequada dos equipamentos e seus atos pessoais eram, pelo menos em abstrato, plenamente cognoscíveis e identificáveis.

Já na grande indústria da virada do século XIX para o século XX isso não era mais possível, pois a diluição da propriedade da empresa entre acionistas e a organização taylorista eliminaram a pessoalidade nas relações ali entabuladas. Com isto, as vicissitudes ocorridas no curso do processo produtivo e em decorrência da organização dos meios de produção – dentre elas, os *acidentes de trabalho* e as *doenças ocupacionais* – foram institucionalizadas, isto é, deixaram de ter correlação com sujeitos determinados, pois que estavam diluídas no universo da empresa considerada como uma realidade de *per se*.[399]

Não havia espaço, portanto, para a constatação em concreto a respeito dos atos ou das omissões de um determinado patrão ou preposto que conduziram à lesão. Nesse contexto, os *acidentes de trabalho* e as *doenças ocupacionais*, uma vez institucionalizadas como um dado inerente à grande indústria, tendiam a ser compreendidos como infortúnios ocasionados pelo destino, cujos efeitos deveriam ser suportados exclusivamente pela vítima – no caso, o operário – conquanto não fosse ele capaz de vencer a hercúlea tarefa inerente à demonstração de culpa por parte de seus superiores hierárquicos, nos estritos moldes da teoria clássica da responsabilidade civil.[400]

Se as condutas na grande indústria da virada do século XIX para o século XX eram de difícil identificação, o mesmo não ocorria com os danos. Estes consistiam, justamente, nos *acidentes de trabalho* e nas *doenças ocupacionais* tipicamente relacionadas às atividades desempenhadas nos respectivos estabelecimentos fabris e nos seus impactos para o sustento pessoal do operário e de sua família.[401]

Com o desenvolvimento tecnológico dos processos produtivos, a indústria foi se especializando de tal modo que passou a ser possível identificar, de antemão, certos acidentes de trabalho e doenças ocupacionais tipicamente relacionados a determinadas atividades. De fato, não foram poucos os estudos científicos empreendidos nas últimas décadas do século XIX e nas primeiras décadas do século XX dedicados à constatação e à catalogação de moléstias profissionais ligadas à exposição a produtos amplamente utilizados nas indústrias naquele período (p. ex.: mercúrio, chumbo, sílica, amianto etc.), bem como aos riscos de explosões, mutilações, contaminações, dentre outros, que eram peculiares a certas unidades fabris.[402]

Não obstante a identificação dos danos provenientes da relação de trabalho com os acidentes laborais e com as doenças ocupacionais é interessante observar que os primeiros autores dedicados ao estudo da matéria tinham como foco nuclear a questão dos prejuízos patrimoniais experimentados pelos operários e por seus familiares em decorrência de óbito ou de lesão incapacitante.

Nesse sentido, as digressões pioneiras a respeito das reparações de natureza acidentária faziam coincidir as indenizações devidas pelos responsáveis com os valores que os trabalhadores vitimados deixavam de obter em decorrência daqueles infortúnios (o *lucro cessante*), para além dos custos imediatos com os respectivos tratamentos (os *danos materiais* propriamente ditos).[403]

Não se fez presente nos estudos pioneiros sobre o tema qualquer menção às violações ao patrimônio imaterial dos trabalhadores vitimados por acidentes laborais e doenças ocupacionais, a caracterizarem, exatamente, os *danos morais*, muito embora a reparabilidade das lesões de cunho extrapatrimonial já fosse amplamente discutida naquele momento histórico, tal como visto no item 2.5.2 *supra*.[404]

Efetivamente, o dano no âmbito das relações trabalhistas estava identificado, em sua essência, com os *acidentes de trabalho* e com as *doenças profissionais* características dos diversos processos produtivos. Não obstante, a extensão dos aspectos passíveis de reparação era limitada à parcela patrimonial das lesões ocasionadas ao operário e à sua família, sendo que tal orientação constituiu, exatamente, a nota distintiva das primeiras legislações concernentes ao tema, conforme se verá no item 3.2.3 *infra*.

Já no que diz respeito ao *nexo de causalidade* entre os atos e omissões dos patrões e dos prepostos, de um lado, e os danos decorrentes dos *acidentes de trabalho* e das *doenças ocupacionais*, de outro, as dificuldades de comprovação em concreto eram aquelas mesmas concernentes à individualização das *condutas*.

De fato, nos complexos sistemas produtivos das grandes indústrias de orientação taylorista, a identificação precisa da causa ou das concausas que desencadearam o acidente de trabalho ou a doença profissional constituía tarefa extremamente árdua, não só porque os riscos inerentes às atividades fabris se encontravam dispersos por todas as etapas dos respectivos processos, mas também porque as decisões a respeito da organização laboral em tais espaços se diluíam em uma intrincada cadeia hierárquica.[405]

Nessa perspectiva, a aplicação das teorias concebidas a respeito do nexo de causalidade sob a ótica clássica da responsabilidade civil (*teoria da equivalência dos antecedentes* e *teoria da causalidade adequada*) se mostrava, evidentemente, ineficaz.

Com efeito, de nada valeria perquirir toda a infinita cadeia de eventos próximos e remotos que contribuíram em alguma medida para o acidente laboral ou à doença profissional, conforme sugerido pela *teoria da equivalência dos antecedentes*, quando tais infortúnios são parte integrante das próprias atividades fabris. Em tal hipótese, chegar-se-ia ao extremo de responsabilizar a totalidade dos acionistas da companhia, seus prepostos, fornecedores e, finalmente, os demais operários, pois todos aqueles mais ou menos envolvidos no processo produtivo teriam concorrido, em maior ou menor proporção, para os eventos lesivos.

E ainda que se cogitasse na aplicação da *teoria da causalidade adequada*, chegar-se-ia igualmente ao insucesso, porquanto a individualização das causas e das concausas exatas que concorreram de modo efetivo e direto para o acidente de trabalho ou para a doença ocupacional se mostrava demasiadamente dificultosa, haja vista a complexidade inerente aos processos fabris e à organização dos fatores de produção nas grandes indústrias. O máximo que se conseguiria obter, nesse sentido, seria a descoberta de uma causa genérica, ora por aproximação, ora por eliminação de hipóteses, mas nunca a origem precisa, efetiva e originária das lesões.[406]

Na medida em que os *acidentes de trabalho* e as *doenças ocupacionais* passaram a ser concebidos como manifestações concretas dos *riscos* inerentes às atividades fabris é que a compreensão em torno do nexo de causalidade ganhou contornos mais adequados à complexidade social adquirida com a intensificação da Revolução Industrial. A partir daí surgiram as teorias da *responsabilidade mais grave*, da *causalidade alternativa* e da *imputação objetiva*, já mencionadas no item 2.5.3 *supra* que, a despeito de sua construção mais robusta, ainda eram caudatárias da concepção individualista a permear a relação obrigacional e, consequentemente, a relação de trabalho.

Porém, nenhum dos dados constituintes da responsabilidade civil até aqui mencionados se mostrou, para a realidade específica representada pelas relações de trabalho, tão problemático quanto o *elemento subjetivo*. De fato, sob o paradigma individualista o dever de indenizar a vítima – no caso, o operário

– dependia, essencialmente, da identificação de um dano ocasionado em razão de *dolo*, *imprudência*, *imperícia* ou *negligência* a macular a conduta de um agente igualmente identificado – no caso, o patrão ou um determinado preposto.

Nesse contexto, os acidentes de trabalho e as doenças ocupacionais nada mais eram senão espécies de *quase-delitos*, cuja constatação e reparação eram apurados segundo o regime geral da responsabilidade aquiliana. Assim, tais sinistros eram compreendidos como supostos concretos de violação ao dever geral de não ocasionar danos a terceiros, cuja violação mediante conduta dolosa ou culposa do agente ensejaria a correspondente indenização a cargo do violador.

Ocorre que, com a intensificação dos processos produtivos e com a reorganização das empresas em grandes complexos dotados de funções especializadas e hierarquizadas, a individualização das condutas patronais e, consequentemente, da culpa segundo a teoria clássica da responsabilidade civil tornou-se uma tarefa impraticável na análise dos *acidentes de trabalho* e das *doenças ocupacionais*. Nesse contexto, a própria estruturação dos fatores do trabalho (p. ex.: o contato com as matérias-primas, a manutenção e a disposição do maquinário, o ritmo e a intensidade da produção etc.) passaram a trazer consigo os elementos propulsores, em potencial, daqueles danos aos trabalhadores.[407]

A elaboração das diversas etapas da produção fabril, bem assim as metodologias de utilização das matérias-primas, das tarefas a serem desempenhadas pelos operários, de emprego do maquinário, de sua manutenção, dentre outras, deixaram de ser dados formulados de modo artesanal por indivíduos certos e determinados, para se tornarem processos despersonalizados dotados de base científica, cuja utilização no âmbito de uma determinada empresa é decorrência pura e simples das decisões empresariais concernentes (i) à exploração de determinada atividade econômica e (ii) à assunção dos riscos inerentes a tal empreitada.

Tal dado empírico foi prontamente percebido pelos autores que, já no século XIX, se dedicaram ao estudo das repercussões jurídicas dos *acidentes de trabalho* e das *doenças ocupacionais*, que, afinal, passaram a ser um fenômeno cada vez mais frequente à medida que as atividades econômicas e industriais iam se tornando mais complexas e mecanizadas. Diante de tal cenário, constatou-se a obsolescência da teoria clássica fundada na culpa individualizada para a responsabilização civil dos empregadores incumbidos da organização daqueles fatores de produção.[408]

Com o vislumbre de tal realidade, abriu-se o caminho para a formulação de uma teoria da responsabilidade civil pelos *acidentes de trabalho* e pelas *doenças ocupacionais* fundada no *risco*, a exigir para a configuração do dever de indenizar não mais a comprovação de culpa do patrão ou dos prepostos, senão apenas a constatação em torno do *nexo de causalidade* entre as atividades usualmente desempenhadas na empresa e a lesão.

3.2 A RESPONSABILIDADE CIVIL E OS ACIDENTES DE TRABALHO

Uma vez consolidada a Revolução Industrial, bem assim o processo de intensificação da complexidade na organização da produção fabril, a doutrina civilista das últimas décadas do século XIX passou a debater intensamente a ideia em torno do *risco* como elemento ensejador da responsabilidade pelos acidentes de trabalho e pelas doenças ocupacionais.

Em tal momento histórico, não se questionava a realidade a demonstrar de forma cristalina que a própria organização hierarquizada e impessoal dos fatores de produção na indústria fordista-taylorista trazia consigo riscos a ela inerentes para a integridade psicofísica dos operários. O que gerava celeuma entre os civilistas de então era, justamente, a possibilidade de ruptura com a ideia concernente à responsabilidade civil fundada na culpa individualizada, nos termos do artigo 1.382 do *Code Civil*, que, afinal, configurava um dos pilares centrais do sistema ali erigido.

Não obstante a resistência imposta pelos defensores da culpa em seus moldes tradicionais, a constatação em torno da inaptidão da teoria clássica para compreender adequadamente a intensificação dos *acidentes de trabalho* e das *doenças ocupacionais* acabou prevalecendo e a doutrina logrou formular, efetivamente, uma concepção a respeito da responsabilidade civil fundamentada no *risco* para lidar com tal fenômeno sem, contudo, romper com o paradigma individualista.[409]

Tal concepção foi germinada nos trabalhos pioneiros formulados por Marc Sauzet, Charles Sainctellete, Raymond Saleilles e Louis Josserand entre 1883 e 1897, cujas diretrizes nortearam a formulação de diversas leis nacionais que acabaram por consolidar um verdadeiro regime jurídico especial da responsabilidade civil pelos acidentes de trabalho. São justamente as linhas gerais de tal conceito, a orientar as legislações domésticas concernentes à responsabilidade civil pelos acidentes de trabalho, que serão objeto de análise nos itens subsequentes.

3.2.1 A responsabilidade civil acidentária como dever acessório do contrato de trabalho

Até a penúltima década do século XIX os *acidentes de trabalho* e as *doenças ocupacionais* eram vistos, à luz da cláusula geral contemplada no artigo 1.382 do *Code Civil* e dos dispositivos que o reproduziram para além da França, como espécies de *quase-delitos*. Sob tal concepção, as lesões experimentadas pelos operários consistiam na inexecução do dever geral de *não causar dano a outrem*, cuja constatação dependia da comprovação, por parte dos trabalhadores, do dolo ou da culpa em sentido estrito a macularem as condutas ou omissões do patrão ou de seus prepostos, tal como ocorria com a generalidade das modalidades de culpa aquiliana.[410]

O regime extracontratual da responsabilidade pelos acidentes de trabalho decorria da concepção estritamente contratualista (e positivista) vigente à época, a conceber os contratos de trabalho como os repositórios exclusivos e taxativos das obrigações assumidas pelos operários e pelos patrões no curso da *locação de serviços*, que eram limitadas basicamente aos deveres de execução das atividades, por parte do trabalhador, e de pagamento do salário, a cargo do empregador.

Não havendo, portanto, no instrumento contratual, previsão concernente ao dever incumbido aos patrões de não lesar a integridade psicofísica dos trabalhadores, tal obrigação permanecia relegada ao regime geral da responsabilidade aquiliana. Desse modo, os *acidentes de trabalho* e as *doenças ocupacionais* eram tratados da mesma forma que qualquer outra lesão ocasionada por um indivíduo a um terceiro, independentemente das peculiaridades inerentes à relação de trabalho já inseridas, nesse momento, em um novo contexto de organização produtiva.

A constatação em torno de tais vicissitudes chamou a atenção de parte dos estudiosos dos temas relacionados à responsabilidade civil para as especificidades inerentes aos *acidentes de trabalho* e às *doenças ocupacionais* que, como visto, já não mais cabiam nos estreitos lindes da responsabilidade aquiliana e da culpa individualizada. Coube ao jurista francês Marc Sauzet, em 1883, formular o estudo pioneiro destinado a conceber um regime específico para os infortúnios relacionados ao trabalho, sob o título*De la responsabilité des patrons vis-a-vis des ouvriers dans les accidents industriels*.[411]

Segundo Sauzet, a base jurídica da responsabilidade civil dos patrões pelos acidentes de trabalho não consistiria no dever legal de *não ocasionar dano a outrem*, que, na França, encontra ainda hoje expressão positiva no artigo 1.382 do *Code Civil*, mas sim nos próprios contratos de trabalho. De acordo com o autor, o dispositivo em testilha, ao incidir sobre as avenças laborais, teria o condão de inserir nestas últimas uma cláusula implícita, que imporia aos empregadores a obrigação de zelar pela integridade física dos operários.[412]

Com isto, ter-se-ia a presunção de que o acidente de trabalho ocorreu por culpa do patrão, haja vista a inobservância ao referido dever anexo ao contrato de trabalho, cabendo ao empregador – e não mais ao operário – o ônus pela demonstração de que o infortúnio não teria sido ocasionado por dolo, negligência, imperícia ou imprudência de sua parte.[413]

Pouco tempo depois de Sauzet, mais precisamente em 1884, o autor belga Charles Sainctelette reforçou a concepção concernente à *culpa contratual* do empregador pelos acidentes de trabalho, salientando que o dever imposto aos patrões no sentido de velar pela integridade física dos operários passava a integrar o conteúdo dos contratos de trabalho como um imperativo decorrente do *direito natural* e, mais precisamente, da ideia de *boa-fé* a ele inerente.[414]

Ainda segundo Sainctelette, a responsabilidade dos patrões pelos acidentes de trabalho consistiria no contraponto ao poder diretivo no qual o empregador se encontra investido por força do contrato de trabalho. De acordo com o autor em referência, havendo uma autoridade de natureza contratual incumbida aos empregadores, o *direito natural* imputaria a estes últimos, em contrapartida, um dever (igualmente contratual) de cuidar das condições gerais de trabalho e de reparar as lesões ocasionadas aos obreiros.[415]

Não obstante o impacto das obras de Sauzet e Sainctelette para a compreensão a respeito do fenômeno acidentário, o fato é que a concepção por eles formulada não logrou transcender os umbrais impostos à teoria da responsabilidade civil pela culpa de cariz individualista. O grande avanço logrado pelos autores consistiu, em suma, na constituição de uma presunção em favor do operário e na inversão do ônus da prova a respeito da ausência (ou presença) do elemento subjetivo.[416]

Paralelamente a isto, uma série de acidentes de trabalho e de doenças ocupacionais tipicamente relacionadas às atividades então desempenhadas pelas complexas organizações produtivas remanesciam sem a devida reparação, haja vista a impossibilidade de se determinar, em tais casos, se o patrão ou um determinado preposto teve participação direta ou remota na materialização das lesões. Tais hipóteses constituíam, na dicção de Evaristo de Moraes, o fenômeno tipicamente relacionado ao industrialismo por ele denominado como o *acidente anônimo* e que acabavam sendo rotulados, sem maiores cuidados, como *casos fortuitos*.[417]

E como se já não bastasse, a ideia de um dever de proteção à pessoa do operário que viria a aderir aos contratos de trabalho por um imperativo de *direito natural* encontrou severos óbices na concepção positivista que, já àquela altura do século XIX, vinha negando valor jurídico a qualquer estratagema voltado para a encampação de concepções valorativas e de elementos próprios da ética, da filosofia e da sociologia por parte do ordenamento jurídico, do qual os contratos entre particulares também faziam parte como sucedâneo do direito à autonomia privada.[418]

Por isso mesmo, muito embora a construção teórica formulada pelos referidos autores tenha logrado, de certo modo, conferir solução à espinhosa questão do ônus da prova na responsabilidade acidentária, a jurisprudência – especialmente na França –, a rechaçou sob o entendimento de que os contratos de trabalho a conterem, em síntese, as obrigações obreiras e patronais concernentes à prestação dos serviços e ao pagamento dos salários não poderiam agregar aos seus respectivos conteúdos o dever implícito imputado ao empregador de restituir o empregado são e salvo.[419]

Diante de tal cenário, a questão da responsabilidade civil pelos acidentes de trabalho e pelas doenças ocupacionais ocorridos nos complexos estabelecimentos fabris das últimas décadas do século XIX somente viria a alcançar uma resposta adequada a partir do momento em que se logrou superar a ideia da *culpa* do patrão ou dos prepostos como elemento nuclear da reparação acidentária.

3.2.2 A acepção de teoria do *risco criado*. Responsabilidade objetiva do empregador

Constatadas como dados fáticos de evidência palmar, a evolução do maquinário industrial e o aperfeiçoamento dos métodos de gestão da produção conduziram a doutrina civilista, irrefragavelmente, para a discussão a respeito da centralidade do elemento subjetivo na responsabilidade civil de natureza acidentária, principalmente nos anos que se seguiram aos trabalhos germinais de Sauzet e de Sainctelette.

O principal desafio encontrado pelos estudiosos do tema à ocasião consistia, justamente, em conciliar a formulação de uma compreensão adequada para lidar com o fenômeno sem transcender os limites exegéticos impostos pelos textos legais – especialmente o do *Code Civil* –, já que naquela quadra do século XIX o ideário juspositivista, que gozava de ampla aceitação nos meios jurídicos e acadêmicos, fulminaria qualquer intento de buscar a solução fora do sistema normativo formalmente constituído.

Posto o desafio sob tais balizas, a solução para a questão acidentária acabou sendo encontrada no próprio *Code Civil*, mais precisamente em seu artigo 1.384, § 1º, cuja redação imputava ao agente a responsabilidade não apenas pelo dano por ele cometido diretamente, mas também pelas lesões perpetradas pelas pessoas e pelas coisas submetidas à sua guarda. Tal dispositivo, conforme já visto no item 2.3.1 *supra*, chegou mesmo a ser invocado pelos cultores da teoria da *culpa na guarda* como o repositório da presunção de culpa a infligir o indivíduo responsável, em concreto, pela gestão de outros indivíduos ou de certos objetos com relação aos danos a terceiros ocasionados por estes últimos.

Com o incremento da questão acidentária e com os debates por ela suscitados nos meios jurídicos, os estudiosos do tema viram no artigo 1.384, § 1º, do *Code Civil* um elemento que transcendia em muito a singela presunção de culpa pela guarda de objetos e pela gestão de indivíduos e que afastava efetivamente o elemento subjetivo de cariz individualista do centro do sistema de responsabilidade civil, cujo detalhamento coube ao jurista francês Raymond Saleilles em seu clássico *Les accidents de travail et la responsabilité civile*, publicado em 1897.[420]

Segundo Saleilles, o texto do artigo 1.384, § 1º, do *Code Civil* veicularia um verdadeiro dever objetivo imputado às empresas que compreenderia em seu escopo (i) o zelo pelos fatores de produção a circundar os operários e (ii) a reparação dos danos experimentados por estes últimos em decorrência dos acidentes de trabalho e das doenças ocupacionais, sem a necessidade de demonstração de *culpa* individualizada do patrão ou de seus prepostos.

Ainda de acordo com o autor, o fundamento de tais deveres objetivos residiria no fato de que os empregadores, na condição de proprietários das fábricas e do maquinário, são os organizadores dos fatores de produção e os beneficiários últimos dos serviços prestados pelos operários e que, por essa razão, assumem de modo integral os riscos decorrentes das atividades econômicas por eles desempenhadas. Assim, não se haveria de cogitar na perquirição acerca da culpa individualizada dos patrões para a materialização dos acidentes de trabalho e das doenças ocupacionais, pois a própria operação por eles empreendida acarretaria, em seu âmago, a responsabilidade civil pelos danos tipicamente relacionados a ela.[421]

Paralelamente à elaboração do estudo levado a cabo por Saleilles, outro autor francês – Louis Josserand – desenvolveu tese similar no seu *De la responsabilité du fait des choses inanimés*, publicado, igualmente, em 1897. Segundo Josserand, a responsabilidade objetiva do proprietário de um determinado bem (p. ex.: do maquinário das fábricas) decorre, justamente, do dever objetivo que o ordenamento jurídico (no caso, o artigo 1.384, § 1º, do *Code Civil*) lhe impõe no sentido de cuidar para que a *coisa inanimada* sob seus cuidados não afete o patrimônio jurídico dos terceiros.

Assim, ainda segundo Josserand, se alguém emprega determinada *coisa inanimada* no afã de tirar proveito de seus frutos, ter-se-á, como contrapartida de tal faculdade, a responsabilidade objetiva pelos danos ocasionados por aquele bem. Tal concepção, aplicada à organização dos estabelecimentos fabris, encampa de maneira plena o dever de reparação imputado ao empregador pelos acidentes de trabalho e pelas doenças ocupacionais decorrentes do processo produtivo por ele empreendido.

O elemento gerador da responsabilidade civil, nessa concepção, seria o próprio *risco* do negócio empreendido pelo empregador, aliado à materialização da referida lesão. Se tal atividade é capaz, em abstrato, de ocasionar danos a terceiros – e, em especial, aos operários que a tocam diuturnamente – tem-se, nisso mesmo, a origem da responsabilidade pela reparação daquelas lesões.[422]

Sendo o dano, nessa concepção, um corolário do próprio *risco* criado pelos empregadores e que era submetido, portanto, ao regime da responsabilidade pela *guarda das coisas inanimadas*, prevista no artigo 1.384, § 1º, do *Code Civil*, era natural, para Saleilles e Josserand, que a reparação devida aos operários abrangesse de modo integral os prejuízos sofridos por estes últimos, tal como ocorreria em qualquer outra situação a ensejar a aplicação daquele dispositivo.[423]

Não obstante a intenção de Saleilles e de Josserand nesse sentido, os trabalhos pioneiros por eles formulados acabaram por servir, pouco tempo depois, de gatilho para a elaboração de leis especificamente voltadas à regulamentação da responsabilidade dos empregadores pelos acidentes de trabalho e pelas doenças ocupacionais.

É bem verdade, todavia, que os debates legislativos em torno da adoção do *risco profissional* para a reparação dos infortúnios de origem laboral já haviam se iniciado bem antes da edição das referidas obras, especialmente na França, onde amplos setores do Parlamento impuseram severa resistência aos projetos ali apresentados a partir de 1883.[424]

Na Alemanha de Otto Von Bismarck, inclusive, chegou-se a promulgar a norma que, para muitos, configura o diploma consagrador da própria ideia de seguridade social, a saber, a Lei de 6 de junho de 1884. Esta última, antes mesmo dos trabalhos seminais de Saleilles e de Josserand, consagrou a teoria do *risco profissional* para impor aos empregadores a obrigação de verterem contribuições a um sistema público de seguros com vistas à indenização de tais infortúnios suportados pelos operários.[425]

A formulação legal da teoria do *risco profissional* nos moldes da pioneira legislação alemã viria a ser complementada pelos diplomas editados na Áustria (1887), na Noruega (1894) e na Finlândia (1895). Na sequência, em 1897, foi a vez da nação a ocupar a liderança industrial da época – a Inglaterra – editar em 6 de agosto de 1897 sua lei de acidentes de trabalho, intitulada *Workmen Compensation Act*, cujo teor estabeleceu a responsabilidade objetiva dos empregadores pelos infortúnios laborais ocorridos em operações notadamente perigosas, tais como as fábricas, as minas, as ferrovias e a construção civil, vindo tal regime a ser estendido às demais atividades por leis posteriores de 1900 e 1903, respectivamente.[426]

Ainda sobre o *Workmen Compensation Act*, convém observar que seu advento em 1897 rompeu com a tendência há muito consagrada no direito consuetudinário e jurisprudencial dos países da *Common Law*, no sentido de que os infortúnios ocorridos no âmbito de relações de trabalho mantidas em bases eminentemente rurais sempre ocorriam (i) em função de culpa recíproca; (ii) em decorrência da assunção do risco pelo próprio trabalhador; (iii) em função de ato praticado por um colega de trabalho ou, em casos excepcionalíssimos, (iv) por negligência do proprietário das terras.[427]

Tal como ocorreu nos países de linhagem romano-germânica, o *Workmen Compensation Act* surgiu a partir da constatação de que a vetusta doutrina até então sustentada pelas cortes não era adequada para lidar com os infortúnios surgidos na grande indústria. Apesar da intensa resistência oriunda dos empregadores e dos cultores da jurisprudência tradicional, o diploma em referência acabou por consagrar a sistemática da *responsabilidade sem culpa* em terras britânicas, tendo sido reproduzido, mais adiante, na grande maioria dos ordenamentos alinhados à *Common Law*.[428]

No ano seguinte à edição do *Workmen Compensation Act*, a França logrou promulgar, finalmente, a sua lei de acidentes de trabalho respaldada na teoria do *risco profissional*, a célebre Lei de 9 de abril de 1898, que serviu de inspiração para uma série de outros diplomas congêneres.

A lei francesa, nos moldes em que foi editada, surgiu, em grande medida, como reação à decisão proferida pela Câmara Cível da Corte de Cassação em 16 de junho de 1896 no célebre caso *Teffaine*, em que se aplicou o artigo 1.384, § 1º, do *Code Civil* para reconhecer a responsabilidade objetiva do proprietário de um rebocador pela reparação integral dos danos ocasionados a um de seus operários em decorrência da explosão de uma caldeira.[429]

Tal como na legislação inglesa, seu âmbito de incidência era restrito, em um primeiro momento, a certas ocupações, vindo a ser expandido, com o passar do tempo, por diplomas posteriores. A Lei francesa de 9 de abril de 1898, além disso, não equiparava as doenças ocupacionais aos acidentes de trabalho, pois estes últimos eram conceituados, em seu artigo 1º, como os eventos lesivos experimentados pelos operários em decorrência da fabricação e do manuseio de materiais explosivos ou da utilização de maquinário movido por força outra que não a tração humana ou animal.[430]

Originalmente, a Lei de 1898 era destinada exclusivamente aos operários empregados nas indústrias, tendo sido estendida à agricultura e ao comércio por intermédio de atos legislativos complementares editados, respectivamente, em 1899 e em 1906. As doenças ocupacionais, de seu turno, somente viriam a ser legalmente equiparadas aos acidentes de trabalho quando da edição da Lei de 25 de outubro de 1919.

O diploma em referência tinha por premissa, além disso, a *tarifação* das indenizações a serem percebidas pelos operários em proporção à renda que lhes foi subtraída, bem como das pensões devidas aos seus familiares e as despesas decorrentes do infortúnio. Afastava-se, assim, a Lei de 9 de abril de 1898 dos desígnios aventados pelos criadores da teoria do risco profissional que viam na dicção do artigo 1.384, § 1º, do *Code Civil*, um nítido amparo para a reparação integral das lesões sofridas pelos trabalhadores, a cargo dos empregadores.[431]

A legislação francesa inspirou, pouco tempo depois de sua edição, a promulgação, na Espanha, da Lei de 30 de janeiro de 1900, a ter por objeto a regulamentação dos acidentes de trabalho. É possível vislumbrar no referido diploma a restrição de seu campo de aplicação a alguns acidentes laborais típicos (artigo 1º), a acepção da teoria do *risco criado*, com a consequente responsabilidade objetiva do empregador (artigo 2º), bem como a tarifação das indenizações (artigo 4º).[432]

E nesse mesmo sentido, foram editadas nos primeiros anos do século XX legislações similares na Itália (1902), na Bélgica (1903), na Suécia (1916) e em Portugal (1917). Importa ressaltar, no entanto, que alguns dos diplomas formulados no período, ao mesmo tempo em que reconheciam a teoria do *risco profissional*, remetiam à reparação (sempre parcial e limitada) das vítimas ora a um seguro obrigatório que deveria ser contratado pelos empregadores, ora à seguridade social.[433]

Fora da Europa, a teoria do *risco profissional* encontrou respaldo em diversas legislações domésticas, com destaque para as leis do Peru (1911), da Argentina (1915) e do Brasil (1919), tendo sido esta última fortemente influenciada pelo diploma francês de 1898.

O diploma francês de 1898 inspirou, ainda, a edição da Convenção nº 17 no âmbito da Organização Internacional do Trabalho em 1925, cujo artigo 5º enfatiza a necessidade de que as indenizações acidentárias sejam pagas, preferencialmente, na forma de *renda*, de modo a compensar os ganhos cessantes do trabalhador vitimado e cujos artigos 10 e 11 ressaltam a obrigatoriedade do custeio da assistência médica e farmacêutica a cargo dos empregadores.

No decorrer do século XX, todavia, os países que se fiaram à teoria do *risco criado* para edificar suas respectivas legislações acidentárias, passaram a deslocar do empregador para o Estado o dever concernente à reparação pelos acidentes de trabalho e pelas doenças ocupacionais, mediante a socialização de tais riscos. Tal expediente, inclusive, veio a ser assumido pela própria França no segundo pós-guerra, quando do advento da Lei de 30 de outubro de 1946, que revogou o diploma anterior, de 1898.[434]

A partir de então, os empregadores não mais teriam como deveres correlatos à materialização dos acidentes de trabalho e das doenças ocupacionais, diretamente relacionados às atividades por eles empreendidas, o custeio do tratamento e o pagamento das respectivas indenizações, mas sim a contribuição pecuniária para os fundos destinados a tal desiderato e à seguridade social. Estes últimos é que se encarregariam de arcar com a reabilitação e com a reparação pecuniária devida aos trabalhadores, dentro dos limites quantitativos estabelecidos na legislação.

Tal alteração - muito embora não tenha elidido a teoria do *risco criado*, na medida em que os infortúnios laborais continuavam a ser admitidos como uma decorrência das atividades econômicas desempenhadas pelos empregadores - acabou por esvaziar significativamente o sentido e o alcance da reparação acidentária, de modo a lhe conferir um escopo significativamente reduzido em relação à responsabilidade civil tradicional, conforme ver-se-á na sequência do presente capítulo.

A despeito das severas limitações inerentes à reparação acidentária, não se pode negar que a teoria do *risco criado* desenvolvida nas obras célebres de Saleilles e Josserand e amplamente respaldada nas legislações domésticas nos estertores do século XIX consistiu em um passo decisivo para o desenvolvimento de um conceito de responsabilidade civil adequada à realidade que, naquela quadra histórica, circundava os trabalhadores.

3.2.3 A reparação acidentária e suas limitações estruturais

A despeito dos avanços representados pela encampação legal da teoria do *risco criado*, os países que a consagraram a partir do século XIX e que, com base nela, assentaram as bases para a reparação dos acidentes de trabalho e das doenças ocupacionais nas décadas vindouras o fizeram por intermédio de diplomas que restringiram substancialmente o escopo das reparações e que prejudicaram o próprio atendimento às funções da responsabilidade civil em tal seara.

Tais limitações presentes, em maior ou menor medida, na generalidade dos sistemas jurídicos que encamparam a teoria do *risco criado* consistem, sinteticamente, (i) no tarifamento legal das indenizações, (ii) na implantação de medidas acessórias de prevenção, tais como a fixação de limites de tolerância à exposição a fatores físicos, químicos e biológicos e (iii) na socialização e monetização dos riscos, através da implantação de fundos e de prestações acidentárias custeadas pela seguridade social, bem como da criação de adicionais remuneratórios para o trabalho prestado em certas condições.

Buscar-se-á, nas linhas subsequentes, esmiuçar cada uma das restrições ora mencionadas a fim de delimitar em que medida elas contribuíram – e ainda contribuem – para o esvaziamento das funções inerentes à responsabilidade civil na seara trabalhista.

3.2.3.1 O tarifamento das indenizações

Com a formulação da teoria do *risco criado* e com o vislumbre da responsabilização sem culpa das empresas cujas atividades econômicas envolviam inafastavelmente, riscos à integridade psicofísica de terceiros, parte da doutrina ainda aferrada à ideia de culpa como elemento imprescindível da responsabilidade civil reagiu de maneira incisiva aos intentos de implementação prática da nova sistemática.[435]

Tais críticas não eram motivadas apenas pelo apego à culpa aquiliana em sua concepção tradicional, senão também pela preocupação em torno dos potenciais impactos que a responsabilização sem culpa pelos acidentes de trabalho poderia ocasionar na economia dos países de industrialização avançada que, naquele momento, vivenciavam uma evolução tecnológica até então inédita. Temia-se, principalmente, que o custo das indenizações acidentárias e da contratação de seguros inibisse os investimentos empresariais e que os países em questão acabassem por ficar em desvantagem na corrida industrial.[436]

Assim, no intento de aplacar as críticas advindas dos cultores da teoria clássica da responsabilidade civil gravada no texto do *Code* napoleônico, bem como de arrefecer as preocupações concernentes ao impacto econômico da teoria do *risco criado*, a lei francesa de 1898 estabeleceu em seus artigos 2° e 3° o tarifamento das indenizações devidas pelos empregadores em face dos acidentes de trabalho, para além de delimitar taxativamente as prestações por eles devidas em decorrência de tais infortúnios.[437]

A partir de então, a reparação integral assegurada pelo artigo 1.382 do *Code Civil* sob o enunciado de que "*todo fato proveniente de um homem que ocasione a outro um dano, obriga aquele que o causou a repará-lo*" não alcançaria os acidentes de trabalho. Nos termos do artigo 3° da Lei de 9 de abril de 1898, os operários agravados com a incapacidade *total e absoluta* seriam indenizados na base de 2/3 (dois terços) de seu salário anual, limitado ao teto de 28.800 Fr. (vinte e oito mil e oitocentos francos), ou 2.400 Fr. (dois mil e quatrocentos francos) mensais, ao passo que os obreiros vitimados com a incapacidade *parcial e permanente* teriam direito a uma reparação equivalente à renda que lhes foi subtraída com a redução de sua capacidade laboral e os trabalhadores afetados com a incapacidade *parcial e temporária* ao montante dos salários correspondentes ao período de afastamento do labor. Em todos os casos, os valores seriam limitados pelo teto estabelecido no artigo 2º.[438]

De igual modo, a Lei de 9 de abril de 1898 estabeleceu limites para o pensionamento dos cônjuges sobreviventes e dos filhos dos trabalhadores mortos em decorrência de acidentes de trabalho, bem assim para o custeio das despesas médicas, farmacêuticas e funerárias a cargo dos empregadores.

Justamente em razão dos limites impostos à reparação, alguns autores chegaram mesmo a questionar o próprio enquadramento da legislação acidentária no conceito de responsabilidade civil pelo risco criado concebido a partir da dicção do artigo 1.384 do *Code Civil*, porquanto a sistemática de tarifação ali prevista acabou por estabelecer uma distinção entre a reparação pela *culpa* e pelo *risco* que nunca permeou as teorias consagradoras deste último elemento conquanto móvel propulsor da reparação.[439]

E, como se já não bastasse, a tarifação imposta às indenizações devidas pelos acidentes de trabalho nos termos da Lei de 9 de abril de 1898 veio a constituir nítida distinção anti-isonômica entre modalidades de reparação pelo *risco criado* que tiveram sua origem na redefinição do sentido e do alcance inerentes ao artigo 1.384 do *Code Civil*. Assim, enquanto os infortúnios decorrentes de relações de consumo, por exemplo, seriam indenizados integralmente sem a necessidade quanto à demonstração de culpa, os sinistros de origem laboral teriam sua reparação limitada.[440]

A despeito dos questionamentos formulados em relação à lei francesa em comento, o modelo de reparação tarifada ali estabelecido foi replicado nas legislações de diversos países, com destaque para a lei espanhola de 1900, a lei argentina de 1915 e a lei brasileira de 1919.[441]

Não obstante, tanto a legislação francesa quanto suas congêneres foram além do tarifamento das indenizações acidentárias, para estabelecer que as reparações concedidas aos operários e aos seus familiares com esteio em tais diplomas excluía a responsabilidade civil de direito comum, qual seja, aquela fundada na culpa aquiliana e regulamentada nos códigos civis. Ainda segundo tais normas, tal sorte de indenizações somente seria devida aos trabalhadores e aos seus entes mais próximos caso o acidente de trabalho fosse ocasionado por um terceiro estranho à indústria.

Naturalmente, tal óbice suscitou um sem-número de críticas, mormente com relação às situações em que os danos sofridos pelos operários e por seus familiares decorriam de dolo dos patrões e de seus prepostos, pois, em tais casos, a restrição em referência acabava por conferir ao autor da agressão um verdadeiro benefício patrimonial às expensas, muitas vezes, da miséria das vítimas.[442]

Autores como Adrien Sachet, na França, chegaram a aventar nos anos imediatamente subsequentes à promulgação da Lei de 1898 a possibilidade quanto ao recurso do operário acidentado e de seus familiares ao direito comum nas hipóteses de dolo do patrão, sob o argumento de que o óbice imposto nesse sentido afigurar-se-ia imoral, pois colocaria o *agressor* em posição mais vantajosa do que a *vítima*. A despeito de tal construção exegética, os tribunais franceses acabaram por consagrar a inviabilidade da responsabilidade civil convencional nesses casos, mantendo íntegra a vedação constante do artigo 2° daquele diploma.[443]

No ensejo de escapar à rigorosa limitação imposta pelo dispositivo em referência, as vítimas e seus familiares buscavam, em alguns casos, retirar dos conceitos legais de *acidente de trabalho* e de *doença profissional* a situação que lhes era peculiar. Assim, a jurisprudência francesa reconheceu a aplicação do direito comum e da reparação integral a ele inerente em uma série de hipóteses relacionadas à contração de moléstias decorrentes de intoxicação por agentes químicos ou biológicos provocada pela desídia dos empregadores na manutenção da higidez dos locais de trabalho.[444]

Com o passar do tempo, os rigores inerentes a tal disciplina foram atenuados não apenas na França, como também nos países que seguiram o modelo plasmado na Lei de 9 de abril de 1898, na medida em que a jurisprudência passou a permitir o acesso ao direito comum – e, consequentemente, à reparação integral – nas hipóteses em que o acidente de trabalho tinha por origem uma conduta dolosa ou eivada de *culpa grave*, compreendida esta última como um suposto de imperícia, negligência ou imprudência tão grosseiro que era assimilável ao próprio dolo.[445]

No Brasil, o Decreto-Lei n° 7.036, de 10 de novembro de 1944, que sucedeu os diplomas anteriores de 1919 e de 1934, chegou mesmo a assegurar textualmente em seu art. 31 o direito das vítimas e de seus familiares a buscarem a reparação com arrimo no direito comum na hipótese de dolo por parte do patrão e de seus prepostos. Posteriormente, tal garantia foi estendida pela jurisprudência aos acidentes de trabalho e às doenças profissionais decorrentes de *culpa grave*, vindo tal entendimento a ser, inclusive, consolidado em súmula editada pelo Supremo Tribunal Federal.[446]

A despeito de toda a controvérsia em torno da extensão dos conceitos legais de *acidente de trabalho* e *doença profissional*, bem assim da exclusão ou não do regime reparatório de direito comum às hipóteses acidentárias, o fato é que toda a discussão travada na doutrina especializada e na jurisprudência a respeito dos temas em apreço não atentou para uma característica pulsante naquelas legislações especiais, cuja constatação limitava em grau ainda maior o alcance da responsabilidade civil trabalhista.

Estamos a falar, nesse particular, do caráter eminentemente patrimonial das lesões pressupostas pelas legislações acidentárias, ou seja, do fato de que a reparação parcial e limitada prevista em tais diplomas alcançava tão somente a recomposição de parte dos danos materiais experimentados pelos trabalhadores e por suas famílias, sem considerar as lesões extrapatrimoniais (especialmente os chamados *danos morais*) que já no século XIX tinham sua reparabilidade plenamente reconhecida pela responsabilidade civil plasmada no direito comum.[447]

Com efeito, a leitura dos artigos 2° e 3° da Lei francesa de 9 de agosto de 1898 indica de modo preclaro que as indenizações a serem pagas pelos patrões (ou pelas seguradoras) aos operários acidentados visavam a reparação (i) das verbas salariais que deixaram de ser amealhadas pelos trabalhadores em decorrência de sua incapacitação total ou parcial, permanente ou temporária (ou seja, dos *lucros cessantes*), (ii) da impossibilidade do obreiro em prover o sustento de seus cônjuges e de seus filhos menores, em caso de morte (*pensionamento*) e (iii) das despesas imediatamente relacionadas com o infortúnio, a abranger os medicamentos, os tratamentos médicos e, nos casos fatais, os funerais. Todos os aspectos ora mencionados integram, evidentemente, o escopo dos *danos patrimoniais* (ou *materiais*).

Os impactos dos acidentes de trabalho e das doenças ocupacionais na esfera da intimidade das vítimas, bem assim de seus familiares, não eram sequer cogitados pelas legislações do período, como se aqueles infortúnios tivessem repercussão meramente patrimonial, como se seus entes mais próximos não experimentassem danos reflexos (*por ricochete*) em decorrência do sinistro e como se o operário representasse tão somente um repositório de força de trabalho destituído de personalidade a ser atingida pelos *danos morais*, de vida social e de projetos pessoais a serem afetados pelos *danos existenciais*, da imagem e da reputação social a serem maculadas pelos *danos estéticos* e de uma compleição psicofísica a ser prejudicada pelos *danos biológicos*.[448]

De fato, os próprios conceitos de *acidente de trabalho* e de *doença ocupacional* ali talhados não possibilitavam o enquadramento dos danos extrapatrimoniais em tais definições, relegando a sua reparação, quando as legislações assim o permitiam, aos umbrais do direito comum e, consequentemente, aos domínios da responsabilidade subjetiva, com todas as dificuldades concernentes aos ônus probatórios para os trabalhadores, em notória contradição com a teoria do *risco criado* a motivar a edição das referidas normas especiais.

E mesmo quando as vítimas ou seus familiares se dispunham a buscar no direito comum a reparação pelas sobreditas lesões, se deparavam com obstáculos que tornavam ainda mais difícil a empreitada, tais como (i) a subsistência quanto à proibição de invocação do regime geral de responsabilidade civil nas hipóteses de acidente de trabalho e doenças ocupacionais, a vigorar especialmente na França e (ii) a insistência, por parcela da jurisprudência, em não reconhecer a ocorrência de danos extrapatrimoniais nos supostos de responsabilidade contratual, tais como as relações de trabalho.[449]

Mesmo diante dos lapsos e dos obstáculos ora apontados, as limitações quanto ao campo de abrangência e quanto aos montantes reparatórios constituíram o padrão das legislações acidentárias editadas no final do século XIX e nas primeiras décadas do século XX, cujos efeitos são até hoje reproduzidos, em parte, pelos diplomas contemporâneos.

3.2.3.2 *A implantação das medidas preventivas, dos limites de tolerância e dos adicionais. Mitigação da ilicitude das condutas patronais e monetização dos riscos*

Paralelamente às discussões travadas a respeito da reparação pelos acidentes de trabalho no calor dos impactos trazidos pela teoria do *risco criado*, os parlamentos dos países industrializados debateram intensamente a criação de serviços de inspeção do trabalho e de medidas específicas de prevenção para as diferentes atividades industriais.

No que diz respeito à inspeção do trabalho, coube à Inglaterra o pioneirismo na implementação de tal serviço, com a edição do *Factory Act* de 1833, tendo sido seguida, muito tempo depois, pela Alemanha e pela França, quando os referidos países estabeleceram seus próprios quadros fiscais em 1891 e em 1892, respectivamente.[450]

Ato contínuo à criação do serviço de inspeção do trabalho, as legislações domésticas conferiram aos referidos agentes públicos a prerrogativa de prescrever medidas concretas às indústrias no sentido de adequá-las aos parâmetros legais de saúde e de higiene. E, no ensejo de tais prognósticos, os órgãos administrativos foram incumbidos do estabelecimento de regulamentos específicos para cada atividade, que deveriam conter diretrizes destinadas à fixação de parâmetros para temas como a ventilação das fábricas, a exaustão, a dispersão de poeiras e gases, a prevenção de incêndios, dentre outros, tal como o fez a lei francesa de 12 de junho de 1893, concernente à higiene e à seguridade dos trabalhadores nos estabelecimentos industriais.[451]

E, de fato, foram editadas a partir da última década do século XIX medidas administrativas que regulamentaram de forma pormenorizada os aspectos peculiares aos mais diversos estabelecimentos industriais. A despeito do caráter abrangente de tais regulamentos, seus dispositivos não iam além de enunciados genéricos a estabelecer, por exemplo, os deveres dos empregadores de manter os ambientes arejados a fim de evitar a concentração de poeiras e vapores, de adquirir e de implementar certos equipamentos, de zelar pela adequação do maquinário, de assegurar a iluminação em padrões adequados, de disponibilizar instalações sanitárias e refeitórios em boas condições de higiene etc.[452]

O advento de tais regulamentos administrativos editados em termos genéricos, antes de viabilizar a efetiva adequação das condições de saúde, higiene e segurança nas fábricas, acabou por servir de álibi para os empregadores que buscavam escapar às sanções estabelecidas em concreto pelos inspetores do trabalho. De fato, bastava o empresário demonstrar em juízo a observância àquelas medidas editadas em caráter abstrato, ainda que em patamares minimamente satisfatórios, para que ele se liberasse das penas pecuniárias ou mesmo de condenações na esfera criminal.[453]

Mais tarde, com a edição das leis que estabeleceram o modelo de responsabilidade objetiva do empregador pelos acidentes de trabalho, segundo a sistemática do pagamento de indenizações tarifadas e da inaplicabilidade do regime comum de reparação em tais casos, as empresas passaram a perceber que o pagamento daquelas quantias módicas fixadas em lei aos trabalhadores vitimados e aos seus familiares era menos custoso em comparação com a implementação de medidas efetivas de prevenção.[454]

A partir de tal constatação, a ideia em torno de uma prevenção mais efetiva com relação aos acidentes de trabalho e às doenças ocupacionais ganhou substancial reforço, na medida em que ela passou a ser vista como uma alternativa dotada de maior eficácia se comparada à reparação pecuniária, mormente aquela de caráter limitado e tarifado prevista nas normas que seguiram a matriz da Lei francesa de 9 de abril de 1898.[455]

Não obstante, os impactos sociais dos acidentes de trabalho e das doenças profissionais, especialmente nas searas concernentes à saúde pública, à previdência social e à assistência aos necessitados, foram igualmente ressaltados como dados que reforçariam a necessidade em torno da implementação de medidas preventivas mais severas por parte dos Estados. Assim, diante da evidente inaptidão das indenizações tarifadas para reparar, em toda a sua extensão, os danos sofridos pelas vítimas e por seus familiares, a prevenção se apresentava como a alternativa mais propícia para lidar com as questões de ordem acidentária.[456]

Diante disso, surgiu a ideia de *higiene ocupacional* que não só viria a desaguar na concepção de uma ciência específica, como também inspiraria praticamente toda a legislação dedicada à conformação das condições de trabalho nas mais diversas atividades econômicas a partir da década de 1940, principalmente. Em apertadíssima síntese, o conceito em referência se sustenta em quatro pilares, a saber, a *antecipação* dos potenciais riscos, o *reconhecimento* dos fatores potencialmente nocivos aos trabalhadores, a *avaliação* da dimensão dos riscos em concreto e a *prevenção*, por intermédio de medidas destinadas a evitar ou reduzir a exposição dos obreiros a tais ameaças.[457]

E assim, com esteio principalmente nas ideias de *reconhecimento* e de *avaliação*, as regulamentações estatais passaram a elencar de modo pretensamente exaustivo os riscos químicos, físicos e biológicos a que estariam submetidos os trabalhadores nas respectivas atividades em que estivessem empregados e impuseram, para os empresários, uma série de medidas concretas a serem implementadas nos locais de trabalho, no intuito de mitigar a nocividade de tais elementos.

Dentre as medidas elencadas nos regulamentos editados pelo Estado a partir do desenvolvimento do conceito de *higiene ocupacional*, destacam-se os *limites de tolerância*, que consistem em parâmetros quantitativos e qualitativos de exposição ocupacional a fatores físicos, químicos e biológicos reconhecidos pela ciência como pretensamente *seguros* e que, uma vez observados, eliminariam a nocividade de tais elementos para a integridade psicofísica dos trabalhadores.

Os *limites de tolerância* surgiram, originalmente, a partir do trabalho iniciado no início da década de 1940 pela *American Conference of Governmental Industrial Hygienists* (ACGIH) no sentido de catalogar os fatores de risco físico, químico e biológico a afetarem os trabalhadores nas mais diversas atividades econômicas, de estabelecer parâmetros quantitativos de exposição ocupacional para cada um deles e de atualizá-los periodicamente, de acordo com os avanços obtidos pela ciência com relação à sua interação ambiental e aos seus efeitos no organismo humano.[458]

À medida que os materiais produzidos pela ACGIH despontaram como referência científica sobre o tema, diversos regulamentos estatais passaram a utilizá-los como parâmetros oficiais de exposição a fatores de risco ocupacional de ordem física, química e biológica. Desse modo, os *limites de tolerância* deixaram de ser meros indicativos científicos, para assumirem a forma de condicionantes normativos integrantes do direito positivo.

A partir daí, criou-se um grave problema a consistir, exatamente, no descompasso entre as normas estatais definidoras dos *limites de tolerância* e o avanço científico obtido a respeito do tema. De fato, a realidade demonstrou que os marcos regulatórios editados pelos Estados com supedâneo nos parâmetros definidos pela ACGIH (ou por outras agências igualmente dotadas de credibilidade) não acompanhavam, em sua positividade, as alterações de posicionamento dos próprios higienistas ocupacionais com relação aos níveis quantitativos e qualitativos considerados como aceitáveis para aqueles fatores de risco e as próprias revisões periódicas levadas a cabo por aqueles organismos técnicos.[459]

Além disso, a fixação normativa dos *limites de tolerância* aos fatores de risco físico, químico e biológico passou a ser utilizada pelos empregadores como um fator de reprodução do discurso tipicamente positivista e legalista a preconizar a necessidade quanto à observância cega às normas preestabelecidas, previsíveis e objetivas a respeito das condutas a serem por eles empreendidos no desempenho de suas atividades econômicas e, mais especificamente, na gestão das condições de trabalho.

Mais precisamente, segundo tal ótica, os *limites de tolerância* fixados nos regulamentos estatais confeririam ao empresariado a exata noção acerca das concentrações permitidas para tais fatores de risco, dentro das quais eles não seriam responsabilizados pela eventual degradação da condição psicofísica dos trabalhadores. Ter-se-ia, nesses termos, uma verdadeira presunção absoluta de inofensividade de tais elementos acaso estes permanecessem abaixo dos níveis pressupostos nas respectivas normativas, de modo a prover os empregadores da tão almejada *segurança jurídica*, a caracterizar os anseios capitalistas desde o advento do liberalismo e da codificação do direito.[460]

No entanto, tal lógica formalista somente lograria se manter íntegra em um contexto no qual as ficções normativas possuíssem preponderância absoluta, mesmo diante das constatações acerca da evolução do conhecimento científico a respeito dos limites de exposição a certos fatores de risco. Tal perspectiva, originalmente concebida como ideal pelo liberalismo clássico, já não encontra nos dias atuais condições de subsistência, porquanto o próprio direito positivo apercebeu-se de sua falibilidade enquanto sistema destinado à regulamentação dos fatos da vida, o que conduziu a hermenêutica jurídica a evoluir em direção à superação daquele tecnicismo positivista inflexível.[461]

A despeito dos avanços logrados pela hermenêutica jurídica, a interpretação e a aplicação dos regulamentos estatais concernentes aos *limites de tolerância* se pautaram (e, de certa forma, ainda vêm se pautando) pela orientação a propalar que a singela observância a tais parâmetros cristalizados nos textos oficiais por parte dos empresários demonstraria, por si só, a implementação das medidas preventivas exigidas pelo ordenamento e a adequação da conduta patronal ao direito.

Em paralelo ao estabelecimento dos *limites de tolerância*, algumas legislações buscaram induzir a prevenção espontânea a certos riscos ocupacionais por intermédio do estabelecimento de *adicionais* aos salários a serem atribuídos àqueles trabalhadores que desempenham certas atividades em contato com agentes físicos, químicos e biológicos potencialmente nocivos à saúde.

No plano das ideias, os *adicionais* funcionariam como um estímulo aos empregadores para que buscassem a eliminação dos riscos ou sua redução a patamares mínimos, a fim de que fossem liberados do pagamento dos referidos acréscimos aos salários de seus trabalhadores.

No mundo real, contudo, o pragmatismo prevaleceu. Os empresários, ao constatarem que o custo inerente ao pagamento dos *adicionais* era menor do que os dispêndios com os investimentos necessários à redução da nocividade dos locais de trabalho, simplesmente se conformaram com o pagamento daquele *plus* sem solução de continuidade, ao passo que os trabalhadores, de seu turno, passaram a encará-lo como um simples acréscimo aos seus rendimentos mensais, cuja subtração não lhes interessava, na medida em que já compunha seus orçamentos. Desse modo, o risco ocupacional acabou sendo monetizado.[462]

Assim, a implementação dos *adicionais* acabou, em muitos casos, por estimular os trabalhadores a se empregarem em atividades reconhecidamente insalubres, no intuito de aferir para si um ganho salarial maior. Nisso reside, exatamente, a crítica formulada por Camille Simonin, que taxou tal acréscimo como uma medida imoral e desumana, na medida em que acaba por encorajar a realização do trabalho em situações de risco.[463]

E como se já não bastasse, o advento dos adicionais legais acabou servindo até mesmo, em certa medida, para desvirtuar a compreensão dos já frágeis *limites de tolerância*, sob o argumento perfunctório de que o pagamento daqueles acréscimos salariais bastaria para compensar a exposição dos trabalhadores a níveis de insalubridade superiores àqueles parâmetros regulamentares.

Vê-se, portanto, que a implementação dos adicionais aos salários nem de longe é capaz de servir como elemento de prevenção destinado a funcionar como medida acessória à responsabilidade civil acidentária, mormente quando a prática demonstra à exaustão que o pagamento dos referidos acréscimos vem sendo encarado pelos empregadores e pelos próprios trabalhadores como uma alternativa economicamente compensatória à implantação dos processos produtivos e dos insumos destinados a mitigar e a eliminar os riscos ocupacionais e que, por isso mesmo, acaba por se perenizar.[464]

Ao fim e ao cabo, nota-se que apesar da inegável evolução representada pela concessão de uma maior valoração à prevenção dos acidentes de trabalho e das doenças ocupacionais por intermédio da ação regulamentadora estatal, bem assim pelo desenvolvimento científico experimentado pela *higiene do trabalho*, a incorporação e a manipulação prática de tais elementos pelos operadores do direito acabou por subverter tais avanços através da reprodução da mesma lógica inerente ao *legalismo* proveniente da época da codificação.

Com isto, a responsabilidade civil trabalhista não conseguiu tirar maior proveito da ideia de *prevenção* que, como visto no item 2.5.2 *supra*, vem assumindo um papel cada vez mais relevante na teoria geral da responsabilidade civil, na qualidade de função autônoma a coexistir com a clássica função reparatória.

3.2.3.3 A socialização dos riscos acidentários

Uma vez apartada a responsabilidade acidentária da comum, nos termos admitidos pelas legislações que encamparam a *teoria do risco criado* em sua versão limitada pelo tarifamento das indenizações e pela imunidade patronal à reparação integral, a tendência seguinte corresponderia à transferência do custeio de tais riscos para toda a sociedade, nos moldes que já vinham sendo adotados pela legislação pioneira da Alemanha, de 1884, bem como pela Áustria, pela Dinamarca, pela Noruega, por Luxemburgo e pela Romênia, dentre aqueles países que seguiram o modelo germânico.[465]

Com o desenvolvimento dos sistemas de seguridade social e com o ideário a permeá-los, no sentido de que teriam eles por finalidade a compensação dos infortúnios sociais conquanto sucedâneo do dever de solidariedade, os acidentes de trabalho e as doenças profissionais passaram a ser vistos não apenas como riscos assumidos pelos patrões em decorrência das atividades econômicas por eles desenvolvidas, mas também como uma vicissitude social.

Segundo tal concepção a ganhar força no decorrer do século XX, os riscos concernentes aos acidentes de trabalho e às doenças profissionais seriam contingências inerentes à própria sociedade industrial, marcada pela massificação na fabricação de bens, no oferecimento de serviços e no consumo. Nesse contexto, a adoção de determinados processos produtivos potencialmente perigosos por parte dos empresários seria, antes, uma contingência imposta pela dinâmica da economia e do mercado do que uma simples opção, razão pela qual a reparação pelos eventuais infortúnios deveria ser estendida à totalidade do conjunto social.[466]

E assim, a França que outrora havia editado a célebre Lei de 1898 a consagrar a responsabilidade objetiva dos patrões pelos acidentes de trabalho, acabou por encampar a ideia da socialização dos riscos acidentários por ocasião da Lei de 30 de outubro de 1946, que transferiu o custeio das indenizações para organismos públicos de seguridade social, as *caisses de sécurité sociale*.[467]

Não obstante, o regime inaugurado em 1946 manteve as bases transacionadas com o empresariado quando da edição do diploma de 1898, no sentido de resguardar a tarifação das indenizações que permaneciam submetidas a limites quantitativos e temporais, bem assim a imunidade dos patrões ao regime comum de reparação integral, salvo em caso de dolo ou culpa inexcusável, conforme já vinha reconhecendo a jurisprudência à ocasião.[468]

A Espanha, de seu turno, aderiu ao sistema de socialização dos riscos acidentários quando da edição do Decreto de 22 de junho de 1956, que instituiu a *Caja Nacional de Seguro de Accidentes del Trabajo* e tarifou as indenizações por incapacidade, adoecimento e óbito, bem assim as reparações de caráter assistencial a serem conferidas aos trabalhadores e a seus familiares a cargo do referido órgão. Interessante notar que a legislação em referência, ao contrário de sua congênere francesa, resguardou em seu artigo 53 a possibilidade da vítima recorrer ao direito comum com vistas a obter a reparação integral mediante comprovação de dolo ou culpa do patrão.[469]

Já a Itália, por intermédio do Decreto nº 1.124, de 30 de junho de 1965, consolidou sua legislação concernente à socialização dos riscos, reafirmando o custeio das indenizações tarifadas por parte dos órgãos de seguridade social e resguardando o empresário da responsabilização na esfera cível quando o fato for enquadrável no conceito de *acidente de trabalho* ali formulado. O diploma em referência, contudo, ressalvou o recurso dos trabalhadores e de seus familiares ao direito comum com vistas à obtenção da reparação integral quando o patrão ou seus prepostos forem pessoalmente condenados na esfera criminal pelas vicissitudes que originaram o sinistro.[470]

No Brasil, o custeio das indenizações foi assumido pelo sistema de seguridade social com a edição da Lei nº 5.316, de 14 de setembro de 1967, que transferiu a gestão do seguro obrigatório contra acidentes de trabalho do âmbito das seguradoras privadas para o então *Instituto Nacional de Previdência Social – INPS*. No que concerne à possibilidade de responsabilização dos empregadores na esfera cível, a nova legislação manteve intacto o sistema vigente à época, a possibilitar, nos termos da Súmula nº 229 do Supremo Tribunal Federal, o recurso ao direito comum em caso de dolo ou culpa grave.[471]

A breve descrição dos exemplos ora mencionados indica a existência, especialmente na metade do século XX, de uma efetiva tendência de transferência do custeio dos acidentes de trabalho e das doenças profissionais para o Estado, que passou a assumi-lo por intermédio da seguridade social, muito embora alguns países – como a Argentina, por exemplo – ainda mantivessem em vigor a sistemática da reparação patronal direta com a faculdade de contratação de um seguro privado.[472]

Ainda que nem todos os países tenham aderido a tal tendência, constatou-se no período em apreço um grande movimento em bloco no sentido de repassar os riscos concernentes aos acidentes de trabalho e às doenças ocupacionais para os sistemas de seguridade social. Estes últimos passaram, então, a arcar com uma parcela das consequências inerentes àqueles infortúnios, mormente daquela diretamente relacionada com os prejuízos patrimoniais decorrentes da cessação da renda dos trabalhadores, limitando, em maior ou menor medida, a reparação integral das vítimas e de seus familiares com esteio no direito comum.

O risco acidentário passou, então, a ser amplamente socializado e os sistemas de seguridade social tendiam a custeá-lo por intermédio do recolhimento de contribuições estabelecidas em percentuais fixos a serem descontadas dos próprios trabalhadores, do Estado e dos empregadores. Tal vicissitude não apenas inviabilizou a reparação integral das lesões decorrentes dos infortúnios do trabalho – em total desalinho com o brocardo *alterum non laedere*, a representar a base filosófica de toda a responsabilidade civil – como também acabou por prejudicar a própria prevenção aos acidentes de trabalho e às doenças ocupacionais.

De fato, em um sistema de responsabilidade civil solidarizado, dotado de indenizações tarifadas e que, em certos países, ainda conta com limitações severas à reparação integral nos moldes do direito comum, os empresários não se sentem propensos a investir em prevenção, pois o risco acidentário, custeado por intermédio de contribuições fixas recolhidas em conjunto com os demais atores sociais (Governo e trabalhadores) tende a representar um custo menor em comparação com a implementação efetiva de medidas voltadas à eliminação ou a redução dos acidentes de trabalho e das doenças profissionais.

Valendo-se da terminologia utilizada por Guido Calabresi, a solidarização dos riscos acidentários assumida pelos sistemas de seguridade social carece do grau de dissuasão (*deterrence*) necessário para que os empresários sejam impelidos pelas próprias leis mercadológicas a tomarem as ações preventivas e as providências concretas destinadas a melhorar as condições de trabalho que representam a causa daqueles infortúnios.[473]

Nesse sentido, imagine-se a situação hipotética de um determinado empresário do setor metalúrgico que utiliza um maquinário ultrapassado, antigo e com manutenção deficiente, cujo estado de conservação amplia significativamente o risco de seus trabalhadores se envolverem em acidentes fatais. Se tal empresa funciona em um país no qual o sistema de seguridade social assume a reparação tarifada dos acidentes de trabalho e das doenças ocupacionais, para além de impor restrições ao acesso do trabalhador ao regime de responsabilidade civil baseado no direito comum, seu proprietário estará mais propenso, em uma análise puramente mercadológica, a não realizar os investimentos necessários na troca de tais insumos, pois o custo de tal operação será significativamente maior se comparado aos montantes por ele vertidos ao seguro público contra acidentes de trabalho.[474]

No entanto, se tal empresário atua em um determinado país no qual a reparação integral dos danos decorrentes de acidentes de trabalho e das doenças ocupacionais segue os mesmos parâmetros do regime geral de responsabilidade civil e onde os tribunais costumam fixar indenizações destinadas à compensação de todos os aspectos patrimoniais e extrapatrimoniais afetados pela lesão, o proprietário da referida empresa tenderá a refletir se o custo total dos infortúnios laborais compensa sua inércia quanto à troca daquele maquinário ultrapassado e perigoso.

Vê-se, diante disso, que a responsabilidade civil, sob os influxos do brocardo *alterum non laedere* e de seu corolário correspondente ao princípio da *reparação integral*, quando aplicada aos acidentes de trabalho e às doenças profissionais, acaba por funcionar como um mecanismo de dissuasão geral (*general deterrence*) em relação às eventuais omissões dos empresários no que diz respeito à realização dos investimentos destinados a eliminar ou a reduzir os riscos nos locais de trabalho, em sentido diametralmente oposto ao que se passa com o tratamento conferido à matéria pelos sistemas de seguridade social.[475]

Ao mencionar o conceito de dissuasão geral (*general deterrence*) André Tunc chega a configurá-lo como uma expressão clara da função preventiva da responsabilidade civil nas economias de mercado, cuja encampação por parte das decisões judiciais a versarem sobre perdas e danos tende a contribuir para que os criadores de riscos acidentários busquem a sua redução, na medida em que o efeito multiplicador de tais condenações tende a fazer com que os custos dos investimentos em melhorias das condições de trabalho sejam mais compensadores se comparável ao pagamento das eventuais indenizações.[476]

No entanto, a técnica da dissuasão (*general deterrence*) aplicada à responsabilidade civil não significa que os juízes estão autorizados a ampliar de forma desarrazoada e desfundamentada os valores das indenizações por danos patrimoniais e extrapatrimoniais nas relações bilaterais, tão somente para prevenir a materialização de novas lesões no futuro. Pelo contrário, o conceito ora analisado não prescinde da necessidade de que as condenações sejam proporcionais à extensão dos prejuízos, na linha do que preconiza o princípio da *reparação integral*, mas também não pode ser levado ao extremo, sob pena de abrir flanco para o enriquecimento sem causa das vítimas.[477]

A técnica da dissuasão (*general deterrence*) não foi concebida com vistas a viabilizar o estabelecimento de indenizações desproporcionais com o consequente enriquecimento sem causa das vítimas. O que ela almeja, na seara da responsabilidade civil, é que a reprodução de decisões judiciais proporcionais e justas, aliada à eliminação de fatores que compensam financeiramente a manutenção de condições de risco, acabem por impelir os gestores de tais riscos a investirem em medidas tendentes a reduzi-los.

Tampouco se defende a redução do alcance da seguridade social, especialmente no que diz respeito à cobertura dos acidentes de trabalho e das doenças ocupacionais. Pelo contrário, o que se almeja é a coexistência dos sistemas de *seguridade social* e de *responsabilidade civil* em consonância com suas respectivas funções, conforme já se adiantou no item 2.5.5 *supra*.

Assim, em matéria acidentária, a seguridade social deve buscar o socorro imediato dos trabalhadores e de seus familiares afetados por infortúnios de ordem laboral (acidentes típicos e doenças ocupacionais) que lhes retiram a capacidade de obter seu sustento por meios próprios. No entanto, não se pode conferir a tal função uma extensão tal que venha a restringir o recurso das vítimas e de seus entes mais próximos ao regime geral de responsabilidade civil que tem por escopo a reparação integral dos danos patrimoniais e extrapatrimoniais por elas experimentados.

Nem há de se redarguir, com base nos argumentos amplamente lançados na metade do século XX, que os riscos acidentários, por serem imprescindíveis à sociedade contemporânea, devem ser integralmente custeados por toda a coletividade através dos sistemas públicos de seguridade. Não se pode olvidar, nesse sentido, que os empresários têm, em grande medida, a opção de realizar suas respectivas atividades econômicas de formas mais ou menos arriscadas, pois o desenvolvimento tecnológico experimentado pelos processos produtivos oferece, na atualidade, alternativas que asseguram, ao mesmo tempo, maior margem de segurança sem comprometer a lucratividade.

Mesmo que os processos produtivos e de gestão da organização do trabalho atualmente empregados envolvam, efetivamente, ameaças à saúde e à segurança dos trabalhadores, tais riscos podem ser factivelmente reduzidos ou minimizados por intermédio da adoção de medidas preventivas por parte dos empresários que envolvem, naturalmente, custos para sua implantação. Não há de se cogitar, portanto, na propalada intransponibilidade dos riscos acidentários, a ensejar a adoção de uma postura de resiliência da coletividade no que concerne à partilha dos custos acidentários com os empresários e com o Estado por intermédio, exclusivamente, das contribuições à seguridade social.[478]

3.3 AS CAUSAS DE EXCLUSÃO DA RESPONSABILIDADE E SUA REPERCUSSÃO NO DIREITO DO TRABALHO

Uma vez que a teoria do *risco profissional* eliminou a necessidade quanto à comprovação do elemento subjetivo (dolo, negligência, imperícia e imprudência) para imputar a reparação pelos *acidentes de trabalho* e às *doenças ocupacionais* aos empregadores, as vicissitudes que contarão de forma mais incisiva para a exclusão da responsabilidade patronal na seara acidentária serão aquelas diretamente relacionadas ao *nexo de causalidade*, quais sejam, *a força maior* e a *culpa exclusiva da vítima.*

Não quer isto dizer, todavia, que as hipóteses de *legítima defesa* e de *estado de necessidade* – que se interligam com a *licitude* da conduta, e não com o *nexo de causalidade* – estão excluídas da esfera acidentária. De fato, não é difícil imaginar situações práticas em que o empregador, no ensejo de defender a integridade física de determinado empregado diante de iminente agressão (passível, inclusive, de inserção no conceito legal de *acidente de trabalho*), age dentro dos limites admitidos pelo *jus variandi* para neutralizar o perigo em potencial.[479]

Já a figura do *erro escusável* – a consistir, conforme visto no item 2.6.5 *supra*, como o resultado de uma avaliação ou de uma reação equivocada tomada pelo agente em face de um dado evento imprevisto, destituída de *negligência, imprudência* ou *imperícia* – não terá aplicabilidade na seara acidentária, pois a figura em referência tem relação direta com o elemento subjetivo, cuja avaliação em sede de responsabilidade objetiva é dispensável.

De fato, assumindo-se que a responsabilidade acidentária é objetiva, em decorrência da teoria do *risco profissional*, pouco importa, por exemplo, se o empregador, ao instalar um determinado maquinário ou ao condicionar o local de trabalho, ignora, de boa-fé, as eventuais consequências potencialmente lesivas de tais elementos para a integridade psicofísica dos trabalhadores ali ativados.

Se nessa situação um acidente de trabalho vier a ocorrer, a responsabilidade do empregador pelos danos eventualmente experimentados pelos trabalhadores continuará a ser presumida, de modo que sua exclusão somente ocorrerá se o empresário demonstrar a ocorrência de algum evento apto a elidir a *ilicitude* de sua conduta ou o *nexo de causalidade.*

E na seara acidentária, são justamente as questões relacionadas ao *nexo de causalidade* que configuram as causas mais relevantes e frequentes para a exclusão da responsabilidade patronal pelos danos experimentados pelos trabalhadores durante a realização de suas atividades profissionais. Por isso mesmo, tais situações têm sido, historicamente, as mais estudadas pela doutrina especializada e as que mais vêm gerando controvérsias por ocasião da análise dos casos práticos.

Nesse sentido, a própria teoria do *risco profissional* tem sua origem remota relacionada à figura do *caso fortuito* que é conceituado historicamente pela doutrina acidentária como todo evento inerente ao funcionamento da empresa, ocasionado por uma causa *interna* que vem a se materializar de maneira realmente inesperada e imprevisível, mesmo tendo o gestor do local de trabalho envidado todos os seus esforços de prevenção no desiderato de evitar o sinistro.[480]

Como o trabalhador não conseguia, em regra, demonstrar a concorrência culposa ou dolosa dos patrões ou de seus prepostos nos acidentes ligados ao mau funcionamento do maquinário ou à deficiência na organização das condições de trabalho, tais eventos tendiam a ser classificados genericamente como *casos fortuitos* que, a teor da teoria clássica da responsabilidade civil, elidiria o nexo de causalidade a ensejar o dever de reparação.

Diante de tal constatação, a ideia de responsabilidade objetiva foi concebida, a partir da releitura do artigo 1.384, § 1º, do *Code Civil*, como uma forma de assegurar a reparação dos trabalhadores e das vítimas em geral pelos *casos fortuitos*, isto é, os eventos que, mesmo sendo inesperados ou imprevisíveis, ocorreram no âmbito das atividades econômicas desempenhadas pelos empresários e que, por isso mesmo, integram o *risco profissional* assumido por estes últimos.[481]

Para a teoria do *risco profissional*, portanto, o *caso fortuito* não exclui a responsabilidade do empregador pelos danos decorrentes dos *acidentes de trabalho* e das *doenças ocupacionais*, pois são justamente os eventos lesivos ocorridos no âmbito da empresa e decorrentes da atividade econômica exercida pelo empresário que ela visa reparar. Trata-se, pois, de uma causa inerente ao *nexo de causalidade* que não elide o dever patronal de reparação.

Tratamento distinto se dá, contudo, à figura da *força maior* definida por Adrien Sachet como "*[o conjunto] de causas exteriores que independem da atividade da empresa*" e que concorrem de modo inevitável para a materialização do sinistro. Têm-se como exemplos da figura ora comentada, a queda de um avião no estabelecimento do empregador, a ocorrência inesperada de um fenômeno da natureza de grave impacto (*v.g.*, terremoto, furacão, enchente etc.) ou até mesmo a manifestação de uma doença congênita no trabalhador até então desconhecida por ele.[482]

Diante de tais eventos absolutamente estranhos à atividade econômica do empregador este último nada pode fazer, em regra, para impedir ou mitigar seus efeitos sobre a integridade psicofísica dos trabalhadores que estiverem em seus respectivos postos. Por isso mesmo, a *força maior*, ao contrário do *caso fortuito*, é considerada como uma causa inerente ao *nexo de causalidade* que exclui, efetivamente, a responsabilidade patronal.[483]

Ao lado da *força maior*, a doutrina dedicada à responsabilidade civil acidentária sempre conferiu especial atenção à figura da *culpa exclusiva da vítima*, reconhecendo-a como uma causa excludente do nexo de causalidade quando o sinistro verificado nos locais de trabalho ocorre exclusivamente em função da conduta dolosa ou desidiosa do empregado.

A culpa *exclusiva da vítima* se manifesta quando o trabalhador (i) conhece plenamente os perigos inerentes a uma determinada conduta ou omissão; (ii) possui ao seu alcance os meios fornecidos pelo empregador para se proteger; (iii) tais insumos são eficientes para elidir os riscos; (iv) o obreiro sabe utilizá-los; (iv) recebeu ordens expressas dos patrões e dos prepostos destes últimos para não realizar determinados atos perigosos e, mesmo assim, ignorou tais determinações e agiu no sentido de se expor à situação que sabidamente ameaça sua integridade psicofísica.[484]

Na *culpa exclusiva da vítima* o trabalhador age ou se omite conscientemente e voluntariamente de modo a se expor a perigos alheios à esfera inerente ao *risco profissional*. Ao assim proceder, ele descumpre as prescrições de segurança exigidas nas normas heterônomas ditadas pelo Estado e nos regulamentos internos da empresa, passando a assumir integralmente as consequências lesivas de seus atos.[485]

A despeito de tal conceituação, a constatação na prática da *culpa exclusiva da vítima* apresenta não raro certas dificuldades, na medida em que o sinistro pode vir a efeito por uma concorrência de condutas ou omissões dos patrões e dos trabalhadores eivadas de dolo, negligência, imperícia ou imprudência. Tem-se, em tais situações, a chamada *culpa concorrente*, que muito embora não exclua a responsabilidade patronal, é fator geralmente determinante para a redução da reparação.[486]

Em paralelo à *culpa exclusiva da vítima*, o *fato de terceiro* se apresenta como outra causa relacionada ao nexo de causalidade que exclui a responsabilidade patronal pela reparação acidentária. A figura em apreço se manifesta nas situações em que o sinistro vem a ocorrer nos locais de trabalho, mas é ocasionado pela ação de um sujeito alheio ao âmbito de responsabilidade objetiva assumido pelo empregador em decorrência do *risco profissional*.[487]

É o que ocorre, por exemplo, quando um indivíduo que não é empregado de uma determinada fábrica, invade esta última e comete homicídio contra um dos operários que ali estão a exercer suas atividades profissionais, ou então quando um sujeito estranho à empresa atira um artefato explosivo nas dependências desta última e ocasiona severas lesões aos trabalhadores ali ativados.

Apesar da facilidade em se compreender abstratamente a figura do *fato de terceiro*, ou mesmo de se imaginar exemplos a configurá-la, a prática demonstra que, muitas vezes, a inserção de um determinado evento no conceito ora analisado não é tão clara quanto parece à primeira vista, havendo espaço para se discutir, em tais oportunidades, a responsabilização do empregador pelo evento lesivo.

É o que ocorre nas situações em que dois empregadores dividem um mesmo local de trabalho, como, por exemplo, um canteiro de obras. Em tais circunstâncias, se o empregado da *empresa A*, vem a ser atingido pelo maquinário da *empresa B* operado por um funcionário desta última. Em tal hipótese, teria seu empregador responsabilidade, em algum grau, pelo acidente de trabalho ou seria ele excluído do dever de reparação em razão do sinistro ter sido praticado por um *terceiro*?

A solução que se conferir à questão tem especial relevância para aqueles ordenamentos que impedem a cumulação da indenização acidentária com a reparação fundada no elemento subjetivo, a caracterizar o regime comum. Assim, se acaso a *empresa A* for responsabilizada pelo acidente, incidirá exclusivamente o regime da responsabilidade objetiva decorrente da teoria do *risco profissional*, ao passo que a responsabilização da *empresa B* abrirá, para a vítima, o caminho da via ordinária a depender da comprovação do dolo ou da culpa dos prepostos da referida companhia.[488]

De outro turno, se retomarmos o exemplo formulado a alguns parágrafos atrás (terceiro que invade a fábrica e assassina empregado desta última), podemos indagar em que medida não seria o empregador responsável pela vigilância de suas instalações e pela segurança dos que ali desempenham suas atividades. Ou então, se a violência se dá no curso de rixa entre dois trabalhadores da mesma empresa, qual seria o papel do empregador na gestão das relações humanas no ambiente de trabalho e em que proporçao seria ele responsável pelas lesões daí decorrentes?

As duas situações hipotéticas ora propostas são relevantes na medida em que a responsabilidade incumbida ao empregador conquanto gestor das condições de trabalho abrange o dever de implementar medidas destinadas a proteger os empregados contra as ameaças advindas das ações de terceiros. Assim, no exemplo do *canteiro de obras*, faz-se necessário averiguar se a *empresa A* (a empregadora do trabalhador acidentado) exerce, em alguma proporção, a organização dos elementos subjacentes àquele local de trabalho, enquanto no exemplo do *homicídio* é preciso investigar se a segurança pessoal dos trabalhadores integra, de algum modo, o *risco profissional* assumido pelo empresário.[489]

Apenas a análise dos casos concretos, com suas circunstâncias peculiares, permitirá antever se a reparação será ou não imputada às empresas, aos terceiros que ocasionaram os danos ou a ambos.

Ainda no tocante às questões que afetam o *nexo de causalidade* na esfera trabalhista, há de se fazer menção à figura das *concausas*, ou seja, os eventos decorrentes de *força maior*, *culpa exclusiva* da vítima ou *fato de terceiro* que concorrem previamente, contemporaneamente ou posteriormente com os *acidentes de trabalho* ou com as *doenças ocupacionais* para a ocorrência dos danos sofridos pelas vítimas.[490]

As hipóteses mais observadas de *concausas* no direito acidentário são representadas, justamente, pelas condições de saúde da vítima que acabam sendo agravadas em função de um *acidente de trabalho* ou mesmo da contração de *doença ocupacional*. Há, aqui, um evento de *força maior* (p. ex.: doença congênita) a concorrer com o sinistro decorrente da organização inadequada dos locais de trabalho imputável ao empregador pela teoria do *risco profissional*.[491]

Não obstante, são também classificados como *concausas* os eventos decorrentes de *culpa exclusiva da vítima* ou de *fato de terceiro* que, somados aos *acidentes de trabalho* ou às *doenças ocupacionais* imputáveis ao empregador, concorrem para o resultado final lesivo apresentado pela vítima.

É o que se passa, por exemplo, quando um trabalhador vitimado por sinistro laboral opta deliberadamente por não seguir o tratamento médico prescrito para o seu caso. Tem-se, em tal ilustração, típico suposto de concorrência do *acidente de trabalho* originário com a *culpa exclusiva da vítima* para o agravamento do estado de saúde do obreiro.[492]

De outro turno, há concorrência de *acidente de trabalho* imputável ao empregador com *fato de terceiro* quando o médico que presta atendimento ao trabalhador vitimado utiliza, negligentemente, material infectado na limpeza da ferida ocasionada pelo sinistro laboral e acaba por provocar grave infecção bacteriana no obreiro.

A descrição das causas de exclusão da responsabilidade patronal aplicáveis à seara trabalhista sob o influxo da teoria do *risco profissional* indica que elas foram concebidas para operar na perspectiva do modelo plasmado na relação de trabalho individualista e contratualista, onde o agente causador do dano (*empregador*) e a vítima (*trabalhador*) são identificáveis de plano e onde os efeitos da lesão ou do risco criado são delimitados no tempo e no espaço.

De fato, se para tal concepção os *acidentes de trabalho* e as *doenças ocupacionais* ganham relevância jurídica na medida em que são vicissitudes decorrentes do risco das atividades assumidas pelo empregador a atingirem cada trabalhador particularmente considerado, é natural que os eventos aptos a excluir a responsabilidade patronal operam, igualmente, no plano individual.

3.4 O ESCOPO ATUAL DA RESPONSABILIDADE CIVIL TRABALHISTA E OS DIREITOS FUNDAMENTAIS DOS TRABALHADORES

Em sua gênese, a responsabilidade civil trabalhista teve na questão acidentária seu principal (e único) foco. Ante o surgimento dos riscos advindos da evolução tecnológica experimentada pela organização do trabalho nas grandes indústrias, bem como do aumento exponencial dos acidentes de trabalho, os estudiosos do Direito passaram a se dedicar ao tema que, até então, integrava os domínios tradicionais da culpa aquiliana.

Assim, no intuito pragmático de conferir resposta a tal vicissitude, surgiu a teoria do *risco criado*, sob a pena de Sancteillete, Sauzet, Saleilles e Josserand, que, conforme visto, conferiu uma abordagem distinta à responsabilidade acidentária, no sentido de retirá-la do escopo da culpa subjetiva e tornando-a objetiva. Seguiu-se a isto (i) a incorporação de tal teoria pela legislação acidentária, (ii) pela extensão de seu escopo tuitivo para além da indústria, (iii) pela redefinição ampliativa do próprio conceito de *acidente de trabalho*, até culminar com (iv) a socialização de tais riscos por intermédio dos sistemas de seguridade social.

E, com isto, o desenvolvimento da responsabilidade civil trabalhista permaneceu durante a maior parte do século XX vinculado à questão acidentária, a compreender a reparação dos danos decorrentes dos acidentes de trabalho típicos e das doenças ocupacionais. As questões surgidas a respeito do tema gravitavam, basicamente, em torno do enquadramento das lesões nas respectivas definições legais, bem assim da cumulatividade de tal regime reparatório com as disposições de direito comum.

A despeito disso, já era plenamente perceptível que a relação laboral trazia em seu âmago potenciais ofensas à pessoa do trabalhador que transcendiam em muito o escopo dos acidentes de trabalho e das doenças profissionais e dos consectários patrimoniais a eles inerentes. De fato, a organização dos fatores de produção e a gestão dos insumos empresariais envolvem – como sempre envolveram – uma série de potenciais lesões a interesses titularizados pelos obreiros que encontram resguardo no ordenamento jurídico, tais como a intimidade, a honra, a personalidade etc., e que são – e sempre foram – amparados pela responsabilidade civil.

Tais situações a indicarem potenciais lesões aos direitos dos trabalhadores e que não integravam o escopo dos acidentes de trabalho e das doenças ocupacionais eram tratados da seguinte maneira: ou integravam o âmbito do *poder diretivo* e deviam ser toleradas pelo trabalhador como uma decorrência natural daquele direito potestativo titularizado pelo empresário, ou configuravam vicissitudes que a legislação trabalhista estatal ou as normas pactuadas coletivamente (p. ex.: acordos e convenções coletivas) retiravam do escopo da autonomia privada do empregador e traziam uma regulamentação cogente específica destinada a estabelecer as condições mínimas para a prestação do labor sobre bases humanitárias.[493]

No entanto, na medida em que o direito do trabalho passou a integrar o elenco de matérias regulamentadas nas constituições e tendo em vista que os direitos fundamentais dos cidadãos (tanto os individuais, quanto os políticos e sociais), passaram à condição de elementos condicionantes da própria ordem econômica, no lastro das cartas editadas especialmente após a Segunda Guerra Mundial, a posição jurídica dos trabalhadores no âmbito das relações entabuladas com a empresa foi redimensionada. Assim, de meros signatários de um contrato de trabalho, os obreiros passaram a ser encarados como cidadãos que titularizam direitos fundamentais exercitáveis em face do Estado e da própria empresa.[494]

Tal concepção, a coincidir com o advento das chamadas *constituições dirigentes* no segundo pós-guerra, teve na ideia da *eficácia horizontal dos direitos fundamentais* (*Drittwirkung*) seu campo de desenvolvimento, por excelência. Em apertada síntese, a teoria em apreço estabelece que os direitos fundamentais dotados de sede constitucional vinculam diretamente os particulares (aí incluídos os empresários e os trabalhadores no âmbito das relações laborais por eles entabuladas), na medida em que as referidas cartas conferem explicitamente àquelas garantias *eficácia imediata*.[495]

No entanto, como a *autonomia privada* a servir de base para a própria entabulação dos contratos de trabalho possui o mesmo *status* de direito fundamental ao lado das garantias atribuídas aos trabalhadores nas constituições hodiernas, os autores que desenvolveram a ideia de *eficácia horizontal* ressaltam a necessidade de que as condicionantes dos princípios em choque somente podem ser conhecidas ora por intermédio da atuação concretizadora do legislador infraconstitucional, ora pela apreciação judicial dos casos concretos.[496]

Isto não impediu, todavia, a formulação de estudos destinados a precisar em que medida a autonomia privada a fundamentar o poder diretivo dos empresários é condicionada pelos direitos fundamentais titularizados pelos trabalhadores enquanto cidadãos, mormente porque as referidas garantias, antes de consubstanciarem dádivas originárias da benevolência do Poder Constituinte, configuram institutos dotados de um conteúdo histórico objetivo que integram, inafastavelmente, o escopo dos preceitos constitucionais a lhe conferirem positividade.[497]

Constatou-se, nesse diapasão, a existência de uma esfera da personalidade dos trabalhadores imune ao poder diretivo dos empregadores, a conformar, justamente, o espaço que se convencionou chamar por *cidadania na empresa*. Tal escopo é formado pelos direitos fundamentais que qualificam o obreiro enquanto *pessoa humana* dotado de uma dignidade que lhe é peculiar, a compreenderem, em um rol exemplificativo, as garantias à liberdade de expressão, ao resguardo da intimidade, à paz interior, à imagem, à opção política e religiosa, à privacidade, à honra, à integridade psicofísica, à orientação sexual, ao convívio sociofamiliar, dentre outros.[498]

E quando tal esfera da personalidade dos trabalhadores é maculada pelos empregadores no curso da relação laboral (ou até mesmo antes e depois dela, conforme se verá mais adiante) ter-se-á, nisso mesmo, um suposto de *dano extrapatrimonial* que surge da própria ofensa aos bens jurídicos imateriais inerentes à pessoa dos obreiros e que enseja uma reparação específica, que não se confunde com as tarifadas comumente previstas na legislação trabalhista para o descumprimento contratual por culpa do empresário.[499]

Ali, nas hipóteses de descumprimento contratual das obrigações do empregador a culminarem, na grande maioria dos casos, com a rescisão indireta do contrato de trabalho, as indenizações previstas nas legislações têm por objeto a compensação da própria ruptura contratual e, em certa medida, das expectativas frustradas do trabalhador em torno da continuidade de seu vínculo. Aqui, ao contrário, o que se busca reparar é a materialização de um dano extrapatrimonial à personalidade dos trabalhadores a lhes causar sofrimento em sua esfera íntima e até mesmo, a depender da gravidade das ofensas, graves afetações na integridade psíquica.[500]

Uma vez que as lesões aos direitos fundamentais dos trabalhadores, especialmente aos direitos relacionados à esfera de sua personalidade, não dependem intrinsecamente da vigência de um contrato de trabalho – pois a titularidade de tais garantias é um dado aferível do próprio direito objetivo e da própria cidadania – as eventuais violações à honra, à intimidade, à privacidade e à consciência dos trabalhadores são passíveis de malferimento por parte dos empregadores até mesmo nas etapas que antecedem e que sucedem a própria relação laboral.

No que diz respeito especificamente à etapa que antecede a formalização da relação de trabalho – ou seja, a fase *pré-contratual* –, ainda que não se tenha um vínculo contratual propriamente dito entre o aspirante a empregado e seu empregador, já se pode falar na existência, ainda que embrionária, de uma relação bilateral dirigida à formalização do contrato e ao efetivo encontro das vontades individuais equiparável a um contrato preliminar.[501]

Por isso mesmo, o dever geral de *boa-fé* impõe aos pré-contratantes uma série de deveres concretos de conduta que podem ser sintetizados, em termos gerais, nas obrigações de respeitar os direitos da personalidade da contraparte negocial e de não lhes frustrar expectativas legítimas. Caso a violação a tais diretrizes ocasione danos extrapatrimoniais ou mesmo patrimoniais a um dos polos das tratativas, o lesado terá direito ao correspondente ressarcimento.[502]

No campo do Direito do Trabalho, a responsabilidade pré-contratual assume especial relevância, na medida em que a formalização dos contratos laborais é muitas vezes precedida por processos seletivos a envolverem a progressiva interação entre os prepostos do empregador e os candidatos às vagas por ele oferecidas. Nessas oportunidades, são realizadas entrevistas, dinâmicas de grupos, investigações preliminares a respeito da vida pregressa do aspirante a empregado, análise documental, exames médicos, dentre outros procedimentos potencialmente aptos a ocasionar lesões à esfera da personalidade dos indivíduos.

A casuística não raro nos apresenta situações extremas de violações a direitos fundamentais concretizadas na etapa pré-contratual, tais como a submissão dos candidatos a empregos ao escárnio coletivo em dinâmicas de grupo, a exposição descuidada da intimidade e da vida privada dos aspirantes às vagas de emprego, a discriminação (velada ou explícita) de trabalhadoras gestantes, de indivíduos com idade avançada, de portadores de certas doenças nos processos seletivos, dentre muitos outros.

Porém, é durante o vínculo empregatício propriamente dito que os direitos fundamentais dos trabalhadores se encontram sujeitos, em maior medida, às violações advindas dos empresários. Sob o pretenso enquadramento de suas condutas no poder diretivo, os empregadores e seus prepostos acabam por se imiscuir na esfera da personalidade dos obreiros e por lhes acarretar prejuízos de ordem moral, seja por intermédio de expedientes coletivos (p. ex.: implementação de revistas íntimas com potencial vexatório, instituição de eventos ou dinâmicas de grupo potencialmente ofensivas à consciência ou à crença de certos indivíduos), ou por intermédio de condutas individualizadas (p. ex.: discriminação dirigida a um trabalhador ou a um grupo específico de trabalhadores, repasse de tarefas potencialmente causadoras de humilhação).

No extremo, tais práticas supostamente amparadas no poder diretivo, quando passam a ocorrer com regularidade e se protraem no tempo, acabam por materializar o *assédio moral* que na sua modalidade mais difundida (o *mobbing*, na expressão utilizada pelo psicólogo Hanz Leymann em trabalho pioneiro da década de 1980) é caracterizado por ataques constantes e graduais de um superior hierárquico ou mesmo de colegas de trabalho à esfera da personalidade de um determinado indivíduo a resultar, para este último, na degradação contínua de sua integridade psíquica.[503]

E o *assédio moral*, conquanto modalidade geradora de lesões à esfera da personalidade dos trabalhadores, não se restringe às agressões pontuais destinadas a um indivíduo ou a um grupo determinado nos locais de trabalho, conhecendo, para além disso, uma variação *institucional* (ou *organizacional*) caracterizada pela aplicação ou pela tolerância, por parte das empresas, de métodos agressivos de gestão que instrumentalizam os trabalhadores com vistas à consecução de determinados objetivos e metas numéricas, em prejuízo à sua integridade psíquica, à sua vida privada e à sua intimidade.[504]

O *assédio moral organizacional* admite uma série de formatos e de níveis de intensidade, podendo consistir, ilustrativamente, na aparentemente singela instituição de um *ranking* de desempenho acrescido de sutis ou veladas ameaças de punições vexatórias por descumprimento de metas ou no estabelecimento explícito de uma gestão por pressão baseada na instituição de penalidades relacionadas ao não atingimento de indicadores de produtividade, conhecida como *straining*.[505]

Independente da modalidade de abuso do poder diretivo – seja pela implementação do assédio moral institucionalizado ou não, ou pela implantação de medidas coletivas eminentemente gerenciais – o fato é que a relação de trabalho, pautada por uma natureza essencialmente hierárquica e pela dependência econômica dos trabalhadores em relação aos seus empregos, é um campo amplíssimo para a perpetração de violações a direitos fundamentais relacionados à esfera da personalidade dos indivíduos e pela materialização de lesões psicofísicas que transcendem, em muito, os danos historicamente relacionados aos acidentes de trabalho e às doenças ocupacionais.

Aliás, os próprios *acidentes de trabalho* e as *doenças ocupacionais* constituem fontes geradoras de danos que vão muito além daquelas lesões patrimoniais diretamente relacionadas à subsistência material dos trabalhadores que são reconhecidas, tradicionalmente, pelas legislações dedicadas ao tema. De fato, não é difícil imaginar, ou pressupor, que um sinistro laboral de elevada dimensão ou uma moléstia grave contraída pelo obreiro em decorrência de sua atividade profissional têm o condão de atingir fortemente a sua esfera da personalidade, de modo a lhe ocasionar sofrimento, angústia, arrependimento (dano moral), para além de lhe comprometer a aparência, a apresentação pública e a aceitação social (dano estético) e de impedir-lhe a concretização de seus projetos de vida e a plena convivência sociofamiliar (dano existencial).[506]

Não se pode olvidar, além disso, que muitas vezes a simples exposição a determinadas substâncias nos locais de trabalho é um fator apto, por si só, a potencializar o surgimento de danos de ordem psíquica nos trabalhadores. É o que acontece, ilustrativamente, com as situações a envolverem o contato ocupacional com o amianto, cuja aspiração é causa comprovada de doenças letais

– especialmente *asbestose* e *mesotelioma maligno* – que vêm a se manifestar nos organismos após longos períodos de latência.[507]

Nesses casos, o simples fato de ter trabalhado em alguma etapa de sua vida em contato com a referida substância é capaz de gerar no indivíduo sensações não desprezíveis de angústia e de aflição ante a perspectiva factível de ser acometido por uma daquelas gravíssimas patologias relacionadas à exposição ocupacional ao amianto que possuem prognóstico letal. Em alguns casos, antes mesmo do funesto diagnóstico, a integridade psíquica do sujeito estará completamente minada pelo terror decorrente da possibilidade de vir a sofrer o cruel itinerário a intermediar a manifestação dos sintomas da *asbestose* ou do *mesotelioma* e o falecimento.

Por fim, há de se ressaltar que o elenco de direitos fundamentais titularizados pelos trabalhadores também é passível de sofrer ofensas mesmo após o encerramento do vínculo trabalhista, naquelas hipóteses a caracterizarem a *responsabilidade pós-contratual*. Tal como ocorre na fase *pré-contratual*, o princípio geral de boa-fé impõe às partes que entabularam, no passado, uma relaçao jurídica a observância aos deveres anexos de lealdade, de informação e, principalmente, de zelo com a esfera da personalidade de suas contrapartes, que, acaso violados, originarão, para a vítima, o direito à correspondente reparação pelas lesões sofridas.[508]

Na esfera trabalhista, as lesões de cunho pós-contratual se manifestam, geralmente, por intermédio de manifestações difamatórias e caluniosas por parte dos ex-empregadores contra a pessoa do ex-empregado ou através do repasse de informações inverídicas a respeito dos atributos profissionais e éticos do trabalhador às empresas que estudam a contratação deste último.[509]

Note-se que tais condutas ofensivas perpetradas pelos ex-patrões são a causa, ao mesmo tempo, de lesões de natureza moral caracterizadas pelos impactos das agressões na reputação, na honra e na imagem do trabalhador em questão e de eventuais danos materiais relacionados, intrinsecamente, com os prejuízos inerentes à perda de oportunidade de contratação por outro empregador o que, ao fim e ao cabo, acaba por afetar a própria subsistência do obreiro.[510]

A síntese ora formulada indica que a responsabilidade civil trabalhista transcende em muito os temas tradicionalmente tratados pela legislação acidentária. Para muito além dos danos patrimoniais diretamente relacionados à perda da fonte de sustento do trabalhador e de sua família, há uma miríade de situações que podem se manifestar antes, durante e mesmo após o desenvolvimento da relação laboral e que têm o potencial de violar direitos fundamentais dos obreiros e, consequentemente, de lhes ocasionar danos de natureza moral, material, biológica, estética e existencial.

Tal percepção, conforme visto, surgiu a partir do momento em que as diretrizes principiológicas conformadoras do direito do trabalho adquiriram sede constitucional e passaram a figurar lado-a-lado com o elenco clássico das garantias individuais. O trabalhador, então, passou a ser visto, antes de mais nada, como um efetivo *cidadão* que, nessa condição, titulariza direitos fundamentais intrinsecamente relacionados à esfera da personalidade e que merecem resguardo tanto em relação às ofensas provenientes dos poderes públicos, quanto dos agentes privados.[511]

Não obstante a evidente dilatação do escopo inerente à responsabilidade civil trabalhista e a patente incidência das diretrizes admitidas pelo constitucionalismo contemporâneo a admitir a aplicação direta dos direitos fundamentais aos atores privados e, consequentemente, às empresas, as legislações domésticas ainda permanecem, em maior ou menor medida, atreladas aos cânones que orientaram a edição das leis acidentárias no final do século XIX e nas primeiras décadas do século XX.

3.5 PANORAMA ATUAL DA RESPONSABILIDADE CIVIL TRABALHISTA

Em pleno Século XXI, o dimensionamento do sentido e do alcance dos direitos fundamentais no âmbito das relações de trabalho vem se dando, principalmente, pela aplicação direta das normas constitucionais e dos tratados internacionais que os consagram por parte das autoridades judiciais, bem como pela ampla doutrina que se formou sobre o tema. À exceção de alguns aspectos pontuais, as legislações domésticas não têm se preocupado com a delimitação das fronteiras a permearem a autonomia privada e a liberdade de empresa, de um lado, e as garantias pessoais dos trabalhadores-cidadãos, de outro.[512]

Tal situação tem impacto direto na temática afeta à responsabilidade civil trabalhista, que, conforme visto, tem por principal escopo, na atualidade, a reparação dos danos (não apenas patrimoniais) experimentados pelos trabalhadores em aspectos integrantes de suas respectivas esferas da personalidade ora como decorrência do uso abusivo e ilegítimo do poder diretivo por parte dos empregadores, ora em decorrência de acidentes de trabalho e doenças ocupacionais provocados pela desídia patronal na organização adequada dos fatores de produção.

Nesse cenário lacunoso, a resolução das controvérsias concretas a envolverem a violação aos direitos fundamentais dos trabalhadores ocorre por intermédio da aplicação direta dos princípios consagradores de tais garantias nas constituições ou, ainda, pelo recurso aos dispositivos da legislação civil concernentes à temática da responsabilidade civil.

A aplicação direta das normas constitucionais e o recurso à legislação civil por analogia nos termos ora indicados não configuram, por si sós, um problema para o operador do direito, na medida em que a hermenêutica contemporânea reconhece não apenas a força normativa dos princípios e a existência, em seu cerne, de conteúdos institucionais específicos a serem desvelados pelos intérpretes à luz das nuances dos casos concretos, como também a possibilidade (senão a própria necessidade) de se recorrer a outros dispositivos do ordenamento positivo que partilham de idêntico sentido teleológico e que conferem notas de coerência e de integridade ao sistema jurídico com vistas à suplantação de situações aparentemente relegadas à anomia.[513]

No que concerne à responsabilidade civil trabalhista o grande obstáculo é representado pela subsistência, em grande medida, dos marcos normativos e das construções teóricas erigidas há mais de um século no ensejo de regulamentar as reparações devidas pelos *acidentes de trabalho* e pelas *doenças ocupacionais*. Nesse sentido, a análise de alguns ordenamentos jurídicos demonstra que a legislação acidentária vem, efetivamente, impedindo a compreensão adequada das lesões aos direitos fundamentais dos trabalhadores antes, durante e após a relação laboral e – o que é ainda pior – sua adequada e plena reparação.

Na grande maioria dos países, a principal modalidade de reparação acidentária permanece representada pelas prestações previdenciárias definidas em rol taxativo e quantitativamente tarifadas destinadas à compensação dos prejuízos materiais experimentados pelos trabalhadores e por suas famílias em decorrência da perda de capacidade de trabalho por parte daqueles primeiros ou de seu falecimento. Salvo pontuais exceções, não mais subsiste a indenização a cargo do empregador com base na responsabilidade objetiva.[514]

Para além da tarifação das reparações custeadas pelos sistemas de seguridade social, alguns países ainda mantêm as restrições concernentes ao recurso, por parte do trabalhador, às normas de direito comum que regulamentam a responsabilidade civil, bem como à acumulação entre aquelas prestações acidentárias e as indenizações previstas na legislação cível.

É o que sucede, hodiernamente, na França, onde o Código da Seguridade Social possibilita em seus artigos L-452-5 e L-454-1 o acesso à reparação fundada no direito comum tão somente nas hipóteses (i) em que os danos experimentados pelos trabalhadores em decorrência de acidentes de trabalho ou de doenças ocupacionais tenham sido ocasionados por dolo ou por culpa grave do empregador ou de seus prepostos e (ii) em que as lesões tenham sido provocadas por terceiros alheios ao controle do patrão.[515]

Há, no entanto, estudos empreendidos já há algum tempo com vistas à ampliação do escopo da reparação pelos acidentes de trabalho e pelas doenças ocupacionais, com destaque para o relatório produzido no âmbito do comitê especial instaurado no âmbito do *Ministério das Questões Sociais, do Trabalho e da Solidariedade* em meados de 2004 intitulado *La rénovation de la réparation des accidents du travail et des maladies professionnelles*, apodado singelamente de *Relatório Laroque*, em referência ao sobrenome do presidente do comitê em questão.[516]

Dentre os cenários traçados pelo *Relatório Laroque*, com vistas à reforma do sistema de reparação acidentária, há um que se caracteriza, justamente, pela adoção de um sistema de reparação integral similar ao do direito civil, com a diferença de que o pagamento das respectivas indenizações ficaria a cargo de um organismo segurador com finalidade específica, podendo este último obter do agente causador dos danos o ressarcimento das respectivas expensas pela via da ação de regresso.[517]

As lesões a serem compensadas corresponderiam não apenas aos danos patrimoniais decorrentes da morte ou da perda de capacidade laborativa, mas também aos *danos psicofísicos* (*fisiológicos*) aferíveis em concreto por médicos especialistas, bem como dos *danos morais* (*pretium doloris*), dos *danos estéticos*, dos *danos às funções sexuais e reprodutoras* e dos *danos por ricochete* (materiais e extrapatrimoniais) experimentados por terceiros.[518]

Na Argentina, de seu turno, o sistema de reparações pelos infortúnios do trabalho estabelecidos nos termos da *Ley nº 24.557*, de 13/09/1995 estabelece um rol taxativo de prestações pecuniárias e em espécie suportadas por uma entidade paraestatal de seguridade social mediante o recolhimento de contribuições a cargo dos empregadores, destinadas a promover a subsistência das vítimas e de seus familiares em caso de incapacidade (parcial, total, temporária ou permanente) ou de morte.

Tais benefícios a serem revertidos em favor dos trabalhadores ou de seus dependentes são tarifados e sua percepção exclui, em absoluto, o regime de responsabilidade civil previsto no direito comum, salvo nas hipóteses de dolo ou culpa grave dos empregadores ou de seus prepostos.[519]

A sistemática estabelecida na *Ley nº 24.557*, no entanto, vem sendo sucessivamente criticada pela doutrina não apenas em razão da insuficiência das indenizações ali tarifadas para a reparação integral dos prejuízos materiais e extrapatrimoniais experimentados pelos trabalhadores e por seus familiares, mas também por conta de sua estrita vinculação aos danos patrimoniais diretamente relacionados à cessação das verbas salariais, com exclusão das indenizações previstas no direito comum.[520]

Registre-se, entretanto, que com a edição da *Ley nº 26.773*, de 25/10/2012, as sobreditas limitações foram atenuadas, na medida em que o diploma em referência passou a facultar aos interessados a opção pela reparação tarifada com base na *Ley nº 24.557*, ou o recurso ao direito comum com vistas à obtenção de uma reparação integral mediante a comprovação de culpa ou dolo dos empregadores ou de seus prepostos.[521]

Na Espanha, a reparação dos prejuízos patrimoniais diretamente relacionados à incapacidade ou à morte do trabalhador são suportados pelo *Fondo de Contingencias Profesionales de la Seguridad Social* previsto no artigo 97 da Lei Geral de Seguridade Social (*Real Decreto Legislativo* nº 8/2015, de 30 de outubro). As prestações do referido fundo são custeadas pelas cotas recolhidas dos empregadores a variarem em função das atividades econômicas por eles desempenhadas e dos graus de riscos a elas inerentes, tendo por base as remunerações dos empregados.[522]

Os montantes das pensões custeadas pelo sobredito fundo se encontram definidos de maneira taxativa para as hipóteses de incapacidade parcial, total, temporária ou permanente, bem como de morte do trabalhador em decorrência de acidentes de trabalho e doenças ocupacionais. Não obstante as referidas prestações, o regime em apreço abrange, ainda, as indenizações pelas lesões permanentes não incapacitantes (artigo 201), cujos valores são tarifados na tabela (*baremo*) editada pelo *Instituto Nacional de Seguridad Social*.[523]

No entanto – e ao contrário do que sucede nos ordenamentos da França e da Argentina –, a Lei Geral de Seguridade Social espanhola admite expressamente em seu artigo 168.3 a possibilidade de cumulação entre as prestações custeadas pelo fundo acidentário e as indenizações decorrentes do direito civil com fundamento na responsabilidade subjetiva e no princípio da reparação integral.[524]

Há, inclusive, na Lei de Organização da Jurisdição Social (*Ley nº 36/2011*) previsão expressa em seu artigo 183 a respeito da fixação, pelos juízes, de indenizações devidas aos trabalhadores pelos danos patrimoniais e extrapatrimoniais por eles experimentados como resultado da violação a direitos fundamentais e a liberdades públicas de que são titulares, tanto em decorrência de acidentes de trabalho ou doenças ocupacionais, quanto em função de outras situações atentatórias à esfera da personalidade dos obreiros.

Ainda nos termos do referido dispositivo, as quantias correspondentes às respectivas reparações não estarão sujeitas à tarifação, de modo que seu estabelecimento terá por diretrizes (i) a compensação, na medida do possível, dos prejuízos sofridos e (ii) a prevenção a futuras lesões.[525]

Tal como ocorre na Espanha, a legislação portuguesa sobre o regime dos acidentes de trabalho e doenças ocupacionais (Lei nº 98, de 4 de setembro de 2009) estabelece prestações taxativas e tarifadas destinadas à cobertura dos prejuízos patrimoniais diretamente relacionados à incapacidade (parcial, total, temporária e permanente) do trabalhador ou à sua morte que podem ser cumuladas com as indenizações previstas no direito comum em caso de dolo, culpa ou patente inobservância às regras de saúde e de segurança laborais.[526]

No entanto, à diferença do que sucede na grande maioria dos regimes acidentários, as prestações destinadas à reparação dos prejuízos patrimoniais imediatos decorrentes dos acidentes de trabalho em Portugal correm por conta de seguradoras privadas com as quais o empregador está obrigado a celebrar contratos, sob pena de assumir diretamente a responsabilidade pelas respectivas parcelas, nos termos do artigo 79º da Lei nº 98/2009 e de acordo com a tradição seguida pelo legislador lusitano desde a primeira legislação nacional a respeito do tema, em 1913.[527]

Já as prestações decorrentes das doenças ocupacionais, de seu turno, remanescem a cargo do sistema de seguridade social, custeado por intermédio de contribuições recolhidas dos empregadores, nos termos do artigo 93º da Lei nº 98/2009.[528]

No Brasil, desde a década de 1960, com o advento da Lei nº 5.316, de 14/09/1967, as reparações acidentárias fundadas na responsabilidade objetiva pelo risco profissional integram o *seguro* cujas prestações se encontram a cargo da Previdência Social. Até a promulgação da Constituição Federal de 1988 a possibilidade de cumulação de tais parcelas com as indenizações fundadas no direito civil eram limitadas às hipóteses em que o empregador agia com dolo ou culpa grave, nos termos da Súmula nº 229 do Supremo Tribunal Federal.

Com o advento da Constituição de 05/10/1988, permitiu-se expressamente em seu art. 7º, XXVIII, a percepção daquele *seguro contra acidentes de trabalho, a cargo do empregador, sem excluir a indenização a que este está obrigado, quando incorrer em dolo ou culpa.*[529]

E para além das questões a envolverem a responsabilidade civil dos empregadores pelos danos decorrentes dos acidentes de trabalho e das doenças ocupacionais, a prática jurisprudencial brasileira vem reconhecendo a plena admissibilidade das demandas a terem por objeto a reparação devida aos trabalhadores pelas violações a direitos fundamentais oriundas da relação de trabalho.[530]

Inclusive, com o advento da Lei nº 13.467, de 13/07/2017 (apodada de *Reforma Trabalhista*), buscou-se a regulamentação da reparação pelos danos extrapatrimoniais de origem trabalhista por intermédio de expedientes extremamente restritivos tais como (i) a vedação quanto à utilização das regras de direito comum (especialmente do Código Civil) como parâmetro para as indenizações; (ii) a limitação dos bens jurídicos passíveis de lesão e (iii) a tarifação das quantias indenizatórias com base nos salários das vítimas, cuja constitucionalidade é duvidosa, para dizer o mínimo.[531]

Em que pese, todavia, a subsistência dos marcos regulatórios acidentários tradicionais no centro dos sistemas de responsabilidade civil trabalhista, estes últimos vêm se abrindo, já há algum tempo, para a noção de que o empresário, conquanto gestor dos meios de produção e dos aspectos materiais e imateriais inerentes à organização do trabalho, é detentor do dever objetivo de antecipar todos os possíveis riscos a permearem sua atividade econômica e de preveni-los em concreto.

Trata-se, nesse particular, da concretização das diretrizes oriundas das Convenções nº 155 e nº 187 da OIT a preconizarem, em síntese, que os países signatários deverão elaborar políticas voltadas para o objetivo de prevenir os danos decorrentes dos acidentes e das doenças ocupacionais por intermédio (i) da redução dos riscos inerentes ao trabalho aos patamares mínimos e (ii) da melhoria contínua da segurança e da saúde do trabalho em constante atenção à evolução tecnológica dos métodos dos insumos e do instrumental utilizados na organização produtiva.[532]

Mais do que estabelecer, para os países signatários, o dever inerente à formação de políticas públicas destinadas a prevenir os sinistros relacionados ao trabalho, as Convenções nº 155 e nº 187 da OIT impõem para os governos e para os empregadores a adoção de uma nova perspectiva para se lidar com a questão. De acordo com ela, os *acidentes de trabalho* e as *doenças ocupacionais* não devem ser encarados nem como eventos isolados e tampouco como vicissitudes a serem enfrentadas mediante o singelo cumprimento das exigências formais previstas na legislação, mas sim como manifestações concretas dos riscos existentes nos ambientes laborais a demandarem, por isso mesmo, a elaboração de planos de ação de curto, médio e longo prazo contendo medidas e metas concretas de melhorias a serem implementadas e concretizadas.[533]

Dito em outros termos, a partir do enfoque exigido pelas Convenções nº 155 e nº 187 da OIT, a prevenção dos acidentes de trabalho e das doenças ocupacionais deixou de ser uma simples obrigação *de meio* para se constituir em uma efetiva obrigação *de resultado*. Não basta mais que os governos e os empregadores envidem seus melhores esforços com vistas à redução e à eliminação dos riscos profissionais. A partir de agora, encontram-se os referidos agentes comprometidos com a efetiva colimação de tal objetivo, sempre em atenção às possibilidades factíveis de fazê-lo e aos avanços tecnológicos pertinentes.[534]

Sob tal perspectiva, a União Europeia editou, em 12 de julho de 1989, uma diretiva específica para a formulação das políticas nacionais de gestão das condições de trabalho (*Diretiva nº 89/391*). A referida norma preconiza em seu artigo 6º que os empregadores deverão estabelecer medidas concretas destinadas (i) à planificação dos riscos laborais, (ii) à efetiva formação e à informação dos trabalhadores, (iii) ao combate, na origem, dos fatores potencialmente nocivos de ordem física, química, biológica e ergonômica, (iv) à adaptação do trabalho aos condicionantes impostos pela natureza humana, (v) à consideração da evolução da técnica na conformação da organização produtiva, (vi) à participação dos trabalhadores nas tomadas de decisão a respeito do tema, dentre outras.[535]

No plano das legislações domésticas, o texto do *Code du Travail* francês passou a integrar em seus artigos L-4.121-1 e L-4.121-2 a obrigação, para os empregadores, de que estes últimos implementem na gestão de seus ambientes de trabalho, (i) a antecipação e a planificação das medidas a serem empreendidas na prevenção dos riscos materiais e imateriais relacionados aos mais diversos agentes físicos, químicos, biológicos e ergonômicos, (ii) o treinamento adequado dos trabalhadores e a plena informação destes últimos a respeito dos referidos riscos, (iii) a avaliação e o monitoramento constante dos fatores de riscos que não podem ser totalmente eliminados, (iv) a reorganização dos fatores materiais e imateriais de produção em função das necessidades e das limitações humanas, (v) a atenção à evolução da técnica produtiva e dos insumos, (vi) a substituição dos insumos nocivos por elementos alternativos destituídos de riscos ou menos perigosos e (vii) a priorização dos meios coletivos de proteção em relação aos equipamentos individuais.[536]

Em observância a essa mesma perspectiva, a Espanha editou em 8 de novembro de 1995, a *Ley nº 31/1995*, destinada, justamente, à prevenção dos riscos laborais. No artigo 15 do referido diploma, veem-se as mesmas orientações emanadas da Diretiva nº 89/381, da União Europeia e reproduzidas no *Code du Travail* francês destinadas à planificação dos riscos, à formação e à informação dos trabalhadores, à avaliação e ao combate na origem dos fatores de nocividade físicos, químicos, biológicos e ergonômicos, à adaptação do trabalho ao homem, entre outras.[537]

Já em Portugal, as diretrizes concernentes à prevenção dos riscos laborais se encontram previstas genericamente nos artigos 281º e 282º do atual Código do Trabalho. Consta dos referidos dispositivos que os empregadores têm por deveres (i) a implementação de todos os meios técnicos disponíveis para o enfrentamento adequado dos fatores de potencial nocividade aos trabalhadores, (ii) o fornecimento, ao seu pessoal, dos treinamentos e das informações necessárias à sua segurança e à sua saúde e (iii) a consulta aos trabalhadores a respeito das medidas de prevenção a serem empreendidas.[538]

Note-se, a propósito, que a ocorrência de acidentes de trabalho ou de doenças ocupacionais a terem por causa comprovada a inobservância a tais diretrizes é considerada pelo artigo 18º, item 1, da Lei nº 98/2009 portuguesa como um fator que pressupõe a atuação culposa do empregador e determina, por conseguinte, a responsabilização integral deste último por todos os danos patrimoniais e extrapatrimoniais experimentados pelas vítimas.[539]

No Brasil, as diretrizes de prevenção dos riscos labor-ambientais segundo a perspectiva adotada pelas Convenções nº 155 e nº 187 da OIT constam parcialmente da Norma Regulamentar nº 1, do Ministério do Trabalho, com redação conferida pela Portaria nº 6.730 de 9 de março de 2020. No referido diploma, é possível constatar que os objetivos de planificação, antecipação, treinamento, informação e atualização deverão ser colimados por intermédio da elaboração obrigatória dos *Programas de Gerenciamento de Riscos* a cargo dos empregadores.

Basicamente, o *Programa de Gerenciamento de Riscos* idealizado pela normativa em apreço é um documento em que a empresa deve elencar os riscos físicos, químicos, biológicos e ergonômicos existentes em cada um de seus setores, bem assim as medidas coletivas e individuais a serem implementadas com vistas ao enfrentamento daquelas condições nocivas.

Em que pese o avanço da perspectiva focada na antecipação e na prevenção dos riscos laborais, nos moldes das Convenções nº 155 e nº 187 da OIT, a responsabilidade civil trabalhista permanece, em grande medida, fundada nos marcos normativos destinados à reparação individualizada, patrimonial, limitada e tarifada dos acidentes de trabalho e das doenças ocupacionais.

Ao contrário do que vem sucedendo nos domínios da teoria geral da responsabilidade civil, onde o princípio da reparação integral ampliou a perspectiva ressarcitória para uma série de lesões patrimoniais e extrapatrimoniais diversas dos tradicionais danos materiais e morais, a responsabilidade civil trabalhista, especialmente a de natureza acidentária, ainda encara como um tabu a plena compensação pecuniária dos prejuízos de natureza para além das perdas imediatas experimentadas pelas vítimas e por seus familiares em decorrência da cessação da renda auferida com o labor.

E ao mesmo tempo em que os marcos normativos da responsabilidade civil trabalhista permaneceram, em grande medida, aferrados às diretrizes advindas da teoria do *risco profissional*, a reparação das lesões de natureza extra-acidentária sofridas pelos trabalhadores antes, durante e depois de seus vínculos laborais, não obteve maior atenção por parte das legislações domésticas sendo tratadas e solucionadas pela aplicação direta dos dispositivos constitucionais consagradores dos direitos fundamentais à generalidade dos cidadãos, sob a perspectiva das teorias a preconizarem a incidência destes últimos às relações interprivadas.

No que concerne especificamente à perspectiva preventiva formulada na esteira das Convenções nº 155 e nº 187 da OIT, pode-se dizer que a repercussão de tal enfoque sobre a responsabilidade civil trabalhista vem sendo substancialmente limitada. De fato, seu único efeito prático é representado, basicamente, pelo eventual agravamento, em concreto, da culpabilidade daqueles empregadores que ao não seguirem as diretrizes de antecipação e de gestão adequada dos riscos laborais preconizadas nas legislações domésticas, ocasionaram lesoes aos seus trabalhadores.

Além disso, as exigências legais formuladas pelos ordenamentos domésticos com supedâneo na perspectiva preventiva são encaradas, muitas vezes, como formalidades que, uma vez cumpridas pelos empregadores, os eximiriam da responsabilidade por sinistros de origem laboral. Nesse sentido, bastaria, por exemplo, elaborar planos periódicos de gestão de riscos ocupacionais mais ou menos abrangentes, a contar com um certo grau de participação dos trabalhadores em sua formulação, conceber treinamentos e instruções genéricos e realizar avaliações periódicas nos fatores inerentes à organização produtiva para se ter preenchido os requisitos determinados pelo ordenamento jurídico.

Tem-se, portanto, a partir da síntese formulada no presente tópico, o panorama atual da responsabilidade civil trabalhista. Nele se vê um sistema que, apesar de ter evoluído principalmente a partir do reconhecimento em torno da força normativa dos princípios de direitos fundamentais e da prática jurídica, ainda tem suas principais fundações cravadas em marcos teóricos datados, cuja compreensão em torno da ideia de *risco profissional* não atinge o grau de complexidade abrangido, na atualidade, pelo conceito.

Trata-se de um sistema que, a despeito de ter experimentado certa evolução, ainda tem por esteio uma estrutura estritamente *legalista*, *patrimonialista* e, principalmente, *individualista*, em medida ainda maior do que a própria teoria geral da responsabilidade civil. Para adequá-lo à realidade que permeia as relações de trabalho na contemporaneidade, entendemos que é preciso caminhar em direção à formulação de um novo paradigma destinado à sua compreensão em bases distintas dos marcos teóricos até aqui dissecados.

3.6 CONCLUSÃO. A PERSPECTIVA *INDIVIDUALISTA, LEGALISTA, PATRIMONIALISTA* E *CONTRATUALISTA* DA RESPONSABILIDADE CIVIL TRABALHISTA. POR UM NOVO PARADIGMA

A responsabilidade civil trabalhista, a despeito da evolução das perspectivas a ela inerentes e da ampliação de seu campo de abrangência, ainda se encontra estruturada sob as bases da teoria do *risco profissional*. Nesse sentido, a ideia de que os trabalhadores devem ser protegidos e ressarcidos pelos *acidentes de trabalho* e pelas *doenças ocupacionais* relacionados às atividades desempenhadas por seus respectivos empregadores ou tomadores de serviços, independentemente da perquirição acerca da culpa destes últimos, permanece no cerne dos sistemas jurídicos dedicados à temática acidentária, independentemente da opção por eles manifestada a respeito do modelo de responsabilização direta ou socializada.

De fato, tanto nos ordenamentos jurídicos calcados na imposição dos custos acidentários diretamente ao empregador, quanto naqueles fundados na socialização de tais expensas por intermédio dos organismos de seguridade social, o objetivo nuclear vislumbrado por ambos os sistemas consiste na reparação às consequências particularizadas que os *acidentes de trabalho* e as *doenças ocupacionais* trazem para os trabalhadores e para seus familiares, especificamente no que diz respeito aos prejuízos materiais imediatamente decorrentes da perda da capacidade produtiva.

É exatamente nesse ponto específico que a teoria do *risco profissional* a servir, ainda hoje, de fundamento para os sistemas contemporâneos de reparação pelos *acidentes de trabalho* e pelas *doenças ocupacionais*, se mostra impregnada do mesmo *individualismo* a caracterizar a Teoria Clássica da Responsabilidade Civil, ainda que aquela primeira, ao contrário desta última, tenha superado o escrutínio particularizado a respeito da conduta dos agentes e de sua culpabilidade para fins de imputação do dever de reparar.

De fato, se por um lado não mais se perquire o elemento subjetivo (*dolo* e *culpa*) a imbuir as condutas dos empregadores e de seus prepostos, pressupondo-se a responsabilidade dos tomadores de serviços pelos danos intrinsecamente relacionados às atividades por eles desempenhadas, por outro, as reparações devidas aos trabalhadores e aos seus familiares, conforme o caso, são orientadas, primordialmente, pela busca de compensação pecuniária das consequências individualizadas que o evento lesivo trouxe para cada vítima, ainda que tais decorrências partilhem uma origem comum.

Assim, não importa para a teoria do *risco profissional*, ao menos para fins de reparação, que um mesmo fator (p. ex.: o ruído oriundo de um maquinário mal ajustado) seja a causa em comum da ocorrência em série de doenças ocupacionais relacionadas ao trato auditivo dos trabalhadores expostos a tal fonte de degradação. A preocupação dos sistemas normativos que nela se fiam gravita essencialmente em torno da reparação parcial dos *efeitos* que o elemento nocivo em questão gera na capacidade produtiva das vítimas, seja por intermédio de uma indenização tarifada (ou não) a cargo do empregador, ou de benefícios custeados pela seguridade social.

Em síntese, a teoria do *risco profissional* não foi concebida, em sua origem, para lidar com a eliminação das *causas* geradoras dos acidentes de trabalho e das doenças profissionais que as reparações a cargo dos empregadores ou dos sistemas de seguridade social visam compensar. Tal como a concepção tradicional da responsabilidade civil, ela enxerga as lesões experimentadas pelos trabalhadores e por seus familiares como eventos isolados e individualizados adstritos ao trinômio *evento-dano- nexo de causalidade*.

As engrenagens da teoria do *risco profissional* não foram pensadas para lidar com a ideia de que os trabalhadores submetidos a determinados fatores de degradação ambiental são titulares em comum de um direito *coletivo* à higidez de seus respectivos locais de trabalho e que a implementação de tal garantia depende mais de ações concretas destinadas à eliminação de tais elementos desestabilizantes do que de reparações pecuniárias a serem pagas *a posteriori*.[540]

Para a teoria do *risco profissional*, apenas os trabalhadores individualmente considerados no bojo de suas respectivas relaçoes bilaterais de trabalho estabelecidas com os empregadores seriam titulares de um direito limitado à reparação firmado em bases meramente pecuniárias. Tal ideário não reconhece, em sua essência, as coletividades determinadas e indeterminadas de sujeitos submetidos a uma causa comum de degradação do ambiente de trabalho como agrupamentos detentores de interesses juridicamente reconhecidos.

Em grande medida, os sistemas normativos calcados na teoria do *risco profissional* fazem abstração destes interesses transindividuais a permearem, em igual medida, a totalidade dos indivíduos submetidos a um determinado fator prejudicial à sua sadia qualidade de vida. Ao revés, eles permanecem atrelados a uma concepção ainda muito impregnada do *contratualismo* e do *patrimonialismo* a caracterizarem a responsabilidade civil clássica, pela qual os *acidentes de trabalho* e as *doenças ocupacionais* figurariam na condição de impactos correlatos às atividades regularmente desempenhadas pelos empregadores na relação bilateral de trabalho estabelecida entre estes últimos e os trabalhadores e que somente seriam reparados em caráter individual e mediante pecúnia.

A propósito, o esquema reparatório assumido pela teoria do *risco profissional* tem suas bases fincadas no ideário liberal a propugnar que os empregadores e os trabalhadores individualmente considerados, ao estabelecerem relações de trabalho sacramentadas em contratos bilaterais, estão essencialmente trocando entre si duas espécies de bens passíveis de apropriação, quais sejam, a *pecúnia* e a *força de trabalho*.[541]

E como os *acidentes de trabalho* e as *doenças ocupacionais* decorrentes dos riscos inerentes às atividades produtivas administradas pelo empregador acabam por vulnerar, em maior ou menor proporção, a única *propriedade* que o trabalhador individualmente considerado titulariza no vínculo obrigacional, qual seja, a *força de trabalho*, aquele primeiro passou a figurar objetivamente como o responsável pela reparação dos danos ocasionados a tal bem mediante o pagamento de indenizações destinadas a compensar os impactos materiais da perda da capacidade produtiva do obreiro.

É bem verdade que, com o passar do tempo, os sistemas fundados na teoria do *risco profissional* evoluíram no sentido de encampar a implantação de medidas acessórias de prevenção, tais como a formulação de regulamentos gerais destinados à fixação de condições mínimas de higiene laboral, seguida da fixação de *limites de tolerância* à exposição a fatores físicos, químicos e biológicos e a criação de adicionais monetários para atividades potencialmente lesivas, com o escopo de induzir os empregadores à adoção de práticas concretas destinadas à redução dos riscos acidentários.

Também é verdade que com o advento das Convenções nº 155 e nº 187 da OIT, a perspectiva da prevenção dos *acidentes de trabalho* e das *doenças ocupacionais* foi substancialmente reforçada pelas legislações domésticas que passaram a exigir dos empregadores uma série de diretrizes concretas destinadas à antecipação dos potenciais riscos existentes nos locais de trabalho e à formulação de planos voltados para a gestão adequada de tais ameaças em potencial.

No entanto, a despeito de tais vicissitudes, a ênfase no aspecto preventivo introduzida nas legislações domésticas a partir da formulação dos conceitos inerentes à *higiene ocupacional* e reforçada com as diretrizes emanadas das Convenções nº 155 e nº 187 da OIT, não representou uma ruptura efetiva com os cânones individualistas, legalistas, contratualistas e patrimonialistas que ainda orientam a teoria do *risco profissional* e a própria responsabilidade civil.

Nesse sentido, a encampação de tais diretrizes pelas legislações domésticas, especialmente no que concerne à adoção de programas de antecipação e de prevenção de riscos ocupacionais, vem sendo encarada não apenas pelos empregadores, como também pelos próprios agentes públicos, como meras formalidades que uma vez atendidas elidiriam total ou parcialmente a responsabilidade patronal pelos acidentes de trabalho e pelas doenças profissionais relacionados àqueles riscos.

Assim, sob o influxo de tal concepção, se os empregadores, na condição de gestores das condições materiais e imateriais de trabalho, observarem os limites de tolerância estabelecidos nos regulamentos oficiais de higiene ocupacional para a exposição aos diversos agentes físicos, químicos e biológicos e elaborarem programas destinados à identificação e à prevenção de riscos profissionais em observância aos parâmetros fixados na legislação pertinente, não só estarão agindo em plena conformidade com o direito positivo, como também terão afastado os riscos que suas atividades acarretam para os trabalhadores.

Tem-se, exatamente aí, o principal aspecto relacionado ao *legalismo* que ainda subjaz aos sistemas de responsabilidade acidentária calcados na teoria do *risco profissional*. Antes de exigirem dos empregadores o pleno dimensionamento de tais fatores de risco para as coletividades a eles submetidas nos locais de trabalho, com vistas ao efetivo controle de suas causas, os ordenamentos se contentam com a singela adequação dos programas elaborados pelos próprios empregadores às exigências formais estabelecidas nas normas estatais, como se a mera observância ao direito positivo lograsse elidir as ameaças à integridade psicofísica presentes naqueles ambientes.[542]

É justamente por essa razão que as medidas preventivas e reparatórias contempladas nos sistemas normativos fundados na teoria do *risco profissional* e nos traços *individualistas*, *legalistas*, *patrimonialistas* e *contratualistas* que ainda a conformam se mostram insuficientes para lidar com as consequências dos riscos existentes nos locais de trabalho, dentre as quais se inserem os *acidentes de trabalho* e as *doenças ocupacionais*.

De fato, as diretrizes concernentes à prevenção e à reparação estabelecidas em tais ordenamentos não enxergam os *acidentes de trabalho* e as *doenças ocupacionais* como efeitos decorrentes de uma origem comum, isto é, de um desequilíbrio nas condições materiais e imateriais que conformam os espaços geridos pelos empregadores ou tomadores de serviços.

Para tais sistemas normativos, conforme visto, os *acidentes de trabalho* e as *doenças ocupacionais*, muito embora possam ter por origem um risco presente nos locais de trabalho, não são mais do que contingências a afetarem a capacidade de trabalho das vítimas e o atendimento às necessidades básicas de seu núcleo familiar que deverão ser reparadas individualmente por intermédio de indenizações ou de benefícios a cargo da seguridade social e que serão concedidos cada vez que um novo sinistro tiver lugar.

No entanto, esses mesmos *riscos* que são considerados pelas legislações acidentárias modernas como singelas decorrências das atividades empresariais pretensamente controláveis por planos genéricos de antecipação e de prevenção, são tratados pelas normas de Direito Ambiental vigentes naqueles mesmos ordenamentos domésticos como desequilíbrios provocados artificialmente nas condições de existência de uma dada coletividade e que por serem capazes de ocasionar danos multidimensionais (*individuais homogêneos*, *coletivos* e *difusos*), não são tolerados pelo direito.[543]

Subsiste, portanto, no seio de grande parte dos ordenamentos jurídicos contemporâneos, a coexistência paradoxal de dois sistemas que tratam de maneira distinta riscos idênticos em sua essência. Assim, um determinado fator de desequilíbrio ambiental (p. ex.: exposição a substâncias químicas utilizadas na fabricação de certos produtos) representará, para as coletividades de trabalhadores em contato direto com ele em seus locais de trabalho, uma contingência supostamente controlável, ao passo que, para as comunidades circunvizinhas a tal fonte de poluição, será ele enquadrado como um desequilíbrio ambiental intolerável a demandar medidas concretas e efetivas destinadas à sua eliminação.[544]

Admitir tal dicotomia equivale a reconhecer que os sistemas jurídicos contemplam uma *dupla cidadania* a conferir, para a generalidade dos indivíduos, o direito ao *meio ambiente equilibrado* em sua plenitude, com a decorrente tutela individual e coletiva contra todas as formas de poluição e, ao mesmo tempo, para os trabalhadores, um sistema mitigado de proteção contra tais riscos.[545]

Sob tal perspectiva, seria como se o conceito de *meio ambiente* que etimologicamente compreende o equilíbrio de todas as condicionantes naturais e artificiais da vida humana na generalidade das esferas onde ela se manifesta, só abrangesse os espaços públicos e privados situados fora dos locais de trabalho, ao passo que estes últimos constituiriam zonas imunes às diretrizes ambientais, como se os riscos ali existentes tivessem natureza, abrangência e tratamento diversos.[546]

É claro que a duplicidade de tratamento ora aventada só é possível de ser admitida a título de ficção, pois os locais de trabalho, tal como os demais espaços onde a vida humana se desenvolve, são ambientes constituídos por fatores naturais e artificiais que condicionam a integridade psicofísica dos indivíduos ali situados e que muitas vezes são partilhados entre os trabalhadores e outras coletividades, tais como os moradores de uma determinada localidade, os transeuntes etc.

Se há, em tais ambientes, desequilíbrios capazes de prejudicar o bem-estar dos trabalhadores que estão ali inseridos na mesma medida em que ameaçam os demais sujeitos alheios às relações laborais, não faz sentido estabelecer uma duplicidade de sistemas jurídicos para lidar com uma matéria-prima que em sua essência é a mesma, qual seja, o *risco*.[547]

Por isso mesmo, não é possível admitir-se, no seio dos ordenamentos jurídicos que consagram a tutela do equilíbrio ambiental, a existência de dois sistemas distintos de tutela, sendo um *pleno* e o outro *mitigado*. Os mecanismos de gestão preventiva dos riscos e da consequente reparação dos danos a eles relacionados devem ser formados por diretrizes principiológicas válidas, em igual medida, para todas as esferas que integram o meio ambiente em sua totalidade, incluindo-se aí, naturalmente, os locais onde os trabalhadores desenvolvem suas atividades profissionais.[548]

Diante de tal cenário, faz-se imprescindível que as vicissitudes coletivas e individualizadas ocasionadas pelos riscos existentes nos locais de trabalho – dentre elas, os *acidentes de trabalho* e as *doenças ocupacionais* – sejam compreendidas não mais como simples efeitos colaterais das atividades empresariais a afetarem a capacidade produtiva e a renda dos trabalhadores, ou então como ameaças à integridade psicofísica passíveis de serem neutralizadas (hipoteticamente) com a implementação pura e simples das limitadas formalidades legais exigidas para a antecipação e a prevenção dos riscos laborais.

É preciso avançar em direção ao reconhecimento de que os locais e as estruturas onde os indivíduos desenvolvem suas atividades profissionais e estabelecem relações interpessoais com seus colegas e superiores hierárquicos constituem uma parcela do *meio ambiente* e que os riscos criados ou tolerados pelos gestores de tais espaços configuram desequilíbrios passíveis de afetar as condições materiais e imateriais de trabalho e de ocasionar, em última instância, danos à integridade psicofísica daqueles sujeitos.

Para tanto, faz-se necessário compreender tais desequilíbrios presentes no meio ambiente de trabalho e as suas consequências para a saúde e para a vida dos trabalhadores para muito além da concepção *individualista, legalista, contratualista* e *patrimonialista* a permear tanto a teoria do *risco profissional* e sua sistemática de reparação acidentária, quanto as exigências meramente formais presentes na legislação contemporânea pretensamente dedicada à prevenção dos riscos existentes nos locais de trabalho. É justamente tal perspectiva que será esmiuçada nos dois capítulos seguintes e que dá corpo ao paradigma que julgamos ser o mais adequado para a redefinição da compreensão da responsabilidade civil trabalhista.

4

O DIREITO DO TRABALHO SOB A PERSPECTIVA AMBIENTALISTA

4.1 A COMPLEXIDADE DAS RELAÇÕES ECONÔMICAS E O SURGIMENTO DA *PERSPECTIVA AMBIENTALISTA*. UMA DECORRÊNCIA DO SÉCULO XX

A relação do ser humano e das demais espécies com o ambiente é tão antiga quanto eles próprios. Desde o surgimento da vida no Planeta, os seres vivos interagem com o entorno que os cerca, estabelecendo uma relação de simbiose, pela qual o condicionam e são, ao mesmo tempo, por ele condicionados.

Nesse particular, o que difere a interação desempenhada pelo ser humano com seu entorno em relação aos demais seres vivos é que o homem, por constituir uma espécie dotada de habilidades cognitivas diferenciadas, não se limitou a retirar do ambiente os elementos essenciais para a sua própria sobrevivência e para o prosseguimento de sua linhagem.

Em função de suas próprias características, a evolução do ser humano ocorreu (e vem ocorrendo) de maneira significativamente mais rápida e mais complexa em comparação com o que se passou com as outras espécies. Na medida em que o homem se dispersou pelo Planeta, teve de interagir com o ambiente para superar os obstáculos que desafiavam sua fixação nas mais diversas regiões do globo e, dessa forma, desenvolver tecnologias destinadas a assegurar seu domínio sob a natureza.[549]

O caráter gregário do ser humano fez surgir a vida em comunidade. A ocupação do espaço natural por ele deu origem às aldeias, às propriedades rurais, às vilas, às cidades, às nações e aos impérios. As necessidades e as cadeias de interação com o entorno ficaram mais complexas e o homem passou, então, a ser a espécie com maior capacidade de alteração do ambiente.

O engenho humano conduziu à exploração dos recursos naturais e à agregação de valor a tais elementos, bem como à transformação destes últimos em novos produtos. As necessidades complexas e variadas das sociedades geraram as trocas que, por sua vez, propiciaram o surgimento do comércio e do sistema mercantil. A busca por riquezas econômicas foi a força motriz que originou os mais diversos ofícios, as grandes navegações, os conflitos entre povos e a colonização de terras longínquas.

A interação diferenciada do ser humano com seu entorno o levou a progredir a largas passadas no que tange ao conhecimento e ao domínio dos elementos naturais. A descoberta da força proveniente dos combustíveis fósseis, do vapor e da eletricidade, seguida de seu aproveitamento na produção e nos transportes conduziu à Revolução Industrial que, de seu turno, incrementou a economia, o comércio, os serviços e a mobilidade geográfica a patamares até então desconhecidos.

A ampliação do domínio tecnológico em searas como a química, a física, a engenharia, o urbanismo e a mecânica fez com que os impactos da ação humana sobre seu entorno assumissem proporções inéditas, sendo que muitos desses efeitos acabavam se materializando sem que houvesse pleno conhecimento acerca de suas consequências para a comunidade e para a própria natureza. Assim, ao mesmo tempo em que o homem lograva adequar o ambiente às suas necessidades sociais e econômicas em grande escala, acabava por colocar em risco o próprio entorno em que se encontrava inserido e do qual dependia seu futuro.[550]

Tal consciência, contudo, não surgiu de forma concomitante com os avanços técnicos possibilitados pela Revolução Industrial. A percepção de que o novo modo de vida assumido pelo ser humano continha em si o germe de sua própria destruição surgiu apenas quando os efeitos desastrosos da interação com a natureza foram se materializando paulatinamente até o ponto em que já não era mais possível desconsiderá-los.[551]

Nesse particular, pode-se afirmar que as vicissitudes ocorridas no século XX foram o catalisador de tal percepção e, em grande medida, do surgimento de correntes de pensamento que, sob o viés da preservação do ambiente e, em última medida, da própria subsistência do Planeta, passaram a questionar os rumos tomados pela interação do homem com seu entorno.

Os acidentes radioativos, o esgotamento dos recursos naturais, o uso bélico da fusão nuclear, a dispersão dos agrotóxicos e de seus efeitos colaterais, a utilização inconsequente e criminosa de agentes químicos nas cadeias produtivas, a descoberta dos efeitos nefastos do gás carbônico na camada de ozônio, a urbanização desenfreada, dentre outros, desvelaram ao ser humano, de modo nu e cru, que os valores e o modo de vida da *civilização industrial* poderiam conduzir a vida na Terra ao colapso total.[552]

Não quer isto dizer, contudo, que o homem somente veio a atentar para a preservação dos elementos naturais a partir do século XX. Muito antes disso, ainda na Antiguidade, conjuntos de regras como a *Lei das XII Tábuas* (X. 1°) e o *Digesto* (D. 47. XI. 1.1) traziam regramentos nesse sentido, tais como as disposições que impediam o sepultamento e a cremação dos corpos nas cidades e aquelas que puniam os indivíduos que contaminassem as fontes públicas de água.[553]

De igual modo, as ordenações régias da Espanha e de Portugal do século XVI traziam uma série de dispositivos destinados à regulamentação de matérias como a higiene dos mananciais e dos aquedutos públicos, a exploração de espécies nativas, a repressão aos incêndios florestais, dentre outras.[554]

A diferença entre os mecanismos de tutela dos bens naturais concebidos na Antiguidade e na Idade Moderna em comparação com a consciência ambiental surgida a partir do século XX reside no fato de que os objetivos daqueles primeiros não iam além da tutela dos bens privados, da proteção contra os perigos reais e imediatos representados pelo comprometimento da produção agrícola e pecuária, bem como pelas doenças.

A própria organização e o cotidiano daquelas comunidades, pautados por um grau de interação, de desenvolvimento tecnológico e de complexidade significativamente menores se comparados com as das atuais sociedades, não nos permite visualizar, ali, a percepção em torno do liame a vincular as ações do homem na natureza e o comprometimento da subsistência de seu entorno, tal como se alcançou a partir do século XX.

Nem mesmo a concepção moderna do *direito de vizinhança* traz em seu âmago a consciência ambiental, ainda que de forma embrionária, porquanto os institutos dele decorrentes têm por objetivo não a manutenção dos recursos naturais de relevância comum com vistas ao seu desfrute compartilhado pelas presentes e futuras gerações, mas sim a obtenção de certo grau de harmonia no exercício do uso, fruição e disposição dos bens imóveis de proprietários considerados de *per se*.[555]

Tampouco os movimentos *higienista* e *naturalista* verificados mais tarde, no século XIX, poderiam ser considerados o embrião da consciência ambiental na perspectiva ora assumida. A tempo, as referidas tendências tinham um escopo bem mais restrito, ora direcionado à melhoria das condições de vida e de asseio nos superpovoados e precários bairros operários que circundavam as instalações fabris europeias e norte-americanas, ora relacionados à preservação das zonas de recreação apropriadas pela elite em face da expansão dos complexos industriais.[556]

Como exemplos de normas editadas nesse período sob tal orientação, tem-se o Decreto Imperial de 15 de outubro de 1810, da França, regulamentando a instalação das fábricas que produzem "*odores insalubres ou inconvenientes*" nas proximidades das zonas habitadas.[557]

Nesse mesmo sentido, a Constituição do Império do Brasil, de 1824, declinava em seu art. 179, XXIV, que "*nenhum genero de (...) industria, ou commercio póde ser prohibido, uma vez que não se opponha aos costumes publicos, à segurança, e saude dos Cidadãos*" tendo havido, já no período republicano, a edição de Códigos Sanitários, sendo o mais relevante deles o do Estado de São Paulo, editado em 1894.[558]

Até então, a preservação do *ambiente* era pautada por uma ética meramente antropocêntrica, destinada a resguardar os recursos naturais com vistas ao atendimento das necessidades humanas. Sob tal perspectiva, a tutela ambiental não se estendia para além dos interesses dos indivíduos relacionados à fruição dos elementos da natureza para fins econômicos, recreativos, sanitários e estéticos, de modo que o *meio ambiente* propriamente dito e seus componentes não eram considerados, de *per se*, como bens jurídicos, senão apenas como meros instrumentos a serem acessados e manejados pelos sujeitos reconhecidos como tal pelos ordenamentos jurídicos.[559]

Somente no século XX, mais precisamente nas décadas de 1960 e 1970, sob grande influência da obra da bióloga e escritora norte-americana Rachel Carson, é que a preocupação em torno da capacidade adquirida pelo ser humano para inviabilizar as condições de vida no Planeta alcançou a consciência coletiva e passou a ser objeto de pesquisas de grande alcance e de proposições normativas.[560]

Mais do que alertar as sociedades contemporâneas para os perigos inerentes ao grau de industrialização alcançado naquela quadra do século XX, a obra de Rachel Carson deu origem a uma nova perspectiva destinada à compreensão do relacionamento entre o homem e seu entorno, muito mais amplo e complexo do que as definições profiláticas e higienistas concebidas na Antiguidade e no período que se seguiu à Revolução Industrial.

Assim, já não bastava alijar os elementos nocivos à higiene de circunscrições urbanas e nativas e de cuidar para que a operação dos estabelecimentos industriais e comerciais não prejudicasse a saúde de determinadas populações. Era preciso, para muito além disso, impor limites ao desempenho de certas atividades econômicas passíveis de gerar riscos à própria subsistência do ambiente a conformar a vida humana e, ao fim e ao cabo, ao próprio ser humano.[561]

Nesse contexto, já não havia mais espaço para a subsistência absoluta do direito de propriedade assegurado pelo Estado soberano, nos moldes assimilados pelas teorias clássica do Direito Civil e do Direito Internacional Público segundo a "*retórica da modernidade*", a concebê-lo como um "*domínio despótico que dura para sempre, a menos que o proprietário a transfira*", conforme bem definido por Fritjof Capra e Ugo Mattei.[562]

Desse modo, a percepção de que a fruição irrestrita do direito à propriedade (e, nessa toada, à livre iniciativa econômica) poderia inviabilizar o acesso das gerações presentes e futuras a certos recursos naturais (p. ex.: os mananciais, a atmosfera, o solo, o mar etc.) e a certos elementos artificiais relacionados à identidade cultural da população, fez com que estes últimos fossem reconhecidos pelos ordenamentos jurídicos como *bens de uso comum*, a integrarem, em seu conjunto, uma esfera especial de interesses que passariam, por sua relevância, a condicionar tanto o exercício das garantias individuais asseguradas pela legislação civil, quanto a própria ação do Poder Público.[563]

Sob o influxo de tais diretrizes, foi editada em 1964 a Lei de Conservação da Natureza da Suécia sucedida, em 1967, pela lei japonesa para o controle da poluição ambiental e, em 1969, pela Lei relativa à Política Nacional de Meio Ambiente dos Estados Unidos (*United States National Environmental Policy Act*).[564]

No ano de 1972, um colegiado de empresários, políticos e cientistas de destaque definido como o *Clube de Roma* publicou o resultado da pesquisa encomendada quatro anos antes ao *Massachusetts Institute of Technology* (MIT) com vistas à investigação de possíveis soluções para as questões recém-formuladas pelos ambientalistas. O referido estudo, intitulado *The limits to growth*, demonstrou que o ritmo de crescimento da população mundial e da economia, com a consequente exploração dos elementos da natureza e com o aumento da produção industrial, do consumo e da poluição conduziriam, rapidamente, ao esgotamento dos recursos naturais, de modo a demandar a formulação de novos parâmetros para a relação entre o homem e seu entorno.[565]

Ainda segundo o estudo em referência, a solução para tais problemas envolveria, necessariamente, o envidamento de esforços por parte dos Estados, das empresas e dos particulares com vistas ao alcance de um *ponto de equilíbrio* entre a produção agrícola e industrial, o crescimento populacional e a conservação dos recursos naturais que serviria, ao fim e ao cabo, como limite para o próprio desenvolvimento econômico.[566]

Os alertas formulados pelos ambientalistas e as graves perspectivas apontadas pelos estudos empreendidos nesse período levaram a Organização das Nações Unidas a realizar, em 1972, a *Conferência sobre o Meio Ambiente Humano* na cidade de Estocolmo, capital da Suécia, com a participação de 113 países e de 400 organizações não-governamentais. A declaração produzida ao cabo do referido encontro estabeleceu as bases teóricas e jurídicas elementares da *perspectiva ambientalista* cuja pretensão visava nada menos do que redefinir os parâmetros da relação entre o homem e os elementos conformadores de seu entorno.[567]

Nesse sentido, a Declaração de Estocolmo de 1972 fixou como suas principais premissas (i) o reconhecimento do direito fundamental ao meio ambiente saudável, assim entendido aquele apto a assegurar ao homem um grau satisfatório de qualidade de vida; (ii) a preservação dos ecossistemas e dos recursos naturais em relação aos riscos advindos da industrialização e do crescimento do consumo e da população; (iii) a consolidação de um ambiente de vida e de trabalho adequado por intermédio do desenvolvimento social e econômico, observados os limites de sustentabilidade; (iv) o estabelecimento de programas nacionais e internacionais de gestão ambiental e (v) a cooperação entre os países desenvolvidos e em desenvolvimento com vistas à superação das desigualdades.

Com o passar do tempo, as diretrizes consagradas na Declaração de Estocolmo de 1972 não apenas passaram a orientar as políticas nacionais de meio ambiente dos mais diversos países, como também foram reafirmadas e aprofundadas nos próprios fóruns internacionais. Nesse sentido, a *Conferência das Nações Unidas sobre Meio Ambiente e Desenvolvimento* realizada no Rio de Janeiro em 1992 sintetizou tais avanços em vinte e sete princípios, dentre os quais se destacam (i) a garantia de participação das populações e de acesso às informações sobre os riscos que afetam diretamente suas comunidades; (ii) a imposição quanto à adoção de medidas de precaução mesmo diante da incerteza de consenso científico acerca da danosidade de determinados agentes; (iii) a divisão internacional dos custos com vistas a onerar a parte causadora de poluição; (iv) a ampliação da cooperação internacional com vistas à troca de informações, ao combate à pobreza e à partilha de tecnologias e (v) a proteção especial conferida aos povos e aos indivíduos dotados de maior vulnerabilidade.[568]

Independentemente da formulação de qualquer juízo de valor acerca da efetividade das diretrizes constantes das Declarações de Estocolmo (1972) e do Rio de Janeiro (1992), bem como nos inúmeros instrumentos internacionais dedicados à questão ambiental editados na senda aberta pelas referidas Conferências da ONU, o fato é que o paradigma ali delineado representa, efetivamente, uma nova forma de conceber a relação do homem com os elementos componentes de seu entorno diante dos severos riscos que o desenvolvimento econômico e industrial trouxeram consigo desde o início da Revolução Industrial até o final do século XX.[569]

A *perspectiva ambientalista*, nesse sentido, representa um marco evolutivo do conhecimento científico e da cultura humana, para além de um ponto de *não--retorno* às concepções anteriormente vigentes a orientarem a exploração dos recursos naturais, o desenvolvimento tecnológico e econômico e a ocupação do Planeta, haja vista a inaptidão de tais premissas para lidar com os riscos atualmente enfrentados. Trata-se, em síntese, de uma nova visão de mundo que refletirá em todos os campos do pensamento e da ciência, incluindo-se aí, naturalmente, o Direito.[570]

4.1.1 A centralidade do homem e a indivisibilidade do conceito de *meio ambiente*

Sob a *perspectiva ambientalista*, o homem ocupa a posição central. Tal assertiva pode até soar, de certo modo, contraditória em face do que se discorreu alhures, pois as concepções voltadas para a proteção dos elementos que compõem o entorno do ser humano tiveram por escopo, justamente, proteger aquele primeiro das ações lesivas provenientes deste último, especialmente no período que sucedeu a Revolução Industrial.

A centralidade do homem nos termos ora indicados é explicada a partir da análise da vertente jurídica da *perspectiva ambientalista*, na medida em que o *meio ambiente adequado* configura um bem titularizado pelos seres humanos que é, por isso mesmo, tutelado pelo Direito. Nessa acepção, os direitos encontram sua justificativa nas necessidades concretas dos indivíduos, e não nos interesses do Estado ou dos governos de ocasião, sendo aqueles primeiros (os direitos) o próprio fundamento existencial do Poder Público.[571]

No entanto, o direito ao *meio ambiente adequado* não se enquadra dentre as *garantias individuais* pautadas no ideário iluminista e que povoaram as constituições liberais editadas a partir do século XVIII e tampouco no rol dos *direitos sociais* a demandarem dos Estados a implementação de programas de ação com vistas ao atendimento de necessidades concretas de certos estratos vulneráveis da população, que apareceram pela primeira vez na Constituição Mexicana de 1917 e na Constituição de Weimar, de 1919.[572]

Ao contrário do que se passa com os *direitos individuais* e com os *direitos sociais*, cuja estrutura conceitual pressupõe os sujeitos individualmente considerados como seus titulares em face do Estado ou dos particulares (p. ex.: cidadão, proprietário, trabalhador etc.), o *meio ambiente*, enquanto direito fundamental, se caracteriza por ser uma garantia de titularidade *difusa*, ou seja, que pertence, em igual medida, a todos os seres humanos que constituem uma determinada sociedade.[573]

De fato, o homem não está situado fora da natureza, sendo parte dela ao lado dos demais elementos que integram o seu entorno, deles dependendo para sobreviver e para exercer, de modo equilibrado e sustentável, todos os outros direitos de que é titular, tanto no momento presente quanto no futuro. É justamente nessa medida que o *meio ambiente adequado* constitui um direito fundamental, que integra, ao mesmo tempo, o cabedal de garantias de cada indivíduo pertencente a uma determinada sociedade, de todos aqueles que com ele convivem contemporaneamente e das futuras gerações.[574]

Assim, a *dignidade humana* reconhecida pelas declarações e pelos Tratados Internacionais de Direitos Humanos, bem assim pelas constituições das principais democracias ocidentais, contempla uma dimensão claramente *ecológica*, na medida em que o *meio ambiente equilibrado* configura condição *sine qua non* para o desfrute dos direitos à vida (com qualidade), à saúde, à segurança (com relação aos riscos ambientais) e ao próprio bem-estar.[575]

Não por outra razão, a Declaração de Estocolmo (1972) destaca em seu primeiro princípio que o *meio ambiente de qualidade* é um direito fundamental titularizado pelo homem, na medida em que configura condição essencial para ter uma vida digna e para que possa gozar de um efetivo bem-estar. Por esse mesmo motivo, ainda segundo o dispositivo em referência, os seres humanos têm o dever de preservar o meio ambiente a fim de assegurar aquelas mesmas garantias para as gerações futuras.[576]

Nesse mesmo sentido, a Declaração do Rio de Janeiro (1992) enfatizou igualmente em seu primeiro princípio que "*os seres humanos estão no centro das preocupações com o desenvolvimento sustentável [e] têm direito a uma vida saudável e produtiva, em harmonia com a natureza*".

Sob tal orientação, algumas das constituições de cariz pluralista e social-democrata editadas na segunda metade do século XX passaram a integrar o direito ao *meio ambiente adequado* aos catálogos de garantias fundamentais. Destacam-se, nesse particular, as constituições da Espanha (1978) em seu artigo 45, do Brasil (1988) em seu artigo 225 e da África do Sul (1996) em seu artigo 24.[577]

Visto que o homem se encontra, efetivamente, no centro da *perspectiva ambientalista*, na medida em que é o titular do direito ao *meio ambiente equilibrado* imprescindível para sua própria existência com dignidade, cumpre delimitar, na sequência, quais os elementos a integrarem o conceito de *meio ambiente* a condicionar a própria vida dos seres humanos e que, por isso mesmo, consiste no objeto de proteção da garantia ora estudada.

A propósito, em um primeiro momento – especialmente em função do impacto da obra seminal de Rachel Carson e do primeiro informe produzido pelo *Clube de Roma* – a noção de *meio ambiente* esteve preponderantemente vinculada à preservação da natureza e à conservação dos recursos nela existentes.

Não obstante os avanços alcançados pela *perspectiva ambientalista* nas décadas de 1960 e 1970, principalmente em razão do enfoque conferido à necessidade de preservação dos recursos naturais, seus conceitos-chave permaneciam (e ainda permanecem, em grande medida) impregnados da ideia de que o resguardo de tais benscomuns deve atender exclusivamente aos interesses dos seres humanos. Trata-se de uma concepção até hoje muito utilizada para limitar o escopo do *direito ambiental* à tutela do conjunto de elementos integrantes do *meio ambiente natural*.[578]

Em que pese, contudo, tal perspectiva, o fato é que com os avanços do industrialismo e da tecnologia (a caracterizar a era do *antropoceno*, em contraposição ao *holoceno*), o entorno circundante do ser humano, cuja integridade se apresenta como condicionante para sua subsistência, transcende em muito o escopo abrangido pelo *meio ambiente natural*, na medida em que a ação entrópica desempenha, na atualidade, um papel igualmente relevante para a conformação da vida no Planeta.

Por esse motivo, não faz qualquer sentido extirpar do conceito de *meio ambiente* (e, consequentemente, do campo de estudos do *Direito Ambiental*) o conjunto de interações artificiais, sejam elas *físicas* ou *imateriais*, que concorrem para tal desiderato, sob pena de se adotar conceituação parcial e incompleta.[579]

Nesse sentido, já a partir da década de 1970, vários estudos passaram a levar em consideração os fatores entrópicos na definição de *meio ambiente*. Merece destaque, a propósito, o artigo seminal de Massimo Severo Gianinni, que alargou o conceito em tela para abarcar a totalidade dos elementos *artificiais* e *naturais* que integram o entorno do ser humano, com influência direta em sua qualidade de vida e que, por isso mesmo, devem ser compreendidos como um sistema unitário.[580]

De fato, se a dignidade humana é integrada, como visto, por uma vida com qualidade e se esta última abrange aspectos que transcendem em muito a conservação dos elementos naturais (fauna, flora, clima, biomas etc.), não é difícil constatar que o conceito de *meio ambiente adequado* deve englobar, imprescindivelmente, os demais aspectos naturais, artificiais, materiais e imateriais que circundam os indivíduos e que concorrem diretamente para a sua subsistência saudável e equilibrada nas comunidades por eles integradas.[581]

Sob tal ótica, o *meio ambiente* pode ser definido, amplamente, como o conjunto dos elementos que integram o *entorno* dos indivíduos e que condicionam a qualidade de vida nos locais por eles habitados. Tal conceito abrange tanto os fatores naturais com os quais os indivíduos interagem e de que dependem para a vida na Terra (p. ex.: atmosfera, biosfera, águas, solo, subsolo etc.), como aqueles de ordem *artificial*, *cultural* e *digital* que muito embora sejam frutos do engenho humano, concorrem diretamente para a conformação da existência digna dos sujeitos e de suas respectivas sociedades.[582]

A tempo, o *meio ambiente artificial* contempla a totalidade dos espaços territoriais conformados pelo homem, abrangendo as edificações e os equipamentos públicos, tanto nas cidades quanto nas áreas rurais. O *meio ambiente cultural*, de seu turno, integra os elementos naturais e artificiais de elevado valor histórico e afetivo que conferem identidade própria a uma determinada sociedade, tais como os hábitos, as tradições, os processos criativos, as obras, os objetos, as edificações, os sítios naturais etc.[583]

Digno de nota é o conceito de *meio ambiente digital*, fruto da significativa evolução experimentada pelas telecomunicações nas últimas décadas que abrange tanto o espaço virtual por onde os indivíduos interagem entre si e também com os atores públicos e privados, conformado pelos portais de *internet*, pelas redes sociais e pelos dispositivos de comunicação instantânea, como também pelos meios telemáticos por onde o patrimônio cultural de uma determinada sociedade trafega e é difundida.[584]

Convém salientar, no entanto, que o fracionamento do conceito de *meio ambiente* proposto pela doutrina não quer significar o estancamento de cada divisão em compartimentos incomunicáveis entre si. Muito pelo contrário, tal repartição tem por finalidade, justamente, a formulação de uma explicação didática a respeito dos múltiplos aspectos que integram a noção em referência, partindo-se do pressuposto que o *meio ambiente* é um conjunto unitário composto, como visto, pela totalidade dos elementos que integram o entorno dos seres humanos e interferem diretamente em sua qualidade de vida.[585]

De fato, o entorno humano é formado pela interação de tais elementos naturais, artificiais, urbanos e culturais sendo, ao mesmo tempo, condicionado pela ação do homem e condicionante deste último. Por isso mesmo a cisão do conceito de *meio ambiente* não faz sentido sob o ponto de vista dogmático, de modo que os elementos semióticos a integrarem a *perspectiva ambientalista* se aplicam a todas as vertentes assumidas pela noção em referência.[586]

É justamente sob a orientação de tal conceito unitário que a legislação brasileira concernente à Política Nacional do Meio Ambiente (Lei Federal nº

6.938, de 31/08/1981 qualifica em seu art. 3º, I o meio ambiente como sendo *o conjunto de condições, leis, influências e interações de ordem física, química e biológica, que permite, abriga e rege a vida em todas as suas formas.*

Nessa mesma toada, a Lei Geral de Equilíbrio Ecológico e de Proteção do Ambiente, do México, de 1988, define o *ambiente* em seu art. 3º como "*el conjunto de elementos naturales y artificiales o inducidos por el hombre que hacen posible la existencia y desarrollo de los seres humanos y demás organismos vivos que interactúan en un espacio y tiempo determinados*".

Ainda nesse sentido, a Lei Nacional de Gestão do Meio Ambiente da África do Sul (*National Environmental Menagement Act*) conceitua o *meio ambiente* em seu artigo 1º, item IX, como o conjunto de elementos que circunda os seres humanos, assim compreendidos (i) o solo, a água e a atmosfera terrestre; (ii) os micro-organismos, as plantas e a vida animal; (iii) as combinações entre estes últimos e (iv) as condições físicas, químicas, estéticas e culturais que influenciam a saúde humana e o bem-estar.[587]

Não obstante, há legislações que não conferem ao conceito de *meio ambiente* tal amplitude, de modo a restringi-lo aos elementos de ordem estritamente natural que circundam os seres humanos. É o caso da lei canadense de proteção ambiental (*Canadian Environmental Protection Act*) que o define como o conjunto de "*componentes da Terra*" a abranger (i) o ar, o solo e as águas; (ii) todas as camadas da atmosfera; (iii) toda a matéria orgânica e inorgânica, bem assim os organismos vivos e (iv) a interação entre os retromencionados elementos.[588]

A despeito da relativa celeuma ainda existente a respeito da extensão do conceito de *meio ambiente*, especialmente no âmbito das legislações domésticas, acreditamos que a noção mais consentânea com a ideia de *dignidade humana* a lhe servir de fundamento axiológico é aquela a abranger em seu escopo não apenas os elementos integrantes do entorno natural dos indivíduos (p. ex.: flora, fauna, ar, água etc.), mas também as condicionantes materiais, imateriais, artificiais e culturais que interferem diretamente em sua qualidade de vida.[589]

Afinal, se a *dignidade humana* em sua forma plena depende do equilíbrio do indivíduo com os elementos integrantes de seu entorno e se esses são formados, conforme visto, por fatores que extrapolam em muito os componentes da natureza, o *meio ambiente* não pode prescindir de agregar tais elementos ao seu escopo conceitual, sob pena de desaguar em uma definição parcial, falha e incompleta.

4.1.2 O *meio ambiente* e a sociedade do risco

Se o equilíbrio entre o homem e os fatores naturais e artificiais que o circundam configura o estado de coisas idealizado pelo conceito de *meio ambiente*, o *risco* significa, nesse contexto, exatamente o oposto. Quando ele se faz presente, as relações existenciais travadas entre coletividades inteiras e os elementos integrantes de seu entorno são abalados a ponto de comprometer a própria subsistência de tais agrupamentos.

O *risco* vislumbrado pela perspectiva ambiental representa, portanto, o desequilíbrio nas condições naturais, artificiais, materiais e imateriais dos seres humanos dotado do potencial de ocasionar danos (individuais e transindividuais) a coletividades inteiras. Não se confunde ele com o *perigo* que, por sua vez, é um dado objetivo relacionado a certas atividades que, em razão de sua própria natureza, são nocivas à integridade psicofísica dos indivíduos.[590]

No caso do *risco* toda e qualquer atividade, mesmo aquelas aparentemente nocivas (ou *não-perigosas*), pode ensejar o aparecimento de tal elemento em maior ou menor medida, a depender do contexto fático e das circunstâncias em que elas se desenvolvem. E dado o estágio de complexidade atingido pela sociedade hodierna, convive-se, na atualidade, não apenas com riscos conhecidos e mapeados, como também com riscos ainda não compreendidos em sua integralidade, mas nem por isso, ausentes do cotidiano.[591]

A dimensão atualmente abrangida pelo conceito de *risco* decorre, justamente, do nível de integração global e de desenvolvimento econômico alcançado, ainda que em patamares significativamente assimétricos, pelas sociedades humanas. A própria noção de *risco*, a propósito, foi concebida nos primórdios da era mercantilista, quando as potências comerciais de então passaram a se lançar em empreendimentos marítimos e exploratórios cada vez mais ousados, conforme aponta Anthony Giddens ao relacionar a origem etimológica do termo às explorações marítimas dos séculos XVI e XVII por águas não cartografadas.[592]

De modo geral, em sociedades cujas economias se baseavam na agricultura e na manufatura de cariz artesanal e nas quais os processos produtivos, as comunicações e a mobilidade eram extremamente limitados, as ações humanas nem de longe atingiam o grau de nocividade que atualmente possuem, muito embora já tivessem, efetivamente, o condão de ocasionar desequilíbrios ambientais em certa medida. Nesse contexto, não havia espaço para que os riscos fossem percebidos como perigos potencialmente atribuídos às atividades então empreendidas.

Além disso, a própria letargia a caracterizar a dinâmica das inovações tecnológicas, somada ao equilíbrio existente na proporção (maior) de indivíduos vivendo no campo em relação (menor) àqueles que habitavam as cidades contribuía para que novos riscos de origem artificial, para além daqueles já conhecidos, não surgissem a todo o momento. Aliás, o próprio conhecimento científico, por ser deveras limitado, impossibilitava até mesmo que se pudesse correlacionar a ação humana com certos riscos já conhecidos que, uma vez convertidos em efetivos desastres, eram atribuídos ao acaso, à natureza ou até mesmo à intervenção sobrenatural.

A situação, contudo, foi radicalmente alterada a partir da propagação das ideias iluministas e da Revolução Industrial. No plano cognitivo, tal ideário culminou com o desenvolvimento de métodos científicos e de técnicas que dotaram os estudiosos do conhecimento acerca das causas para diversos fenômenos naturais até então ignoradas. No plano produtivo, o movimento em apreço conduziu à substituição das técnicas artesanais pela fabricação e pelo oferecimento em massa de bens, de alimentos e de serviços, graças ao advento das máquinas e dos processos industriais.[593]

A partir desse momento histórico, especialmente quando o ideário do liberalismo econômico estabeleceu seu referencial jurídico plasmado no indivíduo como centro das relações civis por excelência, o *risco* deixou de ser concebido meramente como um dado externo relacionado a fatores naturais e se transformou, também, em um elemento integrante das atividades econômicas e sociais, sendo, portanto, digno de relevância para a tomada das decisões dos sujeitos de direitos *livres* e *iguais*.

É justamente tal concepção vislumbrada pelo liberalismo econômico oitocentista que François Ost identifica como o *primeiro tempo* do conceito jurídico de *risco*. Nesse contexto, é ele identificado como a probabilidade de materialização de acidentes, imprevistos e golpes de sorte a afetarem o equilíbrio dos negócios bilaterais firmados pelos indivíduos a integrarem os respectivos polos.

Sob tal enfoque, o acidente ocasionado pela materialização do *risco* é visto como um evento individualizado, simples e localizado, restrito basicamente àqueles sujeitos diretamente envolvidos com as atividades geradoras do risco em questão. Diante de sua repentina transformação em *dano*, a solução conferida pelo ordenamento jurídico será preponderantemente retroativa e lenitiva, por intermédio do pagamento de uma indenização *post factum* às vítimas, tendo a prevenção, nesse cenário, papel meramente acessório, conforme já aprofundado no item 2.1 *supra*.[594]

Com a intensificação dos processos de industrialização, de urbanização e de integração entre os polos econômicos, a desaguarem na produção, no consumo e nos transportes em massa, as relações sociais se tornaram ainda mais complexas. Nessa perspectiva, as vicissitudes econômicas e sociais, bem assim as políticas públicas, passaram a afetar, de uma só vez, grupos inteiros de indivíduos.

O *risco*, portanto, entra em um *segundo tempo*, ainda de acordo com a classificação proposta por Ost, caracterizado não mais por sua individualização nas condutas dos sujeitos de direito, mas por sua vinculação intrínseca com certas atividades econômicas e sociais cujas características envolvem, necessariamente, a probabilidade quanto à materialização de danos em massa.[595]

Para lidar com tal estado de coisas, o Direito concebeu mecanismos globais de prevenção de riscos massificados, sendo os sistemas nacionais de seguridade social os maiores expoentes de tais medidas implementadas ao longo do século XX. No plano reparatório, o *segundo tempo* na história dos riscos, assim descrito por Ost, tem por característica mais marcante a noção de *responsabilidade objetiva*, que transcende a análise individualizada da conduta dos sujeitos das relações obrigacionais para presumir a culpa dos agentes econômicos pelos danos decorrentes da materialização dos riscos inerentes às atividades por eles desempenhadas.

No entanto, mesmo com o advento dos elementos caracterizadores do que Ost concebe como o *segundo tempo* histórico dos riscos, a Teoria Clássica da Responsabilidade Civil não promoveu a alteração de seu arcabouço conceitual, permanecendo a presumir, para o acionamento do ordenamento jurídico pertinente, a violação de um dever legal ou contratual no bojo de uma relação bilateral, de fundo obrigacional, entre dois sujeitos determinados que deveria ser reparada em pecúnia em momento posterior à consolidação dos danos.

Fazendo um paralelo com os conceitos formulados por Thomas Kuhn em sua *Estrutura das Revoluções Científicas*, poderíamos dizer que tais estruturas permaneciam, mesmo sob a égide do *segundo tempo* da história dos riscos, como a *ciência normal* em se tratando de responsabilidade civil, sob a qual as pesquisas dos fenômenos jurídicos pertinentes ao tema deveriam ser construídas.[596]

Ainda haveria, contudo, significativo espaço para que as relações econômicas e sociais avançassem em direção a um grau ainda maior de complexidade, de modo a fazer emergir um *terceiro tempo* na evolução histórica dos riscos, na dicção de Ost. Nesse sentido, o incremento do processo de globalização comercial aliado à financeirização da economia, ao surgimento de novas tecnologias e de seus impactos nas relações sociais, no mundo do trabalho e no meio ambiente, para além da perda de protagonismo dos Estados diante dos agentes de mercado e as mudanças climáticas de origem artificial amplificaram significativamente o raio de alcance dos riscos e do potencial destrutivo dos danos a eles inerentes.[597]

Em tal contexto, os riscos não mais possuem um raio de alcance determinado e um contingente limitado de possíveis vítimas. Ao contrário, o dimensionamento em abstrato de sua abrangência temporal, espacial e subjetiva se mostra impossibilitada, pois a materialização dos danos decorrentes de tais riscos poderá surgir em momentos distintos no tempo e, além disso, os indivíduos e as comunidades a serem potencialmente atingidos se encontram, muitas vezes, territorialmente dispersos.[598]

Além disso, o advento de novas tecnologias e de novos processos produtivos tende, na atualidade, a preceder o pleno conhecimento científico acerca dos riscos a eles inerentes, de modo a ameaçar a integridade psicofísica de consumidores, trabalhadores e da população em geral e de inviabilizar sua previsibilidade. De fato, a dinâmica acelerada da evolução tecnológica, agregada à competição por mercados globais nas mais diversas áreas, faz com que a disponibilização das inovações aconteça sem que a nocividade a elas inerente esteja plenamente mapeada.[599]

São estes, portanto, os riscos com os quais os indivíduos convivem hodiernamente na condição de trabalhadores, consumidores e cidadãos. Para além das potenciais ameaças já conhecidas, a ação humana e o progresso tecnológico dela decorrente trouxeram uma série de probabilidades lesivas que muito embora ainda não tenham sido desveladas em sua totalidade, estão presentes nos produtos, nos serviços e nos processos produtivos com que se lida no cotidiano.

Para a *perspectiva ambiental* tratada no presente capítulo, o *risco* com que se convive e que é, portanto, objeto de estudo consiste, justamente, no *risco* do *terceiro tempo* ora descrito, segundo a concepção de François Ost. Sua abrangência territorial e subjetiva indeterminada acaba por afetar tudo aquilo que compreende o *entorno* dos seres humanos, isto é, o conjunto das condições que possibilitam a vida e o bem-estar dos indivíduos tanto em um determinado espaço, como na própria sociedade a que eles pertentem e, em escala última, no próprio planeta.[600]

E dada a configuração atual que a ação humana nos últimos dois séculos impôs ao Planeta, o *entorno* humano compreendido pelo conceito de *meio ambiente* já há muito não se restringe aos elementos e às condicionantes naturais que configuraram a vida na Terra, de modo a tornar imprecisa a própria distinção entre meio ambiente *natural* e *artificial*.

É justamente nesse sentido que Anthony Giddens classifica o *risco* contemporâneo como *manufaturado* em contraposição ao risco *externo* tradicionalmente enfrentado pelas sociedades pré-industriais. Assim, se no passado as ameaças provinham de fatores naturais alheios à configuração do entorno pelo homem (p. ex.: terremotos, enchentes, secas etc.), hoje elas provêm, majoritariamente, das interações que a ação humana vem ocasionando no ambiente.[601]

Em uma sociedade com tais características, já não mais cabe cindir os elementos naturais e os artificiais para fins de configuração do que integra e do que não integra o conceito de *meio ambiente*. O equilíbrio do entorno circundante dos seres humanos envolve todos os fatores ora descritos, na medida em que o advento de um determinado risco, independentemente de sua origem, tem o condão de colocar em xeque, indistintamente, as condições adequadas de vida e de subsistência de grupamentos inteiros de indivíduos territorialmente dispersos.[602]

É exatamente nessa medida que se fala, hodiernamente, na *sociedade do risco*, segundo a terminologia cunhada por Ulrich Beck. O *risco* é, assim, um dado onipresente que paira como uma densa nuvem sobre o meio ambiente a circundar os seres humanos, de modo que no atual estágio civilizatório, a convivência com ele é não só inevitável, como também necessária, no intento de controlar sua incidência em concreto e de assegurar, dessa maneira, o equilíbrio almejado entre os indivíduos e seu entorno.[603]

Para a perspectiva ambiental, portanto, o *risco* é um dado central a permear todas as suas estruturas teóricas. Todo o discurso jurídico nelas plasmado terá no *risco* o elemento a ser contraposto ao *equilíbrio* que é, ao mesmo tempo, o estado de coisas a ser mantido e o objetivo a ser alcançado.

Na *sociedade do risco*, pautada pelos riscos do *terceiro tempo* e pelo *risco manufaturado*, na dicção de Beck, Ost e Giddens, os elementos integrantes da

Teoria Clássica da Responsabilidade Civil não podem figurar como o único instrumental legitimado pelo Direito com vistas a promover a prevenção e a reparação dos danos passíveis de manifestação no patrimônio jurídico dos indivíduos e das coletividades por eles formadas, como se constituíssem algo similar ao que Kuhn classifica como sendo a "*ciência normal*".

4.1.3 O conceito de *poluição* e sua centralidade na perspectiva ambientalista

Na *perspectiva ambientalista*, a ideia de *risco* acima formulada se materializa, em certa medida, no conceito de *poluição*. É ela caraterizada, sinteticamente, como a alteração, pelo homem, das condições originais do meio ambiente natural, artificial, material e imaterial em um nível capaz de ameaçar a qualidade de vida, a integridade psicofísica dos indivíduos e outros interesses de relevância jurídica.

A *poluição* encampada pela perspectiva ambientalista como um conceito autônomo configura, ao mesmo tempo, um *dano* e um *risco*. Tal definição pode parecer, em um primeiro momento, contraditória, especialmente se o tema for enfocado sob a ótica *individualista* e *patrimonialista* a amparar a responsabilidade civil objetiva em sua perspectiva tradicional, sob a qual os dois enunciados em referência possuem significados próprios e momentos cronologicamente distintos para sua materialização, sendo a ocorrência do primeiro (o *dano*) uma consequência do último (o *risco*).[604]

Sob a *perspectiva ambiental*, contudo, a dimensão multifacetária, dispersa, plurissubjetiva e intergeracional dos *riscos* e dos *danos* impede tal compartimentalização conceitual. Assim, a degradação das condições existenciais e vitais que conformam o entorno dos seres humanos – a configurar, conceitualmente, a *poluição* – já configura, de *per se*, uma lesão, na medida em que afeta negativamente a integridade dos macrobens ambientais de titularidade difusa.[605]

No entanto, ao mesmo tempo em que a *poluição* configura um dano imediato ao meio ambiente, ela assume, em paralelo, a forma de um *risco* não apenas para outros bens jurídicos de titularidade difusa e coletiva (como, por exemplo, outros aspectos ambientais correlatos), como também para os indivíduos em relação aos seus interesses próprios tutelados pelo Direito.[606]

Isto ocorre pelo fato de que os efeitos deletérios da *poluição* não se esgotam imediatamente após a perpetração do ato lesivo, como se passa com os danos tradicionalmente estudados pela teoria clássica da responsabilidade civil. A *poluição*, ao revés, permanece indefinidamente como uma condição de desequilíbrio ambiental com o potencial de gerar lesões adicionais a outros macrobens de titularidade difusa e também a interesses patrimoniais e extrapatrimoniais individualizáveis.[607]

Vê-se, diante disso, que o *risco* inerente à *poluição* se enquadra exatamente no conceito de *risco manufaturado* formulado por Giddens, e na definição do risco *catastrófico* (ou do *terceiro tempo*), segundo a terminologia empregada por Ost, na medida em que tem por origens o engenho humano e o progresso tecnológico e por potenciais afetados, grupos indefinidos de indivíduos dispersos no tempo e no espaço.

A definição ora formulada, a classificar a *poluição* como um *dano* e um *risco*, ao mesmo tempo, pode ser ilustrada com o exemplo de um hipotético vazamento de óleo no mar. A simples dispersão de tal matéria naquele meio natural já prejudica, de imediato, o macrobem marítimo, na medida em que sua simples ocorrência tem o condão de alterar lesivamente as condições originais do ambiente em questão.

Como o óleo derramado permanecerá indefinidamente, devido a suas próprias características, naquele meio aquático, sua presença acabará por configurar um *risco* para outros macrobens ambientais passíveis de serem atingidos pelo vazamento (fauna marinha, praias, manguezais, paisagens etc.) e para outros interesses juridicamente titularizados por coletividades determinadas e por indivíduos em concreto, como, por exemplo, os pescadores e os comerciantes que poderão vir a ser prejudicados caso o desequilíbrio ambiental em questão comprometa a realização de suas atividades profissionais.

É a *poluição*, portanto, um desequilíbrio do meio ambiente que representa, ao mesmo tempo, um *dano* imediato ao macrobem atingido, de titularidade socialmente difusa, e um *risco* manufaturado e catastrófico relacionado tanto ao aparecimento de outras macrolesões presentes e futuras, quanto à materialização de prejuízos individuais de natureza patrimonial ou extrapatrimonial. Seu *alcance subjetivo*, sua *persistência temporal* e sua *dimensão objetiva* são indetermináveis de plano, o que afasta a possibilidade quanto à apreensão da *poluição* através dos conceitos oriundos da teoria clássica do direito civil, mesmo daqueles relacionados à responsabilidade objetiva.[608]

E se as noções clássicas de *dano* e de *risco* (aqui compreendido, sinteticamente, como a probabilidade de lesão decorrente das atividades usualmente desempenhadas por um determinado agente econômico) não dão conta de caracterizar a *poluição* conquanto fenômeno juridicamente relevante, o mesmo se passa com os demais elementos tradicionais da responsabilidade civil estudados no item 2.5 *supra*, especialmente a *conduta* e o *nexo causal*.

De fato, na acepção da Teoria Clássica da Responsabilidade Civil, a *conduta* é descrita como a ação concreta no tempo e no espaço materializada por um indivíduo objetivamente identificado em face de uma contraparte igualmente conhecida que ocasiona um *resultado* lesivo mensurável. O vínculo lógico existente entre aquela primeira e este último configura, de seu turno, o *nexo causal*.

A *poluição*, conquanto desequilíbrio capaz de afetar o meio ambiente, tem sua origem dispersa por uma série de práticas atribuíveis a vários sujeitos que concorreram, em maior ou menor medida e em diferentes momentos cronológicos, para sua materialização e a de seus efeitos amplamente diferidos no tempo e no espaço, de modo que sua duração, sua dimensão territorial e seu escopo subjetivo se afiguram indeterminados.[609]

Por isso mesmo, a identificação da *conduta*, do *resultado* e do *nexo causal* nas hipóteses de poluição ambiental não pode partilhar nem das mesmas técnicas tradicionais concebidas pela responsabilidade civil em sua feição clássica e nem das mesmas teorias por ela concebidas no fito de qualificar a relevância da causalidade entre ação e consequência lesiva (quais sejam, a *equivalência dos antecedentes* e a *causalidade adequada*) estudadas no item 2.5.3 *supra*.

Isto ocorre na medida em que a *poluição* e as suas consequências dispersas no tempo, no espaço e no âmbito subjetivo são geralmente ocasionadas por uma série de causas igualmente difuminadas que se relacionam com os riscos inerentes a determinadas atividades econômicas e sociais e que concorrem, em paralelo, para a materialização do desequilíbrio ambiental e dos danos presentes, futuros, individuais, coletivos, patrimoniais e extrapatrimoniais a ela relacionados.[610]

Poder-se-ia indagar, diante das considerações ora formuladas, se o nexo entre a poluição e as condutas que a originaram se enquadraria na teoria da *equivalência dos antecedentes*, cujo enunciado preconiza, conforme visto no item 2.5.3 *supra*, que toda e qualquer ação a concorrer em maior ou menor intensidade para a materialização de um dano terá idêntico valor para fins de responsabilização dos agentes que as operacionalizaram.

Ou, por outro lado, se apenas as condições que concorreram efetiva e diretamente para a materialização do dano na cadeia de eventos que o antecedeu fossem consideradas como efetivas causas do resultado lesivo, poder-se-ia cogitar na aplicação da teoria da *causalidade adequada* para explicar o nexo causal nas hipóteses de *poluição* ambiental.

Ocorre, todavia, que as referidas teorias a respeito do nexo causal não só foram concebidas em um momento histórico no qual o elemento *risco* nem sequer era levado em conta para fins de fixação da responsabilidade civil, como também em um contexto em que o *dano* era concebido como um resultado lesivo pronto e acabado a ter por causa uma cadeia de eventos pretéritos ocasionados por indivíduos que, dolosa ou culposamente, malferiram de modo direto uma relação obrigacional de base contratual ou extracontratual.[611]

A *poluição*, conforme visto, não configura um dano pronto e acabado, como também não se enquadra no conceito clássico de *dano*. É ela, ao revés, uma situação de degradação ambiental protraída no tempo que traz consigo o *risco* de lesar coletividades indeterminadas no tempo e no espaço e de ocasionar danos futuros de abrangência até mesmo intergeracional.[612]

Diante das peculiaridades inerentes ao conceito de *poluição*, chegou-se mesmo a conceber teorias destinadas a explicar o *nexo de causalidade* à luz de tal realidade complexa. Nesse sentido, Gabriel Wedy destaca (i) a teoria da *causa alternativa ou disjuntiva*; (ii) a teoria da *condição perigosa*; (iii) a teoria da *proporcionalidade* e (iv) a teoria da *vítima mais provável*.[613]

Pela teoria da *causa alternativa ou disjuntiva*, a existência de uma multiplicidade de poluidores em um dado caso concreto (p. ex.: na degradação da qualidade do ar ocasionada por um complexo industrial ou na contaminação de um curso d'água em decorrência do esgoto clandestino lançado por inúmeros condomínios), a inviabilizar a indicação do agente gerador do risco pelas vítimas, conduziria à responsabilidade solidária entre todos os potenciais causadores.[614]

Já a teoria da *condição perigosa* se fia na ideia de que apenas o poluidor que comprovadamente pratica uma ação perigosa ou perpetra uma omissão capaz de colocar em risco a integridade do bem jurídico ambiental responderá pela poluição gerada. A teoria da *proporcionalidade*, de seu turno, preconiza que a reparação deverá ser assumida, concretamente, em uma proporção variável à razão da probabilidade titularizada por poluidor em relação à ocorrência da degradação.[615]

Ademais, a teoria da *vítima mais provável* estabelece que a reparação decorrente das situações concretas de *poluição* deveria contemplar apenas aquelas vítimas com maior probabilidade de serem prejudicadas em decorrência da ação ou da omissão do agente demandado, de acordo com critérios estatísticos.[616]

Por derradeiro, a doutrina norte-americana formulou a teoria da *participação no mercado*, ou *market share liability*, que, aplicada à seara ambiental, tem sua aplicabilidade relacionada às hipóteses de poluição ocasionadas por determinados produtos. Por ela, a responsabilidade pela reparação dos danos recairia, preponderantemente, sobre a empresa detentora da maior fatia dos produtos em questão no mercado onde a lesão se manifestou, especialmente quando não é possível identificar o causador efetivo dos prejuízos ao meio ambiente.[617]

Não obstante a formulação de tais teorias, acreditamos que o fenômeno da *poluição* se explica pelo conceito de *causalidade presumida* que vincula a responsabilidade dos agentes à realização de uma ou mais atividades potencialmente poluidoras (p. ex.: pulverização de agrotóxicos, operação de processos produtivos com matérias-primas potencialmente cancerígenas, exposição a fatores de insalubridade etc.) em descumprimento a deveres previstos de maneira objetiva no ordenamento jurídico. Por ela, quando tais elementos se fazem presentes, o liame de causalidade entre as ações (ou omissões) dos sujeitos passa a ser presumida, independentemente da perquirição em torno dos elementos subjetivos inerentes à sua conduta.[618]

Assim, a *poluição* compreendida sob tal ótica parte da premissa de que os ordenamentos jurídicos impõem à generalidade dos seus destinatários (indivíduos e pessoas jurídicas de direito público e privado) certos padrões de conduta ambiental diante de situações concretas (p. ex.: deveres de aplicação das melhores técnicas operacionais e de acompanhamento dos avanços científicos, vedação quanto à utilização de determinados produtos químicos, deveres de fiscalização, informação, acompanhamento etc.), de modo que a inobservância a tais obrigações por parte dos potenciais poluidores lhes impõe, objetivamente, a responsabilidade pelos eventuais danos imediatos e futuros.[619]

Desse modo, a responsabilidade pelos danos decorrentes de um determinado suposto de *poluição* será imputada objetivamente àquelas pessoas jurídicas de direito público e privado que se encontravam incumbidas, em concreto, de determinados deveres legais destinados a evitar a manifestação de certos riscos. Tais agentes, por gerirem atividades e operações que envolvem direta ou indiretamente, por sua própria natureza, potenciais perigos à integridade do meio ambiente, se encontram, por isso mesmo, instados a entronizar em seus custos operacionais tais riscos e a possibilidade factível de lidar com sua reparação em concreto, sendo essa, exatamente, a síntese descritiva do princípio do *poluidor-pagador*, a justificar a responsabilidade objetiva na seara ambiental.[620]

Tal sistemática, a consistir na característica mais marcante da responsabilidade civil ambiental, vem sendo amplamente adotada nos mais distintos sistemas de direito internacional concebidos nas últimas décadas. Nesse sentido, merecem destaque o Princípio nº 16 da *Declaração do Rio de Janeiro sobre Meio Ambiente e Desenvolvimento*, de 1992 e os vetores traçados na *Diretiva nº 2004/35*, da União Europeia, a elencarem, em vinte e um artigos, os deveres objetivos impostos aos poluidores diretos e indiretos com vistas à prevenção e à reparação das degradações por eles ocasionadas.[621]

No plano das legislações domésticas, o princípio do *poluidor-pagador* é expressamente mencionado no artigo L-110-1, § 3º do Código do Meio Ambiente francês (*Code de l'environnement*), como a diretriz a impor que os "*custos resultantes das medidas de prevenção, de mitigação da poluição e de combate a esta última deverão ser suportadas pelo poluidor*". Nesse mesmo sentido, o artigo 9º da *Ley 26/2007* da Espanha repassa tais despesas objetivamente para os "*operadores das atividades econômicas ou profissionais*" causadores da degradação em concreto.[622]

Por sua clareza conceitual no ponto, é digna de menção a redação do art. 3º, IV, da Lei nº 6.938, de 31/08/1981, do Brasil (*Política Nacional do Meio Ambiente*) a classificar objetivamente o poluidor como *a pessoa física ou jurídica, de direito público ou privado, responsável, direta ou indiretamente, por atividade causadora de degradação ambiental*, que está, por isso mesmo, *obrigado, independentemente da existência de culpa, a indenizar ou reparar os danos causados ao meio ambiente e a terceiros, afetados por sua atividade*, na dicção do art. 14, § 1º, do referido diploma.

Não obstante a definição assimilada por grande parcela dos sistemas jurídicos contemporâneos, a *poluição*, em razão de sua dimensão catastrófica, raramente possui uma causa isolada atribuível a um único sujeito, sendo, ao revés, o resultado de uma cadeia sucessiva de atos e omissões, conforme já visto alhures. Por isso mesmo, a figura do *poluidor* engloba, objetivamente, todos aqueles sujeitos de direito público e privado cujas atividades e operações envolvem a gestão de certos riscos e que concorreram, direta ou indiretamente, para a materialização daquele resultado lesivo.[623]

Se fossemos nos valer da terminologia civilista tradicional, poderíamos dizer que há entre os referidos agentes um liame de *solidariedade passiva*, caracterizada como uma relação na qual as obrigações de cada devedor, por sua própria natureza, não podem ser individualizadas, facultando-se ao credor, por isso mesmo, recorrer a cada um deles para reaver seus direitos, independentemente de qualquer ordem de preferência.[624]

A *solidariedade* em sua acepção ambiental, no entanto, pouco ou nada partilha com o conceito formulado sob o bafejo da teoria clássica das obrigações. Para este último os elementos da relação transindividual (quais sejam, os *sujeitos*, o *objeto indivisível*, os *direitos*, os *deveres* e o *instrumento* a lhes servir por base) são contextualizados e identificados de forma estanque, em um negócio jurídico certo e determinado, ao passo que naquela primeira, tais elementos se encontram dispersos coletivamente de tal maneira que simplesmente não podem ser apreendidos pelo paradigma tradicional de vertente individualista, contratualista, patrimonialista e legalista.[625]

De fato, em se tratando de poluição ambiental, a *solidariedade*, conforme bem pontua Antonio Herman Benjamin, "*é não só decorrência de atributos particulares dos sujeitos responsáveis e da modalidade de atividade, mas também da própria indivisibilidade do dano, consequência de ser o meio ambiente uma unidade infragmentável*".[626]

E sendo o *meio ambiente*, em sua essência, um bem coletivo na acepção ampla da expressão, todos os agentes e organizações de natureza pública e privada integrados a uma dada sociedade se encontram vinculados ao dever objetivo de exercer suas atividades econômicas e sociais de modo a zelar pela integridade daquele bem comum. Trata-se, portanto, de uma obrigação difusa que gera uma responsabilidade igualmente difusa a abranger, em igual medida, todos aqueles que concorreram, de algum modo, para a poluição ambiental e pela perpetuação dos riscos a ela inerentes.[627]

Sendo assim, todo aquele agente ou instituição de natureza pública ou privada que concorre decisivamente direta ou indiretamente, por ação ou por omissão, para a materialização de um suposto de poluição ambiental será objetivamente enquadrado no conceito de *poluidor* e responderá solidariamente pelos efeitos deletérios dela decorrentes. É exatamente tal diretriz axiológica a permear os sistemas jurídicos que reconhecem o princípio do *poluidor-pagador*.

A partir da instituição de tal postulado, a casuística foi substancialmente enriquecida com situações concretas que ensejaram a extensão da responsabilidade civil a uma série de indivíduos e de organizações (agora enquadrados na figura do *poluidor direto* ou *indireto*) que, sob o enfoque das teorias clássicas das obrigações e do nexo causal, jamais seriam incumbidos da reparação dos danos ambientais para os quais concorreram.

Nessa acepção, o *poluidor direto* corresponde ao agente que ocasiona de mão própria a degradação ambiental, tal como o fazendeiro que determina a seus subordinados o desmatamento de certa área de mata nativa, o madeireiro que executa o corte de espécimes protegidas, o minerador cuja operação contamina o solo e as águas com metais pesados ou o industrial que lança grandes quantidades de dióxido de carbono na atmosfera.

Já a figura do *poluidor indireto* abrange em seu âmbito conceitual todos aqueles que contribuíram com o poluidor direto, de uma forma ou de outra, por ação ou por omissão, para a materialização da degradação, tal como o banco que financia determinado empreendimento nocivo, o órgão público que confere licença a este último, a empresa certificadora de boas práticas ambientais, dentre outros.

Assim, quando a atividade econômica, social ou política desempenhada por um desses agentes estiver jungida a parâmetros normativos destinados a evitar sua concorrência para a concretização da *poluição ambiental*, a inobservância a tais diretrizes acabará por criar o risco gerador da responsabilidade objetiva ora mencionada e, consequentemente, por enquadrá-los na figura do *poluidor indireto* e por suscitar a aplicação, em concreto, da regra da solidariedade.[628]

Dentre os supostos de poluição indireta mais discutidos na atualidade destaca-se aquele concernente à atuação das instituições financeiras que viabilizam pecuniariamente certos empreendimentos com potencial de ocasionar degradação ambiental. Tais agentes, ainda que não exerçam diretamente as atividades poluidoras, acabam por desempenhar papel central para a manifestação dos eventuais danos delas decorrentes, pois o crédito por eles oferecido é condição indispensável para a concretização dos respectivos projetos.[629]

Por isso mesmo, diversas iniciativas normativas, tanto heterônomas quanto autônomas, vêm buscando o estabelecimento de padrões a serem observados pelos financiadores de empreendimentos potencialmente poluidores, no intuito de delimitar, com algum grau de objetividade, os limites de risco cuja assunção, por tais agentes, seria legitimamente admitida.[630]

Há, além disso, ampla discussão a respeito da inserção dos órgãos estatais e dos agentes públicos no conceito de *poluidor indireto* quando estes últimos se omitem em relação ao dever de fiscalização das atividades potencialmente degradantes exercidas pelos particulares ou quando concedem licenças para empreendimentos nocivos sem levar em consideração todos os impactos no meio ambiente.[631]

Discute-se, de igual modo, se os agentes econômicos que integram juntamente com o *poluidor direto* uma determinada cadeia econômica poderiam ser corresponsabilizados pelos danos ambientais ocasionados por aquele primeiro. Por esse raciocínio, exemplificativamente, seriam enquadrados na condição de *poluidores indiretos* as redes varejistas de elevado porte que adquirem carne de fazendas cujos proprietários se valem do desmatamento ilegal ou então os grandes compradores de metais (p. ex.: ouro, minério de ferro, bauxita etc.) extraídos através de métodos que acabam por degradar o meio ambiente natural e artificial das comunidades circunvizinhas.[632]

Independentemente dos exemplos ora formulados, e de muitos outros constatáveis na já extensa casuística, o que importa para a inserção do sujeito na figura do *poluidor indireto* e, consequentemente, para a configuração da solidariedade em matéria ambiental é (i) a constatação, em concreto, dos *standards* objetivos de conduta a que ele está jungido no trato com os macrobens ambientais; (ii) a inobservância (total ou parcial) a tais parâmetros por sua ação ou omissão e (iii) a criação de um *risco* para a ocorrência da degradação ambiental em decorrência de tal postura.

A síntese ora formulada a respeito do conceito de *poluição* e de seus consectários já nos permite antever que a responsabilidade civil em matéria ambiental se situa em uma dimensão cognitiva significativamente diversa daquela que contextualizou sua configuração teórica na era da codificação e, mais adiante, quando do advento da sociedade de produção e de consumo em massa.

O tema será abordado em maior profundidade mais adiante no Capítulo 5. Porém, as considerações ora formuladas já permitem atestar que o raio de alcance indeterminado dos eventos ambientais, somado ao seu caráter difuso e intergeracional, acabaram por reconfigurar as noções que integram o núcleo conceitual da responsabilidade civil, com destaque para o *dano*, o *risco* e o *nexo de causalidade*.

Por ora, cumpre atestar que a *poluição*, conquanto decorrência das novas características assumidas no âmbito da *sociedade do risco*, configura não apenas o conceito-chave para a redefinição do próprio paradigma destinado à compreensão da responsabilidade civil, como também o elemento nuclear da *perspectiva ambiental* tratada no presente Capítulo.

4.1.4 O *dano* na perspectiva ambientalista e seu caráter multifacetário

A estrutura clássica da responsabilidade civil possui na materialização do *dano* o principal elemento a desencadear a reparação. Constatada a lesão como resultado de uma conduta imputável a um sujeito certo e determinado, nasce uma típica relação obrigacional de cariz individualista e patrimonialista, na qual o ofensor (devedor) indenizará a vítima (credor) com uma parcela de seu patrimônio, seja por intermédio de uma *reparação pecuniária*, ou pela *reintegração específica*, a depender do caso.

Sob a *perspectiva ambientalista*, conforme visto acima, o *dano* figura como um dos resultados da *poluição* que, de seu turno, corresponde a uma condição permanente de desequilíbrio ambiental com o potencial de gerar lesões adicionais a outros macrobens de titularidade difusa, bem como a interesses patrimoniais e extrapatrimoniais individualizáveis.

Percebe-se, portanto, que o *dano* compreendido sob a *perspectiva ambientalista* configura uma realidade espacial e temporal completamente diversa daquela concebida pela teoria obrigacional clássica, na medida em que ele não se esgota em um resultado situado, pronto, acabado e subjetivamente delimitado. Sob a ótica ora formulada, o próprio conceito de *dano* é fluido, porquanto a *poluição* que o gera configura, ao mesmo tempo, uma lesão de *per se* e um *risco* para a materialização de novos sinistros.[633]

Assim, quando se fala em *dano* sob a *perspectiva ambiental*, está-se a referir tanto à lesão a um determinado *macrobem* de uso coletivo (a causa-origem da *poluição*) quanto às demais lesões a outros bens jurídicos de titularidade coletiva ou individual que decorreram do *risco* permanente criado por aquela primeira.

Nesse contexto, a forma mais adequada de se situar o *dano*, em nosso entendimento, é correlacionando-o com o suposto de *poluição* a lhe servir de fonte geradora. Assim, se uma determinada lesão – seja ela perpetrada com relação a um *macrobem* de uso coletivo (p. ex.: um manancial, uma reserva florestal, a qualidade do ar) ou com relação a um *microbem* individualizado (p. ex.: a integridade física, a personalidade, a propriedade) – tiver como causa geradora uma degradação do meio ambiente em seus múltiplos aspectos, será ela caracterizada, indistintamente, como *dano ambiental*.[634]

A *poluição*, na condição de lesão propriamente dita a um *macrobem* e, ao mesmo tempo, de *risco*, é o elemento que está na origem dos danos a interesses *difusos*, *coletivos* e *individuais homogêneos* relacionados ao meio ambiente que afetam, respectivamente, situações jurídicas titularizadas (i) por coletividades indeterminadas dispersas no espaço e no tempo, muitas vezes por gerações; (ii) por grupos espacial e temporalmente delimitados ou delimitáveis e (iii) por indivíduos afetados, de modo singular, por uma lesão comum a todos eles.[635]

Tais lesões (coletivas ou individuais) relacionadas ao meio ambiente encontram na ideia de *questões comuns* (*common issues*) trabalhada pelos autores dedicados ao estudo das *class actions* do direito norte-americano, um conceito apto a qualificá-las adequadamente. Estas últimas, a propósito, compreendem justamente as questões de fato e de direito que estão na origem de uma multiplicidade de danos e que, por isso mesmo, ensejam a agregação dos possíveis litígios em uma só demanda coletiva.[636]

A hipótese concreta de poluição (p. ex.: a contaminação de um rio), nessa acepção, configura a *questão comum* que permeia todos danos ambientais dela originados, tanto aqueles de natureza coletiva que afetam *macrobens* (p. ex.: a extinção de determinada espécie de peixe ou a inviabilização quanto à utilização da água para abastecimento), quanto aqueles de caráter individual que atingem interesses singulares (*microbens*) dos sujeitos (p. ex.: os lucros cessantes dos pescadores artesanais ou a frustração pela perda da atividade profissional).

Não obstante, a análise de alguns ordenamentos e de certa parcela da doutrina especializada indica a existência de uma tendência restritiva à conceituação do *dano ambiental* e à aplicação de seu regime jurídico à totalidade de suas manifestações concretas. Tais acepções buscam, em síntese, cingir as diretrizes peculiares do novel paradigma ora estudado às lesões perpetradas contra os *macrobens coletivos* (p. ex.: aos recursos hídricos, à fauna, à flora, à qualidade do ar etc.) sem estendê-las aos aspectos individuais (patrimoniais e pessoais) atingidos por tais prejuízos.[637]

Sob tal ótica, as lesões aos *microbens* titularizados pelos indivíduos singularmente considerados representariam *danos reflexos*, cuja relação com o prejuízo ambiental de origem (a saber: a *poluição*) seria meramente indireta, ou secundária. Por isso mesmo, tais supostos seriam tratados pelos ordenamentos jurídicos como danos convencionais (pessoais ou patrimoniais), submetidos, consequentemente, ao regime geral de responsabilidade civil estatuído para a generalidade das obrigações de cunho contratual e extracontratual.[638]

No plano das legislações domésticas, o Código do Meio Ambiente da França (*Code de l'environnement*), no título destinado ao regime de prevenção e de recomposição dos danos ambientais, estatui em seu artigo 162-2 que "*um indivíduo vitimado por um prejuízo de origem ambiental ou submetido a uma ameaça de tal natureza não pode demandar a reparação com fundamento no presente título*".[639]

E o dispositivo precedente do *Code de l'environnement* (artigo 161-1) deixa assente em seu enunciado que a incidência do regime de recomposição e de prevenção dos danos ambientais ali previsto se restringe (i) às contaminações em grande escala passíveis de ocasionar prejuízos à saúde humana; (ii) à deterioração do equilíbrio das águas; (iii) à criação de risco para a conservação de certas espécies e ecossistemas e (iv) ao comprometimento da utilização dos recursos naturais de uso comum.[640]

Em idêntico sentido, a *Ley 26/2007*, da Espanha (*Ley de Responsabilidad Medioambiental*) expressa em seu artigo 3º, § 3º que o diploma em referência tem por âmbito exclusivo de incidência as "*contaminações de caráter difuso*" assentando, mais adiante, no artigo 5º, sua inaplicabilidade aos danos de cunho pessoal ou patrimonial experimentados pelos cidadãos individualmente considerados.[641]

Seguindo a mesma linha de entendimento, o *Codigo dell'ambiente* italiano (*D.L 3 aprile 2006, n. 152*) não apenas restringe o conceito de *dano ambiental* em seu artigo 300 às lesões perpetradas contra "*um recurso natural ou às utilidades por ele asseguradas*", como também limita a incidência do regime tuitivo ali previsto às situações de degradação (i) da flora e da fauna selvagens e dos hábitats naturais protegidos; (ii) das águas internas e de sua composição química ou quantitativa; (iii) do mar territorial e (iv) do solo e dos efeitos nocivos de tal contaminação para a saúde humana em decorrência da utilização de substâncias, organismos e micro-organismos nocivos.[642]

A despeito de tal posicionamento esposado por parcela não desprezível de estudiosos da responsabilidade civil na seara ambiental e amplamente acatado por diversos sistemas jurídicos, acreditamos que a cisão dos *danos ambientais* em *diretos* e *reflexos*, para fins de enquadramento no regime tutelar específico do meio ambiente, não faz sentido à luz dos próprios fundamentos da *perspectiva ambientalista*.

A propósito, e conforme visto no item 4.1.1 *supra*, o ser humano, com todas as suas características de ordem natural e cultural, integra a natureza tal qual os demais elementos que se situam em seu entorno e que são considerados pelo direito ambiental como os *macrobens* dignos de tutela jurídica. O homem, nessa medida, depende de tais elementos para subsistir e para exercer, de modo equilibrado e sustentável, os direitos patrimoniais, pessoais ou econômicos de que é titular.[643]

De fato, sem um *meio ambiente equilibrado*, o ser humano não conseguirá, ao fim e ao cabo, desfrutar das garantias destinadas a assegurar sua subsistência com qualidade de vida e em harmonia com o entorno que o circunda (p. ex.: os direitos à vida, à saúde e à integridade psicofísica), bem como não logrará desempenhar diversos aspectos elementares de sua personalidade. Tampouco poderá exercer qualquer atividade econômica que dependa, de algum modo, dos elementos naturais ou artificiais a integrarem seu entorno e não enfeixará minimamente as possibilidades de exercitar quaisquer faculdades de *uso*, *fruição* e *disposição* inerentes à propriedade.

É exatamente nessa medida que o direito ao *meio ambiente adequado* constitui parte integrante e indissociável da concepção contemporânea de *dignidade humana*. Toda e qualquer ação antrópica está condicionada à existência de um entorno natural, artificial e cultural equilibrado, sem o que o exercício de qualquer direito classificado pela Teoria Clássica do Direito Civil como *subjetivo* ou *individual*, de cariz pessoal ou patrimonial, resultará inviável.[644]

De fato, de nada valerá o título de propriedade de um terreno cujo solo está comprometido por um evento de contaminação em grande escala ou então a própria liberdade individual de locomoção e de fixação de residência (o célebre direito de *ir e vir*) em um local afetado por níveis fatais de radioatividade em decorrência de um acidente pretérito. Em tais exemplos, de singela concepção, se percebe claramente como os danos ambientais se espraiam em direção às posições jurídicas tipicamente subjetivas.

Pelas razões ora elencadas, nos parece que a distinção formulada entre danos ambientais *diretos* e *reflexos* (ou, *por ricochete*) para fins de aplicação ou não do regime jurídico especial destinado à tutela do meio ambiente a englobar, dentre outros aspectos, (i) a responsabilidade objetiva fulcrada no princípio *poluidor-pagador*; (ii) a imprescritibilidade e (iii) as exigências peculiares de *prevenção* e de *precaução* com relação aos riscos conhecidos e desconhecidos, não faz qualquer sentido à luz dos próprios fundamentos da *perspectiva ambientalista* e de sua estrita vinculação com a ideia de *dignidade humana* em todas as suas acepções.

Desse modo, acreditamos que a classificação dos danos ambientais em *coletivos*, *individuais*, *diretos* e *reflexos* somente será admissível conquanto categorização meramente acadêmica, para fins de compreensão didática do tema em análise. No que se refere à incidência do regime jurídico ambiental propriamente dito, tanto as violações aos aspectos transindividuais e individuais a terem por origem um suposto de *poluição* serão, em nosso entendimento, enquadradas no conceito de *dano ambiental*.[645]

E sendo o *dano ambiental* – tal qual a *poluição* a lhe servir de causa-origem - uma realidade multifacetária, que afeta de uma só vez interesses espacialmente dispersos e multigeracionais, bem como bens jurídicos titularizados por coletividades determinadas e por indivíduos singularmente considerados, não há razão para que o regime jurídico de tutela em face de tais supostos não seja, igualmente, multifacetário e plurivalente.

4.1.5 Os princípios do Direito Ambiental

Nos sistemas do Direito, os *princípios* constituem os alicerces de todos os elementos construídos sob a forma de linguagem jurídica. Não obstante as múltiplas acepções que as mais diversas correntes do pensamento jurídico conferem a eles, especialmente no que concerne à sua força normativa, nos filiamos à ideia de que os princípios configuram repositórios de *direitos institucionais* dotados de conteúdos próprios cujas características foram historicamente adquiridas e lhes conferem, por isso mesmo, notas distintivas em relação a outros institutos jurídicos.[646]

Sob tal ótica, os princípios assimilados pelos ordenamentos jurídicos impõem aos intérpretes na resolução dos casos concretos a elaboração de uma solução apta a desvelar o significado de suas diretrizes histórico-institucionais naquela situação específica. Logra-se com isto, ao mesmo tempo, a resolução de um dado da realidade impensável quando da formulação do princípio em abstrato e a coerência do sistema, na linha do que assevera Ronald Dworkin em sua concepção acerca da integridade do Direito.[647]

Os princípios do Direito Ambiental, compreendidos à luz de tal concepção, são, portanto, a tradução em linguagem jurídica das manifestações que culminaram, historicamente, com o advento da *perspectiva ambientalista* nos anos 1960 e que se desenvolveram, a partir daí, nas décadas seguintes. Seus respectivos conteúdos partilham da premissa antropocêntrica já tratada no item 4.1.1 *supra* a indicar que a qualidade de vida dos seres humanos depende, irrefragavelmente, da adequação dos elementos naturais, artificiais, tangíveis e intangíveis do entorno que os circunda.

Por se tratar, justamente, de uma concepção inovadora em relação às diretrizes que sempre orientaram tradicionalmente os sistemas de Direito, a *perspectiva ambientalista*, agora traduzida em linguagem jurídica, encontrará nos princípios de Direito Ambiental, ao mesmo tempo, sua base fundadora e seus vetores interpretativos. Desse modo, tanto a atividade legislativa ordinária, quanto a resolução judicial de controvérsias concretas serão pautadas, primordialmente, pelos programas prescritos por tais postulados e por seus conteúdos institucionais.[648]

Formuladas tais premissas conceituais, passa-se à análise individualizada dos princípios de Direito Ambiental assimilados, em sua generalidade, pelos ordenamentos transnacionais e domésticos e que sintetizam em seus enunciados a tradução em linguagem jurídica dos cânones conformadores da *perspectiva ambientalista.*

4.1.5.1 *Desenvolvimento sustentável*

O princípio do *desenvolvimento sustentável* representa, em sua acepção, o exato oposto daquilo que o *patrimonialismo* de origem liberal apregoava com relação à propriedade dos recursos naturais e à sua livre utilização por parte dos indivíduos que a titularizavam. Nesse contexto, os elementos presentes na natureza eram considerados bens apropriáveis pelos particulares, cuja fruição e emprego se submetiam tão somente ao talante destes últimos.

Mais do que isso, o Direito Privado clássico legitimava (e estimulava) a empresa individual destinada à exploração irrestrita dos recursos naturais sob a premissa teórica de que a geração de riquezas advindas da produção de bens e serviços, o crescimento econômico e o progresso social daí decorrentes correspondiam a um fim em si mesmo e justificavam os efeitos colaterais de tais empreendimentos.

E paralelamente a isto, o conceito de *soberania* encampado pela generalidade dos ordenamentos jurídicos, apregoava ser o *Estado nacional* o senhor absoluto das decisões políticas e dos projetos de desenvolvimento a serem empreendidos no âmbito territorial submetido à sua jurisdição. Era ele a fonte do Direito por excelência, de modo que os arranjos verificados nos demais ordenamentos ou mesmo no incipiente direito internacional dos tratados não tinham o condão de influenciar de maneira direta a compreensão em torno de seu ordenamento jurídico.[649]

Assim, calcados nos marcos legais fundados na dualidade *propriedade privada-soberania*, os avanços tecnológicos ocorridos a partir da Revolução Industrial conduziram a humanidade, nos séculos XIX e XX, ao atingimento de níveis inéditos de exploração dos recursos naturais e de alteração das condições ambientais.

Para se ter a dimensão das alterações ora comentadas, basta imaginar a expressiva quantidade de dejetos lançados no solo e nas águas desde que as grandes plantas industriais começaram a operar ou então no volume de combustíveis fósseis queimados a partir da utilização em massa do carvão e do petróleo até os dias de hoje.

Com o avanço de tal processo, especialmente no século XX, notou-se, conforme já visto no item 4.1.1 *supra*, que a exploração e a utilização desenfreadas dos recursos naturais, no ritmo até então empreendido, tendia a conduzir a vida no Planeta à inviabilização e o ser humano, consequentemente, à sua própria destruição.

Tal percepção, a consistir no fundamento axiológico elementar da perspectiva ambientalista, deu início a um movimento assimilado por vários ramos do conhecimento em direção à redefinição do conceito de *propriedade* com relação àqueles insumos naturais, em vistas a tratá-los não mais como elementos apropriáveis por sujeitos livres para empregá-los de acordo com suas preferências individuais, mas sim como *bens comuns* de titularidade dispersa e intergeracional.[650]

E com a ampliação do conceito de *meio ambiente* em direção à ideia de *qualidade de vida*, os demais aspectos naturais, artificiais, materiais e imateriais que circundam os indivíduos e que concorrem diretamente para a sua subsistência saudável e equilibrada nas comunidades por eles integradas passaram a ser compreendidos, igualmente, na concepção de *bens comuns*. Assim ocorre, por exemplo, com as edificações de relevância histórica e arquitetônica que conferem características próprias a uma determinada localidade e com as tradições e manifestações culturais que identificam certa população.

A *perspectiva ambientalista*, uma vez assimilada pelo Direito, acaba por contribuir significativamente para a relativização das duas linhas mestras dos sistemas jurídicos concebidas sob o liberalismo, quais sejam, a *propriedade* (vetor primordial do direito privado, ao lado do *individualismo*, do *legalismo* e do *contratualismo*) e a *soberania* (vetor primordial do Direito Público). Sob tal ótica inovadora, certos elementos naturais e artificiais (p. ex.: florestas, rios, montanhas, edificações etc.), cuja preservação se afigura essencial para a subsistência humana e para a qualidade de vida, passam a ser protegidos da ação estatal e da ingerência dos proprietários em nome de interesses titularizados por toda a coletividade presente e pelas futuras gerações.[651]

Desse modo, a ingerência do Estado sobre os bens dotados de interesse coletivo, bem assim a disposição dos proprietários em relação a eles, são limitadas de modo a assegurar a fruição de tais elementos por parte da coletividade presente e das gerações futuras. Dito em outros termos, as ações dos agentes públicos e privados voltadas para o crescimento econômico e para a geração de riquezas serão, imprescindivelmente, balizadas pela preservação dos elementos que compõem o entorno dos seres humanos e que condicionam sua qualidade de vida.[652]

É esta, portanto, a síntese do princípio do *desenvolvimento sustentável*. A utilização dos elementos integrantes do meio ambiente com vistas ao crescimento econômico somente se afigurará legítima conquanto não comprometa a subsistência de tais recursos e não prive a coletividade de sua fruição, conforme definido de maneira lapidar nos princípios 5 e 8 da Declaração de Estocolmo (1972) e conforme reafirmado, de maneira ainda mais precisa, nos princípios 1 a 5 da Declaração do Rio de Janeiro (1992).[653]

Não mais se admite, portanto, que o apego aos conceitos clássicos de *propriedade privada* e de *soberania* e a crença no crescimento econômico como fim em si mesmo dos Estados e dos particulares conduzam a humanidade à destruição dos recursos naturais e dos demais elementos integradores do meio ambiente. O *desenvolvimento* dos povos e dos indivíduos só será real e efetivamente proveitoso conquanto assegure a preservação de tais insumos para a coletividade presente e para as futuras gerações, ou seja, sua *sustentabilidade*.[654]

4.1.5.2 *Prevenção*

Segundo a lógica preservacionista a orientar a *perspectiva ambientalista*, não basta que os agentes públicos e privados entronizem os riscos inerentes às suas respectivas atividades e se responsabilizem objetivamente pela reparação dos danos delas decorrentes. Para muito além disso, o princípio da *prevenção* impõe aos potenciais poluidores o dever de adotar todas as medidas cabíveis no fito de evitar a materialização dos resultados lesivos reconhecidamente relacionados à sua atuação.

Para tanto, o postulado em apreço exige que os sobreditos agentes realizem a planificação objetiva dos riscos inerentes à suas atividades e implementem, em seus respectivos âmbitos de atuação, medidas destinadas a impedir ou a minimizar, conforme o caso, a ocorrência do evento *poluição*. Desse modo, havendo perigos em potencial para o meio ambiente que possuam relação consabida com os processos geridos por qualquer ator público ou privado, impõe-se a estes últimos que levem em conta tais ameaças no desempenho regular de seus misteres e se antecipem preventivamente a elas.[655]

E tal planejamento não se limita à formulação dos estudos de impacto ambiental exigidos pelo Poder Público para o licenciamento de projetos com potenciais prejuízos ao meio ambiente, abrangendo, em uma dimensão muito mais ampla, o detalhamento preciso de todos os riscos sabidamente existentes e das medidas a serem implementadas no fito de combatê-los. Assim, deverão os agentes públicos e privados proceder (i) à identificação dos elementos do entorno passíveis de serem lesados por suas atividades e das possíveis fontes de poluição; (ii) ao estudo contínuo de tais elementos com a atualização das condições e dos critérios de aferição dos riscos; (iii) à integração entre os planejamentos econômico e ambiental; (iv) à aquisição e à implementação das melhores técnicas preventivas disponíveis; (v) à organização e à disponibilização de informações e de treinamentos às coletividades diretamente interessadas e (vi) ao constante monitoramento quanto ao cumprimento dos planos de prevenção de riscos ambientais.[656]

Além disso, o princípio da *prevenção* exige especificamente para o Poder Público os deveres concernentes (i) ao estabelecimento de políticas de antecipação dos riscos ambientais, (ii) à fiscalização constante e efetiva sobre os empreendimentos potencialmente poluidores e (iii) à correspondente aplicação das sanções cabíveis a estes últimos, a fim de que o custo da eventual degradação não seja economicamente compensatória.[657]

Em síntese: para o sistema jurídico formatado segundo a linguagem do Direito Ambiental, os riscos passíveis de ocasionar um resultado último indesejado (qual seja, a *poluição*), são combatidos, ao lado da responsabilidade objetiva pelos danos decorrentes de tal degradação, pelo conceito de *prevenção*. Enquanto aquela primeira tem por escopo a reparação *post factum* dos danos ambientais, segundo a lógica tradicional da responsabilidade civil, este último visa evitar a consolidação de tais lesões por intermédio da imposição legal de condutas objetivas de cautela aos particulares e aos agentes públicos.

Nisso reside, exatamente, a maior contribuição evolutiva do Direito Ambiental para a formulação do novo paradigma destinado à compreensão da responsabilidade civil. O *risco* propriamente dito – antes mesmo da materialização dos danos a ensejar a reparação *post factum* – configura de *per se* um dado fático moralmente reprovável a ser combatido pelos ordenamentos jurídicos e que impõe a implementação de medidas destinadas a *prevenir* de maneira eficaz e plena a concretização dos resultados lesivos a ele relacionados.[658]

4.1.5.3 Precaução

A ideia de *prevenção* estudada no item anterior e incorporada em grande parte dos ordenamentos jurídicos sob a forma de princípio dotado de conteúdo juridicamente vinculante, impõe ao Estado e aos particulares que, diante de um risco plenamente conhecido pela ciência cuja subsistência é a causa consabida de poluição ambiental, sejam adotadas medidas concretas no sentido de se evitar a materialização da referida lesão ao meio ambiente.[659]

No entanto, a pulsante evolução tecnológica vivenciada nas últimas décadas do século XX e neste início de século XXI vem transcorrendo em velocidade significativamente maior do que a marcha do conhecimento científico acerca dos riscos inerentes às novas atividades. Diante desse cenário, as diretrizes emanadas do princípio da *prevenção* não atendem a contento às demandas do meio ambiente por tutela diante das novas ameaças inerentes aos sucessivos avanços verificados nas áreas da telemática, da nanotecnologia, dos transgênicos, para citar alguns exemplos.[660]

O enfrentamento de tal situação inerente à própria insuficiência do conhecimento científico para lidar com as complexidades da evolução tecnológica encontra na ideia de *precaução* uma diretriz apta a lidar com os problemas advindos de sua dinâmica. O conceito insculpido no item 15 da Declaração do Rio sobre Meio Ambiente e Desenvolvimento, de 1992, bem sintetiza o conteúdo de tal princípio ao asseverar que na iminência de perigo de dano grave e irreversível "*a falta de certeza científica absoluta não deverá ser utilizada como razão para postergar a adoção de medidas eficazes em função dos custos para impedir a degradação do meio ambiente*".[661]

Assim, diante de um risco não conhecido em sua plenitude em um dado momento, não é possível agir no sentido de impor uma determinada medida em concreto destinada a afastar a fonte da potencial ameaça ao meio ambiente, tal como determina o princípio da *prevenção*.[662]

Nesse contexto de parcial incerteza, o que o princípio da *precaução* impõe ao Estado e aos particulares é, em síntese, (i) a vedação quanto à plena liberação das atividades, dos produtos e dos processos produtivos potencialmente lesivos, sob o argumento de que a incerteza militaria a favor da inocuidade destes últimos; (ii) o resguardo de um limite razoável de segurança a ser observado no oferecimento de tais inovações ao público; (iii) o acompanhamento dos progressos científicos a respeito daqueles novos riscos; (iv) a adequação de normas e de procedimentos operacionais no sentido de acompanhar *pari passu* a evolução do conhecimento nesse particular e (v) a implementação em caráter imediato das providências necessárias ao combate de tais perigos, à medida que eles vierem a ser descobertos pela ciência.[663]

A implementação ou não de tais medidas por parte das autoridades governamentais e pelos particulares dependerá das características das atividades a serem colocadas em prática, bem como dos serviços e dos produtos a serem oferecidos ao público, aliadas, naturalmente, às circunstâncias pertinentes às situações concretas. Não obstante, os estudiosos dedicados à análise do conceito ambiental de *precaução* vêm se debruçando sobre a questão concernente à fixação de critérios objetivos com vistas a pautar a aplicação do referido princípio.[664]

Nesse sentido, a Comissão Europeia chegou a editar, em 2000, uma *Comunicação relativa ao princípio da precaução*, listando 5 (cinco) critérios a serem observados quando da aplicação do princípio em referência, em situações nas quais os governos e os particulares se encontram diante da contingência de gerenciar riscos ainda parcialmente conhecidos pela ciência, quais sejam, a *proporcionalidade*, a *não-discriminação*, a *coerência*, a *mensuração da relação custo-benefício* e a *análise da evolução científica*.

Pelo critério da *proporcionalidade*, as restrições ao desempenho de certas atividades ou ao oferecimento de certos produtos e serviços que envolvem riscos ainda desconhecidos não devem ser exageradas em relação ao grau de proteção que se exige em concreto. Já a *não-discriminação* concretiza o ideal de igualdade para fins de aplicação do princípio da precaução, na medida em que os tratamentos distintos a serem conferidos em certas situações somente serão válidos quando baseados em critérios objetivos e justificáveis, sob pena de se configurar discriminação anti-isonômica.[665]

A *coerência*, de seu turno, exige que as medidas aplicadas anteriormente em casos idênticos ou similares sejam levadas em conta nas decisões a serem tomadas para a gestão de certo risco ainda não completamente conhecido, ao passo que a *mensuração da relação entre custos e benefícios*, como sugere a definição, impõe aos tomadores de decisões o sopesamento em concreto das possíveis consequências positivas e negativas de ordem ambiental, social e econômica decorrentes da assunção ou não de determinados riscos inerentes à realização de atividades ou ao oferecimento de produtos e serviços ao público.[666]

Por fim, o critério da *análise das condições científicas* impõe aos atores públicos e privados tanto o acompanhamento *pari passu* das pesquisas a respeito das novas tecnologias e dos riscos a elas inerentes, quanto a constante reavaliação das medidas de proteção tendo por base os avanços obtidos pela ciência no mapeamento de tais potenciais ameaças.[667]

Adverte-se, contudo, que os critérios sintetizados pela Comissão Europeia em hipótese alguma devem ser compreendidos como um roteiro ou uma fórmula matemática, a serem seguidos de maneira automática em todo e qualquer caso concreto a envolver a aplicação do princípio da *precaução*. São eles, no máximo, pontos de partida para a definição acerca do sentido e do alcance das normas jurídicas que consagram a diretriz em referência nos casos concretos a serem analisados e resolvidos pelos gestores de riscos ainda não completamente conhecidos pela ciência.[668]

Nesse sentido, a atuação do gestor de riscos - seja ele público ou privado - deve ser pautada não pela inserção da situação concreta no enunciado dos cinco critérios acima descritos, mas sim pelo desvelamento do sentido e do alcance do princípio da *precaução* tendo por parâmetro as nuances do caso específico a ser por ele solucionado. Com isto, se propicia não apenas a vivificação do referido postulado por intermédio de seu contato com a realidade, como também a ampliação de seu conteúdo institucional por intermédio da agregação de novos significados.

Independentemente dos roteiros a serem eventualmente seguidos pelos agentes públicos ou pelos particulares e das nuances dos casos reais, o que integra o princípio da *precaução* - e o que deve ser buscado em concreto, consequentemente - é a implementação das cautelas objetivas, razoáveis e necessárias para evitar (ou ao menos reduzir) a materialização de danos ambientais relacionados a riscos ainda não completamente decifrados pela ciência.

4.1.5.4 Poluidor-pagador

O princípio *poluidor-pagador*, já mencionado no item 4.3.2 *supra*, constitui o fundamento da responsabilidade objetiva em matéria ambiental. De acordo com seu enunciado, todo agente público ou privado que contribui direta ou indiretamente, por ação ou por omissão, para a degradação do meio ambiente é considerado *poluidor* e será, por isso mesmo, responsável pela prevenção e pela reparação dos respectivos danos.

Trata-se de uma das diretrizes centrais da *perspectiva ambientalista* e, por isso mesmo, se faz presente com tal enunciado em praticamente todos os ordenamentos jurídicos que o consagram. No plano internacional, a gênese do princípio *poluidor-pagador* remonta à Recomendação nº C(72) 128, da OCDE, de 26 de maio de 1972, tendo sido ele objeto de regulamentação no âmbito da então Comunidade dos Estados Europeus já na década de 1970, conforme exemplificam as Diretivas nºs 75/439/CEE (eliminação dos óleos usados) e 75/442/CEE (gestão de resíduos), e em diversas legislações domésticas, vindo a configurar, mais adiante, um dos princípios elencados na Declaração do Rio de Janeiro de 1992.[669]

O exercício de determinadas atividades públicas ou privadas podem envolver, por sua própria natureza em maior ou menor medida, *riscos* à integridade do meio ambiente. A presença objetiva de tais *riscos*, nas mais diversas situações, impõe aos seus gestores a adoção de medidas concretas tendentes a evitar o resultado *poluição*.

Assim, por exemplo, o órgão público que confere licenças ambientais a empreendimentos potencialmente nocivos sem ter em conta os respectivos estudos de impacto ou se abstém de fiscalizá-los de maneira escorreita é corresponsável pela degradação ambiental, assim como o será a instituição bancária que financia projeto notoriamente nocivo ao meio ambiente e a companhia que se dispuser a funcionar como seguradora de tal empreitada.

Caso as posturas exigidas em concreto pelo ordenamento jurídico não vierem a ser implementadas, os agentes públicos ou privados serão, a partir daí, considerados *poluidores* diretos ou indiretos, a depender de sua proximidade com a fonte de degradação. Como tal, responderão objetiva e solidariamente pelos danos decorrentes da *poluição* a eles atribuída, independentemente da identificação precisa da causa que conduziu, em concreto, ao resultado *poluição*.[670]

Uma vez que os danos decorrentes dos supostos de *poluição ambiental* possuem, por sua própria natureza, uma dimensão difusa e intergeracional, cujo tratamento efetivo exige muito mais do que uma simples compensação patrimonial e individualizada, sob pena de banalização dos elevadíssimos riscos de origem ambiental, o princípio *poluidor-pagador* não se compatibiliza com soluções de *socialização dos riscos* criadas em momentos pretéritos para se lidar com o fenômeno da responsabilidade objetiva, tais como a assunção integral dos riscos pelos sistemas de seguridade social ou a instituição de *fundos de indenização*.[671]

Com efeito, a própria essência do princípio *poluidor-pagador* é contrária à ideia de *socialização dos riscos*, na medida em que a diretriz em apreço pressupõe a transferência dos custos da *poluição* aos agentes causadores desta última a fim de que as despesas dela decorrentes não sejam suportadas pela coletividade, mas sim por quem se beneficiou economicamente da degradação. É justamente nesse sentido que o princípio *poluidor-pagador* impõe aos potenciais poluidores a *entronização* dos riscos advindos das atividades por eles desenvolvidas, dentre os quais a ocorrência de *poluição*.[672]

Não por outra razão, Antonio Herman Benjamim ao conceituar o princípio *poluidor-pagador* assevera que este último "*equivale [de maneira bem rasteira], à fórmula 'quem suja, limpa', elementar nas nossas relações cotidianas*".[673]

Ademais, a recomposição dos danos relacionados à *poluição*, antes de se conformar com a *socialização dos riscos* e com a taxatividade das medidas reparatórias cabíveis, não só possibilita, como exige dos aplicadores do Direito, a implementação de soluções específicas (p. ex.: imposição de obrigações de fazer ou de não-fazer, constituição de comitês gestores, fixação de multas etc.), destinadas ao tratamento dos problemas concretos.

De fato, como cada episódio de degradação ambiental possui circunstâncias espaciais e temporais peculiares, tais supostos deverão receber tratamentos próprios, segundo as diretrizes deontológicas mais ou menos gerais plasmadas nos princípios e regras a integrarem os ordenamentos jurídicos.[674]

Nesse sentido, dado o caráter multifacetário da *poluição* e dos danos dela decorrentes, os ordenamentos jurídicos que acatam em maior ou menor medida a *perspectiva ambientalista* vêm admitindo a possibilidade de reparação das lesões a interesses de titularidade indeterminada (dos quais os *danos morais coletivos* constituem uma espécie) por intermédio da constituição de fundos específicos, a serem custeados exclusivamente pelos poluidores.

Note-se, a propósito, que os fundos de reparação dos danos coletivos ora mencionados não se confundem com a figura dos *fundos de garantia* estudados no item 2.5.5 *supra*, cuja constituição pelo Poder Público tinha por função promover uma modalidade de securitização da responsabilidade civil caracterizada pela contribuição obrigatória por parte dos agentes geradores de determinados riscos (p. ex.: acidentes automobilísticos), pela cobertura limitada e pelo tarifamento das eventuais indenizações destinadas a custear, basicamente, os prejuízos de ordem material experimentados pelas vítimas.

É importante frisar, de outro turno, que o princípio *poluidor-pagador*, conquanto diretriz voltada à imputação de responsabilidade pela prevenção e pela reparação de danos relacionados ao resultado *poluição*, não se confunde com o conceito de *usuário-pagador*, muito embora alguns autores não raro confundam este último com aquele primeiro.

A tempo, a diretriz concernente ao *usuário-pagador* se limita a preconizar, em síntese, que os atores econômicos e sociais que utilizam os recursos naturais devem arcar de modo proporcional com os custos necessários à subsistência daqueles. É justamente tal princípio que justifica, por exemplo, a cobrança, por parte do Poder Público, de taxas extraordinárias ou medidas de compensação ambiental dirigidas aos grandes consumidores de insumos comuns (*v.g.*, água, energia elétrica, gás natural etc.) ou aos empreendimentos dotados de alto potencial poluidor (*v.g.*, usinas térmicas, plantas nucleares, refinarias de petróleo etc.).[675]

O princípio do *usuário-pagador* é, portanto, uma diretriz destinada à divisão equitativa dos custos relacionados à manutenção dos bens ambientais de uso comum, ao passo que o princípio do *poluidor-pagador*, de seu turno, é um vetor relacionado ao repasse da responsabilidade pela prevenção e pela reparação dos danos decorrentes da poluição, seja ela direta ou indireta.

Em síntese, o princípio do *poluidor-pagador*, na acepção ora admitida, poderia ser assim definido: todo aquele que concorre decisivamente para o desempenho de atividades potencialmente poluidoras se encontra imbuído do dever pertinente à implementação dos cuidados objetivos necessários para a eliminação dos *riscos* subjacentes à poluição em concreto. Se estes últimos vêm a se manifestar, a obrigação do *poluidor* passa a ser de reparação às lesões individuais e transindividuais ocasionadas, bem como de recomposição do patrimônio ambiental degradado.[676]

4.1.5.5 Participação, informação e concertação. *Premissas para a plena cidadania ambiental*

O *meio ambiente*, conquanto conjunto de elementos naturais, artificiais, materiais e imateriais que se afiguram essenciais para a qualidade de vida dos seres humanos e integram seu entorno, configura, essencialmente, um *bem comum*. Sobre este último não se pode cogitar em uma titularidade individualizada, tal como se passa com os direitos *pessoais* e *reais*, uma vez que ele pertence, ao mesmo tempo, a cada um dos integrantes de uma dada coletividade, a todos eles e às suas futuras gerações.[677]

Por isso mesmo, o conceito de *cidadania*, a integrar, desde as suas origens, o núcleo das ideias de *democracia* e do próprio *Estado de Direito* passou a agregar ao seu amplo temário concernente à participação popular nas decisões de ordem pública e no controle da atividade estatal e das autoridades, o *meio ambiente*. E sua incidência nessa seara se traduz em três vertentes, quais sejam, os princípios (i) da *participação*; (ii) da *informação* e (iii) da *concertação*.[678]

Uma vez que o *meio ambiente* configura um *bem* de titularidade preponderantemente difusa, é natural que os cidadãos e as entidades por eles constituídas para a representação de seus desígnios comuns detenham interesse em tomar parte das decisões passíveis de afetá-los a serem tomadas nas esferas pública e privada.

Assim, pelo princípio da *participação* impõe-se aos Estados que as populações diretamente afetadas pelas decisões em matéria ambiental e as organizações da sociedade civil correspondentes sejam devidamente consultadas e ouvidas nos foros pertinentes e possuam meios políticos e jurídicos para interferir na gestão do meio ambiente, dentro dos limites impostos pela democracia e pelos direitos fundamentais.[679]

Pode-se afirmar, nesse sentido, que o princípio da *participação* configura uma manifestação típica da ideia de *Estado Democrático de Direito* na seara ambiental, a preconizar, justamente, que os cidadãos sejam efetivamente incorporados pelo Poder Público nos processos cotidianos de decisão política e de fiscalização da atuação dos agentes estatais, em um escopo significativamente mais amplo e mais denso do que a singela manifestação esporádica nos pleitos eleitorais.[680]

Como sucedâneo do princípio em apreço, os ordenamentos jurídicos dos países que o consagram assimilaram uma série de possibilidades tais como (i) a participação das comunidades diretamente interessadas nos processos de licenciamento de empreendimentos potencialmente nocivos ao meio ambiente; (ii) a concessão de assentos a representantes da sociedade civil nos conselhos deliberativos de política ambiental; (iii) o estabelecimento de parcerias com entidades da sociedade civil (associações, ONGs, sindicatos etc.) na gestão de programas ambientais; (iv) a realização de audiências públicas no curso dos estudos de impacto ambiental, dentre outras.

No plano judicial, são dignos de destaque os mecanismos de *processo coletivo* que conferem legitimidade às sobreditas entidades da sociedade civil e aos próprios cidadãos, em alguns casos, para o manejo de ações destinadas à tutela dos interesses transindividuais lesados ou sob a ameaça de sê-lo por atos ou omissões de particulares ou do próprio Poder Público. Tais remédios têm, dentre seus principais escopos, justamente, possibilitar a participação da cidadania e de seus representantes nas discussões em juízo a terem por objeto questões pertinentes a *bens comuns*, dentre os quais o *meio ambiente.*[681]

Porém, de nada valerão os mecanismos legais destinados a viabilizar a *participação* dos cidadãos e da sociedade organizada na gestão ambiental sem que lhes assegure a *informação* de que eles necessitam para acompanhar, com efetividade, as discussões de interesse coletivo nas arenas oficiais e para manejar os instrumentos administrativos e judiciais que os ordenamentos lhes disponibilizam para tanto.[682]

As informações concernentes ao *meio ambiente* dispostas, por exemplo, em *estudos de impacto ambiental*, *relatórios de riscos*, *análises de qualidade hídrica* ou de *solo*, *planos de prevenção de desastres* etc., antes de constituírem documentos de relevância restrita aos proprietários de determinado estabelecimento, aos órgãos públicos ou a quem os produziu ou encomendou, configuram, em sua essência, conjuntos de dados referentes a interesses de toda a coletividade potencialmente afetada pelas potenciais degradações ambientais ali tratadas.

Uma vez que tais informações dizem respeito ao equilíbrio do *meio ambiente* – a configurar, conforme visto, um *bem comum* – os órgãos públicos e os agentes privados que detêm os respectivos documentos encontram-se imbuídos do dever de lhes franquear o acesso aos indivíduos e às organizações da sociedade civil que possuem interesse direto em acessá-los no intuito de participar, efetivamente, dos processos administrativos e judiciais de decisão.[683]

Naturalmente, o tema concernente ao direito de *informação* em matéria ambiental conflita em abstrato com questões correlatas sensíveis tais como (i) o *segredo industrial*; (ii) a *propriedade intelectual*; (iii) a *segurança nacional*; (iv) o *sigilo médico*; (v) a *ética profissional*, dentre outros. Aqui, novamente, serão as nuances dos casos concretos que orientarão o intérprete na tarefa de desvelar, à luz do conteúdo institucional dos princípios em aparente contradição, a solução ventilada pelo ordenamento jurídico para a controvérsia posta, de modo a perquirir em que medida os interesses legítimos dos particulares e do Poder Público limitarão o acesso às informações.[684]

O pleno desempenho da cidadania em matéria ambiental se encerra com a *concertação*, a envolver a abertura de canais de negociação entre os órgãos públicos de representação dos interesses coletivos (p. ex.: Ministério Público) e as organizações da sociedade civil (p. ex.: associações, ONGs e sindicatos), de um lado, e os potenciais poluidores, de outro, com vistas à obtenção de soluções acordadas a respeito de questões de relevância ambiental tais como (i) as condições para a instalação e o funcionamento de determinados empreendimentos; (ii) as medidas de prevenção e de precaução a serem implementadas em concreto; (iii) a compensação decorrente de eventuais episódios de degradação; (iv) a gestão compartilhada de recursos naturais; (v) a instalação de comissões independentes de fiscalização, dentre outras, desde que não versem sobre interesses tidos pelos ordenamentos jurídicos como indisponíveis.[685]

Assim, estando os cidadãos e suas entidades representativas devidamente informados sobre as circunstâncias e sobre o contexto em que está imiscuído o tema ambiental em discussão e tendo lhes sido franqueada a plena participação nos fóruns de debates correspondentes, encontram-se eles preparados para protagonizar a *concertação* em conjunto com os órgãos públicos competentes e com os potenciais poluidores.

É oportuno observar que por se tratar de um processo de negociação, a presumir uma legítima *transação* em que as partes farão concessões recíprocas sobre interesses disponíveis, a *concertação* na seara ambiental está jungida aos cânones emanados do postulado da *boa-fé objetiva*, especialmente no que concerne aos deveres de *lealdade* e de *transparência* (i) na formulação das pautas; (ii) na partilha de informações; (iii) na manutenção do foco das tratativas e, principalmente, (iv) na sinalização em torno do real intuito de fixarem normas de comum acordo para a regência das questões em debate.

É exatamente com relação a este último ponto que os deveres de *lealdade* e de *transparência* atuam com maior intensidade na *concertação ambiental*, impondo aos pactuantes a real e efetiva apresentação de propostas e de contrapropostas com vistas à obtenção de um ponto de consenso e vedando a implementação de expedientes tais como (i) a mudança abrupta e frequente de posição nos momentos em que o acordo está prestes a ser alcançado; (ii) o emprego sistemático de táticas destinadas a prolongar indefinidamente as tratativas; (iii) a provocação de atritos com um ou mais participantes; (iv) a imposição de condições vis e desproporcionais para o prosseguimento das discussões, (v) a recusa ou o menoscabo das proposições oriundas de um interlocutor sem a apresentação de uma contraproposta, dentre outros.[686]

Vê-se, portanto, que a natureza plurivalente e difusa do *meio ambiente* a caracterizá-lo como um *bem comum* por excelência, impõe, sob a ótica do *Estado Democrático de Direito*, a inclusão dos atores da sociedade civil e de suas diferentes visões de mundo e de seus diversos interesses na definição das políticas públicas pertinentes ao tema. A *perspectiva ambientalista* não se compatibiliza, pois, com a imposição de diretrizes formuladas unilateralmente pelas autoridades estatais, sem a efetiva participação cidadã, pois as decisões de cariz ambiental constituem, antes de qualquer outra coisa, uma construção social a respeito de um patrimônio que é coletivo.[687]

4.2 O MEIO AMBIENTE DO TRABALHO PARA ALÉM DA SAÚDE E SEGURANÇA DO TRABALHO

Conforme visto no item 4.1.1 *supra*, o conceito de *meio ambiente* que é caudatário da ideia de *dignidade humana* não se restringe, na atualidade, àqueles elementos relacionados ao entorno natural dos indivíduos, de modo e englobar, para muito além disso, os demais aspectos naturais, artificiais, materiais e imateriais que circundam os seres humanos e que concorrem diretamente para a sua subsistência saudável e qualitativa nas comunidades por eles integradas.

Se mantivermos tal noção e a transportarmos para os locais de trabalho desses mesmos seres humanos – quaisquer que sejam suas atividades profissionais – constataremos sem precisar recorrer a maiores ilações teóricas que o ambiente em que os referidos indivíduos desempenham seu labor também é condicionado por elementos de ordem natural, artificial, material e imaterial que concorrem diretamente para o seu bem-estar pessoal e para sua integridade psicofísica.

Também podemos constatar, nesse mesmo exercício de abstração, que estes locais de trabalho são, na grande maioria das vezes, organizados e condicionados por alguém – qualquer que seja sua vinculação jurídica, próxima ou remota, com os trabalhadores – e que a gestão de tais condições envolve, em maior ou menor medida, potenciais riscos à higidez do meio ambiente em que os obreiros estão inseridos durante o desempenho de suas atividades laborais.

A partir daí é possível antever que a *poluição* ambiental, a envolver, em seu âmago, *riscos* e *danos* a múltiplos interesses difusos, coletivos e individuais, configura uma realidade igualmente passível de se manifestar nos locais de trabalho e que os trabalhadores, compreendidos tanto como coletividade determinada ou indeterminada, quanto como sujeitos singularmente considerados, se encontram submetidos aos seus efeitos deletérios.

Ao constatarmos a presença de tais elementos também na organização e na gestão dos locais onde os trabalhadores desempenham suas atividades, somos conduzidos à conclusão de que os referidos espaços, com todas as suas condicionantes físicas e imateriais, integram o *meio ambiente* circundante dos seres humanos e, por esse modo, se submetem (ou, pelo menos, deveriam se submeter) aos princípios e às diretrizes concebidas pelo direito ambiental.[688]

A despeito de tal constatação, a existência de um espaço jurídico denominado *meio ambiente do trabalho* não configura uma posição admitida unanimemente entre os estudiosos do Direito Ambiental e os próprios juslaboralistas, principalmente porque a visão compartimentalizada do Direito em função dos domínios substantivos de cada disciplina (no caso, o *Direito do Trabalho* e o *Direito Ambiental*) ainda exerce significativa influência nesse particular.

Isso ocorre em função da tradicional integração do *Direito à Saúde e à Segurança do Trabalho* dentre as matérias que compõem o *Direito do Trabalho*. A própria história da disciplina em referência denota que seu surgimento em meados do século XIX teve entre seus principais escopos, justamente, a proteção da integridade psicofísica dos trabalhadores em face das condições extremas que lhes eram exigidas, com destaque para as jornadas extenuantes, a ausência de tempo hábil para a recomposição física e mental e para os riscos advindos das condições perigosas e insalubres presentes nas precárias fábricas e minas de então.[689]

Desde então, os ordenamentos foram trazendo em seu âmago regras especificamente voltadas para a preservação da integridade psicofísica dos trabalhadores (p. ex.: limitação das jornadas diárias, intervalos para descanso, repouso semanal, limitação ao trabalho de crianças etc.) e, mais adiante, com o incremento dos riscos advindos da implementação de novas tecnologias, concebeu-se um amplo regime jurídico dedicado exclusivamente à reparação dos acidentes de trabalho e das doenças ocupacionais, com características muito peculiares.[690]

Paralelamente a isto, e à medida que a ideia de *higiene ocupacional* adquiriu envergadura (vide item 3.2.4.2 *supra*), a legislação do trabalho incorporou uma série de medidas destinadas a controlar, de modo exaustivo, a exposição dos obreiros aos riscos especificamente presentes em seus locais de trabalho. Formulou-se, na esteira de tal concepção, diplomas regulamentadores de aspectos variados tais como (i) a fixação de *limites de tolerância* (nem sempre atualizados e apropriados) para alguns agentes físicos, químicos e biológicos; (ii) a configuração do mobiliário e do maquinário fabril; (iii) as condições de iluminação e de ventilação; (iv) a disposição das instalações sanitárias, das janelas, do piso, dos revestimentos etc.; (v) o elenco taxativo dos equipamentos individuais e coletivos de proteção, dentre muitos outros.[691]

Tal sistema plasmado na fixação das condições sanitárias para a realização do labor humano passou a conformar o que se denomina até hoje na Europa o *Direito à Segurança e à Saúde do Trabalho* ou então o *Direito da Prevenção de Riscos* que passou a se desenvolver e de se autorreproduzir, até os presentes dias, como uma disciplina relativamente autônoma dentro do amplo conjunto conformado pelo *Direito do Trabalho*, conforme demonstrado no item 3.5 *supra* com a análise das legislações ali elencadas.

Trata-se, no entanto, de uma disciplina cujos contornos se revestem daquela mesma roupagem *contratualista*, *legalista*, *patrimonialista* e *individualista* a caracterizar a Teoria Clássica do Direito Civil e, por tabela, o próprio Direito do Trabalho, na linha do que formulamos no item 1.2 *supra*. De fato, os dispositivos de saúde, segurança e higiene laborais previstos nos sobreditos diplomas se fiam, até hoje, na ideia de que tais normas de tutela à integridade psicofísica dos trabalhadores integram os *contratos de trabalho* firmados entre os obreiros e seus respectivos empregadores e que seu eventual descumprimento dá ensejo a uma reparação eminentemente patrimonial limitada aos lindes daquela relação bilateral.[692]

A concepção em apreço se mostra problemática e até mesmo insuficiente por dois motivos ao menos: o *primeiro*, concernente à preponderância da remediação individualizada e parcial dos *efeitos* de uma organização laboral deficiente em detrimento do combate efetivo de suas *causas* e o *segundo*, referente à sua estrita aplicabilidade ao vínculo de emprego tradicional, que exclui de seu âmbito de incidência a ampla miríade de relações laborais atualmente desempenhadas.

Diante de tal constatação, pode-se indagar por que motivos a *perspectiva ambientalista* não conseguiu penetrar na cidadela justrabalhista de modo a instaurar, ali, o conceito de *meio ambiente do trabalho*, já que o ser humano a laborar em condições deletérias é o mesmo indivíduo cuja integridade psicofísica e qualidade de vida são tuteladas pelo *Direito Ambiental* fora dos domínios de seu empregador ou tomador de serviços.

A fim de dar uma explicação (mas não uma justificativa) a tal questão, podemos iniciar pela constatação de que *o Direito Ambiental* tal como o conhecemos na atualidade começou a ser concebido nas décadas de 1960 e 1970, quando o *Direito à Saúde e à Segurança do Trabalho* já constituía um sistema bastante desenvolvido, com suas diretrizes bem definidas tanto nos sistemas jurídicos internacionais (especialmente o da OIT), quanto nos ordenamentos domésticos.

Além disso, a própria *perspectiva ambientalista* teve por foco primário os aspectos concernentes à proteção dos recursos naturais e sua preservação para as gerações atuais e futuras, de modo que todos os conceitos jurídicos a integrarem o *Direito Ambiental* (p. ex.: *poluição, desenvolvimento sustentável, precaução, poluidor-pagador*, tutela de interesses transindividuais etc.) foram formulados à luz de tal preocupação.[693]

Somente com o passar do tempo e com o aprofundamento teórico que sucedeu a histórica *Declaração de Estocolmo*, de 1972, o conceito de *meio ambiente* foi ampliado no sentido de compreender o conjunto dos elementos que integram o *entorno* dos seres humanos, condicionam a qualidade de vida nos locais por eles habitados e conformam sua existência com dignidade, sejam eles de ordem natural, artificial ou cultural.[694]

Tal fator, certamente, contribuiu de maneira decisiva para que as questões relacionadas ao condicionamento dos locais de trabalho e dos elementos componentes do entorno físico e imaterial do ser humano trabalhador fossem alijadas do âmbito compreendido pelo *Direito Ambiental*. Estabeleceu-se, dessa forma, uma situação no mínimo curiosa, pois enquanto certas searas tradicionalmente afetas ao Direito Civil e ao Direito Administrativo tais como a *vizinhança*, as *posturas*, a *conformação urbanística*, a *gestão do patrimônio histórico*, dentre outras, se deixaram conformar pelas diretrizes advindas da *perspectiva ambientalista* e a *Saúde e Segurança do Trabalho* ainda subsistiu como uma fortaleza inexpugnável amuralhada no interior da província justrabalhista.[695]

Por isso mesmo, discute-se atualmente em muitos países – especialmente entre os membros da União Europeia – o tema concernente à delimitação do grau de influência que os cânones do *Direito Ambiental* devem exercer sobre os preceitos de *Saúde e Segurança do Trabalho* e em que medida aquelas diretrizes vinculariam os agentes públicos e privados no sentido de reduzir os riscos existentes nos locais de trabalho.

Não se cogita, nesse sentido, na existência de um *meio ambiente do trabalho* como um subsistema do entorno artificial dos seres humanos, senão apenas da definição das fronteiras entre duas disciplinas pretensamente distintas, bem como de algum nível de *diálogo* a ser desempenhado entre elas no tocante à fixação dos parâmetros mínimos a serem observados com vistas a assegurar a salubridade, o equilíbrio e a sustentabilidade nos ambientes laborais.[696]

Alguns autores chegam mesmo a se valer da tese em torno da pretensa distinção entre as gerações de direitos fundamentais para apartar o direito à *Saúde e à Segurança do Trabalho* do *meio ambiente*, sob o argumento de que aquela primeira, enquanto direito *social* (de *segunda geração*), teria por escopo amplificar o bem-estar material dos obreiros e impor aos empregadores o resguardo de um patamar mínimo de proteção contra riscos laborais por intermédio da interferência estatal na autonomia privada a condicionar o *contrato de trabalho*, ao passo que o segundo, na condição de direito *metaindividual* (de *terceira geração*) objetivaria, de modo mais amplo, assegurar a integridade psicofísica e a qualidade de vida da generalidade dos indivíduos, independentemente de sua posição socioeconômica.[697]

De fato, antes mesmo da emergência da *perspectiva ambientalista*, o Tratado de Roma, de 1957, que firmou as bases do que hoje constitui a União Europeia, já estabelecia em seu artigo 118 que os países signatários daquele acordo seminal se dispunham a cooperar nas questões concernentes à "*proteção contra acidentes e doenças do trabalho*", bem como em matéria de "*higiene industrial*".[698]

No entanto, mesmo após o advento da *perspectiva ambientalista* e dos principais documentos que a conformaram (notadamente a *Declaração de Estocolmo*), os diplomas da União Europeia permaneceram fieis ao modelo contemplado no artigo 118 do Tratado de Roma, no sentido de tratar as questões pertinentes à *Saúde e Segurança do Trabalho* de maneira apartada em relação aos assuntos concernentes ao *meio ambiente*.

Sob tal ótica, foram editadas em 1980 e em 1989 as Diretivas 80/1107/CEE e 89/391/CEE a versarem, respectivamente, sobre a "*protecção dos trabalhadores contra os riscos para a sua saúde e segurança, (...) devido à exposição a agentes químicos, físicos e biológicos tidos como prejudiciais*" e "*à execução de medidas destinadas a promover o melhoramento da segurança e da saúde dos trabalhadores no trabalho*".

Mais recentemente, em 2005, a Comissão Europeia afirmou no comunicado intitulado *Reexame da Estratégia comunitária em favor do desenvolvimento sustentável* (COM 2005 – 618) que "*as dimensões económica, social e ambiental da sustentabilidade devem existir em simultâneo e reforçar-se mutuamente*". Sendo assim, as abordagens das questões tidas por *sociais* (aí incluídos os temas pertinentes à *Saúde e à Segurança do Trabalho*) deveriam se valer também dos cânones pertinentes à *economia* e ao *meio ambiente*, haja vista que estes conformam, exatamente, os *três pilares* do *desenvolvimento sustentável*.[699]

Nesse diapasão, em 2007, o Parlamento Europeu editou a *Estratégia comunitária 2007-2012 para a saúde e segurança no trabalho*, apontando os avanços, os problemas, as perspectivas e as metas a serem considerados sobre o tema para o referido quinquênio. Apesar de se ter avançado em direção a vários aspectos compartilhados com o *pilar ambiental* do *desenvolvimento sustentável*, com destaque para a priorização da abordagem preventiva no enfrentamento dos riscos, o documento em apreço permaneceu aferrado à dicotomia *ambiental-social*, de modo a tratar as questões relacionadas à conformação do trabalho como elementos apartados do *meio ambiente* geral.[700]

E essa mesma dicotomia remanesce como um dado estrutural no *Relatório sobre o quadro estratégico da UE para a saúde e segurança no trabalho 2014- 2020*, apesar deste último ter avançado significativamente no que concerne ao reconhecimento da necessidade quanto (i) à proteção das condições de saúde e de segurança laborais para a generalidade das formas de trabalho, para além do vínculo empregatício tradicional, bem como quanto (ii) à adoção de medidas de *precaução* tendentes ao enfrentamento dos "*riscos novos e emergentes*" oriundos das novas tecnologias; (iii) à revisão dos limites de tolerância para certas substâncias nocivas; (iv) ao enfrentamento das doenças psicossomáticas de origem ocupacional e (v) ao combate ao assédio moral.[701]

Vê-se, portanto, que a proximidade entre as duas abordagens a respeito da formatação das condições de trabalho (a *ambiental* e a *social*, por assim dizer), não é ignorada no Velho Continente, reconhecendo-se, inclusive, a existência de pautas e objetivos comuns entre elas, conforme atestam os documentos mais recentes sobre o tema editados pelas instâncias comunitárias.

No entanto, não se pode deixar de notar que tais inovações não lograram romper com a dicotomia ora analisada, mormente porque os textos que a veiculam insistem em considerar, como diferenciadas, a tutela da integridade psicofísica e da qualidade de vida dos indivíduos *dentro* e *fora* das empresas, como se estas últimas não integrassem o *meio ambiente* que é objeto de tutela nos ordenamentos jurídicos.[702]

De modo diverso ao que se passa no âmbito dos sistemas jurídicos que consagram a dicotomia entre o *Direito Ambiental* e o *Direito à Saúde e à Segurança do Trabalho* na formatação das condições laborais, a doutrina brasileira vem admitindo amplamente, e já há algum tempo, a inserção dos locais de trabalho e de suas condicionantes dentro do conceito de *meio ambiente*, para fins de incidência do regime tutelar ambiental, de modo a conceber-se, propriamente, um *meio ambiente do trabalho*.[703]

Nesse sentido, o *meio ambiente do trabalho* é encarado, no Brasil, como a subdivisão do *meio ambiente artificial* que trata, especificamente, das condições integrantes do entorno dos seres humanos no tocante ao desempenho de suas atividades profissionais. A despeito da existência de definições mais ou menos amplas sobre o conceito em tela, pode-se afirmar que os estudiosos brasileiros dedicados às temáticas ambiental e trabalhista o reconhecem como tal e admitem sua configuração como *bem comum* submetido às diretrizes constitucionais e legais que regulamentam o *meio ambiente* em sua generalidade.[704]

Isso ocorre, em grande medida, pelo fato de que a Constituição Federal do Brasil, de 1988, consagrou indistintamente em seu art. 225 o *meio ambiente equilibrado* como um direito de *todos* e como um *bem de uso comum do povo e essencial à sadia qualidade de vida*. Para além disso, o texto magno inseriu expressamente a colaboração na "*proteção do meio ambiente, aí incluído o do trabalho*" dentre as políticas públicas a serem assumidas pelo Sistema Único de Saúde, nos termos do art. 200, VIII.[705]

Diante da amplitude do texto constitucional, aliada à existência, antes mesmo da promulgação da Carta de 1988, de uma avançada legislação consagradora dos princípios ambientais (a *Política Nacional do Meio Ambiente*, instituída pela Lei nº 6.931, de 1º/08/1981), a doutrina passou a enxergar no *meio ambiente* um conceito amplo, a englobar a generalidade dos elementos que condicionam a sadia qualidade de vida dos indivíduos, sejam eles naturais, artificiais, culturais, físicos ou imateriais e independentemente do local onde se manifestam (se no trabalho, nas vias públicas, nos espaços privados compartilhados etc.).[706]

Desse modo, os dispositivos da Constituição Federal e da Lei nº 6.938/1981 que consagram as diretrizes pertinentes à gestão do meio ambiente e impõem posturas objetivas para as autoridades públicas e para os agentes privados vêm sendo amplamente aplicados no Brasil com vistas à resolução em concreto de questões envolvendo a organização deficiente dos locais de trabalho e os prejuízos daí decorrentes para os trabalhadores considerados individualmente ou enquanto coletividade.[707]

Não obstante a postura vanguardista assumida, no ponto, pela doutrina em referência, a compreensão plena em torno do *meio ambiente do trabalho* e de seus elementos integrantes não se basta com o reconhecimento em torno da aplicação dos dispositivos constitucionais e legais pertinentes ao *meio ambiente* às questões relativas à configuração dos fatores de produção e das lesões daí decorrentes.

Nesse sentido, faz-se necessário compreender o *meio ambiente do trabalho* e seus elementos conformadores como efetivas projeções da *perspectiva ambientalista* no entorno circundante dos trabalhadores, com vistas a promover a reconfiguração da compreensão, pelo Direito, dos dados físicos e imateriais ali presentes em superação à estrutura obtusa representada pelo paradigma plasmado no *individualismo, contratualismo, legalismo* e *patrimonialismo* que ainda pauta a regulamentação jurídica das relações laborais.

Acreditamos que é justamente tal reformulação, a ser promovida pela releitura dos elementos do entorno do *ser humano trabalhador* sob a ótica da *perspectiva ambientalista* em sua vertente *labor-ambiental*, que possibilitará a compreensão mais apropriada das questões afetas à organização do trabalho na contemporaneidade, especialmente em face dos novos riscos trazidos pelas mudanças tecnológicas e pela proliferação de novas relações de trabalho.

4.2.1 O trabalho humano como um dado ambiental

A partir do momento em que Deus sentenciou Adão a ganhar o pão com o suor do seu rosto (*Genesis*, 3:19), segundo a tradição judaico-cristã, o *trabalho* passou a ser uma atividade eminentemente humana. De fato, só há de se falar em *trabalho* na medida em que ele é o meio pelo qual os seres humanos logram acessar os bens vitais para sua subsistência e pelo qual o entorno é conformado de acordo com as necessidades econômicas e sociais da coletividade.

Desde os primórdios da evolução humana, quando a economia tinha por meta a simples subsistência, passando pela era feudal, pelo mercantilismo, pela manufatura no âmbito das Corporações de Ofício, pelo trabalho fabril característico da Revolução Industrial, até os dias atuais, que o *trabalho* constitui o dado a distinguir os seres humanos como espécie eminentemente social.[708]

De fato, é justamente por intermédio do *trabalho* que os seres humanos interagem entre si no sentido de construir, em conjunto, os elementos necessários para a vida em coletividade. Nesse sentido, foi o trabalho que possibilitou – e ainda permite – a subsistência das sociedades através dos vínculos de interdependência a unir os indivíduos e as coletividades por eles constituídas que se dedicam ao exercício das mais diversas atividades.[709]

No decurso da história, as relações entre os seres humanos a terem por objeto o *trabalho* (ou, melhor dizendo, a alienação da *força de trabalho*) passaram por significativas e complexas mudanças, sem que o trabalho perdesse, em sua essência, tal característica.

Em qualquer período histórico, para empreender o trabalho em todas as suas diversas modalidades o ser humano precisou, invariavelmente, ora se submeter às condições oferecidas pelo entorno natural onde suas atividades seriam desenvolvidas ora conformar este último de modo a estabelecer novas condições mais propícias para a execução das tarefas a que se propôs.

E para que as referidas atividades pudessem ser executadas de modo contínuo e permanente, os seres humanos tiveram de implementar uma série de práticas destinadas a assegurar a regularidade no desempenho do trabalho, tais como a aquisição e a organização dos insumos necessários para tanto, o estabelecimento de metodologias voltadas para a realização do labor, a criação de rotinas a serem observadas nesse processo, a formulação de mecanismos de adaptação às demandas do mercado, do governo e da sociedade, dentre outras.

Nesse sentido, o sociólogo francês Christophe Dejours propõe a sistematização dos elementos que conformam o labor humano, de modo a dividi-los em duas categorias, a saber: (i) as *condições de trabalho*, a integrarem os fatores físicos (palpáveis ou sensíveis) presentes nos ambientes laborais e (ii) a *organização do trabalho*, a abranger em sua concepção as condicionantes técnicas e normativas que estruturam, no plano ideal, o desempenho do labor.

As *condições de trabalho* compreendem, em síntese, aqueles elementos que interferem diretamente na compleição física dos trabalhadores com o potencial de lhes ocasionar lesões corporais. São eles, exatamente, os fatores de ordem física (p. ex.: ruído, frio e calor), química (p. ex.: poeiras minerais e gases) e biológica (p. ex.: micro organismos e materiais orgânicos), para além das instalações prediais, mobiliárias, elétricas, hidráulicas, sanitárias etc., que circundam os obreiros em seus locais de trabalho.[710]

Já a esfera da *organização do trabalho* abrange os elementos estruturais do trabalho que interagem com os aspectos psicológicos dos trabalhadores, tais como (i) as normas técnicas referentes à forma, ao modo, ao tempo e ao ritmo da produção; (ii) as diretrizes concernentes à conformação das tarefas atribuídas a cada trabalhador; (iii) as metodologias de gerenciamento de pessoal e de incentivos (p. ex.: regime de metas, adicionais remuneratórios de produtividade etc.); (iv) as políticas de salários e de benefícios e (v) a gestão das relações hierárquicas e interpessoais.[711]

Todos esses elementos essenciais para o desempenho das atividades laborais que integram as *condições de trabalho* e a *organização do trabalho*, na acepção de Dejours, configuram, justamente, o entorno que circunda os seres humanos quando da realização de suas atividades laborais, isto é, o *meio ambiente do trabalho*.

Nesse âmbito, assim como ocorre nas outras subdivisões do *meio ambiente*, a saúde e a qualidade de vida dos indivíduos só estarão asseguradas na medida em que os fatores de produção, as instalações e as metodologias operacionais e enfim, todas as condicionantes *físicas*, *psicológicas*, *químicas*, *biológicas*, *ergonômicas* e *organizacionais* estiverem sistematizadas de modo a não submeter tais bens a riscos de degradação.[712]

É justamente nesse *meio ambiente do trabalho*, submetidos aos insumos necessários à realização de suas atividades e às formas de organização e de atuação pertinentes às suas respectivas profissões, que os seres humanos permanecerão durante grande parte de sua existência no intuito de obter seu sustento. Tudo o que conforma esse entorno específico tem amplo potencial para afetar sua saúde física e mental, bem assim sua qualidade de vida, de modo tão ou mais intenso do que os fatores componentes do meio ambiente artificial e natural.[713]

Nisso reside, exatamente, a relação intrínseca que permeia o *meio ambiente do trabalho* e a ideia de *dignidade humana*. Se o trabalho é o elemento pelo qual o homem se afirma na sociedade e pelo qual assegura sua subsistência material, o entorno que conforma o desempenho de seu labor não deve ser condicionado de modo a comprometer sua integridade psicofísica e sua qualidade de vida, sob pena do trabalho deixar de ser um *meio de vida* para se tornar um fator de degradação da condição humana.[714]

Vê-se, portanto, que o trabalho e suas condicionantes configuram um dado eminentemente ambiental, segundo os conceitos albergados pela *perspectiva ambientalista*, na medida em que se trata de um sistema formado por elementos materiais e imateriais integrantes do entorno dos indivíduos e das comunidades por eles formadas que influenciam diretamente sua integridade psicofísica e sua qualidade de vida.[715]

Por isso mesmo, os elementos conformadores do *trabalho*, qualquer que seja sua forma de prestação (p. ex.: se através de uma relação de emprego, de labor autônomo, de voluntariado, de trabalho em favor de terceiro, por aplicativos, por meios telemáticos etc.) integram o conceito amplo de *meio ambiente* cujo equilíbrio se afigura imprescindível para a própria concretização da ideia de *dignidade humana.*

Desse modo, a *perspectiva ambientalista* na sua vertente laboral -- o *meio ambiente do trabalho* – nos impõe a percepção dos elementos condicionantes do trabalho humano não mais como dados integrantes de uma mera ficção plasmada em relações contratuais, mas sim como fatores de ordem física, psíquica, química, biológica e ergonômica presentes no entorno dos seres humanos que incidirão sobre eles independentemente da formatação jurídica a ser conferida à prestação do labor e que será decisiva, ao fim e ao cabo, para conformar sua própria existência.[716]

4.2.2 Os *riscos labor-ambientais.* Um novo enfoque sobre a saúde e a segurança do trabalho em superação à ideia de *risco profissional*

No item 3.5 *supra*, quando tratamos da teoria do *risco profissional* que ainda hoje norteia a grande maioria dos ordenamentos jurídicos em matéria de saúde e segurança do trabalho, advertimos que tais sistemas permanecem atrelados a uma concepção ainda impregnada do *individualismo*, do *contratualismo* e do *patrimonialismo* a caracterizarem o paradigma fundante da Teoria Clássica da Responsabilidade Civil, pela qual os acidentes de trabalho e as doenças ocupacionais representariam meros impactos correlatos às atividades econômicas desempenhadas pelos empregadores que seriam reparados em caráter individual e mediante pecúnia, no bojo de relações bilaterais plasmadas em contratos de trabalho.

Para além de tal constatação, a denotar, conforme visto, a insuficiência do paradigma clássico atinente ao *direito das obrigações* e à *responsabilidade civil* para lidar com a realidade inerente à organização do trabalho na contemporaneidade, a teoria do *risco profissional* não se mostra apta a realizar tal tarefa também em função de sua correlação estrutural com as atividades desempenhadas pelos empregadores em cada unidade produtiva.

De fato, desde o seu surgimento no século XIX, sob o influxo das discussões travadas nos parlamentos das principais potências ocidentais e das obras lapidares de Saleilles e Josserand, a teoria do *risco profissional* se fia na ideia de que as vicissitudes por ela contempladas, notadamente os acidentes de trabalho e as doenças ocupacionais, seriam aquelas estritamente relacionadas à natureza da unidade produtiva mantida pelo empregador e, consequentemente, do labor ali prestado pelo trabalhador na operação do empreendimento patronal.[717]

Assim, por exemplo, em uma indústria metalúrgica o *risco profissional* admitido por tal teoria para fins de caracterização da *responsabilidade objetiva* do empregador seria exclusivamente aquele inerente aos acidentes de trabalho e às doenças ocupacionais relacionadas ao maquinário e aos insumos utilizados nas atividades de fundição, tratamento e transformação de metais que seria, por isso mesmo, assumido pelo empresário como um *custo regular* de sua empresa. As vicissitudes que não tivessem correlação com tais tarefas típicas da unidade produtiva tendiam a ser descartadas por ausência de nexo de causalidade, por força maior ou por fato de terceiro.[718]

A despeito dos avanços logrados pela teoria do *risco profissional* em relação ao sistema anterior da perquirição da culpa patronal, o contexto filosófico a permear sua concepção e sua aplicação em meados do século XIX e em grande parte do século XX não permitia o avanço de suas estruturas em direção à consideração de outros riscos que muito embora estivessem estritamente relacionados à organização dos fatores de produção a cargo do empregador e à conformação das próprias condições de trabalho, não eram estritamente vinculados às atividades finalísticas desempenhadas nas unidades produtivas.

Nesse sentido, as premissas a pontuarem a teoria do *risco profissional* indicam que o recorte fático por ela implementado se enquadra de modo mais apropriado na figura do *perigo* e não no conceito de *risco*. De fato, o que a teoria em apreço nomeia como sendo o *risco* é, na verdade, o conjunto de elementos presentes nos locais de trabalho que, em razão da natureza do processo produtivo e das próprias atividades ali desempenhadas, são capazes de gerar uma maior ou menor probabilidade de lesão a determinados bens jurídicos que, por sua definição, representa o *perigo*.

Em tal contexto, o *perigo* – compreendido como um dado fático aferível de modo concreto (p. ex.: a presença de uma máquina de corte de chapas desregulada em uma indústria metalúrgica) – é a fonte de origem dos *riscos* (p. ex.: a decepação de um membro ou a implementação de um corte profundo na pele do operador) que são a ele relacionados e que terão probabilidades maiores ou menores de materialização em função das circunstâncias verificadas em concreto.[719]

Assim, para a teoria do *risco profissional*, somente teriam relevância as situações relacionadas exclusivamente ao desempenho das atividades corriqueiras do estabelecimento produtivo quando estas últimas não se realizassem dentro dos *parâmetros operacionais* ou dos *limites de tolerância* presumidos como *seguros* pelo direito positivo, o que acaba por eliminar, de certa maneira, o próprio requisito de *incerteza* a conceituar a noção contemporânea de *risco*.[720]

Apenas com a emergência da *perspectiva ambientalista* é que foi possível transcender os umbrais estreitos da concepção *individualista, contratualista* e *patrimonialista* (e, nessa esteira, da própria teoria do *risco profissional*) para conceber o *meio ambiente do trabalho* como uma parcela relevante do *meio ambiente* a envolver um escopo muito mais amplo do que aquelas condicionantes relacionadas às atividades econômicas desempenhadas pelos empregadores em suas unidades produtivas.

Tal como ocorre no *meio ambiente* em geral, a implementação de novas tecnologias, de novos processos produtivos, de novas dinâmicas de organização do trabalho e de novas metodologias de gestão das relações interpessoais nos ambientes de trabalho ocorre de forma independente em relação à evolução do conhecimento científico acerca dos riscos inerentes a tais elementos e sem que a exata medida de sua nocividade esteja plenamente mapeada.

Assim, também para o *meio ambiente do trabalho*, o *risco* com o qual os trabalhadores convivem hodiernamente é aquele *risco do terceiro tempo*, na concepção formulada por François Ost, ou *risco catastrófico*, na definição de Anthony Giddens, cujas características marcantes consistem, exatamente, na indeterminação quanto à abrangência de seus potenciais danos e quanto aos seus próprios efeitos sobre cada trabalhador individualmente considerado e sobre as coletividades determinadas e indeterminadas por eles formadas.

Nesse contexto, não há mais como predeterminar em um rol exaustivo as possíveis origens dos riscos ocupacionais, tal como pretendido pela teoria do *risco profissional*, e nem tampouco como individualizar sua manifestação nas figuras dos *acidentes de trabalho* e das *doenças ocupacionais* estritamente relacionados às atividades desempenhadas nas unidades produtivas.

Em sentido diametralmente oposto, a *perspectiva ambientalista* nos permite antever que no âmbito compreendido pelo *meio ambiente do trabalho*, a envolver o entorno circundante dos seres humanos no desempenho de seu labor, há uma série de outros elementos que condicionam sua qualidade de vida e seu bem-estar, ora relacionados aos fatores cambiantes de ordem física, química, biológica e ergonômica (as *condições de trabalho*), ora vinculados à estruturação cada vez mais dinâmica e mutável dos fatores imateriais de produção (a *organização do trabalho*), cuja degradação traz verdadeiros e efetivos *riscos* à integridade física e psíquica dos trabalhadores.[721]

A casuística, a propósito, indica que tais riscos de ordem labor-ambiental integram efetivamente o cotidiano dos locais de trabalho. Não é difícil vislumbrar, nesse sentido, situações que materializam inequívocas ameaças à saúde e à integridade psicofísica dos trabalhadores ocasionadas pela gestão inadequada dos diversos elementos materiais e imateriais que circundam os obreiros em seus respectivos locais de trabalho, mesmo quando as atividades corriqueiras dos estabelecimentos não estejam presumivelmente relacionadas a elas, nos moldes concebidos pela *teoria do risco profissional*.

Pode-se imaginar, como exemplo das situações ora indicadas, um escritório de contabilidade em que os trabalhadores operam ao lado de uma central de ar-condicionado instalada pela direção do estabelecimento, cujo ruído extrapola os limites toleráveis pelo ouvido humano de modo a comprometer, a longo prazo, a audição daqueles que ali operam. Em tal hipótese, a atividade desenvolvida pela empresa (realização de perícias contábeis e cálculos) não traz consigo o risco de surdez. No entanto, o empregador, ao instalar e manter o referido equipamento, acabou por submeter seus empregados ao risco de degradação de suas respectivas condições psicofísicas.

Ainda como exemplo de tais situações, tem-se a hipótese da empresa de vigilância que guarnece o uniforme de seus empregados com sapatos de solado metálico, criando para eles um risco não necessariamente inerente àquela atividade, qual seja, o de que os referidos trabalhadores, ao efetivarem rondas em terrenos descampados, sejam atingidos por descargas elétricas naturais (raios).

Há, em tal hipótese, a presença de fator de risco não contemplado originalmente pela teoria do *risco profissional*, pois a morte ou a perda de funções por exposição a descargas elétricas naturais não figura dentre as ameaças inerentes à atividade de vigilante. No caso ilustrativo, o sinistro só ocorreu porque o empregador, ao fornecer sapatos com solado metálico, criou um novo fator de risco apto a comprometer a integridade física e a vida de seus subordinados.

E, por fim, há – ainda como exemplos de riscos não contemplados pela teoria do *risco profissional* – as situações de *assédio moral organizacional*, quando a empresa institucionaliza pressões constantes sobre seus funcionários com vistas à colimação de alguma finalidade (*v.g.*, obtenção de metas, adesão a planos de demissão voluntária etc.) vindo a criar no meio ambiente de trabalho fator de desequilíbrio organizacional a ocasionar uma série de doenças psicossomáticas, tais como depressão, síndrome do pânico, fobias, que, levadas ao extremo, podem, no extremo, conduzir ao suicídio.[722]

Não se pode dizer, por evidente, que empresa alguma, seja ela de qual ramo for, tem como risco inerente às suas atividades a geração em massa de doenças psicossomáticas decorrentes de assédio moral. Por essa razão, somente a análise de tais situações sob a ótica do *meio ambiente do trabalho* é capaz de qualificá-las como efetivos riscos à qualidade de vida e ao bem-estar dos seres humanos no desempenho de seu labor, bem como à sua própria integridade psíquica.

Para além de tais aspectos, a *perspectiva ambientalista* aplicada ao *meio ambiente do trabalho* enseja a superação do *legalismo* inerente à teoria do *risco profissional*, a ter por uma de suas expressões mais latentes a vinculação entre os deveres de reparação pelos *acidentes de trabalho* e pelas *doenças ocupacionais* à existência de um vínculo empregatício a permear o *empregador* (objetivamente responsável) e o *empregado* (vítima).

A pressuposição de tal liame decorre, em grande medida, de dois fatores que caracterizaram fortemente as relações de trabalho no final do século XIX e nas primeiras décadas do século XX, a saber: (i) a preponderância do vínculo empregatício como modalidade de arregimentação da mão de obra no contexto da grande indústria taylorista e (ii) a inserção da obrigação de proteção à integridade física do trabalhador, pelas legislações trabalhistas, como um dos deveres impostos aos empregadores no bojo das relações contratuais de trabalho.[723]

Em razão disso, praticamente todo o arcabouço teórico a fundamentar a teoria do *risco profissional* tomou por pressuposto a relação clássica de emprego, como se os riscos inerentes às atividades desempenhadas no âmbito das unidades produtivas só existissem para os empregados e não abrangessem os demais sujeitos ali arregimentados sob outras modalidades de prestação de serviço (p. ex.: autônomos, terceirizados etc.) que nem sequer eram incluídos nessa equação, porquanto a figura do *operário* pressupunha a existência de um contrato de trabalho entre este e o *patrão* num contexto preponderantemente industrial.[724]

Para a *perspectiva ambientalista* tal restrição não faz qualquer sentido, uma vez que o *meio ambiente do trabalho*, assim como as demais esferas do *meio ambiente*, é centrado no ser humano e em sua dignidade intrínseca a ter por pressuposto, conforme visto, a existência de um entorno apto a lhe possibilitar o desempenho do labor em condições saudáveis e equilibradas.

Desse modo, se determinados riscos inerentes ao trabalho afetam, em igual medida, todos os indivíduos a eles expostos em concreto, serão eles titulares do mesmo grau de proteção jurídica em face de tais ameaças, independentemente de estarem prestando serviços sob a forma de empregados, autônomos, terceirizados, temporários, pejotizados, ou sob qualquer outra modalidade contratual.

Em contrapartida, aquelas organizações ou sujeitos que têm por atribuição a organização dos fatores de produção e a estruturação das condições de trabalho e que se beneficiarão, direta ou indiretamente, das atividades desempenhadas pelos sobreditos profissionais na condição de *tomadores de serviços* serão responsáveis pela gestão de tais riscos em relação a todos os indivíduos que laboram nos ambientes por eles mantidos, sob qualquer modalidade contratual.[725]

Portanto, os riscos inerentes ao trabalho humano a serem considerados contemporaneamente transcendem em muito aqueles relacionados ao desempenho das profissões tradicionalmente submetidas à modalidade do vínculo de emprego. As distintas formas de conformação dos fatores produtivos, da organização do trabalho e das próprias relações interpessoais no cotidiano laboral envolvem uma miríade de riscos à integridade psicofísica dos obreiros que, de tão extensa, plural e mutável, não cabe em qualquer classificação preestabelecida ou rol taxativo.

No nosso entendimento, tal realidade multifacetária a circundar o ser humano que se ativa socialmente por intermédio do trabalho somente poderá ser compreendida de forma adequada pelo sistema jurídico se o labor humano e seus condicionantes forem efetivamente tratados como dados ambientais, tal qual os demais elementos naturais e artificiais que integram o entorno dos indivíduos e condicionam sua qualidade de vida.

E sendo o trabalho humano e seus elementos conformadores um dado ambiental, qualquer aspecto que ameace o equilíbrio de suas condições e que possa, consequentemente, degradá-lo a ponto de afetar interesses difusos, coletivos (em sentido estrito) e individuais homogêneos partilhados pelas coletividades presentes e futuras de trabalhadores inseridos em um dado ambiente laboral será considerado como um risco a este último.

Com tal perspectiva, passa-se do vetusto *risco profissional*, com todas as suas limitações objetivas e subjetivas para a concepção de um *risco labor-ambiental*, alinhado com o tratamento que a *perspectiva ambientalista* confere às ameaças concretas ao equilíbrio do bem comum conformado pelo meio ambiente em todas as suas acepções.

Pensamos, portanto, que somente se a questão for enquadrada sob tal enfoque é que será possível, efetivamente, combater a materialização dos riscos que integram hodiernamente o entorno dos trabalhadores e, consequentemente, resguardar a dignidade humana de tais indivíduos frente às ameaças contemporâneas.

4.2.3 *Poluição labor-ambiental*. O risco objetivamente proibido pelo Direito Ambiental do Trabalho

Ao definirmos o conceito de *poluição* no item 4.1.3 *supra* pontuamos que ele representa um fator de degradação do meio ambiente capaz de ocasionar, ao mesmo tempo, um *dano* imediato a um determinado macrobem de titularidade difusa ou coletiva e um *risco* relacionado à materialização futura de outras macrolesões e à concretização de prejuízos individuais de natureza patrimonial ou extrapatrimonial.

Tal caráter dúplice (de *dano* e de *risco*) caracteriza, de igual modo, a *poluição* materializada no meio ambiente de trabalho (ou a *poluição labor-ambiental*), na medida em que esta última se faz presente justamente diante da degradação dos elementos que condicionam o entorno laboral dos seres humanos, assim compreendido como aquele composto pelas *condições de trabalho* (as condicionantes de ordem física, química, biológica e ergonômica presentes nos locais de trabalho) e pela *organização do trabalho* (os fatores imateriais vinculados à dinâmica, à metodologia da produção e à gestão das relações interpessoais).

Nesse sentido, por sua amplitude e precisão, na linha do que expusemos, subscrevemos integralmente o conceito teórico de *poluição labor-ambiental* formulado por Ney Maranhão, a classificá-la como o "*desarranjo sistêmico dos fatores labor-ambientais de risco suscitado pela ingerência humana e gerador de inaceitável afetação do equilíbrio ambiental propiciador do sadio fluir da vida humana*".[726]

Podemos bem ilustrar a *poluição labor-ambiental*, nos moldes ora concebidos, através do exemplo de uma repartição empresarial assolada pelo fenômeno do *assédio moral organizacional*, assim compreendido como a institucionalização, pelos gestores incumbidos da estruturação da organização do trabalho (por ação ou pela mera tolerância), de metodologias de produtividade fundadas na violência (psíquica ou até mesmo física) e na exploração das vulnerabilidades pessoais dos trabalhadores em nome do atingimento de objetivos operacionais (geralmente, metas de produção ou de vendas).[727]

Na repartição empresarial ora concebida, as relações interpessoais entre as chefias e os subordinados e entre os próprios subalternos se encontram maculadas pela presença constante do medo, da concorrência predatória, da perseguição, das ameaças de represálias, de punições vexatórias e até mesmo de demissão, aliada à necessidade quanto ao atingimento das metas estabelecidas pela gerência. Trata-se, indubitavelmente, de um meio ambiente laboral poluído, onde a degradação já ocasionou um efetivo *dano* de natureza difusa e coletiva (em sentido estrito), na medida em que o macrobem representado pelo *clima organizacional* já se afigura efetivamente lesado e potencialmente nocivo para qualquer um que a ele se submeta.

Esse mesmo ambiente laboral degradado representa, de outro turno, um efetivo *risco* para a integridade psíquica e física dos trabalhadores ali inseridos. De fato, sob tais condições deletérias, os indivíduos se encontram submetidos à real possibilidade de adquirirem doenças psicossomáticas (p. ex.: agorafobia, síndrome do pânico, depressão etc.), com possíveis repercussões físicas (p. ex.: abortos espontâneos, infartos, derrames etc.), podendo levá-los, no extremo, ao suicídio.[728]

Com tal exemplo em mente, é possível ilustrar de maneira objetiva a configuração da *poluição labor-ambiental* como um elemento de degradação representativo, ao mesmo tempo, de um *dano* a afetar os macrobens titularizados pelas coletividades de trabalhadores inseridos em uma dada organização do trabalho e de um *risco* à integridade dos bens jurídicos individualmente titularizados pelos referidos obreiros.

Sob o prisma jurídico, a *poluição labor-ambiental* configura uma hipótese normativamente proscrita pela generalidade dos ordenamentos supranacionais e domésticos, na medida em que estes últimos impõem aos potenciais poluidores, independentemente de sua configuração formal ou da natureza do vínculo mantido com os prestadores de serviços, os deveres objetivos inerentes à implementação das medidas cabíveis no intuito de evitar ou minimizar a materialização de tal degradação.

Por isso mesmo, quando o sujeito incumbido da organização dos fatores condicionantes do meio ambiente do trabalho atua, no desenvolvimento de determinada atividade potencialmente poluidora, em direção oposta a tais diretrizes normativas, ele passa a adentrar em terreno no qual se presume o nexo de causalidade entre sua ação (ou omissão) e os resultados danosos perpetrados aos macrobens coletivos e aos bens jurídicos de titularidade individual.[729]

É justamente essa a lógica que subjaz ao princípio do *poluidor-pagador*, amplamente assimilado por vários ordenamentos jurídicos e plenamente aplicável no contexto da *poluição labor-ambiental*.[730]

4.2.3.1 *Poluidor direto e poluidor indireto no meio ambiente do trabalho*

A *poluição* não se exaure em uma determinada conduta ou omissão cristalizada no tempo e no espaço, conforme já visto no item 4.1.3 *supra*. Também no âmbito laboral, a degradação ambiental se dissipa em práticas atribuíveis a vários sujeitos que concorreram ou concorrem, em maior ou menor medida, para sua materialização e a de seus efeitos, na medida em que a estruturação deletéria das condições de trabalho e de seus fatores organizacionais resulta de uma série de causas próximas e remotas.

Muitas vezes, as causas da *poluiçao labor-ambiental* não se esgotam nas condutas ou omissões dos sujeitos responsáveis pela configuração das *condições de trabalho* e dos elementos integrantes da *organização do trabalho* (geralmente, os empregadores ou os tomadores de serviços). Há situações em que ela resulta de operações realizadas por atores externos que muito embora não integrem a estrutura empresarial, concorrem em igualdade de condições para a materialização da degradação verificada nos ambientes de trabalho e nas sucessivas lesões daí decorrentes.

Daí já se vê que as figuras do *poluidor direto* e do *poluidor indireto* também se fazem presentes nas situações de *poluição labor-ambiental* e tal como se passa com a generalidade dos aspectos relacionados ao meio ambiente, todos eles são corresponsáveis, em igual medida, pela remediação das situações de degradação que suas ações ou omissões ocasionaram em concreto.

Na seara labor-ambiental, o *poluidor direto* corresponde, exatamente, àquelas pessoas físicas ou jurídicas responsáveis, em medida preponderante, pela organização dos fatores de produção e pela conformação das condições de trabalho nos locais e nas estruturas por eles geridas, independentemente da formatação conferida à relação jurídica entabulada entre elas e os trabalhadores.

São classificados como tal, por exemplo, os *empregadores*, nas relações reguladas por contratos de trabalho, os *tomadores de serviços*, nos contratos de prestação de serviços e nas situações de *terceirização*, *quarteirização*, *pejotização* e trabalho intermitente, bem como a Administração Pública, nos vínculos funcionais e nos regimes empregatícios por ela mantidos com os servidores, dentre outros.[731]

Enfim, todo aquele que arregimentar trabalhadores sob quaisquer modalidades contratuais ou arranjos jurídicos e tiver por incumbência a delimitação (i) das condições físicas de trabalho; (ii) a fixação das metodologias e da dinâmica inerentes ao desempenho das respectivas atividades e (iii) a gestão da definição e da distribuição das tarefas, será responsável pelo equilíbrio de tais elementos e será, consequentemente, considerado *poluidor direto* caso a tal estruturação resulte na degradação do *meio ambiente laboral* por ele conformado de forma inadequada.

Assim, por exemplo, se um determinado tomador de serviços (uma indústria química, por exemplo) conta, na unidade fabril por ele administrada, com as atividades desempenhadas por *prestadores de serviços, trabalhadores terceirizados, cooperados, parceiros, falsas pessoas jurídicas* em permanente contato com substâncias nocivas à saúde em concentrações elevadas, será ele considerado *poluidor direto.*

Nesse particular, o fator determinante para a *perspectiva ambientalista* e para a responsabilidade civil compreendida sob suas premissas é a degradação em concreto do *meio ambiente do trabalho* submetido à gestão daquele tomador de serviços, e não a modalidade contratual a vincular este último e os sujeitos ativados em suas estruturas produtivas.[732]

No entanto, se o enquadramento dos tomadores de serviços (não-empregadores) no conceito de *poluidor direto* não apresenta maiores dificuldades sob a perspectiva ambientalista, não se pode dizer o mesmo das *plataformas digitais de intermediação de trabalho*, que proliferaram em progressão geométrica nos últimos anos em todos os rincões do Planeta e que configuram uma das facetas mais relevantes da chamada *Quarta Revolução Industrial.*

Em apertada síntese, as *plataformas digitais* se apresentam como aplicativos de aparelhos de telefonia celular (*smartphones*) dedicados a intermediar o contato entre profissionais liberais interessados em prestar determinados serviços (p. ex.: transporte em veículo próprio, consertos domésticos, lavagem de roupas, faxinas etc.) e clientes interessados em obtê-los.[733]

Na prática, contudo, as *plataformas digitais* vão muito além da intermediação entre os interesses de profissionais liberais e de potenciais clientes, na medida em que (i) estabelecem os principais requisitos para o oferecimento dos serviços (p. ex.: os padrões dos insumos utilizados, o código de conduta no trato com a freguesia, o tipo do ferramental a ser utilizado, a periodicidade das revisões nos veículos etc.); (ii) determinam os itinerários até o destino desejado pelos passageiros; (iii) fixam escalas de classificação e metas quantitativas para os trabalhadores cadastrados; (iv) estipulam penalidades e políticas de incentivo para estes últimos em um ou em outro sentido, em função de seus interesses e (v) definem, de modo unilateral, os preços e os critérios para distribuição de tarefas e, em última instância, de manutenção ou desligamento dos profissionais em questão.[734]

Tais elementos, já amplamente constatáveis no convívio com os aplicativos, suscitaram (e vêm suscitando) intensos debates sobre a formação de vínculo empregatício entre eles e seus cadastrados, especialmente com relação à plataforma *Uber* dedicada ao oferecimento de serviços de transporte de passageiros, tendo ela sofrido até o momento diversas condenações nesse sentido nas searas judicial e administrativa.[735]

A despeito de tal debate e de sua incontestável relevância, nossa preocupação nas presentes linhas transcende a questão concernente à existência ou não de subordinação e dos outros elementos configuradores do vínculo empregatício entre os profissionais cadastrados e as plataformas digitais de intermediação laboral. O que nos interessa perquirir aqui, ainda que de modo superficial, é se estas últimas são ou não classificadas como *poluidoras diretas* para fins de responsabilização em decorrência da configuração de *poluição labor-ambiental*.

Para tanto, não é possível se furtar à constatação de que são exatamente aquelas plataformas digitais as instâncias conformadoras dos elementos que integram a *organização do trabalho* dos profissionais nelas cadastrados, muito embora não sejam as proprietárias do instrumental utilizado por estes últimos. De fato, os aplicativos em questão estabelecem, em medida preponderante, (i) as formas pelas quais os serviços serão prestados aos clientes; (ii) as normas de relacionamento com os usuários e com os fornecedores (p. ex.: serviços de manutenção e locadoras de veículos); (iii) a remuneração das atividades desempenhadas; (iv) a fixação das tabelas de preços e das tarefas em função da oferta e demanda; bem como (v) as metas e os critérios de manutenção e de progressão no sistema.

Desse modo, ainda que os profissionais cadastrados em tais plataformas digitais não estejam inseridos em estruturas físicas mantidas por estas últimas, o desempenho de seu trabalho é condicionado à observância das diretrizes estabelecidas pelos aplicativos. Para atingir os quantitativos mínimos de chamadas atendidas, bem como para a manutenção das avaliações positivas dos clientes, os profissionais cadastrados precisam, irrefragavelmente, adequar seu ritmo de vida, seus horários e suas atividades pessoais às metodologias impostas pelas plataformas.[736]

Além disso, também as *condições de trabalho* (isto é, os elementos físicos que circundam os profissionais em seus locais de trabalho) são conformadas em grande medida, pelas plataformas, que impõem aos prestadores de serviços nelas cadastrados a aquisição de uma série de insumos às vezes nocivos (especialmente no caso de aplicativos de serviços domésticos, lavanderia e faxina), a passagem por itinerários potencialmente perigosos e a vigilância constante por GPS e até mesmo por dispositivos de áudio e vídeo, no caso dos aplicativos de transporte, somente para citarmos alguns exemplos.

Vê-se, assim, que o meio ambiente laboral a circundar os profissionais cadastrados nas plataformas digitais é preponderantemente condicionado por estas últimas, seja nos aspectos relacionados às *condições de trabalho*, seja nas questões atinentes à *organização do trabalho*. Por isso mesmo, a eventual degradação dos elementos integrantes de tal entorno fará com que os aplicativos sejam qualificados, efetivamente, como *poluidores diretos* objetivamente responsáveis pela remediação e pela reparação dos danos coletivos e individuais porventura decorrentes do desequilíbrio por eles ocasionado.[737]

O mesmo ocorre nas chamadas *cadeias produtivas*, caracterizadas pela pulverização das etapas do processo produtivo de certos bens por firmas subcontratadas. Nessa modalidade, muito utilizada no setor do vestuário, mas não exclusivamente neste último, as empresas detentoras de marcas mundialmente famosas repassam para terceiros – que se situam, muitas vezes, em países ditos *emergentes* – a fabricação dos produtos que ostentarão seus logotipos.[738]

Nas *cadeias produtivas*, muito embora o processo de fabricação dos bens se disperse por uma ampla gama de fornecedores terceirizados e quarteirizados, os padrões de qualidade, bem como a metodologia de fabricação e os insumos, são estabelecidos e controlados pelas empresas detentoras das marcas de renome. Em alguns casos, estas últimas chegam mesmo a fixar metas periódicas de produção para seus subcontratados que se verão na contingência, por isso mesmo, de exigir de seus trabalhadores ritmos mais intensos e jornadas mais longas.

Isso significa, para os fins do presente estudo, que a empresa detentora da marca, mesmo sem ter qualquer empregado de seus quadros próprios envolvido no processo de fabricação dos produtos, concorre para a conformação das *condições de trabalho* a que os trabalhadores de suas subcontratadas estarão submetidos, na medida em que os padrões de qualidade e de elaboração a serem observados pelas sucessivas fornecedoras envolvem, não raro, a exposição a materiais nocivos, a realização do trabalho em posições antiergonômicas, a realização de movimentos repetitivos, os riscos de ferimentos e de lesões osteomusculares por esforço, dentre outras.

De igual modo, a empresa detentora da marca consagrada – que, afinal, encabeça toda a *cadeia produtiva* –, ao estabelecer e ao impor às demais integrantes desta última a metodologia de fabricação de seus produtos e dos respectivos componentes, bem como o quantitativo a ser produzido, acaba por atuar como protagonista na conformação da *organização do trabalho* daquelas subcontratadas.

Assim, quando tais elementos físicos e imateriais oriundos da firma detentora da marca concorrem para a degradação do meio ambiente do trabalho existente no âmbito das subcontratadas, tem-se o enquadramento daquela primeira, ao lado destas últimas, na figura do *poluidor direto*. Em tais casos, tanto a empresa a ostentar seus logotipos nos produtos quanto as empresas entre as quais a produção foi pulverizada serão objetiva e solidariamente responsáveis pelos danos individuais e coletivos experimentados pelos trabalhadores envolvidos no processo fabril.

Além disso, não se pode ignorar que as empresas detentoras de marcas conceituadas muitas vezes têm plena ciência a respeito da existência de condições extremamente precárias de trabalho em suas subcontratadas espalhadas ao redor do Planeta, havendo, em alguns casos, até mesmo a ocorrência de trabalho análogo à escravidão nestas últimas. De outro turno, há situações em que aquelas primeiras possuem elaborados códigos de *compliance* e de *boas práticas laborais* e, mesmo assim, não implementam as cautelas de fiscalização e de controle necessários para evitar que a fabricação de seus produtos e componentes sejam repassados a terceiros que se utilizam da exploração nociva do trabalho humano.[739]

Em tais casos, não há como negar que as empresas detentoras daquelas marcas renomadas concorrem, na modalidade omissiva, para a degradação do meio ambiente de trabalho a circundar os trabalhadores ativados nas firmas terceirizadas ou quarteirizadas responsáveis pela fabricação de seus produtos e dos respectivos componentes, qualificando-se elas, também por isso, como *poluidoras diretas*.[740]

Tal como ocorre na disciplina do meio ambiente geral, os *poluidores indiretos* também se responsabilizam, em igual medida, pela degradação dos elementos materiais e imateriais que circundam os trabalhadores e que concorrem para o desempenho de suas atividades profissionais cotidianas. São enquadráveis em tal conceito todos os agentes que colaboram, em maior ou menor medida, com os *poluidores diretos* para as situações concretas de desequilíbrio a ocasionarem riscos aos bens jurídicos titularizados pelos trabalhadores.

Como figura característica do *poluidor indireto* na seara abrangida pelo meio ambiente do trabalho tem-se os *financiadores* dos empreendimentos potencialmente nocivos à integridade psicofísica dos trabalhadores que neles desempenharão suas atividades profissionais sob quaisquer condições (p. ex.: empregado, prestador de serviços, terceirizado, cooperado, parceiro etc.) e se submeterão aos riscos ali existentes.

Assim, por exemplo, o banco de investimentos que verter fundos para uma determinada mineradora extrair amianto (material cuja lesividade, em qualquer concentração, é notória) estará indiretamente submetendo os indivíduos a serem ali empregados aos riscos de aspiração de poeiras cancerígenas. De igual modo, a entidade que financiar atividades fabris cujos processos produtivos envolvam, sabidamente, a exploração desmesurada das energias físicas e mentais dos trabalhadores por intermédio de jornadas extenuantes, metas abusivas, assédio moral institucionalizado etc., concorrerá para a degradação do meio ambiente laboral na condição de *poluidora indireta*.

O tema concernente ao papel desempenhado pelas instituições financeiras nos supostos de poluição (não apenas *labor-ambiental*) vem sendo há muito tratado nos mais diversos fóruns internacionais, com destaque para a *Inciativa Financeira do Programa de Meio Ambiente da ONU* (*UNEP-FI*), constituída por ocasião da Cúpula das Nações Unidas para o Meio Ambiente, no Rio de Janeiro em 1992. No âmbito de tal iniciativa, vinte e oito das maiores instituições bancárias do Planeta elaboraram, em novembro de 2018, o documento intitulado *Princípios para o Exercício Responsável da Atividade Bancária* (*Principles for*

Responsable Banking), a sintetizar as seis diretrizes que os bancos se comprometem a observar no ensejo de promover o desenvolvimento sustentável das sociedades em que operam.[741]

Ainda que de forma genérica, os princípios definidos no âmbito da *UNEP-FI* apontam para a necessidade de que a atividade bancária concernente ao financiamento de empreendimentos produtivos seja orientada pela gestão antecipada e preventiva dos riscos ambientais em conjunto com os clientes e pelo incentivo a práticas sustentáveis destinadas a fomentar a prosperidade de todos os agentes envolvidos e das gerações futuras.

Paralelamente a isto, um grupo de instituições financeiras elaborou em 2003 o documento intitulado *Princípios do Equador* (*Equator Principles*) e constituiu, na mesma ocasião, o colegiado denominado *Equator Principles Financial Institutions* (*EPFI*), a contar, atualmente, com 101 (cento e um) membros. Por tais diretrizes, as instituições signatárias se comprometeram, essencialmente, a atuar de modo responsável no financiamento de projetos, por intermédio (i) do estudo, avaliação e antecipação dos potenciais riscos sociais e ambientais inerentes aos empreendimentos por elas viabilizados; (ii) do planejamento na gestão de tais riscos durante e após a execução destes últimos; (iii) da participação dos acionistas, dos trabalhadores e das comunidades diretamente afetadas nas decisões concernentes ao projeto e (iv) da implementação de mecanismos eficazes de apresentação e apreciação de queixas.[742]

Em termos práticos, a análise das diretrizes do *UNEP-FI* e do *EPFI* demonstra que as instituições financeiras se enxergam como *poluidoras indiretas* em potencial, pois ao encabeçarem tais iniciativas, acabam por reconhecer que sua atuação no sentido de viabilizar financeiramente o desenvolvimento de determinados projetos ou empreendimentos tem o condão de contribuir, efetivamente, para o incremento de riscos à integridade do meio ambiente (aí incluído o *meio ambiente do trabalho*) e, consequentemente, para a materialização dos danos inerentes a estes últimos e para sua responsabilização ao lado dos *poluidores diretos*.

O mesmo ocorre com as instituições *seguradoras* que avalizam, por intermédio dos prêmios pagos por seus seguros, os riscos inerentes às atividades potencialmente nocivas desempenhadas pelos *poluidores diretos*. Sem a securitização possibilitada por tais companhias, os projetos de exploração econômica, especialmente aqueles de grande impacto social e ambiental, provavelmente não seriam levados a cabo, haja vista o peso daqueles riscos (ou seja, da *álea econômica*) na análise empresarial entre o custo e o benefício dos empreendimentos.[743]

Por isso mesmo, as instituições seguradoras figuram, ao lado das financiadoras, como agentes viabilizadores das atividades econômicas potencialmente nocivas ao meio ambiente (aí inserido o *meio ambiente do trabalho*) figurando, pois, na condição de *poluidoras indiretas*.

E tal como se passa com relação às atividades desempenhadas pelas instituições financiadoras, a *Inciativa Financeira do Programa de Meio Ambiente da*

ONU (UNEP-FI) estabeleceu, por ocasião da Conferência das Nações Unidas sobre Desenvolvimento Sustentável (*Conferência Rio+20*) em 2012, os *Princípios para o Seguro Sustentável*, com vistas ao estabelecimento de diretrizes a serem observadas pelas companhias seguradoras na assunção dos riscos inerentes às atividades de seus clientes, especialmente no atual contexto de intensificação do comércio global e de redimensionamento das ameaças ao meio ambiente.[744]

Resumidamente, os *Princípios para o Seguro Sustentável* da *UNEP-FI* se concentram em quatro diretrizes que apontam para (i) a observância das questões ambientais, sociais e de governança na tomada de decisões por parte das seguradoras; (ii) a avaliação conjunta dos riscos ambientais e sociais juntamente com os clientes, por intermédio da conscientização e do gerenciamento de tais vicissitudes; (iii) a atuação em conjunto com os governos nas temáticas pertinentes e (iv) a transparência na divulgação das atividades securitárias.[745]

Ao lado das instituições financiadoras e seguradoras, é possível cogitar na inserção das *auditorias ambientais independentes* no conceito de *poluidor indireto*, na medida em que tais organismos, ao certificarem a adequação das práticas ambientais e sociais das empresas em cotejo com determinados marcos técnico--normativos, acabam por avalizá-las, de modo a concorrer, indiretamente, com sua perpetração por parte dos *poluidores diretos*.

Atualmente, um grande número de empresas pertencentes a setores econômicos com notório histórico de exploração deletéria de recursos naturais e de mão de obra vêm recorrendo ao conceito de *Responsabilidade Social Empresarial* no intuito de estabelecer, para si mesmas, diretrizes de *boas práticas* sociais, laborais e ambientais para além daquelas já previstas nos ordenamentos jurídicos.[746]

Nesse contexto, as empresas que recorrem a tais mecanismos de autorregulação (usualmente identificados com os conceitos de *compliance* e de *accountability*) se valem de firmas independentes de auditoria que veem, na crescente preocupação das companhias com a ideia de *Responsabilidade Social Empresarial*, um novo nicho de mercado dedicado à certificação das chamadas *boas práticas* sociais, laborais e ambientais.[747]

Tal certificação de *boas práticas* não só confere às empresas contratantes um diferencial na concorrência com suas congêneres, como também potencializa a melhora de sua imagem institucional nos mercados onde atuam. Não obstante, os *selos* conferidos pelas auditorias, especialmente na seara ambiental (p. ex.: *Forest Stewardship Council*, *Institute of Quality Certification in the Leather*, *Responsable Wool Standard* etc.), configuram requisitos essenciais para a comercialização de certos produtos em alguns países, principalmente nas economias mais avançadas do mundo ocidental.[748]

Por aí se constata a importância das certificações para os negócios das companhias – especialmente as multinacionais e as grandes exportadoras de produtos primários – que atuam em setores da economia tradicionalmente envolvidos em episódios de degradação ambiental e de alteração nociva das condições de vida e de saúde das comunidades circunvizinhas e de seus próprios trabalhadores. Nesse cenário, as instituições certificadoras figuram como organismos imprescindíveis para viabilizar as atividades desempenhadas por aquelas empresas potencialmente enquadráveis na condição de *poluidoras diretas*.

E, sendo assim, acabam as próprias auditorias independentes dedicadas à certificação das *boas práticas* empresariais por se enquadrar no conceito de *poluidor indireto*, pois os selos por elas conferidos aos *poluidores diretos* correspondem, na prática, a um aval dado a estes últimos para que prossigam com seus negócios nos grandes mercados consumidores e, consequentemente, com as práticas predatórias empregadas nos locais de origem de suas matérias-primas, a assegurarem a manutenção desse ciclo lucrativo.[749]

Ainda no que diz respeito à delimitação dos *poluidores indiretos* na seara labor-ambiental, convém fazer menção aos *acionistas* ou *quotistas* das empresas cujas atividades são potencialmente nocivas aos elementos integrantes do meio ambiente do trabalho. A inclusão de tais figuras no conceito em estudo se justifica na medida em que os proprietários de frações ideais das companhias exercem inequívoca influência na administração e nas políticas de atuação destas últimas, a depender da quantidade de ações ou de quotas por eles titularizadas.[750]

Desse modo, especialmente nas companhias de capital aberto, é natural que os interesses dos indivíduos, das empresas e dos grupos que detêm partes consideráveis do capital social com direito a voto e exercem poder de influência nos rumos das sociedades (especialmente junto às diretorias e aos conselhos de administração) detenham maior influência no que concerne às decisões mercadológicas a serem implementadas, a despeito da existência formal das Assembleias Gerais.[751]

Nesses casos, nos parece que tais acionistas ou quotistas dotados de influência (potencial ou efetiva) sobre os rumos societários são enquadráveis no conceito de *poluidor indireto*, porquanto a proporção de capital social por eles titularizada acaba por fazer com que seu interesse mais imediato (a saber: o acréscimo patrimonial decorrente da valorização das ações ou das quotas) configure o móvel propulsor da administração da companhia e, por conseguinte, das eventuais práticas nocivas ao meio ambiente por ela implementadas.

Quanto aos acionistas ou quotistas detentores de menor parcela do capital social e, consequentemente, de menor poder de influência na gestão da companhia, não nos parece apropriado qualificá-los como *poluidores indiretos*, na medida em que sua diminuta participação societária não lhes permite concorrer efetiva ou potencialmente para as decisões a serem tomadas pela administração, mesmo porque a eventual alienação em massa das quotas ou das ações por eles titularizadas não impactará substancialmente no valor de mercado de tais frações.

Os exemplos ora mencionados não pretendem, por óbvio, esgotar as situações de poluição labor-ambiental nas modalidades *direta* e *indireta* passíveis de materialização no mundo dos fatos. A realidade, especialmente no universo do trabalho, tem se mostrado cada vez mais cambiante e desafiadora, de modo que o enquadramento dos potenciais poluidores nos conceitos aqui formulados dependerá, imprescindivelmente, de estudos mais aprofundados, específicos e atualizados sobre o tema.

Nas presentes linhas buscamos, ao revés, assentar a premissa de que a *perspectiva ambientalista* a servir de marco teórico para o presente estudo não pauta a responsabilização dos agentes econômicos pelas ficções contratuais ou pelas abstrações estruturais que os vinculam entre si e que os atrelam aos indivíduos que lhes prestam serviços, mas sim por sua concorrência maior ou menor para a degradação das condições laborais aferíveis em concreto.

Pensamos, portanto, que os conceitos de *poluidor direto* e de *poluidor indireto* ora traçados atendem, em medida mais adequada, ao desafio de definir o grau de responsabilidade dos agentes integrados ou não nas relações trabalhistas pelos danos decorrentes da degradação dos aspectos materiais e imateriais que conformam o *meio ambiente do trabalho* e que são decisivos para a manutenção da integridade psicofísica dos indivíduos de carne e osso a eles submetidos, especialmente diante do contexto cada vez mais complexo a definir as relações econômicas hodiernas.

4.2.4 Os princípios do Direito Ambiental e o *meio ambiente do trabalho*

Conforme visto no item 4.1.5 *supra*, os princípios do Direito Ambiental representam a tradução em linguagem jurídica das manifestações que deram origem à *perspectiva ambientalista* na década de 1960 a apontarem para a premissa de que a qualidade de vida dos seres humanos depende, irrefragavelmente, da adequação dos elementos naturais, artificiais, tangíveis e intangíveis do entorno que os circunda.

Uma vez que o trabalho humano constitui efetivamente um dado ambiental, na medida em que seus fatores condicionantes integram o entorno dos seres humanos e concorrem para a sadia qualidade de vida destes últimos, as diretrizes emanadas dos princípios ora analisados (*desenvolvimento sustentável, prevenção, precaução, poluidor-pagador, participação, informação e concertação*) servirão de balizas para a conformação, em concreto, das condições laborais e dos fatores de organização do trabalho a que se sujeitarão os indivíduos.

Naturalmente, os enunciados dos princípios em apreço sofrerão matizações quando aplicados aos elementos conformadores do *meio ambiente do trabalho*, justamente em função das especificidades inerentes a este último e ao seu objeto: o *labor humano*. No entanto, não perderão eles a essência inerente aos seus respectivos conteúdos institucionais, que remanescerão a indicar aos seus intérpretes e aplicadores o caminho a ser seguido nos casos concretos.

Formuladas tais considerações iniciais a respeito da incidência dos princípios do direito ambiental na seara laboral, passa-se à análise propriamente dita das referidas diretrizes compreendidas à luz das peculiaridades inerentes ao meio ambiente do trabalho, com destaque inicial para o postulado do *desenvolvimento sustentável* que pode ser descrito como a *chave de abóboda* de todo o sistema jurídico ambiental, porquanto sintetiza em seu enunciado, desde sua primeira aparição no texto da Declaração de Estocolmo em 1972, a própria ideia de *equilíbrio* entre a ação empreendedora humana e os elementos integrantes de seu entorno a fundamentar a *perspectiva ambientalista*.[752]

No campo do *meio ambiente do trabalho*, o princípio do *desenvolvimento sustentável* opera como um limitador aos postulados da *livre iniciativa econômica* e da *autonomia privada* do empresário na conformação dos elementos integradores de seu empreendimento. Seu significado, nessa seara específica, aponta para a ideia de que os direitos à constituição, à organização e à operação da empresa só se justificam conquanto assegurem à coletividade dos trabalhadores nela ativados - independentemente do regime contratual de prestação de serviços - a preservação de sua integridade psicofísica por intermédio da manutenção de um entorno livre de fatores de poluição labor-ambiental.

Trata-se, nesse particular, de um postulado que acaba por se contrapor de modo radical à noção de *empresa* concebida pela visão *individualista, patrimonialista, contratualista* e *legalista* como o conjunto de insumos materiais, imateriais e humanos submetidos à disposição de seus empresários, em observância aos preceitos legais pertinentes e à ordem pública. De fato, sob a ótica da *perspectiva ambientalista*, a livre iniciativa empresarial e o *jus variandi* encontram limites na imposição emanada do princípio do *desenvolvimento sustentável* a exigir dos proprietários dos estabelecimentos empresariais a manutenção de um meio ambiente do trabalho sadio e equilibrado.[753]

Para além de tal faceta, o princípio do *desenvolvimento sustentável* analisado à luz dos elementos integradores do meio ambiente do trabalho impõe ao Estado e aos particulares que as políticas públicas voltadas para a geração de empregos não se conformem com o singelo acréscimo quantitativo no número de postos de trabalho, sem atentar para o aspecto qualitativo das vagas geradas e para a potencial precariedade das atividades a serem desempenhadas pelos trabalhadores, com reflexo inafastável na integridade psicofísica destes últimos.[754]

Nesse sentido, antes de buscar a empregabilidade a qualquer custo, o Poder Público deve, por imposição do princípio do *desenvolvimento sustentável*, estabelecer e cobrar daqueles particulares que, de uma forma ou de outra, concorrem para o estabelecimento das condições de trabalho e para a organização dos fatores laborais (ou seja, os potenciais *poluidores*), a observância de medidas concretas destinadas a eliminar ou mitigar os riscos inerentes às atividades a serem desempenhadas pelos trabalhadores, seja qual for a modalidade pela qual o labor for prestado (p. ex.: vínculo empregatício, contrato de prestação de serviços, trabalho por aplicativo de telefonia celular, *teletrabalho* etc.).

Como sucedâneo da própria ideia de *desenvolvimento sustentável*, situa-se o princípio da *prevenção*, cujo enunciado impõe aos potenciais poluidores (ou seja, aqueles que, de uma forma ou de outra, organizam determinado empreendimento dotado de impacto ambiental) a planificação objetiva dos riscos inerentes à suas atividades e a implementação, em seus respectivos âmbitos de atuação, de medidas destinadas a impedir ou a minimizar, conforme o caso, a ocorrência do evento *poluição*.

Na seara labor-ambiental, o princípio da *prevenção* estabelece, para o Poder Público e para as organizações que se valem do trabalho humano para a realização de suas finalidades econômicas, a antecipação de todos os riscos à integridade psicofísica dos indivíduos ativados em seus estabelecimentos e nos espaços por elas geridos, independentemente da modalidade contratual a regulamentar a prestação do labor.

O conteúdo institucional do princípio da *prevenção* em seus aspectos labor-ambientais se encontra consolidado, em grande medida, na Convenção nº 155 da OIT, cujo texto adota uma fórmula baseada no *planejamento* em dois níveis de ação, a saber, (i) no âmbito do *Estado* e (ii) no âmbito da *empresa*.

Tal planejamento concebido pelo diploma internacional em apreço transcende em muito a singela formulação taxativa de condutas operacionais e de limites de tolerância, por parte das autoridades públicas e o consequente dever de observância a tais parâmetros por parte dos empresários.

Para muito além disso, a Convenção nº 155 da OIT impõe aos Estados signatários a adoção de *políticas nacionais de saúde, segurança e meio ambiente do trabalho* capazes de prevenir, em concreto, os danos decorrentes dos acidentes e das doenças ocupacionais por intermédio (i) da redução dos riscos inerentes ao trabalho aos patamares mínimos e (ii) da melhoria contínua da segurança e da saúde do trabalho em constante atenção à evolução tecnológica dos métodos dos insumos e do instrumental utilizados na organização produtiva.[755]

Nesse sentido, os artigos 4º e 11 da Convenção nº 155 da OIT exigem que as políticas domésticas de meio ambiente laboral considerem não apenas a adequação dos aspectos materiais inerentes à conformação do trabalho (p. ex.: maquinário, ferramentas, agentes físicos, químicos e biológicos etc.), mas também os elementos *imateriais* que igualmente integram a organização produtiva e que têm o condão de afetar, negativamente, a integridade psicofísica dos indivíduos (*v.g.*, os aspectos relacionados às relações hierárquicas e interpessoais, à divisão temporal do trabalho, aos treinamentos, ao acesso às informações, à distribuição de tarefas, às práticas motivacionais, dentre outras).

Ainda no plano da *ação nacional*, a Convenção nº 155 da OIT determina aos Estados signatários a reavaliação periódica das medidas de tutela labor-ambiental com vistas ao seu aperfeiçoamento (artigo 7º) e a formação de um sistema de inspeção do trabalho capaz de exercer eficazmente a fiscalização dos locais de trabalho e de exigir dos responsáveis pela gestão das condições laborais a observância às diretrizes legais e regulamentares pertinentes.

Na dimensão da *ação em nível de empresa*, a Convenção nº 155 se vale amplamente dos princípios reitores do direito ambiental (especialmente os da *prevenção*, da *precaução* e do *poluidor-pagador*) para assentar a premissa de que o empresário, conquanto gestor dos meios de produção e dos aspectos materiais e imateriais inerentes à organização do trabalho, é detentor do dever objetivo de antecipar todos os possíveis riscos a permearem sua atividade econômica e de preveni-los em concreto.[756]

Nesse sentido, os empresários, conquanto gestores do *meio ambiente do trabalho*, foram incumbidos da implementação, em conjunto com os trabalhadores e com as entidades representativas destes últimos, de planos de prevenção de riscos ocupacionais adequados às condições e às ameaças peculiares aos seus respectivos estabelecimentos. Tal é, exatamente, a inteligência subjacente aos artigos 16 a 19 da Convenção nº 155 da OIT.[757]

Assim, ao invés de permanecerem no aguardo de uma ação normativa estatal pormenorizada, os próprios empresários deverão elaborar seus planos de gestão de riscos, de modo a antecipá-los e enfrentá-los efetivamente. Sob o enfoque da Convenção nº 155 da OIT, portanto, a prevenção dos acidentes de trabalho e das doenças ocupacionais deixou de ser uma simples obrigação *de meio* para se constituir em uma efetiva obrigação *de resultado*.

Não basta mais que os empresários envidem seus melhores esforços com vistas à redução e à eliminação dos riscos profissionais. A partir de agora, encontram-se os referidos agentes comprometidos com a efetiva colimação de tal objetivo, sempre em atenção às possibilidades factíveis de fazê-lo e aos avanços tecnológicos pertinentes.[758]

No entanto, os riscos presentes no meio ambiente do trabalho não se resumem às ameaças mapeadas, conhecidas e passíveis de antecipação nas políticas públicas a serem estabelecidas pelas autoridades estatais e nos planejamentos empresariais. Nesse sentido, a evolução tecnológica experimentada pelos processos fabris, pelas matérias-primas e pelos métodos de gestão dos fatores laborais traz consigo uma série de novas ameaças para os trabalhadores que lidam cotidianamente com elas, cuja dimensão ainda não foi totalmente esclarecida pela ciência.

É importante recordar, nesse particular, que a elaboração e a disponibilização dos produtos e serviços a utilizarem novas tecnologias (p. ex.: transgênicos, nanotecnologia, emanações eletromagnéticas etc.) submete os trabalhadores envolvidos em tais atividades a riscos significativamente maiores se comparados àqueles a que se expõem, por exemplo, os consumidores, na medida em que o contato daqueles primeiros com as fontes geradoras é constante, ao menos durante a duração das jornadas de trabalho.

A dinâmica acelerada assumida pela evolução tecnológica, pela produção e pelas comunicações de massa ocasionou, para o meio ambiente laboral, mudanças substanciais nos elementos materiais e imateriais que circundam os trabalhadores em seus locais de trabalho. Tais avanços viabilizaram a exploração de segmentos econômicos até então inalcançáveis pelos agentes do mercado e possibilitou o oferecimento de novos produtos e de serviços à sociedade, fazendo-se necessário, por via de consequência, a arregimentação de mão de obra para possibilitar o desempenho regular de tais atividades.

E uma vez que o fator primordial levado em consideração para o oferecimento desses novos produtos e serviços ao público em geral é a perspectiva de retorno financeiro imediato a decorrer da exploração de novos segmentos de mercado, os trabalhadores são ativados na produção, na disponibilização e na manutenção daqueles bens sem que os riscos para a saúde humana a eles inerentes sejam plenamente conhecidos pela ciência. Como exemplos facilmente identificáveis de tal processo é possível citar (i) a manipulação de agentes químicos e biológicos recentemente descobertos; (ii) a exposição a partículas e a ondas eletromagnéticas ainda pouco estudadas; (iii) o emprego de métodos de organização produtiva e de gestão de pessoas com impactos na saúde psíquica não conhecidos em sua integralidade, dentre outros.

A assimetria existente entre o avanço tecnológico na utilização de novos insumos e o conhecimento da ciência a respeito dos riscos a eles inerentes é plenamente constatável da listagem elaborada e atualizada periodicamente pelo *Institute of Advanced Research on Cancer* – *IARC*, vinculado à estrutura da Organização Mundial da Saúde. O elenco em referência é dividido entre os agentes *reconhecidamente cancerígenos*, *provavelmente cancerígenos*, *possivelmente cancerígenos* e *não-cancerígenos*.[759]

Das 1.017 (mil e dezessete) substâncias catalogadas pelo *IARC*, apenas 120 (cento e vinte) haviam sido consideradas como efetivamente cancerígenas para humanos, ao passo que para outras 397 (trezentas e noventa e sete), não se possuía um diagnóstico conclusivo a respeito da presença do risco carcinogênico para os sujeitos expostos a tais agentes.

No ensejo de lidar com estes novos riscos ainda parcialmente desconhecidos, o princípio ambiental da *precaução* se apresenta para os operadores do direito e para os agentes públicos e privados como um elemento normativo a orientar, concretamente, a coexistência dos bens jurídicos concernentes à *autonomia privada* e à *livre iniciativa* empresarial, de um lado, e a *integridade psicofísica* dos trabalhadores e o *meio ambiente adequado*, de outro.[760]

De fato, partindo-se do pressuposto de que o desconhecimento científico a respeito dos riscos inerentes a certos insumos ou processos produtivos não autoriza os particulares a se valer das novas tecnologias sem o acompanhamento dos respectivos estudos a respeito dos perigos a elas inerentes e muito menos sem implementar medidas destinadas a eliminar ou, pelo menos, a atenuar a exposição a tais riscos, tem-se que os empresários estão jungidos, em tais hipóteses, ao dever concernente à observância de certas posturas indicadas pelas nuances dos casos concretos, tal como exige o enunciado do princípio da *precaução*.[761]

Assim, por exemplo, no caso hipotético a envolver o manuseio ocupacional de substância química suspeita (com comprovação ainda incerta) de ocasionar câncer de laringe, o empresário não pode se valer do conhecimento apenas parcial de tal vicissitude por parte da ciência (i) para deixar de implantar e de oferecer os equipamentos individuais e coletivos de proteção que sabidamente diminuiriam as chances de aspiração daquele agente nocivo, bem como (ii) para se omitir no tocante ao acompanhamento da evolução da técnica a respeito dos riscos relacionados a tais substâncias, das respectivas medidas de controle, dos procedimentos de segurança e dos limites de tolerância; (iii) para não partilhar com os trabalhadores as informações concernentes àqueles potenciais riscos e as orientações mais avançadas relacionadas à proteção contra tais ameaças.

É importante observar, nesse particular, que a evolução técnica a ser acompanhada pelo empresário que se dispõe a assumir um risco parcialmente desconhecido inerente à utilização de nova tecnologia é aquela verificada no plano global, a compreender as melhores e mais eficazes práticas implementadas no mundo com vistas a reduzir a exposição nociva a tais ameaças.

Com efeito, se o agente econômico se dispõe a explorar tal sorte de atividade potencialmente nociva, deve ser onerado, por via de consequência, com o dever de monitorar e de implementar no ambiente laboral por ele gerido as mais recentes melhorias obtidas pela ciência, até mesmo em decorrência do próprio direito fundamental à proteção da integridade psicofísica titularizado pelos trabalhadores e pela generalidade dos indivíduos. É exatamente isso o que exige, ao fim e ao cabo, o princípio da *precaução* em sua faceta labor-ambiental.[762]

Para além dos postulados do *desenvolvimento sustentável*, da *prevenção* e da *precaução*, o meio ambiente do trabalho tem no princípio do *poluidor-pagador* uma de suas diretrizes regentes. O primado em referência constitui o fundamento da responsabilidade objetiva em matéria labor-ambiental e, por ele, todo agente público ou privado que contribui direta ou indiretamente, por ação ou por omissão, para a degradação do meio ambiente do trabalho é considerado *poluidor* e será, por isso mesmo, responsável pela prevenção e pela reparação dos respectivos danos.

Viu-se alhures, no item 4.2.3, que a degradação do meio ambiente do trabalho é imputável, solidariamente, tanto aos sujeitos responsáveis, em medida preponderante, pela organização dos fatores de produção e pela conformação das condições de trabalho nos locais e nas estruturas por eles geridas (*poluidores diretos*), quanto aos agentes externos que colaboram, de uma ou de outra forma, com aqueles primeiros para a materialização dos riscos à integridade psicofísica dos trabalhadores (*poluidores indiretos*).

Não interessa para o princípio do *poluidor-pagador*, conquanto corolário da perspectiva ambientalista ora estudada, as relações contratuais a vincularem os sujeitos incumbidos da estruturação dos elementos materiais e imateriais a conformarem o trabalho humano (p. ex.: os empregadores, os tomadores de serviços, os aplicativos) e os indivíduos ali ativados (p. ex.: os empregados, os prestadores de serviços, os terceirizados, os autônomos).

Ao revés, o que se afigura relevante para o princípio em apreço, no ensejo de se fixar a responsabilidade objetiva do *poluidor direto*, é a existência de um liame entre a estruturação fática das condições de trabalho e da organização dos fatores materiais e imateriais de produção por quem quer que seja (empregador, tomador de serviços, aplicativo etc.) e a materialização de um risco labor-ambiental proibido (*poluição*) apto a ocasionar, ao mesmo tempo, um dano à coletividade e uma ameaça à integridade psicofísica dos trabalhadores individualmente considerados.

Já no que se refere à responsabilidade objetiva do *poluidor indireto*, igualmente não interessa para o princípio do *poluidor-pagador* as relações contratuais/institucionais e as salvaguardas estabelecidas entre aquele e os *poluidores diretos*, bastando, para tanto, a constatação fática de que o *poluidor indireto* contribuiu de forma decisiva, por ação ou por omissão, para viabilizar o empreendimento do *poluidor direto*.

Pode-se dizer, sem temor de exageros, que a incidência do princípio do *poluidor-pagador* na seara labor-ambiental representa um giro copernicano no tratamento jurídico conferido à disciplina dos danos coletivos e individuais experimentados pelos trabalhadores nos locais onde estes últimos desempenham suas atividades profissionais, na medida em que o postulado ora analisado logra se desvincular das condicionantes que sempre atrelaram a responsabilidade civil trabalhista (i) à análise segmentada e isolada dos acidentes e doenças ocupacionais e à perquirição das condutas dos sujeitos envolvidos (*individualismo*); (ii) às obrigações pertinentes à relação empregatícia clássica a presumir as figuras do empregado, do empregador e da avença a uni-los (*contratualismo*); (iii) às hipóteses de incidência preestabelecidas e presumidas no regime jurídico trabalhista (*legalismo*) e (iv) à mensuração preponderantemente pecuniária dos sinistros e sua reparação posterior (*patrimonialismo*).

Ao invés de se ocupar dos aspectos predominantemente formais para a fixação da responsabilidade civil, o princípio do *poluidor-pagador* aplicado à seara labor-ambiental tem por eixo central a constatação fática entre a produção de um risco proibido pelo ordenamento jurídico – qual seja, a *poluição* – e sua correlação com a conduta ou com a omissão de um sujeito ou de uma organização no sentido de gerar tal degradação ou de contribuir decisivamente para a materialização desta última.

Igualmente revolucionária se mostra a incidência dos princípios da *participação*, da *informação* e da *concertação* na seara labor-ambiental, não apenas porque rompe com a definição eminentemente patrimonialista a caracterizar a *empresa* na concepção civilista clássica, mas porque acaba por viabilizar o exercício da cidadania por parte dos trabalhadores naqueles espaços cuja estruturação permanecia, tradicionalmente, atrelada aos desígnios dos empresários respaldados pelos postulados da *livre iniciativa* e da *autonomia privada*.[763]

Com efeito, sendo o *meio ambiente* um conceito unitário e um bem comum a todos os sujeitos que se encontram nele inseridos, é natural, sob tal perspectiva, que a estruturação e a gestão dos elementos materiais e imateriais integrantes do *meio ambiente do trabalho* (p. ex.: maquinário, ergonomia, agentes físicos, químicos e biológicos, ritmo de trabalho, métodos de produtividade, dentre outros) e que conformam, ao fim e ao cabo, as próprias *condições de trabalho* e a *organização do trabalho*, contem com a participação dos indivíduos que nele desempenham suas atividades profissionais e que ali permanecem em grande parte de seu dia.

Não faz qualquer sentido, sob a ótica ambientalista, que o trabalhador, na condição de cidadão comum, possa tomar parte das deliberações a respeito da gestão do meio ambiente natural, urbano e artificial e dos riscos a eles inerentes e esteja alijado das decisões concernentes à conformação do *meio ambiente do trabalho* e dos elementos a ele inerentes que, não raro, envolvem as mesmas ameaças à sua integridade psicofísica que se fazem presentes no entorno extraempresarial.[764]

No âmbito da OIT, o direito à *participação* dos trabalhadores nas decisões empresariais a envolverem aspectos labor-ambientais encontra certa guarida no artigo 7.2 da Convenção nº 148, dedicada à "*proteção dos trabalhadores contra os riscos profissionais devidos à contaminação do ar, ao ruído e às vibrações no local de trabalho*". Assegura-se, no referido dispositivo, o direito dos trabalhadores e de suas instâncias representativas de tomar parte das deliberações relativas à prevenção daqueles riscos por intermédio da apresentação de propostas e do recurso às instâncias apropriadas.[765]

Na prática, o exercício do direito de *participação* titularizado pelos trabalhadores com relação aos assuntos de cunho labor-ambiental se opera por intermédio dos organismos constituídos no ensejo de defender seus interesses coletivos no interior da empresa. Tais colegiados consistem nas representações *unitárias* (núcleos formados pelos próprios trabalhadores das unidades produtivas) e *sindicais* (seções e delegacias criadas pelos sindicatos nos locais de trabalho) formadas com base no sistema *dual* plasmado na Convenção nº 135 da OIT e reconhecido pela maior parte dos ordenamentos jurídicos de inspiração democrática.[766]

Nos países onde o sistema *dual* está consolidado e onde as representações sindicais e unitárias dos trabalhadores nas empresas exercem, efetivamente, a interlocução com a direção destas últimas, as legislações conferem a tais organismos o direito de serem, no mínimo, consultados a respeito do planejamento empresarial concernente às medidas destinadas a prevenir os riscos à saúde e à segurança dos trabalhadores e de interferirem, em alguma medida, nas deliberações dos gestores a respeito do tema.[767]

Nesse sentido, a disposição constante do artigo L-2312-26 do *Code du Travail* francês assegura aos organismos representativos dos trabalhadores nas empresas os direitos (i) de serem consultados sobre "*as ações de prevenção em matéria de saúde e de segurança, as condições de trabalho (...) a gestão do tempo de trabalho [e] a duração do trabalho*" com periodicidade mínima anual e (ii) de elaborarem relatórios consolidados ou temáticos sobre os temas de interesse geral mencionados nos dispositivos em apreço.[768]

No dispositivo seguinte (artigo L-2312-27) impõe-se aos gestores das empresas a obrigação de encaminhar às representações de trabalhadores um programa especificamente dedicado "*à prevenção dos riscos profissionais e à melhoria das condições de trabalho*" para o ano subsequente, conferindo-se às instâncias obreiras, em contrapartida, a possibilidade de sugerir alterações na ordem de prioridades ali estabelecidas, bem como de apresentar medidas suplementares àquelas propostas pela direção.[769]

Seguindo tal linha, o *Estatuto de los Trabajadores* da Espanha estipula em seu artigo 64 que os *comitês de empresa* deverão ser consultados sobre as questões concernentes aos estudos sobre o meio ambiente do trabalho realizados ou encomendados pelas empresas, bem como sobre os mecanismos de prevenção de riscos labor-ambientais e sobre as estatísticas acidentárias, admitindo-se, nesse desiderato, a emissão de opiniões sobre os temas em apreço, bem como a abertura de diálogo com vistas à implementação das medidas cabíveis.[770]

De modo ainda mais incisivo, a *Ley de Prevención de Riesgos Laborales*, também da Espanha, prevê em seu artigo 38 a criação de um *Comitê de Segurança e Saúde* nas empresas com mais de cinquenta trabalhadores, a contar com representantes deste último e dos empresários. Nos termos do artigo 39, o colegiado tem por finalidades "*participar na elaboração, implementação e acompanhamento dos planos e programas de prevenção de riscos na empresa*", bem como "*promover iniciativas sobre métodos e procedimentos para a efetiva prevenção dos riscos*".[771]

Para que os trabalhadores e suas entidades representativas possam exercer de modo pleno e efetivo o direito à *participação* na gestão do meio ambiente do trabalho, no fito de interagir com os empresários sobre a prevenção dos riscos ali existentes, devem eles ter acesso às informações em poder da empresa sobre a temática respectiva. Nisso reside, exatamente, a essência do *princípio da informação* em sua vertente labor-ambiental.[772]

Assim, o *princípio da informação* aplicado à seara labor-ambiental guarnece os trabalhadores e suas entidades representativas do direito a acessarem (i) os dados em poder dos gestores que indicam a medida precisa dos riscos a envolver as condições de trabalho e a organização dos fatores de produção estruturadas pela empresa; (ii) os documentos referentes à delimitação do ritmo e das jornadas de trabalho; (iii) os planos concernentes às medidas de prevenção e de precaução a serem implementadas em face das ameaças conhecidas e daquelas ainda não totalmente mapeadas pela ciência; (iv) os projetos de inserção de novos insumos, maquinários e mobiliários e (iv) os estudos relativos à implementação de novas metodologias de produção e de incentivo à produtividade.

Enfim, todo e qualquer elemento em poder da empresa apto a impactar na conformação do meio ambiente laboral deve ser repassado aos trabalhadores, até mesmo para que estes últimos tenham as mínimas condições informativas para exercer a opção de permanecer ou não submetidos aos fatores de risco presentes nas unidades produtivas onde desempenham suas atividades, o que configura - ao fim e ao cabo - um sucedâneo elementar do próprio direito à liberdade individual.[773]

Nesse sentido, a Convenção nº 148 da OIT, destinada à proteção contra a contaminação do ar, ao ruído e às vibrações, deixa assente em seu artigo 13 que "*todas as pessoas interessadas deverão ser apropriada e suficientemente informadas sobre os riscos profissionais que possam originar-se no local de trabalho*". Tal diretriz foi estendida à generalidade dos trabalhadores pela Convenção nº 161, cujo artigo 13 assevera expressamente que "*todos os trabalhadores devem ser informados dos riscos para a saúde inerentes ao trabalho*".

Já a Convenção nº 155 da OIT, de seu turno, assegura aos trabalhadores e às suas entidades representativas (unitárias e sindicais) em seu artigo 19, "c" o acesso à "*informação adequada acerca das medidas tomadas pelo empregador para garantir a segurança e a saúde*".

A tríade principiológica ora analisada se encerra com o postulado da *concertação* que significa, na seara labor-ambiental, a abertura de canais de negociação entre os empresários e os agentes potencialmente enquadrados nas figuras do *poluidor direto* e do *poluidor indireto*, de um lado, e as representações dos trabalhadores, de outro, com vistas à obtenção de soluções acordadas a respeito das questões concernentes à conformação do *meio ambiente de trabalho*, tanto em seus aspectos materiais (*condições de trabalho*), quanto imateriais (*organização do trabalho*).

Aqui, tal como se passa na generalidade das negociações coletivas, é essencial que as discussões travadas entre os representantes dos trabalhadores e os empresários configurem uma efetiva *transação*, pautada pela real e efetiva apresentação de propostas e de contrapropostas com vistas à obtenção de um ponto de consenso e não um mero simulacro de concertação, pelo qual a empresa impõe suas condições e oferece à sua contraparte as opções de anuir completamente aos seus desígnios ou recusar a proposta, mantendo-se a situação atual, segundo a lógica do *tudo ou nada*.[774]

Além disso, a *concertação* na seara labor-ambiental, tal como as demais espécies de negociação coletiva, é orientada pelos corolários inerentes ao princípio da *boa-fé objetiva*, com especial ênfase nos deveres de *lealdade* e de *transparência* a serem observados (i) na elaboração das pautas; (ii) na partilha de informações; (iii) na manutenção do foco das tratativas e, principalmente, (iv) na sinalização em torno do real intuito de fixarem normas de comum acordo para a regência das questões em debate.

Tem-se, portanto, no presente item, uma síntese descritiva do conteúdo institucional dos princípios do *desenvolvimento sustentável*, *da prevenção*, da *precaução*, do *poluidor-pagador*, da *participação*, da *informação* e da *concertação* que se aplicam plenamente à seara labor-ambiental, em função da unidade do conceito de *meio ambiente*, e que encontram ressonância no ordenamento jurídico internacional e nos sistemas normativos domésticos.

4.3 A ESTRUTURAÇÃO DO TRABALHO E O *MEIO AMBIENTE DO TRABALHO*

Uma vez constatado o caráter eminentemente ambiental do trabalho humano, tendo em vista que seu desempenho pressupõe a interação dos indivíduos com os elementos conformadores do entorno inerente às mais diversas atividades laborais, bem assim delineados os conceitos e os princípios partilhados entre o *meio ambiente* em geral e o *meio ambiente do trabalho*, passa-se à análise dos elementos estruturantes que configuram e distinguem este último.

Dito de modo mais preciso, procurar-se-á delimitar os fatores materiais e imateriais que conformam o *meio ambiente do trabalho* e que, a depender de sua conformação a cargo dos sujeitos direta ou indiretamente responsáveis por ela, materializarão a figura da *poluição labor-ambiental*. Passa-se, assim, da descrição *conceitual* até então formulada, para a análise *estrutural* do meio ambiente do trabalho e de seus elementos constituintes.

Nesse desiderato, tomaremos por base as categorias estudadas no âmbito da *psicodinâmica do trabalho* já tratadas inicialmente no item 4.2.1 *supra* com os conceitos de *organização do trabalho* e de *condições de trabalho* formuladas por Christophe Dejours e aprofundadas por diversos estudiosos dedicados à análise dos elementos constituintes e condicionantes do trabalho humano que formam, ao fim e ao cabo, o que convencionamos nominar como *meio ambiente de trabalho*.

Parte-se, aqui, do pressuposto partilhado com a *psicodinâmica do trabalho* que o labor humano constitui uma atividade que transcende em muito o ato de produzir um determinado bem ou prestar dado serviço, envolvendo, ao revés, uma interação constante e dinâmica do indivíduo (trabalhador) com um entorno especificamente relacionado à sua profissão que é conformado por uma série de fatores materiais e imateriais e que, por fim, é decisivo para o condicionamento da integridade física e psíquica daqueles sujeitos.[775]

De modo amplo, os autores dedicados ao estudo da *psicodinâmica do trabalho* se valem dos conceitos trabalhados por Christophe Dejours para dividir os elementos conformadores do trabalho em três dimensões distintas, porém completamente integradas, a saber: (i) a *organização do trabalho*, formada pelas metodologias de gestão dos insumos e das pessoas que orientam o desempenho das atividades; (ii) as *condições de trabalho*, integradas pela estrutura física e operacional utilizada para a produção dos bens ou para o oferecimento dos serviços e (iii) as *relações socioprofissionais*, constituídas pelas interações hierárquicas e lineares mantidas entre os profissionais em seus locais de trabalho.

A classificação em apreço é muito bem sistematizada por Mário César Ferreira e Ana Magnólia Mendes ao delinearem os elementos constitutivos daquilo que os autores classificam como *contexto de produção de bens e serviços*, cuja amplitude coincide, exatamente, com o conceito de *meio ambiente de trabalho* por nós considerado.[776]

O *contexto de produção de bens e serviços* considerado pelos referidos autores compreende, exatamente, as dimensões concernentes à *organização do trabalho*; às *condições de trabalho* e às *relações socioprofissionais*, e é, por eles, assim sistematizado:

DIMENSÕES ANALÍTICAS	DEFINIÇÃO	COMPONENTES
Organização do Trabalho (OT)	É constituída pelos elementos prescritos (formal ou informalmente) que expressam as concepções e as práticas de gestão de pessoas e do trabalho presentes no *lócus* de produção e que balizam o seu funcionamento.	- Divisão do trabalho: hierárquica, técnica, social; - produtividade esperada: metas, qualidade, quantidade; - regras formais: missão, normas, dispositivos jurídicos, procedimentos; - tempo: duração da jornada, pausas e turnos; - ritmos: prazos e tipos de pressão; - controles: supervisão, fiscalização e disciplina; - características das tarefas: natureza e conteúdo.
Condições de Trabalho (CT)	É constituída pelos elementos estruturais que expressam as condições de trabalho presentes no *lócus* de produção e caracterizam sua infraestrutura, apoio institucional e práticas administrativas.	- Ambiente físico: sinalização, espaço, ar, luz, temperatura, som; - instrumentos: ferramentas, máquinas, documentação; - equipamentos: materiais arquitetônicos, aparelhagem, mobiliário; - matéria-prima: objetos materiais/simbólicos, informacionais; - suporte organizacional: informações, suprimentos, tecnologias; e - práticas de remuneração, desenvolvimento de pessoal, benefícios.
Relações Socioprofissionais (RS)	É constituída pelos elementos interacionais que expressam as relações socioprofissionais de trabalho, presentes no lócus de produção e caracterizam sua dimensão social.	- interações hierárquicas: chefias imediatas, chefias superiores; - interações coletivas intra e intergrupos: membros da equipe de trabalho; membros de outros grupos de trabalho; e - interações externas: usuários, consumidores. Representantes institucionais (fiscais, fornecedores).

São exatamente essas as categorias que, a nosso ver, estruturam o trabalho e integram o entorno por nós compreendido sob o conceito de *meio ambiente do trabalho*, cuja degradação tem o condão de carrear para os trabalhadores, tanto em seu aspecto coletivo, quanto individual, os riscos à higidez dos locais de trabalho e à integridade psicofísica dos obreiros não tolerados pelos ordenamentos jurídicos que consagram, em maior ou menor medida, a *perspectiva ambientalista*.

Sobre elas, discorreremos nas linhas subsequentes no intento de delimitar, sem qualquer pretensão exaustiva, os elementos integrantes do *meio ambiente do trabalho*.

4.3.1 As condições de trabalho

As *condições de trabalho*, segundo a sistematização encampada pela *psicodinâmica do trabalho*, abrangem os elementos mais palpáveis do meio ambiente laboral, quais sejam, aqueles insumos materiais imprescindíveis para a realização das atividades produtivas e para a própria organização espacial dos locais de trabalho.

Poderíamos dizer, em uma análise demasiado singela, que as *condições de trabalho* coincidem com o básico para viabilizar o desempenho de determinada atividade laboral. Seriam elas, em síntese, (i) a estrutura física do local de trabalho, a compreender as edificações e sua configuração arquitetônica, térmica, acústica, barométrica, de iluminação, de ventilação, de sinalização, de segurança e de exaustão; (ii) as matérias-primas e os insumos empregados na fabricação dos produtos e na prestação de serviços; (iii) o mobiliário, o maquinário e o ferramental disponibilizado aos trabalhadores e (iv) os processos produtivos ensinados a estes últimos e deles exigidos, com as respectivas informações essenciais sobre seu funcionamento.

Enfim, tudo aquilo que é capaz de afetar os trabalhadores em sua compleição *física*, conforme observam Christophe Dejours e Elisabeth Abdoucheli, integra as *condições de trabalho*. São elas subdivididas entre os fatores *físicos* (ruído, vibração, frio, calor, pressão, radiações ionizantes, eletricidade, umidade etc.), *químicos* (poeiras, névoas e gases), *biológicos* (matérias orgânicas, micro-organismos, vírus, bactérias, fungos etc.) e *ergonômicos* (organização espacial, mobiliário, maquinário, instrumental, posturas, movimentos etc.) que se fazem presentes no ambiente de trabalho a circundar os obreiros.[777]

A descrição ora formulada poderia conduzir à falsa conclusão de que as chamadas *condições de trabalho*, quando estruturadas de modo deficiente ou inadequado, afetariam apenas a compleição física dos indivíduos, não atingindo sua integridade psíquica. Para desmentir tal impressão, basta constatar o potencial lesivo à tranquilidade e à vida pessoal (esferas da personalidade dos sujeitos) que a amputação de um membro ocasionada por um maquinário defeituoso ou a contração de uma doença de prognóstico fatal decorrente da exposição ocupacional a certos produtos químicos ou micro-organismos, por exemplo, tendem a carrear às vítimas de tais situações.[778]

No entanto, a despeito de tal constatação, os estudiosos dedicados à temática da saúde e da segurança no trabalho se ocuparam, tradicionalmente, da análise dos impactos dos fatores físicos, químicos, biológicos e ergonômicos na estrutura corporal tangível dos indivíduos, de modo que os efeitos dos riscos inerentes a tais elementos sobre o complexo psíquico tendia a ser subestimado, mesmo porque o objetivo primordial vislumbrado pela *psicologia do trabalho* durante grande parte do século XX consistiu na busca de uma maior motivação dos empregados com vistas ao alcance dos objetivos empresariais, no contexto da organização taylorista.[779]

De fato, mesmo antes da era industrial a *medicina do trabalho* se ocupou precipuamente em estudar a correlação existente entre os fatores de produção e a ocorrência dos acidentes laborais e das doenças ocupacionais, na perspectiva das *condições de trabalho*. Nesse sentido, Bernardino Ramazzini, em seu clássico tratado de 1700, catalogou as patologias características de sessenta e seis profissões e identificou uma série de fatores peculiares de risco presentes nos locais de trabalho como causas para seu aparecimento.[780]

Com a intensificação da Revolução Industrial, as *condições de trabalho* características das grandes estruturas fabris constituíram o objeto prioritário daqueles regulamentos preventivos editados entre as últimas décadas do século XIX e os primeiros anos do século XX (tratados no item 3.2.4.2 *supra*) que buscavam delimitar os padrões a serem observados pelos empresários na conformação espacial de seus estabelecimentos.

O mesmo ocorreu com as legislações surgidas a partir da década de 1940 com supedâneo na ideia de *higiene ocupacional* que elencaram, com pretensão de exaustão, os riscos físicos, químicos, biológicos e ergonômicos inerentes às ocupações então catalogadas, bem assim as medidas individuais e coletivas destinadas à neutralização de tais ameaças (p. ex.: instalação de itens de segurança, fornecimento de equipamentos de proteção individual, padrões para o mobiliário e o maquinário etc.), para além dos *limites de tolerância*, cuja observância supostamente eliminaria a nocividade de certos elementos para a integridade física dos trabalhadores a eles expostos.

Nesse período histórico, em que a industrialização adquiriu notável progresso, em grande medida graças ao advento das técnicas de fabricação em massa e da implementação da metodologia taylorista de organização dos fatores de produção, a preocupação dos especialistas em saúde do trabalho e dos legisladores se voltava para a salvaguarda da compleição física dos obreiros em face da nova e frenética dinâmica fabril e da utilização abundante e massiva de novos insumos.[781]

Por isso mesmo, apenas as *condições de trabalho*, compreendidas como os elementos materiais e tangíveis de ordem física, química, biológica e ergonômica presentes nos postos de trabalho eram consideradas pelos estudiosos da saúde, da medicina e da segurança do trabalho como tópicos dignos de análise, na medida em que somente a estruturação inadequada de tais fatores era presumivelmente capaz de ocasionar lesões à integridade física dos obreiros.[782]

A partir do momento em que o setor de serviços passou a experimentar vertiginoso crescimento, especialmente após as crises econômicas que puseram termo aos *trinta anos gloriosos* do capitalismo no Segundo Pós-Guerra, e em que a própria produção fabril, agora descentralizada e horizontalizada, passou a ser orientada por metodologias de gestão fundadas na exploração da afetividade, na competição interna e na pressão por resultados, é que a saúde mental dos trabalhadores passou a ser estudada com maior profundidade a ponto de obter relevância jurídica, conforme será visto com maior ênfase no item subsequente.[783]

No entanto, conforme já salientado acima, não se pode ignorar que a estruturação deficiente e inadequada das *condições de trabalho*, na concepção ora formulada, tem o condão de afetar, igualmente, a integridade psíquica dos trabalhadores, haja vista a existência de fatores físicos (como o ruído, as vibrações e o calor) e químicos (como o mercúrio e outras substâncias neurotóxicas), por exemplo, capazes de desequilibrar o sistema nervoso central e levando-se em conta, outrossim, o impacto dos acidentes de trabalho e das doenças ocupacionais na personalidade dos indivíduos.[784]

De outro turno, o advento das pautas relacionadas à *organização do trabalho* e à configuração das *relações interpessoais* não teve o condão de eliminar ou mesmo de reduzir a relevância dos aspectos pertinentes às *condições de trabalho*, pois por mais que estejam alteradas, na atualidade, as metodologias de produção, as formas preponderantes de labor e a tecnologia operacional, os indivíduos que ainda não tiverem sido substituídos por robôs, *softwares* ou aplicativos de telefonia móvel estarão circundados em seus locais de trabalho por fatores físicos, químicos, biológicos ou ergonômicos que são condicionados, em maior ou menor medida, por seus tomadores de serviços.

E justamente por conta da evolução tecnológica, dos resultados inesperados advindos da interação com a natureza, da exploração de novas áreas do conhecimento e das profundas alterações sofridas pelos processos de produção, os fatores que integram as *condições de trabalho* trazem consigo, na atualidade, riscos que muito embora não estejam integralmente mapeados pela ciência, se fazem presentes no cotidiano de diversos trabalhadores em diversas profissões contemporâneas.

É o que ocorre, por exemplo, com as matérias-primas obtidas através do emprego da *nanotecnologia*, cuja denominação pressupõe, exatamente, a utilização de técnicas baseadas na reestruturação da matéria em seus níveis elementares. Os processos de manipulação das nanopartículas, bem como as interações entre estas últimas, fazem com que os materiais passem a apresentar comportamentos diversos daqueles esperados em sua conformação natural, trazendo consigo riscos desconhecidos e imprevisíveis para a saúde dos trabalhadores que manusearão tais insumos em seus locais de trabalho.[785]

O mesmo se passa com os campos eletromagnéticos oriundos das estações-base de telefonia celular a que estão expostos os trabalhadores do ramo das telecomunicações, cujos efeitos no organismo humano ainda são avaliados pelos estudiosos que vinham se dedicando à análise dos impactos das radiações não-ionizantes geradas pelas redes elétricas de alta tensão na saúde humana, especialmente no tocante aos possíveis riscos de lesões no Sistema Nervoso Central e de aparecimento de câncer.[786]

Ainda como exemplos de riscos desconhecidos inerentes às *condições de trabalho* pode-se mencionar os efeitos imprevisíveis decorrentes (i) da manipulação de organismos vivos geneticamente alterados (transgênicos); (ii) da exposição a elementos biológicos (vírus, bactérias, parasitas, fungos etc.) potencialmente causadores de novas patologias; (iii) da utilização de substâncias químicas cuja interação com outros elementos pode vir a ocasionar efeitos não mapeados sobre o organismo humano, dentre outros.[787]

Em síntese, as *condições de trabalho*, conquanto elementos de existência material a circundar os trabalhadores em seus locais de trabalho e no desempenho de suas atividades profissionais, constituem, ao lado da *organização do trabalho* e das *relações interpessoais*, parte essencial do *meio ambiente do trabalho* e tal como os demais elementos integrantes deste último, devem ser estruturadas de modo a não comprometer a integridade *física* e *psíquica* dos trabalhadores a elas submetidos.

4.3.2 A delimitação dos fatores integrantes da **organização do trabalho** *e das* **relações socioprofissionais** *na reestruturação produtiva*

Além dos elementos palpáveis e sensíveis presentes no entorno dos trabalhadores, o *meio ambiente de trabalho* é formado em significa medida por estruturas imateriais concebidas no plano abstrato que condicionam de forma decisiva (i) a estruturação do tempo, do volume e do ritmo do trabalho; (ii) a repartição de atribuições entre os vários operadores; (iii) a formatação hierárquica das distintas funções, com seus respectivos cargos; (iv) as cadeias de comando e de transmissão de diretrizes necessárias à operação do empreendimento; (v) as metodologias de gestão dos insumos e dos agentes envolvidos no processo produtivo e (vi) as relações de cunho profissional entabuladas entre os sujeitos envolvidos em tal estrutura.[788]

Tais elementos conformam o que a *psicodinâmica do trabalho* classifica como a *organização do trabalho* e as *estruturas socioprofissionais* e que integram o *meio ambiente do trabalho* ao lado das *condições de trabalho*, porquanto a estruturação de tais fatores a cargo dos tomadores de serviços condiciona diretamente o equilíbrio do entorno comum aos trabalhadores, de modo a interferir na *qualidade de vida* no trabalho e, consequentemente, em sua integridade psicofísica.

O estudo dos elementos relacionados à *organização do trabalho* e às *relações socioprofissionais* coincidiu, em grande medida, com o advento do fenômeno da *reestruturação produtiva* na década de 1970, a compreender a cadeia de mudanças representadas (i) pelas novas metodologias de estruturação e divisão (vertical e horizontal) do trabalho; (ii) pelo crescimento do setor de serviços em paralelo à diminuição da grande indústria, especialmente nos países desenvolvidos; (iii) pela pulverização geográfica dos processos produtivos; (iv) pelos avanços tecnológicos na produção e (v) pela flexibilização do marco normativo das relações laborais.

A *reestruturação produtiva* não se limita, contudo, à implementação de uma nova forma de organização racional, geográfica e tecnológica do trabalho. Muito mais do que isso, ela inaugura um novo paradigma de organização dos fatores produtivos e de gestão de pessoal que envolve, em duas frentes, (i) o condicionamento do ritmo de produção e da utilização dos recursos humanos ao atendimento imediato das demandas de mercado (o modelo *just in time*) e (ii) a cooptação dos sentimentos e da energia dos trabalhadores e sua colocação à disposição dos desígnios empresariais (a chamada *gestão gerencialista*), o que acaba por relevar significativamente a importância do elemento psíquico para o estudo das questões afetas à saúde do trabalho.[789]

Se no paradigma fordista-taylorista os trabalhadores eram recrutados e alocados na linha de produção em função de sua especialização, sendo exigidos quantitativa e qualitativamente em estrita relação com as funções para as quais foram contratados, no paradigma iniciado a partir da *reestruturação produtiva* são eles convocados a compartilhar dos objetivos empresariais, na medida em que se lhes exige conhecimento total do processo produtivo e, nessa senda, a assunção de uma miríade de novas tarefas, com o consequente comprometimento com a obtenção dos resultados quantitativos (as metas, os objetivos) impostos pelos empregadores.

Nesse contexto, os trabalhadores assumem individualmente a responsabilidade pelos resultados dos setores a que se vinculam e pelas eventuais deficiências no desempenho de suas atividades, de modo que a empresa captura para si, em proveito próprio, através da utilização de discursos calcados na hipotética parceria entre os atores do processo produtivo, os desejos e os anseios pessoais de seus trabalhadores, agora alçados à condição de *colaboradores* nesse jogo de palavras destinado a descaracterizar a identidade coletiva daqueles que vivem da venda de sua força de trabalho.[790]

No paradigma iniciado a partir da *reestruturação produtiva*, cada indivíduo e cada área são vistos como centros autônomos e autogeridos de custos e de receitas, cuja continuidade na estrutura empresarial, no entanto, encontra-se constantemente ameaçada, na medida em que sua viabilidade será avaliada periodicamente em função da produtividade e da lucratividade. Nisso consiste, exatamente, o que Vincent de Gaulejac classifica como *gestão gerencialista*.[791]

Ao incutir nos trabalhadores a crença de que são eles os responsáveis pelo êxito ou pelo fracasso na obtenção dos resultados de seus setores e, consequentemente, por sua própria permanência nos quadros da empresa, os métodos pós-fordistas de *gestão gerencialista* acabam por colonizar aspectos estritamente vinculados à esfera de intimidade dos indivíduos. Nessa sistemática perversa, os sentimentos, as aflições, as angústias e até mesmo os traumas e complexos pessoais dos obreiros são colocados à disposição dos gestores que optarem por utilizá-los como joguetes motivacionais com vistas ao alcance daquelas metas quantitativas.[792]

Nesse modelo de gestão, o indivíduo é induzido à crença de que sua progressão na carreira e, consequentemente, na escala salarial, será diretamente proporcional ao atingimento dos resultados almejados pela empresa e que o sucesso em tal iniciativa depende exclusivamente de seu empreendedorismo. Com isto, generaliza-se a quantofrenia e o alcance das metas passa a ser perseguido obstinadamente pelos trabalhadores. O fracasso em tal intento deixa de ser um risco inerente à atividade empresarial e torna-se uma questão de foro íntimo dos *colaboradores*.

Em tal contexto de quantofrenia e de cobrança por dedicação integral à persecução das metas cada vez mais arrojadas - em prejuízo à própria recomposição psicofísica, ao direito ao lazer e à vida pessoal - não é difícil antever que o ambiente laboral a circundar aqueles obreiros será marcado por intensa pressão psicológica a redundar, como visto, na institucionalização sutil ou severa da violência como forma de gestão. Diante de tal entorno, o indivíduo tende a reagir com a manifestação de sintomas de estresse que, em se agravando, resultarão no aparecimento de doenças de cunho psicossomático, sendo a empresa contemporânea, por isso mesmo, classificada pelo sociólogo francês Alain Ehrenberg como a *antessala da depressão*.[793]

É exatamente sob tais notas que operam os elementos integrantes da *organização do trabalho* e das *relações interprofissionais* na atualidade. Dado o seu impacto direto na saúde mental dos trabalhadores, constatado pelo notório aumento de doenças psicossomáticas entre os sujeitos que atuam nos mais diversos segmentos, não é difícil concluir que os temas em apreço são cruciais para a conformação do *meio ambiente do trabalho* e para o seu equilíbrio.

Nas próximas linhas buscaremos abordar os principais aspectos concernentes à *organização do trabalho* e às *relações interprofissionais* sob a ótica da *reestruturação produtiva* que impactam diretamente na estruturação do *meio ambiente do trabalho* e, consequentemente, na geração da poluição labor-ambiental, bem como na materialização dos danos individuais e coletivos daí decorrentes.

4.3.2.1 O controle do tempo e do ritmo de trabalho e a integridade psicofísica dos trabalhadores

Tradicionalmente, sob a ótica *contratualista* e *legalista* a orientar as relações de trabalho, a definição das jornadas e a estruturação do ritmo laboral constituem matérias adstritas ao *poder diretivo* do empregador dentro dos limites quantitativos e qualitativos fixados pelas normas heterônomas (e também autônomas, conforme o caso) de saúde e segurança do trabalho.

No paradigma *fordista-taylorista*, a inspirar o Direito do Trabalho em sua feição clássica, pelo qual todas as etapas do processo produtivo eram concentradas em uma mesma unidade empresarial, o empregador distribuía funções específicas para cada trabalhador e lhes atribuía as respectivas tarefas a serem desempenhadas em um ritmo predeterminado, dentro dos limites da jornada de trabalho e das prorrogações permitidas em lei. Nisso consiste, exatamente, o substrato fático a servir de amparo para a *relação de trabalho*.

No particular, as preocupações centrais da Organização Científica do Trabalho concebida por Taylor consistiam, em apertada síntese, (i) na apropriação e no controle do processo produtivo por parte dos empregadores; (ii) no adestramento dos operários para o exercício de suas funções específicas e (iii) na busca de uma maior eficiência na produção, por intermédio do máximo aproveitamento possível da força de trabalho.[794]

Nessa equação, todavia, não eram levados em conta os impactos da Organização Científica do Trabalho na estrutura psíquica dos trabalhadores. Em sua construção teórica, Taylor considerava apenas a fadiga física como um efeito colateral do exercício cadenciado e reiterado de idênticas funções, cuja mitigação poderia ser obtida por intermédio do estabelecimento de recompensas pecuniárias a variarem em função da produtividade, bem como da concessão de pausas e intervalos a fim de otimizar o esforço e evitar o desgaste improdutivo do corpo do trabalhador.[795]

Havia, pois, na Organização Científica do Trabalho, uma certa preocupação com a recomposição das energias físicas e com a satisfação pessoal do trabalhador no exercício de suas funções, ainda que a real intenção de tal cautela tivesse por objetivo assegurar a produtividade do empreendimento e o ritmo de trabalho. Ainda assim percebe-se na sistemática criada por Taylor uma nítida divisão temporal entre os períodos em que o operário permaneceria a desempenhar as funções definidas por seu empregador (e que deveriam ser aproveitados ao máximo) e os períodos dedicados ao descanso, aos cuidados pessoais, à vida familiar e às relações sociais.

Com o advento da *reestruturação produtiva* e de seu corolário representado pela *gestão gerencialista*, tal sistemática foi substancialmente alterada, na medida em que o *tempo* – tal como qualquer outro insumo – foi apropriado e quantificado pelas empresas sob a ótica desse novo paradigma, de modo que o desempenho exigido dos trabalhadores (agora alçados à condição de *colaboradores* ou mesmo de *co-empreendedores*) envolve a dedicação integral de energia e de tempo ao alcance das metas empresariais.[796]

Nesse contexto, perde sentido a divisão entre o *tempo de trabalho* e o *tempo de descanso* que não só era pressuposta pela Organização Científica do Trabalho, como também pelo Direito do Trabalho em sua concepção tradicional na definição da duração semanal do trabalho, das jornadas, dos intervalos, dos repousos, dos afastamentos e das férias. Para a *gestão gerencialista*, o trabalhador deve estar permanentemente mobilizado, esteja onde estiver, de modo que suas energias, seus pensamentos, seus desejos e suas iniciativas devem ser canalizados, de uma forma ou de outra, em proveito do alcance dos objetivos quantitativos a ele incumbido e, consequentemente, aos interesses da empresa.[797]

Para tal desiderato a tecnologia desempenha um papel fundamental, na medida em que os sistemas telemáticos de controle de atividades e os dispositivos de comunicação em tempo real, aliados aos computadores portáteis e aos *smartphones*, viabilizam a localização e o contato dos trabalhadores por suas chefias e colegas em qualquer momento ou lugar, bem assim o desempenho remoto de suas tarefas. Os sujeitos permanecem, assim, permanentemente *plugados* e a disponibilidade, facilitada pelos meios tecnológicos, impõe que o atendimento às demandas ocorra de modo instantâneo e imediato, de modo a redefinir o sentido da urgência.[798]

Com isso, o indivíduo é prejudicado em vários aspectos de sua vida pessoal e de sua intimidade, na medida em que não mais dispõe de tempo para o convívio sociofamiliar, para a realização de atividades de lazer e para o desenvolvimento de outros projetos pessoais, ao passo que também não logra usufruir dos descansos entre jornadas e aos fins de semana.

Em estado de permanente alerta, o trabalhador submetido à *gestão gerencialista* vive sobressaltado, sempre na iminência de receber sucessivas solicitações ao mesmo tempo e na contingência de dar cabo de todas elas instantaneamente, a ponto de manter uma relação de dependência vital em relação aos suportes e aos dispositivos eletrônicos de controle e de comunicação instantânea, gerando o que os especialistas convencionaram chamar de *hiperconexão*.[799]

Tal situação vem sendo significativamente potencializada com o surgimento e com a expansão do *teletrabalho*, conceituado como "*a prestação de serviços a qualquer título, desde que seja a distância, ou externado, com a utilização dos instrumentos de informática ou telemática, em favor de outrem*", na definição de Claudio Janotti da Rocha e de Mirella Muniz.[800]

Dentre os problemas subjacentes ao *teletrabalho*, exsurge talvez como o mais notório a dificuldade imposta ao trabalhador no que diz respeito ao controle de sua jornada e à própria separação do tempo de trabalho e dos períodos dedicados à organização de sua vida privada, ao convívio sociofamiliar e ao lazer.[801]

Não por outra razão, Maria Cristina Aguilar Gonzálves, ao fazer um balanço das experiências de trabalho remoto no âmbito da União Europeia, constatou que muitas vezes a própria identidade entre o domicílio do empregado e o local de trabalho é um fator inviabilizador da desconexão do obreiro em relação às atividades profissionais e que a distribuição flexível das jornadas laborais tende a fazer com que estas se acumulem de modo a inviabilizar a propalada conciliação entre vida pessoal e trabalho.[802]

E como se já não bastasse a redefinição do tempo de trabalho nos moldes ora descritos, a *reestruturação produtiva* e a *gestão gerencialista* promoveram substanciais alterações também no que concerne ao *ritmo* de trabalho, segundo a mesma lógica quantofrênica a caracterizar a organização do trabalho contemporânea. Nesse sentido, não basta que o trabalhador esteja integralmente disponível para a empresa, a ponto de abdicar completamente de seu lazer e de seu convívio sociofamiliar, devendo ele estar apto a assumir várias etapas do processo produtivo e a realizá-las imediatamente à medida que aparecem. É essa, exatamente, a descrição dos conceitos toyotistas de *produção just in time* e de *management by stress*.[803]

No sistema *just in time*, as tarefas outrora desempenhadas pelos operários especializados em suas respectivas funções são redistribuídas para um quantitativo menor de trabalhadores que são, por sua vez, investidos de maiores incumbências. Acreditando que partilham com o empresário a gestão da produção, estes obreiros tomam para si a responsabilidade pelo cumprimento imediato de tais tarefas e pelo alcance dos objetivos corporativos, ao passo que remanescem submetidos ao ritmo de trabalho e às metas numéricas estabelecidos pela empresa.[804]

Disponível em tempo integral, sobrecarregado, impossibilitado de recompor suas energias e privado do lazer e do convívio sociofamiliar, o indivíduo tende a reagir com a manifestação de sintomas de estresse que, em se agravando, resultarão no aparecimento de doenças de cunho psicossomático. E assim, o adoecimento psíquico deixa de ser um aspecto negligenciado ou marginalizado por parte da saúde e da segurança do trabalho, para adquirir relevância central nas discussões sobre o tema nas últimas décadas.[805]

Desse modo, doenças que anteriormente eram relacionadas a predisposições biológicas dos indivíduos ou a traumas pessoais vivenciados por estes últimos, tais como os *transtornos de ansiedade*, a *depressão*, a *agorafobia*, dentre outras, passaram a ser relacionadas ao trabalho. De igual modo, termos até então restritos a segmentos especializados como *karochi* (morte súbita por excesso de trabalho) e *síndrome de Burn-out* (esgotamento total das energias produtivas por excessivo estresse), passaram a frequentar não apenas o vocabulário dos especialistas das mais diversas áreas que se dedicam ao estudo do trabalho, como também os veículos de informações e as conversas cotidianas entre trabalhadores.[806]

No campo jurídico, tal fenômeno se traduz na formulação de conceitos até então impensáveis sob a ótica do Direito do Trabalho clássico, de suas disposições acidentárias e da segmentação da duração laboral, dos intervalos, das pausas, dos repousos, das férias e dos afastamentos pressupostos por seu arcabouço normativo. De fato, com a dispersão da *reestruturação produtiva* e da *gestão gerencialista*, institutos como o *direito à conciliação entre a vida pessoal e profissional*, bem como o *direito à desconexão* passaram a ser cada vez mais ventilados ante a constatação de que os períodos de trabalho tendem a invadir o tempo do trabalhador dedicado ao descanso e às relações sociofamiliares.

Tem-se aí, portanto, uma síntese da organização do tempo e do ritmo de trabalho sob a ótica da *reestruturação produtiva* e da *gestão gerencialista* que integra, hodiernamente, o cotidiano das empresas estabelecidas nos mais diversos segmentos econômicos. Dela é possível extrair, sem receios de exagero, que a estruturação daqueles fatores, nas bases ora descritas, contribui significativamente para a degradação do *meio ambiente do trabalho* a circundar os trabalhadores submetidos aos estratagemas acima narrados.[807]

De fato, aplicando-se aos temas ora tratados os conceitos descritos no item 4.2.3 *supra*, observamos que a estruturação do *tempo* e do *ritmo de trabalho* pautada (i) pela exigência (expressa ou velada) de dedicação integral do trabalhador à empresa em prejuízo ao convívio sociofamiliar, ao lazer, ao descanso e aos demais aspectos de sua vida privada; (ii) pela *hiperconexão* através da utilização dos meios telemáticos de comunicação e de controle e (iii) pela imposição quanto à polivalência e a resolução imediata de demandas concomitantes (sistemas *just in time* e *management by stress*), materializa a figura da *poluição labor-ambiental*, na medida em que impinge, ao mesmo tempo, um efetivo *dano* à qualidade de vida no trabalho (macrobem titularizado pela coletividade dos trabalhadores submetidos a tais metodologias) e um *risco* aos obreiros individualmente considerados, representado, na espécie, pela potencial manifestação de doenças psicossomáticas.

Dito de forma mais direta, o *dano* em questão é materializado pela própria metodologia de estruturação do tempo e do ritmo de trabalho que, uma vez aplicada, institui, no entorno da coletividade obreira envolvida, uma *organização do trabalho* atentatória à subsistência da qualidade de vida essencial para a manutenção de um meio ambiente laboral equilibrado e saudável.

O *risco*, por sua vez, se manifesta no plano individual, na medida em que o acúmulo de tarefas, aliado à pressão por sua realização instantânea, à disponibilidade total, à *hiperconexão* e à supressão dos tempos livres tende a ocasionar o aparecimento de doenças psicossomáticas como a *depressão*, os *transtornos de ansiedade*, a *agorafobia*, a *Síndrome de Burn-out*, dentre outras.[808]

4.3.2.2 As metodologias de gestão de pessoas e seus impactos na integridade psicofísica dos trabalhadores. O fenômeno do *assédio moral organizacional*

Conforme já antecipado no item 4.3.2 *supra*, a *gestão gerencialista* tem por pilar estrutural as metodologias de gestão de pessoas fundadas na cooptação dos sentimentos e da energia dos trabalhadores e sua colocação à disposição dos desígnios empresariais. Nesse sentido, a subárea da administração dedicada aos chamados *recursos humanos* oferece um cardápio variado de esquemas e de métodos gerenciais que, ao fim e ao cabo, são variações sobre a mesma temática representada pelo tripé a compreender (i) a imposição de metas quantitativas; (ii) a partilha dos riscos do empreendimento com os trabalhadores, a configurar uma verdadeira *parceirização forçada* e (iii) a pressão intensa pelo atingimento daqueles objetivos numéricos a qualquer custo.[809]

A individualização das metas quantitativas ou sua partilha entre os *times* formados por trabalhadores que concorrem entre si vem levando as empresas ao estabelecimento de metodologias agressivas fundadas na exploração de aspectos da personalidade, da vida privada e da intimidade dos indivíduos, para além da subtração de tempo de convívio sociofamiliar e da institucionalização do terror psicológico no ambiente laboral. A tônica da *gestão gerencialista* nesse particular é representada pela singela e crua instrumentalização do ser humano com vistas à extração dos objetivos numéricos e à obtenção do lucro progressivamente maximizado.[810]

Sob tal paradigma, admite-se a implementação das mais variadas dinâmicas e medidas voltadas a extrair dos indivíduos o máximo de dedicação, esforço e energias físicas e emocionais, independentemente de seus custos pessoais e sociais. Nesse particular, o discurso da *gestão gerencialista* preconiza a existência de uma guerra mercadológica travada no plano global entre as empresas e as equipes onde apenas as organizações mais eficientes no enxugamento dos custos de produção e na acumulação de lucros conseguirão sobreviver.[811]

Desse modo, as organizações passaram a investir na contratação de psicólogos especializados na investigação e na manipulação das características pessoais dos *colaboradores*, para além de entronizarem, em seu cotidiano, de expedientes como (i) dinâmicas de grupo destinadas a expor as fragilidades dos indivíduos e de utilizá-las a favor dos desígnios empresariais; (ii) avaliações periódicas de desempenho com *rankings* comparativos; (iii) palestras "motivacionais" destinadas a reforçar a cooptação da personalidade dos trabalhadores; (iv) retroalimentação das metas em patamares cada vez mais elevados, à medida que elas são alcançadas; (v) estratégias coordenadas de isolamento, persuasão e desgaste emocional com vistas a forçar a adesão de certos grupos a planos de desligamento voluntário ou reestruturações em planos de carreira; (v) implementação expressa ou velada de penalidades para aqueles que não atingirem tais objetivos, na prática conhecida como *straining*, dentre outros expedientes.[812]

Em tal cenário, os sentimentos de empatia, solidariedade e até mesmo os códigos de ética que costumavam permear os trabalhadores caem em desuso. Em seu lugar, a lógica competitiva passa a legitimar a implementação de condutas moralmente condenáveis nos locais de trabalho cuja entronização contribui para a instalação de um ambiente marcado pelo ressentimento, pela desconfiança, pela rivalidade e pelo temor.[813]

Quando as organizações agregam tais métodos de gestão às suas operações cotidianas, a fim de instrumentalizar os trabalhadores com vistas ao atingimento de metas quantofrênicas ou à redução de despesas em prejuízo à vida privada, à intimidade e à integridade psicológica daqueles indivíduos, não estão elas apenas a legitimar a agressividade por parte de seus gestores no trato com as respectivas equipes, mas sim a institucionalizar a violência como método de organização dos fatores humanos e como diretriz para o relacionamento interpessoal nos locais de trabalho. Tem-se, exatamente nessa situação, a materialização do *assédio moral organizacional.*

Diferentemente do assédio moral simples, caracterizado pela reiteração de ataques de um superior hierárquico (modalidade *vertical*) ou mesmo de colegas de trabalho (modalidade *horizontal*) à esfera da personalidade de um determinado indivíduo a resultar, para este último, na degradação contínua de sua integridade psíquica, o *assédio moral organizacional* representa a sistematização das práticas violentas pela própria estrutura empresarial, a atingir, de uma só vez, a coletividade dos trabalhadores submetidos a tais metodologias e os sujeitos individualmente considerados, em suas esferas pessoais de intimidade.[814]

O *assédio moral organizacional*, todavia, não encontra na sistematização consciente das práticas violentas sua única modalidade de manifestação. Para além disso, o fenômeno tem lugar quando a cultura vigente nas empresas tolera certos comportamentos degradantes (muitos deles tratados como "brincadeiras") que, por isso mesmo, passam a ser reproduzidos em todas as esferas de relacionamento interpessoal ali existentes, seja no plano *vertical* (entre chefes e subordinados), ou *horizontal* (entre colegas).[815]

Tem-se como exemplos de tal modalidade de *assédio moral organizacional* as situações a envolverem os locais de trabalho nos quais as gerências toleram, como traço marcante de sua cultura institucional, gracejos de cunho sexual potencialmente lesivos à intimidade dos atingidos ou brincadeiras degradantes com certas minorias ou grupos sociais específicos. São essas, exatamente, as hipóteses descritas por Marie-France Hirigoyen como aquelas a denotarem a "*empresa condescendente, [na qual] a perversão gera a emulação entre indivíduos que não são propriamente perversos, mas que perdem seus referenciais e se deixam persuadir*".[816]

De qualquer modo, seja pela via da institucionalização de metodologias fundadas na violência com vistas ao atingimento de metas, ou através da leniência com comportamentos abusivos, o *assédio moral organizacional*, uma vez entronizado, cria nos locais de trabalho um ambiente significativamente degradado, no qual a integridade psíquica dos trabalhadores ali inseridos é colocada em risco. Vê-se, por isso mesmo, que tal figura configura, sob a ótica da *perspectiva ambientalista*, um típico suposto de *poluição.*[817]

Submetidos a um meio ambiente laboral degradado pelo *assédio moral organizacional*, os trabalhadores tendem a desenvolver doenças psicossomáticas decorrentes do estresse, tais como a síndrome de *burn-out*, a síndrome do pânico, os transtornos depressivos e de ansiedade, dentre outras, que minarão sua saúde mental de modo a gerar, com isso, sequelas muitas vezes irreversíveis ou então, no extremo, conduzir o indivíduo ao suicídio.[818]

E a proliferação de tais doenças de cunho psicossomático decorrentes da institucionalização do *assédio moral organizacional* acaba por trazer consequências não apenas para as coletividades e para os indivíduos submetidos àquelas formas perversas de gestão, como também para as sociedades que arcarão com o custeio dos tratamentos e dos benefícios previdenciários disponibilizados às vítimas por parte dos sistemas de saúde e de seguridade social, na medida em que tais transtornos relacionados ao labor configuram, na atualidade, uma verdadeira epidemia. Vê-se assim, claramente, que o *assédio moral organizacional* possui também uma dimensão difusa, a acarretar prejuízos para além dos grupos de trabalhadores diretamente afetados.[819]

Nesse sentido, a pesquisa levada a cabo em meados de 2000 pela Organização Mundial do Trabalho intitulada *Mental Health in the Workplace* constatou que em todos os cinco países avaliados à ocasião (Finlândia, Alemanha, Polônia, Reino Unido e Estados Unidos), os serviços sociais vinham sendo cada vez mais onerados em razão dos distúrbios psicossomáticos relacionados ao trabalho.[820]

O fato é que, na atualidade, o *assédio moral organizacional* que subjaz tanto às metodologias de gestão de pessoas, quanto às relações interpessoais instauradas naquelas empresas tolerantes com comportamentos abusivos, constitui, efetivamente, o mais relevante elemento de desestabilização da *organização dos fatores de produção* respondendo, sozinho, pela proliferação de lesões à integridade psicofísica dos sujeitos afetados em sua personalidade (aspecto *individual homogêneo*), ao ambiente em que se inserem os trabalhadores diretamente submetidos à gestão degradante (aspecto *coletivo em sentido estrito*) e à sociedade como um todo, que arcará, de uma forma ou de outra, com parte da reparação de tais danos através dos sistemas públicos de saúde e de seguridade social (aspecto *difuso*).[821]

Por isso mesmo, o *assédio moral organizacional* deve ser tratado pelo que ele realmente é: um nítido suposto de *poluição labor-ambiental* a configurar, ao mesmo tempo, um *dano* concreto para os trabalhadores afetados na esfera de sua personalidade e um *risco* permanente para o entorno circundante de qualquer indivíduo a ele submetido.

4.3.2.3 As atividades itinerantes, os trajetos, as plataformas digitais e o meio ambiente do trabalho

O *meio ambiente do trabalho* não se limita aos elementos materiais e imateriais que circundam os indivíduos nos locais onde estes últimos desempenham suas atividades profissionais. Conforme visto no item 4.3 *supra*, todas as condicionantes físicas, psicológicas, químicas, biológicas, ergonômicas e organizacionais que concorrem para a prestação do labor e para a qualidade de vida dos trabalhadores que o exercem integram o conceito em testilha e se sujeitam às diretrizes emanadas da *perspectiva ambientalista* e de sua tradução jurídica, o *direito ambiental*.

Dentre os fatores organizacionais que estruturam o *meio ambiente do trabalho* e concorrem diretamente para a qualidade de vida dos trabalhadores se encontram os itinerários fixados pelos tomadores de serviço a serem observados pelos prestadores com vistas ao desempenho de suas atividades, que compreendem, por sua vez, tanto os caminhos a serem percorridos para chegar ao posto de trabalho e dele regressar, quanto as rotas a serem perpassadas naqueles casos em que as atividades profissionais são realizadas fora de um local específico.

Tanto em um caso quanto em outro, os traçados a serem percorridos pelos trabalhadores são fixados pelos tomadores de serviços em função do interesse econômico perseguido por estes últimos ou de alguma outra conveniência operacional por eles almejada. Não se trata, aqui, das hipóteses em que o sujeito possui real autonomia para definir seu trajeto, de modo a optar pela rota que melhor atende seus desígnios. É este, exatamente, o ponto-chave para se compreender a inserção dos itinerários no conceito de *meio ambiente de trabalho.*

Como situação típica a ilustrar o tema ora tratado têm-se os casos das empresas que, por questões operacionais, fixam suas unidades produtivas em pontos distantes dos centros urbanos ou em locais de difícil acesso (p. ex.: indústrias químicas, frigoríficas, siderúrgicas, mineradoras etc.) e fornecem transporte aos sujeitos ali ativados, sem o qual não chegariam aos seus respectivos postos. Em tais hipóteses, os trabalhadores não possuem qualquer gestão a respeito do veículo a ser disponibilizado por seu tomador de serviços e tampouco sobre o trajeto a ser percorrido ou sobre os horários de saída e de retorno.[822]

No suposto ora ilustrado, todas as intercorrências verificadas entre o embarque dos sujeitos nos meios de transporte e sua descida ocorrerão exclusivamente em função da atividade profissional desempenhada pelo trabalhador em proveito do tomador de serviços. Por isso mesmo, as condições estruturais do veículo (assentos, ventilação, itens de segurança etc.) e do trajeto, bem assim a organização das viagens (horários de saída e chegada, escolha do percurso, qualificação dos motoristas etc.) integrarão o *meio ambiente do trabalho* a circundar aqueles indivíduos e a concorrer para sua qualidade de vida.

O mesmo ocorre com relação aos indivíduos cujas atividades regulares envolvem o deslocamento por itinerários fixados pelos tomadores de serviços em veículos destes últimos, tais como os trabalhadores dedicados à manutenção das estruturas de telecomunicações, os eletricitários, os técnicos em cabeamento, os motoristas rodoviários, dentre outros. Para os referidos profissionais, os meios de transporte a eles disponibilizados representam um insumo físico imprescindível para o desempenho do labor, assim como a sistemática concernente ao planejamento das viagens e dos respectivos trajetos coincide com o elemento imaterial mais relevante para a organização estrutural de suas atividades.

Nos dois cenários ora analisados, situações relacionadas, por exemplo, (i) ao mau funcionamento dos veículos, (ii) à ocorrência de acidentes pela manutenção inadequada destes últimos, pela desídia do condutor ou do transportador ou pela própria periculosidade inerente ao trajeto estipulado pelos tomadores de serviços (p. ex.: trechos sinuosos de serra, rodovias com iluminação e conservação precárias, caminhos sujeitos a deslizamento de barreiras etc.) ou (iii) à manifestação de intercorrências como assaltos, roubos, furtos e outras formas de violência em razão da rota percorrida configuram efetivos *riscos* de natureza labor-ambiental, na medida em que os trabalhadores são a eles expostos em função das conveniências operacionais dos tomadores de seus serviços.

Ainda sob a égide da *teoria do risco profissional* a inspirar a maior parte das legislações acidentárias promulgadas no século XX, a responsabilização pelos sinistros experimentados pelos trabalhadores nas atividades externas desempenhadas a mando de seus empregadores e nos deslocamentos até os locais de trabalho e de volta para casa (quando o transporte era fornecido pelos patrões), imputava-se aos empregadores, sob o entendimento de que os eventos deletérios teriam ocorrido, justamente, em função do desempenho do labor a mando de seus contratantes e em proveito destes últimos.[823]

No entanto, a inserção de tais circunstâncias externas ao estabelecimento empresarial no conceito de *meio ambiente do trabalho*, tal como se propõe, transcende em muito a responsabilização dos patrões pelos acidentes e doenças ocupacionais verificados nos trajetos ou nas atividades forâneas desempenhadas em benefício do empregador, segundo a teoria do *risco profissional*.

De fato, sob a égide do *risco profissional*, os sinistros ocasionados nos trajetos e nas atividades externas eram enxergados tão somente como vicissitudes individualizadas que geravam, para os empregadores ou para o sistema de previdência pública, conforme o caso, o dever de custear as indenizações tarifadas para cada trabalhador afetado, tal como ocorria com a generalidade dos acidentes de trabalho e doenças ocupacionais.

Sob a *perspectiva ambientalista*, os elementos externos ao estabelecimento empresarial que condicionam o bem-estar dos trabalhadores no exercício de suas atividades profissionais ou em função destas últimas integram, por isso mesmo, o *meio ambiente de trabalho* cujo equilíbrio é contemplado pelos ordenamentos jurídicos como um direito dos indivíduos e das coletividades e um dever a ser assegurado pelo Poder Público e pelos tomadores de serviços (os potenciais *poluidores*).

Nesse ponto específico, o atendimento a tal diretriz por parte dos particulares não se limita à reparação *post-factum* das lesões experimentadas pelos trabalhadores durante os trajetos e nas atividades externas, contemplando, de modo muito mais abrangente, os deveres de *prevenção* e de *precaução*, em concreto, dos riscos consabidos e dos possíveis riscos relacionados aos meios de transporte, aos percursos e aos locais onde os serviços serão desempenhados, com vistas a proteger não só os interesses jurídicos dos obreiros individualmente considerados, mas também aqueles titularizados pelas coletividades determinadas e indeterminadas de trabalhadores submetidos a tais circunstâncias.

Assim, cabe aos tomadores de serviços que oferecem transporte até os locais de trabalho tomar todas as providências necessárias para que os veículos ofereçam segurança e conforto durante os trajetos (p. ex.; climatização, ventilação, poltronas ergometricamente adequadas, manutenção dos motores, pneus, peças etc.), para que as rotas a serem percorridas coincidam com as opções mais seguras e para que os percursos sejam permanentemente monitorados.

De igual modo, devem os tomadores de serviços que exigem dos trabalhadores o cumprimento de itinerários determinados lhes oferecer os meios e os equipamentos necessários para a passagem por áreas de risco (p. ex.: escoltas armadas em localidades com índices elevados de roubos, proteção contra doenças endêmicas em certas regiões etc., oferecimento de tempo e de local seguro para descanso) e para o tráfego em determinados terrenos difíceis (p. ex.: estradas de terra, aclives ou declives acentuados etc.), além de cuidar para que os trabalhadores não sejam expostos às ameaças inerentes a determinados percursos em certos períodos do ano (p. ex.: quedas de barreiras, enchentes, incêndios florestais, nevascas etc.).

Do contrário, caso as condições de transporte e de rota não sejam aptas a assegurar os requisitos elementares de ergonomia, de segurança aos trabalhadores para o desempenho de suas atividades externas e para o translado até seus postos de trabalho, ou ao menos para minimizar os efeitos potencialmente nocivos a certos percursos, o tomador de serviços estará submetendo-os a situações de risco proibido pelo ordenamento jurídico, na medida em que o meio ambiente laboral a circundar os referidos trabalhadores se encontrará, invariavelmente, poluído.

De fato, tais fatores que são classificados, para a generalidade dos indivíduos, como questões sociais e de saúde pública, ou mesmo inerentes ao meio ambiente natural, configuram, para os trabalhadores ativados em tarefas externas, riscos integrantes do *meio ambiente do trabalho* que os circunda, na medida em que sua exposição a tais elementos ocorre única e exclusivamente em função do labor por eles desempenhado.

De igual modo, o tema em discussão ganha especial relevo diante da proliferação dos aplicativos de telefonia móvel dedicados ao transporte de passageiros e à entrega de encomendas em domicílio que, a despeito da existência ou não de vínculo empregatício com os trabalhadores neles cadastrados, estabelecem, de modo unilateral, os itinerários a serem percorridos nas viagens e as condições a serem observadas no translado, aí incluído o controle do tempo de deslocamento.

O conhecimento acumulado sobre o *modus operandi* de tais plataformas mundo afora indica que elas não apenas exercem controle absoluto sobre as rotas a serem percorridas pelos trabalhadores, como também estabelecem prazos a serem observados nos deslocamentos e penalidades em caso de extrapolação.

Além disso, em muitos casos, os aplicativos fixam os padrões de comportamento dos condutores e os parâmetros de conservação veicular a serem observados por estes últimos, sob pena de desativação temporária ou permanente.[824]

Os padrões de operação das plataformas digitais dedicadas ao transporte de passageiros e à entrega de mercadorias denota que meio ambiente laboral a circundar seus trabalhadores é formado, em grande medida, por uma organização do trabalho pautada (i) pela maximização do lucro em função da otimização do tempo (ou seja, atendimento ao maior número de clientes no menor tempo possível), somada (ii) à imposição de metas quantitativas e temporais; (iii) à realização de jornadas exaustivas, a fim de lograr o atingimento de tais objetivos; (iv) à definição de penalidades pecuniárias; (v) à fixação dos itinerários com base apenas na velocidade de atingimento dos pontos de destino, em total desconsideração dos riscos associados ao trajeto e (vi) ao controle em tempo real (via GPS e câmeras) das rotas e do comportamento dos condutores.[825]

Não obstante, o desempenho de tais atividades sob as condições ora descritas ocorre, geralmente, em vias urbanas congestionadas, malconservadas e, muitas vezes, inseguras, onde o risco de furtos e roubos é elevado e onde os trabalhadores se submetem, inclusive, a eventos ainda mais graves, tais como agressões físicas e mesmo homicídios. Nesse ambiente marcado pela cobrança intensiva de rapidez e quantidade, pela sobrejornada, pelo cansaço e pelo enfrentamento dos problemas comuns às grandes cidades, não é difícil imaginar que a ocorrência de acidentes (especialmente com as motocicletas, bicicletas e patinetes), bem assim o aparecimento de doenças psicossomáticas, com suas sequelas físicas e mentais encontre campo fértil.

Em síntese, a realidade vivenciada contemporaneamente pelos motoristas e pelos entregadores de aplicativos atesta que o desempenho de suas atividades sob tais circunstâncias, independentemente da configuração ou não de vínculo empregatício, decorre das imposições advindas das plataformas digitais. Pode-se afirmar, portanto, que o *meio ambiente do trabalho* a circundar tais trabalhadores é preponderantemente estruturado pelas referidas empresas tanto no que concerne aos elementos físicos (condições de operação veicular, trajetos, riscos urbanos etc.) quanto aos dados imateriais (metodologia de operação, prazos de entrega, metas, códigos de conduta e controle etc.).

Dito de modo mais preciso, são as plataformas digitais, com suas conveniências operacionais, que impõem aos trabalhadores nelas cadastrados os riscos inerentes ao desempenho do labor, sendo elas, portanto, os *poluidores* para fins de responsabilização sob a égide da *perspectiva ambientalista* e os titulares dos deveres concernentes à prevenção e à precaução das possíveis ameaças à integridade psicofísica dos sujeitos nelas ativados.[826]

Da síntese formulada nas presentes linhas, vê-se que o *meio ambiente do trabalho* compreende em seu âmago os elementos integrantes das *condições de trabalho* e da *organização do trabalho* que circundam os trabalhadores em suas atividades itinerantes e nas hipóteses de deslocamentos decorrentes do próprio labor, de modo a interferir diretamente em sua qualidade de vida.

Efetivamente, se a submissão dos trabalhadores aos riscos presentes no ambiente externo (p. ex.: violência, vias malconservadas, intempéries climáticas etc.) configura um imperativo advindo do labor estruturado pelos tomadores de serviços, tais situações de potencial lesividade se inserem dentre as *condições de trabalho* a serem antecipadas, prevenidas, controladas e readequadas por estes últimos.

De igual modo, a estruturação do controle dos trajetos, das metas, da duração do trabalho, dos prazos para a realização dos serviços itinerantes, dentre outros, integram a *organização do trabalho* e, tal como os elementos acima elencados, devem ser configurados pelos tomadores de serviços de modo a não acarretar riscos à integridade psicofísica dos trabalhadores, independentemente da modalidade contratual a vinculá-los com aqueles primeiros.

4.3.2.4 *Meio ambiente digital do trabalho. Quando a estruturação das condições de trabalho e a organização dos fatores de produção transcendem os aspectos materiais*

Para além dos aspectos até então mencionados, o *meio ambiente do trabalho* passou a ser integrado, a partir do salto tecnológico experimentado pelas telecomunicações, pela informática e pela transmissão de dados nas últimas décadas, por uma dimensão *digital*, formada pelos espaços virtuais (redes, fóruns, plataformas, *softwares*, aplicativos etc.) que servem de suporte para a realização cotidiana das atividades profissionais e por onde transcorre, na atualidade, grande parte das interações entre os tomadores de serviços e os trabalhadores.

De fato, a velocidade das trocas no mundo contemporâneo e a demanda por agilidade nesse cenário fez com que as empresas – grandes, médias ou pequenas – passassem a estruturar todas as suas atividades (ou parte delas, a depender do setor produtivo ou do ramo) em plataformas digitais por onde ocorrem (i) a comunicação instantânea com as equipes e com os clientes; (ii) o monitoramento dos horários, das jornadas, da movimentação e da produtividade dos trabalhadores; (iii) o controle do volume das tarefas, da duração e dos prazos; (iv) o rastreamento, em tempo real, de todas as etapas do processo produtivo; (v) a precificação das atividades em função de sua complexidade e do tempo gasto para sua realização e (vi) a relação entre receitas e despesas das operações.[827]

Com isto, a maior parte dos aspectos relacionados à *organização do trabalho* nas empresas contemporâneas se encontra estruturada em plataformas digitais acessíveis às chefias e aos trabalhadores através de computadores e, principalmente, por dispositivos móveis (geralmente *smartphones*), por onde os comandos são emitidos, as tarefas são registradas, a produtividade é medida por algoritmos, o desempenho profissional é avaliado e os fluxos são calculados.

Pode-se afirmar, portanto, que grande parte da interação profissional entre os trabalhadores e entre estes e seus tomadores de serviços ocorre, hodiernamente, no *meio ambiente digital do trabalho* a compreender, exatamente, as estruturas virtuais presentes no *ciberespaço* por onde as atividades profissionais são realizadas e por onde as relações interpessoais hierárquicas e horizontais se desenvolvem.[828]

O *ciberespaço*, contudo, não é formado apenas por plataformas destinadas à realização das atividades profissionais. Para muito além disso, ele consiste em uma representação virtual da realidade onde o sujeito empreende suas ações cotidianas em simbiose com a sociedade a que pertence e onde estabelece suas relações afetivas, negociais e laborais com outros indivíduos, que repercutirão no mundo físico.[829]

Trata-se, portanto, de uma dimensão que muito embora possua origem artificial, constitui um inegável espaço de interação entre sujeitos e de desenvolvimento pessoal que integra o entorno circundante dos indivíduos e que, por isso mesmo, condiciona seu bem-estar, sua qualidade de vida e até mesmo sua integridade psicofísica. Por isso mesmo, o *ciberespaço* passou a figurar, inequivocamente, como um dado da realidade a integrar o *meio ambiente* a partir do momento em que os avanços tecnológicos viabilizaram a criação desse plano de interação interpessoal que, em outros tempos, soava como ficção científica.[830]

Assim, o mesmo *ciberespaço* onde os indivíduos se realizam como seres humanos e desempenham os mais diversos papéis sociais é aquele no qual eles desenvolvem suas atividades profissionais através das interações com os superiores hierárquicos e com os colegas, seja em plataformas voltadas especificamente para a organização produtiva (p. ex.: *e-mail* corporativo, aplicativos voltados para o controle das tarefas, *time-sheet* etc.), ou nos dispositivos utilizados pelo público em geral, tais como as redes sociais e os programas de comunicação instantânea.

Coexistem, portanto, no *meio ambiente digital*, os mesmos conflitos vivenciados no plano físico a envolverem o alcance da *autonomia privada* e do *poder diretivo* titularizados pelos tomadores de serviços e os limites impostos a estes últimos pelas garantias inerentes à esfera da personalidade dos trabalhadores (p. ex.: honra, vida privada, intimidade, privacidade etc.) e por aquelas relacionadas à qualidade de vida e à saúde destes últimos, a compreenderem os direitos ao lazer, ao convívio sociofamiliar, ao repouso, à integridade psíquica e física, dentre outros.[831]

E a experiência recente demonstra, efetivamente, que as plataformas integrantes do *ciberespaço* se transformaram nas arenas onde os trabalhadores vêm sendo impedidos de desempenhar de forma plena diversos aspectos inerentes à sua *vida privada*, dentre os quais os direitos ao estudo, à cultura, ao lazer, ao descanso, à livre expressão do pensamento, à liberdade religiosa, à orientação sexual, ao engajamento político, ao convívio sociofamiliar e outros tantos corolários relacionados ao exercício dos papéis sociais desempenhados pelos prestadores de serviços enquanto sujeitos de direitos e cidadãos.[832]

No particular, relevam os vilipêndios à esfera da vida privada e da intimidade praticados pelos tomadores de serviços que, através das plataformas digitais, (i) monitoram as condutas sociais dos trabalhadores fora da empresa; (ii) ingressam, através dos sistemas corporativos e por intermédio da utilização de *bosswares*, em contas particulares de correio eletrônico, em páginas de redes sociais e em aplicativos de comunicação instantânea; (iii) vasculham, sem a devida autorização, informações pessoais apostas na *internet* que não têm relação com a vida profissional daqueles e (iv) divulgam a terceiros tais dados, de modo a expor-lhes indevidamente.[833]

Além disso, é cada vez mais frequente a utilização das plataformas virtuais para a institucionalização do assédio moral nas empresas, podendo-se ilustrar tal constatação através (i) da utilização dos sistemas de controle e de comunicação remota para coagir os trabalhadores a aumentar a produtividade, mesmo fora de suas jornadas laborais; (ii) da implementação de políticas gerenciais destinadas a isolar ou excluir certos perfis de trabalhadores das redes sociais corporativas e dos grupos de *WhatsApp* ou similares para a colimação de certas finalidades (p. ex.: a adesão a programas de demissão voluntária); (iii) a tolerância ou o incentivo (expresso ou velado) à práticas de violência digital, ou *cybermobbing* em relação a certos grupos, dentre outras.[834]

De outro turno, e conforme já ressaltado no item 4.3.2.1 *supra*, as estruturas do *ciberespaço* constituem o terreno mais propício para a apropriação do tempo privado dos trabalhadores, que usualmente seria destinado às atividades socioculturais, ao descanso, ao lazer e ao convívio familiar. Isto ocorre na medida em que o modelo gerencialista de gestão, ao estabelecer a *dedicação integral* dos "colaboradores" como um dos valores nucleares das relações profissionais, se utiliza amplamente dos dispositivos de comunicação instantânea, dos *e-mails* e dos sistemas de controle corporativo para demandá-los a qualquer momento e para lhes exigir respostas imediatas, no ritmo frenético imposto pelas metas de produção, pelas possíveis consequências decorrentes de seu descumprimento e pela própria competitividade.[835]

Note-se, a propósito, que já no final da década de 1990, quando as plataformas de interação social e de comunicação instantânea ainda estavam em suas versões primevas e a própria *internet* dava seus passos iniciais, o informe elaborado para a Comissão Europeia sobre as transformações do trabalho no século XXI coordenado por Alain Supiot já antevia a imiscuição entre os tempos de trabalho e os tempos dedicados à vida privada como um dos problemas nucleares a serem tratados nas décadas vindouras.[836]

E, de fato, tal previsão se mostrou certeira, na medida em que os atentados à vida privada e à intimidade, praticados sistematicamente por intermédio das estruturas dispostas no *ciberespaço*, acabaram por resultar, no plano individual, no aparecimento de doenças psicossomáticas (transtornos de ansiedade, depressão, agorafobia etc.) e, na dimensão coletiva, na institucionalização de um estado permanente e geral de tensão a vigorar para os grupos de trabalhadores submetidos a tais práticas de gestão. Impôs-se assim, para eles, um sentimento constante de vigilância e de disponibilidade, que transpassa os horários de trabalho e que os impede de dissociar, de modo salutar, os tempos dedicados ao labor e às atividades sociais, culturais e familiares.[837]

Desse modo, o *meio ambiente digital do trabalho*, a compreender os elementos do *ciberespaço* utilizados para o condicionamento do labor, para a organização dos fatores de produção e para a dinâmica das relações interpessoais na seara profissional, se torna degradado (*poluído*), na medida em que suas estruturas virtuais se tornam fontes e, ao mesmo tempo, causas da degeneração do ambiente corporativo e da qualidade de vida dos trabalhadores inseridos em tais espaços, com impactos diretos não apenas na vida, na saúde e na integridade psicofísica de cada um deles, como também na de suas respectivas famílias e na sociedade como um todo.

Tais supostos de poluição que acarretam desequilíbrios do entorno digital dos trabalhadores acabam por gerar lesões individuais, coletivas e difusas a denotarem o caráter plurissubjetivo e multidimensional dos *riscos* presentes no *meio ambiente digital do trabalho*. De fato, ao estabelecer ou tolerar estruturas virtuais utilizadas como suporte para o vilipêndio à intimidade, ao recato e à imagem e para a supressão dos direitos ao lazer, ao descanso e ao convívio sociofamiliar, a empresa instaura, para as coletividades obreiras, um espaço de desempenho das atividades profissionais e de relacionamentos interpessoais absolutamente degradado, em que a permanência dos sujeitos tende a lhes afetar negativamente a saúde.[838]

E tais impactos serão sentidos não apenas pelos trabalhadores de *per se*, mas também por seus familiares mais próximos, notoriamente os cônjuges e os filhos, que serão privados de seu convívio e acabarão por experimentar os efeitos deletérios daí decorrentes em diversos aspectos atinentes à personalidade, cujo desenvolvimento está umbilicalmente relacionado à fruição adequada do ócio, da interação com os parentes e amigos e com as atividades culturais e não terão como recompor o tempo perdido para o atendimento às imposições empresariais.[839]

Vê-se, exatamente nisso, o enorme potencial de lesividade difusa que a organização do trabalho plasmada nos moldes da gestão gerencialista e da hiperconectividade às estruturas do *ciberespaço* acarreta não apenas para os indivíduos e seus familiares, mas também para toda a sociedade que contará, na composição de suas mais diversas camadas, com indivíduos dotados de formação deficiente de sua personalidade e com os impactos psicossomáticos daí decorrentes, em função, justamente, da carência do convívio familiar apropriado, no passado.[840]

Tudo o que foi dito nas presentes linhas demonstra a relevância que o *ciberespaço* e seus elementos possuem na delimitação do *meio ambiente do trabalho*, na medida em que grande parte do ferramental utilizado no desempenho das atividades profissionais e no transcurso das relações interpessoais hierárquicas ou horizontais se encontra estruturado naquele mundo digital. O que ali acontece, tem impacto direto na vida e na saúde dos trabalhadores, bem como nos ambientes (físicos ou virtuais) de trabalho por eles compartilhado e na própria sociedade, de modo a justificar a especial atenção que o tema merece na atualidade.[841]

4.3.3 A organização estrutural do trabalho no século XXI e o *meio ambiente do trabalho*. Desconcentração produtiva, precarização, *uberização* e *teletrabalho*

O *meio ambiente do trabalho* não é um dado estanque, imune às alterações sociais, políticas, tecnológicas e econômicas que transcorrem em velocidade cada vez mais célere. Muito pelo contrário, as mudanças verificadas em tais contextos interferem diretamente na base estrutural do trabalho, de modo a impor novas condições laborais, novas formas de organização dos fatores de produção e novas dinâmicas a afetarem as relações interpessoais.

Nesse sentido, a análise das intercorrências verificadas no contexto geopolítico, tecnológico e econômico nas últimas cinco décadas demonstram de maneira palmar como o *meio ambiente do trabalho* plasmado sob a estrutura fordista-taylorista transmudou-se em um entorno completamente diferente, muito mais complexo e cambiante, a agregar uma série de riscos coletivos e individuais cuja materialização sob aquele contexto era impensável.

Ao cabo destes cinquenta anos de evolução contínua, chegou-se a um estágio em que o *meio ambiente do trabalho* transcende em muito o espaço da fábrica, da firma, da repartição pública ou do escritório onde o sujeito realizava suas tarefas cotidianas submetido às ordens de uma chefia e onde convivia com seus colegas e superiores hierárquicos. Na atual quadra do século XXI, o entorno circundante dos trabalhadores é tão rico e complexo quanto as demais dimensões integrantes do meio ambiente natural e artificial, justamente porque o contexto econômico, tecnológico e social impôs mudanças profundas nas dinâmicas produtivas e na organização do trabalho.[842]

Para entender tais mudanças e seus impactos na configuração do *meio ambiente do trabalho*, é preciso efetuar uma análise retrospectiva em direção aos fatos ocorridos na primeira metade da década de 1970, quando o arranjo econômico-financeiro internacional que, com fundamento nos acordos de *Bretton Woods*, cimentou a aliança do bloco capitalista, sofreu dois grandes baques, a saber, (i) a aniquilação unilateral do *padrão-ouro* por parte dos Estados Unidos da América em 1971 e (ii) os choques do petróleo, tendo o primeiro deles ocorrido em 1973.[843]

Com o fim do atrelamento do dólar norte-americano ao ouro, a moeda dos Estados Unidos da América transformou-se, ela própria, na referência para o comércio internacional, de modo que as flutuações nas taxas de conversão passaram a ter impacto decisivo na formação dos lucros e prejuízos das balanças comerciais dos países, levando estes últimos a travarem, a partir daí, uma intensa guerra cambial. Paralelamente a isto, a redução na produção de petróleo acordada pelos membros da OPEP conduziu ao aumento exponencial do preço do barril, impactando diretamente nos custos operacionais de toda a cadeia produtiva internacional.[844]

Tais vicissitudes demandaram tanto dos governos quanto das empresas a implementação de programas agressivos de redução de custos e, nesse contexto, o *Estado de Bem Estar Social* se viu na contingência de reduzir seu escopo tutelar, não mais logrando o mesmo grau de compensação de outrora. Nesse contexto, o ideário liberal (agora acunhado de *neoliberalismo*) encontrou amplo espaço para difundir seus principais dogmas: a redução do aparato estatal e a livre atuação do mercado no intuito de promover a retomada econômica e, nessa esteira, o crescimento.[845]

No campo do trabalho, a crise desencadeada na década de 1970 teve, igualmente, reflexos profundos. O aumento dos custos operacionais, desencadeado pela alta do petróleo e de seus derivados, impôs às empresas o enxugamento de suas estruturas, o que desaguou, inevitavelmente, na desativação de unidades e de postos de trabalho. Nesse cenário, as firmas buscaram novos métodos de produção e a clássica estrutura fordista-taylorista foi cedendo espaço ao toyotismo e aos seus corolários a propugnarem a desconcentração produtiva e a adequação mais estrita entre a fabricação de bens e a demanda.[846]

Para o trabalho humano, a característica mais marcante do processo ora descrito faz-se representada pela *desconcentração produtiva*. Nessa nova realidade, as empresas se desvencilham, na maior medida possível, das etapas da fabricação dos produtos finais por intermédio da subcontratação de outras firmas, no intuito de reduzir seus custos e de tornar os preços de seus bens mais atrativos. As grandes plantas que concentravam em suas instalações todas as etapas do processo fabril e contavam com muitos empregados especializados em funções específicas não passam, agora, de nostálgica memória.[847]

Tal situação é substancialmente agravada na medida em que a *desconcentração produtiva* tem por pedra de toque, atualmente, a busca de mão de obra mais barata em países desprovidos de mecanismos eficazes de tutela laboral e de sindicatos minimamente representativos. Há, portanto, uma nova divisão internacional do trabalho, em que as etapas fabris de um mesmo bem foram pulverizadas pelo globo segundo a lógica do menor custo.[848]

Instaurou-se, com isso, um verdadeiro mercado internacional de mão de obra pautado pela lógica da legislação *menos onerosa* para os *investidores*, cuja subsistência tem levado os Estados a desmantelar em avançada velocidade seus arcabouços jurídicos destinados à tutela das condições laborais, em uma verdadeira *corrida ao fundo do poço*, na expressão cunhada por Jürgen Habermas e empregada por Onofre Alves Batista Júnior.[849]

Com o desmantelamento do arcabouço jurídico trabalhista tradicional, em linha com a desconcentração produtiva, com o enxugamento das estruturas empresariais e com o aumento exponencial do desemprego, as ocupações precárias começaram a ganhar relevância na composição da mão de obra das maiores economias globais se comparado ao emprego clássico.

Ampliou-se, dessa forma, a subcontratação de trabalhadores por intermédio de expedientes como a *terceirização*, bem assim o deslocamento de etapas da produção (*outsourcing* e *cadeias produtivas complexas*) e a utilização de contratos civis (p. ex.: de prestação de serviços e de empreitada) com vistas à realização das atividades econômicas assumidas por aqueles que outrora figuravam como *empregadores* nas relações de trabalho.[850]

A partir daí, os próprios ordenamentos jurídicos passaram a legitimar tais vínculos precários, seja por intermédio de figuras como o *trabalho a tempo parcial* e o *trabalho intermitente* (ou *contratos zero-hora*), ou através de artifícios engenhosos como os *parassubordinados* da legislação italiana ou os *autônomos economicamente dependentes*, concebidos na Espanha.[851]

A despeito de suas distintas configurações, tais modalidades partilham de uma mesma estrutura ideológica nuclear, qual seja, a concepção a preconizar que o trabalhador contemporâneo é um *empreendedor individual*, dedicado à realização de uma dada atividade econômica por conta própria e que espera das empresas, não a formação de um vínculo empregatício de duração indeterminada para o desempenho de atividades maçantes e predeterminadas, mas a contratação para a realização de projetos ou a prestação de serviços específicos, em um contexto de *parceria*, de *colaboração* e de *realização pessoal*.[852]

Tal cultura foi ainda mais aprofundada e difundida com o salto tecnológico experimentado pelas telecomunicações nas últimas décadas, a possibilitarem a popularização da *internet* e sua ampla acessibilidade por intermédio dos chamados *smartphones*. Nesse cenário, proliferaram as plataformas de intermediação de serviços (transportes, entregas em domicílio, reparos domésticos, limpeza e arrumação de ambientes etc.) que têm absorvido grande parte da mão de obra excedente, especialmente nos grandes centros urbanos, consolidando o que se vem chamando de *uberização* das relações de trabalho.[853]

Cadastrados em tais plataformas, os *profissionais liberais* permanecem à mercê das demandas repassadas por elas, conforme visto no item 4.2.3.1 *supra*, devendo observar uma série de regras, padrões de atendimento e metas de desempenho fixados unilateralmente por aquelas empresas, sob pena de serem punidos com a redução no número de chamados ou, no extremo, com o descredenciamento. Essa massa de trabalhadores dependentes das estruturas digitais de intermediação de serviços dispersa pelo mundo foi denominada por Ricardo Antunes como o *infoproletariado*.[854]

Nesse contexto marcado pela desconcentração produtiva, pela intermitência do trabalho e pela ampliação da intermediação de mão de obra através das plataformas digitais, o *meio ambiente do trabalho* a circundar os referidos trabalhadores será extremamente cambiante e diversificado, justamente porque eles atuarão sob as mais diferentes condições e estarão submetidos, por conseguinte, a riscos tão variados quanto os serviços por eles desempenhados.

Imagine-se, a título exemplificativo, o cotidiano hipotético de um trabalhador cadastrado em plataforma digital dedicada à prestação de serviços de limpeza. Suponha-se que em um determinado dia da semana, esteja ele a desempenhar suas atividades em uma indústria do ramo químico, expondo-se a diversas substâncias nocivas e, no outro, seja incumbido de prestar seus serviços nas câmaras frias de um frigorífico, submetendo-se a temperaturas extremas.

Para cada dia de trabalho e para cada serviço realizado no âmbito dos distintos tomadores, estará o trabalhador em referência sujeito a riscos labor-ambientais diversos, capazes de afetar sua integridade psicofísica e sua qualidade de vida das mais diferentes maneiras. Ao fim e ao cabo, o *meio ambiente do trabalho* a circundá-lo será a soma de todas as estruturas materiais e imateriais que compõem os diversos locais por ele visitados, para além dos próprios elementos físicos e ideais conformados pela plataforma digital a que o obreiro em questão se vincula.

Nesse ponto específico, somar-se-ão aos elementos potencialmente nocivos, presentes nos mais variados locais de prestação dos serviços, os riscos advindos da gestão sob pressão praticada pela plataforma digital que, como visto no item 4.3.2.2 *supra*, é caracterizada não apenas pela exigência de disponibilidade *full time* do trabalhador às demandas advindas dos clientes externos, em prejuízo aos tempos de lazer, de descanso e de convívio sociofamiliar, como também pela imposição de metas de produtividade e de avaliações baseadas em sistemas de pontuação que tendem a resultar, fatalmente, na manifestação ou no agravamento de doenças psicossomáticas.[855]

Para além da prestação de serviços através das plataformas digitais, a desconcentração produtiva tem encontrado no *teletrabalho* um campo vastíssimo no intento de transferir para os trabalhadores custos e riscos que eram assumidos originalmente pelas empresas. Nesse sentido, a evolução tecnológica experimentada pela informática e pelas telecomunicações vem permitindo que os indivíduos desempenhem suas atividades em seus próprios domicílios, mediante a utilização de seu próprio mobiliário, de seus próprios computadores, *smartphones*, aplicativos e redes sociais e de suas próprias conexões à *internet*.

Com isto, a própria noção de *meio ambiente de trabalho* no contexto do *teletrabalho* se torna aparentemente fluida, na medida em que o local onde as atividades profissionais são realizadas sob o controle empresarial acaba por se confundir com o espaço físico da residência do trabalhador, onde este último exerce os demais papéis atinentes à sua vida familiar, social e privada. De igual modo, os insumos empregados no desempenho do labor (p. ex.: mobiliário, computador, *internet* etc.) são os mesmos utilizados nas tarefas de cunho pessoal do indivíduo e de sua família.[856]

Tal fluidez é, no nosso sentir, apenas aparente, como já adiantado acima, pois a análise mais detida e aprofundada do *teletrabalho* e de sua conformação permite delimitar, com alguma clareza, os aspectos que integram efetivamente o *meio ambiente do trabalho* a circundar o *teletrabalhador*, de modo a diferenciá-lo dos elementos atinentes à conformação dos locais de residência deste último.

Nesse sentido, começamos por analisar os elementos integrantes da *organização* do *teletrabalho*, a compreender as condicionantes imateriais (técnicas e normativas) da prestação do labor sob tal modalidade. Tais componentes são integrados (i) pelas diretrizes empresariais a serem observadas pelo *teletrabalhador* no que concerne à forma, ao modo e ao ritmo do desempenho de suas atividades, bem como (ii) à dinâmica das relações interpessoais a ser seguida nos ambientes virtuais e (iii) às metodologias e suportes utilizados no controle do tempo de trabalho e da produtividade em tempo real.[857]

No que diz respeito aos elementos integrantes da *organização do trabalho*, observa-se que todos eles são estabelecidos, manejados e controlados pelo tomador de serviços, mesmo a distância. A conformação de tais componentes do *meio ambiente de trabalho* é, para o *teletrabalhador*, um dado objetivo sobre o qual ele não tem qualquer ingerência, cabendo-lhe apenas se submeter àquelas sistemáticas de gestão e de controle impostas em concreto pela empresa.[858]

A estruturação desequilibrada dos fatores relacionados à *organização* do *teletrabalho* – a resultar em *poluição labor-ambiental* – se manifesta, em grande medida, através da *hiperconectividade*, caracterizada como uma metodologia de gestão e de controle por intermédio da ampla utilização de mecanismos de inteligência artificial e de telemetria e pautada pela exigência de plena disponibilidade do *teletrabalhador* ao atendimento das demandas oriundas do tomador de seus serviços que o leva a não mais distinguir os tempos dedicados ao labor e aqueles destinados às atividades de cunho privado.[859]

Levada ao extremo, a *hiperconectividade*, possibilitada pelo trabalho remoto somada à sobrecarga de demandas e à pressão pelo atingimento de resultados, tem o condão de inviabilizar a fruição dos direitos fundamentais ao lazer e ao convívio social e familiar dos *teletrabalhadores* e, consequentemente, de prejudicar a integridade física e psíquica destes últimos através dos impactos no sono, no sistema nervoso e nas demais funções do organismo.[860]

E para muito além disso, a ruptura da diferenciação entre os espaços de lazer e os espaços de trabalho, aliada à facilidade de comunicação instantânea hodiernamente existente, tendem a fazer com que os assuntos relacionados ao trabalho ocupem cada vez mais o tempo dos *teletrabalhadores* e que as exigências provenientes de seus tomadores de serviços se intensifiquem, de modo a ampliar significativamente os riscos psicossociais a que se submetem os referidos obreiros, conforme observado pela Organização Internacional do Trabalho – OIT e pela Fundação Europeia para a Melhoria das Condições de Vida e de Trabalho – *Eurofund*, no relatório conjunto intitulado *Working anytime, anywhere: the effects of the world of work*, elaborado em 2017.[861]

Já quanto às *condições de trabalho*, a abranger as estruturas físicas circundantes do *teletrabalhador* no local onde este último desempenha suas atividades, a distinção entre os insumos que integram o *meio ambiente de trabalho* e os elementos de ordem eminentemente residencial e privada se mostra ainda menos clara. De fato, se o mobiliário, o computador, o cômodo e as redes (elétrica e de dados) são os mesmos utilizados pelos trabalhadores e por seus familiares em suas atividades pessoais fora dos horários de labor, como seriam eles classificados como bens estritamente relacionados ao desempenho das tarefas profissionais inerentes ao *teletrabalho*?

A fim de delimitar as responsabilidades dos *teletrabalhadores* e dos tomadores de serviços nesse particular, é preciso assumir que as *condições de trabalho* em tais circunstâncias são estabelecidas por ambos, presumindo-se, naturalmente, que as empresas não fornecerão o instrumental necessário para a realização das atividades profissionais, como ocorre em grande parte das situações a envolverem o *teletrabalho*.

Desse modo, quando se implanta o *teletrabalho*, os tomadores de serviços passam a se valer de uma estrutura condicionada originalmente pelo trabalhador com vistas ao atendimento de suas necessidades pessoais e familiares e que, a partir daí, deixará de ter caráter meramente domiciliar para assumir, adicionalmente, a feição de local de trabalho.

Consequentemente, as estruturas físicas presentes na residência dos trabalhadores passarão a integrar, ao lado dos elementos pertinentes à *organização* do *teletrabalho* declinados acima, o *meio ambiente do trabalho* a circundá-los. É importante notar, nesse particular, que a realização do labor em tal modalidade conduzirá o *teletrabalhador*, fatalmente, a promover a readequação (maior ou menor) de sua estrutura residencial a fim de lhe possibilitar o desempenho das atividades profissionais e o atendimento às demandas dos tomadores de serviços.

Nesse ponto específico, o *teletrabalho* não se distingue da vetusta metodologia do *sweating system* amplamente utilizada na indústria do vestuário no século XIX, cuja proliferação inspirou, inclusive, a formulação de uma série de críticas e a edição de normas destinadas à promoção da saúde e da segurança no trabalho, especialmente na Europa.

Por tal sistemática, as famílias adaptavam suas residências de modo a ali implementarem linhas precárias de montagem de peças de roupas em atendimento às demandas de seus empregadores ou dos intermediários de grandes marcas, exercendo jornadas extenuantes de trabalho, sob condições deficientes de iluminação, ventilação, ergonomia e higiene.[862]

A partir do momento em que tal readaptação do local de moradia se opera, o espaço em questão perderá seu tônus residencial para adquirir, na mesma proporção, uma natureza laboral, em que pese a coexistência de ambas as características no mesmo plano físico. Em tais circunstâncias, o princípio labor-ambiental da *prevenção* imporá aos tomadores de serviços, no mínimo, os deveres concernentes (i) à orientação dos *teletrabalhadores* com relação à aquisição do instrumental e do mobiliário adequados às atividades a serem realizadas, bem como de sua escorreita utilização e (ii) ao controle periódico e eficiente da saúde dos referidos prestadores, especialmente no que diz respeito aos aspectos estritamente relacionados às *condições de trabalho*.

Veja-se, a propósito, que em meados de 2002 foi editado no âmbito da União Europeia o *Acordo Europeu sobre o Teletrabalho* (*European Framework on Telework*), cuja Seção 8 estabelece dentre suas diretrizes a responsabilidade dos empregadores (i) pela proteção da saúde ocupacional dos trabalhadores, em quaisquer circunstâncias; (ii) pelo fornecimento das informações adequadas a respeito de suas políticas empresariais de segurança nos locais de trabalho e (iii) o acompanhamento contínuo e efetivo quanto à observância das normas de proteção à integridade psicofísica dos *teletrabalhadores*, resguardando-se o direito à privacidade destes últimos.[863]

Não obstante o amplo espaço de discussão franqueado pela temática concernente ao *teletrabalho*, acreditamos que preponderam na estruturação do *meio ambiente laboral* a circundar os *teletrabalhadores* os aspectos cuja implementação e cuja manutenção dependem dos tomadores de serviços, principalmente nas questões relacionadas à *organização do trabalho*, a envolverem a conformação das plataformas virtuais de interação com os superiores hierárquicos, colegas e com o público externo, os mecanismos de controle dos tempos e do ritmo laborais, as exigências de produtividade, dentre outras.[864]

Acreditamos, igualmente, que no campo das *condições de trabalho* – a complementarem o conjunto formado pelo *meio ambiente do trabalho* –, os tomadores de serviços têm maior ingerência em sua conformação se comparados aos *teletrabalhadores*, na medida em que a readequação das residências, a aquisição e a utilização dos mobiliários e maquinários, bem assim a reformulação das rotinas pessoais e familiares suportados por estes últimos ocorrem, preponderantemente, no intuito de atender aos requisitos imprescindíveis para o desempenho das demandas profissionais formuladas por aqueles primeiros.

Como desfecho sintético de tudo o que foi analisado no presente item, podemos afirmar que a evolução do contexto econômico, social e tecnológico e, mais precisamente, o fenômeno da desconcentração produtiva com todas as suas variantes contribuiu decisivamente para a constituição de um *meio ambiente do trabalho* exponencialmente mais complexo se comparado àquele a circundar os empregados clássicos.

Isto ocorre na medida em que (i) os elementos constitutivos das *condições de trabalho* e da *organização do trabalho* são conformados por uma pluralidade de agentes; (ii) o próprio *ambiente laboral* possui uma conformação aparentemente fluida, mesclando os locais físicos de realização das atividades, com as plataformas virtuais e com o próprio domicílio do trabalhador; (iii) as fontes de *poluição* (e, consequentemente de *riscos* e de *danos*) são tão múltiplas quanto dispersas e (iv) os potenciais *poluidores* (diretos e indiretos) se encontram igualmente difundidos entre as próprias plataformas digitais e os tomadores de serviços.

A despeito da elevada complexidade a caracterizar o entorno circundante dos trabalhadores nesse contexto, é plenamente possível identificar, nas situações concretas de labor precarizado, *uberizado* ou de *teletrabalho*, com base em tudo o que foi descrito no presente Capítulo, (i) o que integra e o que não constitui o *meio ambiente do trabalho* dos respectivos trabalhadores; (ii) a materialização da *poluição labor-ambiental* com todas as suas consequências lesivas à sociedade como um todo, às coletividades envolvidas e aos seus integrantes individualmente considerados; (iii) a cadeia de poluidores diretos e indiretos responsáveis pela estruturação e pela gestão das *condições de trabalho* e da *organização do trabalho* e (iv) a parcela de obrigações e de responsabilidade atribuída a cada um deles.

4.4 CONCLUSÃO DO CAPÍTULO. A *PERSPECTIVA AMBIENTALISTA DO DIREITO DO TRABALHO*

Ao cabo de tudo o que foi formulado no presente Capítulo, podemos definir a *perspectiva ambientalista do Direito do Trabalho* como uma concepção que transcende a ótica construída no século XX, a enxergar o trabalho humano como o bem jurídico quantificável em pecúnia que os trabalhadores titularizam em suas relações assimétricas com os empresários e que, por isso mesmo, é objeto de um regime jurídico especial destinado a equacionar tal desequilíbrio de forças através da intangibilidade contratual de certas pautas (p. ex.: remuneração mínima, jornada de trabalho, trabalho dos menores, repouso semanal etc.) e da tutela da negociação coletiva.

É exatamente esse modelo tradicional do Direito do Trabalho que vem sendo objeto, ao menos nas últimas quatro décadas, de uma campanha fortemente voltada à sua desconstrução (ou reconfiguração, para alguns) sob o ideário neoliberal, em vistas (i) ao resgate da livre e plena pactuação das condições de trabalho entre indivíduos e empresas, sem as amarras representadas pelos marcos protetivos estabelecidos em lei e nos instrumentos coletivos de regulação; (ii) à flexibilização da relação de emprego, a fim de viabilizar a implementação de modelos alternativos de trabalho (p. ex.: autônomo, parassubordinado, intermitente, terceirizado etc.) e (iii) à retirada de protagonismo das entidades sindicais na defesa dos interesses coletivos dos grupos por elas representados.[865]

Tanto o Direito do Trabalho tradicional quanto a sua versão flexibilizada que vem sendo gestada nas últimas décadas são estruturados sob a mesma base teórica, fundada na existência de uma relação bilateral entre dois sujeitos de direitos (o *empresário* e o *trabalhador*) firmada nos termos de um contrato sinalagmático tendo por objeto o oferecimento da força de trabalho em troca de uma contraprestação pecuniária, sob as condições estabelecidas por um marco legislativo que atua diretamente nesse liame.[866]

Esta é, exatamente, a síntese daquilo que chamamos no presente estudo de *concepção individualista do Direito do Trabalho*, a representar não mais do que uma projeção dos elementos típicos do direito das obrigações no ramo jurídico trabalhista, matizada pelas características peculiares da relação travada originalmente entre empregadores e empregados. Nele, os elementos que integram o *Direito do Trabalho* gravitam em torno do *individualismo*, do *contratualismo*, do *legalismo* e do *patrimonialismo*.

Na *perspectiva ambientalista do Direito do Trabalho* que ora se propõe, o trabalho não é concebido apenas como o objeto de uma relação jurídica bilateral e de trato sucessivo a ser precificado, temporizado e adquirido pelo empresário em troca de pecúnia, mas sim como o conjunto de atividades humanas exercidas em um entorno que circunda a pessoa do trabalhador, cujo equilíbrio configura condição essencial para a qualidade de vida das coletividades e dos indivíduos que as desempenham, independentemente do vínculo contratual mantido com o tomador de serviços.

Desse modo, o objeto de estudo do *Direito do Trabalho* sob a *perspectiva ambientalista* consiste nos elementos materiais e imateriais que condicionam o labor humano em suas mais diversas vertentes e que concorrem para o equilíbrio do ambiente onde este último é desempenhado, para a integridade psicofísica e para o bem-estar dos trabalhadores ali inseridos. Seu objetivo, nesse sentido, é representado pela busca da adequação das *condições de trabalho* e dos fatores concernentes à *organização do trabalho* que conformam o *meio ambiente do trabalho*.

Nesse desiderato, a *perspectiva ambientalista do Direito do Trabalho* busca atingir as *causas* dos desequilíbrios a afetarem o entorno circundante dos trabalhadores, e não apenas as *consequências* ocasionadas por tal situação na esfera jurídica de cada sujeito individualmente considerado. Para tanto, sua atuação é pautada pela identificação antecipada dos fatores de *risco* para a qualidade de vida e para a integridade psicofísica dos trabalhadores presentes no *meio ambiente do trabalho*, bem assim para a eliminação em concreto daquelas ameaças, em benefício de toda a coletividade determinada e indeterminada potencialmente afetada.

Para a *perspectiva ambientalista do Direito do Trabalho* os desequilíbrios capazes de afetar negativamente o entorno circundante dos trabalhadores são classificados como situações de *poluição labor-ambiental*. Esta, de seu turno, constitui uma situação antijurídica a gerar, ao mesmo tempo, um efetivo *dano* ao bem jurídico representado pela *adequação do meio ambiente do trabalho* cuja titularidade é dispersa entre a coletividade obreira efetivamente e potencialmente afetada e um efetivo *risco* para a integridade psicofísica e para os demais interesses jurídicos titularizados pelos trabalhadores individualmente considerados.

Pode-se dizer, portanto, que a meta vislumbrada pela *perspectiva ambientalista do Direito do Trabalho* consiste na antecipação, na identificação e no combate às hipóteses concretas de *poluição labor-ambiental*, sem prejuízo da eventual reparação aos bens de titularidade difusa, coletiva e individual que se faça necessária. Para tanto, a atuação do jurista sob tal ótica será pautada, precipuamente, pelo conteúdo institucional subjacente aos princípios da *prevenção* e da *precaução*, bem como aos postulados do *desenvolvimento sustentável*, do *poluidor-pagador*, da *participação*, da *informação* e da *concertação*, reconhecidos em diversos tratados internacionais e em grande parte dos ordenamentos jurídicos.

Assim, se para o Poder Público, a *perspectiva ambientalista do Direito do Trabalho* impõe a formulação de políticas destinadas a combater a *poluição labor-ambiental* em suas mais diversas manifestações, ele estabelece, para todos aqueles atores públicos ou privados direta ou indiretamente responsáveis pela configuração do *meio ambiente do trabalho*, que o façam de acordo com as posturas exigidas em concreto pelo conteúdo jurídico-institucional daqueles postulados de direito ambiental e pelas normas que os concretizam.

Nesse sentido, a perspectiva ora proposta acaba por superar o próprio debate que durante muito tempo permeou o Direito do Trabalho a respeito da natureza *pública* ou *privada* deste último e que culminou, em certa medida, com a classificação segundo a qual o ramo jurídico em referência corresponderia a um conjunto de imposições de ordem pública destinadas a limitar a autonomia privada na configuração da *relação de trabalho* e a delimitar o campo de atuação dos sujeitos coletivos nas arenas negocial e conflitual.[867]

É justamente tal concepção que vem sendo amplamente combatida nas últimas décadas pelos partidários da flexibilização do Direito do Trabalho a propugnarem, conforme visto acima, a redução do arcabouço normativo destinado a conformar as relações de trabalho a certas pautas de ordem pública e a ampliação do espaço destinado à autonomia privada, inclusive em direção à formulação de modelos alternativos ao vínculo empregatício clássico.[868]

A *perspectiva ambientalista do Direito do Trabalho* rompe com tal dicotomia e com o próprio conflito a ela inerente na medida em que, para ela, a natureza da relação de trabalho e o grau de dirigismo e de intervenção legislativa nesta última pouco importam para a definição das responsabilidades inerentes à conformação do *meio ambiente do trabalho*. O que é decisivo para a perspectiva ora formulada é o enquadramento ou não dos diversos sujeitos no conceito de *poluidor*, a caracterizar, objetivamente, os agentes responsáveis em maior ou menor medida pela degradação dos elementos físicos e imateriais que circundam os seres humanos no desempenho de suas atividades profissionais.

E o *poluidor*, nesse sentido, não necessariamente será o empregador, o tomador de serviços ou o contratante, podendo ser até mesmo um agente alheio à relação de trabalho (p. ex.: o Poder Público, o financiador, o segurador, o auditor etc.), desde que sua conduta ou omissão contribua direta ou indiretamente para a degradação em concreto do *meio ambiente do trabalho*, conforme visto detalhadamente no item 4.2.3, *supra*.

Por outro lado, o Direito, sob a *perspectiva ambientalista do Direito do Trabalho*, não atua através do estabelecimento de parâmetros férreos e taxativos a serem observados pelos particulares na formulação e na execução dos contratos individuais de trabalho, seja sob o vínculo empregatício clássico, ou sobre as modalidades alternativas a ele. Nesse sentido, a perspectiva ora vindicada faz abstração das possíveis formas a conformarem tais relações entre tomadores e prestadores de serviços e estende seu campo de visão para a tutela dos bens jurídicos titularizados pelas coletividades determináveis e indetermináveis (ou seja, os interesses *coletivos*, *difusos* e *individuais homogêneos*) submetidas a certas condições de trabalho e a certos fatores de organização laboral a lhes afetar de modo uniforme.

Desse modo, ao invés de prescrever taxativamente as condutas a serem implementadas pelos particulares em toda e qualquer relação individual de trabalho pretensamente contemplada pelo direito positivo, a *perspectiva ambientalista do Direito do Trabalho* buscará obter dos potenciais poluidores a adequação do *meio ambiente do trabalho* e a eliminação das manifestações de *poluição labor-ambiental* por intermédio da aplicação dos princípios de Direito Ambiental reconhecidos pelo ordenamento jurídico em questão e dos dispositivos que os consolidam à luz das nuances configuradoras dos casos concretos.[869]

Nesse diapasão, a *perspectiva ambientalista do Direito do Trabalho* prioriza as soluções destinadas à readequação em concreto dos elementos integrantes do *meio ambiente do trabalho* que aproveitam todas as coletividades determináveis e indetermináveis passíveis de serem nele inseridas, não se contentando com a compensação pecuniária dos riscos por intermédio do pagamento de adicionais remuneratórios e somente admitindo a reparação em dinheiro dos danos labor-ambientais coletivos ou individuais quando as hipóteses específicas não permitirem o restabelecimento *in natura* do entorno circundante degradado pelos poluidores.

É exatamente nessa medida que a perspectiva ora proposta se contrapõe ao *individualismo*, ao *contratualismo*, ao *legalismo* e ao *patrimonialismo* que caracterizam as estruturas tradicionais do Direito do Trabalho e que o mantêm atrelado a uma concepção estreita a enxergar o labor humano como o mero objeto precificado da relação jurídica travada entre o tomador e o prestador de serviços e condicionada a pautas de ordem pública fixadas de maneira taxativa pelo Poder Público.

Busca-se, com isto, transferir para os domínios do Direito Ambiental e de suas diretrizes conceituais o tratamento das questões intrinsecamente relacionadas à estruturação dos elementos materiais e imateriais que condicionam a prestação do trabalho humano, na medida em que estas últimas integram, ao lado dos fatores naturais, urbanos, culturais e digitais o *meio ambiente* que circunda os indivíduos e as comunidades por eles formadas e que, por isso mesmo, influenciam diretamente sua integridade psicofísica, sua qualidade de vida e seu bem-estar.

5

A RESPONSABILIDADE CIVIL TRABALHISTA SOB A PERSPECTIVA AMBIENTALISTA DO DIREITO DO TRABALHO

5.1 UM NOVO PARADIGMA PARA A RESPONSABILIDADE CIVIL

O presente capítulo se inicia com a assertiva que permeia todo o estudo ora elaborado e que justifica a mudança de paradigma ora proposta: não se pode compreender a responsabilidade civil no século XXI através do mesmo glossário e sob a ótica dos mesmos conceitos que a configuraram tradicionalmente e que conformam ainda hoje sua teoria geral.

Valendo-nos, novamente, dos conceitos empreendidos por Thomas Kuhn em sua *Estrutura das Revoluções Científicas*, as mutações experimentadas pelos riscos até os nossos dias, a caracterizar a sociedade do presente como a *Risikogesellschaft*, na definição de Beck, não mais permitem que as regras técnicas conformadoras da Teoria Clássica da Responsabilidade Civil (que convencionamos aqui nomear como *paradigma individualista*) configurem a *ciência normal* presumidamente como a única legitimada a promover o tratamento dos riscos e a reparação dos danos, especialmente nas questões afetas ao mundo do trabalho.[870]

A *responsabilidade civil* sempre foi, desde sua origem mais remota, um conceito relacionado à preservação da vida em coletividade dentro de certos parâmetros de convivência ordenada, voltado, em uma perspectiva mais próxima, para o equacionamento dos conflitos entre os atores que a integram e, de modo mais amplo, para a recomposição da regularidade nas relações jurídicas e para o próprio restabelecimento da paz social.[871]

Todos os seus elementos estruturais foram concebidos sob o pressuposto de que os atores sociais correspondem aos indivíduos juridicamente capazes, detentores de direitos subjetivos ou potestativos conversíveis em patrimônio e de deveres perante terceiros com esteio nos contratos por ele assumidos ou no próprio ordenamento jurídico. Nesse contexto, a vulneração a tais obrigações contratuais ou legais por dolo ou culpa por um dos integrantes da relação jurídica com a consolidação de um prejuízo para sua contraparte, faria surgir a *responsabilidade* pela reparação dos danos decorrentes de sua conduta ou omissão.

Com o passar do tempo, as sociedades foram se tornando mais complexas e interconectadas, mormente após o influxo iniciado com a industrialização, com o desenvolvimento de tecnologias até então desconhecidas e com o incremento do fluxo comercial de bens e serviços. Diante de tais mudanças, já amplamente analisadas nos capítulos antecedentes, a Teoria Geral da Responsabilidade Civil evoluiu no sentido de incorporar ao seu glossário o *risco* inerente a certas atividades econômicas e a presumir, em diversas situações, o nexo de causalidade entre as condutas e os resultados lesivos.

Tais alterações, no entanto, por mais relevantes que fossem, não comprometeram as estruturas tradicionais do *paradigma individualista*, pois mesmo com o reconhecimento do *risco* como fato gerador da responsabilidade civil objetiva em certas circunstâncias, o sistema em apreço ainda pressupunha (i) a investidura de direitos e deveres em sujeitos (pessoas físicas ou jurídicas) determinados; (ii) a existência de um vínculo contratual ou institucional entre estes últimos; (iii) o enquadramento de tal liame nos padrões definidos na legislação e (iv) a definição do *patrimônio* como o objeto central das relações jurídicas e como elemento indispensável para a reparação.

Além disso, a encampação do elemento *risco* longe esteve de eliminar o principal requisito para o surgimento do dever de reparação na Teoria Geral da Responsabilidade Civil, qual seja, a necessidade em torno da demonstração de um dano concreto com sua materialidade, subjetividade e temporalidade constatáveis de plano a ser sempre reparado *post factum*, seja pela *reintegração específica*, ou pelo *ressarcimento* em pecúnia à vítima.

No entanto, os *riscos* que cobraram da Teoria Clássica da Responsabilidade Civil a relativização do elemento subjetivo naquele momento histórico representado pelo final do século XIX e pelo início do século XX permaneceram em constante evolução, em sintonia com os avanços da ação humana na exploração cada vez mais intensa dos recursos naturais, na industrialização, na urbanização, no comércio internacional, na reestruturação dos processos produtivos e das metodologias de trabalho, na implementação de novas fontes de energia e no desenvolvimento de novas tecnologias, com todas as suas consequências mapeadas e ainda desconhecidas.

Conforme visto no Capítulo 4 *supra*, a intervenção do homem na natureza ao longo da era industrial e os impactos sociais, sanitários e econômicos de tal processo chegaram a tal ponto que a própria subsistência da espécie humana e do Planeta foram colocados em xeque. A partir daí, percebeu-se que as características e o grau dos riscos a afetarem os indivíduos em geral já haviam assumido outra dimensão, o que conduziu à elaboração de uma nova perspectiva destinada a promover a compreensão do relacionamento entre os seres humanos e seu entorno, em bases muito mais amplas e complexas do que as concepções até então formuladas.[872]

Surgiu então a *perspectiva ambientalista*, a não mais compreender o *entorno* dos indivíduos como uma sucessão de insumos sujeitos à apropriação personalista e ao jugo puro e simples do direito de propriedade, mas sim como o conjunto dos elementos naturais, artificiais, materiais e imateriais que condicionam a qualidade de vida nos locais habitados pelos seres humanos e que concorrem diretamente para a conformação de sua existência digna e de suas respectivas sociedades.

E o impacto da *perspectiva ambientalista* para o Direito consistiu, exatamente, na formulação do *Direito Ambiental*, com seus elementos conformadores fundados, principalmente, nos princípios do *desenvolvimento sustentável*, da *prevenção*, da *precaução*, do *poluidor-pagador*, da *participação*, da *informação* e da *concertação*, todos eles delineados no item 4.1.5 *supra*. Com o advento de tal perspectiva, o glossário jurídico incorporou novos termos e alguns conceitos até então desconhecidos foram redefinidos, com impacto, inclusive, na seara abrangida pela *responsabilidade civil*.

Se nos valermos da Teoria dos Sistemas desenvolvida pelo sociólogo alemão Niklas Luhmann – e se não quisermos ficar apenas com as concepções formuladas por Kuhn – para explicar os efeitos da *perspectiva ambientalista* sobre a *responsabilidade civil*, podemos dizer que os elementos de comunicação (códigos) integrantes do sistema social do direito fundados no *paradigma individualista* acabaram por se mostrar inaptos para traduzir os fenômenos que aconteciam em seu entorno, especialmente nos demais sistemas sociais (sociologia, filosofia, ecologia, antropologia etc.), no sentido de reestruturar a relação do homem com a natureza e com os demais elementos artificiais, materiais e imateriais que condicionam a qualidade de vida dos indivíduos.[873]

Nesse sentido, as *expectativas normativas* vislumbradas pelo sistema do Direito com relação à responsabilidade civil pressupunham que todas as vicissitudes decorrentes dos riscos presentes nas sociedades complexas se manifestariam exclusivamente no bojo de relações jurídicas entabuladas entre sujeitos individualizados, dentro de molduras previstas no ordenamento positivo, e seriam solucionadas por intermédio de reparações posteriores de cunho patrimonial, ora pela reintegração específica, ora pelo pagamento de indenizações mensuráveis em pecúnia.[874]

Com o surgimento da *perspectiva ambientalista* e, principalmente, com o redimensionamento dos riscos, na linha do que descrevemos no item 4.1.2 *supra* respaldados na linha evolutiva traçada por François Ost e por Anthony Giddens, as expectativas normativas antevistas pelo sistema do Direito no tocante à responsabilidade civil se mostraram, em grande medida, frustradas (ou para utilizar a linguagem luhmanniana, *desapontadas*).

Desse modo, os códigos definidos pelo sistema do direito no trato da responsabilidade civil, com esteio no *paradigma individualista*, passaram a não mais dar conta de processar e solucionar os casos concretos derivados da materialização daqueles riscos dotados de abrangência material, subjetiva e temporal indeterminados. De fato, como é possível, por exemplo, compensar os danos coletivos sofridos por toda uma comunidade em decorrência da contaminação de suas reservas hídricas em caráter permanente, se o ordenamento jurídico simplesmente pressupõe que as vítimas de tais lesões são apenas os indivíduos de *per se*? Ou então, como promover a reparação das múltiplas lesões decorrentes de um suposto de poluição marítima que está a comprometer, por tempo indeterminado, as atividades de pesca, o modo de vida e a própria subsistência de toda uma coletividade, quando as normas exigem a constatação, em concreto, de prejuízos individualizados, delimitados e consumados?

A despeito das estruturas de comunicação do sistema do Direito serem ainda fundadas, em grande medida, na linguagem tradicional a definir os elementos da responsabilidade civil sob o *paradigma individualista* (pois, afinal, suas expectativas são *normativas* e não *cognitivas*), se encontram elas constantemente provocadas pelas alterações ocorridas no entorno (mais especificamente, nos outros sistemas sociais que redefiniram a noção de *risco* com base na *perspectiva ambientalista*). Abre-se, com isto, a possibilidade de que o próprio sistema do Direito selecione e processe tais irritações oriundas do ambiente externo, em vistas a promover a evolução de seus elementos comunicativos.[875]

Desse modo, o sistema do Direito, ao perceber a *variação* das expectativas de comportamento do entorno circundante diante das normas concernentes à responsabilidade civil estruturadas sob o *paradigma individualista*, procederá à *seleção* dos dados divergentes oriundos do exterior e os traduzirá em linguagem jurídica, promovendo, dessa forma, a evolução autopoiética de suas estruturas de comunicação para, na sequência, agregá-los ao seu léxico, de modo a promover sua *estabilização*.[876]

Diante disso, e ainda com esteio na Teoria dos Sistemas de Luhmann, podemos afirmar que uma parte da evolução autopoiética do sistema do Direito (designada pelas etapas de *variação*, *seleção* e *estabilização*) com vistas à assimilação dos elementos oriundos da *perspectiva ambientalista* já se consumou, ao menos em certos ordenamentos jurídicos, com o reconhecimento das diretrizes elementares do Direito Ambiental e com a sua concretização em normas jurídicas destinadas à regulação de certos temas específicos (p. ex.: proteção dos ecossistemas, conformação do espaço urbano, destinação dos resíduos sólidos, parâmetros para o lançamento de gases na atmosfera etc.).[877]

Acreditamos, todavia, que há uma parte relevante dos dados do entorno do sistema do Direito que ainda não foram por ele selecionados e processados em vistas à evolução de suas estruturas comunicativas à luz da *perspectiva ambientalista*. Tal parcela é representada, exatamente, pela nova conformação e dinâmica assumida pelos riscos nas sociedades contemporâneas a demandar, por parte dos ordenamentos jurídicos, a reconfiguração do glossário da responsabilidade civil e a reformulação de suas estruturas a fim de promover a regulamentação adequada dessa nova realidade.

Ao longo do presente capítulo, buscaremos, justamente, delimitar as diretrizes substantivas que deverão ser observadas pelo sistema do Direito a fim de que este último complete, finalmente, o processo de *seleção* e de *estabilização* dos dados oriundos de seu entorno a integrarem, como visto, a *perspectiva ambientalista*, de modo a promover a reconfiguração autopoiética das estruturas comunicativas que conformam as normas destinadas à conceituação e à regulamentação da responsabilidade civil.

Muito embora o recorte temático do capítulo consista na análise dos impactos da *perspectiva ambientalista* sob a responsabilidade civil *trabalhista*, como se infere de seu próprio título, acreditamos que os conceitos elaborados nas linhas subsequentes se aplicam plenamente às demais searas, pois os riscos que afetam os fatores condicionantes da prestação do trabalho humano (e que se manifestam no entorno do sistema do direito) são, em grande medida, dotados das mesmas características dos demais riscos contemporâneos que atingem os seres humanos nos demais aspectos concernentes à vida em sociedade.

5.2 DIRETRIZES DA RESPONSABILIDADE CIVIL TRABALHISTA SOB A *PERSPECTIVA AMBIENTALISTA*. DA REPARAÇÃO *POST FACTUM* À TUTELA PREVENTIVA

A principal característica dos riscos contemporâneos, independentemente de sua origem, é o seu caráter plurissubjetivo, multidimensional e atemporal, caracterizado pela potencialidade de afetar coletividades indeterminadas de sujeitos em uma série de aspectos e por períodos indeterminados. Não são eles, portanto, efeitos meramente residuais das atividades socioeconômicas operacionalizados no cabedal de direitos titularizados pelos indivíduos considerados de *per se*, como acreditavam os teóricos do *risco-proveito*, do *risco criado* e mesmo os que advogavam a *responsabilidade pelo fato das coisas*.

Tais riscos residuais concebidos pelos teóricos do final do século XIX possuem uma origem historicamente relacionada com as tecnologias e com atividades econômicas e sociais surgidas na segunda fase da Revolução Industrial (p. ex.: os complexos maquinários empregados nas fábricas e a reorganização do trabalho daí decorrente, a expansão das ferrovias, a verticalização dos empreendimentos urbanos, a popularização do automóvel etc.), cujas características envolviam a probabilidade quanto à materialização de danos em massa.

É mister observar, contudo, que grande parte das consequências residuais decorrentes das tecnologias e das atividades profissionais ou econômicas surgidas em tal etapa histórica nem sequer configuram efetivos *riscos*, porquanto sua manifestação constitui um efeito certo, conhecido e consabido inerente a tais atividades. Em tais casos, estamos a falar do conceito de *perigo* que representa uma efetiva e concreta "*ameaça à segurança e à existência de uma pessoa ou de uma coisa*", segundo a definição de Philippe Kourilsky e Geneviève Viney e conforme já visto no item 4.2.2 *supra*.[878]

Como exemplos de *perigo*, segundo a acepção ora formulada, têm-se as situações hipotéticas de um elevador preso por um cabo cuja força não é capaz de sustentar o peso da cabine ou a de um ônibus cujas rodas não foram suficientemente presas ao eixo. Em tais casos, as deficiências operacionais dos equipamentos constituem ameaças efetivas e concretas à segurança e à integridade dos indivíduos que vierem a utilizá-los, na medida em que a ocorrência dos eventos deletérios (a queda do elevador e o acidente com o ônibus) é certa, pois as leis da física não abrem brecha para qualquer possibilidade em contrário.

Em se manifestando tais sinistros, teremos, ao fim e ao cabo, situações fáticas consolidadas, com vítimas definidas, de modo que a dimensão e a extensão dos danos por elas experimentados será conhecido com precisão, assim como será plenamente visível o nexo de causalidade entre a conduta dos agentes que instalaram os referidos equipamentos e o resultado lesivo. Também será possível, nos casos ora ilustrados, averiguar se tais indivíduos agiram dolosamente ou com negligência, imperícia ou imprudência, ou, ainda, se há alguma excludente do elemento subjetivo que os contemple.

Ao contrário das situações concretas que configuram o conceito de *perigo*, o *risco* possui como principal característica a *imprevisibilidade* quanto à sua ocorrência. O *risco*, nesse sentido, não envolve a certeza antecipada a respeito do dano caso alguém esteja a ele exposto, tal como visto acima nos exemplos do elevador e do ônibus, sendo, ao revés, uma noção mais sutil se comparada à crueza do *perigo*. O *risco* é, nesse sentido, a probabilidade (maior ou menor) de ocasionar uma lesão aos interesses juridicamente protegidos de outrem, pois os sinistros a ele presumidamente vinculados podem ou não acontecer.[879]

E o que caracteriza os riscos contemporâneos relevantes para a *perspectiva ambientalista* é, justamente, o recrudescimento do elemento *imprevisibilidade* que sempre esteve jungido ao conceito de *risco* e que o diferencia semioticamente do *perigo*, conforme visto. Diante das possibilidades lesivas inerentes à configuração desequilibrada do meio ambiente, em todas as suas vertentes, não é possível antever o alcance subjetivo e territorial das possíveis lesões, ante a possibilidade da perpetração de seus impactos por gerações e por locais indefinidos *a priori*, e tampouco sua dimensão temporal, haja vista a eventual subsistência de seus efeitos por décadas, séculos ou mesmo milênios.[880]

Nesse contexto, um fator de desequilíbrio a afetar o *meio ambiente do trabalho* (por exemplo, a implementação de processo produtivo que expõe os trabalhadores a determinada substância química ou a implementação de uma política de relacionamento interpessoal estruturada na prática institucionalizada de assédio moral) tende a perpetrar seus efeitos, indistintamente e indefinidamente, para todos aqueles sujeitos que vierem a exercer suas atividades profissionais sob tais circunstâncias. Em tal configuração, os *acidentes de trabalho* e as *doenças ocupacionais* não serão meros efeitos residuais, individualizados, prontos e acabados de riscos ou perigos relacionados à atividade produtiva, mas sim efeitos de uma desestruturação sistêmica a permear as próprias condições de trabalho e a organização dos fatores de produção.

Não obstante, os fatores de desestruturação sistêmica surgidos nos locais de trabalho podem vir a extrapolar o âmbito compreendido por estes últimos, passando a figurar como fontes de desequilíbrios nas demais dimensões integrativas do meio ambiente e, consequentemente, como fatores de risco a afetar não apenas os trabalhadores, como também a população em geral.

Tem-se como exemplo clássico de tal situação a contaminação ocasionada pelo amianto em decorrência da exposição dos indivíduos que viviam nas proximidades das fábricas a utilizarem a referida matéria-prima e daqueles que se encontravam próximos dos locais onde os rejeitos eram depositados, para além dos familiares dos operários que mantinham contato com os resíduos aderidos aos seus uniformes.[881]

Nesse mesmo sentido, o século XX testemunhou ume série de episódios em que a degradação do meio ambiente do trabalho transcendeu os limites das fábricas e atingiu coletividades inteiras, como demonstram os episódios a envolverem a contaminação com os pesticidas DBCP e *Kepone*, nos estados americanos da Califórnia e da Virgínia, com *isocianato de metila* na cidade de Bhopal (Índia) em 1984 e com os resíduos despejados pela empresa *Hooker Chemical Co.* na localidade nova-iorquina de *Love Canal*, narrados em detalhes por Russel Mockhiber em sua obra dedicada à análise dos *crimes corporativos*.[882]

E se os riscos labor ambientais transcendem os locais de trabalho, o contrário também ocorre, de modo que os fatores entrópicos de degradação das demais dimensões abrangidas pelo meio ambiente (natural, artificial, urbano, cultural etc.) podem ser transportados (como de fato o são), para os espaços compreendidos pelo *meio ambiente de trabalho*. Foi exatamente o que ocorreu em 2020 quando a circulação do *Novo Coronavírus* (SARS-CoV-2) adquiriu o *status* de pandemia, com transmissão comunitária em diversas regiões do Planeta e passou a ocorrer em diversos estabelecimentos industriais, comerciais e de serviços onde os sujeitos são alocados relativamente próximos uns dos outros.[883]

Vê-se, portanto, que os riscos surgidos no *meio ambiente do trabalho* e aqueles oriundos das dimensões ambientais situadas fora dos espaços onde os indivíduos realizam suas atividades possuem as mesmas características, de modo que não se justifica um tratamento diferenciado entre eles tão somente em função dos locais onde se manifestam, mesmo porque, conforme visto no item 4.1.1 *supra*, as dimensões inerentes ao *meio ambiente* formam um conjunto indivisível, um todo unitário, um *gestalt*.[884]

De fato, tanto os riscos labor-ambientais como a generalidade dos demais riscos ambientais possuem uma abrangência territorial, subjetiva e temporal capaz de atingir todos os elementos que compreendem as condições possibilitadoras da vida e do bem-estar dos indivíduos, sem limitações de espaço e de tempo. E as potenciais lesões deles decorrentes, para além de afetar o patrimônio material e imaterial dos sujeitos individualmente considerados, têm o condão de atingir interesses pertencentes às coletividades por eles formadas e, de modo mais amplo, às sociedades integradas por eles, por suas gerações futuras e pelos demais indivíduos que, no presente ou no porvir, venham dela tomar parte.

Disso se infere que os mecanismos traçados pela Teoria Geral da Responsabilidade Civil sob o *paradigma individualista*, fundados, em grande medida, (i) na pressuposição de uma relação bilateral entre sujeitos determinados, submetida ao brocardo *alterum non laedere*; (ii) na concretude e atualidade dos danos e (iii) na reparação pecuniária *post factum* simplesmente não dão conta de processar, em linguagem jurídica, a realidade multifacetária a caracterizar os riscos contemporâneos sob a perspectiva ambientalista e as diversas e imprevisíveis manifestações dos danos nos patrimônios jurídicos dos indivíduos e das comunidades determinadas e indeterminadas, em seus aspectos *coletivo* (em sentido estrito) e *difuso*.[885]

É preciso, portanto, estabelecer um novo glossário para a responsabilidade civil sob a *perspectiva ambientalista* com novas diretrizes semânticas, a fim de dotar o sistema do Direito de uma linguagem apta a traduzir, adequadamente, seu entorno complexo a lidar, em concreto, com as situações a envolverem os novos riscos da contemporaneidade e a materialização de seus efeitos no *meio ambiente do trabalho* e nas demais dimensões do meio ambiente.

5.2.1 Os princípios da *precaução* e da *prevenção* e o controle em concreto dos riscos labor-ambientais

Sob a *perspectiva ambientalista*, conforme visto, os riscos não se manifestam de forma concreta, na forma de elementos residuais das atividades econômicas e sociais. Nesse novo contexto, atingido em função da evolução tecnológica e da ampliação significativa da capacidade humana de interferir na conformação de seu entorno, o conceito de *risco* aponta para uma possibilidade de dano *em abstrato*, com consequências plurissubjetivas, transterritoriais e intergeracionais indeterminadas, cuja remediação transcende o conhecimento científico acumulado no que pertine ao tratamento de *situações emergenciais*.[886]

Diante de riscos de tamanha proporção, chega mesmo a ser pueril a pretensão da Teoria Geral da Responsabilidade Civil em prover a identificação do dano em sua totalidade e dos sujeitos *responsáveis* por sua concretização. Mais risível ainda se mostra o intento do paradigma clássico em assegurar a *reparação* de tais prejuízos em parâmetros patrimoniais, quando os bens jurídicos atingidos, em razão de sua própria dimensão, simplesmente não podem ser medidos em pecúnia.

O domínio alcançado pelo *risco* sob a *perspectiva ambientalista* – e, consequentemente pelo *dano* – abrange o território do *desconhecido*, do *inédito*, das situações destituídas de precedentes. Nesse espaço, ainda que o liame entre causa e efeito seja conhecido, que as possibilidades lesivas sejam estimáveis e que haja algum conhecimento acumulado, afigura-se impossível, mesmo para a ciência e para os operadores jurídicos, antever de forma precisa a dimensão das lesões e os resultados de suas manifestações em concreto.[887]

Desse modo, a reparação em parâmetros patrimoniais dos danos ambientais, dado o seu caráter plurissubjetivo, intergeracional e multidimensional, jamais será capaz de recompor de maneira satisfatória as lesões aos bens jurídicos atingidos. O máximo que ela conseguirá obter, em termos práticos, é um efeito pedagógico em relação aos causadores dos danos em concreto e aos potenciais poluidores, no sentido de forçá-los a rever suas condutas futuras sob pena de arcar com condenações pecuniárias que não compensem os riscos ambientais por eles eventualmente assumidos, conforme se verá de forma mais detalhada adiante, no item 5.3.5 *infra*.[888]

Por isso mesmo, a *perspectiva ambientalista* busca, antes da reparação das lesões, a eliminação em concreto dos riscos que as origina, pois a única maneira efetiva de conter os efeitos indeterminados destes últimos é evitando sua materialização. Trata-se, nesse particular, do rompimento com um dos dogmas mais caros à Teoria Clássica, qual seja, o da concretização do *dano* e da agregação da *função preventiva* à Teoria Geral da Responsabilidade Civil como condição essencial à sua evolução diante das múltiplas dimensões assumidas pelos riscos hodiernos e da irreversibilidade das lesões.[889]

Na seara ambiental, a função preventiva da responsabilidade civil opera por intermédio dos princípios da *prevenção* e da *precaução*, já estudados nos itens 4.1.5.2 e 4.1.5.3 *supra*. Tais princípios integram ao seu conteúdo jurídico o dever imposto aos potenciais poluidores (ou seja, todo aquele que direta ou indiretamente possa vir a materializar uma situação de degradação ambiental) de que se abstenham de realizar os atos relacionados à concretização de um risco conhecido (ou seja, com relação de causa-efeito consabida) ou de que ao realizarem atividades que envolvem consequências ambientais e sanitárias ainda não completamente mapeadas pela ciência, acompanhem *pari passu* os estudos correspondentes e implementem os cuidados mais avançados e eficazes conhecidos pela técnica.[890]

Podemos afirmar, nesse particular, que os postulados em referência representam a tradução jurídica da *ética para a civilização tecnológica* concebida pelo filósofo alemão Hans Jonas, a impor para todos aqueles que, de uma forma ou de outra, manejam e se beneficiam dos processos tecnológicos atualmente disponíveis o dever de assegurar, no presente, as condições necessárias para que as gerações futuras possam usufruir dos recursos oferecidos pelo Planeta e que a vida humana possa subsistir. Dito em outros termos, trata-se de preservar, no presente, o meio ambiente dos futuros habitantes da Terra, em todos os seus aspectos físicos, imateriais, naturais e artificiais.[891]

Desse modo – ainda segundo a concepção de Hans Jonas – cada ato entrópico que contenha em si mesmo o potencial de comprometer, de uma forma ou de outra, as condições de vida com qualidade dos seres humanos e, no extremo, de colocar em risco a própria subsistência destes últimos, contém neles mesmos o imperativo ético de *cuidado com o futuro*, pelo qual se impõe aos agentes a consideração prévia a respeito das consequências previsíveis e imprevisíveis de suas condutas e a atuação responsável quanto à sua implementação em concreto.[892]

Para que a preservação do meio ambiente possa se operacionalizar em concreto, nos termos ora aventados, é preciso conhecer, em maior ou menor medida, os riscos cuja concretização se pretende evitar. Se os possíveis efeitos da materialização de tais riscos em uma dada situação (p. ex.: o lançamento de esgoto não tratado em um lago por parte de um condomínio residencial ou a exposição da vizinhança de uma fábrica a um produto tóxico) são de domínio científico, os ordenamentos jurídicos que integram ao seu arcabouço o princípio da *prevenção* impõem, a depender do caso e de suas nuances, ora a implementação das medidas necessárias, de acordo com a melhor técnica disponível, para elidir ou minimizar a degradação, de modo a conciliar a exploração da atividade econômica e social em questão com a vida e a integridade psicofísica dos indivíduos, ora a eliminação da fonte poluidora, quando a primeira alternativa não se mostrar viável.[893]

Todavia, nem todos os riscos passíveis de afetar o equilíbrio ambiental são conhecidos em sua plenitude pela ciência e é justamente nessas situações que a sua eliminação em concreto, tal como vislumbrado pela *perspectiva ambientalista*, se mostrará mais dificultosa. De fato, se a própria configuração de uma hipótese factível como um efetivo *risco* (p. ex.: a relação entre nanopartículas e o aparecimento de determinada neoplasia) não é reconhecida como tal, como exigir-se a interrupção de determinada atividade econômica ou mesmo a utilização de medidas teoricamente preventivas cuja eficácia não se mostra comprovada?

Em tais casos, como o *risco* a ser potencialmente eliminado não foi completamente mapeado pela ciência (nem sequer podendo, por isso mesmo, ser classificado como um *risco* efetivo), a *perspectiva ambientalista* não imporá a obstrução imediata de determinada atividade econômica ou social, sem que a isto corresponda, por outro lado, à inação de seus mecanismos diante de uma potencial (ou mesmo *provável*) ameaça ao equilíbrio ambiental.

Diante de situações desse jaez, o *princípio da precaução* operará de modo a antecipar possíveis cenários de longo prazo relacionados ao emprego, p. ex., de determinada tecnologia ou de certa substância, e de seus impactos futuros e de impor aos operadores jurídicos, às autoridades públicas e aos particulares a reflexão a respeito do custo-benefício relacionado à empreitada em questão.[894]

De modo concreto, conforme já analisado no item 4.1.5.3 *supra*, o princípio da *precaução* estabelecerá para o Estado e para os particulares (i) a proibição quanto ao pleno franqueamento das atividades, dos produtos e das metodologias produtivas potencialmente danosas, sob o argumento de que a incerteza militaria a favor da inocuidade destes últimos; (ii) o respeito a um patamar razoável de segurança a ser observado no oferecimento de tais inovações ao público; (iii) a observação e a consideração dos progressos científicos a respeito daqueles novos riscos; (iv) a adequação de normas e de procedimentos operacionais no sentido de acompanhar *pari passu* a evolução do conhecimento nesse particular e (v) a implementação em caráter imediato das providências necessárias ao combate de tais ameaças, à medida que elas vierem a ser descobertos pela ciência.

Com vistas à operacionalidade do princípio da *precaução* e a par dos critérios já propostos para a aplicação da diretriz em apreço (*Cf.*, nesse sentido, o item 4.1.5.3 *supra*), Philippe Kourilsky e Geneviève Viney formularam em seu Relatório apresentado ao Primeiro Ministro francês um roteiro a ser seguido que, se por um lado não é aplicável de maneira geral a todas as situações a envolverem riscos desconhecidos (ou meramente *prováveis*), por outro serve como ponto de partida para uma análise objetiva acerca da conduta dos sujeitos dotados de poder de decisão diante da gestão de tais situações.

A tempo, o roteiro em questão é conformado por dez questões cujas respostas deverão orientar os tomadores de decisão (sejam autoridades públicas ou particulares) a implementarem ou não as atividades ou os produtos a envolverem riscos ainda não completamente mapeados. Ei-las:

1) O risco em questão foi delimitado, analisado, mensurado e graduado?
2) As consequências das opções alternativas ao risco em questão foram comparadas?
3) Uma análise econômica sobre o risco em questão foi efetuada previamente à decisão?
4) A estrutura de mensuração dos riscos foi feita de modo independente?
5) A decisão tomada pela implementação do risco é passível de revisão e a solução alternativa (pela reversão da decisão) é proporcional?
6) Foi elaborado um projeto de pesquisa com vistas a eliminar as incertezas inerentes ao risco em questão?
7) Os protocolos de decisão e os dispositivos de segurança apresentados são apropriados?
8) Tais protocolos e dispositivos são confiáveis e submetidos a um controle de qualidade?
9) A transparência é assegurada, especialmente em função da possibilidade de rastreabilidade?
10) O público em geral foi bem-informado e/ou orientado?[895]

Formuladas tais premissas, podemos dizer que o princípio da *precaução* integra a função preventiva (ou antecipatória) da responsabilidade civil sob a *perspectiva ambientalista* impondo àqueles que detêm, em maior ou menor medida, o poder de decisão (Poder Público e particulares) a implementação de procedimentos rigorosos e criteriosos no ensejo de aferir se os benefícios sociais e econômicos de certas atividades, produtos e tecnologias compensam os possíveis custos sanitários e ambientais, bem como o acompanhamento científico dos estudos e das medidas desenvolvidas em direção à compreensão e à eliminação dos potenciais riscos envolvidos em tais operações.[896]

De toda forma, seja por intermédio da eliminação e do controle dos riscos efetivos e consabidos ou através do acompanhamento criterioso da exposição aos riscos prováveis ou desconhecidos, a ação prioritária vislumbrada pela *perspectiva ambientalista* no tratamento a ser conferido aos danos de dimensão e alcance temporal e subjetivos ressignificados na atual quadra histórica é a antecipação a estes últimos, a compreender, conforme visto, o dever de implementar as medidas e os procedimentos exigidos, em concreto, pelos postulados da *prevenção* e da *precaução.*

Nesse contexto, o brocardo *alterum non laedere* – a constituir a matriz axiológica de todo o sistema da responsabilidade civil – adquire um novo significado, que trespassa a reparação *post factum* plasmada no dever de *recompor* a situação anterior da contraparte lesada, em direção à obrigação de *evitar* a materialização de macrolesões dotadas de efeitos irreversíveis ou de consequências desconhecidas.[897]

Sob a regência da *perspectiva ambientalista*, a função reparatória da responsabilidade civil é relegada a um caráter meramente secundário, pois ela tem lugar apenas quando falham os mecanismos de *prevenção* e de *precaução.* Nessas situações, em que a recomposição do estado anterior se afigura inviável, a estipulação de quantia indenizatória ao conjunto das vítimas buscará, de forma sabidamente insuficiente, compensar através da pecúnia os bens jurídicos atingidos e alertar os potenciais poluidores, por intermédio dos montantes a serem fixados, a respeito da necessidade de agir antecipadamente à materialização dos riscos, de modo a serem evitadas as macrolesões.

5.2.2 A materialização concatenada dos riscos e dos danos e o princípio *poluidor-pagador*. Fundamentos *teleológico* e *jurídico* da responsabilidade objetiva sob a *perspectiva ambientalista*

Sob a *perspectiva ambientalista*, o *dano* não é simplesmente o resultado concreto e delimitado de um ato ou de uma omissão levados à cabo por um sujeito em detrimento do patrimônio jurídico de outro, tal como sempre pressupôs a Teoria Clássica da Responsabilidade Civil. Sob a ótica ora proposta, o *modo*, o *tempo* e os *efeitos* do dano são fluidos e indeterminados, de modo que a lesão pode atingir, de modo plural e protraído, uma série de interesses jurídicos titularizados não apenas por indivíduos, mas também por grupos, coletividades indeterminadas e até mesmo gerações vindouras.

Tamanha é a peculiaridade do *dano* compreendido sob a *perspectiva ambientalista* que o glossário tradicional da Teoria Geral da Responsabilidade Civil não possui códigos apropriados para conceituá-lo em linguagem jurídica. Apenas com o advento da ideia de *poluição* e com a redefinição do escopo dos *riscos*, no ensejo do movimento ambientalista, é que o sistema jurídico logrou formular uma dogmática apta a compreendê-lo de modo pleno e a reclassificá-lo de forma adequada.[898]

Na *perspectiva ambientalista*, não se concebe o *dano* em apartado dos elementos correspondentes à *poluição* e ao *risco*. De fato, a *poluição* – compreendida como uma situação concreta de desequilíbrio do meio ambiente – para além de representar um dano em si mesma, configura a causa-origem de todos os riscos e danos passíveis de afetar a esfera de interesses jurídicos titularizados pelos indivíduos e pelas coletividades determinadas e indeterminadas por eles formadas.

A *poluição* representa um *dano* em si mesmo na medida em que sua simples ocorrência em concreto tem o condão de lesionar um macrobem de titularidade socialmente difusa (p. ex.: a higidez do local de trabalho partilhado por certos trabalhadores). Ao mesmo tempo, ela representa um *risco*, pois sua materialização viabiliza tanto o aparecimento de outras macrolesões presentes e futuras (p. ex.: a expansão de uma fonte de poluição para além dos limites da fábrica, em direção a uma determinada vizinhança residencial), quanto a ocorrência de prejuízos individuais de natureza patrimonial ou extrapatrimonial (p. ex.: os efeitos psíquicos e físicos suportados pelos trabalhadores em decorrência da exposição ocupacional a determinada substância cancerígena).

Uma vez que a *poluição* configura, em concreto, a fonte geradora de todos os *riscos* ambientais passíveis de ocasionar efetivos *danos* aos interesses individuais homogêneos, coletivos e difusos, os agentes públicos e privados que concorreram direta ou indiretamente para sua materialização responderão não apenas pelo *dano* (macrolesão) que a poluição ocasiona por si mesma (p. ex.: o comprometimento do meio ambiente laboral de uma fábrica em função da utilização de substância cancerígena no processo produtivo), como também pelas futuras lesões a ela relacionadas (p. ex.: o adoecimento dos trabalhadores em decorrência da exposição àquele material tóxico e as patologias congênitas a afetarem os descendentes destes últimos).[899]

No nosso entendimento, é exatamente este o fundamento *teleológico* da responsabilidade civil objetiva imputada aos poluidores diretos e indiretos nos mais diversos ordenamentos jurídicos, consolidada no princípio do *poluidor-pagador*. Como a *poluição* materializada em concreto é a causa-raiz de uma série de outros *riscos* e *danos* a interesses individuais, coletivos e difusos, presume-se que estes últimos decorrem daquela primeira em uma cadeia de abrangência subjetiva e delimitação temporal indefinidas.

Já o fundamento *jurídico* da responsabilidade civil objetiva inerente ao princípio do *poluidor-pagador* – conforme antecipado no item 4.1.5.4 *supra* e conforme será mais detalhado adiante – decorre dos próprios ordenamentos jurídicos que impõem aos agentes públicos e privados em geral, com respaldo nos princípios da *prevenção*, da *precaução*, do *desenvolvimento sustentável*, da *participação*, da *informação* e da *concertação*, determinados padrões de conduta ambiental diante de situações concretas, cuja inobservância por parte dos potenciais poluidores lhes impõe, objetivamente, a responsabilidade pelos eventuais danos imediatos e futuros.

Desse modo, a responsabilidade pelos danos decorrentes de um determinado suposto de *poluição* será imputada objetivamente àquelas pessoas jurídicas de direito público e privado que se encontravam incumbidos, em concreto, de determinados deveres legais destinados a evitar a manifestação dos riscos. Tais agentes, por gerirem atividades e operações que envolvem potenciais ameaças à integridade do meio ambiente, em maior ou menor medida, se encontram, por isso mesmo, instados a entronizar em seus custos operacionais tais riscos e a possibilidade factível de lidar com sua reparação em concreto.[900]

A descrição ora formulada indica de modo preclaro que a razão de ser da responsabilidade civil objetiva vista sob a *perspectiva ambientalista* reside no potencial lesivo da *poluição* e da valoração negativa que os ordenamentos jurídicos lhe conferem, ante os efeitos indeterminados e multidimensionais que o evento em referência pode ocasionar aos indivíduos, às coletividades, às sociedades e às gerações vindouras.

Não é ela, portanto, fundamentada nos riscos inerentes a certas atividades econômicas ou a determinadas conveniências sociais, tal como pressupunham as teorias formuladas entre os séculos XIX e XX que lograram flexibilizar o elemento subjetivo e consolidar as primeiras legislações acidentárias. De modo diametralmente oposto, os *riscos* relacionados ao evento *poluição*, por possuírem alcance, persistência e dimensão indeterminados trazem consigo cenários catastróficos e irreparáveis e que, por essa razão, demandam dos ordenamentos jurídicos uma valoração diferenciada no sentido de impor aos indivíduos, às corporações e às autoridades que assumem tais riscos proibidos o ônus de arcar, de modo objetivo, com a responsabilidade pela cadeia de danos relacionados à poluição.

5.3 OS ELEMENTOS DA RESPONSABILIDADE CIVIL À LUZ DA *PERSPECTIVA AMBIENTALISTA*

No item anterior, restou patente que a responsabilidade civil sob a *perspectiva ambientalista* possui como notas distintivas as diretrizes concernentes (i) à primazia da função preventiva (ou antecipatória) e (ii) ao reconhecimento do evento *poluição* como causa-raiz dos riscos e dos danos ambientais e como fundamento (teleológico e jurídico) da responsabilidade objetiva nessa seara específica.

São estes, justamente, os dois pontos mais significativos de ruptura da *perspectiva ambientalista* com a Teoria Clássica da Responsabilidade Civil, pois a nova dimensão adquirida pelos *riscos* na contemporaneidade e, consequentemente, pelos *danos* a eles vinculados, tornou obsoleta a reparação exclusivamente *post factum* e demandou a extensão do regime da responsabilidade objetiva para a cadeia aberta e indefinida de lesões atuais e futuras, coletivas e individuais, difusas e intergeracionais relacionadas ao evento *poluição*.

Justamente em função de tais diretrizes (a primazia da *função preventiva* e a centralidade do evento *poluição*), os componentes clássicos da responsabilidade civil – quais sejam, a *conduta*, o *dano*, o *nexo de causalidade* e até mesmo o *elemento subjetivo* (*dolo* e *culpa*) – ganharão novos conteúdos e significados destinados a promover a adequação de seus conceitos à estrutura concebida pela *perspectiva ambientalista* e de estabelecer as estruturas elementares do novo paradigma a ser proposto, ao final, para a compreensão da responsabilidade civil.

Nesse sentido, as linhas subsequentes serão dedicadas à descrição dos novos significados e dos novos conteúdos subjacentes aos elementos clássicos da responsabilidade civil à luz da *perspectiva ambientalista* e de suas diretrizes nucleares concernentes à primazia da função preventiva e à centralidade do evento *poluição* para a deflagração da cadeia reparatória.

5.3.1 A *conduta*. Criação de risco proibido: *poluição*. O *agente*: o *poluidor*

Sob a *perspectiva ambientalista* da responsabilidade civil, a *conduta* – que representava, à luz do *paradigma individualista*, o ato ou omissão perpetrado pelo agente em direção à esfera de interesses juridicamente tutelados da vítima – ganha contornos significativamente mais complexos. Na concepção ora proposta, a *conduta* deixa de ser analisada no contexto de uma relação obrigacional (legal ou contratual) entre dois sujeitos temporal e espacialmente identificáveis, para assumir uma dimensão muito mais ampla, a compreender um evento (ou uma série de eventos) capaz de comprometer o cabedal de direitos titularizados não só por indivíduos considerados de *per se*, como também de coletividades inteiras dispersas no presente e no futuro.

Essa *conduta* considerada como tal pela *perspectiva ambientalista* consiste, exatamente, na figura da *poluição*, caracterizada, conforme visto no item 4.2.3 *supra*, pela implementação, em concreto, de uma ou mais ações ou omissões por parte de um ou mais agentes que acabam por gerar ou por agravar uma dada situação de degradação ambiental. Esta última, de seu turno, tem lugar quando ocorre o desequilíbrio dos elementos naturais, artificiais, físicos e imateriais conformadores da qualidade de vida e da integridade psicofísica dos indivíduos e das coletividades (mais amplas e mais restritas) por eles integradas.

Assim, ao contrário da *conduta* conformada à luz do *paradigma individualista*, a *poluição* não se esgota em um simples ato ou omissão perpetrados por um agente que conduz a um dano concreto, mensurável e acabado experimentado por sua vítima. Ela, em sentido diametralmente oposto, uma vez implementada, espraia seus efeitos por uma cadeia indeterminada de sujeitos e coletividades dispersos no presente e no futuro, sem que seja possível determinar de modo antecipado *quando* suas consequências lesivas cessarão, *quem* ela afetará e *quais* os bens jurídicos a serem por ela maculados.[901]

A *poluição*, portanto, pode até ser desencadeada por um incidente em concreto (p. ex.: o momento em que o maquinário de uma indústria começa a dispersar determinado vapor tóxico, como o de mercúrio, no local de trabalho), mas seus efeitos lesivos – potenciais ou concretos – proterir-se-ão de forma indeterminada no espaço e no tempo.

Por isso mesmo se afirmou nos itens 4.2.3 e 5.2.2 *supra* que a *poluição* configura, ao mesmo tempo, um *dano* e um *risco*, na medida em que ela lesa, de imediato, um determinado macrobem e, paralelamente a isto, coloca em situação de potencial perigo outros interesses jurídicos de titularidade difusa, coletiva e individual.[902]

No exemplo acima formulado, o lançamento de vapor tóxico em um determinado setor operacional fabril configura, efetivamente, um *dano* ao interesse coletivo representado pela higidez labor-ambiental dos trabalhadores que ali desempenham suas atividades e, ao mesmo tempo, um *risco* para a integridade psicofísica dos obreiros considerados de *per se* que podem vir a desenvolver no futuro, em decorrência de tal exposição ocupacional, uma série de patologias.

Justamente em função da gravidade inerente aos seus efeitos presentes e futuros, a deflagração do evento *poluição*, por intermédio de ações ou omissões que o criem e que concorram para o seu agravamento configura um *risco proibido* pelos ordenamentos jurídicos, especialmente por aqueles dotados de normas dedicadas à temática ambiental. Tais diplomas têm por características a imposição de padrões objetivos de conduta aos seus destinatários, derivados, em grande medida, dos princípios da *prevenção*, da *precaução*, do *desenvolvimento sustentável*, da *informação*, da *participação* e da *concertação*, que podem estar explicitados nos textos de seus respectivos dispositivos ou serem inferidos dos conteúdos institucionais daqueles postulados.

Como padrões objetivos de conduta relacionados à seara labor-ambiental e impostos pelo ordenamento jurídico podemos tomar como exemplo as diretrizes emanadas dos princípios da *prevenção* e da *precaução* no sentido de que o Poder Público e as empresas estabeleçam e antecipem, em concreto, medidas destinadas a evitar a materialização de riscos ocupacionais já conhecidos, bem como a impor o controle e o acompanhamento dos riscos em potencial (ou *prováveis*) ainda não mapeados completamente pela ciência.[903]

Tais padrões objetivos de conduta textualmente previstos nos diplomas normativos ou deles inferíveis, cuja observância seria capaz de evitar, em concreto, a materialização de um dano ou de uma cadeia sucessiva de lesões, constituem, exatamente, a fronteira que uma vez ultrapassada inserirá o agente no território da *poluição*. Ao transpor tal limite, de modo a agir de forma contrária aos comportamentos objetivos exigidos pelo ordenamento e de modo a ocasionar ou a concorrer, em maior ou menor proporção, para um suposto de desequilíbrio ambiental, estará ele a adentrar no terreno em que se presume o liame de causalidade entre sua ação (ou omissão) e os resultados lesivos, independentemente da perquirição em torno dos elementos subjetivos inerentes à sua conduta.

Pode-se afirmar, portanto, que a conduta do(s) agente(s) tendente à inobservância aos padrões comportamentais exigidos por lei, que têm o potencial de ocasionar, de modo imediato e protraído, degradação do meio ambiente em todos os seus aspectos naturais, artificiais, físicos e imateriais materializa uma situação antijurídica (a *poluição*) que configura, por isso mesmo, um *risco proibido* e que sujeita seus perpetradores diretos e indiretos ao regime da responsabilização objetiva.[904]

Nesse sentido, para além do descumprimento aos padrões objetivos de comportamento definidos em lei, o caráter *ilícito* da poluição decorre de sua própria descrição objetiva nos ordenamentos jurídicos que a consagram. Assim, ela ocorrerá em concreto quando seu *tipo* legal se materializar em uma dada situação a envolver a degradação ambiental passível de lesar, de imediato, um macrobem da coletividade e de colocar em *risco* outros interesses difusos, individuais e coletivos.[905]

Em tal ponto, o conceito jurídico de *poluição* reconhecido por diversos ordenamentos jurídicos se assemelha – dadas as devidas proporções e *mutatis mutandis* – à noção de *atividade perigosa* (*dangerous*) concebida pela teoria da *strict liability* no âmbito da *Common Law* que guarda similaridades, em certa medida, ao *risco qualificado* ou *proibido* por nós aventado na *perspectiva ambientalista*. Por tal definição, nas hipóteses em que alguém realiza determinada atividade capaz de, por si só, potencializar futuros danos a terceiros, será responsabilizado pela reparação de tais lesões independentemente de qualquer análise a respeito do enquadramento de suas ações ou omissões em padrões de comportamento (p. Ex.: *a conduta do homem médio*) ou de qualquer avaliação de custo-benefício.[906]

Para a *strict liability*, a singela realização de atividades potencialment perigosas (ou seja, a envolver *riscos* ao patrimônio jurídico individual e coletivo), tais como a fabricação e a disponibilização de produtos defeituosos em grande escala no mercado ou a utilização de matérias-primas reconhecidamente tóxicas ensejará, para os sujeitos que as desempenham, a responsabilidade pela reparação dos danos relacionados ao desempenho de tais atividades.[907]

Caberá às cortes, na casuística característica da *Common Law* sintetizada na expressão *case by case approach*, avaliar as nuances das situações colocadas à sua apreciação e inferir (i) se a atividade desempenhada pelo agente (*defendant*) é potencialmente perigosa a ponto de ocasionar danos em massa e (ii) se tal atividade ocasiona, efetivamente, riscos à vítima (*plaintiff*). Estando presentes tais elementos, reconhecer-se-á a *strict liability* em concreto e o dever daquele primeiro (*defendant*) em reparar os danos causados a este último (*plaintiff*), independentemente de qualquer juízo de valor acerca do elemento subjetivo.[908]

Formuladas tais premissas até o momento, pode-se afirmar que a *conduta* vista sob a *perspectiva ambientalista* será desencadeada com o preenchimento de dois requisitos objetivos, a saber: (i) *o descumprimento aos padrões de conduta definidos pelo ordenamento jurídico com escopo nos princípios ambientais (desenvolvimento sustentável, prevenção, precaução, informação, participação e concertação) cuja antecipação seria capaz de evitar a cadeia lesiva* e (ii) *a materialização do tipo legal correspondente à 'poluição', caracterizada como uma degradação ambiental causadora, ao mesmo tempo, de um dano a determinado macrobem e a uma série de riscos plurissubjetivos, multidimensionais e intergeracionais.*

Não obstante a definição em abstrato da *conduta* nos termos ora indicados, sua inserção no *tipo legal* correspondente à *poluição* não ocorrerá de modo automático, pois esta última se manifestará em concreto tão somente naquelas situações em que o proceder do agente ocasionar ou agravar um *risco proibido* para os interesses jurídicos de coletividades determinadas ou indeterminadas de sujeitos.

Ao contrário, nas situações em que a *conduta* do agente não ocasionar o *risco proibido* correspondente à *poluição*, esta última não se manifestará e, por conseguinte, não será possível enquadrar o eventual resultado lesivo como um elemento sistêmico (ou seja, relacionado à criação daquele *risco proibido* que configura a causa-raiz de uma série de danos sucessivos a coletividades e a indivíduos).

O tema será aprofundado mais adiante no item 5.3.3.1 *infra*, quando serão analisados os conceitos de *causalidade tópica* e de *causalidade sistêmica*. Por ora, o que se pretende esclarecer é que nem toda *conduta* materializada em um dado segmento do meio ambiente será enquadrada no conceito de *poluição* e se sujeitará, consequentemente, ao regime jurídico peculiar da responsabilidade civil sob a *perspectiva ambientalista*.

Nesse ponto, a análise a ser efetivada pelos operadores do Direito se assemelha ao *case-by-case approach* que os juristas da *Common Law* realizam com vistas à aferição da presença ou não da *strict liability* em concreto. Deverão eles averiguar, em concreto, se a *conduta* realizada pelo agente (i) violou um dever objetivo imposto de maneira implícita ou expressa pelo ordenamento jurídico; (ii) materializou um *risco proibido* por este último, a desaguar em *poluição* e (iii) se os danos experimentados pelas coletividades determinadas e indeterminadas, bem como pelos indivíduos, possuem relação sistêmica com aquela *conduta* (ou seja, a causa-raiz da *poluição* em concreto).[909]

Se a *poluição* configura uma *conduta* complexa, a desaguar em múltiplos danos a uma pluralidade de vítimas, também seus agentes podem ser variados, na medida em que a imputação da responsabilidade pela reparação daquelas lesões, sob a égide do princípio *poluidor-pagador* recairá, indistintamente, sobre todo aquele que criou, majorou ou contribuiu direta ou indiretamente para a concretização do *risco proibido*, conforme já adiantado no item 5.2.2 *supra*.

Sob a *perspectiva ambientalista*, todos os sujeitos (individuais, coletivos, reais, ideais, públicos ou privados) que integram uma determinada sociedade, se encontram investidos do dever jurídico de exercer suas atividades econômicas e sociais de modo a velar pela integridade do meio ambiente (natural, artificial, físico e imaterial) a lhes circundar e, principalmente, de não criar, intensificar ou colaborar para a materialização de situações de *poluição*.

Se fôssemos nos valer do esquema tradicionalmente utilizado pelo *paradigma individualista* – o que admitimos apenas a título pedagógico –, a classificaríamos como uma obrigação que é titularizada, ao mesmo tempo, por cada agente no trato cotidiano de seus negócios e por toda a coletividade e que tem, no polo passivo, não apenas os indivíduos a serem potencialmente afetados pelos danos decorrentes daquele *risco proibido*, como também por aquela mesma coletividade e pelas gerações futuras.[910]

Quando um dos agentes dispersos na coletividade – que detém, como visto, a obrigação difusa de velar pelo meio ambiente em todas as suas acepções e dimensões – viola tal dever objetivo por intermédio da configuração, da majoração ou do suporte a uma situação de degradação ambiental, acaba por se enquadrar na figura do *poluidor*, independentemente da natureza e da origem de sua personalidade. E, sob a concepção ora formulada, tantos serão os *agentes* imputáveis quantos forem as *condutas* (atos ou omissões) por eles praticadas a se enquadrarem no amplo conceito de *poluição* formulado nos ordenamentos jurídicos.

É nesse contexto, exatamente, que são conceituadas as figuras do *poluidor direto* e do *poluidor indireto*. O primeiro consiste naquele agente que cria o *risco proibido* (*poluição*) ou o amplia, enquanto o segundo é integrado pelo agente que colabora, dá suporte ou concorre, de alguma forma, para a subsistência da degradação atentatória ao ordenamento jurídico. A classificação em apreço possui finalidade meramente didática, pois ambos os *poluidores* (*diretos* ou *indiretos*) responderão em igual medida pelos eventos lesivos decorrentes de suas condutas, conforme visto no item 4.1.3 *supra*.[911]

O *agente* que figura na condição de *poluidor indireto* é, geralmente, aquele que mantém com o *poluidor direto* uma relação jurídica (legal ou contratual) a lhe atribuir o dever de fornecer este último os meios (financeiros, físicos, gerenciais, materiais etc.) necessários para a realização de suas atividades econômicas e sociais ou, então, de garantir e atestar a conformidade de tais operações com os padrões vigentes de segurança, conforme atestam as descrições e os exemplos formulados nos itens 4.1.3 e 4.2.3.1 *supra*.[912]

Formuladas tais assertivas, é possível constatar que sob a *perspectiva ambientalista* a figura que ativa seus mecanismos peculiares de responsabilização objetiva é representada pela *poluição* que, de seu turno, configura a ação ou omissão a causar, majorar ou contribuir, em maior ou menor medida, para a degradação de um ou mais aspectos relacionados ao *meio ambiente*.

5.3.1.1 O Estado como **poluidor direto** *e como* **poluidor indireto**

Tal como qualquer agente privado que cria ou majora um determinado risco proibido para a integridade dos bens jurídicos ambientais ou contribui, em alguma medida, para a materialização em concreto da *poluição*, o Estado, no exercício de suas múltiplas funções (sejam elas típicas ou atípicas), também se enquadra plenamente no conceito de *poluidor*, tanto na modalidade *direta*, quanto na forma *indireta*.

Para fins de enquadramento do Estado na figura do *poluidor*, nada o distingue em relação ao particular, ainda que alguns ordenamentos estabeleçam regimes próprios relacionados a alguns aspectos (p. ex.: formas de reparação, ritos processuais, ordem de preferência, direito de regresso etc.). Não obstante, o tema merece uma análise apartada, não apenas em razão da miríade de atribuições que as estruturas públicas assumem e exercem na atualidade - para muito além das funções típicas correspondentes à legislatura, à jurisdição, à regulamentação e à polícia administrativa -, mas também em razão da evolução peculiar experimentada pelo instituto da responsabilidade civil do Poder Público.

Em apertada síntese, para que a responsabilidade civil do Estado viesse a ser reconhecida efetivamente nos ordenamentos jurídicos de orientação democrática, foi preciso superar dogmas seculares calcados ora na infalibilidade e na imunidade absoluta dos agentes públicos (*the king can do not wrong*), ora na justificativa a propalar a irrestrita persecução do interesse público por parte do ente soberano, o que somente veio a ocorrer de modo pleno no decorrer do século XX, com a entronização da ideia correspondente ao *Estado Democrático de Direito.*[913]

A noção de *Estado Democrático de Direito*, encampada como pedra de toque da atuação do Poder Público especialmente nas constituições de cariz *dirigente*, foi concebida em superação à concepção totalitária - muito em voga nas quatro primeiras décadas do século XX - que confundia a figura do *Estado* com os conceitos de *Nação* e de *Povo* e que outorgava aos titulares das instituições oficiais, por essa única razão, a potestade de definir o conteúdo dos *interesses gerais* a serem perquiridos pela Administração Pública, bem assim a primazia em abstrato desta última sobre os direitos titularizados pelos cidadãos. Em tal ordem de valores, os indivíduos eram vistos como meios para a colimação da *vontade estatal* e suas garantias individuais cediam, naturalmente, àqueles desígnios rotulados de oficialidade.[914]

À luz do ideário que compõe o *Estado Democrático de Direito*, a atuação do Poder Público não só é limitada, como também orientada e justificada, pelos direitos fundamentais consagrados constitucionalmente, tendo-os, outrossim, como parâmetros de validade. Nesse sentido, as diretrizes emanadas do *Estado Democrático de Direito*, para além de definirem as garantias individuais e sociais como barreiras à ação do poder estatal, as erigiu à condição de objetivos a serem colimados pelas instituições oficiais, cuja atuação deve procurar, sempre, concretizá-las da maneira mais plena possível.

Tem-se, portanto, que os objetivos norteadores da atuação do *Estado Democrático de Direito* não mais residem naquelas noções abstratas cujo conteúdo variava ao talante dos desígnios políticos sempre no sentido de conferir à vontade oficial a primazia absoluta sobre as garantias individuais e coletivas da cidadania. Agora, sob a regência desse novo paradigma, o *interesse público* perquirido pelo Estado e pela Administração Pública a justificar sua constituição residirá, necessariamente, na aferição dos meios para a concretização dos direitos fundamentais.[915]

E sendo o *meio ambiente* um dos direitos fundamentais de titularidade coletiva (em sentido lato) expressamente resguardados pelas constituições fundadas na ideia de *dignidade humana* e no princípio do *Estado Democrático de Direito* (a representar, exatamente, a face da *dignidade humana* na seara do Direito Público), tem-se que o Poder Público – em todas as suas manifestações típicas e atípicas, agindo em abstrato ou em concreto – se encontra jungido ao dever de velar para que o entorno natural, artificial, material e imaterial dos seres humanos reúna as condições necessárias para lhes assegurar a integridade psicofísica e a sadia qualidade de vida.[916]

De igual modo, sob a égide do *Estado Democrático de Direito*, em que os direitos fundamentais dos cidadãos e das coletividades determinadas e indeterminadas constituem a própria justificativa de todas as ações realizadas pelo Estado, não há razão para limitar a responsabilidade civil deste último às situações em que ele atua como um agente econômico no mercado (os chamados *atos de gestão* ou *acta jure gestionis*) e, consequentemente, para imunizá-lo da reparação pelos danos ocasionados através do desempenho de suas funções típicas (*legislativa*, *executiva* e *judicial*) sob a justificativa de que tais misteres estariam inseridos no âmago da soberania (*potestas*) titularizada pelo ente estatal.[917]

Desse modo, em linhas gerais, quando o Estado, por intermédio de suas funções típicas (*legislativa*, *executiva* e *judicial*), ocasiona dano aos bens jurídicos titularizados pelos cidadãos e pelas coletividades, será ele responsabilizado pela reparação dos respectivos prejuízos. Em se tratando de atos ou omissões perpetrados pelo Poder Público na seara ambiental, será ele inserido, como qualquer particular, nos conceitos de *poluidor direto* e de *poluidor indireto*, a depender da modalidade de sua concorrência para a materialização em concreto do *risco proibido* (*poluição*).[918]

Assim, no desempenho de sua *função legislativa* em matéria ambiental, o Estado se encontra jungido, substancialmente, aos deveres (i) de conferir concretude prática ao conteúdo institucional do direito ao *meio ambiente* plasmado nas constituições, por intermédio da edição de leis especificamente relacionadas à temática em apreço (p. ex.: proteção das florestas e dos recursos hídricos, tutela dos bens culturais, condições necessárias para a organização dos locais de trabalho, regulação das atividades agrícolas etc.) e (ii) de não restringir, em medida inferior àquela consagrada pelo enunciado constitucional do princípio, o escopo de proteção vislumbrado por este último.[919]

No exercício de suas funções de *regulamentação*, de *formulação* e de *execução de políticas públicas*, bem como no desempenho regular do *poder de polícia*, o Estado está incumbido, basicamente, dos deveres (i) de planejar as ações e os objetivos a serem colimados no tocante à proteção do meio ambiente em todos os seus aspectos; (ii) de autorizar e de controlar, dentro do espaço a ele conferido pela legislação pertinente, o desempenho de certas atividades potencialmente nocivas; e (iii) de fiscalizar em concreto o cumprimento da legislação ambiental pelos particulares.[920]

E, por fim, ao desempenhar a função *judicial*, caracterizada pela aplicação do arcabouço normativo aos litígios em espécie, o Estado se encontra vinculado ao dever de identificar e de implementar as soluções que os princípios e regras atinentes ao meio ambiente impõem para os casos concretos apreciados pelo Poder Judiciário, uma vez que as definições genéricas contidas no ordenamento jurídico não bastam, de *per se*, para a resolução dos problemas surgidos na complexidade do mundo fático.[921]

Quando o Estado frustra os deveres a ele incumbidos pelo direito fundamental ao *meio ambiente* e pelo conteúdo institucional subjacente a este último, por qualquer uma de suas funções típicas, acaba por possibilitar que os particulares se sintam autorizados a proceder à degradação em concreto dos bens jurídicos ambientais de modo a colocar em risco uma série de outros interesses difusos, coletivos e individuais relacionados ao macrobem lesado. Ao assim proceder, portanto, o Poder Público atua como *poluidor indireto*, na medida em que assegura, avaliza ou chancela a materialização ou o agravamento de um suposto específico de *poluição*.[922]

Assim, por exemplo, quando o Poder Legislativo se mantém omisso a respeito da elaboração das normas necessárias à implementação de um determinado mandamento constitucional relacionado à proteção do *meio ambiente*, quando edita normas que o concretizam de maneira insuficiente ou, o que é ainda pior, quando promulga leis que têm o efeito prático de franquear ou de incentivar modalidades de degradação ambiental – sob a influência, muitas vezes, de interesses segmentários – acaba por figurar como agente indireto da poluição e, consequentemente, como corresponsável pelos danos experimentados por parte das vítimas.[923]

Do mesmo modo, quando o Poder Executivo (i) se omite quanto ao controle adequado de certas atividades potencialmente nocivas ao meio ambiente, (ii) extrapola os limites conferidos ao seu poder regulamentar e acaba por potencializar situações de risco ambiental incompatíveis com as leis objeto de regulamento; (iii) deixa de implementar as ações e as obras necessárias à eliminação de determinada fonte de degradação ou então (iv) se furta ao dever de fiscalizar e de prover aos respectivos órgãos e agentes os meios adequados para o exercício do poder de polícia administrativa em matéria ambiental, concorre para a *poluição* e sujeita o Estado aos efeitos decorrentes da responsabilização objetiva.[924]

E o Poder Judiciário, de seu turno, concorrerá para a *poluição* quando, por intermédio da atividade interpretativa, conferir às normas de direito ambiental sentido e alcance aptos a viabilizar a atividade degradante de um determinado particular, ou quando chancelar determinada situação de fato que, na prática, representa efetivo risco proibido pelo ordenamento jurídico capaz de ocasionar lesões ao patrimônio jurídico dos indivíduos e das coletividades determinadas e indeterminadas por eles integradas (p. ex.: a exposição de trabalhadores a substâncias reconhecidamente cancerígenas sem quaisquer equipamentos pessoais ou interpessoais de proteção).

Não obstante as hipóteses de *poluição indireta* decorrentes do exercício de suas funções típicas, o Estado e suas instituições figurarão como *poluidores diretos* quando assumirem, por iniciativa própria, a prestação de serviços públicos e o desempenho de atividades econômicas potencialmente lesivos ao meio ambiente em todos os seus aspectos, tais como a administração de estradas de rodagem, ferrovias e portos, a operação de centrais termonucleares e de plataformas petrolíferas, o armazenamento de resíduos, rejeitos e produtos perigosos, dentre outros.

Na seara labor-ambiental, a atuação do Estado como *poluidor direto* é plenamente constatável nas situações em que as condições materiais de trabalho das repartições públicas (p. ex.: o mobiliário, a iluminação, a ventilação, o controle de elementos nocivos à saúde tais como poeiras, gases etc.), bem assim a organização estrutural do labor são configuradas de maneira a colocar em risco a integridade psicofísica dos funcionários do Estado, independentemente de seu vínculo com este último (se estatutário, empregatício, temporário, terceirizado etc.).

Nesse sentido, vastos são os exemplos a ilustrarem a degradação do meio ambiente do trabalho a circundar os agentes que laboram para o Estado, podendo citar-se, sem pretensão de exaustão, (i) o controle deficiente das radiações e das substâncias infectocontagiosas nos hospitais, laboratórios e estabelecimentos universitários; (ii) as condições ergonômicas inadequadas presentes em certas repartições, passíveis de gerar lesões de natureza osteomuscular; (iii) a inexistência de medidas de prevenção e de controle aos riscos de violência (física e psíquica), de exaustão psicofísica e de esgotamento total (*burnout*) a que estão expostos os funcionários ativados no atendimento ao público e na educação, dentre outros.

Além disso, não se poderia olvidar da realidade vivenciada no âmbito da Administração Pública a demonstrar que, em tal seara, a estruturação das relações hierárquicas, funcionais e interpessoais gravita, muitas vezes, em torno da institucionalização do terror psicológico, da cobrança abusiva de metas e resultados, da utilização dos processos disciplinares e das avaliações de desempenho como elementos integrantes de metodologias destinadas à gestão de pessoal, com o potencial de ampliar significativamente a prática do *assédio moral*, de criar ambientes tóxicos de trabalho e, consequentemente, de ocasionar doenças psicossomáticas nos indivíduos ali inseridos.[925]

Em síntese, sob a *perspectiva ambientalista* – a dialogar, nesse ponto específico, com o paradigma publicístico do *Estado Democrático de Direito* – o Estado e o particular são igualados no que diz respeito ao enquadramento nas figuras do *poluidor direto* e do *poluidor indireto* e, consequentemente, no que concerne à imputação da responsabilidade objetiva por seus atos e omissões capazes de ocasionar, majorar, contribuir, avalizar ou endossar episódios concretos de *poluição*.[926]

5.3.2 O *dano* na perspectiva labor-ambiental. Manifestações concretas da *poluição*

Se na Teoria Clássica da Responsabilidade Civil o dano corresponde ao resultado material da conduta do agente em prejuízo a um ou mais sujeitos espacial e temporalmente definidos, na *perspectiva ambientalista* o *dano* configura uma realidade multifacetária decorrente da *poluição*, que perdura no espaço e no tempo e que se manifesta de várias formas, atingindo bens jurídicos de titularidade difusa, coletiva e individual.

Conforme visto no item 4.1.4 *supra*, o *dano* visto sob a *perspectiva ambientalista* não se esgota em um resultado localizado, temporalmente definido e delimitado quanto à(s) vítima(s). Sob a ótica ora formulada, o próprio conceito de *dano* é fluido, porquanto a *poluição* que o gera configura, ao mesmo tempo, uma lesão de *per se* a um determinado bem de titularidade coletiva ou difusa (p. ex.: o lançamento de esgoto em um manancial) e um *risco* para a materialização de novos sinistros (p. ex.: a contração de doenças por parte dos indivíduos que eventualmente consumirem a água contaminada).

Assim, sob a *perspectiva ambientalista*, há um dano originário que afeta um determinado macrobem de titularidade transindividual – que corresponde à causa-raiz ou à origem da *poluição* – que pode ser sucedido (e geralmente o é) por uma cadeia indefinida de lesões a outras esferas do patrimônio difuso ou coletivo e a bens jurídicos individualizados, de natureza patrimonial ou extrapatrimonial.[927]

Essa mesma dinâmica a caracterizar a relação *poluição* – *dano(s)* na *perspectiva ambientalista* também se faz presente nas situações de degradação do meio ambiente do trabalho, onde a estruturação deletéria das condições laborais, da organização dos fatores imateriais de produção e das relações interpessoais tem o condão de, ao mesmo tempo, lesar a higidez dos espaços de trabalho (bem jurídico titularizado pela coletividade que ali desempenha suas atividades profissionais e que pode vir a fazê-lo no futuro) e de colocar em risco as esferas da personalidade e do patrimônio dos indivíduos que ali se encontram.

Desse modo, as linhas seguintes serão dedicadas à delimitação das espécies de danos que a *poluição labor-ambiental* tem o condão de ocasionar aos bens jurídicos de titularidade coletiva em sentido amplo, bem como aos interesses individuais não apenas dos trabalhadores mas também dos indivíduos que, de alguma forma, foram afetados em seu patrimônio material e imaterial pela degradação do meio ambiente do trabalho.

5.3.2.1 *Os danos coletivos*

Os danos coletivos considerados como tais pela *perspectiva ambientalista* consistem nas lesões aos interesses patrimoniais ou imateriais titularizados por uma coletividade determinada ou indeterminada. Sua característica essencial é a afetação de bens jurídicos cuja fruição só é possível de modo transindividual, seja por um grupo definido no tempo e no espaço ou por uma pluralidade de sujeitos de quantificação temporal e espacial indefinida.

Por suas próprias características, não há como cingir tais interesses em quotas pessoais atribuíveis a cada sujeito que integra uma coletividade determinada ou indeterminada. Assim, por exemplo, quando o patrimônio histórico de uma dada localidade é destruído, toda a comunidade que lhe atribui relevância afetiva é prejudicada em igual medida no tocante à sua identidade cultural. Do mesmo modo, quando tal elemento é recuperado, a reparação logra recompor, de modo uniforme, a perda coletiva outrora sofrida.[928]

Na esfera labor-ambiental, o bem coletivo por excelência é representado pela higidez do *meio ambiente do trabalho* a circundar os indivíduos que nele realizam suas atividades profissionais e que dependem do equilíbrio deste último para a manutenção de sua integridade psicofísica em patamares adequados. Trata-se, pois, de um interesse jurídico titularizado não apenas pelo quantitativo de trabalhadores que em um determinado momento estiver ali inserido, como também por todos os sujeitos que, no futuro, vierem a exercer seus ofícios naquele entorno.[929]

O direito ao *meio ambiente do trabalho* adequado representa um dos aspectos inerentes à dimensão coletiva do princípio da *dignidade humana*, cuja centralidade configura a nota distintiva dos principais ordenamentos constitucionais contemporâneos, bem como a própria viga-mestra dos sistemas de responsabilidade civil revistos sob tal perspectiva. Assim, quando o entorno circundante dos trabalhadores é degradado, há a violação a um bem de titularidade transindividual, cuja higidez é condição essencial para o bem-estar e para a saúde de todos os indivíduos ali presentes e, consequentemente, para a própria fruição dos direitos da personalidade que são corolários, justamente, da *dignidade humana*.[930]

Não obstante, em muitas situações, o interesse jurídico correspondente à higidez do *meio ambiente de trabalho* transcende a própria coletividade dos trabalhadores (do presente e do futuro), espraiando-se em direção aos seus familiares, em especial daqueles que coabitam a mesma residência daqueles obreiros e que com eles convivem diuturnamente.

É o que ocorre, por exemplo, nas atividades de beneficiamento do amianto, onde não raro os indivíduos ali ativados transportam para suas casas resíduos daquele material cancerígeno (geralmente em seus uniformes de trabalho) e acabam por expor seus familiares mais próximos aos riscos de contração de graves patologias. De igual modo, os trabalhadores que mantêm contato com substâncias químicas teratogênicas (tais como os agrotóxicos organoclorados e organofosforados, por exemplo) podem vir a desenvolver mutações em suas células reprodutivas e gerar filhos com malformações e deficiências.[931]

Nesse mesmo sentido, os familiares dos trabalhadores (i) que se submetem a métodos de gestão potencialmente destrutivos, em um contexto de *assédio moral organizacional* ou (ii) que se encontram sujeitos a uma organização do trabalho pautada na *hiperconectividade* e na supressão dos períodos destinados ao lazer e ao convívio sociofamiliar podem vir a experimentar prejuízos decorrentes de tais vicissitudes, aí incluídas doenças de cunho psicossomático.

Nessas circunstâncias, não há como ignorar que os familiares dos trabalhadores diretamente afetados pela degradação do *meio ambiente de trabalho* a lhes circundar titularizam, ao lado deles, o legítimo interesse jurídico em torno da higidez das condições laborais e da sadia estruturação dos elementos condicionantes da organização do trabalho e das relações interpessoais. Tal vicissitude acaba por demonstrar com ainda mais força o caráter unitário (e indivisível) do *meio ambiente* que, a despeito de sua classificação adjetiva (natural, cultural, laboral, digital etc.) acaba por condicionar, indistintamente, a integridade psicofísica e a qualidade de vida de todos os indivíduos, independentemente de seu *status* pessoal.

Quando a higidez do *meio ambiente do trabalho* é afetada por algum fator material ou imaterial de degradação (p. ex.: a exposição a determinada substância tóxica ou a imposição de metodologias deletérias de gestão de pessoas), é o próprio entorno dos trabalhadores – e, em certos casos, de seus familiares – que estará sendo lesado. Consequentemente, a reparação efetiva de tal dano (quando possível) só poderá se materializar de forma *coletiva*, isto é, por intermédio da eliminação dos fatores de *poluição labor-ambiental* e do restauro do estado de equilíbrio a permear as condições de trabalho e a organização dos fatores de produção, de um lado, e a integridade psicofísica e a qualidade de vida dos indivíduos, de outro.

É justamente por essa razão que tal sorte de danos a bens jurídicos titularizados por uma coletividade determinada ou indeterminada (tal como a *higidez* do meio ambiente laboral) são reputados como *coletivos*. Não se confundem eles com o conceito de *dano coletivo* assumido pelo *paradigma individualista* que, a propósito, o restringe aos prejuízos à honra e à imagem de determinada instituição ou de determinado grupo (classes, profissões, etnias etc.) que, neste último caso, corresponderia ao mero somatório dos prejuízos sofridos por cada um dos indivíduos que viessem a integrar a coletividade ofendida.[932]

Sob a *perspectiva ambientalista*, ao revés, o *dano coletivo* pode atingir qualquer grupo de indivíduos que detenham um mesmo interesse comum (p. ex.: a higidez labor-ambiental), independentemente da pertinência de tais sujeitos a estamentos, etnias, profissões ou classes determinadas ou de qualquer outro condicionante de natureza pessoal. Basta que os integrantes (presentes ou futuros) de tal grupamento (determinado ou indeterminado) partilhem entre si aquele interesse em igual medida para que integrem a coletividade a titularizar o direito à reparação nos moldes ora aventados.

De igual modo, os danos coletivos, sob a *perspectiva ambientalista*, não se restringem aos aspectos da personalidade (honra, imagem, intimidade etc.) de uma determinada coletividade, podendo abranger qualquer prejuízo (patrimonial ou extrapatrimonial) infligido aos bens jurídicos de origem coletiva (em sentido estrito) ou difusa, por ela titularizados em medida comum.

Como exemplo de *dano patrimonial coletivo* decorrente de *poluição labor-ambiental* podemos imaginar os custos sociais relacionados aos acidentes de trabalho e doenças ocupacionais que têm por causa-raiz uma determinada situação de degradação das condições e da organização do trabalho. Nesse caso, toda a coletividade de cidadãos do Estado em questão assumirá, difusamente, as despesas decorrentes do tratamento e dos benefícios previdenciários a serem vertidos em favor das vítimas.[933]

Desse modo, ao lado da lesão ao bem jurídico de titularidade transindividual propriamente dito – que pode ser, conforme visto, de natureza *difusa* ou *coletiva em sentido estrito* – a poluição tem o condão de acarretar, igualmente, prejuízos de ordem patrimonial a serem diluídos por toda a sociedade no fito de promover a reparação ou a mitigação dos efeitos da degradação do meio ambiente. Por isso mesmo, a nomenclatura de *dano moral coletivo* sob a qual as lesões ora estudadas foram consagradas nos parece demasiadamente restritiva e imprecisa.[934]

Exemplo claro de tal situação é o que ocorre nos supostos de *dumping social* caracterizados, sob a perspectiva ora analisada, como o rebaixamento dos parâmetros de gestão labor-ambiental por parte dos empresários no ensejo de obter vantagens concorrenciais por intermédio da redução dos custos com a prevenção aos riscos passíveis de materialização nos locais de trabalho por eles administrados.[935]

Quando uma situação de *dumping social* relacionada ao meio ambiente do trabalho se materializa, em retrocesso ao estágio atual de prevenção de riscos ocupacionais (p. ex.: a reinstalação de um mobiliário antiergonômico, o reaproveitamento de um maquinário de tecnologia defasada, extremamente ruidoso ou a reutilização industrial de uma substância química nociva à saúde, em substituição à matéria-prima alternativa) não são apenas os trabalhadores e seus familiares os potenciais atingidos por tais medidas empresariais, mas também a generalidade dos cidadãos de um determinado Estado que terá de arcar com os custos sociais, econômicos e tributários decorrentes dos acidentes de trabalho e das doenças daí decorrentes, já que serão, exatamente, os sistemas públicos de saúde e de previdência social as estruturas a serem imediatamente demandadas pelas vítimas.

Por isso mesmo, quando os empresários se valem das práticas de *dumping social* no ensejo de obter vantagens concorrenciais e mercadológicas através do rebaixamento dos patamares de proteção contra os riscos ocupacionais, acabam eles por perpetrar nítido *dano coletivo* a ser suportado não apenas pelas coletividades formadas pelos trabalhadores diretamente afetados em seus postos de trabalho e, eventualmente, por seus familiares, como também por toda a sociedade. É importante observar, a propósito, que o próprio Estado pode vir a ser corresponsável, na condição de *poluidor*, pela perpetração de tais lesões transindividuais, quando corroborar, por intermédio de suas funções legislativa, regulamentar e judiciária, com o rebaixamento das medidas de proteção ao meio ambiente do trabalho.[936]

Sinteticamente, em consonância com a ideia de *poluição* e de *dano* por nós trabalhada nos itens 5.3.1 e 5.3.2 *supra*, pensamos que sob a *perspectiva ambientalista* o *dano coletivo* configura, exatamente, a primeira manifestação fática da *poluição* que poderá vir a originar, na sequência, não apenas danos aos bens jurídicos patrimoniais e extrapatrimoniais das vítimas individualmente consideradas, como também novas lesões transindividuais a interesses de natureza difusa ou coletiva (em sentido estrito).

Assim, por exemplo, o emprego de determinada substância química cancerígena em um dado processo produtivo sem a implementação de qualquer controle preventivo ou dissuasório de seus efeitos configura, por si só, um *dano coletivo* ao bem jurídico representado pela *higidez labor-ambiental* titularizada, a princípio, pela generalidade dos trabalhadores que desempenham suas atividades profissionais no respectivo ambiente ou que podem vir a fazê-lo no futuro.

Tal dano coletivo é, por assim dizer, o marco inaugural da situação fática de *poluição* que tem o potencial de gerar, na condição de *risco proibido*, uma cadeia sucessiva de lesões individuais aos trabalhadores e aos seus familiares considerados de *per se*, para além de outras lesões transindividuais resultantes do agravamento da degradação labor-ambiental por ele ocasionada e do surgimento de novos fatores de riscos para a integridade psicofísica a ele conexos.

Por isso mesmo, a eliminação em concreto dos danos coletivos ao meio ambiente do trabalho (ou seja, a supressão do elemento causador da *poluição labor-ambiental*) configura o interesse precípuo dos trabalhadores, de seus familiares e de toda a sociedade no tocante à tutela do bem jurídico por eles titularizado, qual seja, a higidez do meio ambiente do trabalho. Desse modo, quando possível a recomposição deste último em seu pleno equilíbrio, as obrigações de fazer concernentes à imposição de tal terão precedência sobre a reparação de ordem pecuniária.[937]

Apenas quando não for possível proceder-se à recomposição *in natura* da higidez labor-ambiental lesada, o dano transindividual será convolado em pecúnia, com a fixação de um *quantum* indenizatório que reverterá para a compensação da coletividade prejudicada, ora por intermédio da constituição de um fundo específico ou do encaminhamento para um fundo já existente, na sistemática do *fluid recovery*, ora por intermédio da reversão do montante a uma determinada finalidade (p. ex.: o financiamento da construção de um hospital destinado ao atendimento às vítimas do amianto).[938]

De qualquer forma, a premissa para a indenização dos danos coletivos é a de que o *quantum* destinado à compensação das respectivas lesões será vertida não aos indivíduos integrantes dos grupamentos determinados ou determináveis prejudicados por intermédio da partilha do respectivo montante, mas sim à própria coletividade. De fato, se esta última sofreu um prejuízo uniforme a um determinado bem jurídico de titularidade coletiva (em sentido estrito) ou difusa, a reparação também deverá ocorrer de modo uniforme e indivisível, conforme se observará com maior profundidade no item 5.3.2.1 *infra*.

5.3.2.2 Os danos à personalidade e ao patrimônio material dos trabalhadores e de terceiros em decorrência da **poluição labor-ambiental**

Uma vez materializada a *poluição labor-ambiental* e concretizado o dano de titularidade coletiva no bem jurídico representado pela higidez do meio ambiente de trabalho, instaura-se um *risco* adicional caracterizado, justamente, pela possibilidade factível de que tal suposto de degradação do entorno circundante dos trabalhadores possa vir a lhes ocasionar – em curto, médio ou longo prazo – lesões em seu patrimônio jurídico individual.

De fato, a *poluição labor-ambiental*, em uma analogia a ter por base o famoso *efeito-dominó*, representa o impacto que se confere à primeira peça do conjunto que, uma vez derrubada, fará tombar as demais em uma sequência indefinida. Nessa alegoria, os blocos subsequentes configuram os bens jurídicos dos trabalhadores e dos terceiros individualmente considerados que vão sendo sucessivamente lesados em decorrência daquele impulso originário.

Ainda tendo em mente tal alegoria, as quedas em cadeia só cessarão quando os efeitos daquele primeiro impulso forem interrompidos (por exemplo, através da aposição de um dedo indicador a evitar o contato de uma peça sobre as demais e a impedir, por conseguinte, a sequência do *efeito-dominó*). Com a interrupção do processo, os demais blocos não mais cairão, mas aqueles que tombaram assim permanecerão.

O mesmo se passa com a *poluição* em relação aos seus impactos lesivos nos *direitos individuais* dos trabalhadores e dos terceiros considerados de *per se*. A *poluição labor-ambiental*, uma vez materializada, promove uma sequência de danos patrimoniais e extrapatrimoniais em desfavor daqueles sujeitos que só cessará com sua eventual supressão. Nessa hipótese, os potenciais prejuízos futuros serão evitados, ao passo que as lesões já ocorridas, remanescerão.

A alegoria do *efeito-dominó* ilustra de maneira precisa a relação de homogeneidade que permeia os interesses individuais dos trabalhadores e dos terceiros lesados em decorrência de uma determinada situação de *poluição labor-ambiental*. É esta última, exatamente, o impulso que ocasiona os sucessivos danos aos bens jurídicos patrimoniais e extrapatrimoniais titularizados por aqueles sujeitos, ou, melhor dizendo, a *origem comum* de todos os prejuízos por eles experimentados pelo simples fato de estarem inseridos em um meio ambiente do trabalho degradado.[939]

Muito embora os danos individuais experimentados pelos trabalhadores e pelos terceiros tenham na *poluição labor-ambiental* sua *origem comum*, a extensão e a amplitude das referidas lesões serão sentidas de maneira distinta por cada sujeito. Assim, por exemplo, um mesmo suposto de degradação do *meio ambiente de trabalho* (p. ex.: a dispersão de determinada substância tóxica utilizada no processo produtivo de uma indústria) prejudicará alguns indivíduos ali ativados em maior medida e outros, em menor proporção, a depender de fatores *objetivos* (p. ex.: maior exposição ao elemento nocivo, inexistência de ventilação adequada no posto de trabalho etc.) e *subjetivos* (p. ex.: predisposição para a contração de determinadas doenças, suscetibilidade maior aos efeitos nocivos etc.).[940]

De igual modo, o mesmo fato comum (a *poluição labor-ambiental*) pode ocasionar, para alguns sujeitos a ela expostos, determinada sorte de lesão (p. ex.: danos patrimoniais decorrentes das despesas com consultas médicas, tratamentos e medicamentos) que não se materializarão para outros indivíduos expostos àquela mesma fonte de degradação.

Independentemente das dimensões distintas que tais lesões possam vir a assumir em concreto, o que importa para a *perspectiva ambientalista* é que todas elas - ainda que sejam divisíveis, individualizáveis e quantificáveis - terão por causa-raiz uma situação específica de *poluição labor-ambiental*. Por isso mesmo, serão elas, no nosso entendimento, danos genuinamente *ambientais*, ainda que afetem as esferas relacionadas à personalidade e ao patrimônio material dos sujeitos, pois o que é relevante para o tratamento a ser-lhes conferido em um contexto de degradação do *meio ambiente de trabalho* não é apenas a natureza do bem jurídico lesado, mas também - e principalmente - a *origem comum ambiental* a permear tais prejuízos.

Os danos individuais a terem a *poluição labor-ambiental* por origem comum são tão variados quanto as possibilidades de afetação do patrimônio material e imaterial dos sujeitos no entorno altamente complexo e intrincado que caracteriza a sociedade contemporânea. Por essa razão, a própria classificação sistemática de tais lesões configura, no presente, tarefa relativamente difícil, pois as pretensões quanto à elaboração de uma tipologia cerrada esbarrarão, invariavelmente, no surgimento de novos prejuízos à esfera pessoal ou patrimonial dos indivíduos.[941]

Diante disso, optamos por trabalhar o tema sob a dicotomia *danos patrimoniais/danos extrapatrimoniais*, a englobar, naquele primeiro gênero, as lesões aos interesses pessoais traduzíveis em pecúnia, na medida em que afetam, diretamente, o conjunto formado pelos bens materiais e pelas expectativas financeiras dos sujeitos e, no segundo gênero, os prejuízos ocasionados aos interesses da pessoa humana em seus aspectos corporais e psíquicos, bem assim em suas interações sociais e familiares (ou seja, os aspectos concernentes à *personalidade*).

Não quer isto dizer, contudo, que adotaremos uma tipologia fechada de *danos patrimoniais* e *extrapatrimoniais* decorrentes da *polulção labor-ambiental*. Pelo contrário, a adoção de tal classificação – à primeira vista, simplória – visa, justamente, abarcar em tais conceitos todas as possíveis lesões ao patrimônio e à personalidade que se manifestam em decorrência da degradação do *meio ambiente do trabalho* e dos reflexos desta última em direção àquelas pessoas que, muito embora não estejam diretamente envolvidas no desempenho das atividades laborais propriamente ditas, sofrerão, invariavelmente, seus reflexos.

Especificamente com relação aos *danos extrapatrimoniais*, a tônica a pautar o seu reconhecimento e a sua reparação é a posição central que o primado da *dignidade humana* ocupa nos principais ordenamentos jurídicos, a irradiar, a partir daí, suas diretrizes em direção de todos os segmentos do Direito, dentre eles o sistema da responsabilidade civil. Para este último, a *dignidade humana* indicará, exatamente, que nenhuma lesão ou ameaça a qualquer aspecto da *personalidade* será negligenciado pelo arcabouço normativo.[942]

Quer isto dizer, objetivamente, que no amplo conjunto formado pelos *danos extrapatrimoniais* juridicamente reconhecidos como tais, a lesão que desencadeará a correspondente reparação poderá afetar qualquer aspecto da *personalidade*, cujas manifestações são tão variadas quanto são multiformes os valores, as necessidades, as características e as histórias pessoais que definem cada indivíduo como ser humano e que, por isso mesmo, são dignas de reconhecimento e de tutela pelo ordenamento jurídico, como consectário da ideia de *dignidade humana*.[943]

Quando uma situação de *poluição labor-ambiental* se manifesta (p. ex.: a contaminação de um trabalhador com pesticida utilizado por seu tomador de serviços em determinada lavoura, com a consequente manifestação dos gravíssimos sintomas a ele inerentes), tal situação ocasiona, de imediato, o sofrimento psíquico decorrente não só da tristeza em si pela contração das severas patologias associadas à exposição a tais produtos (*v.g.*, diversos tipos de tumores), como também da angústia em face da possível intensificação dos sintomas e do sentimento de incerteza diante dos efeitos da doença em sua integridade psicofísica e em seu futuro pessoal. Há, nesse caso, uma lesão direta às esferas da personalidade compreendidas pela *intimidade*, com evidentes reflexos na *vida privada*.[944]

Tal lesão compreende, exatamente, o *dano moral propriamente dito* (ou *dano moral subjetivo*), representado pela dor psíquica e pela perda da paz que as patologias ocupacionais tendem a ocasionar na esfera da intimidade do indivíduo. Há, na deflagração de tal prejuízo, uma nítida ruptura da integridade psíquica do sujeito, causada tanto pela percepção pessoal e do temor a respeito dos possíveis efeitos da doença em seu organismo, quanto pelos estigmas sociais dela decorrentes.[945]

Ainda como exemplo de *dano moral propriamente dito* decorrente de *poluição labor-ambiental* têm-se os atentados à *privacidade* e à *intimidade* perpetrados nos contextos de *assédio moral organizacional*, caracterizados ora pela implantação deliberada de metodologias de produtividade destinadas a explorar suscetibilidades dos indivíduos, ora pela tolerância reiterada e sistemática dos tomadores de serviços e dos gestores com a perpetração de práticas deletérias nas relações interpessoais, tais como a divulgação de informações de cunho pessoal e de interações pejorativas nas redes sociais das empresas, o assédio sexual, a realização de "brincadeiras" de cunho degradante etc.[946]

Além disso, em algumas situações especificamente relacionadas à estruturação das condições laborais e à organização do *meio ambiente do trabalho*, especialmente naqueles casos em que há o contato com substâncias reconhecidamente prejudiciais à saúde que não possuem limites quantitativos de tolerância (p. ex.: amianto, benzeno, radiações ionizantes, agrotóxicos com compostos organoclorados e organofosforados etc.), a tranquilidade, a paz e o equilíbrio dos indivíduos podem ser afetadas sem que haja, propriamente, a contração de uma doença profissional relacionada ao agente nocivo.

Nesses casos, a simples exposição às referidas substâncias – e aos gravíssimos riscos inerentes a tal condição – é capaz de gerar nos trabalhadores sensações de angústia ou mesmo de terror psicológico diante da possibilidade factível de acometimento pelas doenças a ela relacionadas e dos efeitos deletérios sobre seu organismo, sua vida privada e suas relações interpessoais. Tais situações vêm sendo corriqueiramente ilustradas mediante o recurso à celebre lenda contada por *Cícero* a respeito da *Espada de Dâmocles* que, pendurada por um singelo fio de crina de cavalo, ameaçava cair sob a cabeça daquele que ocupava o trono da cidade de Siracusa, representando, para o mandatário, fonte constante de apreensão.[947]

Tal como o aprendiz de tirano *Dâmocles*, os sujeitos que se mantêm corriqueiramente expostos a tais riscos já se encontram com o espírito, a paz e a tranquilidade perturbados pela simples presença daquelas condições em seus locais de trabalho, o que se agrava ainda mais quando as medidas implementadas pelos tomadores de serviços no ensejo de prevenir os riscos labor-ambientais são sabidamente insuficientes para eliminá-los ou mesmo para minorá-los.

O *dano moral propriamente dito* (ou *subjetivo*) definido nos parágrafos anteriores não se confunde com os *danos biológicos* a compreenderem, segundo a doutrina italiana, os impactos que as doenças ocupacionais ocasionam no bem jurídico representado pela *compleição psicofísica* do indivíduo e que, nas palavras de Adriano De Cupis, configura "*condição de convivência normal, de segurança, de eficaz desenvolvimento de actividade individual profícua*" e que, justamente por essa razão, se apresenta como um interesse público "*digno de tutela*".[948]

Naquele primeiro caso (*dano moral propriamente dito*), se está a tratar do sofrimento psíquico ocasionado pela contração das patologias (ou pela simples exposição, conforme o caso), enquanto aqui, na seara do *dano biológico*, fala-se dos efeitos diretos e sensíveis que a moléstia, uma vez adquirida, ou o acidente de trabalho, ocasionam na saúde dos sujeitos, tais como, a incapacidade física total ou parcial, a perda de membro ou função, a infertilidade, a impotência sexual, dentre outras.[949]

Ao lado dos impactos ocasionados pela contaminação labor-ambiental na compleição psicofísica do sujeito (*dano biológico*) e do sofrimento psíquico deles decorrentes (*dano moral propriamente dito*), tem-se como um gênero independente de lesões à esfera da personalidade os chamados *danos estéticos*, caracterizados, precisamente, pela repulsa social inerente às deformações físicas sofridas pelo lesado e pelas dificuldades e preconceitos enfrentados por este último em decorrência de sua nova condição psicofísica.[950]

Diferem os *danos estéticos* dos *danos morais propriamente ditos* na medida em que aqueles primeiros correspondem ao sofrimento adicional que a vítima experimenta em decorrência dos impactos sociais negativos relacionados à doença ocupacional ou ao acidente de trabalho, enquanto estes últimos dizem respeito, propriamente, à dor íntima sentida pelo sujeito ao se deparar com sua nova condição psicofísica e com as perspectivas futuras inerentes ao agravamento de seu quadro.

Paralelamente às lesões à personalidade até então mencionadas, as afecções de origem labor-ambiental tendem a ocasionar, para as vítimas, alterações substanciais em seus projetos de vida e nas relações interpessoais por elas mantidas, especialmente com os familiares e com os amigos. Assim, por exemplo, com o aparecimento de uma grave doença, os sujeitos se veem na contingência de alterar substancialmente seus hábitos, seus planos, suas relações sociofamiliares e suas expectativas pessoais para se adaptar a novas rotinas e perspectivas contrárias àquilo que praticavam e que desejavam para si de acordo com seus estilos de vida, nisso consistindo, exatamente, a essência dos chamados *danos existenciais*.[951]

Ainda a respeito dos *danos existenciais*, é digno de nota que a materialização de tais lesões encontra terreno fértil naqueles vínculos precários de trabalho tratados no item 4.3.3 *supra*, especialmente nas relações de *trabalho intermitente* e nas situações de prestação de serviços a terceiros por intermédio de plataformas digitais de intermediação de mão de obra, no contexto definido como *uberização*. Em tais situações, a própria organização dos fatores de produção a que estão submetidos os trabalhadores (e que integra, naturalmente, o conceito de *meio ambiente de trabalho*, ao lado das *condições de trabalho* e das *relações interpessoais*), os conduz a abdicar do convívio sociofamiliar, dos momentos de lazer e da realização de outras atividades de cunho pessoal, político e social na expectativa – nem sempre correspondida – de aparecimento de alguma tarefa.[952]

O mesmo ocorre no contexto do *teletrabalho*, muito difundido nas mais diversas atividades laborais em função dos notáveis progressos alcançados pela telemática. Tal modalidade, malgrado sua praticidade e relativa facilidade de implementação, se traduz, não raro, na dificuldade imposta aos trabalhadores quanto ao controle de sua jornada e quanto à própria separação do tempo dedicado ao trabalho e aos períodos dedicados à organização de sua vida privada, ao convívio sociofamiliar e ao lazer.

Além disso, a utilização massiva de dispositivos de comunicação instantânea e de sistemas informatizados de controle de jornada e de volume de tarefas, tende a fazer com que os indivíduos permaneçam *hiperconectados*, isto é, permanentemente *plugados* ao tomador de serviços mesmo fora dos horários tradicionais de trabalho e nos fins de semana, em notório prejuízo ao desempenho de outras atividades de cunho pessoal, bem como do descanso, do lazer e do convívio sociofamiliar.[953]

Em se tratando de *poluição labor-ambiental*, os mesmos riscos que permeiam o *meio ambiente* a circundar os trabalhadores nos locais onde estes últimos desempenham suas atividades profissionais também se apresentam, muitas vezes, para aqueles indivíduos que compõem seu núcleo familiar mais próximo. Nesses casos, os efeitos da degradação das *condições de trabalho*, da *organização dos fatores de produção* e das estruturas condicionantes das *relações interpessoais* ocasionados pelos tomadores de serviços transcendem o ambiente empresarial e se espraiam em direção a terceiros estranhos à relação bilateral e sinalagmática concebida pelo *paradigma individualista* para a definição do *contrato de trabalho* e das vicissitudes a ele inerentes.

Preferimos conceber tais hipóteses não como danos reflexos experimentados por terceiros em decorrência da violação patronal a um *dever anexo* ao contrato de trabalho firmado entre o membro de um determinado grupamento familiar e seu empregador, cuja imposição decorre do dever geral de *boa-fé objetiva*, mas sim como lesões que têm por causa-raiz os mesmos episódios de *poluição labor-ambiental* que degradam a qualidade de vida dos locais onde aquele integrante exerce suas atividades profissionais e que acabam por estender seus efeitos deletérios para o âmbito residencial dos trabalhadores.[954]

Tal compreensão nos parece mais consentânea com a *perspectiva ambientalista*, que possui como uma de suas principais características, conforme visto, a concepção unitária de *meio ambiente* a abranger em seu escopo não apenas os elementos integrantes do entorno natural dos indivíduos (p. ex.: flora, fauna, ar, água etc.), mas também as condicionantes materiais, imateriais, artificiais e culturais que interferem diretamente em sua qualidade de vida, aí incluído, por evidente, o *meio ambiente do trabalho*.

Assim, à luz de um conceito unitário de meio ambiente, os terceiros (especialmente os familiares) podem ser diretamente afetados em aspectos concernentes à sua personalidade por supostos de poluição labor-ambiental. É o que se passou, por exemplo, durante grande parte do século XX (e que, lamentavelmente, ainda ocorre em alguns países em desenvolvimento) com os cônjuges e os filhos dos trabalhadores da indústria do amianto que, por anos a fio (por total inação preventiva dos gestores das fábricas) foram – e ainda são – expostos aos resíduos provenientes daquele mineral cancerígeno que aderem às roupas de seus companheiros e pais trazidas para suas respectivas casas. Tais parentes acabaram por desenvolver, com o passar do tempo, doenças tipicamente relacionadas à exposição ocupacional àquela poeira tóxica, tais como *asbestose*, *câncer de pulmão* e *mesotelioma*.[955]

Nesse mesmo sentido, podemos ainda enquadrar em tal espécie de danos as lesões de cunho *moral*, *biológica*, *existencial* e *estética* experimentadas pelos indivíduos que nasceram com má formação congênita em decorrência da exposição ocupacional de seus genitores a substâncias químicas teratogênicas capazes de alterar o DNA das células reprodutoras masculinas e de transcender a barreira placentária em direção ao feto, tal como ocorre, por exemplo, com uma série de produtos usados na agricultura e nas indústrias químicas à base de *organofosforados*, *carbamatos*, *organoclorados*, *pirertoides* e *bipiridílicos*.[956]

E, nessa esteira, também se afiguram como decorrência da *poluição labor-ambiental* as afetações negativas implementadas na esfera da personalidade dos demais terceiros (p. ex.: os vizinhos de plantas industriais e a população em geral) pelas empresas que, em decorrência da má concepção de seus processos produtivos, geraram, para tais indivíduos, os mesmos riscos ambientais criados para seus trabalhadores. Têm-se, como exemplos de tal situação, o descarte inadequado de rejeitos à base de amianto, por parte das indústrias do setor, o descontrole quanto à dispersão de resíduos de cromo na operação dos curtumes, especialmente quanto à sua deposição nos rios que abastecem os mananciais públicos e o despojamento dos resíduos de agrotóxicos por grandes corporações agrícolas sem a implementação das devidas cautelas, segundo as diretrizes emanadas dos princípios da *prevenção* e da *precaução*.[957]

Ainda como exemplos de danos decorrentes dos efeitos externos da *poluição labor-ambiental* podemos citar a dor, o sofrimento e a angústia experimentados pelos cônjuges e filhos dos trabalhadores em decorrência da *hiperconexão* e da correspondente supressão dos tempos de lazer e de convívio familiar com seus respectivos companheiros e genitores cuja materialização tem por origem a organização inadequada dos fatores e das metodologias de produção impostas, incentivadas ou toleradas pelos tomadores de serviços.[958]

A situação adquire especial gravidade quando a *hiperconexão*, nos moldes ora descritos, contribui decisivamente para o cerceamento do convívio adequado dos trabalhadores com seus filhos menores de idade, cuja materialização desempenha um papel decisivo no desenvolvimento emocional e social destes últimos. Tem-se, nesse caso, nítida repercussão da organização degradada das metodologias de produtividade (ou seja, de um suposto de *poluição labor-ambiental*) na formação psicofísica de crianças e adolescentes, com todos os prejuízos às suas respectivas esferas da personalidade.[959]

Além disso, os supostos de *poluição labor-ambiental* podem figurar como a causa-raiz dos *danos em ricochete* experimentados pelos terceiros que mantêm vínculo familiar e afetivo com os trabalhadores que faleceram ou que tiveram sua integridade psicofísica afetada em decorrência de acidente de trabalho ou doença ocupacional atribuíveis à estruturação degradante e nociva do *meio ambiente de trabalho* por parte dos respectivos tomadores de serviços.

Em tais casos, conforme já adiantado no item 2.4.1 *supra*, o dano sofrido pelos terceiros consiste na angústia, na apreensão e no pesar por eles experimentados diante da perda de um ente próximo ou de alguém com quem mantinham fortes vínculos afetivos (no caso, o trabalhador). A lesão se materializará, ainda, quando os referidos parentes (ou, em alguns casos, até mesmo amigos e agregados) partilharem do sofrimento experimentado pela vítima direta da doença ocupacional ou do acidente de trabalho de origem *labor-ambiental*.[960]

Para além dos nítidos impactos na personalidade dos trabalhadores e dos terceiros, em seus múltiplos e variados aspectos, a *poluição labor-ambiental* espraia seus efeitos também sob o patrimônio material daqueles sujeitos, na medida em que as vicissitudes inerentes às doenças ocupacionais, aos acidentes de trabalho e aos falecimentos relacionados à estruturação deletéria do *meio ambiente do trabalho* lhes impõe, geralmente, despesas imediatas e não previstas, para além da cessação (total ou parcial) dos rendimentos necessários à sua subsistência ou mesmo a perda de oportunidades de ganhos futuros.

Para o trabalhador propriamente dito, os *danos patrimoniais* relacionados à *poluição labor-ambiental* compreendem aquelas lesões já amplamente catalogadas pelos teóricos da responsabilidade civil e do direito acidentário, ainda sob a perspectiva individualista, a englobarem o *dano emergente* e os *lucros cessantes*. Assim, enquanto aqueles primeiros são representados pelos prejuízos financeiros imediatos decorrentes do ato lesivo (p. ex.: as despesas com tratamentos médicos, medicamentos, exames, internações etc.), estes últimos compreendem as perdas pecuniárias a serem experimentadas, no futuro, em decorrência da eliminação ou da redução da capacidade produtiva dos sujeitos que, em função do acidente de trabalho ou da doença ocupacional, não mais poderão exercer suas atividades profissionais em sua plenitude.[961]

No que concerne especificamente aos *danos emergentes* relacionados aos fatores de degradação do *meio ambiente do trabalho*, a questão concernente à possibilidade de agravamento, no futuro, das lesões e de seus respectivos impactos patrimoniais possui especial relevância, principalmente quando as situações fáticas envolvem a exposição pretérita a substâncias extremamente nocivas capazes de ocasionar a manifestação protraída de efeitos deletérios na integridade psicofísica dos indivíduos, ou quando o aparecimento dos sintomas das correspondentes doenças ocupacionais é precedido de períodos de latência.

Em tais circunstâncias – cuja materialização no universo de danos relacionados à *poluição labor-ambiental* não é rara – o *dano emergente* corresponderá, fatalmente, a uma lesão de dimensões pessoal e patrimonial indeterminadas, cuja extensão maior ou menor configura, no momento do florescimento de seus primeiros sinais, possibilidades igualmente incertas. Por isso mesmo, o tomador de serviços (e os demais poluidores diretos ou indiretos solidariamente responsáveis) serão instados a complementar a reparação dos prejuízos vindouros tão logo eles se manifestem no futuro.[962]

É o que ocorre, por exemplo, com os trabalhadores ativados na indústria do amianto que décadas após a exposição ocupacional àquele minério são acometidos por doenças de prognóstico fatal (como, por exemplo, *câncer de pulmão* e *mesotelioma*) ou que, uma vez acometidos por outras patologias de menor intensidade (p. ex.: *placas pleurais*), acabam por evoluir para uma daquelas moléstias mais graves. Em tais circunstâncias, é fato notório que as vítimas terão de arcar com os custos correspondentes a exames mais sofisticados e frequentes, bem como com novos medicamentos e tratamentos de maior complexidade podendo, até mesmo, necessitar do auxílio de cuidadores e de acompanhamento domiciliar (*home care*), para além de internações e de eventuais cuidados paliativos.

Para além dos *danos emergentes* e dos *lucros cessantes*, os *danos patrimoniais* ocasionados pelas situações de *poluição labor-ambiental* podem envolver os prejuízos experimentados pelos trabalhadores diante da *perda de uma chance* relativa à obtenção, no futuro, de ganhos materiais. É o que ocorre, por exemplo, quando o acidente de trabalho ou a doença ocupacional de origem sistêmica (ou seja, relacionada à estruturação nociva do *meio ambiente do trabalho*) configura a causa objetiva que impede o sujeito de progredir em sua carreira profissional, de assumir certos postos ou cargos em uma dada estrutura empresarial e, consequentemente, de gozar das repercussões financeiras positivas inerentes a tais oportunidades.[963]

A despeito da conceitualização relativamente fácil da *perda de uma chance*, enquanto instituto abstrato, sua identificação em concreto é tarefa dificultosa, justamente porque nem toda possibilidade de ganhos configura, efetivamente, uma oportunidade passível de gerar, para o lesado, repercussões financeiras positivas em futuro próximo ou remoto. De fato, há uma grande distância a intermediar os sentimentos que representam expectativas pessoais (subjetivas) dos indivíduos (um *sonho*, um *desejo*, uma *meta*, um *objetivo*, uma *álea*), daquilo que configura, efetivamente, uma possibilidade objetiva e presumível de materialização no porvir, com respaldo na realidade e na sequência dos fatos pretéritos.[964]

Assim, tomando novamente como exemplo a *perda de uma chance* correspondente à progressão funcional do trabalhador em decorrência de uma doença ocupacional ou de um acidente de trabalho a ter por causa-raiz um suposto de *poluição labor-ambiental*, a oportunidade perdida (no caso, a evolução profissional do sujeito com a repercussão financeira daí derivada) deve corresponder a um dado certo e objetivo, cuja materialização no mundo fático seria uma hipótese verossímil caso o evento deletério não tivesse se manifestado. Na hipótese ora considerada, tal viabilidade seria inferível, por exemplo, através da existência de posições em um plano de carreiras que deixaram de ser galgadas ou de uma proposta formal de trabalho que não pôde ser aceita pelo indivíduo em função do sinistro.[965]

Tal como ocorre no domínio das lesões à esfera da personalidade, os acidentes de trabalho e as doenças ocupacionais de origem sistêmica (relacionadas à estruturação degradada do *meio ambiente laboral*) tem o condão de acarretar danos patrimoniais também para terceiros que não estão diretamente envolvidos na relação de trabalho propriamente dita ou que não frequentam os espaços de trabalho onde a *poluição labor-ambiental* se origina.

De fato, assim como ocorre com os trabalhadores vitimados por acidentes e moléstias ocupacionais nos locais onde desempenham suas atividades profissionais, os vizinhos de grandes plantas poluidoras, por exemplo, e os membros da população em geral afetados por resíduos oriundos do processo produtivo de determinadas indústrias químicas acabam, igualmente, contaminados e se veem na contingência de arcar com custos inesperados de medicamentos, tratamentos, internações e deslocamentos (*dano emergente*), bem como diante da cessação parcial ou total de sua capacidade de geração de renda familiar (*lucros cessantes*) e da eventual impossibilidade de alcançar situação profissional e financeira mais confortável (*perda de uma chance*).

Para os terceiros alheios ao processo produtivo de tais plantas, mas igualmente afetados pela *poluição labor-ambiental* por elas gerada, as lesões de cunho patrimonial daí decorrentes serão, em regra, idênticas àquelas experimentadas pelos trabalhadores propriamente ditos. Já para os parentes e agregados destes últimos, contudo, a afetação em sua esfera material possui certas especificidades e detalhamentos, mormente levando-se em conta que os familiares em referência figuram na condição de dependentes econômicos da vítima.

A condição de dependência econômica – presumível no caso dos cônjuges e dos filhos menores de idade – enseja, por isso mesmo, para o *poluidor labor-ambiental* cuja ação ou omissão ocasionou a morte ou o comprometimento da capacidade produtiva do trabalhador, o dever de prestar *alimentos* em prestações contínuas aos referidos familiares até o momento em que, presumivelmente, eles deixariam de ser devidos, seja em função da emancipação dos descendentes ao atingirem certa idade, ou da consolidação da expectativa de vida do cônjuge supérstite.[966]

Há situações, todavia, em que a dependência econômica transcende o núcleo familiar mais próximo do trabalhador vitimado, principalmente naquelas hipóteses em que este último, por sua liberalidade, se comprometeu a velar, de maneira constante e permanente, pela subsistência material de indivíduos com grau de parentesco mais distante (p. ex.: primos) ou até mesmo com os quais mantém vínculos de amizade ou de mera comiseração. Nesses casos, não há como negar que o acidente de trabalho ou a doença ocupacional de origem labor-ambiental sistêmica concorrem diretamente para a materialização de um dano patrimonial a afetar o parente ou o agregado que se verá, a partir do falecimento ou da perda de capacidade laboral da vítima, privados de parte do seu sustento.[967]

De igual modo, o falecimento ou a incapacidade dos trabalhadores afetados por um suposto de *poluição labor-ambiental* pode gerar em terceiros –especialmente nos parentes próximos ou distantes e nos agregados que deles dependiam economicamente – situações legitimamente enquadráveis no conceito de *perda de uma chance* que são, por isso mesmo, passíveis de reparação.

Imagine-se, nesse sentido, situação em que o trabalhador, antes do evento fatal ou incapacitante, prometera a um terceiro recém-aprovado no exame de ingresso em renomada universidade particular custear-lhe as respectivas mensalidades, sem o que não teria como frequentar as aulas. Há no exemplo em apreço, por parte do terceiro, uma expectativa realista e uma efetiva oportunidade de obter não apenas o financiamento de seus estudos de nível superior, como também de alcançar algum progresso profissional e material após sua formatura.

Na ilustração ora formulada, a oportunidade de progresso profissional e material que o terceiro possuía foi ceifada, justamente, por um acidente de trabalho ou doença ocupacional a ter por causa-raiz um suposto sistêmico de *poluição labor-ambiental*. Por conseguinte, o *poluidor* responsabilizar-se-á pela reparação do prejuízo correspondente à frustração das legítimas expectativas daquele terceiro com a concretização das chances reais que possuía.

As variadas situações aqui expostas – que, repita-se, não constituem um rol taxativo de danos passíveis de manifestação em concreto – bem ilustram o amplíssimo impacto da *poluição labor-ambiental* sobre os interesses jurídicos de origem extrapatrimonial e patrimonial não apenas dos trabalhadores diretamente expostos a um *meio ambiente laboral* degradado, como também de uma cadeia indefinida de terceiros mais ou menos distantes da fonte de poluição.

A origem *laboral* da *poluição*, nesse contexto, configura um dado até mesmo secundário, relacionado meramente à identificação de sua fonte, na medida em que o alcance de tal degradação transcenderá em muito os umbrais das plantas industriais e dos locais de trabalho, em direção aos familiares dos trabalhadores, dos vizinhos, da própria comunidade e, em certos casos, a indivíduos situados a quilômetros de distância do foco.

Trata-se aqui, em suma, de um fenômeno efetivamente *ambiental* (e não simplesmente *trabalhista*), porquanto seus impactos são capazes de afetar o equilíbrio do entorno circundante de uma miríade de sujeitos territorialmente (e temporalmente) dispersos, com diferentes impactos em suas respectivas esferas da personalidade e em seu patrimônio material.

Cada dano individual (de natureza *patrimonial* ou *extrapatrimonial*) representa uma peça de dominó tombada na sequência indefinida gerada pelo impulso inicial (a *poluição labor-ambiental*) que desencadeou o desabamento sucessivo dos blocos. Nesse contexto – e ainda se valendo da ilustração ora formulada – o objetivo vislumbrado pela reparação pautada pela *perspectiva ambientalista* não deve ser a reposição de uma ou outra peça caída, mas sim de todo o conjunto ou da parte dele que resultou tombada, no ensejo de restabelecer, na maior medida possível, sua harmonia original.

5.3.2.3 *A prescrição e o dano na* perspectiva ambientalista

Uma vez delimitado, em termos gerais, o *dano* sob a *perspectiva ambientalista* com suas repercussões nas searas coletiva e individual e com sua correlação intrínseca com a figura da *poluição*, faz-se mister tecer algumas considerações sobre o instituto da *prescrição* à luz da concepção ora proposta, a fim de perquirir a respeito de sua aplicabilidade (ou não) às lesões de natureza labor-ambiental.

Anteriormente, contudo, frisa-se que a *prescrição* propriamente dita não é um elemento integrante da Teoria Geral da Responsabilidade Civil, mesmo sob o enfoque do *paradigma individualista*, pois seu *locus* se situa em um espectro mais amplo do Direito Civil que perpassa toda a parte geral das obrigações e condiciona a totalidade do exercício das faculdades jurídicas. Não obstante, a digressão sobre o tema à luz da concepção proposta no presente estudo se justifica na medida em que a exigibilidade e a ressarcibilidade dos danos de origem labor-ambiental são e serão, invariavelmente, avaliados à luz do instituto em comento.[968]

Sendo assim, é preciso avaliar, efetivamente, em que medida o instituto da *prescrição*, em sua concepção tradicional, alcança a exigibilidade concernente à reparação pelos danos de origem ambiental ou se também ele demanda uma releitura conceitual à luz da *perspectiva ambientalista*, mais precisamente, sob o enfoque das peculiaridades inerentes às lesões dessa natureza e da correlação intrínseca existente entre estas últimas e o fenômeno da *poluição*.

A *prescrição*, conquanto instituto típico do Direito Civil, está umbilicalmente relacionada aos elementos que compõem o *paradigma individualista*, a saber, o *individualismo*, o *contratualismo*, o *patrimonialismo* e o *legalismo*. De fato, a operacionalização de seus efeitos pressupõe a existência de uma relação bilateral, formada por dois sujeitos temporal e espacialmente definidos que possuem seus direitos e deveres recíprocos gerados em atos, fatos ou negócios jurídicos a terem por objeto prestações traduzidas em patrimônio, dentro de um marco legal (ou de um regime jurídico) determinado pelo Estado.

Para conceituar de maneira adequada a *prescrição* sob o *paradigma individualista* é preciso, primeiramente, compreender quais aspectos da relação jurídica bilateral entre sujeitos são por ela afetados, a fim de evitar as confusões terminológicas que tradicionalmente permearam o estudo do instituto ao longo do tempo, especialmente aquelas relacionadas à sua pretensa associação com a perda do direito à ação judicial ou com a aquisição de posições jurídicas em decorrência do decurso de tempo, atribuindo-se à usucapião, nessa senda, a equivocada denominação de *prescrição aquisitiva*.[969]

Nesse sentido, é mister tomar por pressuposto, primeiramente, que as relações jurídicas bilaterais entre seus atores precípuos (*credor* e *devedor*) têm por elementos substantivos, no primeiro polo, o *direito* (o *crédito*) que tem por contrapartida, no segundo, o *dever* (o *débito*). Já quanto aos elementos operacionais, o credor conta com a *pretensão* (ou seja, a exigibilidade da prestação a ele devida), ao passo que o devedor é detentor, em paralelo, do dever de lhe efetuar a *prestação* da obrigação em concreto.[970]

Tal relação pode ser ilustrada com a seguinte figura:

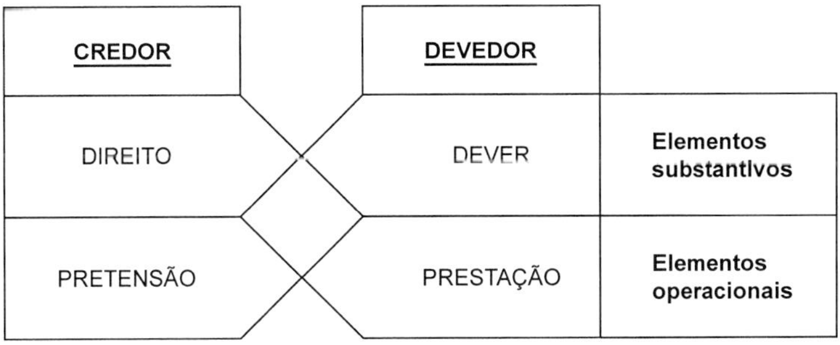

Sob tal sistemática, pressuposta pela Teoria Clássica do Direito Civil, a *prescrição* foi concebida, justamente, como uma medida necessária ao resguardo da *segurança jurídica* e da *paz social*, de modo a impor um prazo máximo para o exercício dos direitos titularizados pelos credores, a fim de que os devedores não se vissem premidos indeterminadamente com a possibilidade de que aqueles primeiros viessem a consolidar, a seu exclusivo talante, a pretensão de satisfação de seus créditos.[971]

Tendo em mente, portanto, os conteúdos substanciais e operacionais da relação jurídica bilateral descrita acima, vê-se que o elemento atingido pela *prescrição* é, justamente, a *pretensão* titularizada pelo credor que pode ser por ele exercida ora mediante a interpelação do devedor, ora por intermédio do manejo da ação judicial.[972]

Desse modo, quando a *prescrição* opera seus efeitos em uma dada relação bilateral, o *direito* do credor e sua contrapartida – qual seja, o *dever* –, permanecem íntegros, não mais podendo aquele primeiro, contudo, exigir do devedor a prestação a que este último se encontrava obrigado. Em tal hipótese, o crédito remanescerá, para o credor, como um *direito natural* e a dívida, para o devedor, como uma *obrigação natural*.[973]

Assim, por atingir a *pretensão* do credor com relação a uma *prestação* específica a que estava incumbido o devedor, o instituto da *prescrição* pressupõe, conceitualmente, (i) a existência de um *direito* e de uma contrapartida (um *dever*) já formados no tempo e no espaço; (ii) a exigibilidade de tal obrigação com relação a um ou mais indivíduos determinados e, naturalmente, (iii) a estruturação prévia de uma relação jurídica com os dois polos subjetivamente definidos.

Por aí se percebe claramente que a transposição do conceito de *prescrição* para as estruturas da *perspectiva ambientalista*, especialmente em se tratando de *dano ambiental*, é, no mínimo, problemática, pois sob tal perspectiva, não apenas a *poluição* deixa de configurar uma lesão que se esgota em si mesma, como também produz, em regra, uma série inumerável de prejuízos no tempo e no espaço, que atingem coletividades, sujeitos e até mesmo gerações indeterminadas.

Ao contrário do que se passa com o *dano* nas relações jurídicas bilaterais pressupostas pelo *paradigma individualista*, os direitos e os deveres oriundos do *dano ambiental* não são perfeccionados em um tempo determinado, podendo perdurar indefinidamente e depender de uma série de variáveis, para além de se espraiar por uma ampla cadeia de vítimas (ou *credores*) coletivas ou individuais (coletividades determinadas/indeterminadas e sujeitos) e de gerar responsabilidade para um número igualmente amplo de *devedores* (ou *poluidores*).[974]

Em se tratando, portanto, de *dano ambiental*, não há de se cogitar na existência (i) de direitos e deveres plenamente formados no tempo e no espaço; (ii) de prestações exigíveis de antemão e tampouco (iii) de uma relação jurídica com polos ativo e passivo já delimitados temporal e subjetivamente.

Sob tais estruturas, como a *prescrição* poderia operar, se o *dano* tende a não conformar, em um mesmo instante, todos os seus efeitos no tempo e no espaço e se os credores da reparação (as *vítimas*) e os devedores (os *poluidores*) ora não são identificáveis de plano? Como pretender aplicar uma penalidade pela inércia do titular de um direito pelo não exercício da pretensão em certo lapso temporal, quando este titular é representado por uma coletividade inorganizada, pela própria sociedade ou até mesmo por um grupamento intergeracional?[975]

Diante de tal constatação, passou-se a conceber a imprescritibilidade dos danos ambientais, justamente em função das características conformadoras destes últimos, notadamente a titularidade transindividual e intergeracional dos titulares da reparação (*v.g.*, as coletividades determinadas e indeterminadas, portadoras de interesses coletivos em sentido estrito e difusos), bem como a indisponibilidade de tais interesses e seu caráter não patrimonial.[976]

Como consectário de tal compreensão, os interesses próprios dos sujeitos individualmente considerados atingidos pelos danos ambientais (os chamados *microbens*), por compreenderem, sob tal ótica, elementos passíveis de delimitação subjetiva, traduzíveis sob a forma de patrimônio e, por isso mesmo, passíveis de disposição e de transação, seriam submetidos aos prazos legais de prescrição. Sob tal perspectiva, tais lesões seriam consideradas secundárias, ou *reflexas*, em relação aos prejuízos efetivamente ambientais, conforme visto oportunamente no item 4.1.4 *supra*.[977]

A despeito de tal classificação, dela discordamos, nos termos igualmente apontados no item 4.1.4 *supra*, na medida em que o elemento decisivo para a classificação de um determinado *dano* como *ambiental*, nos moldes tratados no presente estudo, é a sua origem em um suposto de *poluição* a lhe servir de fonte geradora, independentemente da afetação a *macrobens* de titularidade difusa ou coletiva em sentido estrito (p. ex.: um manancial, uma reserva florestal, a qualidade do ar) ou a *microbens* individualizados (p. ex.: a integridade física, a personalidade, a propriedade).

Do mesmo modo que a cisão entre interesses *coletivos* (em sentido lato) e *individuais homogêneos*, bem como entre os conceitos de *macrobens* e *microbens* para fins de classificação dos danos como puramente ambientais e reflexos se mostra imprecisa, também a aplicação de tal distinção no ensejo de averiguar a aplicação ou não da *prescrição* às lesões de origem ambiental se afigura inadequada.[978]

Nesse sentido, sendo a *poluição* o elemento que está na origem da generalidade dos danos a interesses *difusos*, *coletivos* e *individuais homogêneos* relacionados ao meio ambiente, espraiará ela seus efeitos nocivos, indistintamente, em direção (i) às coletividades indeterminadas dispersas no espaço e no tempo, muitas vezes por gerações; (ii) aos grupos espacial e temporalmente delimitados ou delimitáveis e (iii) aos indivíduos afetados, de modo singular, por uma lesão comum a todos eles, como o impulsionador de um verdadeiro *efeito dominó* a atingir, indistintamente, todos os macrobens e os microbens por eles titularizados.

Além disso, as características inerentes aos interesses *difusos*, *coletivos* e *individuais homogêneos* com relação à sua divisibilidade ou indivisibilidade não guardam entre si diferenças significativas a ponto de indicar, de maneira categórica, a incidência do regime jurídico da prescrição a estes últimos e para sua exclusão àqueles primeiros. Assim, tanto será possível conceber e vislumbrar, na prática, interesses classificados como *difusos* ou *coletivos* (em sentido estrito) que podem ter seus titulares subjetivamente delimitados e, em paralelo, interesses definidos como *individuais homogêneos* passíveis de atingir contingentes indeterminados de sujeitos, no espaço e no tempo.[979]

É o que se passa, por exemplo, na situação hipotética a envolver a veiculação de publicidade ofensiva a uma coletividade determinada no tempo e no espaço (p. ex.: os moradores de um dado município entre os anos de 2000 e 2020). No exemplo ora formulado, muito embora o anúncio em questão afete um *macrobem* teoricamente indivisível (qual seja, o sentimento coletivo de um dado grupamento populacional), é plenamente possível identificar, em concreto, os sujeitos que ao longo daqueles vinte anos residiram na tal localidade.

De igual modo, é plenamente possível constatar a afetação a interesses *individuais homogêneos* que se protraem de modo indefinido no tempo e no espaço e que atingem um número indeterminado e incalculável de sujeitos. É o que se passa, por exemplo, com a utilização indiscriminada e diferida de agrotóxicos compostos por substâncias cancerígenas, mutagênicas e teratogênicas (*v.g.*, *paraquate* e *glifosato*) em determinadas lavouras, cujos efeitos podem atingir não apenas a integridade psicofísica dos trabalhadores que os aplicarão, como também dos vizinhos da respectiva propriedade rural, dos residentes das comunidades próximas e até mesmo dos descendentes de todos os sujeitos englobados nessa cadeia de poluição.[980]

Na situação exemplificada acima – que se verifica, igualmente, em muitos outros casos paradigmáticos de exposição ocupacional e comunitária a substâncias químicas nocivas, tais como o amianto, o benzeno, o mercúrio, o chumbo etc. –, mesmo se tratando de lesões individualizáveis de ordem extrapatrimonial e patrimonial, suas vítimas podem ser surpreendidas, no futuro, com novos danos cuja manifestação não havia operado até dado momento (*v.g.*, o aparecimento de nova doença ou a perda de membro ou função), ou com novos efeitos decorrentes daqueles prejuízos já constatados (p. ex.: o agravamento de determinada moléstia), com os respectivos custos de tratamento.

É justamente por esse motivo que a distinção formulada entre a afetação a *macrobens* e *microbens* ambientais não se mostra suficiente para justificar a aplicação do regime jurídico da prescrição às pretensões relacionadas a estes últimos e a imprescritibilidade àqueles primeiros. De fato, mesmo as lesões a interesses individuais ou *microbens* (p. ex.: a intimidade, a integridade psicofísica, a imagem, a tranquilidade pessoal, o convívio sociofamiliar etc.) e até mesmo os impactos patrimoniais de tais prejuízos, podem se manifestar em caráter contínuo (protraído no tempo), de modo que será impossível fixar, em tais situações, um momento preciso no qual se deu a consolidação das lesões.[981]

Em sua essência, portanto, o caráter contínuo de certos danos a *microbens* (ou a *interesses individuais homogêneos*) é o mesmo que caracteriza as lesões aos *macrobens* ambientais (que conformam, como visto, os *interesses difusos* e *coletivos em sentido estrito*). Assim, por exemplo, os efeitos futuros decorrentes da contaminação do solo e do lençol freático de uma determinada região com pesticidas organoclorados são tão indeterminados e permanentes quanto as manifestações na saúde e na personalidade dos trabalhadores e dos residentes que foram expostos a tal substância.

Tal como a presença daqueles poluentes no solo e nas águas do local atingido persistirá por período indeterminado como um elemento degradante de tais bens ambientais, a impossibilitar sua utilização por toda a coletividade, também a contaminação pessoal dos indivíduos com tais substâncias remanescerá como um fator passível de ocasionar-lhes, no futuro, o aparecimento de doenças graves, bem como a geração de descendentes com problemas congênitos de saúde, com todos os impactos de ordem moral, existencial, biológica e patrimonial daí decorrentes.

Tanto em um caso, quanto em outro, o *dano* não terá se tornado plenamente conhecido, perfeito e acabado, na medida em que seus efeitos se protraem no tempo, em uma continuidade indeterminada, cujas características impedem, objetivamente, a formação da *pretensão* dos titulares da reparação (as coletividades e os indivíduos considerados de *per se)* quanto à totalidade dos aspectos relacionados às lesões por eles experimentadas.[982]

Por aí se percebe que o requisito formulado pelo *paradigma individualista* quanto à existência de uma *pretensão* jurídica delimitada de maneira precisa em relação aos sujeitos e ao objeto para que o *direito* a ela relacionado possa ser reclamado, não se mostra adequado à reparação dos danos de natureza ambiental. De fato, se acaso sua aplicação pura e simples fosse cogitada na seara em apreço, a própria exigibilidade dos interesses titularizados em concreto pelas coletividades e pelos indivíduos acabaria, no extremo, inviabilizada, na medida em que as lesões de trato contínuo e sucessivo a serem remediadas, por suas próprias características, jamais se completariam, de modo que a *actio nata* nunca surgiria.[983]

De igual modo, a relação jurídica bilateral, com atores e papéis (de *credor* e de *devedor*) definidos que o instituto da *prescrição* pressupõe para a operação de seus efeitos, também não se formaria nos supostos de dano ambiental, pois a quantidade incerta de vítimas, aliada ao número indeterminado de potenciais poluidores, não permitirá a estruturação daqueles dois polos, com o conhecimento prévio de todos os seus integrantes.

Sendo assim, como os danos de cunho ambiental (tanto os *coletivos* que afetam *macrobens* quanto os individuais que afetam *microbens*) são, em sua essência, uma sucessão de eventos deletérios originados a partir de um determinado suposto de *poluição* e, ademais, como os causadores de tais lesões contínuas (os *poluidores*) e suas vítimas tendem, igualmente, a variar, não será possível estabelecer um termo inicial para a operação dos efeitos da prescrição, nos moldes pressupostos pelo *paradigma individualista.*[984]

Nessa perspectiva, o máximo que se poderia conceber, com base nos pressupostos estabelecidos pelo *paradigma individualista* para a aplicação da *prescrição*, é a análise em torno (i) da progressão atingida pelos danos a *macrobens* e a *microbens* decorrentes do evento *poluição* em um dado momento e (ii) o quantitativo de vítimas (coletivas e individuais) até então afetados por eles, juntamente com os *poluidores* até então identificados. Se fôssemos tentar traduzir em metáfora o que é dito neste parágrafo, a imagem que melhor o ilustraria seria a de uma "*fotografia*" daquele *efeito dominó* mencionado no item 5.3.2.3 *supra* obtida em um determinado instante.

E justamente nesse instante específico, de acordo com a "*fotografia*" obtida, é que seria analisada a dimensão atingida pelos danos individuais e coletivos até então, bem como seus causadores (poluidores) e suas vítimas. Nesse momento cronológico "*congelado*" seria possível, então, averiguar (i) *quais* são os titulares do direito à correspondente reparação; (ii) *quando* tomaram eles ciência dos prejuízos; (iii) contra *quem* a pretensão seria exercida e (iv) *qual* a extensão das lesões em apreço.[985]

Registre-se, a propósito, que o conceito ora delineado foi adotado expressamente na Convenção Europeia Sobre Responsabilidade Civil por Danos Resultantes de Atividades Prejudiciais ao Meio Ambiente (Convenção de Lugano), cujo artigo 17 deixa expresso que "*as ações de reparação (...) prescrevem no período de três anos, a partir da data em que o demandante tenha ou deveria ter razoável conhecimento do dano e a identidade do explorador*".

Tal solução, no entanto, se mostra ainda assim problemática, na medida em que a sucessão de danos a *macrobens* coletivos e a *microbens* individuais permaneceria a ocorrer, independentemente da "*fotografia de momento*", a ser considerada para a identificação das lesões propriamente ditas, de sua extensão, de seus causadores e de suas vítimas. Nesse cenário, o termo inicial da prescrição se renovaria continuamente, sempre que uma nova peça do *efeito dominó* provocado pelo suposto inicial de *poluição* fosse tombada, o que equivale, na prática, à imprescritibilidade das pretensões.

O fato é que, nas situações concernentes aos danos ambientais sucessivos (conforme ilustrado pela figura do *efeito dominó*), o instituto da *prescrição*, em sua concepção tradicional, não terá qualquer operatividade, pois a variabilidade dos elementos objetivos e subjetivos envolvidos nos supostos de *poluição* não permite enquadrá-los na estrutura estreita e férrea a caracterizar a *relação jurídica* concebida sob a égide do *paradigma individualista*, com seus polos integrados pelas figuras do *credor* e do *devedor*.

E isto ocorre não em razão da natureza dos bens jurídicos afetados (se *macrobens* ou *microbens*) e tampouco da titularidade *individual* ou *coletiva* de tais interesses, ou mesmo de seu caráter disponível ou indisponível, nos termos amplamente apregoados por diversas correntes doutrinárias contemporâneas, mas sim em razão da *continuidade* inerente aos danos ambientais ora mencionados e da *mutabilidade*, em concreto, das figuras representadas pelo *poluidor* e pelas *vítimas*.[986]

É possível, no entanto, que ocorram situações nas quais seja factível promover, objetivamente, a delimitação precisa dos agentes e das vítimas da poluição ambiental, bem como os marcos temporais em que as lesões aos bens de titularidade coletiva e individual se manifestaram. Nesses casos, será efetivamente possível valer-se das estruturas concebidas pelo *paradigma individualista* no ensejo de identificar os credores, os devedores, bem assim suas respectivas pretensões e prestações, para fins de aplicação da *prescrição*, justamente porque aquela *continuidade* ou *sucessividade* na cadeia de prejuízos não se fará presente.

No entanto, para a generalidade das situações desencadeadas pela *poluição* ambiental, em que esta última representa o gatilho a disparar uma sucessão indefinida de danos a bens jurídicos de titularidade coletiva e individual, cuja extensão é igualmente incerta e impossível de se visualizar de antemão, o instrumental civilista clássico a paramentar a relação jurídica, com seus elementos *substantivos* e *operacionais*, bem assim com a figura da *prescrição*, não reúne condições de traduzir, em linguagem jurídica, a complexa teia a envolver as lesões ambientais e seus sucessivos efeitos.

5.3.3 O *nexo de causalidade*. Liame entre *poluição* e *dano*. Da *materialidade* à *probabilidade*

Sob o enfoque tradicional da teoria da responsabilidade civil, o nexo de causalidade é o dado fático que evidencia, em concreto, o dever de reparação ou de restabelecimento do bem lesado, a depender do caso. É ele, em suma, o vínculo que interliga a conduta do agente (a causa) e o resultado lesivo experimentado pela vítima (o efeito) e cuja constatação – aliada à presença do elemento subjetivo (*dolo* ou *culpa*) – resulta na imputação da responsabilidade àquele primeiro.

Justamente por tais características, o *nexo de causalidade* configura, em sua essência clássica, um conceito estritamente relacionado ao *paradigma Individualista* a caracterizar originariamente a Teoria Clássica da Responsabilidade Civil, pois a constatação em concreto do elo a vincular a conduta e o prejuízo pressupõe, nesse contexto, a ação concreta de um sujeito determinado que, ao violar um dever contratual ou legal específico, age dolosamente ou culposamente (mediante *imperícia*, *imprudência* ou *negligência*), de modo a ocasionar um dano à vítima.

Tal estrutura amplamente centrada na perspectiva das relações bilaterais entre sujeitos determinados não se mostra apropriada para aferir os vínculos entre *causa* e *efeito* que permeiam os supostos fáticos oriundos da poluição, segundo a alegoria do *efeito dominó* formulada nos tópicos anteriores no ensejo de ilustrar o caráter temporalmente diferido, intersubjetivo e intergeracional da degradação ambiental e dos danos dela decorrentes.[987]

De fato, sendo a *poluição* a materialização de um suposto fático de desequilíbrio capaz de afetar o meio ambiente em todos os seus aspectos (inclusive o *meio ambiente do trabalho*), sua origem decorre de uma sequência de práticas atribuíveis a vários sujeitos que concorrem em diferentes momentos cronológicos para a consolidação de seus efeitos no tempo e no espaço, de modo que sua duração, sua dimensão territorial e seu escopo subjetivo se afiguram indeterminados.

Por esse motivo, a delimitação do *nexo causal* nas hipóteses de *poluição*, sob a *perspectiva ambientalista*, não pode se valer das técnicas tradicionais concebidas pela Teoria Clássica da Responsabilidade Civil no ensejo de aferir, em concreto, a causalidade fática existente entre determinada ação e um dado prejuízo, em especial a *equivalência dos antecedentes* e a *causalidade adequada*, já devidamente analisadas nos itens 2.5.3 e 4.1.3 *supra*.[988]

A explicação para tanto reside na constatação de que a *poluição* e as suas consequências atemporais, difusas e intersubjetivas ocasionam uma sequência causal igualmente difuminada que se relaciona com os riscos inerentes a determinadas atividades econômicas e sociais e que concorrem, em paralelo, para a materialização do desequilíbrio ambiental e dos danos presentes, futuros, individuais, coletivos, patrimoniais e extrapatrimoniais a ela relacionados.

Isso evidencia, no nosso entendimento, a necessidade de se proceder à redefinição dos elementos conformadores do *nexo de causalidade* à luz das diretrizes emanadas da *perspectiva ambientalista* da responsabilidade civil, a fim de adequá-los às características peculiares dos danos ocasionados pela poluição e pelo *efeito dominó* por ela iniciado e perpetuado.[989]

De fato, a causalidade fática pressuposta pelas teorias clássicas dedicadas à delimitação do nexo causal sob o *paradigma individualista* não se apresenta como uma hipótese plausível nos supostos de *poluição* ambiental. Nesse sentido, conforme bem observa Guilherme Guimarães Feliciano, "*o grau oitocentista de certeza com que se aferia a relação de causalidade resultou inteiramente diluído na liquidez do século XXI*".[990]

Em tal cenário a permear de modo cada vez mais sensível a vida no século XXI, os danos experimentados pelas coletividades e pelos indivíduos considerados de *per se* têm sua origem na materialização daqueles *riscos do terceiro tempo*, segundo a dicção de François Ost, cujos impactos não só carecem de pleno mapeamento pela ciência, como também não têm seu âmbito subjetivo, espacial e temporal identificáveis de plano.[991]

Por isso mesmo, convergimos com os autores que advogam a preponderância do elemento *jurídico* sobre o *fático* para a constatação do nexo de causalidade nos supostos de danos ambientais oriundos de poluição. Segundo tal linha de entendimento, o dado fundamental para a imputação da responsabilidade em tais situações não se faz representado pela comprovação material a respeito da relação entre uma determinada conduta e um certo resultado lesivo (causalidade fática), mas sim pela existência de um certo grau de *probabilidade* a vincular os agentes (os potenciais *poluidores*) aos resultados lesivos.[992]

E tal *probabilidade* será relevante para fins de imputação da responsabilidade civil, no nosso entendimento, quando as atividades corriqueiramente desempenhadas pelos potenciais poluidores (p. ex.: empresas extrativistas, indústrias químicas, plantas nucleares etc.) envolverem, por sua própria natureza e em razão de suas condições operacionais sistêmicas, riscos (conhecidos ou desconhecidos) de degradação ambiental aptos a afetar coletividades determinadas e indeterminadas, como também indivíduos, de modo territorialmente difuso, intersubjetivo e atemporal.[993]

Para tanto, acreditamos que os próprios ordenamentos jurídicos é que devem estabelecer, objetivamente, os parâmetros para a aferição em torno do grau de *probabilidade* relevante para efeitos de imputação da responsabilidade civil aos agentes. Tais balizas consistem, exatamente, nas posturas impostas pelos respectivos arcabouços normativos aos potenciais poluidores, cujo descumprimento representará, em concreto, o elemento a apontar para a existência do provável nexo de causalidade entre as atividades potencialmente degradantes e os resultados lesivos experimentados nas mais diversas situações.

Assim, quanto maior o grau de descumprimento às posturas impostas em concreto aos potenciais poluidores pelo ordenamento jurídico, maior será a *probabilidade* de configuração do nexo causal entre as operações por eles desempenhadas e os resultados lesivos experimentados pelos indivíduos e pelas coletividades em seus respectivos bens jurídicos.

Ou seja, sendo a conduta ou a omissão que criou um risco proibido ou incrementou outro já existente contrária aos padrões ambientais determinados pelo ordenamento jurídico, é mais provável que ela seja a causa (ou uma das causas concorrentes) da poluição verificada em concreto e dos danos individuais e coletivos dela decorrentes. E tal probabilidade será ainda maior quando os resultados lesivos experimentados em concreto guardarem correlação com as atividades desempenhadas normalmente pelos poluidores e quando a materialização de tais prejuízos figurar, em abstrato, como uma hipótese previsível, em maior ou menor grau.[994]

Contudo, é importante ressaltar – na linha do que foi exposto nos itens 3.5, 4.1.5 e 5.3.1 *supra* – que os padrões ambientais exigidos pelos ordenamentos jurídicos internos transcendem em muito a literalidade dos comandos positivados nas normas de regulamentação das atividades potencialmente poluidoras e não se satisfazem com a observância estrita a tais diretrizes por parte dos agentes, como se isto bastasse para chancelar a conformidade das posturas em concreto implementadas por estes últimos com o arcabouço normativo vigente.

Para muito além disso, os padrões normativos aqui considerados para fins de inserção ou não do gestor ambiental na zona do *risco proibido*, a caracterizar objetivamente a figura da *poluição* (vide item 5.3.1 *supra*), são representados, em grande medida, pelos deveres subjacentes aos conteúdos institucionais dos princípios da *prevenção*, da *precaução*, do *desenvolvimento sustentável*, da *informação*, da *participação* e da *concertação*, que se encontram previstos em uma série de instrumentos de direito internacional e que integram, de modo expresso ou implícito, grande parte dos ordenamentos internos contemporâneos.[995]

Não obstante, os padrões jurídico-ambientais aqui considerados são integrados, igualmente, pelo conteúdo institucional das normas principiológicas que consagram, nos ordenamentos internos, os direitos fundamentais ao *meio ambiente*, à *vida*, à *saúde*, à *dignidade humana* e aos demais aspectos inerentes à personalidade que com eles se comunicam e que, igualmente, impõem aos potenciais poluidores posturas concretas a serem observadas em suas operações cotidianas.[996]

Desse modo, a conformidade de uma determinada intervenção humana com os padrões ambientais previstos no ordenamento jurídico pressupõe a observância às condutas exigidas, nos casos concretos, pelos conteúdos institucionais dos princípios regentes do direito ambiental e dos direitos fundamentais a eles conexos, sem o que o agente acabará por ingressar na zona do *risco proibido* a presumir a materialização da *poluição* e a constatação do *nexo de causalidade.*

Sob a *perspectiva ambientalista*, portanto, o nexo de causalidade deixa de ser um dado meramente material, relacionado à constatação fática da relação entre conduta e resultado, para assumir uma conceituação jurídica, plasmada na noção de *probabilidade*, que vai determinar sua presença em concreto (i) quando a postura dos potenciais poluidores divergir dos parâmetros estabelecidos pelo ordenamento jurídico, de modo a originar um *risco proibido* e/ou (ii) quando as múltiplas lesões decorrentes da degradação ambiental, segundo a alegoria do *efeito dominó* formulada nos tópicos anteriores, tiverem algum grau de correlação com as operações usuais dos potenciais poluidores.

5.3.3.1 *A causalidade sistêmica e a causalidade tópica*

Não obstante a preponderância da *probabilidade* sobre a *materialidade* como elemento distintivo do nexo causal sob a ótica da *perspectiva ambientalista*, a plena compreensão do tema em apreço não prescinde da análise dos conceitos de *causalidade sistêmica* e de *causalidade tópica*, cuja distinção é o que vai determinar, em concreto, a aplicação ou não do regime especial ora delineado para a imputação da responsabilidade civil aos potenciais poluidores.

Para a formulação da distinção em apreço é preciso retomar o conceito de *meio ambiente* formulado no item 4.1.1 *supra*, a caracterizá-lo, sinteticamente, como o conjunto dos elementos que integram o *entorno* dos indivíduos e que condiciona a qualidade de vida nos locais por eles habitados, a abranger tanto os fatores naturais com os quais eles interagem e de que dependem para a vida no planeta, como aqueles de ordem *artificial*, *cultural* e *digital* que muito embora sejam frutos do engenho humano, concorrem diretamente para a conformação da existência digna dos sujeitos e de suas respectivas sociedades.

Tais elementos – tanto os de origem *natural*, quanto os de ordem *artificial* – conformam um *sistema* dinâmico formado por estruturas (conteúdos) que interagem constantemente entre si e que devem funcionar em condições de equilíbrio, a fim de se viabilizar, justamente, a vida das espécies na Terra e a existência dos indivíduos em condições dignas de saúde e de subsistência.[997]

Quando a harmonia e o funcionamento regular de tal equilíbrio são alterados por intermédio de alguma intervenção de base entrópica (humana) em graduação apta a acarretar risco à própria vida e à integridade psicofísica dos indivíduos e dos demais elementos presentes no entorno natural, tem-se materializado o fenômeno da *poluição*, a consistir, justamente, no desequilíbrio sistêmico imposto ao meio ambiente, com potencial de ocasionar múltiplas ofensas não apenas a este último considerado de *per se*, como também a diversos outros bens jurídicos de titularidade coletiva e individual.[998]

A *poluição* representa, portanto, a penetração e a subsistência de um ou mais elementos degradantes no sistema ambiental que tendem a comprometer o funcionamento equilibrado deste último e a promover a materialização de uma cadeia indefinida de efeitos colaterais. É exatamente nesse sentido que a *poluição* configura, conforme adiantamos no item 5.2.2 *supra*, a causa-raiz de todos os riscos e danos a afetarem, de maneira interconectada, os indivíduos e as coletividades circundados pelo entorno no qual ela se manifesta.

Por isso mesmo, pode-se afirmar que a causalidade a permear a *poluição* e a totalidade dos resultados lesivos a ela relacionados próxima ou remotamente é *sistêmica*, isto é, decorre da perpetuação de um fator de degradação capaz de comprometer, de modo multifacetário e atemporal, o equilíbrio de um dado sistema ambiental.[999]

E sendo a *causalidade*, nessa acepção, um dado inerente ao próprio sistema (ou, melhor dizendo, ao mal funcionamento do sistema ou ao seu desequilíbrio funcional ocasionado pela *poluição*), a *probabilidade* quanto à existência de correlação, em tais casos, entre a degradação em referência e os prejuízos coletivos e individuais a ela relacionados é forte o suficiente para atestar o nexo causal entre estes últimos e aquela primeira, nos moldes definidos no item anterior.

Há situações, no entanto, em que os danos materializados em um determinado segmento do meio ambiente não possuem origem sistêmica, isto é, não configuram a materialização de um risco derivado da poluição e não comprometem, por isso mesmo, a integridade do conjunto, para além de não potencializarem a ocorrência de novas lesões a bens jurídicos de titularidade coletiva e individual.

Em tais hipóteses, os danos experimentados pelas vítimas têm por origem eventos isolados, não relacionados à estruturação do respectivo sistema ambiental e tampouco com os riscos inerentes a determinada atividade, cuja individualização subjetiva (quanto aos sujeitos ativo e passivo) é plenamente aferível em concreto, assim como sua delimitação no espaço e no tempo (quanto aos seus efeitos). Justamente por decorrerem de situações pontuais, sem relação com a desestruturação sistêmica do meio ambiente, as situações em referência integram a *causalidade tópica*.

Na esfera compreendida pelo *meio ambiente do trabalho*, a distinção entre a *causalidade sistêmica* e a *causalidade tópica* é fundamental para diferenciar as situações em que os acidentes laborais, as doenças ocupacionais e os prejuízos de toda ordem experimentados pelos trabalhadores em suas respectivas ocupações configuram efeitos de um desequilíbrio estrutural dos fatores e das metodologias de produção (*poluição labor-ambiental*) daquelas hipóteses nas quais os eventos deletérios constituem eventos isolados, desvinculados da sistematização da organização dos elementos físicos e imateriais do trabalho.

A depender da origem *sistêmica* ou *tópica* da causalidade a relacionar os eventos deletérios às suas respectivas fontes, ter-se-á o regime de responsabilidade civil aplicável em concreto. Na primeira hipótese (*causalidade sistêmica*), como o prejuízo se materializou em decorrência de um fator de degradação estrutural das condições de trabalho, da organização dos fatores de produção ou das metodologias funcionais de gestão das relações interpessoais (*poluição labor-ambiental*), a modalidade de imputação será *objetiva*, prescindindo-se da investigação quanto à presença do elemento subjetivo (*dolo, imprudência, imperícia* ou *negligência*) e a constatação do nexo causal resultará de um juízo de *probabilidade* aferível por intermédio (i) da implementação, em concreto, de determinado risco proibido pelo ordenamento jurídico e/ou (ii) da existência de correlação entre as atividades desempenhadas pelo tomador de serviços e as lesões ocorridas em concreto.[1000]

Já na segunda hipótese (*causalidade tópica*), o dano em concreto terá como origem um evento isolado, alheio à estruturação sistêmica do meio ambiente do trabalho e que, por isso mesmo, não terá o condão de ocasionar o *efeito dominó* desencadeado pela materialização de um suposto de *poluição*.

Justamente em razão do caráter pontual inerente aos prejuízos em comento, a imputação da responsabilidade ao tomador de serviços em tais casos dependerá da análise do elemento subjetivo a permear a postura destes últimos (*dolo, imprudência, imperícia* ou *negligência*) e da comprovação fática quanto à existência de um nexo causal a vincular a conduta ou a omissão daquele sujeito ao resultado lesivo.[1001]

A *causalidade sistêmica* no meio ambiente do trabalho pode ser ilustrada através de diversos exemplos constatáveis no cotidiano, tais como (i) as doenças adquiridas por trabalhadores expostos a elementos físicos, químicos, biológicos e ergonômicos gerenciados pelos tomadores de serviços em inobservância aos parâmetros exigidos em concreto pelos ordenamentos jurídicos, notadamente pelos princípios da *prevenção* e da *precaução* neles positivados e (ii) as patologias de ordem psicossomática manifestadas nos indivíduos submetidos às metodologias de gestão fundadas no assédio moral organizacional. Tanto na primeira hipótese, como na última, estamos diante de danos cuja materialização é decorrência direta de um desequilíbrio sistêmico nas condições laborais e nos fatores imateriais de produção (ou seja, de *poluição labor-ambiental*).[1002]

Já a *causalidade tópica* tem lugar em situações pontuais, não relacionadas à estruturação das condições de trabalho e dos fatores imateriais de produção, tais como (i) a ação individual de um funcionário que, inadvertida e deliberadamente, altera a configuração de determinado maquinário, vindo a ocasionar acidente a vitimar seu colega e (ii) a conduta do trabalhador que, no trajeto até seu posto operacional, resolve desviar do percurso para se aproximar de um animal selvagem e acaba sendo atacado por este último.

Nas hipóteses de *causalidade tópica* não se exclui, aprioristicamente, a responsabilidade do tomador de serviços pelos danos experimentados em concreto pelo trabalhador. No entanto, a nota distintiva em relação às hipóteses compreendidas na *causalidade sistêmica* consiste, justamente, na necessidade (i) de se comprovar a presença do elemento subjetivo (*dolo* ou *culpa*) na conduta daquele primeiro e (ii) de se evidenciar a existência de um liame fático (não apenas *jurídico* ou fundado na *probabilidade*) entre a postura do gestor laboral e as lesões experimentadas pelo obreiro.

Formulada tal distinção conceitual, podemos, finalmente, indicar que a espécie de causalidade que importa para a *perspectiva ambientalista* – e, consequentemente para os propósitos do presente estudo – é a *sistêmica*, na medida em que ela congrega, exatamente, as situações lesivas experimentadas pelos indivíduos e pelas coletividades como sucedâneos da *poluição* e que, por isso mesmo, prescindem da perquirição em torno do elemento subjetivo e da identificação de um nexo causal fundado na materialidade fática.

5.3.3.2 *O nexo de causalidade* presumido *e o nexo de causalidade* provável

Sob a *perspectiva ambientalista*, a aferição do nexo de causalidade depende, conforme visto, de um juízo de *probabilidade* que será efetuado por intermédio da constatação em torno da criação ou da majoração de riscos proibidos pelo ordenamento jurídico, auxiliado pelo dado fático a consistir no desempenho, por parte do potencial poluidor, de atividades perigosas por sua própria natureza.

Não obstante, a constatação a respeito da existência em concreto dos riscos proibidos – que, conforme visto, configura o principal indicador da presença do nexo de causalidade nas situações relacionadas com a *poluição* – será mais ou menos evidente em função do grau de conhecimento científico a respeito daqueles riscos relacionados às atividades potencialmente degradadoras do meio ambiente.

De fato, o desenvolvimento tecnológico e científico experimentado a partir da Revolução Industrial, somado ao incremento do processo de globalização, conduziu as sociedades contemporâneas a uma realidade na qual os riscos reconhecidamente relacionados a determinadas atividades, produtos e serviços passaram a conviver, em paralelo, com outros riscos de diversas ordens ainda não completamente mapeados ou conhecidos, carreados, justamente, por essa dinâmica social, econômica e mercadológica.[1003]

Nesse contexto, é justamente o grau de conhecimento científico a respeito dos riscos subjacentes às atividades potencialmente poluidoras que permitirá aferir, em concreto, a maior ou menor *probabilidade* quanto à existência de nexo causal entre um dado suposto de degradação ambiental e os danos experimentados em concreto e que viabilizará, consequentemente, a análise a respeito da incidência ou não dos agentes na zona jurídica do *risco proibido*.

Há situações em que os riscos ao equilíbrio ambiental envolvidos em certas atividades são sobejamente conhecidos, com fundamento em compilações de estudos científicos e estatísticos, bem como nos dados obtidos da própria experiência prática, a evidenciarem a existência de uma correlação fática entre a materialização daqueles riscos e a ocorrência de determinados danos.[1004]

São exatamente estas hipóteses que o princípio ambiental da *prevenção*, consolidado em diversos diplomas de direito internacional e em grande parte dos ordenamentos jurídicos domésticos, considera para impor aos potenciais poluidores a implementação de todas as medidas técnicas destinadas a impedir ou, ao menos, minimizar a concretização daqueles riscos relacionados às atividades por eles desempenhadas e cujo resultado lesivo para as potenciais vítimas a eles expostos é amplamente conhecido pela ciência.

Em tais casos, podemos falar, efetivamente, de um nexo de causalidade *presumido* entre a exposição àqueles riscos catalogados pela ciência e os danos ambientais deles decorrentes, haja vista, justamente, a efetiva comprovação de tal relação de causa e efeito.[1005]

Na seara labor-ambiental a situação ora analisada encontra relevante manifestação nas listagens de doenças e afecções relacionadas ao trabalho, cuja elaboração e atualização têm por base os estudos epidemiológicos elaborados a partir dos dados de ocorrências e de afastamentos compilados pelos órgãos sanitários e previdenciários.[1006]

A existência de um nexo de causalidade probabilisticamente comprovado entre certos riscos labor-ambientais (p. ex.: realização de trabalho repetitivo em baixas temperaturas, exposição a substâncias químicas, adoção de metodologias de gestão de pessoas plasmadas no assédio moral institucionalizado etc.) e o aparecimento de doenças a eles relacionadas (p. ex.: lesões osteomusculares, tumores malignos e patologias de cunho psicossomático) sinaliza, para o tomador de serviços e para a generalidade dos gestores dos fatores de produção, que a inoperância de tais agentes no sentido de implementar as medidas coletivas e individuais destinadas a prevenir a manifestação das referidas ameaças, segundo o atual estado da técnica disponível (vide item 5.2.1 *supra*), os insere, exatamente, naquela zona de *risco proibido* a ensejar a imputação objetiva da responsabilidade pela reparação dos respectivos danos.[1007]

Assim, diante do aparecimento de uma doença ocupacional em tais circunstâncias, não será apenas o nexo de causalidade entre o risco labor-ambiental e a patologia a ser presumido, mas também a própria inobservância dos tomadores de serviços àqueles deveres objetivos de antecipação, de planejamento e de execução impostos, em concreto, pelo princípio da *prevenção*. Nesse caso, o próprio aparecimento da moléstia consistirá, de *per se*, em um indicativo fático a apontar que os referidos agentes foram inoperantes ou omissos em relação à implementação daquelas medidas impostas pelos ordenamentos jurídicos aplicáveis em concreto.

Paralelamente às ameaças devidamente conhecidas pela ciência, há os riscos ainda não completamente mapeados que se relacionam a uma série de agentes físicos, químicos e biológicos amplamente utilizados nos processos produtivos e no próprio cotidiano, a despeito do desconhecimento parcial sobre seus efeitos na saúde humana e no meio ambiente.

Em tais circunstâncias, como os efeitos lesivos potencialmente relacionados àqueles elementos não se encontram completamente mapeados pela ciência, não é possível presumir a existência do nexo de causalidade entre os possíveis riscos a eles inerentes e os resultados lesivos experimentados pelas vítimas. Nesses casos, o que há é um vínculo meramente *provável* que será menor ou maior em função do grau de conhecimento existente em um determinado momento a respeito do liame ora aventado.[1008]

Diante de tal constatação, surgem de imediato dúvidas a respeito (i) de quais critérios objetivos deverão ser utilizados pelos aplicadores do direito com vistas à aferição do grau de probabilidade relacionado aos riscos em questão e aos resultados lesivos a ele imputados e (ii) de quais são os deveres (ou os padrões ambientais) impostos pelos ordenamentos jurídicos aos potenciais poluidores ao desempenharem atividades que envolvam os referidos riscos.

Sobre os critérios objetivos a serem observados para fins de mensuração da probabilidade maior ou menor relacionada a determinado risco ainda não completamente mapeado, os operadores jurídicos contam não apenas com os próprios estudos que, periodicamente, atualizam o grau de conhecimento científico a respeito do possível nexo de causalidade, como também com bases de dados elaboradas por diversos organismos, a classificarem os riscos advindos dos elementos envolvidos de acordo com os resultados até então reconhecidos pela ciência. Cita-se, como exemplo, a listagem elaborada e revista pelo *Institute of Advanced Research on Cancer* – *IARC*, vinculado à estrutura da Organização Mundial da Saúde que classifica os agentes físicos, biológicos e químicos em *reconhecidamente cancerígenos*, *provavelmente cancerígenos*, *possivelmente cancerígenos* e *não-cancerígenos*.[1009]

E no que diz respeito à postura objetiva imposta pelos ordenamentos jurídicos aos potenciais poluidores no manejo de tais riscos ainda não completamente mapeados, o princípio ambiental da *precaução* exige, por parte dos referidos agentes, a implementação de procedimentos rigorosos e criteriosos no ensejo de acompanhar, *pari passu*, a evolução dos estudos científicos e das medidas desenvolvidas em direção à compreensão e à eliminação daqueles potenciais riscos envolvidos nas atividades por eles desempenhadas.[1010]

Nesse particular, pode-se tomar por base os cinco critérios formulados pela Comissão Europeia no documento intitulado *Comunicação relativa ao princípio da precaução* (*proporcionalidade*, *não-discriminação*, *coerência*, *custo-benefício* e *análise da evolução científica*), bem assim o roteiro de atuação elaborado por Geneviève Viney e Philippe Kourislky – descritos, respectivamente, nos itens 4.1.5.3 e

5.2.1 *supra* – a serem observados pelos gestores ambientais (aí incluídos, naturalmente, os tomadores de serviços), para o manejo de substâncias, processos e interações cujos efeitos não são completamente dominados pela técnica.[1011]

Como consequência de tal postura imposta pelo princípio da *precaução*, os gestores ambientais (ou potenciais poluidores) que permanecerem total ou parcialmente inativos quanto ao acompanhamento e à implementação *pari passu* dos avanços científicos relacionados àquelas ameaças ainda não mapeadas concorrerão para a materialização de suposto de *poluição* e ingressarão, por isso mesmo, na zona do *risco proibido* a lhes carrear a responsabilidade pelos danos decorrentes de tal degradação ambiental.[1012]

Assim, como o nexo de causalidade entre o risco potencial e a lesão constatada em concreto não é *presumido*, mas sim *provável*, caberá à parte que alega ter sofrido o dano demonstrar, ao menos, (i) a razoabilidade e a plausibilidade sobre a relação causa-efeito indicada e (ii) a existência de estudos científicos a indicarem, em maior ou menor grau, a possível existência do liame causal ora aventado, especialmente em hipóteses assemelhadas àquela que está sendo discutida em concreto.

Caberá ao gestor ambiental, de seu turno, demonstrar que tinha conhecimento das discussões científicas pertinentes ao risco potencialmente decorrente de suas atividades e que buscou, de algum modo, acompanhar a evolução científica a respeito da possível ameaça e que buscou se antecipar, de alguma forma, aos efeitos a ela relacionados, em alinhamento com o que lhe era objetivamente imposto pelo princípio da *precaução.*

Caso o gestor ambiental não apresente nenhum dado objetivamente satisfatório a indicar que conhecia o potencial risco inerente às suas atividades e que agiu no sentido de se acompanhar as discussões científicas e de implementar as medidas indicadas segundo o estágio atual de conhecimento sobre o risco em questão, presumir-se-á sua inação (omissão) diante de possível ameaça e, consequentemente, sua inserção na zona de *risco proibido* acima mencionada.

Convém observar, por oportuno, que o dado a ser averiguado nessa análise consistirá, objetivamente, no cotejo entre a postura do gestor ambiental e os padrões de atuação exigidos pelo princípio da *precaução*, quais sejam, a ocorrência ou não, em concreto, (i) de acompanhamento dos estudos científicos relacionados ao risco não mapeado e aos seus potenciais efeitos e (ii) de implementação das medidas recomendadas segundo o atual estágio de conhecimento, independentemente de qualquer juízo a respeito da possível presença de dolo, negligência, imperícia ou imprudência a macular o comportamento do agente.[1013]

Em caso de resposta negativa a tal indagação, restará confirmada, de um lado, a inação do agente e, de outro, a inobservância aos padrões comportamentais impostos pelo princípio jurídico da *precaução*, de modo a carrear, para o sujeito em referência, a imputação da responsabilidade pela reparação dos danos ambientais materializados na situação concreta.

É justamente nesse sentido que Felipe Braga Netto, ao comentar a temática em discussão, assevera que "*a omissão só é relevante, juridicamente, como causa do dano, porque existem normas jurídicas – princípios ou regras – que criaram um dever de agir, ou (...) um dever de resguardar certo bem jurídico fundamental*". Assim, diante das diretrizes emanadas do princípio da *precaução*, a inação do gestor ambiental quanto a sua implementação em concreto acabará por formar o *nexo nomológico-abstrato* que conduz à imputação da responsabilidade.[1014]

A dinâmica ora formulada para a constatação do nexo de causalidade *provável* e para a responsabilização do agente à luz dos cânones objetivos emanados do princípio da *precaução* se aplica plenamente às situações vivenciadas no *meio ambiente do trabalho*, onde muitas vezes os indivíduos são submetidos a uma série de riscos ainda não totalmente mapeados pela ciência, tais como aqueles decorrentes do emprego da nanotecnologia nos processos produtivos e da exposição a campos eletromagnéticos, por exemplo.

Podemos dizer, portanto, que a constatação em torno do nexo de causalidade, sob a ótica da *perspectiva ambientalista*, está diretamente relacionada à probabilidade científica a respeito dos diversos riscos e das hipóteses de danos deles decorrentes, sendo *presumido* quando a relação causa-efeito alegada é de consagrada em estudos e dados estatísticos e tido como *provável* quando tal liame não estiver completamente mapeado, de modo a ensejar, em tais hipóteses, a perquirição a respeito da postura adotada em concreto pelo gestor ambiental à luz dos parâmetros legais pertinentes.

Tanto em um caso quanto em outro (de nexo de causalidade *presumido* ou *provável*), o dado a ensejar a imputação da responsabilidade civil ao gestor ambiental (potencial poluidor) será a (in)observância às diretrizes emanadas do conteúdo institucional subjacente aos princípios da *prevenção* e da *precaução*, vivificados no caso concreto em função das nuances a ele inerentes.

5.3.3.3 As concausas, as excludentes de causalidade e o dano ambiental

Sob o *paradigma individualista* da responsabilidade civil, a existência de eventos paralelos à conduta que alegadamente resultou nos danos sofridos pelas vítimas no contexto de uma dada relação jurídica (as chamadas *concausas*), é decisiva para a formação (ou não) do nexo de causalidade a gerar, ao fim e ao cabo, a responsabilidade pela reparação dos prejuízos sofridos.

De fato, sendo o nexo de causalidade, sob a responsabilidade civil tradicional, um dado naturalístico (material), cuja constatação é aferível pela manifestação de certos eventos no plano da realidade palpável, a ocorrência de fatos atribuídos à própria vítima, a terceiros, à natureza (*força maior*) ou ao acaso (*caso fortuito*), pode vir a operar como uma causa concorrente ou até mesmo excludente em relação à conduta do agente a quem se imputa o resultado lesivo.

Sob a *perspectiva ambientalista*, onde a ocorrência do nexo de causalidade depende de uma análise eminentemente probabilística a respeito de efeitos concretos atribuíveis a um suposto de poluição, poder-se-ia questionar se a coexistência, em paralelo, de outro potencial fator de degradação ambiental passível de ocasionar o resultado lesivo (p. ex.: a existência de duas indústrias químicas em uma mesma localidade que manejam substâncias químicas capazes de ocasionar idênticos tumores malignos) seria suficiente para relativizar ou até mesmo elidir o liame causal em apreço.[1015]

A resposta a tal questionamento, conforme já visto no item 4.1.3 *supra*, há de ser negativa, na medida em que o dever de zelar pelo bem jurídico representado pelo *meio ambiente*, em todas as suas dimensões e aspectos, se difunde em igual medida entre todos aqueles agentes e organizações da sociedade que concorreram direta ou indiretamente para a materialização e para a propagação, em concreto, da poluição, de modo a gerar uma espécie própria de *solidariedade passiva*.[1016]

Assim, em se tratando de fatores concorrentes de poluição, não há de se cogitar na existência de *concausas* propriamente ditas, mas sim de situações equivalentes de degradação ambiental que sujeitam os agentes (poluidores *diretos* e *indiretos*) ao mesmo grau de responsabilização pela reparação dos prejuízos experimentados pelas coletividades determinadas e indeterminadas, bem como pelos indivíduos.[1017]

A despeito do papel decisivo desempenhado pela figura da solidariedade para a definição dos sujeitos responsáveis diante de um suposto de degradação ambiental, persiste, em paralelo, outro questionamento igualmente relevante: nas hipóteses envolvendo a manifestação, em concreto, de concausas relacionadas a fatos isolados (e, portanto, desconectados de um suposto de degradação ambiental), poderá a responsabilização do agente (*poluidor*) ser mitigada ou mesmo elidida?

Anteriormente à formulação de uma resposta minimamente satisfatória a tal indagação, é mister esclarecer que os *fatos isolados* aqui considerados correspondem, exatamente, àquelas concausas já analisadas no item 3.3 *supra*, a saber, (i) o *fato da própria vítima*; (ii) o *fato de terceiro* e (iii) a *força maior* que, em se tratando da responsabilidade civil vista sob o *paradigma individualista*, logram, efetivamente, afetar a constituição do nexo de causalidade a vincular a conduta do agente e o resultado lesivo experimentado pela vítima.

Mas como isto poderia acontecer, se os danos individuais, coletivos e difusos decorrentes de uma situação de degradação ambiental são imputados, probabilisticamente e solidariamente, aos poluidores diretos e indiretos envolvidos em concreto? Como podem concausas conceituadas sob a vigência do *paradigma individualista* interferir na responsabilização dos agentes sob as complexas estruturas da *perspectiva ambientalista*?

A explicação para tanto se encontra naquelas situações características da *causalidade tópica*, analisadas no item 5.3.3.1 *supra*, que muito embora ocorram em um meio ambiente comprometido por degradação sistêmica (p. ex.: uma localidade ou uma indústria onde os indivíduos se encontram expostos a substâncias químicas nocivas)não têm por causa-raiz a poluição a afetar aqueles espaços ou, nas palavras de Guilherme Guimarães Feliciano, ocorrem "*sem relação com qualquer desequilíbrio sistêmico labor-ambiental*".[1018]

Em tais situações, não se está a falar de um dano relacionado à poluição ambiental e à desestruturação sistêmica por ela ocasionada em um determinado segmento do meio ambiente. Trata-se, ao revés, de um evento que apenas *aparentemente* tem relação com a causa-raiz da degradação ambiental vivenciada, mas que com ela não se vincula, justamente porque resulta de um fato isolado e passível de individualização atribuível exclusivamente à vítima, a terceiros ou à própria natureza.[1019]

Diante do caráter apartado dos fatos em questão e de sua dissociação em relação à estruturação sistêmica do meio ambiente, a análise em torno do nexo causal a vincular o evento e o resultado lesivo não será, aqui, probabilística, mas sim naturalística, tal como ocorre naquelas hipóteses regidas pelo *paradigma individualista*. É justamente nesse sentido que as *condutas imputadas à própria vítima*, os *fatos de terceiros* e a *força maior* podem interferir decisivamente nas situações a envolverem a poluição ambiental.[1020]

O *fato da própria vítima* tem lugar quando o próprio lesado ocasiona, por sua exclusiva ação, o dano, ainda que esteja ele exposto, de modo geral, a um risco sistêmico de ordem ambiental. Tome-se, como exemplo, situação em que um morador de localidade situada próxima à rede elétrica de alta tensão, inadvertidamente, ultrapassa as barreiras que circundam as torres de transmissão, escala estas últimas e acaba sendo eletrocutado.[1021]

Em tais circunstâncias, ainda que a rede de alta tensão seja um fator de risco ambiental sistêmico em razão das possíveis falhas operacionais atribuíveis à sua estruturação ou aos possíveis efeitos atribuídos aos campos eletromagnéticos, o acidente em questão não resultou de tais deficiências organizacionais, mas sim de uma conduta autônoma, isolada e independente assumida e materializada pela vítima ou, na dicção de Feliciano, "*a uma falha humana isolada, de caráter assistemático, e não a um quadro de desequilíbrio organizacional ou ambiental*".[1022]

Já o *fato de terceiros* tem lugar quando um indivíduo age no sentido de produzir um prejuízo em desfavor da vítima que se encontra submetida a riscos sistêmicos. O contexto é aquele mesmo subjacente ao *fato da própria vítima*, com a diferença de que o dano imputado ao lesado não foi ocasionado por ele próprio, mas sim por um terceiro, por intermédio de uma ação isolada que não tem relação com a estruturação material e imaterial do ambiente que o circunda.

No plano abstrato, não é difícil definir o *fato de terceiro* à luz da causalidade tópica, estando a dificuldade, justamente, em se conceber, no plano prático, situações em que o conceito ocorre de forma pura, ou seja, sem qualquer correlação com um fator de degradação sistêmica. Imagine-se, nesse sentido, o meio ambiente do trabalho a circundar os trabalhadores de uma linha de produção em que um colega, repentinamente, agride o outro a ponto de lhe ocasionar lesões de ordem física.

À primeira vista, tal situação poderia configurar um exemplo perfeito de *fato de terceiro* materializado em um contexto de *causalidade tópica*, no qual o resultado lesivo foi ocasionado por uma conduta isolada praticada por seu colega de trabalho em um rompante de raiva. No entanto, ao se analisar o episódio mais detalhadamente, pode-se chegar à conclusão de que a agressão teve por pano de fundo uma sistemática deletéria de gestão das relações interpessoais fomentada pelo próprio tomador de serviços (p. ex.: através da emulação da competitividade entre os funcionários, da tolerância com o *bullying* e com a afetação a aspectos da personalidade dos indivíduos etc.), de modo a gerar um meio ambiente do trabalho extremamente degradado.

Nessa hipótese, teríamos uma situação em que o *fato de terceiro* (a agressão), ao mesmo tempo em que não poderia ser qualificado como uma decorrência direta e imediatamente relacionada à desestruturação do meio ambiente de trabalho, não teria ocorrido sem a materialização desta última. Há aqui, portanto, a concorrência entre um evento particularizado, decorrente da ação espontânea de um indivíduo em relação ao outro, e um fator de poluição labor-ambiental, ou seja, uma típica *concausa.*

Se, contudo, pensarmos na mesma linha de montagem e trocamos o autor da agressão, substituindo o colega de trabalho da vítima por um desafeto seu que, transpondo os muros da fábrica, avança em direção a ela e lhe desfere potentes golpes, teremos um suposto claro de *fato de terceiro*, ocasionado pela ação espontânea e isolada alheia à organização estrutural das condições de trabalho, dos fatores de produção e das relações interpessoais no ambiente laboral gerido pelo tomador de serviços.

Nessa hipótese, se houver algum resquício de responsabilidade imputável ao tomador de serviços, este último não decorrerá, a princípio, da desestruturação do meio ambiente do trabalho a circundar a vítima, mas sim de uma situação pontual de negligência, imperícia, imprudência ou mesmo de dolo, por parte dos prepostos patronais (*causalidade tópica*), plenamente aferível por intermédio da análise em concreto da *culpa in vigilando* ou da *culpa in eligendo.*

Ainda no domínio das *concausas* e das *excludentes de causalidade*, destacam-se as situações enquadráveis no conceito de *força maior*, formulado pela teoria clássica do direito civil como o evento "*que, por sua natureza, é inevitável, independendo, portanto, da pessoa e da previsibilidade e atuação dela (...) que não se poderia evitar com a mais apurada diligência*", segundo a dicção de Pontes de Miranda.[1023]

A *força maior* passível, em tese, de excluir o nexo de causalidade em se tratando de responsabilidade civil labor-ambiental seria aquele fato totalmente atribuível à natureza (*act of god*) cujos efeitos deletérios sobre os bens jurídicos coletivos e individuais tutelados pelos ordenamentos jurídicos reputam-se inevitáveis, haja vista a impossibilidade dos agentes em antecipá-los, preveni-los e combatê-los de maneira adequada e eficaz.[1024]

No entanto, se a *força maior* é fácil de se conceituar e de se conceber em abstrato, na complexa realidade do mundo concreto – onde prevalecem os *riscos do terceiro tempo* e onde os efeitos da intervenção humana na natureza são visíveis e sensíveis em medidas sem precedentes – sua materialização em concreto como um puro e simples *act of god* são, no mínimo, questionáveis e abrem espaço para a perquirição acerca da origem entrópica dos sinistros e, consequentemente, da operação de uma fonte poluidora na ocorrência dos resultados lesivos.[1025]

É o que se passa, por exemplo, com as grandes tragédias climáticas atribuíveis às secas, às chuvas intensas, às ondas de frio e de calor e às inundações, cada vez mais frequentes. Até que ponto a ação humana concorreu (e ainda concorre) para a mudança climática e, consequentemente, para a ocorrência de tais episódios?

Se a resposta a tal indagação indicar, afirmativamente, para a existência de uma relação entre causa e efeito – como, de fato, a ciência aponta –, então não poderemos mais atribuir os resultados lesivos à *força maior*.[1026]

Outro exemplo de situação aparentemente atribuível à *força maior* que possui base entrópica – e que pode afetar, diretamente, o meio ambiente do trabalho, especialmente nas atividades que envolvem a manipulação de proteína animal – é representada pelo surgimento de agentes patógenos por intermédio da interação do homem com outras espécies. Em tais circunstâncias, não se pode atribuir exclusivamente às forças da natureza a materialização dos danos coletivos e individuais decorrentes da circulação ocupacional ou comunitária de tais micro-organismos, pois o aparecimento destes últimos tem por causa, em grande medida, um ou mais fatores de degradação ambiental de origem artificial.[1027]

Nas hipóteses ora descritas, a degradação ambiental de origem humana, operacionalizada por intermédio do lançamento excessivo de gás carbônico na atmosfera, do desmatamento e da interação com outras espécies contribui de maneira decisiva para as tragédias climáticas e para a proliferação de novos agentes patógenos.

Em tal contexto, a contribuição entrópica para os efeitos lesivos decorrentes de tais vicissitudes, por mais difícil que possa se operacionalizar sua mensuração precisa, não será exatamente uma *concausa* a concorrer com a *força maior* para a materialização dos prejuízos em questão, mas sim uma manifestação típica de *poluição* a gerar um desequilíbrio nos fatores estruturais que conformam o entorno e a desencadear, como visto, os eventos cataclísmicos e biológicos ora mencionados.

De igual modo, a *força maior* não se presta a servir como excludente de causalidade em se tratando de responsabilidade civil sob a *perspectiva ambientalista* quando os gestores dos respectivos espaços se encontram obrigados, por força dos princípios da *prevenção* e da *precaução*, a anteciparem todos os riscos passíveis de manifestação em concreto (aí incluídos os *naturais*) e a estruturarem tais espaços de modo a eliminar ou mitigar, na maior medida possível, as potenciais vicissitudes relacionadas àquelas ameaças.[1028]

É o que se passa, por exemplo, com uma planta industrial situada em determinada região sabidamente afetada por fortes e frequentes manifestações sismológicas. Nessa ilustração, a existência de um fator natural de risco, representado pelos tremores de terra, impõe ao tomador de serviços a organização de seus fatores de produção (p. ex.: edificações, maquinário, mobiliário, ferramental etc.) de modo a impedir ou a reduzir ao máximo as chances de que tais elementos venham a atingir os trabalhadores durante os sismos.

Se, em tal hipótese, o tomador de serviços construiu sua fábrica em desconformidade com as normas técnicas para a edificação em terrenos sujeitos a intensa atividade sismológica ou organizou seu mobiliário, seu ferramental ou seu maquinário sem atentar para a probabilidade de que o deslocamento de uma dessas estruturas durante um terremoto pudesse vir a ferir os trabalhadores, terá ele ampliado tais riscos de ordem natural e materializado, por conseguinte, suposto de *poluição labor-ambiental* vedada em concreto pelo princípio da *prevenção.*

O mesmo ocorre se, durante a transmissão comunitária de um determinado agente biológico (por exemplo, o *Novo Coronavírus* – SARS-CoV-2), o tomador de serviços elabora seus protocolos de biossegurança de modo a não antecipar de maneira adequada os riscos inerentes à circulação ocupacional de tal micro-organismo e, com isto, acaba majorando significativamente as possibilidades de contração ocupacional das patologias associadas àqueles patógenos, especialmente naquelas atividades que, por sua natureza, envolvem maior possibilidade de contaminação.[1029]

Em tais situações, a inoperância do tomador de serviços no tocante à antecipação, à prevenção e ao combate à totalidade dos riscos inerentes ao referido agente patógeno em seus respectivos protocolos de crise ocasionará, em concreto, o suposto de *poluição labor-ambiental* vedado pelo ordenamento jurídico e acarretará, para si, a responsabilização pelos danos coletivos e individuais concretizados em decorrência da circulação ocupacional daquele micro-organismo.[1030]

A *força maior* somente figurará como uma excludente da causalidade sob a *perspectiva ambientalista* da responsabilidade civil quando o gestor ambiental tiver implementado todas as medidas de *prevenção* e de *precaução* cabíveis em concreto e, mesmo assim o evento natural se mostrar capaz de tornar inócuas as exigências impostas em concreto pelo ordenamento jurídico e suplantar qualquer planejamento operacional passível de ser realizado pelo responsável.

Note-se, contudo, que a exclusão de causalidade representada pela *força maior* somente afastará a causalidade relacionada àqueles fatores de risco inevitáveis, materializados em decorrência de eventos extremos (p. ex.: terremotos com intensidades que transcendem a classificação *Richter*), alheios a qualquer planejamento fundamentado no conhecimento científico acumulado em um determinado momento.

De outro turno, a singela *imprevisibilidade* – aqui compreendida como a manifestação de eventos fortuitos decorrentes do desempenho regular de determinada atividade (p. ex.: a soltura de uma peça na engrenagem de um maquinário ou a queda de uma luminária, a atingirem um trabalhador em determinada planta industrial) – não figurará como excludente de causalidade à luz da *perspectiva ambientalista* da responsabilidade civil, pois os riscos inerentes a tais acontecimentos integram as respectivas operações.[1031]

Tais eventos, classificados pela Teoria Clássica do Direito Civil sob a denominação de *caso fortuito* – configuram, sob a *perspectiva ambientalista*, manifestações concretas da desestruturação dos fatores de organização a cargo do gestor ambiental compreendidas no conceito de *poluição*, a ensejarem, como visto, sua responsabilidade objetiva, com a correspondente presunção do nexo de causalidade.

Assim, em resumo, sob a égide da *perspectiva ambientalista*, a responsabilidade civil do gestor ambiental pela recomposição ou pela reparação dos danos relacionados à poluição somente será atenuada ou excluída ante a iminência de um fator isolado (isto é, não relacionado à estruturação sistêmica do meio ambiente a circundar as vítimas), submetido à *causalidade tópica*, ou ante a ocorrência de um evento natural extremo irresistível, imprevisível e inevitável.

5.3.4 O elemento subjetivo e a *perspectiva ambientalista*

Nos domínios da *perspectiva ambientalista*, conforme visto, a configuração da responsabilidade civil prescinde da análise acerca do elemento subjetivo a permear a conduta dos agentes. Havendo a *poluição*, caracterizada, por intermédio da criação ou da majoração de risco proibido pelo ordenamento jurídico e demonstrado o nexo de causalidade probabilístico entre a postura do(s) agente(s) e os resultados lesivos visualizados em concreto, restará imputada ao(s) poluidor(es) direto(s) ou indireto(s), a responsabilidade civil solidária pela recomposição ou pela reparação dos danos coletivos e individuais daí decorrentes.

Não obstante a dinâmica própria da responsabilidade civil objetiva sob a *perspectiva ambientalista*, o elemento subjetivo inerente às condutas pessoais não configura, sob tal sistemática, um dado descartável ou superado em absoluto, na medida em que ele desempenhará um papel central (i) na imputação dos agentes, quando se tratar de hipóteses enquadráveis no conceito de *causalidade tópica*, e também (ii) na avaliação a respeito da reprovabilidade das posturas implementadas em concreto pelos poluidores, para fins de fixação das reparações devidas à vítimas.

Conforme visto no item 5.3.3.1 *supra*, nem todos os danos ocorridos nos espaços naturais e artificiais a integrarem o *meio ambiente* são consequências da materialização dos riscos associados a determinado suposto de poluição, pois se originam de eventos isolados que não guardam correlação com a estruturação do respectivo sistema ambiental e tampouco com a realização de determinada atividade econômica. São situações em que a *causalidade* relacionada a determinado resultado lesivo é apartada dos riscos sistêmicos, sendo, por isso mesmo, classificada como *tópica*.

Por serem eventos isolados e dissociados dos riscos que a poluição acarreta para a integridade dos sistemas e subsistemas ambientais, as ações ou omissões que geraram os resultados lesivos são plenamente individualizáveis, tanto em relação aos agentes (*quem* cometeu), aos meios (*como* cometeu), aos motivos (*por que* cometeu) e às consequências materiais e temporais que elas produziram nos bens jurídicos titularizados pelas vítimas.

Nesse contexto, a responsabilização dos agentes causadores dos danos deverá observar a diretriz elementar emanada do *paradigma individualista*, qual seja, a presença do *elemento subjetivo* (*dolo*, *negligência*, *imperícia* ou *imprudência*), cuja constatação em concreto configura, justamente, o elemento nuclear a ensejar a imputação do dever reparatório nos supostos de violação a obrigações contratuais (*culpa contratual*) ou legais (*culpa aquiliana*).[1032]

Portanto, nas situações de *causalidade tópica*, a imputação da responsabilidade civil, antes de ter por causa a ocorrência de uma desestruturação sistêmica atribuída pelos próprios ordenamentos jurídicos aos sujeitos enquadráveis na figura objetiva do *poluidor* (direto e/ou indireto), acrescida de um nexo de causalidade meramente probabilístico, não prescindirá da análise acerca da presença do elemento subjetivo a permear a conduta dos agentes (*dolo* ou *culpa*) e da comprovação de um liame causal naturalístico.

E conforme já visto alhures, para que ocorra a imputabilidade nas situações de *causalidade tópica*, far-se-á necessário constatar, em relação ao sujeito causador do dano, a presença (i) da consciência, ao menos presumida, do dever violado por parte do agente, (ii) da previsibilidade, bem como da evitabilidade, das lesões ocasionadas e (iii) da possibilidade do sujeito observar, em concreto, aquela obrigação.[1033]

No entanto – tal como ocorre, historicamente, em qualquer situação a envolver a perquirição do elemento subjetivo – a verificação casuística a respeito dos elementos representados pela *consciência*, pela *previsibilidade* e pela *evitabilidade* a permearem a conduta do agente, especialmente nos casos de imputação de *culpa*, envolve, inevitavelmente, a discussão em torno dos parâmetros de aferição para tais elementos, ou seja, se através (i) do escrutínio do estado psicológico e espiritual do sujeito quando da prática do ato lesivo ou (ii) do cotejo entre sua ação e a conduta esperada de alguém colocado nas mesmas circunstâncias que ele.

Já vimos no item 2.5.4 *supra* que tal embate permeou por muito tempo as discussões entre os adeptos das teorias *concreta* e *abstrata* da culpa e que, malgrado a prevalência desta última, seus teóricos nunca conseguiram estabelecer parâmetros metodológicos seguros e indenes de alguma dose de subjetivismo no ensejo de definir quais seriam os padrões de conduta exigíveis dos agentes diante das situações concretas a envolverem sua atuação.[1034]

Por mais árdua que seja a questão, acreditamos que o ordenamento jurídico impõe aos sujeitos, confrontados com as circunstâncias dos casos concretos, certas condutas que muito embora não sejam aferíveis de imediato a partir da singela leitura dos dispositivos legais e nem exigíveis sob a lógica da subsunção das hipóteses fáticas aos textos normativos, são delimitáveis por intermédio da atividade de perquirição a respeito do sentido e do alcance dos preceitos à luz das nuances específicas da situação sob exame.[1035]

Assim, a tarefa de dar sentido concreto aos textos legais face aos dados oriundos da realidade fática cabe, precipuamente, aos intérpretes das normas. Nessa perspectiva, a lei nada mais é do que um ponto de partida, um pensamento traduzido em direito positivo que reflete um momento histórico determinado, cuja subsistência no tempo e no espaço não pode prescindir dos contributos exegéticos oferecidos pelos atores sociais conectados com o "*mundo da vida*" e por ele afetados diretamente.

Portanto, ao se confrontar com uma situação fática enquadrável na *causalidade tópica*, o intérprete deverá perquirir, em um primeiro momento, qual o sentido e o alcance em abstrato que subjazem ao texto normativo a ser aplicado, à luz, principalmente, de suas finalidades sociais e econômicas e de sua conjugação com os demais postulados contidos no ordenamento jurídico para, em seguida, delimitar, com base em tais elementos, qual a conduta exigida do agente, em concreto, na situação específica a envolvê-lo como potencial responsável.[1036]

Caso a conduta do sujeito divirja daquele comportamento exigido em concreto pelo ordenamento jurídico – aferível, conforme visto, pela atividade interpretativa ora proposta –, restará presumida, na situação específica sob exame, a presença do *elemento subjetivo* representado pela *culpa*.[1037]

No intuito de ilustrar tal ponto de vista, com especial enfoque ao *meio ambiente do trabalho*, retomemos o exemplo formulado no item 5.3.3.3 *supra*, a envolver o sujeito que consegue ingressar em uma determinada fábrica, transpondo seus muros, e uma vez nas dependências desta última, agride violentamente um dos trabalhadores nela ativados.

Nessa hipótese, pode-se afirmar que a conduta objetivamente imposta pelo ordenamento jurídico ao tomador de serviços, por força das obrigações concernentes ao resguardo da segurança e da integridade física dos prestadores ativados em suas instalações (que configuram, inclusive, deveres anexos aos contratos laborais decorrentes da cláusula-geral de boa-fé), consiste em fiscalizar, de maneira eficaz, as cercanias da fábrica e, uma vez constatada potencial invasão, neutralizá-la de imediato.[1038]

Paralelamente a isto, tomemos de empréstimo o exemplo formulado por Guilherme Guimarães Feliciano, a descrever a hipótese do encarregado que se esquece de colocar o cadeado de segurança na chave-geral de eletricidade, de modo a possibilitar que terceiro venha a manusear indevidamente o aparelho, de forma a energizá-lo e de ocasionar, com isto, a eletrocussão de determinado trabalhador.[1039]

Em tal exemplo, aqueles mesmos deveres de proteção da segurança e da integridade física dos trabalhadores – que integram a generalidade dos ordenamentos jurídicos – impunha ao tomador de serviços (*v.g.*, ao empregador) a designação de um preposto minimamente diligente e capacitado para manusear o equipamento e que fosse devidamente instruído para fazê-lo de forma a não gerar riscos para seus colegas e para terceiros.

Tanto em um exemplo quanto em outro, a presença do elemento subjetivo é uma decorrência da inobservância, por parte dos tomadores de serviços, das condutas objetivas de fiscalização, escolha e instrução impostas em concreto pelo ordenamento jurídico no ensejo de resguardar a integridade psicofísica dos trabalhadores. Ao não agirem de modo a concretizar as ações determinadas pelo arcabouço normativo aplicável nas ilustrações ora formuladas, os empregadores acabaram por materializar as situações de *culpa in vigilando*, *in elegendo* e *in instruendo.*[1040]

Paralelamente a isto, é importante frisar que, por se tratar de situações desvencilhadas da organização sistêmica do meio ambiente do trabalho, as hipóteses de *causalidade tópica* ora analisadas desafiam a incidência das figuras jurídicas da *legítima defesa*, do *estado de necessidade* e do *erro escusável* que, uma vez verificadas em concreto, excluirão a ilicitude a permear a conduta do agente.

Assim, em se provando que o agente atuou no sentido (i) de evitar agressão injusta e iminente dirigida à sua pessoa ou à de terceiros; (ii) de impedir a lesão a determinado bem jurídico em face de perigo real, concreto e iminente ou então (iii) pautado por uma avaliação equivocada tomada em face de um dado evento imprevisto, destituída de *negligência*, *imprudência* ou *imperícia*, a antijuridicidade inerente à sua conduta será elidida, assim como a responsabilidade pela reparação dos prejuízos experimentados pelos afetados.

Além da imputação de responsabilidade aos agentes nas hipóteses enquadráveis no conceito de *causalidade tópica*, a análise acerca do *elemento subjetivo* tem relevância, na *perspectiva ambientalista*, para a graduação da reprovabilidade das condutas implementadas em concreto pelos poluidores, nas situações submetidas à *causalidade sistêmica.*[1041]

Muito embora a poluição labor-ambiental e seus sucessivos efeitos lesivos prescindam da demonstração do *elemento subjetivo* para fins de imputação da responsabilidade ao agente criador ou majorador de riscos proibidos pelo ordenamento jurídico (o *poluidor*), a perquirição acerca do grau de *dolo* ou de *culpa* subjacentes à sua conduta, em conjunto com a gravidade dos danos coletivos e individuais perpetrados em concreto, acaba por servir de indicativo para o intérprete/aplicador do Direito, da dimensão da reparação a ser fixada por intermédio das condenações pecuniárias e das obrigações de fazer.

Além disso, em se tratando de um suposto contínuo de poluição, cujos efeitos ainda não se esgotaram no tempo, o *elemento subjetivo* indica ao intérprete/aplicador do ordenamento jurídico as medidas inibitórias a serem determinadas em concreto, no ensejo de impelir o poluidor a cessar a degradação ou ao menos de minimizar suas consequências pretéritas, presentes e futuras.

Nesse particular, pensamos que a análise acerca da postura adotada pelos poluidores diante dos mandamentos emanados, em concreto, pelos princípios da *prevenção* e da *precaução* desempenha um papel decisivo na aferição a respeito da menor ou maior reprovabilidade social dos comportamentos em questão e, consequentemente, na imposição proporcional de obrigações àqueles sujeitos.

Assim, se diante de um risco plenamente conhecido (p. ex.: a exposição ocupacional à poeira de amianto), o gestor ambiental se omite conscientemente quanto ao dever de implementar as medidas minimamente apropriadas com vistas à dispersão ou à redução das ameaças à integridade psicofísica daqueles que se expõem ao referido agente químico (p. ex.: se nega a fornecer máscaras de proteção respiratória, se recusa a instalar exaustores nos pontos mais críticos da planta industrial, procede ao descarte descriterioso de resíduos, adultera propositalmente os laudos técnicos etc.), acaba ele por malferir o princípio da *prevenção* com tamanha gravidade que demandará do intérprete/aplicador do Direito a imposição de uma condenação pedagógica com efeitos prospectivos, a fim de impelir o agente e os terceiros que eventualmente pensem em seguir suas práticas nocivas, a não mais colocarem em risco os bens jurídicos vulnerados em concreto.

O mesmo ocorrerá quando o gestor ambiental, diante de um risco ainda não completamente mapeado pela ciência (p. ex.: os efeitos decorrentes das ondas eletromagnéticas emitidas pelas antenas de telefonia celular), se omitir de forma permanente, deliberada e consciente quanto ao acompanhamento dos avanços científicos referentes àquela potencial ameaça e quanto à adequação de seu instrumental às novas diretrizes técnicas formuladas no desiderato de reduzi-la.

Nas hipóteses ora descritas, dada a gravidade dos danos perpetrados em função de seu caráter muitas vezes plurissubjetivo, atemporal, intergeracional e irreversível, bem assim a relevância dos bens jurídicos lesados (em especial, o *meio ambiente* em todas as suas dimensões), a condenação pedagógica dos poluidores visa inibir que estes últimos ou outros potenciais poluidores venham a reiterar as condutas e as omissões geradoras da degradação. E nesse desiderato, o *elemento subjetivo* inerente a tais comportamentos é que servirá, justamente, como baliza para a reparação a ser estipulada em concreto.[1042]

O *elemento subjetivo*, portanto, malgrado sua vinculação às teorias clássicas da responsabilidade civil, possui relevância para a *perspectiva ambientalista*, na medida em que (i) viabiliza a imputação do dever reparatório ao agente nas hipóteses de *causalidade tópica* passíveis de manifestação nas searas ambientais sujeitas a determinado suposto de poluição (dentre elas, o *meio ambiente do trabalho*) e (ii) serve como parâmetro para a aferição da reprovabilidade social das condutas dos poluidores, nas situações de *causalidade sistêmica*, e, consequentemente, para a estipulação das medidas condenatórias que lhes serão impostas a título de reparação.

5.3.5 O princípio da reparação integral sob a perspectiva ambientalista

Na dinâmica tradicional da responsabilidade civil, a *reparação* constitui, justamente, a etapa final do processo precedido, conforme visto, (i) pela análise da *conduta* dos agentes; (ii) pela verificação em torno do *resultado* lesivo dela decorrente para as vítimas; (iii) pela constatação do *nexo causal* entre aquela primeira e este último e (iv) pela perquirição em torno do *elemento subjetivo* a permear a atuação dos causadores dos danos, em se tratando de situações submetidas à *responsabilidade subjetiva* e à *causalidade tópica*.

Constatada a presença dos referidos elementos, passa-se à imputação da responsabilidade aos agentes e, consequentemente, do dever de promover a recomposição dos bens jurídicos das vítimas por intermédio de sua *reintegração específica*, quando o retorno ao *status quo ante* se mostra viável na prática ou, em caso negativo, ao *ressarcimento pecuniário* das perdas e danos experimentados, conforme já analisado oportunamente no item 2.1 *supra*.[1043]

Nesse desenho tradicional, concebido sob a ótica do *paradigma individualista* da responsabilidade civil, a existência de um dano concreto e consumado é pressuposto essencial para a reparação que será, incondicionalmente, posterior à materialização das lesões. Ainda que seus efeitos possam se protrair no tempo, tal como nas hipóteses dos *lucros cessantes* e do *pensionamento*, por exemplo, a dimensão material e o âmbito subjetivo dos prejuízos são conhecidos de antemão ou, quando não, plenamente mensuráveis.[1044]

No entanto, sob a ótica da *perspectiva ambientalista*, a reparação dos danos decorrentes dos supostos de *poluição* possui uma dinâmica completamente distinta, pautada por parâmetros diversos daqueles concebidos pela teoria clássica da responsabilidade civil. Trata-se, verdadeiramente, da ressignificação conferida à ideia de *reparação*, no ensejo de adequá-la à complexidade cada vez mais crescente que caracteriza as lesões em uma sociedade na qual os riscos são onipresentes e têm a potencialidade de transcender quaisquer limites espaciais e temporais.

Em tais situações, o próprio *dano* possui um caráter plurissubjetivo, multidimensional e temporalmente indefinido, que inviabiliza a perquirição a respeito do momento exato em que se deu sua concretização, conforme visto no item 5.3.2.3 *supra*. É ele, portanto, um *iter* contínuo que, na esteira da *poluição* a lhe servir de causa-origem, segue afetando os interesses jurídicos dos indivíduos, das coletividades e das próprias sociedades em um verdadeiro *efeito dominó* que simplesmente não cabe na definição clássica a pressupor (i) a ocorrência de um ou mais atos determinados; (ii) a definição temporal das lesões e (iii) a identificação precisa dos agentes e das vítimas.

Por isso mesmo, a *reparação* a tais *danos* relacionados a supostos específicos de *poluição* não se mostra compatível com a modalidade *post factum* erigida à condição de dogma pelos teóricos do *paradigma individualista* da responsabilidade civil. No ensejo de acompanhar o caráter contínuo, atemporal, plurissubjetivo e multidimensional das lesões ambientais, ela assumirá, sob a *perspectiva ambientalista*, a dinâmica de um verdadeiro *processo* que correrá em paralelo à própria materialização das lesões e que, muitas vezes, poderá até mesmo precedê-las, no ensejo de preveni-las, em um verdadeiro giro copernicano em relação à concepção clássica do tema.[1045]

Desse modo, a *reparação* dos danos de natureza ambiental, antes de se esgotar com a reintegração imediata do patrimônio lesado à vítima ou o oferecimento de compensação pecuniária por sua perda total ou parcial, demanda a instauração de uma sequência indefinida e indeterminada de atos destinados não somente à recomposição dos bens jurídicos violados de titularidade difusa, coletiva e individual, mas também à prevenção de novos prejuízos, em um itinerário que se protrai no tempo e no espaço, sem que se possa estimar qualquer solução de continuidade.[1046]

Diante de tais características, a própria ideia de *reparação integral* adquire, sob a *perspectiva ambientalista*, uma nova dimensão que transcende em muito a concepção em torno da restauração total e *ex post factum* das lesões perpetradas no âmbito de uma relação jurídica bilateral para assumir o significado de um *processo* a ser deflagrado pelos potenciais poluidores (p. ex.: os proprietários de obras, os empresários, o Poder Público, os financiadores de empreendimentos econômicos etc.) que será pautado pela implementação dos melhores esforços, segundo o estado atual da técnica, com vistas a evitar a materialização dos danos de natureza ambiental, bem como de recompor e de compensar ao máximo tais prejuízos caso estes venham a se materializar.[1047]

A transfiguração do princípio da *reparação integral* nos moldes ora indicados tem por fundamento o fato de que a recomposição do estágio anterior à degradação ambiental se afigura, na maioria das vezes, impossível ou, na melhor das hipóteses, extremamente difícil. Por isso mesmo, a função primordial da responsabilidade civil sob a *perspectiva ambientalista* é a *preventiva*, caracterizada pela atuação *ex ante* dos potenciais poluidores no ensejo de evitar a concretização dos riscos relacionados à degradação do meio ambiente.[1048]

Trata-se, conforme visto oportunamente, de uma concepção que confere relevância jurídica ao próprio *risco* (e não apenas ao *dano*), para fins de imputação de responsabilidade aos potenciais agentes. Desse modo, ante a factibilidade de um suposto de *poluição*, o *poluidor* já se encontrará imbuído de deveres objetivos destinados a evitar a materialização dos respectivos riscos, sejam eles plenamente conhecidos pela ciência ou ainda não integralmente mapeados, por intermédio do planejamento adequado de suas atividades e da implementação, em concreto, das medidas adequadas no ensejo de evitar a degradação, de acordo com o atual estado da técnica.[1049]

Na seara labor-ambiental, a função *preventiva* é integrada pelos deveres impostos aos empresários e aos gestores do meio ambiente do trabalho no sentido de se anteciparem aos riscos que suas atividades acarretam para os trabalhadores e os incluírem nos respectivos planejamentos operacionais e financeiros, a fim de que sejam monitorados, controlados, mitigados e, se possível, debelados, por intermédio da implementação das medidas técnicas mais atualizadas, segundo as diretrizes impostas pelos princípios da *prevenção* e da *precaução*, bem como pelo postulado do *poluidor-pagador*, devidamente estudados nos itens 5.2.1 e 5.2.2 *supra*.

Materializado o dano ao meio ambiente, a despeito das posturas impostas pelos princípios da *prevenção* e da *precaução*, a *reparação integral* vista sob a ótica da *perspectiva ambientalista* se voltará para a *restauração in natura* dos bens jurídicos (de titularidade difusa, coletiva e individual) lesados como consequência de um suposto de *poluição*. Busca-se, nesse particular, a recomposição das condições originais do entorno degradado por intermédio da imposição em concreto de obrigações aos poluidores e da transferência dos custos das respectivas medidas a estes últimos, quando for possível, de alguma maneira, o retorno ao *status quo ante*.[1050]

Na esfera labor-ambiental, a *restauração* consiste na eliminação dos fatores de poluição presente no entorno circundante dos trabalhadores onde estes últimos desempenham suas atividades ocupacionais. Trata-se, basicamente, da reconfiguração das *condições de trabalho* e da *organização dos fatores de produção* (ou seja, das estruturas palpáveis e imateriais que condicionam o labor), bem como das *relações interpessoais*, de modo que tais elementos não mais se apresentem como fontes originárias da degradação do meio ambiente do trabalho e tampouco como a causa-raiz de lesões à integridade psicofísica dos trabalhadores.

Como exemplos de *restauração* na seara labor-ambiental, tem-se a substituição, nos respectivos processos de produção, de uma matéria-prima reconhecidamente cancerígena (p. ex.: amianto ou cloreto de vinila) por outra inofensiva à saúde humana ou a readequação do espaço físico de uma fábrica, bem como de seu mobiliário e de seu maquinário, de acordo com a melhor técnica disponível no ensejo de resguardar a integridade psicofísica dos trabalhadores ali ativados. Tal modalidade de reparação também pode ser ilustrada com a reconfiguração das metodologias de produção e das diretrizes culturais de convivência interpessoal a fim de remover possíveis fontes sistêmicas de degradação do meio ambiente do trabalho (*v.g.*, a política de metas e o ritmo de produção, bem como a tolerância institucionalizada do assédio moral).

Muito embora a restauração das condições originárias do meio ambiente represente o modelo ideal de *reparação*, nem sempre sua plena implementação será possível, seja porque a escala atingida pela degradação inviabiliza o retorno ao *status quo ante* ou porque tal modalidade se volta, essencialmente, para a prevenção de danos futuros, de modo a não restaurar as lesões a interesses individuais, coletivos e difusos já consumadas.

Em tais casos, a *compensação* – a compreender em seu sentido jurídico a substituição da reconstituição *in natura* por uma obrigação de fazer ou, na maioria das vezes, por uma condenação pecuniária – se apresentará como o único sucedâneo viável à reparação das vítimas individuais e coletivas dos danos ambientais.[1051]

De modo geral, a *compensação* envolve uma série de prestações em espécie ou em pecúnia com vistas a aplacar ou amenizar as lesões coletivas e individuais materializadas em concreto que serão progressivamente implementadas na medida em que se fizerem necessárias. Como o dano ambiental é, por definição, um *continuum*, a *compensação* não ocorrerá de modo imediato, protraindo-se ela no tempo e no espaço em uma sucessão encadeada e indeterminada de atos a serem implementados às custas dos poluidores enquanto durarem os efeitos deletérios da degradação.[1052]

Na seara labor-ambiental, a *compensação* nos moldes ora definidos é ilustrada com a situação em que o empresário se vale, no processo produtivo, de matéria-prima capaz de ocasionar doenças de prognóstico fatal dotadas de elevado período de latência, cujo aparecimento ocorrerá anos ou décadas após a exposição ocupacional, tal como ocorre, por exemplo, com as poeiras de amianto. Nesse caso, caberá aos poluidores arcar com o custo operacional das medidas que, ao longo do tempo, se fizerem necessárias para assistir as vítimas e a sociedade diante das manifestações futuras da degradação por eles ocasionada e para ressarci-las, quando os prejuízos experimentados pelos indivíduos e coletividades afetadas possuírem repercussão pecuniária.[1053]

Assim, ainda no exemplo ora proposto, a reparação pela via da *compensação* imporá aos poluidores, dentre outras possíveis prestações, (i) a remoção adequada dos resíduos porventura existentes nos espaços por eles administrados, de acordo com a ideia de *logística reversa*; (ii) a restituição, à sociedade, das despesas efetuadas pelos sistemas oficiais de saúde e previdência com o atendimento às vítimas (*dano coletivo*); (iii) o custeio das medidas necessárias ao acompanhamento médico regular dos trabalhadores, ex-trabalhadores e terceiros porventura expostos àquele agente nocivo; para além (iv) do fornecimento da assistência adequada às necessidades em concreto de cada vítima (*v.g.*, medicamentos, *home care*, oxigênio domiciliar, exames, deslocamentos etc.) e (v) do pagamento das indenizações devidas pelos danos materiais, morais, existenciais, estéticos e biológicos sofridos pelas vítimas individualmente consideradas.

Em síntese, nas três modalidades assumidas pela *perspectiva ambientalista* (*prevenção*, *restauração* e *compensação*), a *reparação* não se operará através de um ou mais atos isolados, específicos e posteriores à materialização dos resultados lesivos, mas sim ao longo de um *processo* aberto, multilateral e destituído de perspectivas temporais para seu desfecho, que deverá acompanhar *pari passu* a dinâmica própria que caracteriza não apenas o surgimento e a dispersão dos riscos inerentes à *poluição*, como também a materialização dos danos ambientais de natureza individual, coletiva e difusa dela decorrentes.

É esta, justamente, a nota distintiva que caracteriza o princípio da *reparação integral* à luz da *perspectiva ambientalista*. Sob a ótica ora proposta, o postulado em referência não se conterá apenas na restituição específica ou na compensação da totalidade das lesões patrimoniais e extrapatrimoniais experimentadas pelas vítimas, passando a abranger, em uma perspectiva significativamente mais ampla, (i) a consideração do *risco* como um dado relevante para a fixação de responsabilidade a título preventivo e (ii) a compreensão do próprio *dano* não mais como uma situação temporal e substancialmente consolidada, mas como um *continuum*, que demanda a imposição de obrigações aos poluidores na medida em que as ameaças e os prejuízos vinculados a um dado suposto de *poluição* vão se sucedendo no tempo e no espaço.

5.3.5.1 A primazia da função preventiva. A tutela específica e o efeito dissuasório das reparações

À luz da *perspectiva ambientalista* o objetivo primordial do princípio da *reparação integral* consiste na *prevenção* dos danos. De fato, diante da gravidade dos riscos relacionados às variadas espécies de *poluição* e tendo em vista, principalmente, a irreversibilidade das possíveis lesões infligidas contra os indivíduos, os grupos e a própria sociedade, o sistema da responsabilidade civil buscará concretizar o brocardo *alterum non laedere* por intermédio da imposição de deveres aos potenciais agentes (os *poluidores diretos* e *indiretos*) anteriormente à materialização dos prejuízos propriamente ditos.[1054]

Assim, sob a *perspectiva ambientalista*, os *riscos* acarretados por um determinado suposto de *poluição* integram, ao lado dos *danos* propriamente ditos, o escopo de atuação da responsabilidade civil, nisso residindo, exatamente, a maior contribuição evolutiva do direito ambiental para esta última. O *risco* – antes mesmo da materialização dos prejuízos a ensejarem a reparação *post factum* – configura, de *per se*, um dado fático moralmente reprovável a ser combatido pelos ordenamentos jurídicos e que impõe, objetivamente, a implementação de medidas destinadas a *prevenir* de maneira eficaz e plena concretização dos resultados lesivos a ele relacionados.[1055]

Para tanto, os ordenamentos jurídicos e seus sistemas processuais contam, em grande medida, com mecanismos destinados a promover a implementação imediata das medidas adequadas ao afastamento dos riscos, segundo as nuances apresentadas pelos casos concretos. Por isso mesmo, a função *preventiva* inerente à responsabilidade civil contemporânea encontra na figura da *tutela específica* sua tradução instrumental que possibilita ao juiz, tanto nas demandas individuais, quanto nas coletivas, determinar aos potenciais ofensores (*poluidores diretos* e *indiretos*) a imediata cessação das condutas acarretadoras de riscos (tutela específica de natureza *inibitória*), inclusive com a determinação de obrigações acessórias e de multas, independentemente da demonstração de dano já consumado.[1056]

Na seara labor-ambiental, a *tutela específica* encontra expressão nas situações em que se fazem necessárias, por exemplo, (i) a imediata cessação de exposição de trabalhadores a determinadas matérias-primas comprovadamente nocivas à saúde, independentemente de suas concentrações atmosféricas; (ii) a obstrução de determinada metodologia de gestão de pessoas baseada no assédio moral e na deterioração da integridade psíquica dos trabalhadores; (iii) a alteração de dado processo produtivo que impõe aos indivíduos neles ativados a realização de movimentos intensos e repetitivos potencialmente causadores de lesões osteomoleculares ou (iv) a imposição, aos empresários, do dever de acompanhar, *pari passu*, os estudos científicos referentes a agentes físicos, químicos ou biológicos ainda não completamente mapeados quanto aos seus efeitos nos seres humanos.

Acreditamos, igualmente, que a *tutela específica* possibilita o estabelecimento, em concreto, do *direcionamento social* das condenações impostas aos poluidores a título de *dano moral coletivo*, pelo qual se viabiliza a destinação das respectivas verbas à concretização de fins específicos voltados para o atendimento das necessidades coletivas das comunidades atingidas por determinada situação de degradação ambiental (p. ex.: a construção de um hospital, o reaparelhamento das unidades de saúde já existentes, o financiamento de treinamentos específicos às equipes médicas que atendem as vítimas etc.).[1057]

A implementação das medidas voltadas para a consecução de tais objetivos (*v.g.*, a fixação de multas periódicas, a imposição de determinada obrigação de fazer ou de não-fazer aos poluidores diretos e indiretos e a destinação dos valores concernentes ao *dano moral coletivo*), antes de seguir um roteiro predeterminado pelas normas processuais, será confiada à avaliação a ser formulada pelo juiz, pautada pelas especificidades dos casos concretos submetidos à sua avaliação haja vista, justamente, a significativa complexidade inerente às situações passíveis de manifestação no plano fático e a impossibilidade do direito objetivo de enumerá-las taxativamente em seus textos.

Tal modalidade de atuação judicial, compreendida na expressão *tutela específica*, não é exatamente uma novidade no direito processual. O sistema da *Common Law*, desde os tempos da jurisdição da *equity*, já a implementava sob a forma das *injunctions* e dos *contempts of court* e, no sistema continental, o direito francês já vinha impondo as *astreintes* desde o início do século XIX, no ensejo de compelir os devedores das obrigações de fazer a purgarem sua mora.[1058]

Assim, diante de um determinado suposto de *poluição labor-ambiental*, a acarretar riscos factíveis à integridade dos bens jurídicos titularizados pelos trabalhadores ou pelas coletividades por eles formadas, pode (e deve) o juiz, com respaldo na função preventiva da responsabilidade civil, lançar mão de medidas destinadas a compelir os poluidores diretos e indiretos a agirem ou a se absterem de atuar, conforme o caso, no ensejo de afastar aquelas ameaças e, principalmente, de evitar a materialização de danos que, em geral, são irreversíveis.

A *tutela específica*, contudo, não significa para o juiz um salvo-conduto a lhe permitir a imposição, aos litigantes, de uma solução qualquer fundada em valores selecionados, sopesados e modulados segundo critérios por eles próprios definidos, com arrimo em um pretenso *poder discricionário* de que seria titular, segundo a visão positivista clássica a respeito da solução dos chamados *casos difíceis*.[1059]

Pelo contrário, diante de uma situação de tal sorte, caberá ao juiz, por intermédio da operacionalização da *tutela específica*, buscar a descoberta do significado dos dispositivos do ordenamento normativo (em especial, os *princípios*) à luz das nuances a envolverem a exposição dos trabalhadores e de suas coletividades a certos riscos labor-ambientais, de modo a obter o significado de tais diretrizes para a situação concreta sob exame. Não se trata, nesse particular, de implementar juízos discricionários de valor acerca dos sentidos ou dos "pesos" subjetivamente atribuídos aos preceitos jurídicos, mas sim de proceder à análise objetiva do desenvolvimento histórico e institucional destes últimos no intuito de desvelar a solução que o sistema coerente do Direito impõe no caso concreto.[1060]

Em que pese a importância da *tutela específica* para a coibição *ex ante* dos danos ambientais nos casos concretos de poluição, a função preventiva da responsabilidade civil concebida sob a *perspectiva ambientalista* não se resume a ela. Subjaz, em paralelo, outro mecanismo de relevância capital para o controle prévio de potenciais condutas e omissões passíveis de materialização em um número indeterminado de situações, qual seja, o *efeito dissuasório* das condenações impostas aos poluidores.

Enquanto a *tutela específica* atua no caso concreto, com vistas a debelar a convolação de um determinado *risco* em *dano*, o *efeito dissuasório* transcende as lindes da situação posta sob exame do aplicador do Direito e se irradia em direção aos múltiplos supostos de poluição que guardam, em maior ou menor grau, semelhanças com a hipótese de degradação ambiental que ensejou a condenação pecuniária dos ofensores, conforme já antecipado no item 3.2.4.3 *supra*.

Pode-se dizer, portanto, que o *efeito dissuasório* é uma consequência preventiva da condenação dos poluidores nos casos concretos – especialmente naqueles de grande repercussão –, a servir de elemento pedagógico no ensejo de impelir outros potenciais poluidores a implementarem, por iniciativa própria, os mecanismos destinados a evitar que os riscos inerentes às suas respectivas atividades venham a ocasionar danos irreversíveis à sociedade, às coletividades e aos indivíduos.[1061]

O *efeito dissuasório* das condenações impostas em concreto pelo Poder Judiciário compreende, no nosso entendimento, duas vertentes, a saber, (i) a fixação de indenizações proporcionais à magnitude dos danos ocasionados pelos poluidores diretos e indiretos e que sejam capazes de abranger todos os aspectos patrimoniais e extrapatrimoniais afetados pela poluição; (ii) a mais ampla divulgação, às expensas dos poluidores, das sentenças a eles impostas, com a convocação das vítimas a tomarem parte da execução na mídia impressa, radiotelevisiva e digital, em uma verdadeira *publicidade contrária*.[1062]

A fixação de indenizações exemplares, especialmente naqueles supostos em que a degradação ambiental ocasiona uma cadeia multidimensional e intersubjetiva de danos, representa uma advertência da sociedade aos potenciais poluidores no sentido de que a reiteração das práticas ilícitas verificadas em concreto lhes trará consequências pecuniárias negativas. É aqui, exatamente, que a responsabilidade civil deixa de ter um objetivo meramente compensatório ou restitutório em relação aos prejuízos sofridos, para assumir um escopo destinado a prevenir, antecipadamente, certos comportamentos.[1063]

Nessa mesma vertente, a responsabilidade civil guiada pelas funções preventiva e pedagógica busca evitar que os poluidores (potenciais e efetivos) – especialmente aqueles que atuam sob a forma empresarial – acabem por incorporar aos seus custos operacionais os gastos com a reparação de possíveis danos ambientais, de modo a diluí-los nos preços dos bens e dos serviços por eles oferecidos no mercado e, com isso, repassar tal ônus aos seus consumidores.[1064]

Como sucedâneo do *efeito dissuasório* das condenações, os países da *Common Law* consagraram o mecanismo do *disgorgement*, a contemplar em seu conceito a apropriação dos lucros obtidos pelos ofensores com seus atos ilícitos e seu repasse aos lesados, no intuito, justamente, de conter antecipadamente os comportamentos similares a serem praticados por outros agentes.[1065]

Muito embora o *disgorgement* tenha surgido a partir da análise de situações relacionadas à fraude concorrencial ou securitária, nada obsta (conceitualmente) sua utilização como mecanismo dissuasório de condutas ou omissões potencialmente causadoras de degradação ambiental, por intermédio da apropriação dos lucros obtidos pelos poluidores em um determinado caso de poluição devidamente constatada e do trespasse de tal numerário para a satisfação das prestações reparatórias a serem implementadas em favor das vítimas (quais sejam, a sociedade, as coletividades e os indivíduos afetados), conforme será detalhado no item 5.3.5.2 *infra*.[1066]

O *disgorgement*, no entanto, não configura apenas um mecanismo auxiliar no intuito de obter-se a restituição (*in natura* ou pecuniária) dos bens lesados às respectivas vítimas. É ele, muito além disso, um instituto destinado a promover o restabelecimento do equilíbrio entre as partes (lesante e lesado) e, principalmente, a evitar que se consolide na sociedade – notadamente entre os possíveis agentes poluidores – a percepção a respeito da viabilidade de se obter resultados financeiros favoráveis a partir da instauração de supostos de poluição ambiental.[1067]

É nessa medida que o *disgorgement* configura, ao lado da *deterrence*, um mecanismo de natureza pedagógica que concretiza a função *preventiva* da responsabilidade civil e que transcende a reparação dos casos concretos e opera de modo difuso no sentido de desencorajar potenciais poluidores a implementar atividades ou práticas nocivas ao meio ambiente e à integridade psicofísica dos indivíduos.[1068]

Ainda sobre o *efeito dissuasório* das condenações em matéria ambiental, especialmente nas hipóteses de *deterrence* e *disgorgement*, argumenta-se, com certa frequência, que as eventuais indenizações fixadas em montante elevado ou decorrentes da apropriação dos lucros ilícitos obtidos pelos poluidores, redundaria no *enriquecimento sem causa* das vítimas, haja vista a consolidação, na prática, de uma desproporção entre a desafetação patrimonial imposta aos agentes e a extensão dos danos experimentados em concreto pelas vítimas.

Sobre o tema em apreço, deve-se esclarecer, primeiramente, que o conceito de *enriquecimento sem causa* (ou *indevido*) deita suas raízes remotas no Direito Romano e foi recepcionado pela Teoria Clássica do Direito Civil como um corolário da ideia de *justiça comutativa* a permear as relações intersubjetivas. Tem o instituto em apreço, portanto, como pano de fundo, uma relação jurídica de cunho pessoal, bilateral e de natureza contratual ou extracontratual, a envolver objeto(s) certo(s) e determinado(s) e cujas repercussões se limitam, em regra, aos interesses dos polos ativo e passivo do enlace obrigacional (*credor* e *devedor*).[1069]

Trata-se, portanto, de um conceito que, em seu âmago, desconsidera as possíveis repercussões plurissubjetivas e multidimensionais advindas das condutas implementadas no bojo de relações bilaterais (especialmente aquelas que redundam em *poluição ambiental*), bem como os efeitos nocivos que elas ocasionam, a uma só vez e de modo homogêneo, ao patrimônio jurídico de um quantitativo indeterminado de indivíduos e aos bens de titularidade coletiva e difusa propriamente ditos. Nesse cenário, a própria identificação quanto à existência ou inexistência de uma *causa justa* ou *injusta* para as prestações impostas aos agentes é extremamente dificultosa, senão impossível, haja vista o próprio caráter irreversível, latente, persistente e contínuo que, muitas vezes, subjaz a tais danos.

Não obstante, o conceito de *enriquecimento sem causa* (ou *indevido*) desconsidera o impacto social (i) das condutas passíveis de ocasionar danos em massa (como nos supostos de *poluição ambiental*) e (ii) das respostas que o sistema jurídico confere a elas. De fato, o instituto em apreço, quando aplicado à responsabilidade civil, se limita a cotejar o montante reparatório subtraído do devedor e a lesão (geralmente patrimonial) experimentada pelo credor, sem atentar para a repercussão negativa que as condenações irrisórias pelos danos de múltipla dimensão terão no conjunto da coletividade, a representar, para os potenciais ofensores, um verdadeiro estímulo à realização de empreitadas socialmente nocivas, cujo risco é compensado pela certeza quanto à fixação de indenizações irrisórias.[1070]

Por isso mesmo, partilhamos do entendimento de que nos domínios da responsabilidade civil contemplada sob a *perspectiva ambientalista*, a figura do *enriquecimento sem causa* (ou *indevido*) não tem aplicação, pois (i) sua definição não alcança, conforme visto, a complexidade inerente aos danos ambientais e, além disso, (ii) a função *preventiva* da reparação, a prevalecer sob tal regime, justifica (e, mais do que isso, exige) a fixação de condenações que devem atentar, preponderantemente, para o porte econômico dos ofensores (*poluidores*) e nem tanto para o proveito a ser aferido pelos indivíduos e pelas coletividades a serem indenizadas, mesmo porque em um contexto de poluição com múltiplas lesões dispersas no tempo e no espaço, tal averiguação se torna praticamente inviável.[1071]

Desse modo, o estabelecimento de condenações proporcionais ao porte econômico dos ofensores (*poluidores*), na linha do que impõe a função preventiva da responsabilidade civil sob a *perspectiva ambientalista*, objetiva que as prestações a lhes serem impostas não apenas sirvam como desestímulo para a reiteração de práticas nocivas no futuro, como também logrem dissuadir outros potenciais poluidores através de mecanismos como, p. ex,, a *deterrence* ou o *disgorgement*, quando da tomada de decisões operacionais que possam acarretar *riscos* aos bens jurídicos de titularidade plurissubjetiva.[1072]

Já no que diz respeito à chamada *publicidade contrária*, convém observar que a imposição de tal obrigação de fazer aos poluidores – especialmente quando se tratar de pessoas jurídicas que atuam no mercado de produtos e de serviços – não quer significar a imposição de uma penalidade a estes últimos, a compreender a divulgação, às suas expensas, de informações atentatórias à sua *reputação institucional* ou à sua *honra objetiva*.[1073]

Ao contrário, a imposição da *publicidade contrária*, antes de ter por escopo a difamação compulsória dos poluidores, atua em uma via de mão dupla destinada (i) a informar as vítimas dispersas de determinado dano ambiental a respeito da condenação imposta ao ofensor e dos seus direitos, bem como (ii) a alertar os potenciais ofensores acerca das possíveis consequências que suas condutas ou omissões lesivas na gestão dos bens ambientais poderão lhes acarretar, de modo a dissuadi-los do *animus* de agir ou de se omitir em degradação às esferas do meio ambiente sob sua responsabilidade.[1074]

Nesse particular, a implementação da *publicidade contrária*, segundo a modalidade ora defendida, se perfaz com a divulgação de comunicados ao público em geral que buscam dar conhecimento a respeito dos fatos assumidos como verídicos pelo Poder Judiciário, com base no conjunto probatório produzido, bem como da condenação imposta aos poluidores, especialmente quando estes últimos configuram grandes empresas que perpetraram, por extensos períodos, danos continuados a uma série de sujeitos que, no momento da reparação, se encontram territorialmente dispersos, em uma dinâmica similar ao que se passa com os avisos de *recall* divulgados usualmente pelos fabricantes e fornecedores de produtos defeituosos.[1075]

Desse modo, diante do conteúdo informativo dos comunicados a serem divulgados em diversas mídias (impressa, radiofônica, televisiva e digital) em horários e com frequência eficazes no ensejo de atingir o público-alvo, não haverá de se falar em dano à *imagem* ou à *honra objetiva* das pessoas jurídicas reconhecidamente poluidoras, pois a condenação destas últimas deverá ser limitada, no nosso entendimento, à divulgação da convocação das potenciais vítimas para tomarem parte da reparação que lhes é devida, não abrangendo, necessariamente, a veiculação de um texto difamatório.

Não obstante os mecanismos heterônomos de *dissuasão* ora mencionados, há, em paralelo a estes últimos, uma terceira modalidade cuja implementação cabe diretamente dos grupos afetados, por intermédio de sua mobilização coletiva. Trata-se da *autotutela*, a ser exercida em face dos poluidores pelos indivíduos atingidos por determinado suposto de *poluição* dentro dos limites assegurados pelo *direito de resistência*.[1076]

Quando exercida de forma organizada e eficaz diante de um suposto de poluição ambiental, a *autotutela* legitimada pelo *direito de resistência* serve tanto para dissuadir os potenciais poluidores quanto à atuação nociva em um caso específico (p. ex.: a instalação de uma indústria química em local próximo à nascente de fluxos d'água), quanto para demovê-los da intenção de agir (ou de se omitir) em hipóteses outras, ante a possibilidade de que os grupos afetados por suas posturas a tomem por exemplo e venham a exercê-la.

Na seara labor-ambiental, o exercício da *autotutela* encontra campo amplíssimo de materialização naquelas situações em que os tomadores de serviços (p. ex.: os empregadores) organizam seus fatores de produção de modo a colocar em iminente risco a higidez do meio ambiente do trabalho. Em tais circunstâncias, os trabalhadores se encontram respaldados no *direito de resistência* para se negar a exercer suas atividades sob condições deletérias, ou para desempenhá-las em contrariedade aos comandos patronais, no ensejo de resguardar a salubridade do entorno que os circunda durante o exercício do labor e, em última instância, de sua própria integridade psicofísica.[1077]

Note-se, a propósito, que a própria Convenção nº 155 da OIT admite em seu artigo 19, "f" tal possibilidade, ao admitir que os trabalhadores se recusem a retomar suas atividades, quando o desempenho destas últimas colocar em perigo sua vida e sua integridade psicofísica. Nessas circunstâncias, os tomadores de serviços somente poderão exigir o retorno dos obreiros a partir do momento em que os respectivos riscos forem controlados.[1078]

Ainda no campo labor-ambiental, a *autotutela* se exerce por intermédio das chamadas *greves ambientais*, conceituadas por Celso Antonio Pacheco Fiorillo como "*um instrumento constitucional de autodefesa conferido ao empregado, a fim de que possa reclamar a salubridade do seu meio ambiente do trabalho*".[1079]

Tal modalidade de paralisação concertada integra, no nosso entendimento, o escopo institucional do direito à *greve* titularizado pelos trabalhadores e exercido coletivamente por suas organizações representativas, cuja motivação não se limita às pautas de ordem profissional (econômica e social) a serem periodicamente tratadas com as contrapartes patronais, de modo a abranger, em paralelo, temas outros de interesse transindividual dos grupamentos obreiros a serem reivindicados não apenas junto aos empregadores, como também ao Estado.[1080]

É, portanto, através dos mecanismos da *tutela específica* e do *efeito dissuasório* das condenações – a serem operacionalizados, respectivamente, (i) pela imposição judicial das medidas adequadas à contenção dos riscos nas situações concretas de poluição ambiental; (ii) pela fixação de condenações exemplares, na linha do que preconizam os institutos da *deterrence* e do *disgorgement*; (iii) pela convocação das vítimas a tomarem parte da reparação, em observância à *publicidade contrária* e (iv) pelo exercício legítimo da *autotutela* – que a função *preventiva* da responsabilidade civil atuará sob a égide da *perspectiva ambientalista*.

Por intermédio da aplicação dos mecanismos em apreço, acreditamos ser possível conter (ou, ao menos, mitigar) a materialização dos potenciais danos atribuíveis aos supostos específicos de *poluição*, bem como a reiteração de condutas ou omissões lesivas, em benefício último da integridade do meio ambiente em suas múltiplas dimensões.

5.3.5.2 A reparação *sob a* perspectiva ambientalista *e os seus mecanismos operacionais. Responsabilidade efetiva dos* poluidores versus *solidarização*

Falar de *reparação* sob a *perspectiva ambientalista* é tratar de algo significativamente distinto em relação ao enunciado tradicionalmente atribuído ao conceito em referência, conforme se tem exaustivamente reiterado nas correntes linhas. Não se trata, sob tal ótica, do cumprimento de uma obrigação que se esgota com a singela recomposição *post factum* do patrimônio do ofendido, pelo ofensor, no âmbito de uma relação jurídica binária, mas sim da redistribuição de uma série de ônus preventivos e reparatórios entre os poluidores diretos e indiretos, na linha do que preconiza o princípio do *poluidor-pagador*, já estudado nos itens 4.1.5.4 e 5.2.2 *supra*.[1081]

Haja vista a natureza multidimensional, plurissubjetiva e temporalmente diferida que caracteriza tanto os danos ambientais, quanto a sua causa-origem (a *poluição*), a reparação de tais prejuízos (consumados e potenciais) ocorrerá por intermédio da imposição aos poluidores de uma série de obrigações concretas voltadas para a prevenção, recomposição, restituição ou compensação dos bens jurídicos de titularidade difusa, coletiva (em sentido estrito) e individual que tenham sido efetivamente lesados ou que estejam submetidos a determinado risco.

Tais obrigações impostas aos *poluidores* – a exemplo dos próprios riscos e dos danos a serem por elas prevenidos e/ou reparados – acabam, muitas vezes, por se protraírem indefinidamente no tempo, de modo a abranger uma série de prestações que deverão ser oferecidas sucessivamente e sem solução de continuidade a um conjunto igualmente indefinido de vítimas (individuais ou coletivas).

É o que ocorre, por exemplo, nas contaminações ocasionadas pela pulverização de certos agrotóxicos dotados de efeitos carcinogênicos e mutagênicos (*v.g.*, compostos organoclorados) ou nos acidentes industriais de grande escala a envolver a exposição a agentes químicos dotados de tais características, quando os impactos de tais elementos nocivos tendem a persistir no conjunto formado pelo meio ambiente natural e artificial a circundar as vítimas.

Em situações dessa natureza, a reparação a cargo dos *poluidores* diretos e indiretos poderá abranger, a depender do caso concreto e em caráter não exaustivo, (i) a prestação de assistência à saúde aos indivíduos que vierem a experimentar os efeitos deletérios relacionados àquelas substâncias; (ii) a recomposição dos solos, da vegetação e da biota por elas afetados, com a implementação das medidas apropriadas de descontaminação; (iii) a realização de estudos periódicos a respeito da subsistência dos impactos ambientais; (iv) a indenização dos danos patrimoniais e extrapatrimoniais experimentados por aqueles indivíduos em decorrência dos efeitos futuros (e, muitas vezes, latentes) da contaminação; (v) a convocação das potenciais vítimas para tomar parte da reparação, dentre outras.

Justamente em função da indefinição substancial e temporal que as caracterizam, bem como da multiplicidade de sujeitos a serem potencialmente contemplados por elas, as prestações inerentes à reparação dos danos ambientais demandarão, para sua operacionalização, custos perenes a serem suportados pelos *poluidores diretos* e *indiretos* solidariamente responsáveis, mesmo quando se tratar de obrigações determinadas com respaldo no poder de *tutela específica* que não se relacionam diretamente com condenações pecuniárias.

Assim, ilustrativamente, os acidentes industriais e as derivas de agrotóxicos acima mencionados podem gerar, para os poluidores, os deveres concernentes (i) à constituição, às suas expensas, de comitês gestores formados por especialistas (p. ex.: médicos, psicólogos, odontólogos, fisioterapeutas etc.), a fim de verificar, em concreto, o estado de saúde de cada vítima em potencial e de dar encaminhamento às prestações que lhes são devidas (*v.g.*, exames, internações, indenizações, tratamentos etc.); (ii) à implementação de procedimentos de remanejamento e de descarte adequado de resíduos perigosos, bem como de logística reversa; (iii) à execução de projetos, estudos e obras destinados à mensuração, à remediação e ao acompanhamento da evolução de danos ambientais em concreto, dentre outros, a depender do alcance das medidas de *tutela específica* determinadas em concreto.

Para que tais prestações sejam implementadas pelos poluidores sem solução de continuidade, a fim de atender ao próprio escopo perene dos danos a serem reparados e dos riscos a serem prevenidos é preciso conceber mecanismos adequados para o custeio de tais obrigações, a fim de obter daqueles que concorreram para a degradação e que dela se beneficiaram, o aporte frequente dos recursos necessários para tanto.[1082]

Nesse sentido, impõe-se aos ordenamentos jurídicos e aos aplicadores do Direito, com esteio nas possibilidades abertas pela *tutela específica*, a implementação de medidas em abstrato e em concreto destinadas a obter dos poluidores as garantias patrimoniais necessárias a fim de que sejam eles instados a fazer frente às despesas decorrentes da responsabilidade pela prevenção e pela reparação dos danos ambientais que lhes é atribuída, na linha do que propõe a Directiva 2004/35/CE, do Parlamento Europeu e do Conselho, de 21.4.2004.[1083]

Em consonância com tal diretriz, acreditamos que o custeio da prevenção e da reparação efetiva dos danos ambientais em concreto a cargo dos *poluidores diretos* e *indiretos* que concorreram decisivamente para um determinado suposto de degradação ambiental – especialmente quando este último afeta um número indeterminado de vítimas e se protrai indeterminadamente no tempo – deve se operacionalizar por intermédio da constituição de *fundos* formados pela expropriação do patrimônio dos respectivos agentes e pela vinculação de tais recursos ao pagamento das despesas inerentes às obrigações de fazer (p. ex.: constituição de comitê gestor, contratação de especialistas, remoção de resíduos nocivos, remanejamento de pessoas etc.) e dos valores fixados a título de condenação por danos patrimoniais e extrapatrimoniais.

Não se trata, aqui, da replicação do modelo dos *fundos públicos de indenização* mencionados no item 2.5.5 *supra*, formados, conforme visto, por recolhimentos compulsórios de todos os atores sociais cujas atividades envolvem, por sua natureza, determinados riscos (p. ex.: os proprietários de veículos) e, em alguns casos, por verbas oriundas dos orçamentos públicos. Tais *fundos* constituem, na realidade, uma forma de *seguro obrigatório* custeado de forma diluída por uma parte ou por toda a sociedade, com o intuito de assegurar, ao mesmo tempo, o pagamento de compensações pecuniárias às vítimas (geralmente tarifadas) e o desempenho regular daquelas atividades de risco.[1084]

Exemplo de *fundo indenizatório* dessa natureza é representado pelo *Fundo de Indenização das Vítimas do Amianto* (*Fonds de Indemnization de las Victimes de l'Amiante – FIVA*), da França, instituído pela Lei 2000-1257, de dezembro de 2000, destinado ao oferecimento de compensação pecuniária aos indivíduos que, na condição de *trabalhadores*, *consumidores* e *terceiros meramente expostos* desenvolveram alguma afecção comprovadamente relacionada ao amianto, bem como aos seus sucessores legais. A composição de seus recursos é formada, precipuamente, por contribuições a cargo (i) do próprio Estado e (ii) de parcela do orçamento previdenciário destinado ao custeio dos benefícios acidentários.[1085]

Por suas características, o *FIVA* constitui, na verdade, um mecanismo de diluição da reparação dos danos ocasionados pela utilização indiscriminada do amianto em diversas atividades econômicas e pelo amplo consumo de produtos fabricados com tal matéria-prima por toda a sociedade francesa. Esta última, através do sistema de seguridade social e do próprio orçamento público, é que acaba arcando com os custos advindos da poluição ambiental ocasionada pelas empresas que por mais de um século controlaram, na França, toda a cadeia de extração, importação, beneficiamento e distribuição daquele minério, ainda que, em teoria, o fundo possa buscar junto àquelas corporações a restituição dos valores despendidos com as indenizações.[1086]

A proposta concernente à criação de *fundos* destinados à prevenção e à reparação dos danos ambientais, nos moldes ora propostos, é exatamente o contrário daquilo que caracteriza os *fundos indenizatórios*, como o *FIVA* francês. No nosso entendimento, é preciso que se busque, em um primeiro momento, a identificação (total ou parcial) daqueles agentes privados e públicos que concorreram decisivamente (de forma *direta* ou *indireta*) para a consolidação, em concreto, de um dado suposto de poluição ambiental e que, na sequência, sejam eles compelidos a aportar periodicamente recursos suficientes para (i) a implementação das obrigações de fazer necessárias à remediação das lesões coletivas já consolidadas; (ii) o estabelecimento das medidas voltadas para a antecipação e controle dos riscos subsistentes e (iii) o pagamento das indenizações devidas às vítimas.

A constituição de tais *fundos* corresponderia, no nosso entendimento, a uma medida passível de ser implementada pelo Poder Judiciário com esteio na *tutela específica* em casos a envolverem poluição de grande monta (p. ex.: desastres industriais), sem prejuízo de legislação específica que venha a trazer, futuramente, tal possibilidade em abstrato. Nesse desiderato, as determinações judiciais relacionadas aos referidos *fundos* compreenderiam, dentre outras estipulações que se fizessem necessárias para o atendimento das exigências emanadas dos casos concretos:

- A sua própria criação, com a designação dos *poluidores diretos* e *indiretos* responsáveis pelo financiamento, bem como dos seus administradores;
- As regras gerais de funcionamento e de administração dos fundos, de acordo com seus objetivos institucionais, bem como as diretrizes concernentes à sua fiscalização;
- O estabelecimento de uma série de obrigações acessórias para os *poluidores*, tais como a prestação periódica de informações a respeito de suas movimentações financeiras e de seus balanços patrimoniais, bem como de sua solvência, por exemplo;

- A imposição, para os *poluidores*, de aportes pecuniários adicionais, diante do aparecimento de novas consequências individuais e transindividuais da degradação por eles ocasionada, podendo se valer, inclusive, do instituto do *disgorgement* já estudado no item anterior;
- A verificação quanto à subsistência dos efeitos da poluição e, consequentemente, quanto à dissolução do fundo e quanto à destinação de seu patrimônio remanescente.

Frise-se, nesse sentido, que os aportes patrimoniais aos referidos *fundos*, a serem efetuados pelos *poluidores*, deverão ocorrer com a periodicidade necessária para cobrir as despesas de ordem contínua decorrentes da degradação ambiental por eles ocasionada, pois esta última, conforme visto, tende a ter os seus efeitos protraídos no tempo e difundidos por incontáveis indivíduos, separados, muitas vezes, por gerações.

Por isso mesmo, os gestores dos *fundos* e as autoridades incumbidas de sua fiscalização deverão acompanhar *pari passu* a vida financeira e operacional dos *poluidores* a fim de velar pela sua solvência e para evitar possíveis fraudes, até o momento em que todos os danos coletivos e individuais forem indenizados e que todas as obrigações de fazer de caráter preventivo e reparatório tiverem sido executadas e não se fizerem mais necessárias.

A estrutura dos *fundos* ora vislumbrados se assemelha, em certa medida, àquela que caracteriza o *trust* do direito anglo-saxão, pela qual um plexo de direitos ou um patrimônio titularizado por alguém ou por uma dada coletividade é repassado a um terceiro (o *trustee*) para administrá-los com vistas a um determinado objetivo e de acordo com as finalidades estabelecidas pelo instituidor (*settlor*), em benefício dos detentores originários daqueles bens jurídicos (os *cestui que trust*).[1087]

A exemplo dos *trusts* do direito anglo-saxão, os *fundos* ora concebidos constituem medidas destinadas a assegurar a adoção das soluções mais adequadas aos diversos casos concretos de poluição ambiental em grandes proporções, no ensejo de viabilizar financeiramente tanto a implementação das obrigações de fazer impostas aos *poluidores*, quanto a reparação dos danos patrimoniais e extrapatrimoniais experimentados pelas vítimas, durante todo o período em que perdurarem os efeitos da degradação.

No entanto, a despeito da similaridade que os *fundos* em referência guardam com a estrutura dos *trusts*, a utilização destes últimos no direito norte-americano com vistas à reparação de danos ambientais de grande proporção vem divergindo parcialmente da proposta ora formulada, especialmente nas situações em que os *trusts* são constituídos no âmbito dos procedimentos de reestruturação das empresas que expuseram, por décadas a fio, um número incontável de trabalhadores, consumidores e *bystanders* ao amianto, com espeque na Seção 524, *g*, do *Federal Bankruptcy Code*.[1088]

Em uma primeira leitura, a Seção 524, *g* do *Federal Bankruptcy Code* leva a crer que as medidas ali previstas vão ao encontro das diretrizes propostas para os *fundos* ora concebidos, porquanto (i) permitem ao juiz a implementação de medidas concretas (*injunctions*) às empresas no sentido de impor a estas últimas e às suas subsidiárias a constituição de *trusts* destinados ao pagamento das indenizações devidas às vítimas; (ii) estabelecem, para os devedores, a obrigação de assumir reparações futuras, relacionadas a danos desconhecidos quando da deflagração do procedimento e (iii) vedam a possibilidade de que as empresas estabeleçam um marco temporal para a duração do *trust*, bem como limitem o quantitativo de sujeitos a serem compensados e fixem um valor global em cota única a ser partilhado pelos credores.[1089]

Contudo, a sistemática estabelecida no *Federal Bankruptcy Code* diverge da proposta ora formulada na medida em que (i) não reconhece a ocorrência de danos aos bens jurídicos titularizados pela sociedade e pelas coletividades de trabalhadores, consumidores e *bystanders* e tampouco admite (ao menos expressamente) a possibilidade de utilização dos *trusts* para a compensação de tais lesões transindividuais; (ii) não estabelece a possibilidade quanto à reversão das verbas ali depositadas para a implementação em concreto de determinada *obrigação de fazer* destinada à prevenção ou à reparação das lesões individuais e coletivas; (iii) não se vale do critério da *poluição* para determinar os responsáveis objetivos pelas prestações devidas em concreto e (iv) não determina obrigações acessórias às empresas com vistas a acompanhar sua situação patrimonial e a evitar possíveis fraudes.

Além disso, o dispositivo em apreço confere aos próprios *trusts* a autonomia para o estabelecimento, em abstrato, de *classes* de potenciais beneficiários em função da gravidade das lesões por eles experimentados (a ter por parâmetro, em geral, as doenças relacionadas à exposição ao amianto), bem como os valores mínimos e máximos (*pisos* e *tetos*) a serem direcionados às vítimas.

Não obstante as divergências de conteúdo existentes entre a sistemática da Seção 524, *g* do *Federal Bankruptcy Code* e a proposta ora formulada, acreditamos que aquela primeira pode servir, ao menos quanto à *forma*, como um modelo de estruturação para os *fundos* a serem implementados com vistas a obter dos *poluidores diretos* e *indiretos* a concretização das medidas de *prevenção* e de *reparação* exigidas nas situações de degradação ambiental com efeitos persistentes e interssubjetivos.

Em complemento ao que foi discorrido até o presente momento, julgamos importante reafirmar nosso entendimento no sentido de que o mecanismo de custeio das medidas preventivas e reparatórias incumbidas aos *poluidores* ora proposto não deveria se valer do mesmo ferramental instituído pelos ordenamentos jurídicos no ensejo de assegurar a *securitização* e a *solidarização* de determinados riscos sociais (p. ex.: os acidentes de trabalho e de trânsito) e de diluir indiscriminadamente o financiamento de tal sistema por toda a sociedade, segundo a forma descrita no item 2.5.5 *supra.*[1090]

Os instrumentos de *solidarização dos riscos*, em que se estruturam os sistemas de *seguridade social* e dos *fundos indenizatórios* erigidos ao longo do século XX, partem do pressuposto de que todos os segmentos das sociedades contemporâneas concorrem, em alguma medida, para a materialização dos riscos inerentes às atividades essenciais para a vida em coletividade. Segundo tal lógica, o custeio de tais mecanismosdeve ser repassado para todo o conjunto de cidadãos, posto que estes últimos são, ao fim e ao cabo, os beneficiários daquelas atividades geradoras de riscos.

Conforme já adiantado alhures, os mecanismos de *solidarização dos riscos* têm um escopo significativamente mais limitado em relação àquele almejado pela *responsabilidade civil*, na medida em que buscam, basicamente, a compensação parcial de certos infortúnios sociais – restrita, em grande medida, a aspectos patrimoniais –, independentemente da autoria das lesões e sem qualquer relação com os intentos concernentes à reparação integral dos danos materializados em concreto e à imposição de prevenção quanto à ocorrência de lesões futuras, sejas pelos próprios ofensores, ou por terceiros.

Na seara da *responsabilidade civil* vista sob a *perspectiva ambientalista* a distinção entre esta última e os mecanismos de *solidarização dos riscos* se mostra ainda mais evidente, na medida em que as funções *preventiva* e *reparatória* possuem um tônus não só peculiar, como também mais intenso, caracterizado, conforme visto, (i) pela perquirição em concreto dos poluidores diretos e indiretos a fim de lhes atribuir prestações específicas às suas expensas, no ensejo de se antecipar a possíveis lesões e de recompor danos já materializados, na linha do que preconiza o princípio do *poluidor-pagador*, e (ii) pela fixação de condenações exemplares (ou pedagógicas), pautadas pelo repasse integral dos custos de reparação e de prevenção, no ensejo de que os degradadores não mais reincidam e de que outros atores sociais não se sintam encorajados a fazê-lo.[1091]

Por isso mesmo, a proposta de solidarização da responsabilidade a exemplo do modelo neozelandês, acaso aplicada aos danos ambientais, representaria, no nosso sentir, a antítese total do princípio do *poluidor-pagador*, na medida em que acabaria por diluir por toda a sociedade – aí incluídas as próprias vítimas – os custos pela *reparação* (e pela *prevenção*) que, em razão da própria definição do postulado em apreço, deveriam ser internalizados e assumidos como um ônus por aqueles agentes que se dedicam ao desempenho regular de atividades degradadoras do meio ambiente em todos os seus aspectos.[1092]

É certo que na sociedade contemporânea todos concorrem, em maior ou menor medida, para a degradação do meio ambiente. Ao consumirmos determinado alimento tratado com agrotóxicos, por exemplo, estamos contribuindo para que a produção agrícola se valha cada vez mais de tais defensivos e para que a indústria os produza em quantidades maiores, de modo a colocar em risco as populações circunvizinhas às propriedades rurais e às fábricas, bem assim os respectivos trabalhadores nelas ativados. Não seriam todos os elos de tal cadeia, sob tal lógica, poluidores solidariamente responsáveis pela prevenção e pela reparação dos danos?

Acreditamos que a resposta a tal indagação só pode ser negativa, pois o conceito de *poluidor* designa aqueles agentes que, por ação ou omissão, concorrem **decisivamente** para a degradação de algum aspecto relacionado ao meio ambiente, de modo a carrear ou a incrementar, para os bens jurídicos de titularidade individual ou coletiva, um efetivo *risco proibido* pelo ordenamento jurídico.

Ainda que os consumidores de determinados produtos ou os usuários de determinados serviços concorram, em alguma medida, para a incrementação de tais riscos, suas condutas individualmente consideradas não são juridicamente relevantes e tampouco decisivas para a implementação da *poluição*, tal como a definimos no presente estudo. Nesse particular, mesmo que a generalidade dos cidadãos (ou parte deles, ao menos) detenha uma certa consciência a respeito do impacto de suas atitudes no meio ambiente, suas opções individuais em consumir ou contratar certos bens ou comodidades oferecidos no mercado ou deixar de fazê-lo pouco ou nada interferem na degradação do meio ambiente a ter por causas próximas e remotas (i) a fabricação em grande escala de produtos nocivos; (ii) o emprego massivo destes últimos em outras atividades econômicas; (iii) o financiamento de tais práticas e (iv) a omissão do Poder Público em inibir, fiscalizar e controlá-las adequadamente.

Para que a postura dos consumidores ou dos usuários tivesse algum impacto no sentido de contrabalancear as atividades poluidoras, seria necessário que tais indivíduos realizassem uma mobilização coletiva intensa (p. ex.: um boicote) a ponto de interferir de modo permanente e regular na relação entre oferta e demanda dos produtos e serviços e de reorientar o comportamento dos agentes de mercado (especialmente os fabricantes, os utilizadores e os financiadores), o que, na prática, se mostra significativamente difícil, quando não inviável.

Por isso mesmo, os indivíduos dispersos na sociedade da produção e do consumo em massa só poderão ser considerados, no máximo, *consumidores* ou *usuários*, quando não sujeitos meramente *expostos* aos riscos inerentes aos produtos e serviços oferecidos no mercado, pois grande parte da população sequer tem acesso a tais insumos ou comodidades. De fato, as engrenagens da *poluição* – que possui, como visto, base sistêmica – são movidas e sustentadas em uma dimensão mais elevada, precisamente por aqueles agentes econômicos detentores dos meios pecuniários, informativos e cratológicos destinados a financiar, organizar, regulamentar e fiscalizar as atividades econômicas potencialmente degradantes.

Em síntese, se abstrairmos a distinção existente entre os *poluidores* (ou seja, aqueles que atuam decisivamente, por ação ou omissão, direta ou indiretamente, para a degradação do meio ambiente) e os meros *bystanders*, consumidores e usuários de bens e serviços, de modo a diluirmos a responsabilidade pelos danos ambientais por toda a coletividade, teremos a concretização do paradoxo apontado por Ulrich Beck, segundo o qual ao se imputar a *todos* a responsabilidade pelas intercorrências sociais contemporâneas, acabará que *ninguém* será responsabilizado e a *irresponsabilidade* será naturalizada.[1093]

Não obstante, nada impede que os governos venham a implementar mecanismos voltados para a repartição proporcional e equitativa de ônus financeiros à generalidade das empresas e dos cidadãos que utilizam, em proveito próprio, os bens ambientais de titularidade comum (p. ex.: os recursos hídricos, o solo, o subsolo, os sítios de interesse histórico e paisagístico etc.) e que, dessa forma, impactam o meio ambiente em maior ou menor medida, na linha preconizada pelo princípio do *usuário-pagador*, já estudado no item 4.1.5.4 *supra*.

Nesse particular, a *solidarização* encontra campo para prosperar, pois o que o princípio do *usuário-pagador* vislumbra – diferentemente do postulado do *poluidor-pagador* – é a distribuição equitativa da compensação a ser prestada à sociedade pela utilização daqueles bens ambientais de uso comum, o que de modo algum se confunde com a responsabilidade dos *poluidores* (comprovados ou potenciais) pelos custos inerentes à prevenção e à reparação dos danos ao meio ambiente relacionados às atividades econômicas por eles desempenhadas.[1094]

Por isso mesmo, pensamos que tal responsabilidade – que não se confunde com os ônus compensatórios decorrentes da utilização em proveito próprio dos bens ambientais de uso comum – deve recair exclusivamente sobre os *poluidores*, ou seja, aqueles agentes públicos e privados dotados de condições financeiras, informativas e organizativas distintas da generalidade dos cidadãos (consumidores, usuários ou *bystanders*), cujas ações e omissões possuem envergadura suficiente para interferir decisivamente na higidez do meio ambiente e nas condições do entorno circundante dos indivíduos e das coletividades por eles formadas.

Em suma, compreendemos que os casos de poluição ambiental a envolver a materialização de *riscos* e *danos* para contingentes indiscriminados de potenciais vítimas e por períodos de tempo indeterminados demandam a concepção de mecanismos adequados para seu enfrentamento, a fim de que os princípios da *prevenção*, da *precaução* e da *reparação integral* possam ser efetivamente atendidos em tais situaçoes de alta complexidade.

Nesse sentido, acreditamos que a perquirição dos *poluidores diretos* e *indiretos* e a constituição de *fundos* financiados exclusivamente por estes últimos com vistas (i) à plena indenização das coletividades e das vítimas lesadas; (ii) ao custeio das obrigações de fazer demandadas nos casos concretos e (iii) à prevenção dos potenciais danos relacionados à situação particular de degradação constituem a sistemática de reparação mais adequada às diretrizes emanadas da *perspectiva ambientalista* (em especial ao princípio do *poluidor-pagador*) em comparação com as modalidades fundadas na *solidarização* parcial ou total da responsabilização e na diluição dos custos por toda a sociedade.

5.4 CONCLUSÃO DO CAPÍTULO. UM *NOVO GLOSSÁRIO PARA A RESPONSABILIDADE CIVIL*

Na introdução do presente capítulo, nos valemos das estruturas concebidas pela *Teoria dos Sistemas* do sociólogo alemão Niklas Luhmann para demonstrar que o sistema do Direito ainda não havia aperfeiçoado completamente as suas estruturas comunicativas de modo a traduzir em linguagem jurídica a conformação e a dinâmica mais complexas assumidas pelos *riscos* nas sociedades contemporâneas, especialmente diante das questões suscitadas em seu entorno pelos elementos integrantes da *perspectiva ambientalista.*

Salientamos, nesse sentido, que a nova dimensão assumida pelos *riscos* na contemporaneidade demanda do sistema do Direito – e, mais precisamente, dos ordenamentos jurídicos internacionais e domésticos, onde seus códigos específicos se reproduzem – a reconfiguração dos elementos estruturantes da responsabilidade civil, a fim de possibilitar que estes últimos possam efetuar a regulamentação dessa nova realidade em termos mais adequados ao que sucede em seu entorno.

Com tal premissa em vista, buscamos delimitar, nos tópicos que se seguiram, as bases conceituais destinadas a promover a reestruturação da responsabilidade civil à luz da *perspectiva ambientalista*, a partir de duas ideias-chave que constituem os pilares de sustentação do modelo ora formulado, quais sejam, (i) a preponderância da *função preventiva* sobre a reparatória e (ii) a centralidade do fenômeno da *poluição.*

Pela primeira, o *risco* (e não o *dano*), passa a ser o objeto central da Teoria da Responsabilidade Civil. Rompe-se com o dogma da necessidade em torno da materialização de um prejuízo em concreto para a ativação dos mecanismos da responsabilidade civil, por intermédio da assimilação, por esta última, de uma *função preventiva*, a demandar a eliminação em concreto dos *riscos* antes que estes venham a acarretar lesões aos indivíduos e às coletividades determinadas e indeterminadas por estes formadas.

Pela segunda, integra-se à Teoria da Responsabilidade Civil o conceito de *poluição*, que compreende uma situação persistente de desequilíbrio do meio ambiente a ensejar, ao mesmo tempo, um *dano* de *per se* (na medida em que acarreta, desde já, prejuízos a um bem jurídico de titularidade coletiva ou difusa) e um *risco* para a materialização de uma cadeia temporal e espacialmente indeterminada de futuras lesões.

É justamente tal característica inerente à *poluição* que a situa, em concreto, como a causa-raiz de uma série de outros *riscos* e *danos* a interesses individuais, coletivos e difusos, conduzindo-se à presunção de que estes últimos decorreram daquela primeira e à ativação da *responsabilidade objetiva* dos *poluidores* (aqueles que concorreram direta ou indiretamente, de forma decisiva, para a degradação do meio ambiente), como sucedâneo do princípio do *poluidor-pagador.*

Uma vez fincadas as vigas-mestras da responsabilidade civil sob a *perspectiva ambientalista*, buscou-se, na sequência, redefinir seus elementos clássicos a partir de tais diretrizes. Com isto, os conceitos tradicionais pertinentes à *conduta*, ao *dano*, ao *nexo de causalidade*, ao *elemento subjetivo* e à *reparação* adquiriram novos significados, de modo a transcender a moldura plasmada no *individualismo* (o sujeito como centro de direitos e obrigações), no *contratualismo* (relação jurídica bilateral travada entre dois indivíduos determinados), no *legalismo* (hipóteses de incidência preestabelecidas e presumidas no ordenamento positivo) e no *patrimonialismo* (mensuração preponderantemente pecuniária dos sinistros e sua reparação posterior), em direção à assimilação de novos significados capazes de traduzir o caráter plurissubjetivo, atemporal, multidimensional e dinâmico dos *riscos* e dos *danos* ambientais.

A *conduta*, nesse sentido, foi redefinida, à luz da *perspectiva ambientalista*, como sendo a postura (comissiva ou omissiva) desencadeadora do *risco proibido* correspondente à *poluição* que, uma vez implementada, espraia seus efeitos por uma cadeia indeterminada de indivíduos e coletividades dispersos no presente e no futuro, sem que seja possível determinar, antecipadamente, *quando* suas consequências lesivas cessarão, *quem* ela afetará e *quais* os bens jurídicos a serem por ela maculados.

Nesse mesmo sentido, o *dano* foi reconfigurado à luz do conceito de *poluição*, de modo a não mais se esgotar em um resultado localizado, temporalmente definido e subjetivamente delimitado, passando a abranger, para muito além disso, uma realidade fluida e multifacetária, que perdura no espaço e no tempo e que se manifesta de várias formas, atingindo bens jurídicos de titularidade difusa, coletiva e individual em um verdadeiro *efeito-dominó* iniciado com a lesão originária (a *poluição*).

Quanto ao *nexo de causalidade*, este último passou, à luz da *perspectiva ambientalista*, a não mais imputar a responsabilidade ao agente em função da comprovação material a respeito da relação entre uma determinada conduta e um certo resultado lesivo (causalidade fática), mas sim em razão da existência de um certo grau de *probabilidade* a vincular os agentes (os potenciais *poluidores*) aos resultados lesivos (*causalidade provável*).

Assim, nas hipóteses configuradoras de *poluição*, a causalidade a permear esta última e a totalidade dos resultados lesivos a ela relacionados será *sistêmica*, isto é, vinculada à perpetuação de um dado fator de degradação capaz de comprometer, de modo multifacetário e atemporal, o equilíbrio de um dado sistema ambiental e de tornar *provável* o nexo causal entre a *poluição* e aqueles prejuízos coletivos e individuais.

Já o *elemento subjetivo*, muito embora seja prescindível para fins de perquirição acerca da imputação de *responsabilidade objetiva*, importa para a *perspectiva ambientalista* na medida em que a análise acerca do grau de *dolo* ou de *culpa* subjacentes à conduta dos *poluidores diretos* e *indiretos*, em conjunto com a gravidade dos danos coletivos e individuais perpetrados, acaba por servir de indicativo para a dimensão das reparações a serem fixadas em concreto.

Além disso, a análise acerca do *elemento subjetivo* terá relevância nas situações de *causalidade tópica*, a englobar os casos em que a imputação da responsabilidade civil, antes de ter por causa a ocorrência de um desequilíbrio sistêmico relacionado a um suposto de *poluição*, têm por origem eventos isolados, não vinculados à estruturação do respectivo sistema ambiental e tampouco aos riscos inerentes a determinada atividade, cuja individualização subjetiva (quanto aos sujeitos ativo e passivo) é plenamente aferível em concreto, assim como sua delimitação no espaço e no tempo (quanto aos seus efeitos).

Por fim, efetuou-se o redimensionamento da *reparação* sob a *perspectiva ambientalista*, de modo a transcender a singela indenização *post factum* operacionalizada por intermédio de um ou mais atos isolados, específicos e posteriores à ocorrência dos prejuízos, para concebê-la como um verdadeiro *processo* aberto que abrange (i) a consideração do *risco* como um dado relevante para a fixação de responsabilidade a título preventivo e (ii) a compreensão do próprio *dano* não mais como uma situação temporal e substancialmente consolidada, mas como um itinerário sem solução de continuidade, que demanda a imposição de obrigações aos poluidores na medida em que as ameaças e os prejuízos vinculados a um dado suposto de *poluição* vão se sucedendo no tempo e no espaço.

Em conformidade com tal definição, foi demonstrado que a *reparação* dos danos ambientais, especialmente no que concerne à sua *função preventiva*, não prescinde da utilização dos mecanismos da *tutela específica* e do *efeito dissuasório* das condenações, seja por intermédio (i) da imposição judicial das medidas adequadas à contenção dos riscos nas situações concretas de *poluição*; (ii) da fixação de condenações exemplares, a servirem como desestímulo às práticas potencialmente danosas a serem perpetradas pelos poluidores; (iii) da convocação das vítimas a tomarem parte da reparação e (iv) do exercício legítimo da *autotutela* – que a função preventiva da responsabilidade civil atuará sob a égide da *perspectiva ambientalista*.

Ainda nesse sentido, foi consignado que a *reparação integral* sob a égide da *perspectiva ambientalista* demanda, por força do princípio do *poluidor-pagador*, a criação de mecanismos voltados para a perquirição dos *poluidores diretos* e *indiretos* efetivamente responsáveis pela degradação em concreto e para a desafetação de patrimônio destes últimos no ensejo de se obter (i) a plena indenização dos danos experimentados pelas coletividades e pelas vítimas; (ii) o custeio das obrigações de fazer exigidas em cada situação específica e (iii) o financiamento das medidas de prevenção e de precaução necessárias para tais hipóteses.

Estes são, portanto, os elementos integrantes do que convencionamos chamar de *novo glossário da responsabilidade civil*, cuja assimilação sob a forma de linguagem por parte do sistema do Direito (mais precisamente, por parte dos ordenamentos jurídicos) representa, no nosso entendimento, a evolução autopoiética deste último diante da reconfiguração assumida pelos riscos em seu entorno, valendo-se, novamente, da concepção luhmanniana.

De fato, na sociedade contemporânea, os riscos advindos da evolução tecnológica e da incessante exploração dos recursos naturais atingiram um patamar até então desconhecido, caracterizado pela atemporalidade, pela ubiquidade, pela dispersão subjetiva, territorial e até mesmo intergeracional, bem como por um inédito potencial catastrófico. Nessa perspectiva, a própria ciência se mostra incapaz de antecipar os efeitos prováveis que poderiam decorrer da materialização de tais ameaças, conduzindo-a à não apenas à reconfiguração daquilo que outrora era tido por ela como comprovado e verdadeiro, como também dos seus próprios métodos de investigação e de revisão a respeito da manifestação dos fenômenos no mundo físico.[1095]

A primeira reação do sistema do Direito à reestruturação do conhecimento científico provocada (i) pelo ganho de complexidade dos riscos; (ii) pela impossibilidade quanto à antecipação de todos os possíveis resultados de sua materialização e (iii) por seu potencial catastrófico, consistiu na elaboração dos postulados integrantes do *Direito Ambiental*, com especial ênfase em seus princípios fundantes (*desenvolvimento sustentável, prevenção, precaução, poluidor-pagador, participação, informação* e *concertação*) e na legislação destinada à sua concretização.

Não obstante a incontestável evolução experimentada pelo sistema do Direito com a agregação das pautas do Direito Ambiental ao seu léxico, grande parte de seus códigos linguísticos – especialmente aqueles relacionados à compreensão dos riscos, de seus efeitos e do enfrentamento de suas consequências, situados nos domínios da *responsabilidade civil* – permanecem, em grande parte, inalterados e ainda pautados pela estrutura binária e temporalmente limitada a caracterizar o *paradigma individualista*.

Subsiste, portanto, no entorno do sistema do Direito, a constante provocação decorrente da redefinição dos *riscos* sob a égide da *perspectiva ambientalista* e tal vicissitude demanda, a nosso ver, a *seleção* e o *processamento* de tais irritações oriundas do ambiente externo, com vistas a promover a *evolução* de seus elementos comunicativos, de acordo com o itinerário concebido por Luhmann.

No nosso entendimento, tal *evolução* dos códigos linguísticos do sistema do Direito deve se operacionalizar por intermédio da assimilação das diretrizes e dos elementos daquilo que concebemos acima como o *novo glossário da responsabilidade civil*, inspirada pelos cânones da *perspectiva ambientalista*, que poderia ser sintetizada no esquema sintético a seguir formulado:

NOVO GLOSSÁRIO DA RESPONSABILIDADE CIVIL

DIRETRIZES (*PERSPECTIVA AMBIENTALISTA*)	**ELEMENTOS DA RESPONSABILIDADE CIVIL**

Preponderância da função preventiva →

CONDUTA – Postura (comissiva ou omissiva) desencadeadora da *poluição* (desestruturação sistêmica do meio ambiente) que espraia seus efeitos por uma cadeia temporal e subjetivamente indeterminada. Elemento deflagrador do "*efeito-dominó*".
DANO (RESULTADO) – Condição multifacetária que perdura no espaço e no tempo e que se manifesta de várias formas, atingindo bens jurídicos de titularidade difusa, coletiva e individual.
NEXO DE CAUSALIDADE – Liame de *probabilidade* a vincular um determinado resultado lesivo experimentado em concreto com uma manifestação de *poluição* (desestruturação sistêmica do meio ambiente).
ELEMENTO SUBJETIVO – Indicativo para a dimensão das reparações a serem fixadas em concreto em função do grau de *dolo* e de *culpa* (imprudência, imperícia e negligência) a permear as posturas dos poluidores.
REPARAÇÃO – Processo aberto e dinâmico que acompanha o itinerário da *poluição*, impondo aos *poluidores* a implementação em concreto das medidas preventivas, restitutórias e indenizatórias cabíveis na medida em que os riscos e os prejuízos decorrentes da degradação ambiental se manifestarem.

Conforme o esquema ora formulado permite antever, trata-se de um *glossário* para a responsabilidade civil destinado a abarcar todas as searas do *meio ambiente*, pois este último configura um todo unitário formado por dimensões naturais, artificiais, materiais e imateriais que operam conjunta e concomitantemente no sentido de condicionar o entorno circundante dos indivíduos e de interferir diretamente em sua qualidade de vida, formando um verdadeiro *gestalt*.

Portanto, ainda que o enfoque do presente estudo seja a responsabilidade civil *trabalhista*, a releitura desta última à luz das diretrizes emanadas da *perspectiva ambientalista* aproveita todas as searas do *meio ambiente*, mesmo porque os riscos manifestados no *meio ambiente do trabalho* ora têm por causa um suposto de *poluição* surgido fora dos espaços onde os indivíduos desempenham suas atividades profissionais, ora surgem a partir de uma hipótese de degradação que transcende as fronteiras ocupacionais e se dissemina indistintamente por toda a coletividade.

CONCLUSÃO

Ao cabo do presente estudo, é possível firmar as seguintes reflexões a título de conclusão:

Malgrado as matizações introduzidas pelo *constitucionalismo social*, bem como pelos fenômenos da *coletivização* e da *internacionalização*, as estruturas do Direito do Trabalho permanecem fundamentadas nos mesmos cânones que caracterizam o Direito Civil sob a égide do liberalismo econômico oitocentista, a consistirem, (i) na concepção da lei como repositório das normas elementares concernentes às relações interpessoais e aos seus consectários (*legalismo*), (ii) na compreensão do indivíduo como centro de direitos e obrigações (*individualismo*), (iii) na eleição do contrato como forma precípua de expressão da autonomia da vontade (*contratualismo*) e (iv) na definição do patrimônio como objeto e fim dos direitos e obrigações (*patrimonialismo*).

Ao mesmo tempo em que o Direito do Trabalho – e o próprio Direito Civil – permanecem a gravitar em torno destes quatro eixos, as complexidades inerentes ao seu entorno já não cabem mais na estreiteza das fórmulas legais a presumirem o contrato de trabalho firmado entre o *empregado* individualmente considerado e o seu *empregador* como o objeto preponderante – quando não exclusivo – de um arcabouço legal protetivo a ter no patrimônio (pecúnia) a forma de resolução derradeira de todas as questões a envolverem as referidas partes.

No cenário contemporâneo onde se desempenha o trabalho humano, as estruturas físicas e imateriais que o conformam possuem um inegável caráter metaindividual, haja vista sua replicação como padrão para a estruturação das condições de trabalho e dos fatores de produção na generalidade das relações laborais, independentemente da natureza dos vínculos estabelecidos entre o trabalhador e o tomador de seus serviços. Sendo assim, os riscos inerentes a tais estruturas serão tão pulverizados quanto forem elas difundidas.

Tal como as demais estruturas provenientes da modernidade, a responsabilidade civil concebida sob os influxos das ideologias de cariz iluminista e liberal entraram em crise à medida que os referenciais por elas formulados foram colocados à prova diante das contingências sociais e econômicas impostas, principalmente, pela globalização e pelos novos riscos carreados pelos avanços tecnológicos.

De fato, as estruturas tradicionais da responsabilidade civil fundadas na relação obrigacional e nos cânones do *individualismo*, do *contratualismo*, do *patrimonialismo* e do *legalismo* já não se mostram, na atual quadra do século XXI, como um referencial teórico e linguístico adequado para conceituar e sistematizar, no âmbito do sistema do Direito, (i) os riscos contemporâneos; (ii) as medidas destinadas ao seu controle e (iii) as providências destinadas à regulamentação da reparação dos danos decorrentes de sua materialização, especialmente das macrolesões.

Desse modo, os elementos da responsabilidade civil fundados naqueles quatro cânones – a formarem o que convencionamos aqui chamar de *paradigma individualista* da responsabilidade civil – já não mais encontram condições de figurar como o único instrumental técnico-jurídico destinado a promover a coibição aos riscos e a reparação das lesões decorrentes da materialização desses últimos, ou, na linguagem empregada por Kuhn, como a "*ciência normal*" pertinente à matéria.

Esse mesmo problema a afetar, no presente, a Teoria Geral da Responsabilidade Civil atinge, na mesma medida, a *responsabilidade civil trabalhista* que ainda se encontra preponderantemente orientada pela *teoria do risco profissional*, consagrada em grande parte dos ordenamentos jurídicos do mundo ocidental. Tal ideário não foi concebido, em sua origem, para lidar com a eliminação das causas geradoras dos acidentes de trabalho e das doenças profissionais que as reparações a cargo dos empregadores ou dos sistemas de seguridade social visam compensar, pois ele remanesce a enxergar as lesões experimentadas pelos trabalhadores como eventos isolados e individualizados adstritos ao trinômio *evento – dano - nexo de causalidade*.

Para a teoria do *risco profissional*, apenas os trabalhadores individualmente considerados no bojo de suas respectivas relações bilaterais de trabalho estabelecidas com os empregadores seriam titulares de um direito limitado à reparação firmado em bases meramente pecuniárias. Paralelamente a isto, ela desconsidera a existência de um dever-geral de prevenção a exigir, da generalidade dos tomadores de serviços, o pleno dimensionamento dos fatores de risco gerenciados por estes últimos, com vistas ao efetivo controle de suas causas.

A *teoria do risco profissional*, nessa esteira, não reconhece as coletividades determinadas e indeterminadas de sujeitos submetidos a uma causa comum de degradação do ambiente laboral como agrupamentos detentores de interesses juridicamente reconhecidos e, ademais, se contenta com a singela adequação dos programas elaborados pelos próprios empregadores às exigências formais estabelecidas no Direito Positivo (p. ex.: *limites de tolerância*), como se a mera observância a este último lograsse elidir as ameaças à integridade psicofísica presentes naqueles ambientes.

Diante da inaptidão da Teoria Geral da Responsabilidade Civil e, mais precisamente, da *teoria do risco profissional* fundadas no *paradigma individualista*, para lidar com as características inerentes à generalidade dos riscos na contemporaneidade, julgamos necessária a formulação de um novo paradigma cuja formulação tem por ponto de partida a constatação de que que os locais e as estruturas de ordem natural e artificial onde os indivíduos habitam e criam laços culturais e afetivos de pertencimento, desempenham suas interações sociais e desenvolvem suas atividades profissionais integram seu *meio ambiente* (ou *entorno*) e que os riscos criados ou tolerados pelos gestores de tais espaços configuram desequilíbrios passíveis de afetar as condições materiais e imateriais de vida, de desenvolvimento pessoal, de relacionamento interpessoal e de trabalho daqueles sujeitos e, em última instância, de lhes acarretar possíveis lesões.

Assim, a reformulação quantitativa e qualitativa experimentada pelos riscos no mundo trabalho – e na própria sociedade como um todo – demandam da ciência jurídica a readequação de seu arcabouço teórico e dá azo, portanto, à operacionalização em concreto daquilo que Kuhn classifica como sendo a *revolução científica*, que operar-se-á, no particular, com o desenvolvimento de um paradigma mais apropriado para o tratamento das questões afetas à responsabilidade civil labor-ambiental.

O novo paradigma ora proposto parte do pressuposto de que é necessário compreender os desequilíbrios presentes no meio ambiente (aí incluído o *meio ambiente do trabalho*) e as suas consequências para a saúde e para a vida dos indivíduos para muito além da concepção *individualista, legalista contratualista*, e *patrimonialista* a permear tanto a Teoria Geral da Responsabilidade Civil, quanto a *teoria do risco profissional* com a sua sistemática plasmada na reparação acidentária limitada e nas exigências meramente formais destinadas à prevenção dos riscos existentes nos locais de trabalho.

Assim, no novo paradigma que ora se esboça para o Direito do Trabalho – que poderíamos conceituar como o *paradigma ambientalista* – o labor não é concebido singelamente como o mero objeto de uma relação jurídica bilateral e de trato sucessivo a ser precificado, temporizado e adquirido pelo empresário em troca de pecúnia, mas sim como o conjunto de atividades humanas exercidas em um entorno que circunda a pessoa do trabalhador, cujo equilíbrio configura condição essencial para a qualidade de vida das coletividades e dos indivíduos que as desempenham, independentemente do vínculo contratual mantido com o tomador de serviços.

Sob o *paradigma ambientalista*, o objeto de estudo do Direito do Trabalho é representado pelos elementos materiais e imateriais que condicionam o labor humano em suas mais diversas vertentes e que concorrem (i) para o equilíbrio do ambiente onde este último é desempenhado; (ii) para a integridade psicofísica e (iii) para o bem-estar dos trabalhadores ali inseridos. Seu objetivo, nesse sentido, é representado pela busca da adequação das condições de trabalho e dos fatores concernentes à organização do trabalho e às relações interpessoais que conformam o *meio ambiente do trabalho.*

Com isto, o *paradigma ambientalista* do Direito do Trabalho vislumbra o atingimento das causas dos desequilíbrios a afetarem o entorno circundante dos trabalhadores, e não apenas as consequências ocasionadas por tais situações na esfera jurídica de cada sujeito individualmente considerado. Sob tais parâmetros, a concepção e a atuação das estruturas componentes do Direito do Trabalho são pautadas, precipuamente, (i) pela identificação antecipada dos fatores de risco para a qualidade de vida e para a integridade psicofísica dos trabalhadores presentes no *meio ambiente do trabalho*, bem assim (ii) pela eliminação em concreto daquelas ameaças, em benefício de toda a coletividade determinada e indeterminada potencialmente afetada.

Transfere-se, assim, para os domínios do Direito Ambiental e de suas diretrizes conceituais o tratamento das questões intrinsecamente relacionadas à estruturação dos elementos materiais e imateriais que condicionam a prestação do trabalho humano, na medida em que estas últimas integram, ao lado dos fatores *naturais*, *urbanos*, *culturais* e *digitais* o *meio ambiente* que circunda os indivíduos e as comunidades por eles formadas e que, por isso mesmo, figuram como os fatores essenciais para a conformação de sua integridade psicofísica, de sua qualidade de vida e de seu bem-estar.

No que diz respeito especificamente à responsabilidade civil o *paradigma ambientalista* opera no sentido de provocar a reconfiguração de seus elementos estruturantes traduzidos em linguagem jurídica pelo sistema do Direito, a fim de que este último promova a readequação de suas estruturas comunicativas no ensejo de contemplar adequadamente as novas dimensões assumidas pelos riscos na contemporaneidade.

Concebe-se, assim, como ponto de partida para a construção do *paradigma ambientalista*, aquilo que concebemos no Capítulo 5 como sendo o *novo glossário da responsabilidade civil*, a fim de promover uma compreensão de seus elementos mais adequada à nova dimensão assumida pelos riscos contemporâneos, pela qual o *risco* (e não o *dano*) passa a ser o objeto central da Teoria da Responsabilidade Civil, rompendo-se com o dogma oriundo do *paradigma individualista* a preconizar que a materialização de um prejuízo em concreto configuraria condição *sine qua non* para a ativação dos mecanismos da responsabilidade civil.

Sob esse *novo glossário*, a Teoria Geral da Responsabilidade Civil passa a ser pautada, precipuamente, por uma *função preventiva*, a demandar não mais a reparação *post factum* das lesões aos indivíduos e às coletividades determinadas e indeterminadas por estes formadas, mas, ao revés, a eliminação em concreto dos riscos antes que os danos a eles inerentes venham a se manifestar.

Paralelamente à preponderância da função preventiva sobre a reparação *post factum*, o *novo glossário da responsabilidade civil* tem por conceito-chave a *poluição*, que compreende em seu âmago uma situação persistente de desequilíbrio do meio ambiente a ensejar, ao mesmo tempo, um *dano* de *per se* (na medida em que acarreta, desde já, prejuízos a um bem jurídico de titularidade coletiva ou difusa) e um *risco* para a materialização de uma cadeia temporal e espacialmente indeterminada de futuras lesões.

Desse modo, não é mais a natureza das atividades econômicas e sociais desempenhadas pelos potenciais ofensores – tal como se passava, por exemplo, nas teorias do *risco profissional*, do *risco pelo fato das coisas*, do *risco criado* e do *risco-proveito* -- que passa a justificar a *responsabilidade objetiva*. Sob a ótica ora proposta, o que a fundamenta é a incidência dos agentes no conceito legal de *poluidor*, através da materialização de um *risco proibido* em concreto pelo ordenamento jurídico e da deflagração de uma cadeia persistente e continuada de *poluição* capaz de ocasionar uma sequência indeterminada de danos ao patrimônio jurídico dos indivíduos e das coletividades por eles formadas, em um verdadeiro *efeito-dominó*.

Com a consagração da primazia da *função preventiva* e da centralidade do elemento *poluição*, o *novo glossário* ora proposto busca redefinir os elementos clássicos da Teoria Geral da Responsabilidade Civil à luz de tais diretrizes, no ensejo de servir de base para o novo paradigma para a compreensão do tema. Desse modo, os conceitos tradicionais pertinentes à *conduta*, ao *dano*, ao *nexo de causalidade*, ao *elemento subjetivo* e à *reparação* passam a assimilar novos significados, capazes de traduzir, em linguagem jurídica, o caráter *plurissubjetivo*, *atemporal*, *multidimensional* e *dinâmico* dos riscos e dos danos ambientais, conforme delineado no Capítulo 5 *supra*.

O *novo glossário*, nos termos ora propostos, busca superar as matizações terminológicas que os conceitos integrantes da Teoria Clássica da Responsabilidade Civil adquiriram nos diferentes ramos do Direito – notadamente nas searas do Direito Civil e do Direito do Trabalho –, de modo a estabelecer uma linguagem jurídica comum a todos eles, a partir da constatação de que grande parte das vicissitudes fáticas a demandarem a aplicação dos dispositivos concernentes à responsabilidade civil configuram, em verdade, manifestações particulares de supostos de degradação do *meio ambiente* em todas as suas dimensões *naturais*, *artificiais*, *materiais* e *imateriais*.

Sob a ótica do novo paradigma a ser construído com base nesse *glossário*, portanto, não interessa a qualidade de *trabalhador*, de *vizinho*, de *bystander* ou de qualquer outra denominação para fins de aplicação de um dado regime de responsabilidade civil diante da ocorrência de um determinado suposto de *poluição*.

Se a degradação afetou de modo indistinto os elementos materiais e imateriais do entorno circundante dos indivíduos e das coletividades por eles formadas, de modo a prejudicar seu bem-estar, sua integridade psicofísica e sua qualidade de vida, estaremos diante de um *dano ambiental* que invoca, por essa razão, a aplicação do *novo glossário da responsabilidade civil* à generalidade das vítimas, independentemente das abstrações que a legislação venha a fazer sobre seu *status*.

Acreditamos, ao cabo dos cinco capítulos precedentes, que os conceitos ali propostos e sintetizados no que conceituamos chamar de *novo glossário da responsabilidade civil* contêm em sua estrutura os elementos mais adequados à compreensão, pelo Sistema do Direito, da nova dimensão assumida pelos riscos no século XXI, bem como as linhas gerais do novo paradigma a prover as diretrizes teóricas da responsabilidade civil – e, em particular, da responsabilidade civil trabalhista.

REFERÊNCIAS

ALGRANTI. Eduardo. Asbestose. *In:* MENDES. René. **Dicionário de saúde e segurança do trabalhador.** Novo Hamburgo: Proteção, 2018.

________. Mesotelioma maligno (pleura, peritônio, pericárdio ou *túnica vaginalis testis*). *In:* MENDES. René. **Dicionário de saúde e segurança do trabalhador.** Novo Hamburgo: Proteção, 2018.

ALLAN. Nasser Ahmad. **Cultura jurídica trabalhista brasileira. 1910-1945. Doutrina social católica e anticomunismo.** São Paulo: LTr, 2016.

ALMEIDA. Francisco de Paula Lacerda de. **Obrigações.** 2ª Edição. Rio de Janeiro: Typographia Revista dos Tribunaes, 1916.

ALPA. Guido. **Il danno biológico. Percorso di un´idea.** Padova: Cedam, 1987.

ALVES. José Carlos Moreira. **Direito Romano. Vol. I.** 13ª Edição. Rio de Janeiro: Forense, 2002.

________. **Direito Romano. Vol. II.** 6ª Edição. Rio de Janeiro: Forense, 2003.

AMAUGER-LATTES. Marie-Cécile. La gestion du risque chimique dans l´enterprise: vers un principe de précaution face aux risques incertains? *In:* BLIN-FRANCHOMME. Marie-Pierre; DESBARATS. Isabelle. **Droit du travail et droit de l´env ironnement. Regards croisés sur le développement durable.** Paris: Lamy, 2010.

AMENDOLA. Francis C. *et. alii.*, 69A **American Jurisprudence (2d ed.) Securities Regulation—Federal**, § 1308 (citing 15 U.S.C.A. § 78p(b)).

AMERICANO. Jorge. **Do acto illicito nos acidentes do trabalho.** São Paulo: Livraria Academica, 1925.

ANDRADE. José Carlos Vieira de. **Os direitos fundamentais na Constituição Portuguesa de 1976**. 3ª Edição. Coimbra: Almedina, 2004.

ANTUNES. Paulo de Bessa. **Dano ambiental. Uma abordagem conceitual.** 2ª Edição. São Paulo: Atlas, 2015.

ANTUNES. Ricardo. **Adeus ao trabalho? Ensaio sobre as metamorfoses e a centralidade no mundo do trabalho.** 15ª Edição. São Paulo: Cortez, 2011.

________. **Os sentidos do trabalho. Ensaio sobre a afirmação e a negação do trabalho.** 2ª Edição. São Paulo: Boitempo, 2010.

________. **O privilégio da servidão. O novo proletariado na era digital.** São Paulo: Boitempo, 2018.

ARAÚJO. Adriane Reis de. **O assédio moral organizacional.** São Paulo: LTr, 2012.

ARAÚJO JÚNIOR. Francisco Milton. Parâmetros para delimitação do meio ambiente do trabalho na volatilidade da sociedade contemporânea (ciberespaço). *In:* FELICIANO. Guilherme Guimarães *et alii.* **Direito Ambiental do Trabalho. Apontamentos para uma teoria geral. Volume 3.** São Paulo: LTr, 2017.

ASCENÇÃO. José de Oliveira. **Direito Civil. Vol. 2. Teoria geral. Ações e fatos jurídicos.** 3ª Edição. São Paulo: Saraiva, 2010.

ATIYAH. Patrick. **The damages lottery.** Oxford: Hart, 1997.

AUBIN. Gérard; BOUVERESSE. Jacques. **Introduction historique au Droit du Travail.** Paris: Puf, 1995.

AVILÉS. Antonio Ojeda. **Derecho Sindical.** 8ª Edición. Madrid: Tecnos, 2003.

AVOGARO. Matteo. Right to disconnect: French and Italian proposals for a global issue. *In:* ROCHA. Cláudio Janotti da *et alii.* **Direito internacional do trabalho. Aplicabilidade e eficácia dos instrumentos internacionais de proteção ao trabalhador.** São Paulo: LTr, 2018.

BARACAT. Eduardo Milléo. **A boa-fé no direito individual do trabalho.** São Paulo: LTr, 2003.

BARATHIEU. Guy. La formation écologique dans l´enterprise: une contribution à l´écocitoyenneté? *In:* BLIN-FRANCHOMME. Marie-Pierre; DESBARATS. Isabelle. **Droit du travail et droit de l´environnement. Regards croisés sur le développement durable.** Paris : Lamy, 2010.

BARBAGELATA. Héctor-Hugo. **Curso sobre La Evolución del Pensamiento Juslaboralista**. Montevideo: Fundación de Cultura Universitaria, 2009.

________. **El particularismo del derecho del trabajo y los derechos humanos laborales.** 2ª Edición. Montevideo: Fundación de Cultura Universitaria, 2014.

BARBOSA. Maria da Graça Bonança. **Ação Coletiva Trabalhista. Novas Perspectivas.** São Paulo: LTr, 2010.

BARROSO. Lucas Abreu. **A obrigação de indenizar e a determinação da responsabilidade civil por dano ambiental.** Rio de Janeiro: Forense, 2006.

BATISTA JÚNIOR. Onofre Alves. **O outro leviatã e a corrida ao fundo do poço.** Coimbra: Almedina, 2015.

BAUMAN. Zigmunt; BORDONI. Carlo. Trad.: AGUIAR. Renato. **Estado de crise.** Rio de Janeiro: Zahar, 2016.

BAUTONNET. Mathilde; GUÉGAN. Anne. Historique du príncipe de précaution. *In:* KOURILSKY. Philippe; VINEY. Geneviève. **Le principe de précaution.** Paris: Odile Jacob, 2000.

BEAN. David. **Injunctions.** London: Longman, 1994.

BECK. Ulrich. Trad.: NAVARRO. Jorge *et alii.* **La sociedad del riesgo. Hacia una nueva modernidad.** 6ª impresión. Barcelona: Paidós, 2015.

________. Trad.: REY. Jesús Alborés. **La sociedad del riesgo global.** 2ª Edición, 2ª reimpresión. Madrid: Siglo XXI España, 2015.

BELMONTE. Alexandre Agra. **A tutela das liberdades nas relações de trabalho.** São Paulo: LTr, 2013.

________. **Reparação dos danos patrimoniais nas relações de trabalho.** Salvador: Jus Podivm, 2020.

BENJAMIN. Antonio Herman V. Responsabilidade civil pelo dano ambiental. **Revista de Direito Ambiental.** São Paulo, v. 3, n. 9, p. 5-52, jan./mar. 1998.

BERNARDES. Pablo Ferreira. Síndrome de burn-out. Considerações iniciais. *In:* MENDANHA. Marcos *et alii.* **Desvendando o Burn-out. Uma análise interdisciplinar da síndrome do esgotamento profissional.** São Paulo: LTr, 2018.

BESTANI. Adriana. **Principio de precaución.** Buenos Aires: Astrea, 2015.

BITTAR. Carlos Alberto. **Os direitos da personalidade.** 8ª Edição. São Paulo: Saraiva, 2015.

________. **Teoria geral do Direito Civil.** 2ª Edição. Rio de Janeiro: Forense Universitária, 2007.

BOBBIO. Norberto. Trad.: PUGLIESI. Márcio. **O positivismo jurídico. Lições de filosofia do direito.** São Paulo: Ícone, 2006.

BOGNETTI. Giuseppe; MORETTI. Enrico; RIMINI. Luisa. La valutazione econômica del danno ambientale: profili teorici ed aspetti empirici. *In:* TRIMARCHI. Pietro. **Per uma reforma della responsabilita´ civile per danno all´ambiente.** Milano: Giuffrè, 1994.

BONILLA. Miguel Ángel Purcalla. **El trabajo globalizado:** realidades y propuestas. Pamplona: Aranzadi, 2009.

BORGES. Leonardo Estrela. **As obrigações de prevenção no Direito Ambiental Internacional.** São Paulo: Saraiva, 2017.

BOROWSKI. Martin. Trad.: PULIDO. Carlos Bernal. **La estrutura de los Derechos Fundamentales.** Bogotá: Universidad Externado de Colombia, 2003.

BORTOLOTTO. Guido. **Infortuni sul lavoro e malattie professionali.** Milano: Hoepli, 1937.

BRANDÃO. Cláudio. **Acidente do trabalho e responsabilidade civil do empregador.** 2ª Edição. São Paulo, LTr, 2007.

BRAÑES. Raúl. **Manual de Derecho Ambiental mexicano.** México: Fundación Mexicana para la Educación Ambiental/ Fondo de Cultura Económica, 1994; São Paulo: LTr, 2007.

BRASIL: SUPERIOR TRIBUNAL DE JUSTIÇA. RECURSO ESPECIAL Nº 1.389.107/SC. 2ª Turma. RELATOR: Ministro Herman Benjamin. DJ: 1º.12.2015.

________: SUPREMO TRIBUNAL FEDERAL. RECURSO EXTRAORDINÁRIO COM REPERCUSSÃO GERAL Nº 654.833. RELATOR: Ministro Alexandre de Moraes. DJ: 24.6.2020.

________: SUPREMO TRIBUNAL FEDERAL. RECURSO EXTRAORDINÁRIO COM REPERCUSSÃO GERAL nº 664.335/SC. RELATOR: Ministro Luiz Fux. DJ: 12.2.2015.

________:SUPREMO TRIBUNAL FEDERAL. RECURSO EXTRAORDINÁRIO COM REPERCUSSÃO GERAL Nº 828.040/MS. RELATOR: Ministro Alexandre de Moraes. DJ: 19.3.2020.

BRONSTEIN. Arturo. **International and comparative labour law. Current challenges.** Houndmills: Palgrave Macmillan/ILO, 2009.

BUENO. José Antônio Pimenta. **Direito público brasileiro e análise da Constituição do Império.** Rio de Janeiro: Ministério da Justiça e Negócios Interiores, 1958.

BÜHLER. Ottmar. Trad.: ARMENGOL. José Rovira. Texto de la Constitución Alemana de agosto de 1919 y comentario sistemático a sus preceptos. *In*: VVAA. **La Constitución de Weimar.** Madrid: Tecnos, 2010.

BUSTURIA. Andrea Ariadna López-Franco de. **Derechos Humanos, empresas transnacionales y responsabilidad social empresarial.** Madrid: Berg Institute, 2015.

CABANELLAS. Guillermo. **El dumping. Legislación argentina y derecho comparado.** Buenos Aires: Heliasta, 1981;

CABRAL. Angelo Antonio; SILVA. Eduardo Alexandre da. Responsabilidade civil do empregador em decorrência de desequilíbrio no meio ambiente do trabalho. *In:* FREITAS JÚNIOR. Antonio Rodrigues de. **Responsabilidade civil nas relações de trabalho. Questões atuais e controvertidas.** São Paulo: LTr, 2011.

CABRAL. Armando H. Dias. Proteção Ambiental. *In:* **Revista de Direito Público** 47-48/84, 1978;

CALABRESI. Guido. **The costs of accidents. A legal and economic analysis.** New Haven: Yale University Press, 1970.

CANARIS. Claus-Wilheim. Trad.: SARLET. Ingo Wolfgang; PINTO. Paulo Mota. **Direitos fundamentais e direito privado.** Coimbra: Almedina, 2006.

CANOTILHO. José Joaquim Gomes. **Constituição dirigente e vinculação do legislador.** 2ª Edição. Coimbra: Coimbra Editora, 2001.

________. **Direito Constitucional e teoria da constituição.** 7ª Edição. Coimbra: Almedina, 2003.

CAPITANT. Henri. **Introduction a l´estude du Droit Civil.** *4éme Édition. Paris: A. Pedone Éditeur, 1921.*

CAPPELLETTI. Mauro. Dimensiones de la justicia en el mundo contemporáneo. Trad.: ZAMUDIO. Héctor Fix. *In:* **Obras.** México: Porrúa/Facultad de Derecho – UNAM, 2007.

CAPRA. Fritjof; MATTEI. Ugo. Trad.: CAMARGO. Jeferson Luiz. **A revolução ecojurídica. O direito sistêmico em sintonia com a natureza e a comunidade.** São Paulo: Cultrix, 2018.

CAPRON. Michel; QUAIREL-LANOIZELÉE. Françoise. **La responsabilité sociale d´enterprise.** Paris: La Découverte, 2010.

CARBONELL. Miguel. **Una historia de los derechos fundamentales.** México: Porrúa/UNAM/CNDH, 2005;

CARELLI. Rodrigo de Lacerda**. Primeiras linhas de um Direito Ecológico do Trabalho**: lições da pandemia. Disponível em: ***https://www.jota.info/opiniao-e-analise/artigos/linhas-de-um-direito-ecologico-do-trabalho-ecologia-social-e-licoes-da-pandemia-07052020***.

CARELLI. Rodrigo de Lacerda; OLIVEIRA. Murilo Carvalho Sampaio. **As plataformas digitais e o Direito do Trabalho.** Belo Horizonte: Dialética, 2021.

CARNEIRO. Carla Maria Santos; SILVA. Germano Campos; RAMOS. Lila de Fátima Carvalho. **Relações sustentáveis de trabalho. Diálogos entre o Direito e a Psicodinâmica do Trabalho.** São Paulo: LTr, 2018.

CARPENTER. Luiz F. **Da prescrição.** 3ª Edição. Rio de Janeiro: Editôra Nacional de Dircito, 1958.

CARRÁ. Bruno Leonardo Câmara. **Evolução dos** Torts: **do** Trespass **à** Strict Liability. Disponívcl cm: ***http://www.publicadircito.com.br/artigos/?cod-79bdf6773fc52c08***.

________. **Responsabilidade civil sem dano. Uma análise crítica. Limites epistêmicos a uma responsabilidade civil preventiva ou por simples conduta.** São Paulo: Atlas, 2015.

CARSON. Rachel. Trad.: MARTINS. Claudia Sant´Anna. **Primavera silenciosa.** São Paulo: Gaia, 2010.

CARVALHO. Délton Winter de. **Dano ambiental futuro. A responsabilização civil pelo risco ambiental.** 2ª Edição. Porto Alegre: Livraria do Advogado, 2013.

________. **Dcsastrcs ambicntais c sua rcgulação jurídica.** São Paulo: Rcvista dos Tribunais, 2015.

CASTRO. Araujo. **Accidentes do trabalho.** 5ª Edição. Rio de Janeiro: Freitas Bastos, 1939;

CASTRO. Augusto Olympio Viveiros de. **Tratado de sciencia da Administração e Direito Administrativo.** 2ª Edição. Rio de Janeiro: Jacintho Ribeiro dos Santos Livreiro-Editor, 1912.

CATALAN. Marcos. **A morte da culpa na responsabilidade contratual.** São Paulo: Revista dos Tribunais, 2013.

CATHARINO. José Martins. **Contrato de emprêgo.** Rio de Janeiro: Edições Trabalhistas, 1965.

________. **Tratado jurídico do salário.** Rio de Janeiro: Freitas Bastos, 1951.

CAUPERS. João. **Os direitos fundamentais dos trabalhadores e a Constituição.** Coimbra: Almedina, 1985.

CAVALCANTE. João Barbalho Uchôa. **Constituição Federal Brasileira (1891).** Edição Fac-Similar. Brasília: Senado Federal, 2002.

CAVALIERI FILHO. Sergio. **Programa de responsabilidade civil.** 7ª Edição. São Paulo: Atlas, 2007.

CESARINO JUNIOR. A.F. **Direito social brasileiro.** 6ª Edição. São Paulo: Saraiva, 1970.

CHIRONI. Gian Pietro. Trad.: POSADA. A. **La culpa en el Derecho Civil moderno. Tomo I.** 2ª Edición. Madrid: Editorial Reus, 1928.

________. Trad.: QUIRÓS. C. Bernaldo de. **La culpa en el Derecho Civil moderno. Tomo II.** 2ª Edición. Madrid: Editorial Reus, 1928.

ČIARNIENÉ. Ramuné; VIENAŽINDIENÉ. Milita. **Management of contemporary fashion industry: characteristics and challenges.** Procedia - Social and Behavioral Sciences 156 (2014) 63 – 68.

COGLIOLO. Pietro. **Saggi sopra l´evoluzione del diritto privato.** Roma: Fratelli Bocca, 1885.

COMPARATO. Fábio Konder. **A Afirmação Histórica dos Direitos Humanos.** 3ª Edição. São Paulo: Saraiva, 2003.

CORDEIRO. António Manuel da Rocha e Menezes. **Da boa fé no direito civil.** 2ª reimpressão. Coimbra: Almedina, 2001.

COSTA. Luiz Augusto Maia. Theodoro Sampaio, o Código Sanitário do Estado de São Paulo de 1894 e as exigências da modernidade. *In:* **Revista de pesquisa em arquitetura e urbanismo.** Instituto de arquitetura e urbanismo – IAU-USP. São Paulo. Vol. 14, n. 2.

COSTA. Marcelo Freire Sampaio. **Dano moral coletivo nas relações de trabalho.** 3ª Edição. São Paulo: LTr, 2020.

COTRIM NETO. A.B. **Contrato e relação de emprêgo.** São Paulo: Max Limonad, 1944.

CRETELLA. Agnes *et alii.* **Institutas do Imperador Justiniano.** São Paulo: Revista dos Tribunais, 2000.

CRUET. Jean. **A vida do direito e a inutilidade das leis.** Lisboa: Editorial Ibero--americana, 1938.

CUNHA. Paulo Ferreira da. **A Constituição viva. Cidadania e Direitos Humanos.** Porto Alegre: Livraria do Advogado, 2007.

DABIN. Jean. Trad.: OSSET. Francisco Javier. **El derecho subjetivo.** Santiago: Olejnik, 2019.

DAIBERT. Jefferson. **Direitos das coisas.** 2ª Edição. Rio de Janeiro: Forense, 1979.

DAL ROSSO. Sadi. **Mais trabalho! A intensificação do labor na sociedade contemporânea.** 2ª reimpressão. São Paulo: Boitempo, 2015.

DALLEGRAVE NETO. José Affonso. **Responsabilidade civil no direito do trabalho.** 5ª Edição. São Paulo: LTr, 2014.

DANGEL. Edward. Contempt of court. *In:* GARNER. Bryan. **Black's law dictionary.** *7th ed., St. Paul: West Group, 1999.*

DAVID. René. Trad.: CARVALHO. Hermínio A. **Os grandes sistemas do Direito contemporâneo.** São Paulo: Martins Fontes, 1998.

DE ANGEL. Yagüez. **Tratado de responsabilidad civil.** Madrid: Civitas, 1993.

DE CUPIS. Adriano. **Il danno. Teoria generale della responsabilità civile.** Milano: Giuffrè, 1946.

________. Trad.: JARDIM. Adriano Vera; CAEIRO. Antonio Miguel. **Os direitos da personalidade.** Lisboa: Livraria Morais Editora, 1961.

DEJOURS. Christophe. Trad.: PARAGUAY. Ana Isabel; FERREIRA. Lúcia Leal. **A loucura do trabalho. Estudo de psicopatologia do trabalho.** 6ª Edição, 2ª Reimpressão. São Paulo: Cortez/Oboré, 2018.

DEJOURS. Christophe; ABDOULCHELI. Elisabeth. Desejo ou motivação? A interrogação psicanalítica sobre o trabalho. *In:* DEJOURS. Christophe *et alii.* **Psicodinâmica do Trabalho: contribuições da escola dejouriana à análise da relação prazer, sofrimento e trabalho.** São Paulo: Atlas, 1994;

DEJOURS. Christophe; BÈGUE. Florence. Trad.: SOUDANT. Franck. **Suicídio e trabalho: o que fazer?** Brasília: Paralelo 15, 2010.

DE LA CUEVA. Mario. **El Nuevo Derecho Mexicano Del Trabajo. Tomo I.** 21ª Edición. México: Porrúa, 2007.

________. **El Nuevo Derecho Mexicano del Trabajo. Tomo. II.** 14ª Edición. México: Porrúa, 2006.

DELGADO. Maurício Godinho. **Curso de Direito do Trabalho.** 13ª Edição. São Paulo: LTr, 2014.

DE VAL TENA. Ángel Luís. Los límites a la libre voluntad de las partes en la relación laboral: de la inderogabilidad de las normas imperativas a la indisponibilidad de los derechos. A propósito del *órden público laboral. In:* LUCÁN. Maria Ángeles Parra. **Autonomía privada y límites a su libre ejercicio.** Granada: Comares, 2016.

DEVEALI. Mario L. **El Derecho del Trabajo en su aplicación y sus tendencias. Tomo I.** Buenos Aires: Astrea, 1983.

DIAS. José de Aguiar. **Da responsabilidade civil.** 12ª Edição. Rio de Janeiro: Lumen Juris, 2012.

DÍAZ. Elías. **Estado de Derecho y sociedad democrática.** 8ª Edición.7ª Reimpresión. Madrid: Taurus Humanidades, 1991.

DOMENÈCH. Carlos Hugo Preciado. **Teoría general de los derechos fundamentales en el contrato de trabajo.** Pamplona: Aranzadi, 2018.

DOMINGUEZ. Ángel Arias. **¿Qué fue, qué era, que és y qué será el derecho del trabajo?** Murcia: Laborum, 2018.

DONNINI. Rogério. **Responsabilidade civil na pós-modernidade.** Porto Alegre: Sergio Antonio Fabris Editor, 2015.

________. **Responsabilidade civil pós-contratual.** 3ª Edição. São Paulo: Saraiva, 2011.

DRAY. Guilherme Machado. **O princípio da proteção do trabalhador.** São Paulo: LTr, 2015.

DUBAL. Veena. Trad.: CARELLI. Rodrigo de Lacerda. A política do tempo no trabalho digital por peça baseado em domicílio. *In:* **Teoria jurídica contemporanea.** Rio de Janeiro, PPGD/UFRJ, v. 6, 2021.

DUGUIT. León. Trad.: ACUÑA. José G. **Manual de Derecho Constitucional.** Granada: Comares, 2005.

DUKES. Ruth. Hugo Sinzheimer and the Constitutional Function of Labour Law. *In:* DAVIDOV. Guy; LANGILLE. Brian. **The idea of labour law.** Oxford: Oxford University Press, 2013.

DUTRA. Lidiane Silva; FERREIRA. Aldo Pacheco. Associação entre malformações congênitas e a utilização de agrotóxicos em monoculturas no Paraná, Brasil. *In:* **Saúde em Debate**, vol. 41, núm. 2, enero-junio, 2017, pp. 241-253. Centro Brasileiro de Estudos de Saúde, Rio de Janeiro.

DWORKIN. Ronald. **Law´s Empire.** Cambridge: Bellknap Harvard, 1986.

EBERT. Paulo Roberto Lemgruber. A nova sistemática da reparação dos danos extrapatrimoniais decorrentes da relação de trabalho: análise sob os prismas da constitucionalidade e da aplicabilidade. *In:* **Revista eletrônica [do] Tribunal Regional do Trabalho da 9ª Região**. Curitiba: v. 7, n. 67, p. 119-166, abr. 2018.

________. A tragédia do amianto. Uma lição sobre gestão de riscos labor-ambientais a ser aprendida. *In*: **Revista do Tribunal Regional do Trabalho da 3ª Região**, Belo Horizonte, v. 65, n. 100, t. I, p. 139-184, jul./dez 2019.

________. Assédio moral organizacional: a gestão degradante como poluição do meio ambiente do trabalho. *In:* FELICIANO. Guilherme Guimarães; EBERT. Paulo Roberto Lemgruber. **Direito Ambiental do Trabalho. Apontamentos para uma teoria geral. Volume 4.** São Paulo: LTr, 2018.

________. Meio ambiente do trabalho. Conceito, responsabilidade civil e tutela. **Jus Navigandi**. Teresina, ano 17, n. 3377, 2012. Disponível em: ***https://jus.com.br/artigos/22694***. Acesso em 21 jan 2021.

________. O Direito do Trabalho no século XXI: em busca de uma nova estruturação. *In*: **Revista do Tribunal Superior do Trabalho**, vol. 78, nº 2, abr./jun. 2012;

________. O teletrabalho na Reforma Trabalhista: impactos na saúde dos trabalhadores e no meio ambiente do trabalho adequado. **Revista dos Estudantes de Direito da Universidade de Brasília**, (15). Brasília, 2019.

________. Prevenção e reparação dos danos ocasionados pela circulação ocupacional do Novo Coronavírus nos frigoríficos. *In:* FELICIANO. Guilherme Guimarães; MELO. Raimundo Simão de. **Meio ambiente do trabalho em tempos de pandemia.** Campinas: Lacier, 2021.

________. Terceirização e condições de trabalho. De quem é a responsabilidade pela higidez labor-ambiental? *In:* SOUTO MAIOR. Jorge Luiz; SEVERO. Valdete Souto. **Resistência. Volume III. O Direito do Trabalho diz não à terceirização.** São Paulo: Expressão Popular, 2019.

EDELMAN. Bernard. Trad.: ORIONE. Marcus *et alii.* **A legalização da classe operária.** São Paulo: Boitempo, 2016.

EHRENBERG. Alain. **La fatigue d´être soi. Depression et société.** Paris: Odile Jacob, 2000.

ENOCH. David. Tort liability and taking responsibility. *In:* OBERDIEK. John. **Philosofical foundations of the law of torts.** Oxford: Oxford University Press, 2014.

EPSTEIN. Richard. **A theory of Strict Liability.** Chicago: The Journal of Legal Studies, Jan. 1973, Vol. 2, N.1 (Jan., 1973), p. 151-204;

ESPAÑA: **Ordenanzas que los muy ilustres y muy magnificos señores de Granada mandaron guardar para la buena gouernacion de su Republica, impressas año de 1552.** Granada: Imprenta Real de Francisco de Ochos, 1672.

ETALA. Carlos Alberto. **Contrato de trabajo.** 5ª Edición. Buenos Aires: Astrea, 2005.

EUROFUND; ILO. **Working anytime, anywhere: The effects of the world of work.** Luxembourg: Publication Office of the European Union, 2017.

FACHIN. Luiz Edson. **Direito Civil. Sentidos, transformações e fim.** Rio de Janeiro: Renovar, 2015.

FARAH. Bruno. **A depressão no ambiente de trabalho:** prevenção e gestão de pessoas. São Paulo: LTr, 2016.

FARIAS. Cristiano Chaves de; NETTO. Felipe Peixoto Braga; ROSENVALD. Nelson. **Novo tratado de responsabilidade civil.** 3ª Edição. São Paulo: Saraiva, 2018.

FELICIANO. Guilherme Guimarães. **Do pré-contrato de trabalho. O contrato preliminar de trabalho no iter da contratação laboral:** abordagem comparativa e jusfundamental. São Paulo: LTr, 2010.

________. O meio ambiente do trabalho e a responsabilidade civil patronal: reconhecendo a danosidade sistêmica. *In:* FELICIANO. Guilherme Guimarães; URIAS. João. **Direito ambiental do trabalho. Apontamentos para uma teoria geral. Volume 1.** São Paulo: LTr, 2013.

________. **Responsabilidade civil no meio ambiente do trabalho. Nexo causal, nexo normativo e Teoria da Imputação Objetiva.** São Paulo: Revista dos Tribunais, 2021.

________. Responsabilidade civil por acidente de trabalho (abordagem labor--ambiental). *In* CAMPILONGO. Celso Fernandes *et alii.* **Enciclopédia jurídica da PUC-SP Tomo:** Direito do Trabalho e Processo do Trabalho. São Paulo: Pontifícia Universidade Católica de São Paulo, 2017. Disponível em: ***https://enciclopediajuridica.pucsp.br/verbete/390/edicao-1/responsabilidade-civil-por--acidente-de-trabalho-%28abordagem-labor-ambiental%29***.

________. **Teoria da imputação objetiva no Direito Penal Ambiental brasileiro.** São Paulo: LTr, 2005.

________. **Tópicos avançados de Direito Material do Trabalho. Atualidades forenses. Vol. 1.** São Paulo: Damásio de Jesus, 2006.

FELICIANO. Guilherme Guimarães; EBERT. Paulo Roberto Lemgruber. Coronavirus e meio ambiente do trabalho: de pandemias, pantomimas e panaceias. *In:* MENDES. Felipe Prata *et alii.* **Direitos sociais em tempo de pandemia.** Brasília: Venturoli, 2020.

________. **Coronavírus e meio ambiente de trabalho:** o "novo normal" no juslaboralismo. Disponível em: ***https://www.conjur.com.br/2020-jun-01/feliciano-ebert-coronavirus-meio-ambiente-trabalho***.

FERNÁNDEZ FERNÁNDEZ. Roberto. **Redes sociales y derecho del trabajo. El lento tránsito desde la indiferencia legislativa a la necesaria regulación legal o convencional.** Pamplona: Aranzadi, 2020.

FERRAJOLI. Luigi. Trad.: COCCIOLI. Carlo; LAURIA FILHO. Márcio; JANNINI. Karina. **A soberania no mundo moderno. Nascimento e crise do Estado Nacional.** São Paulo: Martins Fontes, 2007.

FERRARA. Francesco. Trad.: ANDRADE. Manuel A. D de. **Interpretação e aplicação das leis.** São Paulo: Livraria Académica, 1934.

FERREIRA. Mário César. **Qualidade de vida no trabalho. Uma abordagem centrada no olhar dos trabalhadores.** 3ª Edição. Brasília: Paralelo 15, 2016.

FERRER. Miguel Rodríguez-Piñero y Bravo. Flexiseguridad: el debate europeo en curso. *In:* RODRÍGUEZ. Ricardo Escudero. **Aportaciones al debate comunitario sobre "Flexiseguridad".** Madrid: La Ley, 2007.

FIORAVANTI. Maurizio. Trad.: NEIRA. Manuel Martínez. **Los derechos fundamentales. Apuntes de historia de las consttiuciones**. 4ª Edición. Madrid: Trotta, 2003.

FIORILLO, Celso Antonio Pacheco. **Curso de Direito Ambiental brasileiro**. 10ª Edição. São Paulo: Saraiva, 2009.

FISCHER. Hans Albrecht. Trad.: CORREIA. António de Arruda Ferrer. **A reparação dos danos no Direito Civil.** São Paulo: Livraria Académica, 1938.

FOLCH. Alejandro Gallart. **Derecho español del trabajo.** Barcelona: Labor, 1936.

FONSECA. Arnoldo Medeiros da. **Caso fortuito e teoria da imprevisão.** 3ª Edição. Rio de Janeiro: Forense, 1958.

FORGIONI. Paula. **A evolução do Direito Comercial brasileiro. Da mercancia ao mercado.** 2ª Edição. São Paulo: Revista dos Tribunais, 2012.

FRANCE: COUR DE CASSATION. Arrêt nº 374 du 4 mars 2020 (19-13.316) – Chambre sociale.

________. IGAS. **La rénovation de la réparation des accidents du travail et des maladies professionnelles. Rapport nº 2004 032. Mars 2004.** Paris: IGAS, 2004.

FRANÇA. Rubens Limongi. As raízes da responsabilidade aquiliana. *In:* **Revista dos Tribunais, RT** 577/1983.

FRANCISCO [Papa]. **Carta Encíclica Laudato Si do Santo Padre Francisco sobre o cuidado da Casa Comum.** Disponível em: ***https://www.vatican.va/content/francesco/pt/encyclicals/documents/papa-francesco_20150524_enciclica-laudato-si.html#_ftn145***.

FREITAS. Juarez. **Sustentabilidade. Direito ao futuro.** 4ª Edição. Belo Horizonte: Fórum, 2019.

FREITAS. Maria Ester de; HELOANI. Roberto; BARRETO. Margarida. **Assédio moral no trabalho.** São Paulo: Cengage Learning, 2008.

FREUDENBERG. Nicholas. **Lethal but legal. Corporations, consumption and protecting public health.** New York: Oxford, 2014.

FRIEDMAN. Lawrence M. **Impact. How law affects behavior.** Cambridge: Harvard, 2016.

FRIEDMAN. Milton. **The social responsibility of business is to increase profits.** New York Times Magazine, September, 13, 1970.

FRIEDMANN. Georges. Trad.: CAJADO. Octavio Mendes. Introdução e metodologia. *In:* FRIEDMANN. Georges; NAVILLE. Pierre. **Tratado de sociologia do Trabalho. Volume I.** São Paulo: Cultrix, 1973.

GALINDO. George Rodrigo Bandeira. **Tratados internacionais de direitos humanos e Constituição Brasileira**. Belo Horizonte: Del Rey, 2002.

GARCÍA DE ENTERRÍA. Eduardo. **La lengua de los derechos. La formación del Derecho Público europeo tras la Revolución Francesa.** Madrid: Alianza, 1999.

GARCÍA DE ENTERRÍA. Eduardo; FERNÁNDEZ. Tomás-Ramón. **Curso de Derecho Administrativo. Vol. II.** 11ª Edición. Madrid: Civitas, 2008.

GAULEJAC. Vincent de. Trad.: STORNIOLO. Ivo. **Gestão como doença social. Ideologia, poder gerencialista e fragmentação social.** Aparecida: Ideias & Letras, 2014.

GÉNY. François. **Méthode d´interpretation et sources en droit privé positif. Essai critique. Tome I.** Seconde édition. Paris: LGDJ, 2016.

GIAMPIETRO. Franco. **La responsabilità per danno all´ambiente. Profili amministrativi, civili e penali.** Milano: Guiffrè, 1988.

GIANINNI. Massimo Severo. Ambiente: saggio sui diversi suoi aspetti giuridici. **Rivista Trimestrale de Diritto Pubblico**, n. 2, p. 680, 1974.

GIDDENS. Anthony. **Runaway world. How globalization is reshaping our lives.** London: Profile Books, 1999.

GIDI. Antonio. **Rumo a um Código de Processo Civil Coletivo. A codificação das ações coletivas no Brasil.** Rio de Janeiro: Forense, 2008.

GIUGNI. Gino. Trad.: PÉREZ. José Luis Monereo. **Introducción al estudio de la autonomía colectiva.** Granada: Comares, 2004.

GLOYNE. S.R. - **Two cases of squamous carcinoma of the lung occurring in asbestosis. Tubercle**, **17**:5-10, 1930.

GOELZER. Berenice Isabel Ferrari. Higiene do trabalho (Higiene ocupacional). *In:* MENDES. René. **Dicionário de saúde e segurança do trabalhador.** Novo Hamburgo: Proteção, 2018.

GOMES. Orlando. **A convenção coletiva de trabalho.** Salvador: Gráfica Popular, 1936.

________. **A crise do Direito.** São Paulo: Max Limonad, 1955.

________. **Contratos.** 25ª Edição. Rio de Janeiro: Forense, 2002.

________. **Direitos reais.** 18ª Edição. Rio de Janeiro: Forense, 2001.

________. **Obrigações.** 15ª Edição. Rio de Janeiro: Forense, 2000.

________. **Transformações gerais do Direito das Obrigações.** São Paulo: Revista dos Tribunais, 1967.

GONÇALVES. Luiz da Cunha. **Responsabilidade civil pelos acidentes de trabalho e doenças profissionais.** Coimbra: Coimbra Editora, 1939.

GONZÁLVES. Maria Cristina Aguilar. El teletrabajo como medida conciliadora de la vida laboral, personal y familiar. *In:* MÉNDEZ. Lourdes Mella. **Conciliación de la vida laboral familiar y crisis económica.** Madrid: Delta, 2015.

GOTTSCHALK. Egon Felix. **Norma pública e privada no Direito do Trabalho.** São Paulo: Saraiva, 1944.

GRAU. Eros Roberto. **Ensaio e discurso sobre a interpretação/aplicação do Direito.** 4ª Edição. São Paulo: Malheiros Editores, 2006.

GRIMM. Dieter. Trad.: PINA. Antonio López. **Constitucionalismo y Derechos Fundamentales.** Madrid: Trotta, 2006.

GRINOVER. Ada Pellegrini *et alii.* **Código Brasileiro de Defesa do Consumidor comentado pelos autores do anteprojeto.** 7ª Edição. Rio de Janeiro: Forense Universitária, 2001.

GUEDES. Márcia Novaes. Assédio moral e *straining.* **Revista LTr**, 74-02/165, v. 74, n. 2, fev. 2010.

GUERRIERI. Teresa. I danni non patrimoniali. *In:* VIOLA. Luigi. **La responsabilità civile ed il danno.** Matelica: Halley Editrice, 2007.

HÄBERLE. Peter. Trad.: FIX-FIERRO. Héctor. **El estado constitucional.** Buenos Aires: Astrea, 2007.

HABERMAS. Jürgen. Trad.: SIEBENEICHLER. Flávio Beno. **Direito e democracia. Entre facticidade e validade. Volume I.** 2ª edição. Rio de Janeiro: Tempo Brasileiro, 2003.

HAURIOU. Maurice. Trad.: CASTILLO. Carlos Ruiz del. **Principios de derecho público y constitucional**. Granada: Editorial Comares, 2003.

HEDEMANN. Justus W. Trad.: SERAL. Luis Sancho. **Las presunciones en el Derecho.** Santiago: Olejnik, 2019.

HELOANI. Roberto. **Gestão e organização no capitalismo globalizado. História da manipulação psicológica no mundo do trabalho.** São Paulo: Atlas, 2003.

HIRIGOYEN. Marie-France. Trad.: KÜHNER. Maria Helena. **Assédio moral. A violência perversa no cotidiano.** 6ª Edição. Rio de Janeiro: Bertrand Brasil, 2003.

HOBSBAWM. Eric. Trad.: BARCELLOS. Waldrea; BEDRAN. Sandra. A formação da cultura da classe operária britânica. *In:* HOBSBAWM. Eric. **Mundos do trabalho: Novos estudos sobre a história operária.** Rio de Janeiro: Paz e Terra, 2015.

________. Trad.: SANTARRITA. Marcos. **A era dos extremos. O breve século XX. 1914 – 1991.** 2ª Edição. São Paulo: Companhia das Letras, 2001.

HOLMES JR. Oliver Wendell. **The Common Law.** Mineola: Dover, 1991.

HOROVITZ. Samuel B. **Injury and death under Workmen´s Compensation Laws.** Boston: Wright & Potter Printing, 1944.

HOUAISS. Antônio. **Dicionário Houaiss da língua portuguesa.** Rio de Janeiro: Editora Objetiva, 2001.

INGRAO. Alessandra. The algorithmic analysis of reviews used by ´Gig economy platforms´: a new form of tracking workers. *In:* ROCHA. Cláudio Janotti da *et alii.* **Direito internacional do trabalho. Aplicabilidade e eficácia dos instrumentos internacionais de proteção ao trabalhador.** São Paulo: LTr, 2018.

INTERNATIONAL LABOUR OFFICE. **Mental Health in the workplace.** Geneva: OIT, 2000.

JAKOBS. Günther. Trad.: MELIÁ. Manuel Cancio. **La imputación objetiva en derecho penal.** Reimpresión. Madrid: Civitas, 2016.

JAVILLIER. Jean-Claude. Trad.: BOZACIYAN. Rita Asdine. **Manual de Direito do Trabalho.** São Paulo: LTr, 1988.

JEAMMAUD. Antoine. Trad.: PINTO. José Augusto Rodrigues. Flexisegurança. *In:* ACADEMIA NACIONAL DE DIREITO DO TRABALHO. **Dicionário brasileiro de direito do trabalho.** São Paulo: LTr, 2013.

JONAS. Hans. Trad.: LISBOA. Marijane; MONTEZ. Luiz Barros. **O princípio responsabilidade. Ensaio de uma ética para a civilização tecnológica.** Rio de Janeiro: Contraponto/PUC Rio, 2011.

JOSSERAND. Louis. **De la responsabilité du fait des choses inanimés.** Paris: Arthur Rousseau Éditeur, 1897.

________. Trad.: CUNCHILLOS Y MANTEROLA. Santiago. **Derecho Civil. Tomo II, Vol. I. Teoría general de las obligaciones.** Buenos Aires: Ediciones Jurídicas Europa-America, 1950.

JULIÀ. Miquel Àngel Serrat. **Liderando el ¿bienestar? Laboral. Orden o caos.** Segunda Edición. Barcelona: Bosch, 2021.

JULIOS-CAMPUZANO. Alfonso de. Trad.: MORAIS. José Luis Bolzan de; NASCIMENTO. Valéria Ribas do. **Constitucionalismo em tempos de globalização.** Porto Alegre: Livraria do Advogado, 2009.

KAISER. Pierre. Les droits de la personnalité. Aspects théoriques et pratiques. *In:* **Revue Trimestrelle de Droit Civil**, 1971. Tome 79, Paris: Sirey, p. 490-491.

KEATING. Gregory C. Strict liability wrongs. *In:* OBERDIEK. John. **Philosophical foundations of the law of torts.** New York: Oxford University Press, 2018.

KEIM-BAGOT. Morane. **De l´accident du travail à la maladie: la métamorphose du risque professionnel. Enjeux et perspectives.** Paris : Dalloz, 2015.

KELSEN. Hans. Trad.: MACHADO. João Baptista. **Teoria pura do Direito. Volume I**. 2ª Edição. Coimbra: Arménio Amado, 1962.

________. **Teoria pura do Direito. Volume II**. 2ª Edição. Coimbra: Arménio Amado, 1962.

KELLY. John M. Trad.: MICHAEL. Marylene Pinto. **Uma breve história da Teoria do Direito ocidental.** São Paulo: Martins Fontes, 2018.

KOTZÉ. Louis J. **Global environment constitucionalism in the anthropocene.** Oxford: Hart Publishing, 2016.

KOURILSKY. Philippe; VINEY. Geneviève. **Le príncipe de précaution.** Paris: Odile Jacob, 2000.

KROTOSCHIN. Ernesto. **Manual de Derecho del Trabajo.** 4ª Edición. Buenos Aires: Depalma, 1993.

KUHN. Thomas. Trad.: BOEIRA. Beatriz Vianna; BOEIRA. Nelson. **A estrutura das revoluções científicas.** 9ª Edição. São Paulo: Perspectiva, 2005.

LALOU. Henri. **Traité pratique de la responsabilité civile.** Paris: Dalloz, 1949;

LARENZ. Karl. Trad.: MACÍAS-PICAVEA. Miguel. **Derecho Civil. Parte general.** Madrid: Editorial Revista del Derecho Privado, 1978.

________. Trad.: BRIZ. Jaime Santos. **Derecho de Obligaciones. Tomo I.** Madrid: Editorial Revista de Derecho Privado, 1958..

________. **Derecho de Obligaciones. Tomo II.** Madrid: Editorial Revista de Derecho Privado, 1959.

LAURENT. François. **Principes de Droit Civil. Tome XX.** Bruxelles: Bruylant-Christophe, 1869.

LEAL. Antônio Luiz da Câmara. **Da prescrição e da decadência.** 2ª Edição. Rio de Janeiro: Forense, 1959.

LEITE. José Rubens Morato; AYALA. Patrick de Araújo. **Dano ambiental. Do individual ao coletivo extrapatrimonial. Teoria e prática.** 5ª Edição. São Paulo: Revista dos Tribunais, 2012.

________. As novas dimensões do princípio da reparação integral dos danos ambientais. *In:* FELICIANO. Guilherme Guimarães *et alii*. **Direito Ambiental do Trabalho. Apontamentos para uma teoria geral. Volume 5.** São Paulo: LTr, 2020, p. 214.

LEMOS. Maria Cecilia de Almeida Monteiro. **O dano existencial nas relações de trabalho intermitentes.** São Paulo: LTr, 2020.

LEMOS. Patrícia Faga Iglecias. **Meio ambiente e responsabilidade civil do proprietário. Análise do nexo causal.** 2ª Edição. São Paulo: Revista dos Tribunais, 2012.

________. **Resíduos sólidos e responsabilidade civil pós-consumo.** 3ª Edição. São Paulo: Revista dos Tribunais, 2014.

LEÃO XXIII [Papa]. **Rerum Novarum. Carta Encíclica de Sua Santidade o Papa Leão XXIII sobre a condição dos operários.** 14ª Edição. São Paulo: Paulinas, 1998.

LEONEL. Ricardo de Barros. **Manual do processo coletivo.** 4ª Edição. São Paulo: Malheiros Editores, 2017.

LÉONI. Laure. **Histoire de la prévention des risques professionnels.** Dans regards 2017/1 (nº 51). p. 21-31. Disponível em: ***https://www.cairn.info/revue-regards-2017-1-page-21.htm.***

LEWANDOWSKI. Enrique Ricardo. **Globalização, regionalização e soberania.** São Paulo: Juarez de Oliveira, 2004.

LHUILIER. Gilles. **Le concept de « law shopping » (droit international privé, droit social et droit de l´environnement).** *In:* BLIN-FRANCHOMME. Marie-Pierre; DESBARATS. Isabelle. **Droit du travail et droit de l´environnement. Regards croisés sur le développement durable.** Paris: Lamy, 2010.

LIEBER. Renato Rocha. "Risco" (Condição de risco, *risk*): Perspectiva da SST. *In*: MENDES. René. **Dicionário de saúde e segurança do trabalhador.** Novo Hamburgo: Proteção, 2018.

LIMA. Alvino. **Culpa e risco.** São Paulo: Revista dos Tribunais, 1960.

LLORY. Michel; MONTMAYEUL. René. Trad.: VIANNA. Marlene Machado Zica. **O acidente e a organização.** Belo Horizonte: Fabrefactum, 2014.

LOBSTEIN. Jacques. Trad.: CAJADO. Octavio Mendes. Estrutura e organização da empresa. *In*: FRIEDMANN. Georges; NAVILLE. Pierre. Trad.: CAJADO. Octavio Mendes. **Tratado de sociologia do trabalho. Volume II.** São Paulo: Cultrix, 1973.

LOPES. Ana Frazão de Azevedo. **Empresa e propriedade. Função social e abuso de poder econômico.** São Paulo: Quartier Latin, 2006.

LOPES. Helvecio Xavier. **Os accidentes do trabalho e a jurisprudencia dos tribunaes brasileiros.** Rio de Janeiro: Typographia Yankee, 1931.

LOPES. Miguel Maria de Serpa. **Comentários à Lei de Introdução ao Código Civil. Volume I.** 2ª Edição. Rio de Janeiro: Freitas Bastos, 1959.

LOPEZ. Manuel Carlos Palomeque. Trad.: MOREIRA. António. **Direito do Trabalho e Ideologia**. Coimbra: Almedina, 2001.

LOPEZ. Teresa Ancona. **O dano estético. Responsabilidade civil.** 3ª Edição. São Paulo: Revista dos Tribunais, 2004.

________. **Princípio da precaução e evolução da responsabilidade civil.** São Paulo: Quartier Latin, 2010.

________. **Nexo causal e produtos potencialmente nocivos:** a experiência brasileira do tabaco. São Paulo: Quartier Latin, 2008.

LORENZETTI. Ricardo Luis. Trad.: MIRAGEM. Bruno. **Teoria da decisão judicial. Fundamentos de Direito**. São Paulo: Revista dos Tribunais, 2009.

________. Trad.: MOROSINI. Fábio Costa; BARBOSA. Fernanda Nunes. **Teoria geral do direito ambiental.** São Paulo: Revista dos Tribunais, 2010.

LOUBAT. **Traité sur le risque profissionel.** Paris: Librairie Marescq, 1909.

LOZANO. Néstor de Buen. **Derecho del Trabajo. Tomo primero.** 18ª Edición. México: Porrúa, 2008.

LOURENÇO. Daniel Braga. **Qual o valor da natureza? Uma introdução à ética ambiental.** São Paulo: Elefante, 2019.

LUHMANN. Niklas. Trad.: NAFARRATE. Javier Torres. **Introducción a la Teoría de Sistemas.** México: Iteso/Anthropos/Universidad Iberoamericana, 1996.

_______. Trad.: BAYER. Gustavo. **Sociologia do Direito. Volume I.** Rio de Janeiro: Tempo Brasileiro, 1983.

LUMIA. Giuseppe. Trad.: AGOSTINETTI. Denise. **Elementos de Teoria e Ideologia do Direito.** São Paulo: Martins Fontes, 2003.

LYNCH, K.M; SMITH, W.A. Pulmonary asbestosis. III. Carcinoma of lung in asbestos-silicosis. *American* **Journal of Cancer, 24**:56-64, 1935.

LYON-CAEN. Gérard; PÉLISSIER. Jean; SUPIOT. Alain. **Droit du Travail.** 19e. édition. Paris: Dalloz, 1998.

MACHADO. Paulo Affonso Leme. **Direito Ambiental brasileiro.** 27ª Edição. São Paulo: Malheiros Editores, 2020.

MACKLEM. Patrick. Labor law beyond borders. *In*: **Journal of International Economical Law** (2002) 606. Cambridge: Oxford University Press.

MAEDA. Patrícia. **A era dos zero direitos. Trabalho decente, terceirização e contrato zero-hora.** São Paulo: LTr, 2017.

MALBERG. René Carré de. Trad.: DEPETRE. José Lion. **Teoría general del Estado.** 2ª Edición. México: UNAM/ Fundo de Cultura Económica, 2001.

MANCUSO. Rodolfo de Camargo. **Ação civil pública:** em defesa do meio ambiente, patrimônio cultural e dos consumidores. 4ª Edição. São Paulo: Revista dos Tribunais, 1996.

_______. **Ação civil pública trabalhista:** análise de alguns pontos controvertidos. São Paulo: Revista dos Tribunais, ano 24, n. 93, p. 151-178, jan./mar., 1999.

MANGARELLI. Cristina. **Acoso y violencia en el trabajo. Enfoque jurídico.** Montevideo: Fundación de Cultura Universitaria, 2014.

MARANHÃO. Ney. **Poluição labor-ambiental.** Rio de Janeiro: Lumen Juris, 2017.

_______. Poluição labor-ambiental: aportes jurídicos gerais. *In:* FELICIANO. Guilherme Guimarães; EBERT. Paulo Roberto Lemgruber. **Direito ambiental do trabalho. Apontamentos para uma teoria geral. Vol. 4.** São Paulo: LTr, 2018.

MARINONI. Luiz Guilherme. **Tutela inibitória. Individual e coletiva.** 5ª Edição. São Paulo: Revista dos Tribunais, 2012.

MARKY. Thomas. **Curso elementar de Direito Romano.** 8ª Edição. São Paulo: Saraiva, 1995.

MARQUES. Cláudia Lima. **Contratos no Código de Defesa do Consumidor. O novo regime das relações contratuais.** 4ª Edição. São Paulo: Revista dos Tribunais, 2004.

MARTÍN. Carlos de Cabo. **Teoría constitucional de la solidariedad.** Madrid: Marcial Pons, 2006.

MARTÍNEZ. Gregorio Peces-Barba. **Curso de Derechos Fundamentales. Teoría General.** Madrid: Universidad Carlos III/ Boletín Oficial del Estado, 1995.

MARTINEZ. Wladimir Novaes. **Prova e contraprova do nexo epidemiológico.** 2ª Edição. São Paulo: LTr, 2009.

MARTINS. Ricardo Marcondes. **Teoria jurídica da liberdade.** São Paulo: Contracorrente, 2015.

MARTINS-COSTA. Judith. **A boa-fé no Direito Privado.** São Paulo: Revista dos Tribunais, 1999.

MARX. Karl. Trad.: SCHMIDT. Ronaldo Alves. **O Capital. Edição resumida por Julian Borchardt.** 7ª Edição. LTC Editora: Rio de Janeiro, 1982.

MATEO. Ramón Martin. **Manual de Derecho Ambiental.** 3ª Edición. Navarra: Aranzadi, 2003.

MAZEAUD. Antoine. **Droit du travail.** 10*e Édition. Paris: LGDJ, 2016.*

MAZEAUD. Henri; MAZEAUD. Léon. Trad.: ALCALÁ-ZAMORA Y CASTILLO. Luís. **Tratado teórico y práctico de la responsabilidad civil delictual y contractual. Tomo Primero. Volumen I.** Buenos Aires: Ediciones Juridicas Europa-América, 1961.

________. **Tratado teórico y práctico de la responsabilidad civil delictual y contractual. Tomo Primero. Volumen II.** Buenos Aires: Ediciones Juridicas Europa-América, 1962.

________. **Tratado teórico y práctico de la responsabilidad civil delictual y contractual. Tomo Segundo. Volumen II.** Buenos Aires: Ediciones Juridicas Europa-América, 1963.

MEADOWS. Donella H. *et alii.* **The Limits to Growth: A Report to The Club of Rome (1972).** Disponível em: http://www.clubofrome.org/docs/limits.rtf.

MÉDA. Dominique. Trad.: MICHELENA. Francisco Ochoa de. **El trabajo. Un valor en peligro de extinción.** Barcelona: Gedisa, 1998.

MEDEIROS. Rui. **Ensaio sobre a responsabilidade civil do Estado por actos legislativos.** Coimbra: Almedina, 1992.

MEDEIROS NETO. Xisto Tiago de. **Dano moral coletivo.** 3ª Edição. São Paulo: LTr, 2012.

MELGAR. Alfredo Montoya; JIMÉNEZ. Rodrigo Martín. **Estatuto del trabajo autónomo. Comentario a la ley 20/2007 de 11 de julio.** Madrid: Civitas, 2007.

MELO. Francisco Matheus Alves; ROCHA. Francisco Jannotti da; PORTO. Lorena Vasconcelos. Teletrabalho e suas múltiplas dimensões: análises e reflexões necessárias no Direito brasileiro e no Direito Comparado. *In:* ROCHA. Cláudio Jannotti da; PORTO. Lorena Vasconcelos. **O mundo do trabalho e a 4ª Revolução Industrial. Volume I.** São Paulo: Tirant lo blanch, 2020.

MELO. Raimundo Simão de. **Direito Ambiental do Trabalho e a saúde do trabalhador. 5ª** Edição. São Paulo: LTr, 2013.

________. **A greve no Direito brasileiro.** 2ª Edição. São Paulo: LTr, 2009.

MELO. Sandro Nahmias; RODRIGUES. Karen Rosendo de Almeida Leite. **Direito à desconexão do trabalho.** São Paulo: LTr, 2018.

MENDES. Ana Magnólia; FERREIRA. Mário César. Contexto de Trabalho. *In:* SIQUEIRA. Mirlene Maria Matias. **Medidas do comportamento organizacional:** ferramentas de diagnóstico e gestão. Porto Alegre: Artmed, 2008.

MENDES. Gilmar Ferreira. **Direitos fundamentais e controle de constitucionalidade. Estudos de Direito Constitucional.** 3ª Edição. São Paulo: Saraiva, 2004.

MENDONÇA. José Xavier Carvalho de. **Tratado de Direito Comercial brasileiro. Livro II. Vol. 3.** 2ª Edição. Rio de Janeiro: Freitas Bastos, 1933.

MENDONÇA. Manuel Ignacio Carvalho de. **Doutrina e prática das obrigações. Tomo II.** 3ª Edição. Rio de Janeiro: Freitas Bastos, 1938.

________. **Doutrina e prática das obrigações. Tomo I.** 3ª Edição. Rio de Janeiro: Freitas Bastos, 1938.

MENGER. Anton. Trad.: POSADA. Adolfo. **El Derecho Civil y los pobres.** Santiago: Olejnik, 2020.

MEREWETHER. E.R.A; PRICE. C.W. **Report on the effects of asbestos dust on the lungs and dust supression in the asbestos industry.** London: H.M.S.O, 1930.

MILARÉ. Édis. **Direito do Ambiente.** 11ª Edição. São Paulo: Revista dos Tribunais, 2018.

MILL. John Stuart. Trad.: MADEIRA. Pedro. **Sobre a Liberdade**. Lisboa: Edições 70.

MIRANDA. Francisco Cavalcante Pontes de. **Tratado de direito privado. Parte geral. Volume VI.** Rio de Janeiro: Borsoi, 1955.

________. **Tratado de direito privado. Volume VII.** Rio de Janeiro: Borsoi, 1955.

________. **Tratado de direito privado. Volume XXVI.** 2ª Edição. Rio de Janeiro: Borsoi, 1959.

________. **Tratado de Direito Privado. Volume XLV.** 3ª Edição. Rio de Janeiro: Borsoi, 1972.

MIRANDA JÚNIOR. Luiz Carlos de. Campos eletromagnéticos, campos magnéticos, campos eletromagnéticos. *In:* MENDES. René. **Dicionário de saúde e segurança do trabalhador.** Novo Hamburgo: Proteção, 2018.

MOKHIBER. Russel. Trad.: COOK. James F. S. **Crimes corporativos. O poder das grandes empresas e o abuso da confiança pública.** São Paulo: Scritta, 1995.

MONCADA. Luís Soares Cabral de. **Ensaio sobre a Lei.** Coimbra: Coimbra Editora, 2002.

MONTEALEGRE. Everaldo Lamprea. **El derecho de la naturaleza. Una aproximación interdisciplinaria a los estudios ambientales.** Bogotá: Siglo del Hombre Editores/Universidad de los Andes, 2019.

MONTEIRO. António Pinto. **Cláusula penal e indemnização.** Coinbra: Almedina, 1990.

MORAES. Evaristo de. **Os accidentes no trabalho e a sua reparação.** Rio de Janeiro: Livraria Leite Ribeiro & Maurillo, 1919.

MORAES. Maria Celina Bodin de. **Danos à pessoa humana. Uma leitura civil-constitucional dos danos morais.** Rio de Janeiro: Renovar, 2003.

MORAES FILHO. Evaristo de. **Introdução ao Direito do Trabalho.** 2ª Edição. São Paulo: LTr, 1978.

MOREIRA. José Carlos Barbosa. Tutela jurisdicional dos interesses coletivos ou difusos. *In:* MOREIRA. José Carlos Barbosa. **Temas de Direito Processual (Terceira Série).** São Paulo: Saraiva, 1984.

MOREIRA NETO. Diogo de Figueiredo. **Quatro Paradigmas do Direito Administrativo Pós-Moderno:** Legitimidade – Finalidade – Eficiência – Resultados. Belo Horizonte: Editora Fórum, 2008.

MUÇOUÇAH. Renato de Oliveira. **Assédio moral coletivo nas relações de trabalho.** São Paulo: LTr, 2011.

MULLENIX. Linda. **General report – common law.** *In:* GRINOVER. Ada Pellegrini. WATANABE. Kazuo; MULLENIX. Linda. **Os processos coletivos nos países de civil law e common law.** São Paulo: Revista dos Tribunais, 2008.

MURRAY. H.M. **Departamental Comittee on Compensation for Industrial Diseases. Minutes of Evidence. Appendices and Index.** London: Wyman and Sons, 1907.

NASCIMENTO. Alysson Mascaro. **Crítica da legalidade e do direito brasileiro.** 2ª Edição. São Paulo: Quartier Latin, 2008.

NASCIMENTO. Amauri Mascaro. **Compêndio de Direito Sindical**. 6ª Edição. São Paulo: LTr, 2009.

________. **Curso de Direito do Trabalho.** 17ª Edição. São Paulo: Saraiva, 2001.

NAVILLE. Pierre. O progresso técnico, a evolução do trabalho e a organização da empresa. *In*: FRIEDMANN. Georges; NAVILLE. Pierre. Trad.: CAJADO. Octavio Mendes. **Tratado de sociologia do trabalho. Volume I.** São Paulo: Cultrix, 1973.

NEFFA. Julio Cesar. **Introducción al concepto de condiciones y medio ambiente en el trabajo (CyMAT).** *In:* Voces en el Fénix. N. 46. Buenos Aires, julio/2015, p. 6-17.

NERY JR. Nelson; NERY. Rosa Maria Barreto B. de Andrade. Responsabilidade civil, meio ambiente e ação coletiva ambiental. *In:* BENJAMIN. Antonio Herman. **Dano ambiental, prevenção, reparação e repressão.** São Paulo: Revista dos Tribunais, 1993;

NETTO. Felipe Braga. **Novo manual de responsabilidade civil.** Salvador: Juspodivm, 2019.

NETTO. Menelick de Carvalho. A Hermenêutica Constitucional sob o Paradigma do Estado Democrático de Direito. *In:* **Notícia do Direito Brasileiro**. Brasília, 6, 1998.

NETTO. Menelick de Carvalho; SCOTTI. Guilherme. **Os direitos fundamentais e a (in)certeza do direito. A produtividade das tensões principiológicas e a superação do sistema de regras.** Belo Horizonte: Fórum, 2011.

NEVES. Marcelo. **Entre Têmis e Leviatã: Uma relação difícil.** São Paulo: Martins Fontes, 2006.

NÓBREGA. Vandick Londres da. **História e sistema do Direito Privado Romano.** 2ª Edição. Rio de Janeiro: Freitas Bastos, 1959.

NOGUEIRA. Diogo Pupo. A insalubridade na empresa e o médico do trabalho. *In:* **Revista Brasileira de Saúde Ocupacional**. São Paulo: Fundacentro, 1984, n. 45.

NORONHA. Fernando. **Direito das obrigações.** 3ª Edição. São Paulo: Saraiva, 2010.

NUNES. António José Avelãs. **A crise atual do capitalismo. Capital financeiro. Neoliberalismo. Globalização.** São Paulo: Revista dos Tribunais, 2012.

OBERDIEK. John. **Imposing risk. A normative framework.** Oxford: Oxford University Press, 2017.

OFFE. Claus. Trad.: BAYER. Gustavo F. **Trabalho & sociedade. Volume I. A crise.** Rio de Janeiro: Tempo Brasileiro, 1989.

OLEA. Manuel Alonso. **El trabajo como bien escaso y la reforma de su mercado.** Reimpresión. Madrid: Civitas, 2016.

________. Trad.: SILVA. Carlos Alberto Barata da. **Introdução ao Direito do Trabalho.** Porto Alegre: Sulina, 1969.

OLIVEIRA. Christiana D´Arc Damasceno. **(O) Direito do Trabalho contemporâneo. Efetividade dos direitos fundamentais e dignidade da pessoa humana no mundo do trabalho**. São Paulo: LTr, 2010.

OLIVEIRA. Paulo Eduardo Vilhena de. **Assédio moral no trabalho:** caracterização e consequências. São Paulo: LTr, 2013.

________. **O dano pessoal no Direito do Trabalho.** 2ª Edição. São Paulo: LTr, 2010.

OLIVEIRA. Sebastião Geraldo. **Indenizações por acidente do trabalho ou doença ocupacional.** 12ª Edição. Salvador: Jus Podivm, 2021.

OLIVEIRA NETO. Célio Pereira. **Trabalho em ambiente virtual. Causas, efeitos e conformação.** São Paulo: LTr, 2018.

ORTEGA Y GASSET. José. **A rebelião das massas.** Trad.: HERRERA FILHO. Rio de Janeiro: Editora Lial, 1971.

ORTIZ. Angel Crescencio Martínez. **La prevención de riesgos laborales. Una cuestión también de responsabilidad social corporativa.** Barcelona: Proteus, 2013.

OST. François. **Les temps du Droit.** Paris: Odile Jacob, 1999.

OTERO. Paulo. **Instituições Políticas e Constitucionais, Vol. I.** Coimbra: Almedina, 2007.

PADILHA. Norma Sueli. **Do meio ambiente do trabalho equilibrado.** São Paulo: LTr, 2002.

________. **Fundamentos constitucionais do Direito Ambiental brasileiro.** Rio de Janeiro: Elsevier, 2010.

PASQUALETO. Olívia de Quintana Figueiredo. **Proteção da saúde e segurança do trabalhador. Influência do Direito Internacional.** São Paulo: Almedina Brasil, 2021.

PELLING. Henry. **A History of the British Trade Unionism.** Third Edition. Harmondsworth: Penguin Books, 1976.

PERALES. Carlos de Miguel. **La responsabilidad civil por daños al medio ambiente.** Madrid: Civitas, 1994.

PEREA. Augustín Viguri. **Globalización y defensa del medio ambiente en el Derecho Privado: aplicación del principio "quien contamina paga" y régimen de la responsabilidad civil objetiva: derecho español, europeo, norteamericano y japonés.** Madrid: Colegio de Registradores de la Propiedad y Mercantiles de España, 2009.

PEREIRA. Caio Mário da Silva. **Lesão nos contratos.** 2ª Edição. Rio de Janeiro: Forense, 1959.

________. **Responsabilidade civil.** 11ª Edição. Rio de Janeiro: Forense, 2016.

PEREIRO. Jaime Cabeza. **Essay on precarious work and vulnerable persons.** Pamplona: Aranzadi, 2016.

PÉREZ. José Luis Monereo. **Introducción al nuevo Derecho del Trabajo. Una reflexión crítica sobre el Derecho flexible del Trabajo.** Valencia: Tirant lo blanch, 1996.

PÉREZ. José Luiz Monereo; VALLEJO. Pilar Rivas. **Prevención de riesgos laborales y Medio Ambiente.** Granada: Comares Editorial, 2010.

PÉREZ. Jesús González. **La dignidad de la persona.** Tercera edición. Madrid: Civitas, 2017.

PÉREZ. Miguel Gutiérrez. **Ciudadanía en la empresa y derechos laborales inespecíficos.** Murcia: Laborum, 2011.

PÉREZ-LUÑO. Antonio Enrique. **La universalidad de los derechos humanos y el Estado constitucional.** Bogotá: Universidad Externado de Colombia, 2002.

________. **Los derechos fundamentales.** Octava Edición. Madrid: Tecnos, 2005.

PERLINGIERI. Pietro. Trad.: DE CICCO. Maria Cristina. **Perfis do Direito Civil. Introdução ao Direito Civil Constitucional.** 2ª Edição. Rio de Janeiro: Renovar, 2002.

PERONE. Gian Carlo. Trad.: CUNHA. Edilson Alkmim. **A Ação Sindical nos Estados-Membros da União Européia.** São Paulo: LTr, 1996.

PIC. Paul. **Traité élémentaire de législation industrielle. Les lois ouvrières.** *6éme Édition. Paris: Arthur Rousseau Éditeur, 1930.*

PIÇARRA. Nuno. **A separação dos poderes como doutrina e princípio constitucional.** Coimbra: Coimbra Editora, 1989.

PIEROTH. Bodo; SCHLINK. Bernhard. Trad.: SOUSA. António Francisco de; FRANCO. António. **Direitos fundamentais.** São Paulo: Saraiva, 2012.

PIMENTA. Joaquim. **Sociologia jurídica do trabalho.** 2ª Edição. Rio de Janeiro: Editora Nacional de Direito, 1946.

PIOCHÉ-ROQUES. Astrid. **Les risques psychosociaux au travail. État des lieux et perspectives.** Paris : L'Harmattan, 2016.

PLANIOL. Marcel. **Traité élémentaire de Droit Civil. Tome premier.** *3eme édition. Paris: Librarie Cotillon, 1904.*

________. **Traité élémentaire de Droit Civil. Tome deuxième.** *2e édition. Paris: Librairie Cotillon, 1904.*

PLANIOL. Marcel; RIPERT. Georges; **Traité pratique de Droit Civil français. Tome VII, 2**. Paris: LGDJ, 1931.

PONDAL. Tomás Ignacio González. **Mobbing. El acoso psicológico en el ámbito laboral.** 2ª Edición. Montevideo: B de F, 2012.

POTIER. Camille. **Lés présomptions de causalité.** Paris: Université de Paris I – Pantheon Sorbonne, 1995.

POTHIER. Robert Joseph. Trad.: TELLES. José Homem Corrêa. **Tratado das obrigações pessoaes e reciprocas. Tomo I.** Rio de Janeiro: Garnier, 1906.

POZZO. Barbara. Il critério di imputazione della responsabilità per danno all´ambiente nelle recenti leggi ecologiche. *In:* **Per una riforma della responsabilità civile per danno all´ambiente.** Milano: Giuffrè, 1994.

PRATA. Ana. **A tutela constitucional da autonomia privada.** Reimpressão. Coimbra: Almedina, 2016.

PRIEUR. Michel. **Droit de l´environnement.** *5e Édition. Paris: Dalloz, 2004.*

PUECH. Luiz Roberto de Rezende. **Direito Individual e Coletivo do Trabalho.** São Paulo: Revista dos Tribunais, 1960.

PYRRHO. Monique; SCHRAMM. Fermin Roland. **A moralidade da nanotecnoligia.** Disponível em: ***http://www.scielo.br/scielo.php?script=sci_arttext&pid=S0102-311X2012001100002&lng=en&nrm=iso&tlng=en***.

RAMALHO. Maria do Rosário Palma. **Tratado de direito do trabalho. Parte II – Situações laborais individuais.** 5ª Edição. Coimbra: Almedina, 2014.

RAMAZZINI. Bernardino. Trad.: ESTRÊLA. Raimundo. **As doenças dos trabalhadores.** São Paulo: Fundacentro, 2000.

RAMOS. Gustavo Teixeira. **Responsabilidade solidária do tomador de serviços na terceirização. Fundamentos jurídicos sob a perspectiva constitucional-democrática.** Belo Horizonte: Dialética, 2021.

RASLAN. Alexandre Lima. **Responsabilidade civil ambiental do financiador.** Porto Alegre: Livraria do Advogado, 2012.

REIS. Clayton. **Dano moral.** 6ª Edição. São Paulo: Revista dos Tribunais, 2019.

RIBAS. Antonio Joaquim. **Curso de Direito Civil brasileiro. Tomo I.** 2ª Edição. Rio de Janeiro: Garnier, 1880.

RIPERT. Georges. Trad.: AZEVEDO. Gilda G. de. **Aspectos jurídicos do capitalismo moderno.** Rio de Janeiro: Freitas Bastos, 1947.

________. Trad.: CORTEZÃO. J. **O regimen democrático e o Direito Civil moderno.** São Paulo: Saraiva, 1937.

________. Trad.: OLIVEIRA. Osório de. **A Regra moral nas obrigações civis.** 2ª Edição. Campinas: Bookseller, 2009.

RIVAS. Ana María. **Trabajo y pobreza. Cuando trabajar no es suficiente para vivir dignamente.** Madrid: HOAC, 2016.

ROBORTELLA. Luiz Carlos Amorim. **O moderno Direito do Trabalho.** São Paulo: LTr, 1994, p. 94.

ROCHA. Claudio Janotti da; MUNIZ. Mirella Karen de Carvalho Bifano. O teletrabalho à luz do artigo 6º da CLT: o acompanhamento do direito do trabalho às mudanças do mundo pós-moderno. *In:* Revista do Tribunal Regional do Trabalho da 3ª Região: Vol. 57, n. 87/88 (jan./dez. 2013), p. 102.

ROCHA. Cláudio Jannotti da; PORTO. Lorena Vasconcelos; ABAURRE. Helena Emerick. A tutela jurídica do *crowdwork* e do trabalho *on-demand* no Direito brasileiro. *In:* ROCHA. Cláudio Jannotti da; PORTO. Lorena Vasconcelos. **O mundo do trabalho e a 4ª Revolução Industrial. Volume I.** São Paulo: Tirant lo blanch, 2020.

ROCHA. Julio Cesar Sá da. **Direito ambiental do trabalho. Mudanças de paradigma na tutela jurídica à saúde do trabalhador.** 2ª Edição. São Paulo: Atlas, 2013.

RODRIGUES. Marcelo Abelha. **Fundamentos da tutela coletiva.** Brasília: Gazeta Jurídica, 2017.

ROMANO. Santi. Trad.: DAL RI JUNIOR. Arno. **O ordenamento jurídico.** Florianópolis: Fundação Boiteux, 2008;.

ROMI. Raphaël. **Droit de l´environnement et du développement durable.** 10e *Édition. Paris: LGDJ, 2018.*

ROPPO. Enzo. Trad.: COIMBRA. Ana; GOMES. M. Januário. C. **O contrato.** Coimbra: Almedina, 2009.

ROSENVALD. Nelson. **As funções da responsabilidade civil. A reparação e a pena civil.** São Paulo: Atlas, 2013.

________. **A responsabilidade civil pelo ilícito lucrativo. O** disgorgement **e a indenização restitutória.** 2ª Edição. São Paulo: Jus Podivm, 2021.

ROSENVALD. Nelson; NETTO. Felipe Peixoto Braga. A responsabilidade civil ambiental na sociedade do risco. *In:* FELICIANO. Guilherme *et alii.* **Direito ambiental do trabalho. Apontamentos para uma teoria geral. Volume 5.**

ROUAST. André; DURAND. Paul. **Précis de législation industrielle (Droit du Travail).** *3éme Édition. Paris: Dalloz, 1948.*

ROUBIER. Paul. **Théorie générale du Droit.** *2e édition. Paris: Sirey, 1951.*

RUIZ. Ignasi Beltran de Heredia. **Work in the platform economy: arguments for an employment relationship.** Barcelona: Huygens, 2019;

RUPRECHT. Alfredo. Trad.: FERRARI. Irany. **Relações Coletivas de Trabalho**. São Paulo: LTr, 1995.

SANTORO-PASSARELLI. Francesco. Trad.: ALARCÃO. Manuel de. **Teoria geral do Direito Civil.** Coimbra: Atlântida Editora, 1967;

SACHET. Adrien. **Traité theorie et pratique sur les accidents du travail et les maladies professionels. Tome I.** Paris: Recueil Sirey, 1921.

SACHS. Jeffrey D. **The ages of globalization. Geography, technology and institutions.** New York: Columbia University Press, 2020.

________. **Traité théorique et pratique de la législation sur les accidents du travail et les maladies professionnelles. Tome II.** *6éme édition. Paris: Recueil Sirey, 1921.*

SAINCTELETTE. Charles. **De la responsabilité et de la garantie. Accidents de transport et de travail.** Bruxelles: Bruylant-Christophe, 1884.

SALEILLES. Raymond. **Les accidents de travail et la responsabilité civile. Essai d´une théorie objective de la responsabilité délictuelle.** Paris : Arthur Rousseau Éditeur, 1897.

SAMPAIO. Francisco José Marques. **Evolução da responsabilidade civil e reparação de danos ambientais.** Rio de Janeiro: Renovar, 2003.

SAMPAIO. Rômulo Silveira da Rocha. **Responsabilidade civil ambiental das instituições financeiras.** Rio de Janeiro: Elsevier/ FGV, 2013.

SÁNCHEZ. José María Enríquez. **La lucha por los derechos. A partir del despliegue histórico de la idea de inobediencia y sus formas.** Madrid: Marcial Pons, 2016.

SANTORO-PASSARELLI. Giuseppe. **Diritto Sindacale.** 3ª Edizione. Roma: Laterza, 2011.

SANTOS. Enoque Ribeiro dos. **Dano moral na dispensa do empregado.** 5ª Edição. São Paulo: LTr, 2015.

SANTOS. Ronaldo Lima dos. **Teoria das normas coletivas.** São Paulo: LTr, 2007.

SANZ Y ESCARTÍN. Eduardo. **El estado y la reforma social.** Granada: Comares, 2010.

SARGOS. Pierre. **L´exposition aux risques de l´amiante: prévention et réparation.** *In:* BLIN-FRANCHOMME. Marie-Pierre; DESBARATS. Isabelle. **Droit du travail et droit de l´env ironnement. Regards croisés sur le développement durable.** Paris : Lamy, 2010 ;

SARLET. Ingo Wolfgang; FENSTERSEIFER. Tiago. **Direito Constitucional Ambiental. Constituição, direitos fundamentais e proteção do ambiente.** 3ª Edição. São Paulo: Revista dos Tribunais, 2013.

________. **Princípios de Direito Ambiental.** São Paulo: Saraiva, 2014.

SARMENTO. Daniel. **Direitos fundamentais e relações privadas**. Rio de Janeiro: Lumen Juris, 2004.

SAUZET. Marc. **De la responsabilité des patrons vis-a-vis des ouvriers dans les acidentes industriels.** Paris: Cotillon, 1883.

SAVATIER. René. **Traité de la responsabilité civile en droit français. Tome I. Les sources de la responsabilité civile.** *2ème édition. Paris : LGDJ, 1951.*

________. **Traité de la responsabilité civile en droit français. Tome II.** Paris: LGDJ, 1951.

SCAVONE. Lucila; GIANNASI. Fernanda; THÉBAUD-MONY. Annie. **Doenças profissionais provocadas pelo amianto no Brasil e a construção dos contra--poderes: uma abordagem em trabalho, saúde e gênero.** Disponível em: ***http://*** *www.ibasecretariat.org/por_ls_fg_atm_counter_powers.pdf*. Acesso em 1º jul. 2021.

SCHMITT. Carl. Trad.: AYALA. Francisco. **Teoría de la Constitución.** Cuarta Reimpresión. Madrid: Alianza Editorial, 2003.

SCHREIBER. Anderson. **A proibição de comportamento contraditório. Tutela da confiança e** venire contra factum propium. 2ª Edição. Rio de Janeiro: Renovar, 2007.

________. **Novos paradigmas da responsabilidade civil. Da erosão dos filtros à diluição dos danos.** 5ª Edição. São Paulo: Atlas, 2013.

SÉGUIN. Élida. **O Direito Ambiental. Nossa casa planetária.** 3ª Edição. Rio de Janeiro: Forense, 2006.

SELIGMANN-SILVA. Edith. **Trabalho e desgaste mental. O direito de ser dono de si mesmo.** São Paulo: Cortez Editora, 2012.

SENDIM. José de Sousa Cunhal. **Responsabilidade civil por danos ecológicos.** Coimbra: Coimbra Editora, 1998.

SENNETT. Richard. Trad.: SANTARRITA. Marcos. **A corrosão do caráter. O desaparecimento das virtudes com o novo capitalismo.** Rio de Janeiro: Bestbolso, 2012.

SERRANO. José Luis. **Principios de Derecho Ambiental y ecología jurídica.** Madrid: Trotta, 2007.SIÈYES. Emmanuel. Trad.: SARIÑENA. Marta Lorente; JIMÉNEZ. Lidia Vázquez. **¿Que és el Tercer Estado? Ensayo sobre los privilegios.** Madrid: Alianza, 2003.

SILVA. De Placido e. **Vocabulário Jurídico vol. III.** 12ª Edição. Rio de Janeiro: Forense, 1996.

SILVA. Homero Batista Mateus da. **Curso de Direito do Trabalho aplicado. Volume 7 – Direito coletivo do trabalho.** 3ª Edição. São Paulo: Revista dos Tribunais, 2015.

SILVA. Luís Antônio Vieira da. **História interna do direito romano privado até Justiniano.** Edição fac-similar. Brasília: Senado Federal, 2008.

SILVA. Wilson Melo da. **Responsabilidade sem culpa e socialização do risco.** Belo Horizonte: Editôra Bernardo Álvares, 1962.

SILVA. José Afonso da. **Direito Ambiental Constitucional.** 2ª Edição. São Paulo: Malheiros Editores, 1995.

SIQUEIRA NETO. José Francisco. **Liberdade Sindical e Representação dos Trabalhadores no Local de Trabalho.** São Paulo: LTr, 2000.

SLEE. Tom. Trad.: PERES. João. **Uberização. A nova onda do trabalho precarizado.** São Paulo: Elefante, 2017.

SMITH. Adam. Trad.: LIMA. Norberto de Paula. **A Riqueza das Nações. Investigação sobre sua natureza e suas causas**. Rio de Janeiro: Ediouro, 1986.

SOARES. Guido Fernando Silva. **As responsabilidades no Direito Internacional do Meio Ambiente.** Campinas: Komedi, 1995.

SOMARÉ. José Isidro. **Reparación de los infortunios del trabajo.** Córdoba: Imprenta de la Universidad Nacional de Córdoba, 1949.

SOUTO MAIOR. Jorge Luiz. **Curso de Direito do Trabalho. Teoria geral do Direito do Trabalho. Volume I – Parte I.** São Paulo: LTr, 2011;

SOUTO MAIOR. Jorge Luiz; MOREIRA. Ranulio Mendes; SEVERO. Valdete Souto. **Dumping social nas relações de trabalho.** 2ª Edição. São Paulo: LTr, 2014.

SPRINGER. Allen L. Towards a meaningful concept of pollution in international law. **International and Comparative Law Quarterly,** vol. 26, Issue 03, p. 531-557, July 1977, p. 537-544;

STEICHEN. Pascale. **Le risque écologique causé par l´entreprise au plan communitaire et interne.** *In* : BLIN-FRANCHOMME. Marie-Pierre ; DESBARATS. Isabelle. **Droit du travail et droit de l´environnement. Regards croisés sur le développement durable.** Paris : Lamy, 2010.

STEIGLEDER. Annelise Monteiro. **Responsabilidade civil ambiental. As dimensões do dano ambiental no Direito brasileiro.** 3ª Edição. Porto Alegre: Livraria do Advogado, 2017.

STOCK. Alfred. (1926). **Die Gefaehrlichkeit des Quecksilberdampfes.** *Zeitschrift für angewandte Chemie*, 39 (15): 461–466. Disponível em: ***doi:10.1002/ange.19260391502***.

SUMIEN. Paul. **L´évolution de la notion d´accident du travail.** Paris : Dalloz, 1947.

SUPIOT. Alain. **Critique du droit du travail.** Paris : Puf, 1994.

________. **Le Droit du Travail**. *6eme Édition. Paris: Puf, 2016.*

________. Trad.: TERRÉ. Jordi. **El Espíritu de Filadelfia. La justicia social frente al mercado total.** Barcelona: Península, 2011.

SUPIOT. Alain *et alii.* **Trabajo y empleo. Transformaciones del trabajo y futuro del Derecho del Trabajo en Europa. Informe para la Comisión Europea.** Valencia: Tirant lo blanch, 1999.

SÜSSEKIND. Arnaldo *et alii.* **Instituições de direito do trabalho. Volume 1.** 21ª Edição. São Paulo: LTr, 2003.

TARTUCE. Flávio. **Responsabilidade civil objetiva e risco. A teoria do risco concorrente.** São Paulo: Método, 2011.

TAYLOR. Frederick Winslow. Trad.: RAMOS. Arlindo Vieira. **Princípios de administração científica.** São Paulo: Atlas, 1985.

TELLO. Nuria Reche. **La constitucionalización del derecho fundamental a conciliar la vida personal y laboral.** Granada: Comares, 2018.

TEUBNER. Gunther. Trad.: DIEZ. Carlos Gómes-Jara. **El derecho como sistema autopoiético de la sociedad global.** Bogotá: Universidad Externado de Colombia, 2005.

TEYSSIÉ. Bernard. **Droit du travail. Relations collectives.** 10*e édition. Paris: Lexis Nexis, 2016.*

THE AMERICAN LAW INSTITUTE. **Principles of Law: Aggregate litigation.** St. Paul: The American Law Institute Publishers, 2010.

TRIMARCHI. Pietro. **La responsabilità civile: atti illeciti, rischio, danno.** Milano: Giuffrè, 2017.

TRINDADE. José Damião de Lima. **História social dos direitos humanos.** 2ª Edição. São Paulo: Peirápolis, 2002.

TUNC. André. **La responsabilité civile.** Paris: Economica, 1981.

UBILLOS. Juan María Bilbao. **¿En qué medida vinculan a los particulares los derechos fundamentales?** *In:* SARLET. Ingo Wolfgang. **Constituição, direitos fundamentais e direito privado.** 2ª Edição. Porto Alegre: Livraria do Advogado, 2006.

UNEP-FI. **Princípios para a sustentabilidade em seguros.** Disponível em: ***https://www.unepfi.org/psi/wp-content/uploads/2012/05/PSI-document_Portuguese.pdf***.

UNITED KINGDOM: [2018] EWCA Civ 2748. Court of Appeal. UBER B.V vs. Yaseem ASLAN.

USERA. Raúl Canosa. **Interpretación constitucional y formula política.** Madrid: Centro de Estudios Constitucionales, 1988.

VALLEJOS. Pilar Rivas. **La aplicación de la Inteligencia Artificial al trabajo y su Impacto discriminatório.** Pamplona: Aranzadi, 2020.

VATTEL. Emer de. Trad.: RANGEL. Vicente Marotta. **O direito das gentes.** Brasília: Instituto de Pesquisas de Relações Internacionais/Editora UnB, 2004.

VÁZQUEZ. Gabriela Alejandra. **El regreso al Derecho Civil para la protección del trabajador.** Buenos Aires: Editorial de la Universidad Católica Argentina, 2004.

VERKINDT. Pierre-Yves. **La protection des salariés au regard de la dégradation environnementale.** *In* : BLIN FRANCHOMME. Marie-Pierre ; DESBARATS. Isabelle. **Droit du travail et droit de l´environnement. Regards croisés sur le développement durable.** Paris: Lamy, 2010.

VIANA. José de Segadas. **Greve. Direito ou violência?** Rio de Janeiro: Freitas Bastos, 1959.

VIANA. Marcio Túlio. **Direito de resistência. Possibilidades de autodefesa do empregado em face do empregador.** São Paulo: LTr, 1996.

________. **Para entender a terceirização.** São Paulo: LTr, 2015.

VIDARI. Ercole. **Corso di Diritto Commerciale. Vol. Primo.** Seconda Edizione. Milano: Ulrico Hoepli Editore, 1881.

________. **Corso di Diritto Commerciale. Vol. Secondo.** Seconda Edizione. Milano: Ulrico Hoepli Editore, 1881.

VINEY. Geneviève. **Le déclin de la responsabilité individuelle.** Paris : LGDJ, 1965.

VITALI. Vittore. **Del danno. Della ragion civile al risarcimento.** 2ª Edizione. Piacenza: Giacomo Favari, 1892.

VITORELLI. Edilson. **O devido processo legal coletivo. Dos direitos aos litígios coletivos.** São Paulo: Revista dos Tribunais, 2016.

VON GIERKE. Otto. Trad.: SALAZAR. Luis M. Marcano. **Las raízes del contrato de servicios.** Santiago: Olejnik, 2020.

VON IHERING. Rudolf. Trad.: VASCONCELLOS. João de. **A lucta pelo Direito.** Rio de Janeiro: H. Antunes, 1936.

VON POTOBSKY. Geraldo; DE LA CRUZ. Héctor Bartolomei. **La Organización Internacional del Trabajo.** Buenos Aires: Astrea, 1990.

WALLACE. Rob. Trad.: SILVA. Allan Rodrigo de Campos. **Pandemia e agronegócio. Doenças infecciosas, capitalismo e ciência.** São Paulo: Igra Kniga/Elefante, 2020.

WANDELLI. Leonardo Vieira. **Da psicodinâmica do trabalho ao direito fundamental ao conteúdo do próprio trabalho e ao meio ambiente organizacional saudável.** *In:* **Revista Eletrônica do Curso de Direito da UFSM**. v. 10, n. 1/2015. p. 193-217.

WEDY. Gabriel de Jesus Tedesco. **O princípio constitucional da precaução como instrumento de tutela do meio ambiente e da saúde pública.** 2ª edição. Belo Horizonte: Fórum, 2017.

WIACKER. Franz. Trad.: HESPANHA. António Manuel Botelho. **História do Direito Privado moderno.** 4ª Edição. Lisboa: Fundação Calouste Gulbenkian, 2010.

WIELAND. Andreas; HANDFIELD. Robert. **The Socially Responsible Supply Chain: An Imperative for Global Corporations**. Supply Chain Management Review, Vol. 17, No. 5. Disponível em: https://www.scmr.com/article/the_socially_responsible_supply_chain_an_imperative_for_global_corporations;

WOLFF. Martin. **Reichverfassung und Eigentum.** Tübingen: J.C.B.Mohr, 1923;

ZAGREBELSKY. Gustavo. Trad.: GASCÓN. Marina. **El derecho dúctil. Ley, derechos, justicia.** 6ª Edición. Madrid: Trotta, 2005;

________. Trad.: CARBONELL.Miguel. **Historia y Constitución.** Madrid: Trotta, 2005.

ZANIN. Fernanda; KÜNZLE. Luis Allan; BARRETO. Margarida; HELOANI. Roberto. **Modificações neoliberais na universidade pública brasileira: cenário propício para o assédio moral no trabalho.** *In:* SILVA. Eduardo Faria *et alii.* **Estado, poder e assédio. Relações de trabalho na Administração Pública.** Curitiba: Kairós, 2015.

ZAMAGNI. Stefano. **Responsabili. Come civilizzare il mercato.** Bologna: Il Mulino, 2019.

ZSÖGÖN. Silvia Jaquenod de. **El Derecho Ambiental y sus principios rectores.** Tercera edición. Madrid: Dykinson, 1991.